이화여자대학교 한국문화연구원 해제번역총서

근대 역사 교과서 3

|저자|

국민교육회(國民敎育會)는 일반 국민의 보통 교육을 발달시키기 위한 목적에서 1904년 8월 24일 연동교회(蓮洞敎會)에서 이준, 이원긍, 유성준, 전덕기, 박정동 등에 의해 창립되었다. 학교 설립과 서적 편찬 등의 활동을 추진하였고, 인쇄소를 따로 설치하여 교과서도 편찬하였다. 비정치성을 띤 순수교육단체를 표방하면서 구국(救國) 개혁인사들을 결집하는 구심점 역할을 하였다. 1907년 12월경 흥사단에 흡수되어 해체되었다.

|역자|

박광연(朴姚娟)은 이화여자대학교 인문대학 사학과를 졸업하고, 동 대학원에서 석·박사학위를 받았다. 한국고전번역원 연수부를 수료하였고, 서울대학교 규장각한국학연구원에서 박사후연수를 받았다. 현재 이화여자대학교 강사이다. 신라 및 고려 시대 불교사상사를 연구하고 있다. 주요 논문으로는 「통일신라(統一新羅) 법화신앙(法華信仰)과 불교 문화」, 「원효(元曉)의 일승관(一乘觀)의 사상사적 의미—『법화종요(法華宗要)』를 중심으로」, 「신라(新羅) 의적(義寂)의 『법화경(法華經)』 이해—『법화경론술기(法華經論述記)』 분석을 중심으로」, 「의적(義寂)의 『법화경집험기』 편찬 배경과 특징」, 「원광(圓光)의 점찰법회(占察法會) 시행과 그 의미」 등이 있다.

이화여자대학교 한국문화연구원 해제번역총서

근대 역사 교과서 3

초판 인쇄 2011년 6월 20일 **초판 발행** 2011년 6월 30일
저자 국민교육회 **역자** 박광연 **펴낸이** 박성모 **펴낸곳** 소명출판 **출판등록** 제13-522호
주소 서울시 서초구 서초동 1621-18 란빌딩 1층
전화 02-585-7840 **팩스** 02-585-7848 **전자우편** somyong@korea.com **홈페이지** www.somyong.co.kr

값 33,000원

ISBN 978-89-5626-572-8 94810
ISBN 978-89-5626-569-8 (세트)

이 책은 이화여자대학교의 '2010년 교내특성화사업'의 지원을 받아 출판되었습니다.

이화여자대학교 한국문화연구원 해제번역총서

근대 역사 교과서 3

보통교과 대동역사략

박광연

소명출판

발간사

이화여자대학교는 한국의 전문 근대교육기관의 선두주자로서, 한국학 연구에 대한 꾸준한 관심을 기울여 왔습니다. 본교가 2005년 이후 지속적으로 지원하고 있는 '한국학특성화사업'은 한국학 연구의 정체성 확립을 위한 새로운 연구방향을 모색하고자 하는 끊임없는 노력의 일환이라 하겠습니다. 이 사업의 결과물로 출간된 『고서해제』 1, 2권과 한국어 · 역사 · 현대문화 · 예술 분야의 국제화 교재들은 본교의 한국학특성화 사업이 '우리 것에 대한 학문적 성찰'이라는 수렴적 방향과 '우리 것의 세계화'라는 확장적 방향을 동시에 지향하고 있음을 잘 보여주고 있습니다.

한국학 연구자들에게 있어서 가장 절실한 연구의 동력은 새로운 자료의 발견과 그에 대한 해석에서 비롯된다고 알고 있습니다. 따라서 아직 학계에 보고되지 않은 자료를 소장하고 있다는 것은 그 자체로 한국학 연구 분야에서는 대단히 중요한 경쟁력이며, 그것의 발굴 및 해석의 선편을 이끄는 것은 곧 한국학 연구 역량을 획기적으로 확장시킬 수 있는 중요한 관건이 될 것입니다. 그런 의미에서 2010년 특성화사업의 결과로 『이화여자대학교 한국문화연구원 해제번역총서–근대 수신 교과서, 근대 역사 교과서』를 출간하게 된 것은 매우 기쁜 일입니다.

2010년 특성화사업은 본교 소장 고서의 특징적 자료군인 근대 귀중본을 대상으로 해제와 번역, 그리고 원문 영인을 동시에 진행하여 자료에 대한 학문적 접근성과 학술적 가치를 체계적으로 드러내주고 있습니다. 특히 그 중에서도 근대 교과서를 특징적으로 부각시킨 본 총서는 최근 한국학 연구 분야에서 매우 민감한 이슈로 떠오르고 있는 근대성 연구 분야에서 중요한 기초 자료를 제공하고 다양한 연구를 촉발시켜줄 것으로 기대합니다.

1년간의 짧은 사업기간에 알차고 내실 있는 성과를 만들어내기 위해 노력한 많은 분들의 수고가 있었습니다. "한국학 · 한국문화 교육의 국제화 사업단"의 단장으로서 본 사업을 실질적으로 기획하고 추진해주신 전혜영 전 원장님, 자료의 지원을 흔쾌히 해주신 문숙재 전 중앙도서관장님께 특별한 감사를 드립니다. 그리고 한국문화연구원의 모든 관계자 선생님들과 사업의 실무를 담당한 연구원들께도 고마운 마음을 전합니다. 또한 본교의 심화된 한국학 연구 역량을 확인시켜준 교내 번역위원님들과 본 사업에 참여하신 번역 · 교열위원 선생님들 한분 한분께 깊은 감사의 말씀을 전합니다.

앞으로도 "한국문화연구원 해제번역총서" 작업이 계속 순조롭게 진행되기를 바랍니다.

2011년 2월

이화여자대학교 총장

김선욱

서문

한국문화연구원－한국학 · 한국문화 교육의 국제화 사업단에서 추진한 2010년 특성화사업은 이화여대 중앙도서관 소장 근대귀중본 중에서 수신 및 역사 분야의 근대 교과서를 해제 · 번역 · 영인하는 것이다. 이는 이전 고서해제사업 과정에서 특히 그 가치를 높이 인정받아 후속 작업의 필요성이 강하게 제기되었던 본교 소장 근대자료를 최대한 활용하여 이를 체계적으로 정리할 수 있는 학술적 결과물을 만들고자 시도되었다.

2010년 3월 1일부터 시작된 2010년 특성화사업의 경과는 다음과 같다. 먼저 본교 소장 근대서 귀중본의 목록과 범주를 정리하고, 타교나 타 한국학 기관의 소장 및 해제 여부를 확인하는 기초 작업을 진행하였다. 다음 단계로 근대 초기의 시대적 전형성과 이데올로기적 영향력 면에서 학술적 중요성과 의의를 고려하여 근대서 귀중본 중 '수신 · 역사 교과서'류를 사업 대상으로 선정하였다. 이후 전문가를 초빙하여 본교에 소장된 '수신 · 역사 교과서' 자료의 가치와 의의에 대한 감수를 진행하고 그에 의거하여 사업대상 목록을 확정하였으며, 전문 집필진을 구성하여 번역과 해제를 진행하였다.

본 근대 교과서 해제 및 번역 사업은 이화여대 소장 귀중본 자료의 존재와 가치를 학계와 일반 대중 누구에게나 그 내용을 읽고 접할 수 있도록 직접 해제, 번역하고 뒤에 원문까지 영인하여 공간(公刊)한 것이다. 이는 자료의 학문적 인지도와 활용도를 높일 수 있는 가장 효율적인 방식이라고 자부하며, 더욱이 최근 들어 높아지고 있는 근대성 논의에 대한 학계의 높은 관심과 학제간적 연구 경향에 비추어 볼 때, 역사적 가치가 높은 근대 교과서를 해제하고 번역한 본 사업단의 결과물은 학계와 일반의 큰 관심과 반향을 불러일으키기에 충분하다고 판단된다.

『이화여자대학교 한국문화연구원 해제번역총서-근대 수신 교과서, 근대 역사 교과서』의 발간으로 본교에 소장된 귀중한 자료들이 지속적으로 소개되고 연구의 대상으로 주목을 받게 되길 바란다. 또한 본서가 한국의 개화기 및 근대의 역사, 문화적 자료에 관심을 갖고 있는 모든 분들과 학계의 연구자들께 작은 도움이 되었으면 한다. 그동안 본서의 발간을 위해 노력을 아끼지 않은 모든 관계자 여러분께 감사의 마음을 전한다.

2011년 2월
한국문화연구원 원장
최준식

근대계몽기 교과서 해제

허재영

1. 근대계몽기 교과서의 성격

교과서는 '교과용 도서(教科用圖書)'의 준말이다. 달리 말해 교과(教科) 운영을 전제로 교육용 재료를 모아 편찬한 책이 교과서이다. 교과서는 한 사회의 교육 이념을 반영할 뿐 아니라 그 사회의 구조 및 지식 발전 정도를 반영한다.

우리나라 최초의 근대식 교과서는 1895년 학부에서 편찬한 『국민소학독본』으로 알려져 있다. 이 시기 한성사범학교령, 소학교령이 공포되고 이에 따라 한성사범학교 규칙과 소학교 교칙이 만들어졌다. 학교령과 학교 규칙에서는 학교 운영에 필요한 교과를 제시하고 해당 교과에서 사용할 수 있는 교과서의 범위를 정해 놓았다.

학제 도입 초기의 교과서 개발은 『국민소학독본』, 『소학독본』, 『신정심상소학』과 같이 학부에 의해 편찬되었다. 그러나 편찬한 종수가 많지 않았고 보급도 활발하지 않았기 때문에 대부분의 학교에서는 『사민필지』(1886~1892년 사이 육영공원 교사였던 헐버트가 지은 지리서), 『서유견문』과 같은 서적이나 『고문진보』, 사서 등의 서적을 교과서로 사용하였다.

그러나 학제가 정비되고 교육에서 교과서가 중요한 의미를 갖게 됨에 따라 좀 더 체계적인 교과서 개발이 이루어지기 시작했다. 엄밀히 말하면 초기의 교과서는 학부 편찬의 교과서와 민간 차원의 저술이 공존했다. 학부대신이 인정한 교과서는 전통적인 한문 고전과 『사민필지』, 『서유견문』 같은 책들이었다. 그렇지만 통감시대에 이르러 교과서 편찬이나 보급 과정에서 학부의 역할이 커져갔는데 이 시대는 을사늑약 이후 일제의 식민 지배가 시작되던 시기로 '교과용 도서 검정 규정' 발포(1908.8)와 같은 교과서 통제가 강하게 이루어졌다. 근대계몽기의 교과서 변화를 두 시기로 나누어 그 특징을 표로 나타내면 다음과 같다.

근대계몽기 교과서 변천사

시기	특징	비고
제1기 (1895~1905)	근대식 학제 도입에 따른 교과서 개발기	ㅇ학부 편찬의 교과서 출현 ㅇ개인 저술의 비교적 자유로운 교과서 출현 ㅇ학부대신이 인정한 고전이나 개인 저술
제2기 (1906~1910)	통감시대 학정 잠식기의 교과서	ㅇ일본인의 학부 관여 및 교과서 편찬 간섭 ㅇ학부 편찬 교과서를 일본에서 발행함(국어독본, 수신서 등) ㅇ교과용 도서 검정 규정 발포와 교과서 검정 조사 사업 실행 ㅇ일본문(日本文) 교과서 편찬 발행(일어독본, 이과서) ㅇ검정 규정에 따른 검정 교과서의 내용 변질 ㅇ기존의 교과서 가운데 국권회복이나 민지 계발과 무관한 교과서만 인정 ㅇ기존의 교과서 가운데 국권회복이나 민지 계발 등이 들어 있을 경우 불인정 도서로 규정

특히 통감시대 이후 학부의 교과서 편찬은 식민 지배를 전제로 하였기 때문에 이 시기 개발된 『보통학교학도용국어독본』(1907, 일본 도쿄의 대일본주식회사에서 인쇄), 『보통학교학도용일어독본』(1908, 일본 도쿄의 대창서점에서 인쇄), 『보통학교학도용수신서』(1908, 일본 도쿄의 삼성당서점에

서 인쇄)는 1910년 강제 병합 이후 병합과 관련된 사항을 수정한 정정본(이 정정본에서 국어는 '조선어'로, '일본어'는 '국어'로 책명을 바꾸었음)을 발행할 수 있었다. 이와 같이 통감시대 교과서 통제 정책으로 인하여 학부에서 인정하지 않은 교과서가 늘어났으며, 검인정을 통과한 교과서의 내용에도 적지 않은 변화가 일어났다. 교과용 도서 검정 규정 이후 해마다 실시된 '교과서 조사 사업'의 결과 1910년의 교과용 도서 가운데 학부 검정을 통과한 교과서는 33종 47책이었으며, 인정 교과는 40개 교과 305종이었다. 이에 비해 교과용 도서로 인정을 받지 못한 도서가 70종, 검정 무효 및 검정 불허가 교과용 도서가 13종이었는데 이들 도서의 대부분은 '수신, 국어, 역사' 관련 교과서였다.

이처럼 근대계몽기의 교과서는 근대식 학제 도입과 전개 과정, 근대 한국 사회의 구조와 역사성, 지식 수입 정도를 반영하는 중요한 자료라고 할 수 있다.

2. 근대계몽기 교과서의 양상과 특징

근대계몽기 교과서는 교과별로 다양한 양상과 특징을 보인다. 1895년 소학교령 발포 당시의 소학교 교과목은 '수신, 독서, 작문, 습자, 산술, 본국지리, 본국역사, 외국지리, 외국역사, 이과, 도화, 체조, 외국어'였는데, 이 가운데 '수신, 독서, 작문, 습자' 교과는 별도의 교과서를 편찬하지 않고 '독본(讀本)' 형태로 개발하였다. 『국민소학독본』(1895, 학부), 『소학독본』(1895, 학부), 『신정심상소학』(1895, 학부)은 모두 소학용 수신 및 독서를 전제로 개발한 교과서이다. 이들 독본류는 과별 편제를 원칙으로 하였으며, 전통적인 수신 윤리와 근대국가의 이념, 서구의 과학 사상, 우화를 중심으로 한 교훈적인 내용 등을 중심으로 하였다.

교과별 교과서의 편찬은 1905년 이후에 본격적으로 이루어졌다. 이 시기 수신과 교과서는 기존의 소학용 독본과는 달리 '수신교과서', 또는 '윤리학교과서'라는 책명을 사용하였다. 이 시기 수신교과서 개발은 대부분 민간 차원에서 이루어졌으며 대표적인 것으로 『윤리학교과서』(1906, 신해영), 『초등윤리학교과서』(1907, 안종화), 『녀자소학슈신서』(1907, 노병희), 『중등수신교과서』(1907, 휘문의숙), 『초등소학수신서』(1908, 유근), 『고등소학수신서』(1908, 휘문의숙), 『초등수신』(1909, 박정동) 등이 있다. 이들 교과서는 개인 저작물로 편제 방식은 과별 편제, 장절식 편제 등 다양한 방식을 취하였으며, 주요 내용은 전통적인 수신 윤리와 근대적 사회 이념 및 국가 윤리를 담고 있다. 다만 1908년 공포된 '교과용 도서 검정 규정' 이후의 교과서에서는 자주 독립을 전제로 한 근대국가 이념은 교과서 통제 정책에 따라 포함될 수 없었다. 이와는 별개로 학부에서 편찬한 『보통학교학도용수신서』(1909, 학부)는 식민 지배를 전제로 만들어진 교과서여서 내용 면에서 개인 저작물과는 차이가 있다. 이 교과서는 강제 병합 직후 일부 내용을 수정한 상태에서 재발행되었다.

역사과 교과서는 근대식 학제 도입 이후 꾸준히 발행되었다. 1895년 학교령 발포 이후 발행된 『조선역사』(1895, 학부), 『조선역대사략』(1895, 학부), 『동국역대사략』(1899, 학부), 『대한역대사략』(1899, 학부) 등은 기존의 역사 편제 방식을 바탕으로 사실 위주의 설명 방식을 취한 학부 편찬의 교과서이며, 『보통학교동국역사』(1899, 현채)는 개인 저작의 교과서이다.

1905년 이후의 역사 교과서 편찬은 을사늑약과 통감부 설치라는 시대 상황에서 개인 차원의 저술이 활발하게 이루어졌다. 이 시기 개인 저술의 교과서는 학교별 수준을 고려하여 '초등', '중등'을 구별하였으며, '본국역사'와 '외국역사'를 구분하여 편찬하였다. 『초등본국역사』(1909, 유근), 『초등대한역사』(1908, 조종만), 『초등대한역사』(1908, 정인호), 『초등본국역사』(1909, 안종화), 『초등대동역사』(1909, 박정동), 『초등본국역사』(1909, 홍사단), 『신찬초등역사』(1910, 유근) 등은 초등용 본국역사를 대상으로 한 교과서이며, 『중등교과 동국사략』(1905, 현채), 『신정동국역사』(1906, 원영의, 유근) 등은 중등용 교과서이다. 또한 초등과 중등을 구분하지 않았지만 『역사집략』(1905, 김택영), 『대동역사』(1905, 최경환), 『대동역사』(1905, 정교), 『보통교과 대동역사략』(1906, 국민교육회), 『대한력사』(1908, 헐버트, 오성근) 등이 편찬되기도 하였다. 외국역사를 대상으로 한 『만국사』(1906, 김상연), 『동양사교과서』(1908, 유옥겸), 『만국사물기원역사』(1909, 장지연), 『서양사교과서』(1910, 유옥겸) 등이 편찬되었다.

지리교과서는 주로 개인 차원에서 개발하였는데 본국지리교과서로는 『대한지지』(1899, 현채), 『대한신지지』(1907, 장지연), 『초등대한지지』(1907, 안종화, 유근), 『초등지리교과서』(1907, 국민교육회), 『최신 고등대한지지』(1909, 정인호), 『중등지문학』(1907, 윤태영), 『신찬지문학』(1907, 민대식), 『초학디지』(1906, 밀러) 등이 있으며, 외국지리교과서로는 『중등만국지지』(주영환, 노재연), 『만국지리』(1907, 황윤덕), 『초등만국지리대요』(1909, 안종화) 등이 있다.

산술, 교육학 등과 관련된 교과서도 다수 편찬되었다. 산술교과서에는 『정선산학』(1908, 남순희), 『신정교과 산학통편』(1908, 이명칠), 『중등교과 산술신서』(1908, 이상설), 『신식 산술교과서』(1908, 이상익) 등이 있으며, 교육학교과서로는 『간명교육학』(1908, 유옥겸), 『신찬 보통교육학』(1908, 김상연), 『보통교육학』(1910, 학부) 등이 있다. 그 밖의 박물학이나 위생학, 기하학, 법제와 경제, 광물, 잠업 등의 특수 분야의 교과서도 다수 편찬되었는데, 1909년(융희 3년) 3월 20일부터 1910년(융희 4년) 7월까지 학부에서 조사한 '교과서 조사 사업'의 결과를 바탕으로 할 때 근대계몽기에 개발 · 보급된 교과서는 대략 440종이 넘을 것으로 추산된다.

3. 이화여자대학교 소장본의 가치

지금까지 근대계몽기 교과서에 대한 기초 연구는 강윤호(1973), 박붕배(1987), 이종국(1992) 등을 통해 이루어져 왔다. 또한 한국교과서연구재단(2000)에서도 전수 조사의 차원에서 근대계몽기 교과서 목록을 작성한 바 있다. 그러나 전수 조사를 목표로 한 앞선 연구에도 불구하고 이 시기 교과서 발행이나 교과서 통제에 대한 체계적인 연구가 충분히 이루어지지는 못했다. 그 주된 이유 가운데 하나는 기초 조사의 차원에서 발행 교과서를 확보하는 일이 쉽지 않았기 때문이다.

이러한 상황에서 이화여자대학교 중앙도서관(이하 중앙도서관)에 소장되어 있는 근대계몽기 교과서는 매우 값진 자료적 가치를 지닌다. 중앙도서관과 이화여자대학교 한국문화연구원의 협력 하에 진행된 조사 결과 이 시기 교과서는 일제강점기를 포함하여 365종에 이른다. 이들 교과서를 교과별로 분류하면 국어 · 일어 · 문학 등의 '어학' 교과서 80종, '역사' 교과서 30종, '지리' 37종, '수신 · 소학 · 윤리서' 36종, '수학 · 산술' 32종, '물리 · 화학 · 과학' 29종, '동식물학' 15종, '생리 · 위생학' 11종, '경제학' 4종, '법학' 4종, '교육학 · 심리학' 6종, '농업 · 광업' 15종, '창가 · 음악' 22종, '가정 · 재봉' 18종, '도화 · 서법' 15종, '박물학 · 기타' 10종으로 나눌 수 있다.

근대계몽기 개발 · 보급되었던 교과서 가운데 이화여자대학교 소장본은 양적으로 방대할 뿐만 아니라 아직까지 학계에 알려지지 않은 것들이 상당수 포함되어 있으므로 이에 대한 체계적인 연구가 시급하다.

4. 번역의 의의

근대계몽기 교과서 연구는 교육학, 국어교육학, 국어학, 국문학, 역사학 등의 모든 분야에 걸쳐 중요한 의미를 갖는다. 교과서의 지식과 언어는 규범적인 성격을 지니므로 그 교과서가 제작된 시대의 사회와 문화를 가장 정확하게 드러내는 자료라고 할 수 있다.

지금까지 근대계몽기의 교과서 연구는 교과서 발행 실태 조사에 그

친 경우가 많았고 그나마 전수 조사의 차원에서 교과서의 제작 · 보급 과정을 파악하는 데도 소홀한 면이 있었다. 이와 같은 입장에서 이화여자대학교 소장본의 교과서를 체계적으로 정리하여 번역 · 소개하는 일은 근대계몽기의 문화 사상사를 이해하는 데 중요한 의미를 갖는다. 이 작업은 이 시기의 언어와 문화를 이해하는 실증적인 작업이 될 것이다.

이에 한국문화연구원에서는 이화여자대학교 중앙도서관 소장본 근대계몽기의 수신과와 역사과 교과서 가운데 교육사적 가치가 높은 것을 선별하여 우선적으로 번역을 하였다. 이번에 번역 · 소개하는 교과서는 다음과 같다.

교과	책명	저자 및 편자	발행 연도	출판사
수신 교과	초등여학독본 (初等女學讀本)	이원경 (李源競)	융희 2년(1908)	보문사(普文社)
	초등윤리학교과서 (初等倫理學教科書)	안종화 (安鍾和)	융희 1년(1907)	광학서포(廣學書鋪)
	초등수신교과서 (初等修身教科書)	안종화 (安鍾和)	융희 3년(1909)	광학서포(廣學書鋪)
	고등소학수신서 (高等小學修身書)	휘문의숙 (徽文義塾)	융희 1년(1907)	휘문관(徽文館)
	초등소학수신서 (初等小學修身書)	유근 (柳瑾)	융희 2년(1908)	광학서포(廣學書鋪)
	보통교육 국민의범 (普通教育國民義範)	진희성 (陳熙星)	융희 2년(1908)	의진사(義進社)
	윤리학교과서 (倫理學教科書)	신해영 (申海永)	융희 2년(1908)	보성관(普成館)
	녀자소학슈신서	노병선 (盧秉鮮)	융희 3년(1909)	박문서관(博文書館)
	초등수신서 (初等修身書)	박정동 (朴晶東)	융희 3년(1909)	동문사(同文社)

	보통교과수신서 (普通敎科修身書)	휘문의숙 (徽文義塾)	융희 4년(1910)	휘문관(徽文舘)
	중등수신교과서 (中等修身敎科書)	휘문의숙 (徽文義塾)	광무 10년(1906)	휘문관(徽文舘)
역사 교과	정선 만국사 (精選萬國史)	김상연 (金祥演)	광무 10년(1906)	황성신문사 (皇城新聞社)
	초등본국역사 (初等本國歷史)	안종화 (安鍾和)	융희 3년(1909)	광덕서관(廣德書館)
	초등대한역사 (初等大韓歷史)	정인호 (鄭寅虎)	융희 2년(1908)	옥호서림(玉虎書林)
	동양사 교과서 (東洋史 敎科書)	유옥겸 (兪鈺兼)	융희 2년(1908)	우문관(右文館)
	보통교과 동국역사 (普通敎科東國歷史)	현채 (玄采)	광무 3년(1899)	발행지, 발행자 불명
	중등교과 동국사략 (中等敎科東國史略)	현채 (玄采)	광무 10년(1906)	중앙서관(中央書館)
	초등대한력사	조종만	융희 2년(1908)	한양서관
	보통교과 대동역사략 (普通敎科大東歷史略)	미상	광무 10년(1906)	대한 국민교육회 (大韓國民敎育會)

근대 역사 교과서 해제

강영심(이화여대 한국문화연구원)

1. 근대 교육제도의 도입과 역사 교과서 편찬

구한말은 문호를 개방한 조선이 봉건사회의 개혁을 통한 근대화와 제국주의 열강에 대한 국권수호 란 민족적 당면과제를 해결하려는 다양한 움직임이 모색되었던 시기였다. 당시의 지식인들은 개화운동 → 개화개혁운동 → 계몽운동의 맥을 이어가며 근대화와 자주독립을 목표로 민족운동을 전개하였다. 그 중 하나가 근대적 '교육'을 통한 자강운동이며 교육 중에서도 시대인식과 밀접하게 관련된 것이 다름아닌 역사교육이다. 특히 근대적 공교육제도가 출범한 이후 국권이 상실되는 1910년까지의 역사교육은 자국사인식은 물론 근대계몽기 새롭게 대두되는 국민, 국권의식의 형성과 더 나아가 민족의식과 민족정체성의 강화란 측면에서 중요한 문제였다.

또한 1895~1910년 사이에 역사교과목을 위해 편찬된 역사 교과서가 갖는 역사적 의의는 다른 어느 시기보다 크다. 그 이유는 조선후기에 저술된 실학사서 이후의 역사편찬은 바로 1895년의 관찬교과서에서 비롯되었기 때문이다. 일반적으로 사서는 그 시대적 인식 및 사상과 밀접한 관련 속에서 저술되었다는 점을 고려해 볼 때 이 시기에 편찬된 역사 교과서는 시대적 산물이자 당대 역사인식의 결정체라 할 수 있다. 따라서 대한제국시기에 간행된 22종의 국사교과서는 물론 외국 역사 교과서 12종 역시 이 분야 연구에 있어 상당히 중요한 자료임에 틀림없다. 더구나 1895~1910년의 한국사학은 중세사학에서 근대사학으로 발전하기 시작하는 시기이므로 더욱 그러하다.

이러한 격동기의 교육제도는 1894년 갑오개혁에서 새롭게 시작되었다. 사실 1894년 갑오개혁 이전 조선의 교육제도는 성균관, 사학, 향교, 서원 및 서당으로 구성되어 있었으며 고등교육은 성균관에서 담당하고 있었다. 그렇지만 당시 모든 교육기관은 과거(科擧)를 지상목표로 하여 자국사에 대한 학습은 외면한 채 사마천의 『사기(史記)』를 비롯한 『삼국지(三國志)』, 『한서(漢書)』, 『통감(統鑑)』, 『사략(史略)』 등 중국 역사를 읽고 가르치는 것이 역사교육의 실상이었다.

그런데 개항이후 1882년 조선정부는 미국과 조미수호통상조약를 체결한 이후 서양 여러 나라와 국교를 맺게 되면서 신교육의 필요를 절감하고 이를 담당할 교육기관의 설립을 서둘렀다. 그리하여 정부 주도의 관립학교를 세우면서 교육의 내용도 변화되기 시작하였다. 그 외 배재학당, 이화학당 등의 근대식 사립학교도 설립되었으며 새로운 학교교육에 따른 교과과정 및 교과목들이 확정되었고 새로운 교과과정에 역사과목으로 세계역사, 각국역사 등이 개설되었던 것이다.[1]

이후 1894년 조선정부는 갑오개혁을 단행하면서 교육제도도 개혁

1 손인수, 『韓國開化教育研究』, 일지사, 1992, 28면.

하였다. 1894년 6월 조선시대의 학무(學務)를 담당하던 예조(禮曹)를 폐지하고, 학무아문(學務衙門)을 신설하여 교육제도의 주관부서를 정비하였으며, 과거제도를 폐지함으로써 신교육제도가 확립되기에 이르렀다. 또한 1895년 2월 고종은 자주독립과 내정개혁의 실시를 주요한 내용으로 하는 '교육조서(敎育詔書)'를 반포하여 교육입국(敎育立國)의 이상을 천명하였다. 고종은 교육조서반포 이후 교육담당 부서가 학무아문임에도 불구하고 내무아문에서까지 "인민은 먼저 본국사와 본국문(本國文)을 가르칠 것"[2]이라고 특별히 역사교육의 필요성에 대한 훈시를 통해 교육의 방향을 강조하고 있다. 이 조서는 교육에 의해 나라를 정립하겠다는 교육입국의 의지를 천명한 것으로, 근대식 학제를 성립시킬 수 있는 계기가 마련되었다.

드디어 1895년 4월에 교사양성을 목적으로 하는 한성사범학교관제(漢城師範學校官制)를 공포하였는데 이것이 우리나라 최초의 근대식 학교법규였다. 그 뒤 정부는 1895년 5월에 외국어학교 관제를 제정하고 외국어학교(外國語學校)를 설립하였다. 또한 1895년 학무아문이 학부로 재편된 후 1895년 7월 19일 '소학교령(小學校令)'을 공포하고 국고에 의해 서울의 수하동, 재동, 저동 등에 관립소학교를 설립하였으며, 이후 공립소학교와 사립소학교도 전국적으로 설립되어 비로소 초등교육이 가능해졌다. 뒤이어 1889년 4월 공포된 중학교관제에 의해 처음 중학교도 설립되었다.

앞서 1895년에 발표된 각급 학교령에는 학과정도표(교과과정표)도

2 『高宗實錄』, 33권, 1895.3월 초, 10일조.

포함되어 있으며 학과목 중에는 '본국역사(本國歷史)'란 과목의 국사교과와 '외국역사'가 역사교과에서 교수되도록 규정하고 있다.[3] 예컨대 한성사범학교에서는 본과(2년과정)의 역사과목은 '본국역사 및 만국역사'로, 속성과(6개월과정)는 '본국역사 및 만국역사대요'란 역사교과과정으로 개설되었다. 또한 관립외국어학교의 교과과정에서는 역사로 '본국역사'를 별도로 두어 자국사를 더 중시한 것이다. 관립소학교의 경우 3년의 심상과(尋常科)와 2~3년의 고등과로 구분된 수업연한 중 심상과에서는 역사로 '본국역사'(선택)를, 고등과에서는 '본국역사'(필수)와 '외국역사'(선택)가 역사과목으로 규정되었다. 그 외에 전통적인 고등교육기관인 성균관의 경학과(經學科)에서도 '본국 및 만국역사'가 교수되도록 경학과규칙을 발표하여 역사교육의 강화에 주력하였다. 그런데 1895년 4월 19일에 발표된 한성사범학교의 학생 모집광고에서는 속성과(速成科)의 입학시험 중 조선역사와 지리가 포함되어 그 과목의 비중을 짐작케 한다.

한성사범학교에서 제시한 '교과목과 교수내용 및 유의점'에 대한 조항 중 특히 본국역사에 관한 내용을 보면, 당시 국가에서 의도하였던 역사교육은 국민된 지조(志操)를 기르는 것, 즉 국민된 긍지를 지니고 국가발전에 대한 자신을 갖도록 함에 그 목적을 두었음을 간파할 수 있다.[4]

한편 민간에서 설립한 사학(私學)은 그 건학정신(建學精神)을 민족주의

---

3 개국 504년 7월 22일, 勅令 제145호 「小學校令」 제8~10조(官報 제119호); 동년 7월 24일, 學部令 제1호 「漢城師範學校規則」(官報 제121호); 동년 8월 9일, 學部令 제2호 「成均館經學院規則」(官報 제135호) 참조.

4 「漢城師範學校規則」 참조.

에 토대를 두고 있었기 때문에 거의 모든 학교에서 국사교육이 이루어졌다. 1898년에 설립된 광흥학교, 한성의숙은 물론 민영환(閔泳煥), 정교(鄭喬) 등이 발기한 흥화학교, 시무학교, 상업전문의 광성학교, 한성법학교, 보성학교 등과 지방 대다수의 사립학교에서 역사가 주요과목으로 교수되었을 뿐 아니라 입학시험의 시험과목 중에 본국사가 포함되었던 것이다. 그 외에 이화학당은 역사가 정규과목으로 개설되었고, 배재학당도 세계역사, 한국역사, 일본역사, 중국역사 등을 교수하였다.

이처럼 역사과목을 중요시한 교과과정은 1906년 통감부설치 후 통감정치의 통제 하에서 실시된 학제개편에 따라 변화를 겪게 되었다.

1906년 이후 개편된 역사과목의 교과과정은 본국역사와 외국역사의 구별을 없애 자국사 과목의 중요성을 희석시켰으며, 역사과목의 시간수도 축소하는 방향으로 왜곡 편성되었다. 우선 소학교를 개편해 4년제로 신설한 보통학교의 경우 역사과목으로 통합하여 자국사개념을 배제시켰다. 이러한 양상은 시간이 지날수록 더욱 강화되어 1909년의 학제 개편에서는 지리와 역사를 한 과목으로 통합시켜 '지리역사'로 명하여 역사과목의 독립성을 제거하였을 뿐 아니라 아예 주당 과목시간 배정도 없애버렸던 것이다. 즉, 보통학교 1, 2학년은 '본국역사 · 지리의 대요(大要)'를 3, 4학년은 '본국역사 · 본국 및 외국지리의 대요'라는 과목명은 두고 있으나 수업시간을 배정하지 않았던 것이다. 이러한 역사와 지리과목의 통합은 다른 학교에서도 동일하였다. 1908년에 신설된 고등여학교에서도 역시 '역사지리'과목에 1주당 1~2시간을 배정하였지만, 1909년의 개편에 따라 과목명만 남기고 그나마 교과시간을 배정하지 않았다.[5] 일제의 학제개편이 조선을 식민지화하는 과정에서 세계관, 시대관, 현실인식을 가르치는 역사과목과 민족의식을 강화하고 항일의식을 심어주는 자국사를 학교교육에서 의도적으로 제외시키려 했던 식민지교육방침의 일환이었음은 짐작하고도 남는다.

전술한 바대로 조선정부가 추진한 새로운 학제 및 교과과정이 정비되자 무엇보다도 각 과목의 교재편찬에 착수하였으며, 학부의 담당자를 중심으로 역사 교과서의 편찬도 서둘렀다. 그러나 당시의 상황은 근대교육을 주관해 갈 인적, 물적자원의 부족은 물론 교과서편찬의 경험이 없었을 뿐 더러 새로운 국사교육의 교재개발을 위한 본국역사에 대한 통사적 서술작업은 더욱 어려운 문제가 아닐 수 없었다. 그러므로 근대교과서 편찬의 경험이 있던 일본의 선례가 참작되거나 일인의 참여 하에 교과서편찬 작업이 진행된 것은 당시의 상황에서는 불가피한 선택이었다. 예컨대 1895년 5월 24일 외부(外部)에서 주일공사관에 사범학교 및 소학교 교과서 편찬참고용으로 일본의 각종 교과서를 보내줄 것을 훈령한 것이 그 중 하나다. 이후 편찬된 최초의 국어교과서인 『심상소학(尋常小學)』과 최초의 교육학 교과서 『신찬교육학(新撰教育學)』은 일본인의 협력과 참여로 비로소 만들 수 있었던 것이다. 이 시기 교육근대화를 위한 조선인의 주체적 역량이 부족한 데 더하여 일제의 침략적 간섭 하에 진행된 교육개혁은 출발부터 자주성을 크게 손상시키는 한계성을 지니고 있었다.[6]

---

5 「私立學校規則」 제2장 학과과정 및 교수시수 제10, 13, 14조. 강윤호, 『개화기의 교과용도서』, 교육출판사, 1973, 42~49면 참조.

6 박걸순, 「韓末 學部 편찬 사서와 그 역사인식」, 『충북사학』 5집, 2000.

교과서편찬사업의 주무부서인 학부는 1895년 3월에 교과용도서의 번역과 편찬 등을 담당할 편집국을 설치하고 교과서 편찬에 착수하였다. 마침내 1895년 10월경 최초의 관찬 역사 교과서 『조선역사(朝鮮歷史)』가 국한문 혼용체로 간행되었고, 이어 『조선역대사략(朝鮮歷代史略)』과 『조선략사(朝鮮略史)』가 편찬되었다.[7] 3책이 비슷한 시기에 출간된 점으로 미루어 보건대, 학부에서 『조선역사』와 『조선역대사략』을 간행하였지만 그 내용이 너무 어려워 초등학교 입문용으로 쉽게 풀어 서술한 『조선략사』를 편찬한 것으로 추측된다.

이후 학부는 이 사서를 보충하여 1899년에 『동국역대사략(東國歷代史略)』, 속간본인 『대한역대사략(大韓歷代史略)』 및 국한문혼용의 『보통교과 동국역사(普通教科東國歷史)』를 편찬하였다.

이 시기 이후의 역사 교과서는 학부보다는 일반인이나 계몽 단체에 의해서 간행되는 경향으로 전환되었다. 그런데 역사 교과서 편찬에서 나타난 변화는 편찬주체에 그치는 것이 아니라 역사 교과서의 서술방식이나 그 내용에도 나타나기 시작하였다. 즉 교과서 서술문체에서 순한문은 거의 사라지고 국한문 또는 순한글로 정착되었던 점이 주목된다. 또한 전근대적인 왕조중심의 편년체 서술을 하면서도 통사를 고대-중세-근대로 시대를 구분하여 기술하는 '신사체(新史體)'가 등장하고 있어 역사 서술 방법론상의 변화도 보인다.

그런데 조선정부의 의도 하에 진행되었던 교과서편찬사업은 1905년 을사조약체결이후 일제의 통감부가 설치되고 학제 개편이 본격화

---

7 金興洙, 「歷史教科書 및 歷史 圖書의 편찬과 內容」, 『韓國近代歷史教育研究』, 삼영사, 1990, 121면.

되면서 일제 주도의 교과서통제정책으로 전환되었다. 즉 1904년 제1차 한일의정서(韓日議定書)가 체결되고 1905년 제2차 한일협약(韓日協約)이 조인되어 학부참여관(學部參與官)이 부임하자 기존의 한국인위주 교육정책에서 자주적 성격이 크게 약화되었다. 특히 1905년 2월 일본정부의 추천으로 일인관리가 학부 고문관격인 학부참여관으로 임명되자 일본의 한국교육에 대한 간섭이 노골화되었다. 통감부는 1905년부터 학부 편집국을 일인 학부참여관의 지도 감독 하에 두고 교과서에 대한 일정한 제한을 두기 시작하였다. 우선 1906년 각급 학교령을 공포하고 여기에 각 학교의 '교과서사용규정'을 포함시켰다. 이시기 학부의 교과서정책은 교과용도서 번역, 편찬, 검정에 대한 통제가 주된 방향이었으며, 궁극적으로 조선을 강제로 병합할 경우를 전제로 한 성격의 조치였던 것이다.

뒤이어 통감부는 1908년 8월 '사립학교령(私立學校令)'과 '교과용도서검정규정(教科用圖書檢定規程)'을 발표하고 본격적으로 교과서 내용에 대한 간섭과 통제를 가하였다. 사립학교령에 의하면 사립학교를 설립할 때는 학부대신의 인가를 얻어야 하며 인가 신청시 교과용도서명도 제시하도록 규제한 것이다. 즉 '교과용도서검정규정'은 모든 교과용도서가 학부대신의 검정을 받도록 압박한 것이므로 사립학교에도 그대로 적용되어 사립학교의 교육이 통감부의 통제 하에 놓이게 되었다.

1910년 5월말의 교과용도서검정 상황을 보면 역사는 16부가 출원하여 6부만이 인가(불인가 3부, 조사 중 7부)되었으며, 인가상황도 역사는 19부가 출원하여 7부만이 인가되고 있어 큰 제약을 받고 있음을 알 수 있다. 1911년 말 검정된 교과서는 유옥겸의 『동양사교과서(東洋史教科

書)』, 『서양사교과서(西洋史教科書)』, 박정동의 『초등대동역사(初等大東歷史)』, 『초등본국략사(初等本國略史)』, 안종화(安鐘和)의 『초등본국역사(初等本國歷史)』, 유근(柳瑾)의 『신찬초등역사(新撰初等歷史)』로 국사교과서는 고작 4종에 불과하였다. 이는 모두 초등용으로 일제의 조선사왜곡 및 조선인우민화정책의 산물인 바, 특히 한일관계의 기술에서 일본의 우월성을 인정하고 일본이 조선의 근대화와 독립을 위해 노력하고 있다고 서술한 것이 공통된 특징이다. 불인가된 역사 교과서는 국사 9종과 세계사 12종 등 총 21종에 달하였다. 이로써 민족사서는 물론 학부, 문부성 및 일인이 편찬한 다수 도서까지 인가하지 않고 있는데 이는 강제병탄 이후 일제의 식민지배가 강경해져 감을 반영하는 것이다.

근대교육제가 시행된 1895년부터 1910년까지 편찬된 역사 교과서를 국사와 외국역사로 정리한 것이 아래의 표1과 표2이다.

표1 1895~1910년간 편찬된 국사교과서

	교과서명	편집자	연도	대상시대	체제	기타	책수
1	조선역사 (朝鮮歷史)	학부	1895	단군~조선	편년 국한문	최초의국사교과서, 최초국한문, 건국기원사용, 초등용	3권3책
2	조선역대사략 (朝鮮歷代史略)	학부	1895	단군~조선	편년 한문	고등용	3권3책
3	조선략사 (朝鮮略史)	학부	1895	단군~조선	신사체 국한문	1, 2를합쳐 쉽게 초등용	5권2책
4	동국역대사략 (東國歷代史略)	학부	1899	단군~고려	편년 한문	중(고)등용, 95년보다 정돈	6권3책
5	대한역대사략 (大韓歷代史略)	학부	1899	조선	편년 한문	중(고)등용	2권2책
6	보통교과 동국역사 (普通教科東國歷史)	학부	1899	단군~고려	편년 국한문	중등용 동국역대사략을 초등용으로, 문예 추가 역사총체적 파악 노력, 후일 중등교과동국사략의 기초됨	5권2책
7	역사집략 (歷史輯略)	김택영 (金澤榮)	1905	단군~고려	편년 한문	고등용, 관학 대표한 사찬	1권2책

8	대동역사 (大東歷史)	최경환 (崔景煥)	1905	단군~마한	편년 한문	독립협회 간행 (1896년 필사본을 출판)	5권2책
9	대동역사 (大東歷史)	정교 (鄭 喬)	1905	신라	편년 한문	중등이상, 독립협회 간행	12권4책
10	중등교과동국사략 (中等教科東國史略)	현채 (玄 采)	1906	고대~조선	신사체 국한문	하야시의 『조선사』 역술, 사립중등용, 학부불인가	4권2책
11	보통교과 대동역사략 (普通教科大東歷史略)	국민교육회	1906	단군~고려	편년 국한문	초등용, 계몽주의사서	7권1책
12	신정동국역사 (新訂東國歷史)	원영의 (元泳義), 유근(柳瑾)	1906	단군~고려	편년 국한문	초등용, 계몽주의사서	2권2책
13	초등대한역사 (初等大韓歷史)	정인호 (鄭寅琥)	1908	고대~조선	신사체	사립초등용, 학부불인가	1책
14	대한력ᄉᆞ(상)	헐버트, 오성근 (吳聖根)	1908	단군~고려	편년 한글	선교계 대동역사번역 교회나 선교계학교용	1책
15	초등본국역사 (初等本國歷史)	유근	1908	상고~조선	신사체 국한문	사립초등용, 학부인가	1책
16	초등대한력ᄉᆞ	조종만	1908	상고~조선	신사체 한글	초등용	1책
17	초등본국역사 (初等本國歷史)	안종화 (安鍾和)	1909	상고~조선	신사체 국한문	사립초등용, 학부검정	1책
18	초등본국략사 (初等本國略史)	홍사단	1909	단군~조선	신사체 국한문	사립초등용, 학부검정	2권2책
19	초등대동역사 (初等大東歷史)	박정동 (朴晶東)	1909	단군~조선	신사체 국한문	사립초등용, 학부검정	1책
20	대동청사 (大東青史)	황의돈 (黃義敦)	1909	단군~	신사체 국한문	북간도 명동학교교재	1책
21	신찬초등역사 (新撰初等歷史)	유근	1910	단군~조선	편년 국한문	사립초등용, 학부검정	3권3책
22	국조사 (國朝史)	원영의	1910	조선	편년 국한문	해외민족학교 교재용, 『신정동국역사』의 속편인 듯, 의병, 구국운동, 일제침략 기술	1책

표2 1895년~1910년 간 편찬된 외국 역사 교과서

교과서명	편집자	연도	교과서명	편집자	연도
만국략사(萬國略史) 상권	학부	1895	미국독립사(美國獨立史)	황성신문사 서양서일역본 번역	1899
중일략사론(中日略史論)	학부[輯譯]	1898	파란말년전사(波蘭末年戰史)	어용선(漁瑢善)	1899
태서신사(泰西新史)	학부	1897	만국사기(萬國史記)	학부	1905
아국략사(俄國略史)	학부	1897	중등동양사(中等東洋史)	유옥겸(兪鈺兼)	1908
중국략사론(中國略史編)	학부	1898	동양사교과서(東洋史教科書)	유옥겸	1908
중동전기(中東戰記)	현채중역	1899	정선만국사(精選萬國史)	김상인	1908
애급근대사(埃及近代史)	황성신문사	1899	서양사교과서(西洋史教科書)	유옥겸	1910

2. 근대 역사 교과서의 특징과 양상

구한말 역사 교과서는 그 편찬정책과 구성방식에 따라 크게 3시기로 나눌 수 있다. 제1기는 1895년~1904년까지 제2기는 1905년~1907년까지 제3기는 1908년~1910년까지로 구분해 볼 수 있다. 각 시기구분은 일제의 조선에 대한 지배력강화의 정도를 기준으로 하여 1905년 을사조약체결과 통감정치시행, 그리고 1907년 차관정치실시를 각 시기 구분의 분기점으로 설정하였다.

우선 역사 교과서 저술에 참여한 사람들을 살피면, 김택영, 현채와

같은 학부관리, 보성중학교 교사 원영의, 대한매일신보의 유근, 관립 소학교 교원 박정동, 독립협회의 정교, 흥사단, 국민교육회 등 인텔리 중산층으로서 민중계몽의 전위적 지도자들이었고, 실재 교단에서 교수한 경험이 있는 사람들이 많았고 언론에 관여했던 인사들의 결사가 주축이 되고 있음을 알 수 있다. 그 외 정인호와 조종만은 옥호서림(玉虎書林)과 한양서관(漢陽書館)을 각각 운영하던 출판사경영인이었으며 외국 역사 교과서의 저자로 법률역사교수인 유옥겸과 일본유학파 김상인을 꼽을 수 있다. 그러나 이들은 전문적이고 근대적인 역사교육을 받지 못했지만 학부, 혹은 출판사의 번역원으로 종사하는 과정에서 교과서 편찬의 중요성에 대한 자각을 계기로 저사(著史)에 참여한 경우가 많다. 따라서 이들의 역사인식과 서술에는 일정한 한계가 있다. 즉 일제침략의 본질을 간과하고 무비판적으로 식민사학을 수용한다든가 서술내용의 오류, 역사 서술 방법론상의 전근대성 등이 지적될 수 있을 것이다. 그 중 학부관리였던 김택영과 현채의 경우 저자의 학문적 기반에 따라 교과서의 성격이 결정되는 양상을 확인할 수 있다. 김택영은 전통적인 유학자의 입장에서 저술한 교과서 모두 한문본, 편년체로 정통론과 문헌고증을 중시한 역사인식에 입각해 중국 연호를 고집하고 있어 전통적 역사 서술의 한계를 벗어나지 못하고 있다. 게다가 단군조선을 부인한 그가 근대적 역사방법론을 무리하게 도입하면서 일본학자의 식민사학을 수용해 한국사서술에 왜곡된 한국사상(韓國史像)을 덧입히는 전형(典型)이 되는 우를 범하고 말았다.

한편 현채는 역관출신으로 다양한 외국서적을 접할 수 있는 기회가 많아서인지 23종에 달하는 역, 저서를 출판하는 등 새로운 학문을 신속하게 받아들였다. 그 결과 김택영 보다는 앞서서 근대적 역사 서술 체제를 교과서편찬에 적용해 이후 역사 교과서편찬에 영향을 끼쳤던 인물이었다.

다음으로 각 시기별 교과서의 특징을 살펴보자. 제1기(1895~1904)의 국사교과서는 모두 6종으로 학부에서 만든 관찬사서였으며, 그 체제는 1종을 제외한 나머지 5종 모두가 편년체였다.(표1 참조) 교과서 모두가 단군에서 조선까지를 서술하였다. 물론 『보통교과 동국역사』는 고려까지 서술하였지만 원래 계획에서는 조선까지를 대상으로 하였던 것인데 고려까지 서술하고 중단되었다고 전해진다. 그 중 『조선역사』는 최초의 국한문 국사교과서였다는 점과 최초로 개국기원을 사용해 독립의식을 표현했으며 이후 교과서의 방향을 제시한 것에서 그 의의가 크다. 1899년에 간행된 『대한역대사략』에서 '대한'이라는 명칭이 처음 등장하였는데 이는 대한제국의 출범에 따른 변화라 보인다. 이후 제2기와 제3기에서 '대한'이 접두된 역사 교과서는 모두 이 책에서 그 제목을 취했다고 하겠다. 『보통교과 동국역사』에서는 단군조선의 위치를 격상시켜 단군조선에 대한 자주적 인식이 확대되는 서술로 변화하였다는 점이 주목된다.

이시기 외국 역사 교과서도 역시 다수가 학부에서 편찬되었으며 그 외 황성신문사가 출간한 책도 있었다. 최초의 책은 『만국략사 상권』 그 외 중국, 러시아, 이집트역사 및 미국의 독립을 다루고 있다. 대부분 약소국의 역사나 홍망사 및 제국주의 식민지가 된 나라의 역사를 다루고 있어, 당시 애국심을 기르고 국가를 지켜내야 한다는 정신을 고취시키려는 역사교육의 특성이 잘 드러나고 있다.

제2기(1905~1907)의 국사교과서는 제1기와 달리 사찬이 등장하였으며 1905년에 간행된 3종은 모두 한문본이었다. 전체 6종 중 현채의 『중등교과동국사략』은 일본의 하야시 다이스케[林泰輔]가 취한 시대구분법을 도입하여 통사를 태고(太古)-상고(上古)-중고(中古)-근세(近世)로 시대를 구분하여 기술하는 '신사체(新史體)'로 구성되었으며 나머지는 모두 편년체 서술이다. 서술대상 시기를 살피면 현채의 교과서를 제외한 5종은 단군-고려(신라)까지만 다룬 채 당대사를 제외시켜 당시 민족의 현실문제 해결을 외면했다고 비판받고 있다. 또한 『역사집략』은 일본의 식민사학을 무비판적으로 수용해 임나일본부설과 신공황후의 신라 침공설을 조선역사에 서술하여 식민사학의 전형이 되었다. 또한 현채의 『동국사략』은 일본국수주의 국학에 의해 서술한 하야시 다이스케의 『조선사』를 역술하였으니 제국주의적 식민사학의 역사인식으로 국사교과서를 구성한 모양새가 되었다. 뒤이은 제3기의 교과서 모두 이 『동국사략』의 체제를 따랐으니 그 영향을 짐작케 한다. 이 시기의 외국 역사 교과서는 학부에서 편찬된 『만국사기』로 동서양 만국의 고금역사를 국한문으로 편찬한 책으로 문명의 발달에 주안점을 두었다.

제3기(1908~1910)의 교과서는 일제의 교과서통제정책 하에서 편찬된 까닭에 민족적 의미나 자주성을 띤 내용을 담을 수 없다는 한계를 안고 간행된 것으로 대다수 사찬이었다. 초등용 교과서인 탓에 분량도 적고 간략하게 국한문으로 단군-조선까지 서술하면서도 대부분 강화도조약 이후의 역사적 사실은 다루지 않거나 소략하게 처리해 버려 역사 교과서의 역할을 소홀히 하고 있다. 이시기 교과서는 『동국사략』의 신사체인 태고–상고–중고–근세 등의 시기구분을 적용하는 경우가 일반적인 경향이다. 그중에서 정인호의 『초등대한역사』는 37종의 삽화와 2종의 역사지도를 삽입하여 학생들에게 시각자료를 제공한 특징적인 교과서였다. 또한 이 책은 다른 교과서와 달리 개항 이후의 시기에 대한 많은 분량을 할애하여 다양한 민족운동에 대한 기사와 반일조의 서술 등을 포함시켰으므로 이시기 유일하게 불인가판정을 받았던 국사교과서가 되었던 것이다.

제3기의 외국 역사 교과서는 앞선 시기와 달리 '동양사' 혹은 '서양사'교과서란 명칭을 채택하고 있어 일제의 교과서통제정책의 영향을 드러내고 그 내용에서도 역시 일본중심적인 성향이 강했다. 역사 서술 방식에서도 고대사–중세사–근세사라는 시대 구분을 채택하여 신사체를 도입했다는 점이 주목된다. 또한 중국 중심의 외국사에서 벗어나 인식의 대상을 확대하여 세계 각 지역의 여러나라를 대상으로 서술하였으며 문명사에 관한 내용이 많았다는 것은 근대문화에 대한 인식과 더불어 당대 지식인의 역사인식의 시야가 확대되고 있다는 것을 의미한다. 종래의 정치사, 제도사만이 아니라 대외관계사, 학술사, 종교사까지 서술하여 역사적 인식의 폭을 확대시킨 점은 특징적이다.

3 . 이화여대 소장본 '근대 역사 교과서'의 가치와 번역의 의의

구한말의 역사인식을 대변하는 역사 교과서 중 이화여대 도서관에 소장된 책을 선별하여 각 시기의 대표적인 역사 교과서 9종을 번역 · 해제하였다. 제1기는 학부의 『보통교과 동국역사』, 제2기는 현채의 『중등교과동국사략』과 국민교육회의 『보통교과 대동역사략』을 선정하였다. 또한 제3기는 정인호의 『초등대한역사』, 조종만의 『초등대한력ᄉ』, 안종화의 『초등본국역사』 등 초등용 국사교과서와 유옥겸의 『동양사교과서』, 김상인의 『정선만국사』 등 외국 역사 교과서를 각각 선정하였다.

이화여자대학교 도서관에는 이번에 번역 · 해제되는 9권의 역사 교과서를 포함하여 다양한 종류의 구한말 근대교과서가 소장되어 있다. 개화기 이후 국민교육 체제가 확립되는 과정에서 기독교 선교사들이 설립한 사립선교학교와 민족학교가 차지하는 위치나 역할은 자못 컸다. 예컨대 기독교 선교사들이 중심이 되어 설립한 이화전문학교는 이화여자대학교로 발전하여 현재 우리나라 여성교육의 중심축 역할을 넘어서서 글로벌이화를 추구하며 세계 속의 여자교육의 메카로 발돋움하고 있다. 이같은 대학의 역할에 걸맞게 이화여대 도서관은 개화기와 대한제국기, 일제 식민지 통치기의 역사 교과서를 비롯해 각종 근대교과서 및 다양한 자료를 수집해서 장기간 소장하고 있어 좋은 자료의 보고로서의 역할을 평가받을 만하다.

이번에 번역되는 역사 교과서들은 물론 이화여대 도서관에만 소장되어 있는 것은 아니다. 그러나 이화여대 소장본은 보존 상태가 양호하여 이 분야 연구에 기초가 되는 양질의 자료로 활용될 충분한 가치가 있다고 판단된다. 그러므로 이번 번역대상으로 선정된 역사 교과서 이외에도 반드시 번역하고 연구해야 할 귀중한 자료들이 적지 않으므로 한국학 관련기관과 연구자들에게 문호를 개방하는 방안을 모색해 보는 것이 바람직하다.

근대 역사 교과서의 번역과 해제를 통하여 도서관에 소장된 중요한 역사 교과서 일부가 공개되어 이 분야에서의 연구와 역사교육분야에 교육 자료로 활용할 수 있게 되었다. 또한 이를 토대로 개화기와 근대의 교육에 관한 연구가 활성화되는 계기가 마련되었다는 점도 주목할 만한 성과다. 아울러 현재 우리가 해결해 나가야 할 난제들을 인식할 수 있는 준거는 물론 바람직한 대응방법을 찾아가는 데 좋은 참고 자료로서의 역할도 충실히 완수할 것이라 생각된다.

근대 역사 교과서 번역은 원문에 충실한 직역을 원칙으로 하면서도 현재 우리말 수준에서 이해할 수 있는 글로 다듬었다. 또한 현재의 관점에서 이해할 수 있도록 재해석하는 과정을 거쳤으므로 단순한 역사적 자료로서 과거 교과서를 확인하는 정도를 넘어서서 우리 역사교육의 좌표와 지향점을 찾는 과정에서도 중요한 시사점을 줄 것이다. 각 역사 교과서 번역자들의 문투를 존중하면서도 전문가들의 치밀한 감수 과정을 거쳤으므로 가독력이나 완성도 측면에서도 일정한 완결성을 갖추고 있는 점도 이번 번역본의 장점으로 꼽을 수 있다. 특히 교육현장의 역사 교사들이 적극적으로 수업자료로 활용하여 학생들이 이 교과서를 통해 구한말의 학생들과 혹시 당대의 지식인들과 대화하며 서로의 역사의식을 논할 수 있는 통로 역할을 해줄 수 있기를 기대한다.

참고문헌

손인수, 『韓國開化敎育研究』, 일지사, 1981.

김홍수, 『韓國近代歷史敎育研究』, 삼영사, 1990.

한기언, 『日帝의 敎科書政策에 관한 研究』, 한국정신문화연구원, 1993.

조동걸 외, 『한국의 역사가와 역사학』, 창작과 비평사, 1994.

박걸순, 『韓國近代史學史研究』, 국학자료원, 1998.

김여칠, 「開化期 國史敎科書의 歷史認識」, 단국대학교 박사학위논문, 1985.

홍영백, 「한말세계사 관계사서의 내용과 그 한계」, 『素軒南都泳博士華甲紀念史學論叢』, 1982.

조동걸, 「한말사서와 그의 계몽주의적 허실(상)」, 『한국독립운동사연구』 제1집, 독립기념관 한국독립운동사연구소, 1987.

조동걸, 「한말사서와 그의 계몽주의적 허실(하)」, 『한국학논총』 10, 국민대학교 한국학연구소, 1988.

보통교과 대동역사략 해제

박광연

1. 저자

이화여자대학교 중앙도서관이 소장하고 있는 『보통교과 대동역사략(普通教科 大東歷史略)』(청구번호 T귀 951대315, 이하 『대동역사략』이라 함)에는 판권이 없어 저자 및 간행 정보를 알 수가 없다. 다만 『대동역사략』은 1906년 6월 국민교육회(國民教育會)에서 편찬, 발행한 것으로 널리 알려져 있다.

국민교육회는 교육을 통한 구국자강(救國自强)을 이루어야 한다는 분위기가 무르익어가던 1904년 8월 24일 연동교회(連洞教會)에서 이준(李儁), 이원긍(李源兢), 유성준(兪星濬), 전덕기(全德基), 박정동(朴晶東) 등에 의해 창립되었다. 초대회장은 이원긍이었고, 1906년 무렵 이준으로 바뀌었다. 본회는 일반 국민의 보통 교육을 발달시키기 위한 목적에서 학교 설립(보광학교(普光學校), 한남학교(漢南學校), 국민사범학교(國民師範學校) 등)과 서적 편찬 등의 활동을 추진하였다. 본회에서는 인쇄소를 따로 설치하여 교과서를 편찬하였다. 1906년 6월에는 『대동역사략』과 『신찬

소물리학(新撰小物理學)』, 그해 10월에는 『초등소학(初等小學)』, 1907년 7월에는 『초등지리교과서(初等地理教科書)』 등을 간행하였다. 이와 같이 본회는 비정치성을 띤 순수교육단체를 표방하면서 구국 개혁인사들을 결집하는 구심점 역할을 하였다.[8]

현재 국립중앙도서관이 소장하고 있는 『대동역사략』(BC 古朝 50-98-2)은 융희(隆熙) 2년(1908) 4월에 재판된 것으로 편술자(編述者) 유성준(兪星濬), 발행자(發行者) 박학서관(博學書舘), 인쇄소(印刷所) 보성사(普成社)로 되어 있다. 내용을 대조해본 결과, 1906년 국민교육회의 『대동역사략』과 1908년 유성준의 『대동역사략』이 동일한 책임을 확인하였다. 편집을 새롭게 하였고, 몇 글자 교정하였을 뿐이다. 예를 들어 1906년 본에서는 "兄의子畧으로써藩世子를삼다"를 1908년 본에서는 "兄의子畧로써藩世子를삼다"라고 하여 '으'자를 뺐다. 이를 근거로 본 『대동역사략』의 편찬자가 유성준이라고 생각한다.[9]

유성준(1860~1934)은 유진수(兪鎭壽)의 아들이며, 유길준(兪吉濬)의 친동생이다. 일본에 유학하여 법률 등을 배웠고, 일제강점기에 관직을 두루 역임한 친일 관료이다.[10] 개화사상가이자 기독교로 개종한 유성

---

8 신혜경, 「大韓帝國記 國民教育會 硏究」, 이화여자대학교 석사학위논문, 1993 참조.

9 조동걸은 高橋濱吉의 『朝鮮教育史考』(1927)에서 『대동역사략』을 유성준의 저술로 소개하고 있으나 그 근거가 분명하지 않다고 보았다(조동걸, 「韓末史書와 그의 啓蒙主義的 虛實 (下)」, 『한국학논총』 10, 1988, 156면).

10 유성준의 일본 견학 및 관직 역임 내력은 연대순으로 정리하면 다음과 같다.

1860	출생
1883.10	일본 경응의숙(慶應義塾) 입학
1885.1	수신사 일행의 권유로 귀국
1885.5	통리교섭통상사무아문 주사 → 내무부 주사
1891	전운서(轉運署) 사무관

준은 국민교육회의 창립회원이자 정회원으로서 다양한 활동을 하였다. 국민사범학교에 개인적으로 기부금을 내기도 하고, 교과서 편찬 및 연설에도 적극 참여하였다. 1906년 6월 부녀자를 대상으로 한 『가뎡잡지』를 창간할 때 잡지사 사장을 맡기도 하였다. 1906년 6월은 바로 『대동역사략』을 편찬, 발행한 때이다.

국민교육회는 1907년 12월경 흥사단(興士團)에 흡수되어 해제되었다. 유성준은 유길준이 창립한 흥사단에서 학무부장을 맡았다. 유성준이 『대동역사략』을 자신의 이름으로 재발행한 것은 흥사단에서 활동하던 시기였던 것 같다. 1908년 6월 4일~6월 19일자 『황성신문(皇城新聞)』에 『대동역사략』 판매 광고를 연이어 게재하고 있다.[11]

1895	농상공부 회계국장
1895.5	견습수세사무(見習收稅寺務)에 발탁되어 일본에 감, 11월 귀국
1896.4	국사범(國事犯) 혐의로 일본 망명
1897.3	동경부기전문학교(東京簿記專門學校) 입학, 8월 졸업
1898.1	동경명치법률학교(東京明治法律學校) 입학
1899.9	정부의 명으로 귀국
1900.3	국사범으로 체포되어 수감, 유배
1903.3	황주읍 교회에서 기독교 입교, 서울 연동교회에서 세례
1903.12	통진군수
1904.1	내부 경무국장(警務局長), 8월부터 치도국장(治道局長) 겸임
1904.12	학부 학무국장
1907	내무협판으로 승진
1907.8	법부 법제국장
1907.12	보성전문학교 제2대 교장 취임
1910	충청북도 참여관으로 발탁
1926	충청남도지사
1927	강원도지사
	민립대학기성준비회 참여, 조선물산장려회 1, 2대 이사장

11 광고 내용은 다음과 같다. "著述者 兪星濬/ 普通教科大東歷史略/ 再版印刷 全一冊 定價金四十錢/ 發行所 京城南部銅峴 博學書館/ 發賣所 京鄉各有名書館"

2. 구성

『대동역사략』에는 자서(自序)와 목차(目次)가 별도로 없다. 표지 다음 장에서 역대왕도표(歷代王都表)(3면)가 바로 시작되고, 역대일람(歷代一覽)(21면)이 이어진다. 역대왕도표에는 건도연대(建都年代), 도읍명[都名], 도읍의 현재 이름[今名], 연수(年數) 항목이 있고, 조선기자(朝鮮箕子)－조선위만(朝鮮衛滿)－고구려(高句麗)－백제(百濟)－신라(新羅)－고려(高麗) 순으로 도읍의 변화를 밝히고 있다. 여기서의 조선기자－조선위만－고구려－백제－신라－고려 순서는 역대일람 및 본문의 서술 순서와 다르다. 예를 들어 역대일람과 본문에서는 단군조선(檀君朝鮮)－기자조선(箕子朝鮮)－마한(馬韓) 순으로 서술하여 단군조선과 마한을 강조하고 위만조선(衛滿朝鮮)은 별도의 항목으로 설정하지 않았다. 다음 역대일람에는 왕호(王號), 성씨(姓氏), 이름[名字], 부친 및 항렬[父及輩行], 모친[母], 재위년수(在位年數), 나이[年齡], 후비(后妃) 항목을 설정하였다. 왕의 아버지뿐만 아니라 어머니, 후비까지 밝히고자 한 점이 주목된다. 단군조선－기자조선－마한－신라－고구려－백제－고려 순으로 정리하였다.

『대동역사략』은 본문이 7권으로 이루어져 있다. 권1(1~2면)은 단군조선기, 권2(3~16면)는 기자조선기, 권3(17~30면)은 마한기, 권4(31~80면)는 신라기 부(附) 고구려·백제, 권5(81~104면)는 신라기, 권6(105~182면)과 권7(183~221면)은 고려기이다. 책은 222면으로 끝나는데, 판권에 해당하는 부분이 없다.

시대 별로 면수와 비중을 살펴보면 다음과 같다. 단군조선이 1면, 기자조선이 14면, 마한이 14면, 통일 이전 신라(부 고구려 · 백제)가 50면, 통일 이후 신라가 24면, 고려가 모두 117면이다. 서술 분량을 비교해보면, 신라 중 · 하대의 내용은 매우 소략한 반면 무신집권기 및 몽골침입기의 내용은 방대하다. 고려기는 세 부분으로 나뉘어 있는데, 태조~의종대가 권6의 앞부분(105~146면)이고, 명종~충렬왕대가 권6의 뒷부분(147~182면)이다. 충선왕~공양왕(183~221면)이 권7에 해당하는데, 183면에는 책을 읽은 독자가 고려기 위에 '後'자를 써놓았다. 권6은 고려전기, 권7은 고려후기에 해당한다고 볼 수 있다. 권6의 뒷부분이 시작하는 147면에 '권6 대동역사략'이라는 표제가 인쇄되어 있는 점이 특이하다. 별도의 권으로 분리하지 않으면서 '권6 대동역사략'의 표제를 단 것에서 고려의 시대구분에 대한 찬자의 숙고를 엿볼 수 있다.

3. 내용

『대동역사략』의 내용상 특징에 대해서는 많은 연구들이 있다.[12] 의견을 종합하여 정리해보면 다음과 같다.

첫째, 단군부터 고려시대까지의 편년체(編年體) 통사(通史)로, 최경환

---

12 『대동역사략』에 대해 자세히 다루고 있는 논문은 다음과 같다.
김여칠, 「韓末 歷史敎科書의 歷史認識」; 조동걸, 「韓末史書와 그의 啓蒙主義的 虛實 (下)」, 『한국학논총』 10, 1988; 이연복, 「우리나라 近代 歷史敎育史 硏究—舊韓國의 國史敎育을 중심으로」, 『서울교대논문집』 11, 1978.

(崔景煥)의 『대동역사』(1905) 및 정교(鄭喬)의 『대동역사』(1905)와 기본 시각을 같이 한다. 고려사 부분은 『동국역대사략(東國歷代史略)』(1899) 및 『동사집략(東史集略)』을 간추려 번역한 것이다.

둘째, 단군 기원이 아니라 조선 개국년을 기준으로 대한 개국 기원 전후로 된 개국기년(開國紀年)을 사용하고 있다. 이는 왕조별 기년에 비하여 통시대적이다.

셋째, 외국 연기(年紀)를 배제하고 우리나라 연기만을 사용하고 있다.

넷째, 단군—기자—마한—신라로 이어지는 정통성을 부각하고 있다. 이는 『조선역사(朝鮮歷史)』의 고대사 체계와 동일하다. 개화기 교과서에서 일반적인 삼한정통론과 같으면서도 기자—마한, 마한—신라의 계승과정을 한층 강조한 것이다.

다섯째, 당시 소개되던 임나일본부설을 따르지 않았다. 『대동역사』·『동사집략』·『역사집략(歷史集略)』과 같이 임나(任那)를 삼한 때에 이미 있었던 소국(小國)으로 파악하였고, 독립국 임나는 마한의 지배로 멸망하였다고 서술하고 있다.

여섯째, 당시 많은 교과서에서 다루고 있던 위만(衛滿), 한사군(漢四郡)을 상고사 체계에서 제외시켰다.

이상의 특징을 통해 『대동역사략』이 고대사 서술에서 주체성을 견지하고 있음을 알 수 있다. 위만조선, 한사군을 배제시킨 점, 임나일본부설을 따르지 않은 점, 삼한정통론, 특히 마한—신라정통설을 취하고 있는 점이 이를 증명한다. 1910년 11월 경무총감부(警務總監部)는 민족의식(民族意識)을 말살시키기 위해 많은 서적의 발매·반포를 금지하고 압수하였는데 그 서목(書目)에 『대동역사략』도 포함되어 있다.[13] 이는 『대동역사략』이 친일 관료로 평가받는 유성준이 편찬하였지만, 친일적인 역사관을 담지하고 있다고 평가할 수 없음을 말해준다.

4. 가치

1906년 의무교육이 시행되면서 여성교육, 보통교육이 강조되던 상황에서 보통교육에 사용할 수 있는 교과서의 필요성이 강하게 요구되었다.[14] 국민교육회의 『대동역사략』은 이러한 요구를 충족시켜주었다는 점에서 시대적 가치를 지닌다. 이미 1899년에 현채(玄采)가 『보통교과 동국역사』를 편찬하였지만,[15] 학부(學部)에서 간행된 것이고 위만조선을 중심으로 삼한의 역사를 서술하고 있는 점[16] 등 『대동역사략』과 역사 인식을 달리하고 있다.

『대동역사략』은 현재 경기대학교, 고려대학교, 국민대학교, 단국대학교, 동국대학교, 서강대학교, 연세대학교, 인하대학교 등 많은 기관에

13 『每日申報』(1910.11.16); 『朝鮮總督府官報』(1910.11.19).

14 김여칠, 「1906년 이후의 國史教科書에 대하여」, 『역사교육』 36, 1984, 49~52면.

15 현채의 『보통교과 동국역사』는 국한문의 편년체 서술이고, 고려까지를 다루고 있다는 점에서 『대동역사략』과 유사점이 있다. 특히 『대동역사략』의 역대왕도표는 『보통교과 동국역사』의 역대왕도표를 그대로 수용하고 있다. 『대동역사략』의 역대왕도표가 역대일람 및 본문과 차이를 보이는 이유를 여기에서 찾을 수 있을 것 같다.

16 『보통교과 동국역사』 卷首에서 '衛滿朝鮮紀(附 四郡二府 · 馬韓紀 · 辰韓紀 · 弁韓紀)'를 다루고 있다.

소장되어 있고, 1977년 아세아문화사에서 영인한 『한국개화기교과서총서(韓國開化期敎科書叢書)』 18권에도 수록되었다. 그래서 이화여자대학교 중앙도서관 소장본만이 지니는 가치들을 원본 속에서 찾아보았다.

『대동역사략』의 표지 뒷면에는 〈사진 1〉에 보이는 종이가 붙어 있다. 이는 무자기재(毋自欺齋), 즉 민광식(閔光植)이 모은 장서임을 의미한다. 충북 음성의 농촌운동가였던 민광식은 1956년 9월 약 23년간 모은 장서 1,758종 6,855책을 이화여자대학교에 기증하였다. 「무자기재장서목록(毋自欺齋藏書目錄)」에 의하면, 그의 장서들은 총목(總目), 경부(經部), 사부(史部), 자부(子部), 집부(集部)로 분류되어 있다.[17] 『대동역사략』은 장서 제 49호로 사부 별사류(史部 別史類)에 속하고, 2462년 12월 20일에 소장하게 되었음을 알 수 있다. 2462년은 공기(孔紀)인데 서기(西紀)로 환산하면 1911년이다. 이를 통해 민광식이 공기(孔紀)를 사용하던 유자(儒者)였다는 점과 책이 간행된 지 5년 밖에 지나지 않았고 총독부에서 발매를 금지한 뒤인 1911년에 입수하였음을 알 수 있다.

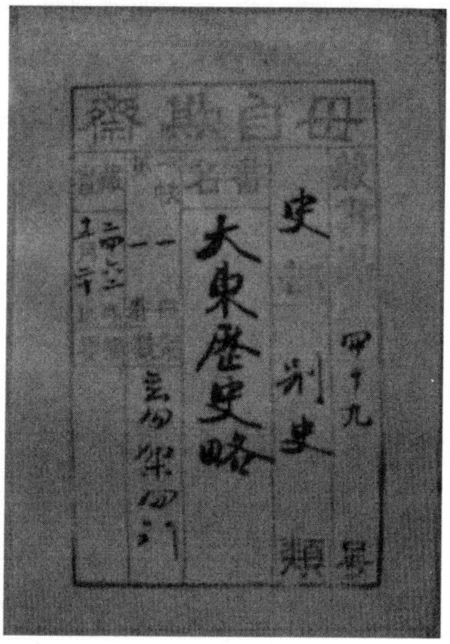

〈사진 1〉

표지 다음 1면, 즉 역대왕도표가 시작되는 면에는 두 개의 인장이 찍혀 있다. 오른쪽 상단은 이화여자대학교 도서관 인장이다. 오른쪽 하단의 작은 인장에는 '曺秉默章'이 새겨져 있다(〈사진 2〉). 여기에서 조병

---

17 김영봉, 「무자기재장서목록」, 『이화여자대학교 중앙도서관 소장 고서해제 I』, 2007, 45~52면 참조.

묵이라는 이름을 확인할 수 있다. 또 마지막 면인 220면의 공백에 'Cho hung chull'이라는 이름이 적혀 있다(〈사진 3〉). 조병묵과 마찬가지로 조씨인 조형철이다. 조병묵과 조형철이 누구인지는 아직까지 확인하지 못하였지만, 이 교과서의 독자층을 이해할 수 있는 좋은 자료가 될 수 있을 것 같다.

〈사진 2〉 1쪽 인장

〈사진 3〉 220면 낙서

차례

●보통교과 대동역사략

보통교과 대동역사략

|근대 역사 교과서 일러두기|

1. 번역의 저본은 이화여자대학교 중앙도서관 소장 『普通教科 大東歷史略』을 사용하였다.
2. 편차와 체제는 저본을 따랐다. 단 독자의 편의를 위하여 저본의 내용을 해치지 않는 범위에서 문장 길이를 조정하거나 문단을 나누었다.
3. 번역은 직역을 원칙으로 하되, 문맥이 통하는 자연스러운 현대역의 의의를 살리도록 하였다.
4. 맞춤법과 띄어쓰기는 '한글맞춤법통일안'을 따르는 것을 원칙으로 하였다.
5. 한글 표기를 원칙으로 하고, 고유명사나 이름, 관직, 지명, 기타 전문용어는 한자 또는 원어를 ( ) 안에 표기하였다. 반복되어 나올 경우에는 한글로만 표기하였다.
6. 연대는 원문에 있는 표기 방식을 살려 쓰되, '( )' 안에 서력 기년을 부기한다. 필요에 따라 한국 연호나 역조 임금의 즉위 기년을 환산하여 부기한다. 추정연도는 '[ ]'를 사용한다.
   예) 673년(문무왕 13)
7. 부호는 다음과 같이 구별하였다.
   ( ) : 음이 같은 한자 표기
   [ ] : 한글과 발음이 다른 한자 표기
   " " : 인용문, 대화
   ' ' : 재인용, 대화 안의 대화
   「 」: 항목명, 편명, 조명, 논문명
   『 』: 서명

|보통교과 대동역사략 일러두기|

1. 목차에 권6이 두 번 나오는 것은 원문상의 오류로서, 수정하지 않고 그대로 두었다. 내용상 오류는 수정하고 해당 사항을 각주에서 밝혔다.
2. 원문은 편년체 서술로서 간지와 왕의 재위 연대를 밝히고 있다. 번역문에서는 위만 조선이 한에게 멸망당한 효왕 6년(BC 108)부터 서력을 괄호 안에 병기하였다. 서력 환산은 간지를 기준으로 하였다.
3. 원문은 왕이 바뀌면 행을 바꿔서 적고 있다. 번역문에서는 한 행을 띄우고, 왕의 이름을 써주는 방식으로 구분하였다.
4. 원문은 용어, 지명 등에 대한 저자 주를 괄호 안에서 설명하고 있다. 번역문에서는 윗첨자 형태로 표기하였다.
   예) (병신) 천수 19년(936)^이 해에 후백제가 망함^ 가을 9월에 신검이 항복하고,
5. 원문에 없는 내용이지만 이해를 돕기 위해 덧붙인 부분은 ( )를 사용하였다.

역대왕도표(歷代王都表)

여기는 본문의 사실[本史]과 차이나는 곳이 많지만 지금은 속본(俗本)을 따르겠다.

건도建都 연대	도읍명都名	도읍의 현재이름	재위년수
조선朝鮮 기자箕子	평양平壤 & 왕검王儉	평안도 평안부平壤府	900여
조선 위만衛滿	위와 같음		87
고구려 동명왕東明王 원년	졸본부여卒本扶餘	평안도 성천부成川府	39
유리왕瑠璃王 22	국내위나암國內尉那巖	의주義州	206
산상왕山上王 13	환도丸都 & 안수홀安寸忽	영원寧遠 나험산那劒山	38
동천왕東川王 21	평양		91
고국원왕故國原王 12	환도		1
동왕 13	평양 동황성東黃城	평양 목멱산木覓山	84
장수왕長壽王 15	평양		159
평원왕平原王 28	장안長安		83
동왕	평양		
			합계 705
백제 온조왕溫祚王 원년	하남河南 위례慰禮	충청도 직산군稷山郡	13
동왕 14	한산漢山	광주廣州	375
근초고왕近肖古王 26	북한산北漢山	양주楊州	104
문주왕文周王 원년	웅진熊津	공주公州	63
성왕聖王 16	사비泗沘 & 남부여南扶餘	부여扶餘	123
			합계 678
신라 박혁거세朴赫居世 원년	진한辰韓	경상도 경주慶州	992
고려 태조 19	개주開州	경기도 개성부開城府	296

고종高宗 19	강화江華	강화부江華府	37
원종元宗 11	개성開城		20
충렬왕忠烈王 16	강화		2
동왕 18	개경開京	개성부	90
신우辛禑 8	한양漢陽	한성부漢城府	1
동왕 9	송경松京	개성부	7
공양왕恭讓王 2	한양		1
동왕 3	송경		1
			합계 456

역대일람(歷代一覽)*

여기는 본문의 사실[本史]과 간혹 같지 않은 곳이 있지만 지금은 속본(俗本)을 따르겠다.

단군조선							
왕호	성씨	이름	부친 및 항렬	모친	재위년수	나이	후비后妃
단군	환桓	왕검王儉 혹은 왕험王險	환웅桓雄 아들				비서갑非西岬 딸

기자조선							
왕호	성씨	이름	부친 및 항렬	모친	재위년수	나이	후비
태조 문선왕文宣王	자子	서여胥餘	무을자리武乙子理 아들		40	93	
장혜왕莊惠王		송松	태조 아들		25		
경효왕敬孝王		순洵	장혜왕 아들		27		
공정왕恭貞王		백伯	경효왕 아들		30		
문무왕文武王		춘椿	공정왕 아들		28		
태원왕太原王		공孔	문무왕 아들		4		
경창왕景昌王		장莊	태원왕 종자從子		11		
흥평왕興平王		착捉	경창왕 아들		14		
철위왕哲威王		조調	흥평왕 아들		18		
선혜왕宣惠王		색索	철위왕 아들		29		
훤양왕諠讓王		사師	선혜왕 아들		53		

* 역대일람에 나타난 원문상의 오류는 일일이 표기하지 않고 바로잡아 번역하였다.

문혜왕文惠王		염炎	훤양왕 아들		50		
성덕왕盛德王		월越	문혜왕 아들		15		
도회왕悼懷王		직職	성덕왕 아들		2		
문열왕文烈王		우優	도회왕 종자從子		15		
창국왕昌國王		목睦	문열왕 아들		13		
무성왕武成王		평平	창국왕 아들	왕씨	26	34	
정경왕貞敬王		궐闕	무성왕 아들		19		
낙성왕樂成王		회懷	정경왕 아들		28		
효종왕孝宗王		존存	낙성왕 아들		17		
천로왕天老王		효孝	효종왕 아들		24		
수도왕修道王		양襄	천로왕 아들		19		
휘양왕徽襄王		이邇	수도왕 아들		21		
봉일왕奉日王		참參	휘양왕 아들		16		
창덕왕昌德王		근僅	봉일왕 족자族子		18		
수서왕壽聖王		삭朔	창덕왕 아들		41		
영결왕英傑王		여藜	수성왕 아들		16		
일성왕逸聖王		강岡	영결왕 아들		17		
제세왕濟世王		혼混	일성왕 아들		21		
정국왕靖國王		벽壁	제세왕 아들		20		
도국왕導國王		징澄	정국왕 아들		19		
혁성왕赫聖王		척隲	도국왕 아들		28		
화라왕和羅王		습謵	혁성왕 아들		16		
설문왕設文王		하賀	화라왕 아들		8		
경순왕慶順王		화華	설문왕 아들		19		
가덕왕嘉德王		후詡	경순왕 아들		27		
삼로왕三老王		욱煜	가덕왕 아들		25		
현문왕顯文王		석釋	삼로왕 아들		39		
장평왕章平王		윤潤	현문왕 아들		19		
종통왕宗統王		부否	장평왕 아들		11		
애왕哀王		준準	종통왕 아들		28		
무강왕武康王		탁卓	애왕 아들				

마한							
왕호	성씨	이름	부친 및 항렬	모친	재위년수	나이	후비
안왕安王		감龕	무강왕 아들		30		
혜왕惠王		식寔	안왕 아들		13		
명왕明王		무武	혜왕 아들		31		
효왕孝王		형亨	명왕 아들		40		
양왕襄王		섭燮	효왕 아들		15		
원왕元王		훈勳	양왕 아들		26		
계왕稽王		정貞	원왕 아들		16		
학왕學王		학學	계왕 아들		25		

신라							
왕호	성씨	이름	부친 및 항렬	모친	재위 년수	나이	후비
혁거세 赫居世	박朴		소대공蘇代公 양자		60	73	알영閼英부인
남해南解			혁거세 아들	알영부인	20		운제雲帝부인
유리儒理			남해 태자	운제부인	33		
탈해脫解	석昔		다파나국多婆那國 왕자		23	85	아효阿孝부인, 남해 맏딸
파사婆娑	박		유리 둘째아들		32		사성史省부인 김씨, 허루갈문왕許婁葛文王 딸
지마祗摩			파사 적자嫡子	사성부인 김씨	22		애례愛禮부인 김씨, 갈문왕 마제摩帝 딸
일성逸聖			유리 맏아들		20		박씨, 지소례왕支所禮王 딸
아달라 阿達羅			일성 맏아들	박씨	30		내례內禮부인 박씨, 지마 딸
벌휴伐休	석		구추仇鄒 (탈해 아들)	지진내례只珍內禮 부인 김씨	12		
나해奈解			이매伊買 (벌휴 둘째아들)	내례부인	34		석씨, 골정骨正 딸
조분助賁			골정 맏아들 (벌휴 태자)	옥모玉帽부인 김씨, 구도仇道 갈문왕 딸	17		아이혜阿爾兮부인 석씨, 나해 딸
첨해沾解			골정 둘째아들	위와 같음	15		

미추味鄒	김		구도仇道 (김알지 5세손)	박씨, 갈문왕 이칠伊柒 딸	22		광명光明부인 석씨, 조분 딸
유례儒禮	석		조분 맏아들	박씨, 갈문왕 나음奈音 딸	14		
기림基臨			걸숙乞淑 (조분 아들)		12		
흘해訖解			우로于老 (나해 아들)	명원命元부인, 조분 딸	46		
내물奈勿			말구末仇 (미추 동생)	휴례休禮부인 김씨	46		김씨, 미추 딸
실성實聖			대서지大西知 (김알지 후손)	이리伊利부인 석씨, 아간 등보登保 딸	15		김씨, 미추 딸
눌지訥祗			내물	보급褓及부인 김씨(미추 딸)	41		김씨, 성골聖骨 딸
자비慈悲			눌지 맏아들	김씨, 실성 딸	21		김씨, 서불한 미사흔未斯欣 딸
소지炤智			자비 맏아들	김씨			선혜善兮부인, 이벌찬 내숙乃宿 딸
지증智證		지대로 智大路	습보習寶 (내물 증손)	조생鳥生부인 김씨(눌지 딸)	14	79	연제延帝부인 박씨, 이찬 등흔登欣 딸
법흥法興		원종 原宗	지증왕 맏아들	연제부인 박씨	26		보력保刀부인 박씨
진흥眞興	김	삼맥종 彡麥宗	입종立宗 (법흥왕 동생)	부인 김씨, 법흥왕 딸	36	43	사도思道부인 박씨
진지眞智		금륜 金輪	진흥왕 둘째아들	사도부인	3		지도知道부인
진평眞平		백정 伯淨	동륜銅輪 (진흥왕 아들)	만호萬呼부인 김씨(입종 딸)	53		마야摩耶부인 김씨, 갈문왕 복승福勝 딸
선덕여왕 善德女主		덕만 德曼	진평왕 맏딸	마야부인 김씨	15		
진덕여왕 眞德女主		승만 勝曼	국반國飯 (진평왕 동복아우)	월명月明부인 김씨	7		
태종太宗		춘추 春秋	문흥왕文興王 (진지왕 아들)	문정文貞태후 김씨, 진평왕 딸	7	59	문명文明왕후 김씨, 각간 서현舒玄 딸
문무文武		법민 法敏	태종 원자元子	문명왕후김씨	20		자의慈儀왕후, 파진찬 선품善品 딸
신문神文		정명政明 자는 일소日炤	문무왕 태자	자의왕후	11		김씨, 일길찬 흠운欽運 딸

효소孝昭		이홍 理洪	신문왕 원자	신목神穆왕후 김씨	10	16	
성덕聖德		융기隆基 뒤에 홍광興光 으로 고침	신문왕 둘째아들	위와 같음	35		김씨, 소판 원태元泰 딸
효성孝成		승경 承慶	성덕왕 둘째아들	소덕炤德왕후	5		박씨
경덕景德		헌영 憲英	성덕왕 셋째아들	위와 같음	24		이찬 순정順貞 딸
혜공惠恭		건운 乾運	경덕왕 적자嫡子	만월滿月부인 김씨, 서불한 의충義忠 딸	15	22	신보新寶왕후, 이찬 유성維誠 딸
선덕宣德		양상 良相	개성왕開聖王 효방孝芳 (내물 9세손)	정의貞懿태후 김씨, 성덕왕 딸	5		구족具足부인, 각간 양품良品 딸
원성元聖		경신 敬信	명덕대왕明德大王 효양孝讓 (내물 11세손)	소문昭文태후 박씨	14		김씨, 각간 신술神述 딸
소성昭聖		준옹 俊邕	혜충대왕惠忠大王 인겸仁謙 (원성왕 태자)	성목聖穆왕후 김씨, 신씨申氏라고도 함	1		계화桂花부인 김씨, 숙씨叔氏라고도 함. 대아찬 숙명叔明 딸
애장哀莊		중희 重熙	소성왕	계화부인 김씨	9	22	박씨
헌덕憲德		언승 彦昇	인겸	성목왕후 김씨	17		귀승貴勝부인 정씨貞氏, 각간 예영禮英 딸
흥덕興德		경휘 景徽	인겸	위와 같음	10		장화章和부인 김씨, 소성왕 딸
희강僖康		제륭 悌陵	익성대왕翼成大王 헌정憲貞 (원성왕 손자)	순성順成태후 박씨	2		문목文穆부인, 갈문왕 충공忠恭 딸
민애閔哀		명明	선강대왕宣康大王 충공忠恭 (원성왕 손자)	선의宣懿태후 박씨	1		윤용允容왕후
신무神武		우징 祐徵	성덕대왕成德大王 균정均貞 (원성왕 손자)	헌목憲穆태후 박씨	7개월		
문성文聖		경응 慶膺	신무왕 태자	정계貞繼부인	18		박씨

헌안憲安		의정 誼靖	균정	소명昭明부인, 선강왕 딸	4		
경문景文		응렴 膺(凝)廉	의공대왕懿恭大王 계명啓明 (희강왕 아들)	광의光懿 왕태후 박씨	14		문의文懿왕비 김씨, 헌안왕 딸
헌강憲康		정晸	경문왕 태자	문의文懿왕후 김씨	11		의명懿明부인
정강定康		황晃	경문왕 둘째아들		1		
진성여왕 眞聖女主		만曼	경문왕		10		
효공孝恭		요嶢	헌강왕 서자	의명義明 왕태후 김씨	15		이찬 예겸乂謙 딸
신덕神德	박	경휘 景暉	선성대왕宣聖大王 예겸 (아달라 먼 후손)	정화貞和왕후	5		의성義成왕후 김씨, 헌강왕 딸
경명景明		승영 昇英	신덕왕 태자	의성義成왕후 김씨	7		
경애景哀		위응 魏膺	신덕왕	위와 같음	3		
경순敬順	김	부傅	신흥대왕神興大王 효종孝宗 (문성왕 후손)	계아桂峨태후	9		

고구려							
왕호	성씨	이름	부친 및 항렬	모친	재위 년수	나이	후비
동명왕 東明王	고高	주몽朱蒙	부여왕 금와金蛙	유화	18	40	졸본부여왕 딸
유리琉璃		유리類利	동명왕 원자元子	예씨禮氏, 부여인	36		송씨松氏, 다물후多勿侯 송양松讓 딸
태무신 太武神		무휼無恤	유리왕 셋째아들	송씨	26	41	
민중閔中		해읍주 解邑朱	유리왕		4		
모본慕本		해우解憂	태무신왕 원자		5		부여인
태조太祖		궁宮	재사再思 (유리왕 아들)	부여인	93	119	

차대次大		수성遂成	재사	위와 같음	19	95	
신대新大		백고伯固	재사		14	91	
고국천 故國川		남무男武	신대왕 둘째아들		18		우씨于氏, 제나부提那部 소素 딸
산상山上		연우延優	신대왕		30		전 왕후 우씨
동천東川		우위거 憂位居	산상왕 태자	소후후小后后 딸, 주통촌酒桶村 딸	21		
중천中川		연불然弗	동천왕 태자		22		연씨椽氏
서천西川		약로藥盧	중천왕 둘째아들		22		우씨, 서부 대사자 수漱 딸
봉상烽上		상부相夫	서천왕 태자		8		
미천美川		을불乙弗	돌고咄固 (봉상왕 동생)		31		
고국원 故國原		쇠釗	미천왕 태자	주씨周氏	40		
소수림 小獸林		구부丘夫	고국원왕		13		
고국양 故國壤		이련伊連	고국원왕		8		
광개토 廣開土		담덕談德	고국양왕 원자		22		
장수長壽		거련巨璉	광개토왕 원자		78	98	
문자文咨		나운羅雲	조다助多 (장수왕 아들)		28		
안장安藏		흥안興安	문자왕 맏아들		12		
안원安原		보연寶延	문자왕		14		
양원陽原		평성平成	안원왕 맏아들		14		
평원平原		양성陽成	양원왕 맏아들		31		
영양嬰陽		원元	평원왕 맏아들		28		
영류營留		건무建武	평원왕		24		
보장寶藏		장臧	대양大陽 (영류왕 동생)		27		

백제							
왕호	성씨	이름	부친 및 항렬	모친	재위 년수	나이	후비
온조왕 溫祚王	부여		주몽왕 둘째아들	졸본부여왕 딸	44		
다루多婁			온조왕 원자		49		
기루己婁			다루왕 원자		51		
개루蓋婁			기루왕		38		
초고肖古			개루왕		48		
구수仇首			초고왕 원자		20		
고이古爾			개루왕 둘째아들		52		
책계責稽			고이왕		12		부인 보과寶菓, 대방왕帶方王 딸
분서汾西			책계왕 맏아들		6		
비류比流			구수왕 둘째아들		40		
계契			분서왕 맏아들		2		
근초고 近肖古			비류왕 둘째아들		29		
근구수 近仇首			근초고왕 태자		9		
침류枕流			근구수왕 원자	아역阿亦부인	1		
진사辰斯			근구수왕 둘째아들		7		
아신阿莘			침류왕 원자		13		
전지腆支		영暎	아신왕 원자		15		팔수八須부인
구이신 久爾辛			전지왕 맏아들	팔수부인	7		
비유毗有			구이신 맏아들		28		
개로蓋鹵		경사慶司, 뒤에 여경餘慶으로 고침	비유왕 맏아들		20		
문주文周			비유왕 둘째아들		2		
삼근三斤			문주왕 맏아들		2	15	
동성東城		모대牟大	곤지昆支 둘째아들		22		신라 이벌찬 비지比智 딸

무령武寧		사마斯摩	개로왕		22		
성왕聖王		명농明穠	무령왕		31		
위덕威德		창昌	성왕 원자		44		
혜惠		계명季明	위덕왕 둘째아들		1		
법法		선宣	혜왕 맏아들		1		
무武		장璋	법왕		41		
의자義慈			무왕 원자		20		

고려							
왕호	성씨	이름	부친 및 항렬	모친	재위 년수	나이	후비
태조	왕王	건建 자 약천若天	금성태수 융隆 맏아들	위숙威肅왕후 한씨韓氏	26 (신라 멸망 후9)	67	신혜神惠왕후 류씨, 이중대광 천궁天弓 딸
혜종 惠宗		무武 자 승건承乾	태조 맏아들	장화莊和왕후 오씨, 다련군多憐君 딸	2	34	의화義和왕후 임씨, 대광 희曦 딸
정종 定宗		요堯 자 천의天義	태조 둘째아들	신명神明왕후 유씨劉氏, 긍달兢達 딸	4	27	문공文恭왕후 박씨, 삼중대광 영규英規 딸
광종 光宗		소昭 자 일화日華	태조 셋째아들	위와 같음	26	56	대목大穆왕후 황보씨, 태조 딸
경종 景宗		주伷 자 장민長民	광종 맏아들	대목왕후 황보씨	6	27	헌숙獻肅왕후 김씨, 신라 경순왕 딸
성종 成宗		치治 자 온고溫古	대종욱戴宗旭 (태조 일곱째아들) 둘째아들	선의宣義왕후 류씨柳氏	16	38	문덕文德왕후 유씨, 광종 딸
목종 穆宗		송誦 자 효주孝伷	경종 맏아들	헌애獻哀왕후 황보씨, 대종戴宗 딸	12	20	선정宣正왕후 유씨, 종실인 홍덕원군 弘德院君 규圭 딸
현종 顯宗		순詢 자 안세安世	안종욱安宗郁 (태조 아들)	효숙孝肅왕후 황보씨	22	40	원정元貞왕후 김씨, 성종 딸
덕종 德宗		흠欽 자 원량元良	현종 맏아들	원성元成태후 김씨	3	19	경성敬成왕후 김씨, 현종 딸
정종 靖宗		향享 자 신소申炤	현종 둘째아들	위와 같음	12	32	용신容信왕후 한씨, 중문하시중 조祚 딸
문종 文宗		휘徽 자 촉유燭幽	현종 셋째아들	원혜元惠태후 김씨, 시중 은부殷傅 딸	37	65	인평仁平왕후 김씨, 현종 딸

순종 順宗		훈勳 자 의공義恭	문종 맏아들	인예仁睿태후 이씨, 시중 중서령 자연子淵 딸	4개월	37	정의貞懿왕후 왕씨, 종실인 평양공平壤公 기基의 딸
선종 宣宗		운運 자 계천繼天	문종 둘째아들	위와 같음	11	46	사숙思肅태후 이씨, 공부상서 석碩의 딸
헌종 獻宗		욱昱	선종 원자	사숙태후 이씨	1	14	
숙종 肅宗		옹顒 자 천상天常	문종 셋째아들	인예태후 이씨	10	54	명의明懿태후 류씨, 문하시중 홍洪의 딸
예종 睿宗		우俁 자 세민世民	숙종 맏아들	명의태후 유씨	17	45	경화敬和왕후 이씨, 선종 딸
인종 仁宗		해楷 자 인표仁表	예종 맏아들	순덕順德왕후 이씨, 조선국공 자겸資謙 딸	24	38	공예恭睿태후 임씨, 중서령 원후元厚 딸
의종 毅宗		현晛 자 일승日升	인종 맏아들	공예태후 임씨	24	47	장경莊敬왕후 김씨, 종실인 강릉공江陵公 온溫의 딸
명종 明宗		호晧 자 지단之但	인종 셋째아들	위와 같음	27	72	광정光靖태후 김씨, 위와 같음
신종 神宗		탁晫 자 지화至華	인종 다섯째아들	위와 같음	7	61	선정宣靖태후 김씨, 위와 같음
희종 熙宗		영韺 자 불피不陂	신종 맏아들	선정태후 김씨	7	57	성평成平왕후 임씨, 종실인 영인후寧仁侯 진禛의 딸
강종 康宗		오祦 자 대화大華	명종 맏아들	광정태후 김씨	2	62	사평思平왕후 이씨, 의방義方의 딸
고종 高宗		철瞮 자 대명大明	강종 맏아들	원덕元德태후 류씨, 종실인 신안후神安侯 성珹의 딸	46	68	안혜安惠태후 류씨, 희종 딸
원종 元宗		식植 자 일신日新	고종 맏아들	안혜태후 류씨	15	56	순경順敬태후 김씨, 장익공莊翼公 약선若先의 딸
충렬왕 忠烈王		거昛	원종 맏아들	순경태후 김씨	34	73	제국대장공주 齊國大長公主, 이름 홀도노게리미실 忽都魯揭里迷失, 원 세조의 딸
충선왕 忠宣王		장璋 자 중앙仲昻	충렬왕 맏아들	제국대장공주	5	51	계국薊國대장공주, 이름 보탑실련寶塔實憐, 원 진왕晉王 감마랄甘麻剌의 딸

충숙왕 忠肅王		도燾 어릴 때 이름 의효宜孝	충선왕 둘째아들	의비懿妃, 야속진也速眞 몽골여인	17 복위 8	46	복국濮國장공주, 이름 역련진팔랄 亦憐眞八剌, 원 영왕營王인 야선첩목아也先帖木兒 딸
충혜왕 忠惠王		정禎	충숙왕 맏아들	명덕明德태후 홍씨, 부원군府院君 규奎의 딸	1 복위 5	30	덕녕德寧공주, 이름 역련진반亦憐眞班, 원 진서무정왕鎭西武靖王 초팔焦八 딸
충목왕 忠穆王		흔昕	충혜왕 맏아들	덕녕공주	4	12	
충정왕 忠定王		저眡	충혜왕 서자	희비禧妃 윤씨尹氏	3	15	
공민왕 恭愍王		전顓	충숙왕 둘째아들	명덕明德태후 홍씨	23	45	휘의노국徽懿魯國 대장공주, 이름 보탑실리, 원 종실인 위왕魏王 딸
우禑	산辛	어릴 때 이름 모니노牟尼奴	신돈辛旽	반야般若	14	25	근비謹妃 이씨, 판개성부사 림琳의 딸
창昌			신우辛禑	근비 이씨	1	10	
공양왕 恭讓王	왕	요瑤	정원부원군定 原府院君 균鈞	복녕궁주 福寧宮主 이씨	3	50	순비順妃 노씨, 창성군昌城君 진禛의 딸

권1 단군조선기(檀君朝鮮紀)

우리 동방의 처음에 군장(君長)이 없어서 백성이 풀로 옷을 지어 입고 나무 열매를 먹었으며, 여름에는 수렵생활을 하고 겨울에는 동굴에서 지냈다. 신인(神人)이 태백산(太白山)현재 영변(寧邊) 묘향산(妙香山)박달나무 아래에 내려와 성덕(聖德)을 베푸시니 국인(國人)이 추존(推尊)하여 왕으로 삼았다. 왕호를 단군(檀君)이라 하고, 국호를 조선(朝鮮)이라 하였다. 이때가 대한(大韓) 개국 기원전 3727년 무진년이었다. 장안(長安)현재 평양(平壤)에 도읍을 정하고 백성을 가르쳐 머리를 묶게[編] 하고, 군주와 신하, 남자와 여자, 음식, 거처(居處)에 대한 제도를 마련하였다.

○ 즉위한 지 59년(병인)되던 해에 마니산(摩尼山)현재 강화(江華)에 있음에 단을 설치하고 상제(上帝)께 제사지냈다.

○ 왕자 세 명을 보내 전등산(傳燈山)현재 강화에 있음에 삼랑성(三郎城)을 쌓았다.

○ 127년(갑술)에 도읍을 백악(白岳)현재 문화(文化) 구월산(九月山)으로 옮겼다.

○ 109년(병자)에 태자 부루(扶婁)를 보내 지나(支那) 하우씨(夏禹氏) 도산(塗山) 만국회(萬國會)에 참석하였다.

○ 왕업을 이은 지[歷世] 1212년(기묘)에 후손이 부여(夫餘)현재 길림(吉林) 영고탑(寧古塔), 혼춘(琿春) 등의 지역로 옮겨 거처하여 왕통이 마침내 끊어졌다.

권2 기자조선기(箕子朝鮮紀)

문성왕

기묘 원년에 단군의 후손이 부여로 천거하였기 때문에 왕위가 비게 되어 국인이 자서여(子胥餘)자(子)는 성이다를 추존하여 왕으로 삼았으니, 바로 태조(太祖) 문성왕(文聖王)이었다.

○ 자서여는 지나(支那) 상나라[商國]의 종실이다. 자작(子爵)으로 기(箕)지명에 봉해졌기 때문에 기자(箕子)라 불렀다. 상왕 주(紂)가 무도(無道)하여 나라를 잃게 되자 남녀 5천 명을 거느리고 조선에 들어와 살았다. 이때가 대한 개국 기원전 2513년이다. 단군의 왕실이 침체하고 교화가 점차 쇠퇴하였기 때문에 국인이 훌륭한 왕을 생각하고 있었다. (국인은) 위만에게 성인의 덕이 있음을 보고 추존하여 왕으로 삼았다. 국호를 다시 조선이라 하고, 장안(長安)에 도읍하였다.

○ 장안을 유경(柳京)이라 고쳐 부르고 도성을 쌓았다.

○ 8조(條)의 교지를 반포하여 시행하고, 토지 제도를 정하였다.

○ 무오 40년에 왕이 돌아가시니[崩] 나이가 93세였다. 태자 송(松)이 왕위에 오르니 바로 장혜왕(莊惠王)이었다. 태조를 왕행산(王荇山)현재 평양성 북쪽 골짜기에 있는데, 일반적으로 토산(兎山)이라 칭함에 장사지냈다.

장혜왕

기미 원년에 종묘를 세웠다.

○ 계미 25년에 왕이 나이가 들어 조회를 보지 못하였므로 태자 순(洵)에게 자리를 전하였다. 태자가 왕위에 오르니 바로 경효왕(敬孝王)이었다. (장혜)왕을 높여 상왕(上王)으로 삼았다.

경효왕

신묘 8년에 상왕이 돌아가시니 왕이 매우 슬퍼하였다.

○ 경술 27년에 왕이 돌아가셨다. 태자 백(伯)이 즉위하였으니 바로 공정왕(恭貞王)이었다.

공정왕

신해 원년에 관제(官制)를 고치고, 공복(公服)을 정하였다.

○ 경진 30년에 왕이 돌아가셨다. 아들 춘(椿)이 즉위하였으니 바로 문무왕(文武王)이었다.

문무왕

신사 원년에 인월(寅月)로서 해의 정월로 삼았다.

○ 율(律)과 도량형을 정하고, 시위군(侍衛軍)을 두었다.

○ 무신 28년에 왕이 돌아가셨다. 아들 공(孔)이 즉위하였으니 바로 태원왕(太原王)이었다.

태원왕

임자 4년에 왕이 돌아가셨다. 후사가 없어서 조카[從子][1] 요하백장(遼河伯莊)이 즉위하였으니 바로 경창왕(景昌王)이었다.

경창왕

계축 원년에 동생 소(昭)를 상대부(上大夫)로 삼았다.

○ 계해 11년에 왕이 돌아가셨다. 태자 촉(捉)이 즉위하였으니 바로 흥평왕(興平王)이었다.

흥평왕

갑자 원년 겨울에 큰 우박이 내려 여섯 종류의 가축[2]이 많이 죽었다.

○ 동전[錢]을 처음 주조하였다.

○ 정축 14년에 왕이 돌아가셨다. 아들 조(調)가 즉위하였으니 바로 철위왕(哲威王)이었다.

철위왕

무인 원년에 왕이 북쪽 지역[北鄙]을 순수(巡狩)[3]하였다.

○ 을미 18년에 왕이 돌아가셨다. 아들 색(索)이 즉위하였으니 바로 선혜왕(宣惠王)이었다.

---

1 종자(從子) : 자매의 아들이다.

2 육축(六畜) : 여섯 가지 가축, 즉 소, 말, 양, 닭, 개, 돼지를 가리킨다.

3 순수(巡狩) : 왕이 나라를 돌아다니며 살펴보는 것이다.

선혜왕

병신 원년 봄에 왕이 사방 교외(郊外)에 순행하며 농사일을 장려하였다.

○ 양현원(養賢院)을 설치하고서 민간에서 총명하고 빼어난 자를 선발하여 육예(六藝)[4]를 익히게 하였다.

○ 직언경(直言磬)[5]을 궁궐 문에 매달았다. 정사나 명령에 불편한 것이 있거나 남에게 원망을 호소할 일이 있을 때 와서 두드리면 왕이 모두 듣고서 공평하게 판단을 내려주었으므로 나라 안팎에서 크게 기뻐하였다.

○ 갑오 29년에 왕이 돌아가셨다. 아들 사(師)가 즉위하였으니 바로 훤양왕(諠讓王)이었다.

훤양왕

을축 원년에 전염병이 크게 돌았다.

○ 정사 53년에 왕이 돌아가셨다. 아들 염(炎)이 즉위하였으니 바로 문혜왕(文惠王)이었다.

문혜왕

무오 원년에 윤환법(輪環法)을 마련하여 곤궁한 백성을 구제하였다.

윤환법은 가을에 쌀을 사들였다가 그 쌀을 봄에 되파는 것임.

○ 오교장(五教長)을 주군(州郡)에 두고서 백성에게 오륜(五倫)[6]의 도를 가르쳤다.

---

4 육예(六藝) : 고대에 학생을 교육하던 여섯 과목으로, 예(禮), 악(樂), 사(射), 어(御), 서(書), 수(數)이다.

5 직언경(直言磬) : 바른 말을 할 수 있는 경쇠라는 의미이다. 경쇠는 타악기의 하나로 사용되었다.

6 오륜(五倫) : 임금과 신하, 아버지와 아들, 형제, 남편과 아내, 친구 사이의 다섯 가지 윤리로, 오상(五常)이라고도 한다.

○ 정미 50년에 왕이 돌아가셨다. 아들 월(越)이 즉위하였으니 바로 성덕왕(盛德王)이었다.

성덕왕

무신 원년 여름 4월에 가뭄이 들었다. 왕이 백악(白岳)에서 직접 기우제를 지내자 비가 내렸다.

○ 음사(淫祀)[7]를 못하게 하였다.

○ 임술 15년에 왕이 돌아가셨다. 아들 직(職)이 즉위하였으니 바로 도회왕(悼懷王)이었다.

도회왕

갑오 2년에 왕이 돌아가셨다. 후사가 없어 군신이 왕의 조카[從姪][8] 우(優)를 맞아 세우니 바로 문렬왕(文烈王)이었다.

문렬왕

을축 원년에 처사(處士) 감가찰(甘加察)을 불러들였다. 그가 오자 상대부(上大夫)에 제수하였는데 군이 사양하며 받아들이지 않았다. 왕이 빈례(賓禮)[9]로서 대접하고 나랏일을 자문한 뒤에 산으로 돌아갈 것을 허락하였다.

---

7 음사(淫祀) : 부정한 귀신에게 제사지내는 것이다.

8 종질(從姪) : 사촌 형제의 아들이다.

9 빈례(賓禮) : 오례(五禮)의 하나로 손님을 접대하는 예이다. 국가에서 행해진 빈례는 외국 사신을 접대하는 의식이었다.

○ 기묘 15년에 왕이 돌아가셨다. 태자 목(睦)이 즉위하였으니 바로 창국왕(昌國王)이었다.

창국왕

경진 원년 봄 정월에 태백성(太白星)[10]이 하늘에 지나갔다.

○ 임진 13년에 왕이 돌아가셨다. 태자 평(平)이 즉위하였으니 바로 무성왕(武成王)이었다. (왕의) 나이가 겨우 8세여서 왕태후(王太后)가 조정을 맡았다.

무성왕

계사 원년에 수군[水師]을 설치하고, 선박을 수리하였다.

○ 무오 26년에 대동강(大同江) 물이 넘쳤다.

○ 왕이 돌아가셨다. 아들 궐(闕)이 즉위하였으니 바로 정경왕(貞敬王)이었다.

정경왕

기미 원년 여름 5월에 일식(日食) 때문에 낮에도 어두웠다.

○ 신미 13년에 큰 기근이 들었다.

○ 쌀을 제(齊)와 노(魯)에서 사들여 굶주린 백성을 구제하였다.

○ 정축 19년에 왕이 돌아가셨다. 아들 회(懷)가 즉위하였으니 바로 낙성왕(樂成王)이었다.

---

10 태백성(太白星) : 금성(金星)을 가리킨다.

낙성왕

무인 원년 봄 3월에 왕이 군현(郡縣)을 순행하여 관리들이 잘한 것은 칭찬하고 잘못한 것은 물리쳤으며 백성들이 잘한 것은 북돋우고 잘못한 것은 징계하였다. 가난과 곤궁함을 구휼하니 천하가 화합하였다.

○ 태묘(太廟)[11]에 악장(樂章)[12]을 정하였다.

○ 병신 19년에 요망한 무당 영운(鈴雲)이 동해 용왕의 딸이라 자칭하면서 괴이한 말로 백성들을 미혹하였다. 그를 우러르며 따르는 어리석은 백성들이 길에 가득하였다. 왕이 소문을 듣고 크게 화를 내며 담당관리에게 체포하여 시장에서 목베어 죽이게 하였다.

○ 을사 28년에 왕이 돌아가셨다. 아들 존(存)이 즉위하였으니 바로 효종왕(孝宗王)이었다.

효종왕

병자 원년에 제양원(濟養院)을 도읍[京師]에 두고, 나라 안의 홀아비 · 과부 · 고아 · 자식없는 이들[鰥寡孤獨]과 가난하고 의지할 곳 없는 이들과 하소연할 데 없는 이들을 불러 그 해가 다하도록 입을 것과 먹을 것을 나누어주었다.

○ 뇌물죄에 대한 법률[犯贓律]을 마련하였다. 관리가 나랏돈[公貨] 백만(萬)을 범하거나 백성 재산[民財] 150만(萬)을 빼앗으면 그 자신은 죽이고 가족 전부를 변방으로 옮기게 하였다.

○ 갑인 9년에 박사관(博士舘)을 두었다. 공경(公卿) 가운데 재주와 덕

11 태묘(太廟) : 종묘(宗廟)와 같은 의미로, 왕실의 사당이다.

12 악장(樂章) : 궁중에서 나라의 공식적 행사 때 사용하는 노래 가사이다.

을 모두 갖춘 뛰어난 자를 특별히 뽑아 박사관 직에 충당시키고, 군대와 나라의 큰 일을 의논하여 결정하게 하였다.

○ 지나(支那) 제(齊)가 사신[行人]사자(使者)를 가리킴 공손각(公孫恪)을 보내어 와서 조회하였다.

○ 정사 12년에 북적(北狄)의 추장(酋長) 길리도두(吉利都頭)가 와서 조회하였다.

○ 임술 17년에 왕이 돌아가셨다. 태자 효(孝)가 즉위하였으니 바로 천노왕(天老王)이었다.

천노왕

계해 원년에 방사(方士)[13] 백일청(伯一淸)을 국사(國師)로 삼았다. 궁궐에 불러들여 총애가 날로 융성해지니 신하들이 좋아하지 않았다.

○ 경오 8년에 구선대(求仙臺)를 흘골산(紇骨山)현재 성천(成川)에 있음에 세웠다. 높이가 5백 장(丈)이고, 화려한 무늬가 있는 돌로 쌓았다.

○ 기묘 17년에 사신을 보내 제(齊)의 제후 소백(小白)의 죽음을 조문하게 하였다.

○ 병술 24년에 왕이 천노왕(天老王)이라 자칭하고 왕위를 태자 양(襄)에게 전하였다. 태자가 왕위에 올랐으니 바로 수도왕(修道王)이었다.

수도왕

정해 원년에 방사 백일청의 벼슬을 더하여 국태사(國太師)로 삼고 진

---

13 방사(方士) : 신선술(神仙術)을 닦는 사람으로, 일반적으로 도교(道敎)에서 사용하는 말이다.

국후(鎭國侯)에 봉하였다. 백일청이 왕의 은총을 믿고 권력[威福][14]을 제멋대로 행사하였다. 강직한 신하 염서적(冉西赤)이 편전의 계단에 나아가 백일청이 나라를 그르치는 죄를 저질렀다고 강력하게 주장하면서 머리를 두드려 피가 흘렀다. 왕이 크게 화를 내자 (염서적은) 전성(氈城)지금의 온성(穩城)으로 달아났다.

○ 신묘 5년 가을 9월 초하루에 일식(日蝕)이 있었다.

○ 천노왕이 금단약(金丹藥)[15]을 복용하고 조울증[燥鬱][16]이 생겨 돌아가셨다.

○ 정유 11년에 도사관(道士舘)을 설치하고 신산(神山)을 패강(浿江)현재 대동강(大同江)에 만들었다.

○ 신축 15년에 상주국(上柱國) 서문(西門) 장수(長壽)가 백일청을 주살하려 하다가 일이 발각되어 죽임을 당하였다.

○ 을사 19년에 방사(方士) 노용(盧龍)을 동해에 보내어 신선(神仙)을 찾게 하였다.

○ 왕이 금단약을 복용하고 번민이 일어나[發悶] 돌아가셨다. 그리하여 태자 이(邇)가 즉위하였으니 바로 휘양왕(徽襄王)이었다.

휘양왕

병오 원년에 방사 백일청과 노용을 죽이니 도읍의 사(士)와 백성들이 술을 베풀며 서로 축하하였다.

---

14 위복(威福) : 형벌을 주고 복을 주는 임금의 권력을 말한다.

15 금단약(金丹藥) : 금단(金丹), 단약(丹藥)이라고도 한다. 도교의 도사(道士)가 만든 환약으로 먹으면 장생불사(長生不死)의 신선이 된다고 한다.

16 조울(燥鬱) : 감정 장해를 주로 하는 내인성 정신병이다.

○ 임술 17년에 국가에 비용이 넉넉하지 못하여 가옥(家屋)과 장시(場市)의 세를 거두니 세상 인심이 떠들썩하였다.

○ 병인 21년에 왕이 돌아가셨다. 태자 참(參)이 즉위하였으니 바로 봉일왕(奉日王)이었다.

봉일왕

정묘 원년에 숙부 정(靜)을 상주국(上柱國)으로 삼았다.

○ 임신 6년에 공손강(公孫康)이 상주국 정(靜)을 죽였다.

○ 병자 10년에 공손강이 왕을 높여 봉일왕(奉日王)으로 삼고, 스스로 섭정태백(攝政太伯)이 되었다.

○ 임오 16년에 공손강이 왕을 별궁으로 옮겼다.

○ 왕은 근심과 분노가 병이 되어 별궁에서 돌아가셨는데 후사가 없었다. 하대부(下大夫) 남궁제성(南宮齊成)이 공손강을 설득시켜 왕의 조카 화의후(和義侯) 근(僅)을 맞이하여 세웠으니 바로 덕창왕(德昌王)이었다.

덕창왕

계미 원년에 왕이 공손강을 죽이고자 하여 그에게 공신호를 먼저 하사하고 남궁제성에게 밀지를 내리셨다.

○ 갑신 2년에 섭정태백 공손강을 죽이고 그의 무리들을 모두 죽였다.

○ 아형부(阿衡府)를 설치하고 남궁제성을 태아형(太阿衡)으로 삼았다. 남궁제성은 간사한 사람을 모두 물러나게 하고 어질고 뛰어난 사람을 등용하였다. 국가를 다스리고 백성을 교화함이 이치에 맞았으므로 조정과 민간에서 모두 그의 덕을 칭송하였다.

○ 경자 18년 봄에 왕이 주군(州郡)을 순행하다가 요원(遼原)현재 덕천(德川)에서 돌아가셨다. 아들 삭(朔)이 즉위하였으니 바로 수성왕(壽聖王)이었다.

수성왕

신축 원년에 하이(蝦夷)[17]의 훼공군후리(卉公擄厚釐)가 와서 공물을 바쳤다. 하이(蝦夷)는 현재 일본 북해도이고, 훼공군후리는 그 추장의 이름임.

○ 갑진 4년에 태아형 남궁제성이 죽자[薨] 왕이 백관을 거느리고 장례에 참석하였다. 교외까지 울며 전송하였고, 후작(侯爵)을 추봉(追封)하였다.

○ 정묘 27년에 존현관(尊賢舘)을 설치하고, 정양(定襄)현재 곽산(郭山)의 현사(賢士) 웅국진(熊國珍)을 불러 태사(太師)로 삼았다.

○ 신사 41년에 왕이 돌아가셨다. 아들 려(藜)가 즉위하였으니 바로 영걸왕(英傑王)이었다.

영걸왕

임오 원년에 왕이 연삭(連朔)현재 태천(泰川) 태수 황이장(媓彝長)이 재물을 탐하고 백성을 괴롭힌다는 소문을 듣고 도읍으로 불러들여 삶아 죽였다.

○ 병신 15년에 북호(北胡)현재 해삼위(海蔘威) 등의 지역가 쳐들어오자 왕이

17 하이(蝦夷) : 아이누 종족을 말한다. 일본어로는 에조라고 읽는다. 고려전기까지도 일본 북해도(北海道)와 동북(東北) 지역의 상당 부분을 차지하고 있었다. 메이지시대에 들어 일본의 소수 민족으로 전락하였다.

직접 출정하였다. 크게 무찌르고 영토의 경계를 천여 리 개척하였으니 지금의 장백산(長白山) 이북이었다.

○ 정유 16년에 왕이 태자 강(岡)에게 왕위를 전하였다. 태자가 즉위하였으니 바로 일성왕(逸聖王)이었다. 왕을 높여 상왕(上王)으로 삼았다.

일성왕

무술 원년에 향헌장(鄕憲長)을 주군(州郡)에 설치하고, 효도와 공경의 도(道), 농업과 상업의 업(業)으로 백성을 가르치고 인도하였다.

○ 경자 3년에 상왕이 북쪽 변방에 나가 사냥을 하다가 포천(抱川)현재 의주(義州) 행궁(行宮)[18]에서 돌아가셨다.

○ 갑인 17년에 왕이 돌아가셨다. 아들 혼(混)이 즉위하였으니 바로 제세왕(濟世王)이었다.

제세왕

갑자 10년에 지나(支那) 제(齊), 노(魯)와의 밀무역을 금지하였다.

○ 을해 21년에 왕이 돌아가셨다. 아들 벽(壁)이 즉위하였으니 바로 정국왕(靖國王)이었다.

정국왕

경진 5년 여름 4월에 3일 동안 비가 내려 곡식을 적셨다[雨穀].

○ 신묘 16년에 진언관(進言舘)을 설치하였다. 군신 가운데 정직한

18 행궁(行宮) : 임금이 행차할 때 임시로 묵던 별도의 궁이다.

자를 수십 명 선발하여 규간(規諫)[19]을 올리게 하였다.

○ 무신 20년에 왕이 돌아가셨다. 아들 징(澄)이 즉위하였으니 바로 도국왕(導國王)이었다.

도국왕

을묘 7년에 태안(太安)현재 자산(慈山)의 우화충(宇和沖)이 반란을 일으켜 도읍[京師]에 들이닥쳤다. 왕이 배를 타고 혈구(穴口)로 가서 잠시 머물렀다.

○ 정사 9년에 왕의 군대가 도읍[京城]을 수복하고 우화충을 죽였다. 임금의 수레가 도읍으로 돌아왔다.

○ 정묘 19년에 왕이 돌아가셨다. 아들 척(隲)이 즉위하였으니 바로 혁성왕(赫聖王)이었다.

혁성왕

임신 5년에 감찰관(監察官)을 주군(州郡)에 보내어 관리와 백성의 선악을 살피게 하였다. 어질고 일 잘하는 이에게는 상을 주고 재물을 탐하고 간사한 이에게는 벌을 주게 하니 천하가 만족스러워 하였다.

○ 무인 11년에 북호(北胡) 추장 목수길강(穆修吉康)이 들어와 공물을 바쳤다.

○ 지나(支那) 연나라[燕國]가 사신을 보내어 와서 예를 갖추었다.

○ 을미 28년에 왕이 돌아가셨다. 아들 습(謵)이 즉위하였으니 바로 화라왕(和羅王)이었다.

---

19 규간(規諫) : 바른 말로 권계(勸誡)하고 간쟁(諫諍)하는 것이다.

화라왕

신축 6년에 지나(支那) 연(燕) 사람이 만번한(灣番汗)현재 지나(支那) 성경성(盛京省)에 쳐들어오자 지키던 장수 묘춘장(苗春長)이 맞아 싸워 크게 무찔렀다.

○ 신해 16년에 왕이 돌아가셨다. 아들 하(賀)가 즉위하였으니 바로 설문왕(說文王)이었다.

설문왕

임자 원년에 박문관(博文舘)을 설치하였다. 사(士)와 백성 가운데 재주와 덕을 갖춘 자 3백 명을 선발하여 태자를 모시고 문학을 익히게 하였다.

○ 병진 5년에 지나(支那) 연(燕) 장수 진개(秦介)가 2만의 기병을 거느리고 갑자기 요서(遼西)에 쳐들어와 변방의 군(郡)들을 연달아 함락시켰다. 상군대부(上軍大夫) 위문언(衛文言)이 연(燕) 군대를 오도하(五道河)현재 지나(支那) 요동(遼東) 양산성(陽山城) 북쪽에서 맞아 공격하여 크게 무찔렀다.

○ 정사 6년에 위문언이 연(燕) 군대를 연운도(連雲島)현재 지나(支那) 요동의 요하 입구로 추격하여 크게 무찔렀다. 연(燕) 장수 진개를 활로 쏴 죽이니 나머지 무리들은 도망가버렸다.

○ 기미 8년 가을에 왕이 돌아가셨다. 아들 화(華)가 즉위하였으니 바로 경순왕(敬順王)이었다.

경순왕

갑자 5년 봄 정월에 지진이 났다.

○ 을해 16년에 북호 추장 액니거길한(厄尼車吉汗)이 와서 좋은 말 2백

필을 바치면서 연나라[燕國]를 정벌할 것을 청하였다. 왕이 허락하고 하군대부(下軍大夫) 신불사(申不死)에게 보병 1만과 호인(胡人)으로 구성된 기병 1천을 거느리고 연나라를 공격하게 하였다. 상곡성(上谷城)현재 지나(支那) 요동에 있음을 함락하였다.

○ 무인 19년에 연나라에 사신을 보내어 화친을 청하자 허락하였다.

○ 왕이 돌아가셨다. 아들 후(詡)가 즉위하였으니 바로 가덕왕(嘉德王)이었다.

가덕왕

기묘 원년 여름에 가뭄이 심하여 사면령을 크게 내렸다. 왕이 기우제를 직접 거행하였다.

○ **계묘** 25년에 왕이 연후(燕侯) 쾌(噲)가 무도(無道)하다는 소문을 듣고 혼내주고자 정벌하려 하였다. 대부(大夫) 왕례(王禮)가 간하기를, "연 쾌의 무도함은 성토하지 않더라도 앞으로 스스로 멸할 것입니다. 또 무력을 써서 백성을 곤궁하게 하는 것은 옳지 않습니다"라고 하였다. 그리하여 왕이 그만두었다.

○ 을사 27년에 왕이 돌아가셨다. 아들 욱(煜)이 즉위하였으니 바로 삼로왕(三老王)이었다.

삼로왕

병오 원년에 상주국(上柱國) 왕림(王霖)왕례(王禮)의 아들을 지나(支那) 주나라[周國]에 사신으로 보내었다. 주의 군주와 신하가 그의 늠름한 모습과 말솜씨에 탄복하였다.

○ 계해 18년에 북호 니사(尼舍)가 번랑(翻郞)을 바쳤다. 니사는 북호의 왕호(王號)이고, 번랑은 북호 말로 악공(樂工)임.

○ 경오 25년에 왕이 태자 석(釋)에게 왕위를 전하였다. 석이 즉위하였으니 바로 현문왕(顯文王)이었다.

현문왕

신미 원년 봄 정월에 주군에 명하여 어질고 훌륭한 사(士)를 천거하게 하였다. 동시에 천거받은 이가 2백여 명이었다.

○ 삼로왕(三老王)이 돌아가셨다.

○ 기묘 9년에 왕이 교외에서 직접 농사지었다.

○ 단군(檀君)의 사당[廟]을 백악(白岳)에 세웠다.

○ 기묘 39년에 연나라가 사신을 보내 와서 조회하였다.

○ 왕이 돌아가셨다. 아들 윤(潤)이 즉위하였으니 바로 장평왕(章平王)이었다.

장평왕

계축 4년에 북호 추장 아리당부(阿里當夫)가 연나라를 정벌할 것을 청하자 허락하지 않았다. 호(胡)가 조공(朝貢)을 끊었다.

○ 무진 19년에 북호가 오랫동안 조공을 바치지 않으므로 왕이 죄를 묻는 군대를 일으켜 직접 정벌하였으나 패하였다.

○ 왕이 돌아가셨다. 아들 부(否)가 즉위하였으니 바로 종통왕(宗統王)이었다.

종통왕

기사 원년에 큰 기근이 들었다.

○ 임신 4년에 북호가 쳐들어와 영주(寧州)현재 지나(支那) 만주(滿洲)에 있음 태수 목원등(穆遠登)을 죽이고 심지어 재물과 보배, 부녀자를 약탈해갔다.

○ 기묘 11년에 왕이 돌아가셨다. 아들 준(準)이 즉위하였으니 바로 애왕(哀王)이었다.

애왕

병술 7년에 지나(支那) 진나라[秦國]가 장수 몽염(蒙恬)에게 요서(遼西) 경계에 장성(長城)[20]을 쌓게 하였다.

○ 기해 20년에 지나(支那) 한나라[漢國]가 사신을 보내 군사를 청하자 보병 1만 명을 징발하여 한(漢) 군대와 함께 초나라[楚國] 국경까지 진격하였다.

○ 연나라에서 항복해 온 위만(衛滿)에게 박사(博士)를 제수하여 서쪽 지역[西鄙]서쪽 지역이란 현재 지나(支那) 성경성(盛京省)임을 지키게 하였다.

○ 정미 28년에 위만이 배반하여 도읍을 습격하였다. 변란이 뜻밖에 일어났기 때문에 왕의 군대가 제압하지 못하였다. 왕의 수레[車駕]가 금마군(金馬郡)현재 익산(益山)으로 옮겨갔다.

○ 이 해에 왕이 금마군에서 돌아가셨다. 태자 탁(卓)이 즉위하였으니 바로 무강왕(武康王)이었다. 국호를 마한(馬韓)이라 고쳐 부르고 곧이어 금마군에 도읍하였다. 바로 대한 개국 기원전 1583년이었다.

---

20 장성(長城) : 흉노군의 침입에 대처하기 위해 진시황제 26~33년(BC 221~BC 214)에 구축한 것으로 '만리장성'이라 하고, 옛날에는 변장(邊牆)이라고도 불리웠다.

○ 위만이 제멋대로 조선왕이라 부르며 유경(柳京)[21]을 차지하고, 요하(遼河) 이남 수천 리의 땅을 점거하였다.[22]

이상으로 조선(朝鮮) 태조(太祖) 문성왕(文聖王)부터 애왕(哀王)까지 41대이고, 왕업을 이은 햇수[歷年]가 모두 929년이었다.

21 유경(柳京) : 일설에는 평양(平壤)이라고 한다.

22 본서에서 위만조선(衛滿朝鮮)에 대한 기사는 이상의 7행뿐이다.

권3 마한기(馬韓紀)

무강왕

무신 무강왕(武康王)[23] 원년에 나라 안에 구역을 나누어 54주(州)를 설치하였다. 큰 주는 만여 가(家)가 있고, 작은 주는 수천 가가 있었다.

마한(馬韓)현재 경기도, 충청도, 전라도 등의 지역.

조선(朝鮮) 동남해의 큰 나라이다. 그 동남쪽에 진한(辰韓)현재 경주(慶州)이 있다. 시조는 지나(支那) 진나라[秦國] 사람으로, 진의 가혹한 정치를 피하여 마한으로 귀부한 자이다. 마한이 동쪽 경계의 땅을 나누어 살게 하였기 때문에 혹은 진한(秦韓)이라 부르기도 하고, 진한(辰韓)의 남쪽에 변한(弁韓)현재 김해(金海)이 있으므로 혹은 변한(卞韓)이라 부르기도 하였다. 이 삼한(三韓)의 땅은 바로 현재 황해도(黃海道), 경기도(京畿道), 충청도(忠淸道), 전라도(全羅道), 경상도(慶尙道)의 여러 도이다.

○ 박사(博士) 낙농건(樂壟建)에게 진한(辰韓)을 다스리게 하고, 좌대부(左大夫) 진완(秦琓)에게 변한(弁韓) 일을 다스리게 하였다.

○ 경술 3년에 용화산성(龍華山城)현재 익산(益山)을 쌓았다.

---

23 원문은 '안왕(安王)'이지만 내용이 무강왕에 해당하므로 정정하였다.

○ 왕이 수군을 직접 거느리고 바닷길로 가서 위만(衛滿)을 토벌하였다. 여러 번 싸워 크게 무찔렀다.

○ 왕의 군대가 유경(柳京)을 포위하였다가 왕이 날아오는 화살에 맞았다. 왕의 병이 위독해져서 군대를 돌렸다.

○ 신해 4년에 왕이 돌아가셨다[崩]. 태자 흡(翕)이 즉위하였으니 바로 안왕(安王)이었다. 무강왕(武康王)을 금릉(金陵)에 장사지냈다. 금릉은 현재 익산군 서쪽에 있음.

안왕

임자 원년에 위만이 보낸 사람이 와서 예물을 갖추어 조문하였다. 아울러 사죄하고 화해를 청하였으나 왕은 화가 나 그 사신을 죽여버렸다.

○ 갑자 13년에 예(濊)의 군주[君]가 와서 황금과 짐승 가죽을 바치면서 번신(藩臣)[24]이 되기를 청하므로 허락하였다.

○ 임신 21년에 동전(銅錢)을 주조하였다.

○ 토지의 비옥함과 척박함에 따라 상, 중, 하 세 등급을 나누어 세금을 매기는 법[稅法]을 정하고, 70분의 1 세를 징수하였다.

○ 계미 30년에 왕이 돌아가셨다. 아들 식(寔)이 즉위하였으니 바로 혜왕(惠王)이었다.

혜왕

갑신 원년 봄 정월에 남쪽 교외에서 제사지냈다.

---

24 번신(藩臣) : 황제국을 섬기는 제후국의 왕을 말한다. 마한이 황제국, 예가 제후국의 위상을 지닌다.

○ 임나(任那)현재 고령(高靈)가 와서 공물을 바쳤다.

○ 병신 13년에 예남려(濊南閭)를 예나라[濊國]의 군주로 봉하였다.

○ 왕이 돌아가셨다. 아들 무(武)가 즉위하였으니 바로 명왕(明王)이었다.

명왕

정유 원년에 오교원(五敎院)을 설치하고 오륜(五倫)의 도로써 백성을 교화하였다.

○ 몸에 무늬를 새기는 변한인의 비루한 풍속을 금지시켰다.

○ 계축 17년에 예(濊)의 군주 남려(南閭)가 배반하여 부민(部民) 28만 명을 거느리고 지나(支那) 한나라[漢國]에 투항하였다. 한이 그 땅을 창해군(滄海郡)으로 삼았다.

○ 을묘 19년에 한나라가 창해군을 철수하였다.

○ 정묘 31년에 왕이 돌아가셨다. 아들 형(亨)이 즉위하였으니 바로 효왕(孝王)이었다.

효왕

무진 원년에 법률을 주군(州郡)에 반포하고 실행하였다.

○ 임신 5년에 위우거(衛右渠)위만(衛滿)의 손자가 한나라 요동도위(遼東都尉)인 섭하(涉何)를 공격하여 죽였다. 한이 장군(將軍) 양복(楊僕)과 순체(荀彘)에게 군사 5만 7천 명을 거느리고 가서 위우거를 공격하게 하였다.

○ 계유 6년(BC 108)[25]에 위우거가 한에게 멸망당하였다. 한이 그 땅

25 여기서부터 원문에는 없지만 독자의 편의를 위해 서기연도를 표기하였다. 서기연도 환산은 간지를 기준으로 하였다.

에 낙랑군(樂浪郡), 임둔군(臨屯郡), 현토군(玄免郡), 진번군(眞蕃郡)의 네 군을 설치하였다. 낙랑은 현재 평안도, 함경도 등의 지역이고, 임둔 · 현토 · 진번은 현재 지나(支那)의 요동(遼東) · 만주(滿洲) 등의 지역임.

위우거가 한(漢) 군대를 상대한 지 1년 여 동안에 한 군대를 자주 격파시켰다. 한이 제남태수(濟南太守) 공손수(公孫遂)에게 군사를 더욱 징발하여 공격하게 하자 상황이 매우 위급해졌다. 위우거의 신하인 재상 참(參)이 사람을 시켜 그 왕(위우거)을 암살하고 한에 투항하였다. 위씨가 참람하게 왕이라 자칭한 지 3대, 무릇 87년 만에 망하였다.

○ 갑오 27년(BC 87)에 임나(任那) 사람이 와서 산호(珊瑚)를 공물로 바쳤다.

○ 기해 32년(BC 82)에 한나라[漢國]가 진번군(眞蕃郡)을 혁파하였다.

○ 정미 40년(BC 74)에 왕이 돌아가셨다. 아들 섭(燮)이 즉위하였으니 양왕(襄王)이었다.

양왕

무신 원년(BC 73)에 임나 대인(大人) 인화사돌(婣和辭突)을 임나 군주[君]로 봉하였다.

○ 임술 15년(BC 59)에 왕이 돌아가셨다. 아들 훈(勳)이 즉위하였으니 바로 원왕(元王)이었다.

원왕

갑자 4년(BC 57) 여름 4월에 진한(辰韓) 사람이 배반하여 양산촌(楊山村) 사람 박혁거세(朴赫居世)를 세워 왕으로 삼고 국호를 신라(新羅)라 하였다. 덕업(德業)이 날로 새롭고, 사방(四方)을 망라한다는 뜻을 가지고 있음.

이에 앞서 양왕(襄王) 5년에 진한 6촌(村)의 장(長)6촌은 곧 6주(州)이니, 알천(閼川) 양산촌(楊山村), 돌산(突山) 고허촌(高墟村), 자산(觜山) 진지촌(珍支村), 무산(茂山) 대수촌(大樹村), 금산(金山) 가리촌(加里村), 명치산(明治山) 고야촌(高耶村)임이 알천 언덕 위에 모였다. 고허촌장 소벌공(蘇伐公)이 양산 기슭 나정(蘿井)과 숲 사이에서 이상한 기운이 있음을 멀리서 보고 가보았더니 외모가 단정하고 아름다운 한 어린 아이가 동천(東川)에서 목욕을 하고 있었다. 그 아이의 몸에서 광채가 나고, 길짐승 날짐승이 와서 춤을 추었다. 이를 매우 기이하게 여겨 거두어 길렀더니 빼어난 기상과 신성(神聖)한 자질이 있었다. 이때에 이르러 6주가 관리(官吏)를 쫓아내고 그를 추존하여 왕으로 삼았다. 당시 나이가 13세였다. 이가 바로 신라 태조 박혁거세였다.[26]

혁거세가 탄생할 적에 박처럼 생긴 알에서 나왔다. 민간에서 박을 박(朴)이라 하였기 때문에 성을 박씨라 하였다고 한다.

---

26 『삼국사기』 권1, 신라본기1, 시조 혁거세거서간조에는 6촌의 이름이 '알천양산촌(閼川楊山村), 돌산고허촌(突山高墟村), 취산진지촌(觜山珍支村), 무산대수촌(茂山大樹村), 금산가리촌(金山加利村), 명활산고야촌(明活山高耶村)'으로 나온다.

신라왕 혁거세가 서야벌(徐耶伐)[27] 지명에 도읍을 정하고 궁실을 지었다.

○ 신미 9년(BC 50)신라 태조 8년[28]에 왜(倭)현재 일본국(日本國)가 신라의 변경을 침략하고자 하다가 왕에게 신묘한 덕이 있음을 듣고 물러났다.

○ 경진 18년(BC 41)신라 태조 17년에 신라왕 혁거세가 왕후 알영(閼英)과 함께 부(部) 아래의 여섯 주(州)를 순행하면서 농사와 누에치기를 권장하였다.

알영이 덕스런 용모와 어진 행실이 있었고 내조를 잘하였으므로 나라 사람이 혁거세와 더불어 두 성인[二聖]이라 불렀다고 한다.

임오 20년(BC 39)신라 태조 19년 봄 정월에 변한이 배반하여 신라로 와서 항복하였다. 관리의 탐욕과 포악함에 분노하였기 때문이었다.

○ 갑신 22년(BC 37)신라 태조 21년 · 고구려(高句麗) 태조 동명왕(東明王) 고주몽(高朱蒙) 원년에 신라가 도성을 쌓고 금성(金城)현재 경주(慶州)이라 이름하였다.

○ 부여(扶餘)현재 지나(支那) 길림(吉林), 영고탑(寧古塔), 혼춘(琿春) 등의 지역 사람 고주몽이 졸본부여(卒本扶餘)현재 지나(支那) 성경성(盛京省)과 주변의 여러 현(縣)임에 의탁하여 고구려왕(高句麗王)이라 칭하였다.

고구려 태조 고주몽은 부여왕(扶餘王) 금와(金蛙)의 아들이다. 체격이 뛰어나고 나이 7세에 활과 화살을 스스로 만들어 백발백중이었다.

---

27 서야벌(徐耶伐) : 신라의 도읍으로, 서라벌(徐羅伐), 서나벌(徐那伐) 등으로도 표기한다. 현재 경주이다.

28 원문은 태조 4년이나 태조 8년이 맞다.

나중에 배다른 형제 7명이 주몽의 재능을 시기하여 죽이고자 하자 곤란한 상황을 피해 졸본부여(卒本扶餘)에 이르렀다. 졸본부여왕이 주몽의 모습이 평범하지 않음을 보고 크게 기뻐하며 자신의 딸과 혼인하게 하였다. 졸본부여왕이 죽고[殂] 아들이 없었으므로 주몽이 마침내 왕위를 이었다.

을유 23년(BC 36)신라 태조 22년 · 고구려 동명왕 2년에 비류국(沸流國)현재 지나(支那) 성경성(盛京省) 경계의 왕[主] 송양(松讓)이 고구려에 항복하였다. 고구려왕[麗王]이 송양을 다물후(多勿侯)로 봉하였다.

○ 정해 25년(BC 34) 가을 7월에 고구려가 졸본에 성곽을 쌓고 궁실을 지었다.

○ 무자 26년(BC 33)에 임나(任那)가 일본과 우호관계를 맺었다. 일본과의 교섭이 이때부터 시작되었다.

○ 왕이 돌아가셨다. 아들 정(貞)이 즉위하였으니 바로 계왕(稽王)이었다.

계왕

기축 원년(BC 32)신라 태조 26년 · 고구려 동명왕 6년 봄 정월에 신라가 궁실을 금성에 지었다.

○ 겨울 10월에 고구려가 행인국(荇人國)현재 지나(支那) 길림(吉林) 등의 지역을 멸망시키고 군현(郡縣)으로 만들었다.

○ 계사 5년(BC 28)신라 태조 30년 · 고구려 동명왕 10년 여름에 낙랑인이 신라에 침입하고자 하다가 변방에 이르러 밤인데도 대문을 닫지 않고 노적가리가 들판에 쌓여 있는 것을 보고 서로 말하였다. "백성들이 서로 도둑

질하지 않고 도(道)가 있는 나라이다. 우리들이 쳐들어가는 것이 옳지 않은 것 같다." 그리고는 물러갔다.

○ 갑오 6년(BC 27)신라 태조 31년 · 고구려 동명왕 11년 겨울 11월에 고구려가 북옥저(北沃沮)현재 함경북도를 멸망시키고 그 땅을 군현으로 만들었다.

○ 신축 13년(BC 20)신라 태조 38년 · 고구려 동명왕 18년 봄 2월에 신라왕 혁거세가 신라 호공(瓠公)을 보내어 들어와 조회하였다. 왕이 오랫동안 직공(職貢)[29]을 빠뜨린 것을 꾸짖었다. 호공은 굽히지 않았고 말투가 거만하였다. 왕이 화가 나 호공을 죽이려 하였다. 좌우의 신하들이 그래서는 안 된다고 간하는 말에 따라 돌아갈 것을 허락하였다.

○ 임인 14년(BC 19)신라 태조 39년 · 고구려 동명왕 19년 가을 9월에 고구려왕 주몽이 죽었다[殂]. 태자 유리(類利)가 즉위하였으니 바로 유리왕(琉璃王)이었다.

○ 고구려왕 주몽의 차남 고온조(高溫祚)가 도망쳐왔다[來奔]. 왕이 위례성(慰禮城)현재 직산(稷山)을 하사하였다.

온조는 고구려 태조 동명왕 주몽의 셋째 아들이다. 주몽이 부여에 있을 적에 예씨(禮氏)에게 장가들어 유리를 낳았고, 난을 피해 졸본부여에 도착한 뒤 졸본부여왕의 부마가 되어 두 아들을 낳았다. 장남은 비류(沸流)이고, 차남은 온조이다. 주몽이 왕위에 오른 뒤에 유리가 부여에서 졸본으로 와 태자가 되었다. 비류와 온조는 태자가 (자신들을) 받아들이지 않을까 염려하여 믿고 따르던 오간(烏干), 마려(馬黎) 등 10

---

29 직공(職貢) : 고대에 번속 또는 외국에서 바치던 공납을 가리킨다.

명과 함께 남쪽으로 도망쳤다. 비류는 미추홀(彌鄒忽)현재 인천(仁川)에서 멈추었고, 온조는 도망쳐오자[來奔] (마한)왕이 서쪽 백 리의 땅을 나누어주었다.

계묘 15년(BC 18)신라 태조 40년 · 고구려 유리왕(琉璃王) 유리(類利) 원년 · 백제 태조 고온조 원년 봄에 고온조가 위례성에서 반란을 일으켜 국호를 백제(百濟)라 하고는 스스로 왕이 되었다.

○ 백제가 도성을 쌓고 동명왕(東明王) 주몽(朱蒙)의 사당을 세웠다.

○ 가을 9월에 고구려왕[高句麗王] 유리(類利)가 다물후(多勿侯) 송양(松讓)의 딸을 받아들여 왕후로 삼았다.

○ **갑진** 16년(BC 17)신라 태조 41년 · 고구려 유리왕 2년 · 백제 태조 2년 봄에 백제가 을음(乙音)사람 이름을 우보(右輔)로 삼았다. 군사 업무를 위임하여 말갈(靺鞨)북방 오랑캐 이름의 침략에 대비하게 하였다.

○ 왕이 돌아가셨다. 태자 학(學)이 즉위하였으니 바로 학왕(學王)[30] 이었다.

○ 신라왕 혁거세가 사신을 보내어 와서 위문하였다[來唁].

학왕

을사 원년(BC 16)신라 태조 42년 · 고구려 유리왕 3년 · 백제 태조 3년 가을 9월에 말갈이 백제의 북쪽 경계를 침입하였다. 백제왕 온조가 직접 군대를 거느리고 가서 역습하여 크게 무찔렀다.

---

30 원문은 '王學'으로 되어 있으나, 『역대일람』에 의거하여 '학왕(學王)'으로 정정하였다.

○ 병오 2년(BC 15)신라 태조 43년 · 고구려 유리왕 4년 · 백제 태조 4년 봄 3월에 일식(日蝕)이 있었다.

○ 백제에 기근이 들고, 전염병[疫]이 돌았다.

○ 정미 3년(BC 14)신라 태조 44년 · 고구려 유리왕 5년 · 백제 태조 5년 겨울 10월에 백제왕 온조가 북쪽 변방을 순행하다가 신비한 사슴을 잡아 와서 바쳤다.

○ 경술 6년(BC 11)신라 태조 47년 · 고구려 유리왕 8년 · 백제 태조 8년 봄 2월에 말갈이 백제 위례성에 침입하였다. 백제왕은 성문을 닫고 굳게 지키다가 말갈의 양식이 다 떨어진 기회를 틈타 추격하여 크게 무찔렀다.

○ 임자 8년(BC 9)신라 태조 49년 · 고구려 유리왕 10년 · 백제 태조 10년 여름 4월에 고구려왕이 신하 부분노(扶芬奴)의 계책을 좇아 선계(鮮界)현재 압록강 상류 부근 언덕를 정복하였다.

○ 계축 9년(BC 8)신라 태조 52년 · 고구려 유리왕 11년 · 백제 태조 11년 여름 4월에 낙랑인(樂浪人)이 말갈과 연합하여 백제 병산(甁山)의 목책[柵][31]을 습격하여 격파하고 백여 명을 죽이거나 잡아갔다.

○ 가을 7월에 백제가 독산(禿山)과 구천(拘川) 두 곳에 목책을 설치하여 낙랑이 쳐들어오는 길을 막았다.

○ 을묘 11년(BC 6)신라 태조 52년 · 고구려 유리왕 13년 · 백제 태조 13년 봄 정월에 부여왕[扶餘王] 대소(帶素)고구려 태조 주몽의 형가 사신을 보내어 고구려를 방문하게 하였다.

○ 고비류가 죽자[卒] 그가 차지하고 있던 토지와 백성이 모두 백제에게 돌아갔다.

---

31 책(柵) : 목책, 성채, 작은 성을 의미한다.

○ 가을 7월에 백제가 한산(漢山)현재 남한산성(南漢山城)에 목책을 세웠다. 영토의 경계를 획정하였는데, 북쪽으로는 패하(浿河)현재 평산저탄(平山猪灘)에 이르고, 남쪽으로는 웅천(熊川)현재 공주(公州)으로 한정하였고, 동쪽으로는 주양(走壤)현재 춘천(春川) 경계에 이르고, 서쪽으로는 큰 바다에서 그쳤다. 5부(部) · 37군(郡) · 2백 성(城)을 설치하였다. 8월에 (백제왕이) 사신을 보내어 그 일을 아뢰었다.

○ 겨울 10월에 부여왕[扶餘王]이 5만 명의 군대를 거느리고 고구려를 침략하였다. 마침 하늘에서 폭설이 내려 병사들 가운데 얼어 죽는 자가 속출하자 물러났다.

○ 병진 12년(BC 5)신라 태조 53년 · 고구려 유리왕 14년 · 백제 태조 14년 봄 정월에 백제가 도읍을 한산(漢山)으로 옮겼다.

○ 가을 9월에 백제가 남평양성(南平壤城)현재 한양(漢陽) 황경(皇京)을 쌓아 변방의 요새[藩屛]를 견고하게 하였다. 삼한(三韓)을 병탄할 의지가 있었다.

○ 동옥저(東沃沮)가 신라에 말을 바쳤다. 당시 고구려와 백제가 모두 무(武)를 숭상하여 전쟁을 일삼았지만 신라는 오로지 덕 있는 정치를 행하는 데 힘쓰고 위력(威力)을 쓰지 않아 안팎이 평안하고 고요하였으며 백성들이 매우 편안하였다. 멀고 가까운 여러 나라에서 신라왕의 덕(德)과 의(義)를 사모하여 오는 자가 매우 많았다.

○ 기미 15년(BC 2)신라 태조 56년 · 고구려 유리왕 17년 · 백제 태조 17년에 낙랑인이 백제를 침략하여 위례성을 불태우고 물러났다.

○ 경신 16년(BC 1)신라 태조 57년 · 고구려 유리왕 18년 · 백제 태조 18년 겨울 10월에 말갈이 백제를 침략하였다. 백제왕이 싸움을 막아내고 크게 무찔렀다. 말갈의 추장(酋長) 소모(消耗)를 잡아 바쳤다.

○ 계해 19년(AD 3)신라 태조 60년 · 고구려 유리왕 21년 · 백제 태조 21년 겨울 10월에 고구려가 도성을 국내성(國內城)현재 초산강(楚山江) 북쪽으로 옮겼다.

○ 갑자 20년[32](AD 4)신라 태조 61년 · 고구려 유리왕 22년 · 백제 태조 22년 봄 3월에 신라 태조 혁거세가 죽었다[殂]. 태자 남해(南解)가 즉위하였으니 바로 남해왕(南解王)이었다.

○ 가을 9월에 백제왕[百濟王]이 기병 1천을 거느리고 부현(斧峴)으로 가 사냥하다가 우연히 말갈군을 만나 격파하였다. 생구(生口)[33]를 사로잡아 장수와 병사들에게 나누어주었다.

○ 병인 22년(AD 6)신라 남해왕 2년 · 고구려 유리왕 24년 · 백제 태조 34년 봄 정월에 신라가 종묘(宗廟)를 세웠다.

○ 가을 7월에 백제가 웅천(熊川)현재 공주(公州) 지역에 목책을 세웠다.

○ 무진 24년(AD 8)신라 남해왕 4년 · 고구려 유리왕 26년 · 백제 태조 26년 봄 정월에 신라왕[新羅王] 남해가 딸을 석탈해(昔脫解)와 혼인시켰다.

○ 가을 7월에 백제왕 온조가 신하들과 모의하기를 "마한이 점점 약해져서 상하가 다른 마음을 품고 있는데 만일 다른 사람이 마한을 병탄하게 되면 순망치한(脣亡齒寒)[34]의 꼴이라 후회막급일 것이다. 그러니 우리가 먼저 치는 것이 좋겠다"라고 하였다. 겨울 10월에 사냥하러 간다고 핑계대고 몰래 군대가 쳐들어갔다. (마한의) 주군(州郡)이 모두 함락되었는데, 오직 원산(圓山)현재 여산(礪山)과 금현(錦峴)현재 금산(錦山) 두 성이 굳게 지키며 항복하지 않았다.

---

32 원문에는 '二年'으로 되어 있으나 문맥상 20년이 맞다.

33 생구(生口) : 포로, 노예, 기르는 가축의 의미가 있다.

34 순망치한(脣亡齒寒) : 입술이 없으면 이가 시리다는 말로, 서로 떨어질 수 없는 밀접한 관계라는 의미이다.

○ 기사 25년(AD 9)신라 남해왕 5년 · 고구려 유리왕 27년 · 백제 태조 27년 여름 4월에 원산성, 금현성이 배반하고 백제에 투항하였다.

○ 백제왕 온조가 도읍을 습격하여 함락시키고 (마한)왕을 바닷가로 보냈다. 상대부(上大夫) 우정곡(宇定轂)이 저항하다가 죽임을 당하였다. 마한이 멸망하였다.

태조 문성왕(文聖王) 서여(胥餘) 원년 기묘년으로부터 애왕(哀王) 준(準) 28년 정미년까지 무릇 41대에 왕업을 이은 햇수[歷年]가 929년이었다. 마한으로 내려온 뒤로는 애왕의 아들 무강왕(武康王) 탁(卓) 원년 무신년부터 학왕(學王)[35] 25년 기사년까지 무릇 9대에 왕업을 이은 햇수가 202년이었다. 전후 합해서 역대 왕이 50명이고, 왕업을 이은 햇수의 합은 1131년이었다.

35 원문은 '王學'이나 '학왕(學王)'으로 정정하였다.

권4 신라기(新羅紀) 부(附) 고구려(高句麗) · 백제(百濟)

남해왕

병자[36] 남해왕 12년(AD 16)고구려 유리왕 34년 · 백제 태조 34년에 마한의 옛 장수 주근(周勤)이 기씨(箕氏)의 옛 나라를 부흥시키고자 군대를 일으켰다. 백제 십곡성(十谷城)현재 곡산(谷山)에 거점을 두었다가 백제왕[百濟主]에게 격파당한 뒤 기력이 다하자 자살하였다.

○ 무인 14년(18)고구려 유리왕 36년 · 백제 태조 36년 여름에 고구려에 속한 7개 나라가 와서 투항하였다.

○ 겨울 10월에 고구려 유리왕이 죽었다[殂]. 아들 대무신왕(大武神王) 무휼(無恤)이 즉위하였다.

○ 갑신 20년(24)고구려 대무신왕 6년 · 백제 태조 42년 가을에 왕이 돌아가셨다[崩]. 아들 유리왕(儒理王) 유리(儒理)가 즉위하였다.

○ 이에 앞서 (남해)왕이 죽음에 임박해서 (아들) 유리(儒理)와 사위 석탈해(昔脫解)에게 말씀을 남기셨다. "짐이 죽은 뒤 박(朴), 석(昔) 두 성 가운데 나이 많은 연장자에게 왕위를 물려주도록 하라." 마침내 왕이 돌아가시자 유리가 탈해에게 왕위를 양보하였다. 탈해가 말하기를 "신기(神器)[37]는 보통 사람이 감히 맡을 바가 아닙니다"라며 굳이 사양하

---

36 원문은 '丙戌'이나 '丙子'가 맞다.

였다. 그리하여 유리가 왕위에 올랐다.

유리왕

무자 유리왕 4년(28)고구려 대무신왕 10년 · 백제 태조 46년 봄 3월에 백제 태조 고온조가 죽었다[殂]. 아들 다루왕(多婁王) 다루(多婁)가 즉위하였다.

○ 가을 7월에 지나(支那) 한나라[漢國]가 요동 병사를 징발하여 고구려의 환도(丸都)현재 만주(滿洲) 경계로, 평안북도와 강을 사이에 둔[隔江] 땅임를 에워싸서 수십일 동안 풀지 않았다. 고구려왕이 신하인 좌보(左輔)관직명 을두지(乙豆智)의 계책을 이용하여 연못의 물고기를 물풀에 싸서 한(漢) 장수에게 보내었다. 한(漢) 장수가 환도성 안에 물이 있어 단기간에 함락시키지 못하리라는 것을 깨닫고 포위를 풀고 물러났다.

○ 겨울 10월에 왕이 나라 안을 순행하다가 한 노파가 굶주린 채 추위에 벌벌 떠는 것을 보고는 탄식하였다. "짐이 보잘 것 없는 덕으로 백성들 위에 있으면서 늙은이와 어린 아이들을 이 지경에 이르게 하였구나!" 이 일을 계기로 담당관리에게 명하여 홀아비 · 과부 · 고아 · 자식 없는 사람을 위로하고 또한 늙고 병들어 스스로 생활하기 어려운 사람을 구휼해주었다. 그리하여 신라로 오는 이웃나라 백성들이 매우 많았다.

○ 임진 8년(32)고구려 대무신왕 14년 · 백제 다루왕 4년 여름 4월에 고구려가 낙랑(樂浪)을 정복하였다. 이에 앞서 왕자 호동(好童)이 남옥저(南沃沮)에 갔을 때였다. 낙랑왕 최리(崔理)가 호동을 마음에 들어하며 말하기를 "그

37 신기(神器) : 여기서는 왕의 자리를 말한다.

대의 모습을 보니 평범한 사람이 아니로다"라고 하고는 마침내 자기 딸과 혼인시켰다. 당시 낙랑에는 적병이 쳐들어올 때 저절로 우는 북과 뿔이 있었다. 호동이 돌아갈 적에 최리의 딸에게 몰래 말하기를 "당신이 무기 창고에 들어가 북을 찢고 뿔을 깨뜨린다면 내가 당신을 예로써 맞이해 가리라"라고 하였다. (최리의) 딸은 곧바로 무기 창고로 가서 북 가죽을 찢고 뿔 입구를 자른 뒤 호동에게 말하였다. 호동이 고구려로 돌아와 왕을 부추겨 낙랑을 공격하였다. 최리는 북과 뿔이 울지 않았으므로 대비하고 있지 않다가 고구려 병사가 성 아래를 뒤덮자 그제야 북과 뿔이 모두 파괴된 것을 알았다. 결국 딸을 죽이고 나와 항복하였다.

○ **계사** 9년(33)고구려 대무신왕 15년 · 백제 다루왕 5년 봄 2월에 백제왕이 자기 나라 남쪽 주군(州郡)에 벼농사 지을 것을 처음으로 명하였다.

○ 임인 18년(42)고구려 대무신왕 24년 · 백제 다루왕 14년 봄 3월에 가락국(駕洛國) 시조 김수로(金首露)가 즉위하였다. 과거에 가락(駕洛)에 9부락이 있었는데, 각기 추장을 세우고서 산과 들에 거주하여 왕과 신하라는 위계나 호칭이 없었다. 남자 형제 6명이 있었는데 모두 빼어났다. 그 장남이 수로였다. 수로가 자기의 땅에 나라를 열고 국호를 가야(伽耶)현재 김해군(金海郡)임. 가야는 가락과 같은 음인데 달리 번역한 것임라고 하였다. 수로의 아우 5명이 또 가야왕이 되었으니, 아라가야(阿羅伽耶)현재 함안군(咸安郡), 고령가야(古寧伽耶)현재 함창군(咸昌郡), 성산가야(星山伽耶)현재 성주군(星州郡), 대가야(大伽耶)현재 고령군(高靈郡), 소가야(小伽耶)현재 고성군(固城郡)이다. 그 땅이 신라 서남쪽에 있어 총칭하여 가락국이라 불렀다. 수로가 성곽을 쌓고 궁실을 지었다. 허씨(許氏)를 아내로 맞이하여 아홉 아들을 낳았는데 두 아들은 어

머니의 성을 따랐다. 현재 김해 김씨와 허씨가 그 후예들이다. 그 뒤 수로왕이 죽으니[殂] 나이가 158세였다. 아들 거등(居登)이 즉위하였다. (거등은 신라) 조정(朝廷)에 구원을 요청하여 외적[外寇]을 방어하고 아들을 인질로 보내었다. 거등이 죽고[卒] 마품(麻品)과 거질미(居叱彌)와 이시품(伊尸品)을 거쳐 좌지(坐知)가 즉위하였다. 좌지는 여색을 탐하였고 또 자신의 무리들을 총애하여 나랏일을 맡기자 나라 형세가 크게 어지러워졌다. 그러다 신하 박원도(朴元道)의 간함을 듣고 그 여인을 물리쳤다. 당시 정의(廷議)가 (좌지를) 치려고 하다가 왕이 후회하고 고치려는 것을 보고는 마침내 그만두었다. 그 뒤 또 취희(吹希)와 질지(銍知)와 겸지(鉗知)를 거쳐 구형(仇衡)에 이르러 (신라와) 우호 관계를 유지하지 않았다. 그리하여 법흥왕(法興王) 18년(532)에 드디어 정복하였다. 왕을 손님의 예[客禮]로서 대우하고, 자기 나라를 하사하여 식읍(食邑)으로 삼게 하였다. 가락국(駕洛國)은 무릇 10대에 왕업을 이은 햇수가 491년이었다.

○ 갑진 20년[38](44)고구려 대무신왕 26년 · 백제 다루왕 16년 겨울 10월에 고구려왕이 죽었다. 태자 해우(解憂)가 나이가 어려 국인(國人)이 왕의 아우 민중왕(閔中王) 해읍주(解邑朱)를 왕으로 세웠다.

○ 무신 24년(48)고구려 민중왕 4년 · 백제 다루왕 20년 봄에 고구려왕이 죽고 조카 모본왕(慕本王) 해우(解憂)가 즉위하였다.

○ 고구려가 지나(支那) 한나라[漢國]의 북평(北平), 어양(漁陽), 상곡(上谷), 태원(太原) 등의 지역을 공격하였다가 얼마 지나지 않아 한(漢)과 화친(和親)하였다.

---

38 원문은 '21년'이나 20년이 맞으므로 정정하였다.

○ 계축 29년(53)고구려 모본왕 5년 · 백제 다루왕 25년 고구려왕이 포학 무도하여 앉을 때는 사람을 깔고 앉고 누울 때는 사람을 베고 누웠는데, 혹 조금이라도 움직이면 바로 죽였다. 신하들 가운데 간하는 자는 활로 쏘아 죽였다. 얼마 뒤 신하 두노(杜魯)가 왕을 모시다가 죽임을 당할까 염려되어 왕을 시해하였다. 국인이 유리왕의 증손자인 태조왕(太祖王) 식(宮)을 왕으로 세웠다. (왕의) 나이가 7세여서 태후가 수렴청정(垂簾聽政)[39]하였다.

○ 정사 33년(57)고구려 태조왕 4년 · 백제 다루왕 29년 겨울 10월에 왕이 돌아가시고, 남해왕의 사위 석탈해가 즉위하였다. 이에 앞서 왕이 병에 걸렸을 적에 신하들에게 부탁하기를 "탈해는 나라의 인척이고 공을 많이 쌓았다. 짐의 두 아들이 그 재주에 미치지 못하고 또 선왕의 명이 있었으니 짐이 죽은 뒤에 왕위에 오르게 하라"라고 하였다.

탈해왕

을축 탈해왕 8년(65)고구려 태조왕 32년 · 백제 다루왕 37년 봄 3월에 왕이 어린 아들 알지(閼智)[40]를 태자(太子)로 삼았다. 이에 앞서 왕이 밤에 앉아 있다가 금성(金城) 서편의 시림(始林) 사이에서 닭 우는 소리가 나는 것을 들었다. 대보(大輔)관직명 호공(瓠公)을 보내어 살펴보게 하니 금빛 궤짝이 나뭇가지에 걸려 있고 흰 닭이 그 아래에서 울고 있었다. 궤짝을 열어보니 어린 아이가 있었는데 자태가 기이하고 아름다웠다. 왕이 기

---

39 수렴청정(垂簾聽政) : 나이 어린 왕이 즉위하였을 때 성인이 될 일정기간 동안 왕대비나 대왕대비가 국정을 대리로 처리하던 일을 말한다.

40 원문은 '閼'만 있지만 내용상 '閼智'가 맞다.

뻐하며 말하였다. "이는 하늘이 아들을 주심이다." 그리고는 이름을 알지라 하였다. 알지는 방언(方言)으로 어린 아이라는 뜻이다. 금 궤짝에서 나왔다고 하여 성은 김(金)이라 하였다. 닭이 우는 상서가 있었으므로 시림을 고쳐 계림(鷄林)[41]이라 하였다.

○ 병자 19년(76)고구려 태조왕 23년 · 백제 다루왕 48년 9월에 백제왕이 죽고 아들 기루왕(己婁王) 기루(己婁)가 즉위하였다.

○ 경진 23년(80)고구려 태조왕 27년 · 백제 기루왕 4년 가을 8월에 왕이 돌아가시고 유리왕의 차남 파사왕(婆娑王) 파사(婆娑)가 즉위하였다.

파사왕

신축 파사왕 21년(101)고구려 태조왕 48년 · 백제 기루왕 25년 봄 2월에 성을 금성 동남쪽에 쌓고 월성(月城)현재 경주군 동쪽이라 이름붙였다. 성의 둘레가 1023보였다. 가을 9월에 왕이 옮겨 거처하였다.

○ 임자 32년(112)고구려 태조왕 59년 · 백제 기루왕 36년 겨울 10월에 왕이 돌아가시고 아들 지마왕(祗摩王)[42] 지마(祗摩)가 즉위하였다.

지마왕

무오 지마왕[43] 6년(118)고구려 태조왕 65년 · 백제 기루왕 42년 여름 6월에 고구려왕이 예맥인(濊貊人)과 연합하여 한(漢)의 현토(玄免)와 요동(遼東)을 격

---

41 계림(鷄林) : 탈해왕이 시림(始林)을 계림(鷄林)으로 고친 이후 국호(國號)로도 사용되었다.

42 원문은 '저마왕(抵摩王)', '저마(抵摩)'로 되어 있으나 『삼국사기』에는 '지마니사금(祗摩尼師今)'이라 되어 있으므로 '지마왕(祗摩王)'으로 정정하였다.

43 원문에는 왕의 이름이 없으나 권3에는 새 왕의 기사가 시작되는 부분에 왕의 이름이 있으므로 넣어주었다.

파하였고, 화려성(華麗城)을 공격하였다.

○ 정묘 15년(127)고구려 태조왕 74년 · 백제 기루왕 51년에 백제왕이 죽고 개루왕(蓋婁王) 개루(蓋婁)가 즉위하였다.

○ 갑술 22년(134)고구려 태조왕 81년 · 백제 개루왕 7년 가을 8월에 왕이 돌아가셨다. 아들이 없어 유리왕의 태자 일성왕(逸聖王) 일성(逸聖)이 즉위하였다.

일성왕

병술 일성왕 12년(146)고구려 태조왕 93년 · 백제 개루왕 19년에 고구려왕이 아우 수성(遂成)에게 왕위를 전하였으니, 이가 차대왕(次大王)이었다. 이에 앞서 좌보(左輔) 고복장(高福章)이 태조왕에게 권하기를 "수성에게는 반란의 의사가 있습니다. 대왕의 자손을 해치려 할 것이니 그를 죽여주십시오"라고 하였는데 들어주지 않았다. 수성이 왕위를 선양받자 고복장을 찢어죽였다. 또 태조왕의 원자(元子) 고막근(高莫根)을 죽였다. 막근의 동생 막덕(莫德)은 수성의 손에 죽을까 두려워 스스로 목을 매어 죽었다.

○ 갑오 20년(154)고구려 차대왕 8년 · 백제 개루왕 27년 봄 2월에 왕이 돌아가셨다. 왕이 재위하실 적에 정사당(政事堂)[44]을 설치하였고, 제방을 수리하여 토지를 개척하였다. 또 민간에 사치를 금하였다. 아들 아달라왕(阿達羅王) 아달라(阿達羅)가 즉위하였다.

---

44 정사당(政事堂) : 신라 초기 정사를 의논하던 관청으로, 249년(첨해이사금 3) 남당(南堂)이 설치되기 전까지 여러 세력집단의 장(長)들이 모여 국사를 의논하는 기관이었을 것으로 짐작된다.

아달라왕

을사 아달라왕 11년(165)고구려 차대왕 19년 · 백제 개루왕 38년에 고구려 전왕[45]이 죽으니 나이가 119세였다.

○ 고구려왕 수성(遂成)이 무도하여 신하 명임답부(明臨荅夫)가 시해하였다. 왕의 아우 백고(伯固)를 왕으로 세웠으니, 이가 신대왕(新大王)이었다. 이에 앞서 백고는 화가 미칠까 염려되어 산골짜기에 숨었다가 지금에 이르러 신하들이 맞이하여 세운 것이었다. 왕은 명임답부를 국상(國相)으로 제수하고, 전왕의 태자 추안(鄒安)을 양국군(讓國君)으로 봉하였다.

○ 병오 12년(166)고구려 신대왕 원년 · 백제 개루왕 39년에 백제왕이 죽고 아들 초고왕(肖古王) 초고(肖古)가 즉위하였다. 이에 앞서 개루왕이 신하 도미(都彌)의 아내가 곱고 아름답다는 소문을 듣고 간사한 계책을 써서 사통(私通)하고자 하였다. 뜻대로 되지 않자[46] 화를 내며 도미를 죄가 있다고 무고(誣告)하였다. 도미의 두 눈을 뽑아버리고 작은 배에 태워 강물에 떠내려 보냈다. 다시 도미의 아내를 간음하려 하자 아내가 말하기를 "이제 지아비께서 떠나셨으니 첩이 마땅히 대왕을 섬겨야 할 것입니다. 그런데 제가 지금 월경[月事]이 있으니 부디 다른 날을 기다려 주십시오"라고 하였다. 왕이 허락하였더니 도미의 아내는 강어귀로 도망쳤다. 그곳에서 남편을 만나 마침내 고구려로 함께 도망쳤다.

○ 임자 18년(172)고구려 신대왕 7년 · 백제 초고왕 6년 겨울 11월에 한(漢)의 현

---

45 전왕 : 태조왕을 가리킨다.

46 『삼국사기』 권48, 열전8, 도미(都彌)에 의하면 도미의 부인이 왕에게 방에 먼저 들어가라고 한 뒤 계집종을 치장하여 잠자리에 들게 하였다고 한다.

토태수(玄免太守) 경림(耿臨)이 대군을 거느리고 고구려[47]를 침입하였다. 명임답부가 성을 굳게 지켰고, 그들이 물러나는 틈을 타서 세차게 공격하여 크게 무찔렀다. 경림의 군대는 한 마리 말[匹馬]조차 살아 돌아가지 못하였다.

○ 기미 25년(179)고구려 신대왕 14년 · 백제 초고왕 13년에 고구려왕이 죽었다. 태자 무남(男武)이 즉위하였으니, 이가 고국천왕(故國川王)이었다. 왕은 자태가 뛰어나고 일을 처리할 때 너그럽고 엄함이 사리에 맞았다. 우씨(于氏)를 황후로 맞이하였다.

○ 갑자 30년(184)고구려 고국천왕 5년 · 백제 초고왕 18년 봄 3월에 왕이 돌아가셨다. 후사가 없어 국인이 탈해왕의 손자 벌휴왕(伐休王) 벌휴(伐休)를 왕으로 세웠다. 왕이 사람의 사악함과 선함을 잘 알아 훌륭한 재목을 가려서 등용하였으므로 세상 사람들이 성왕(聖王)이라 칭송하였다.

벌휴왕

신미 벌휴왕 7년(191)고구려 고국천왕 12년 · 백제 초고왕 25년에 고구려왕이 신하 안유(晏留)의 말에 따라 압록곡(鴨錄谷)에 은거한 처사 을파소(乙巴素)에게 말을 낮추고 예를 신중히 한 후 초빙하여 국상(國相)에 제수하였다. 을파소는 자신을 알아주는 이를 만난 것에 감격해하며 정사(政事)와 명령을 분명하게 하고 상과 벌을 신중히 하였다. 백성들이 자신의 업(業)을 편안하게 여겼고 안팎에 변고가 없었다. 그리하여 고구려왕이 안유에게 후한 상을 내렸다.

47 원문은 '高句'로 되어 있으나 내용상 '高句麗'가 맞다.

○ 갑술 10년(194)고구려 고국천왕 15년 · 백제 초고왕 28년 겨울 10월에 고구려가 처음으로 진대법(賑貸法)[48]을 마련하였다. 이에 앞서 고구려왕이 사냥을 나갔다가 우는 이가 있어 까닭을 물어보았다. 대답하기를 "신이 가난하고 곤궁하여 품을 팔아 어머니를 봉양하였는데 올해 곡식이 제대로 익지 않아 어머니를 모시기가 어렵습니다"라고 하였다. 왕이 "이는 짐의 잘못이도다"라고 하고는 곧 명령을 내려 매년 3월부터 7월까지 관(官)의 곡식을 내어 백성에게 빌려주었다가 겨울에 곡식이 익은 뒤에 돌려받게 하였다. 이를 항식(恒式)으로 정하니 백성들이 크게 기뻐하였다.

○ 병자 12년(196)고구려 고국천왕 17년 · 백제 초고왕 30년 여름 4월에 왕이 돌아가셨다. 왕의 둘째 아들 이매(伊買)의 아들인 나해왕(奈解王) 나해(奈解)가 즉위하였다.

○ 5월에 고구려왕이 죽었는데 후사가 없었다. 왕후 우씨가 왕이 남긴 명령을 빙자하여 왕의 아우 연우(延優)를 즉위시켰다. 이가 산상왕(山上王)이었다. 우씨(于氏)를 왕후로 세웠다.

나해왕

기축 나해왕 13년(209)고구려 산상왕 13년 · 백제 초고왕 43년 겨울 10월에 고구려가 환도(丸都)만포(萬浦) 북쪽으로 물을 사이에 둔[隔水] 땅임로 도읍을 옮겼다.

○ 갑오 18년(214)고구려 산상왕 18년 · 백제 초고왕 48년 가을 9월에 백제왕이 죽고 아들 구수왕(仇首王) 구수(仇首)가 즉위하였다.

○ 정미 31년(227)고구려 산상왕 31년 · 백제 구수왕 13년 여름 5월에 고구려왕이

48 진대법(賑貸法) : 흉년이나 춘궁기에 국가가 농민에게 곡식을 빌려주고 수확기에 갚게 한 구휼제도(救恤制度)이다.

죽었다. 태자 우위거(優位居)가 즉위하였으니, 이가 동천왕(東川王)이었다. (동천왕은) 성품이 관대하고 인자하였다. 왕후가 그의 마음을 시험해보기 위해 하루는 왕이 궁밖에 나갔을 적에 사람을 시켜 거리에 있는 말의 갈기를 자르게 하였더니 왕이 궁에 돌아와 "말이 갈기가 없으니 불쌍하다"라고 하였다. 또 시자에게 음식을 올릴 적에 일부러 국을 (왕의) 옷 위에 쏟게 하였는데 그래도 왕이 화내지 않았다.

○ 경술 34년(230)고구려 동천왕 3년 · 백제 구수왕 16년 봄 3월에 왕이 돌아가셨다. 왕이 남긴 명령에 따라 사위 조분왕(助賁王) 조분(助賁)이 즉위하였다. 조분왕은 벌휴왕(伐休王)의 손자이다.

조분왕

계축 조분왕 3년(233)고구려 동천왕 6년 · 백제 구수왕 19년 여름 5월에 일본이 쳐들어왔다. 이찬(伊湌)[49] 우로(于老)가 맞아 싸우다가 바람을 이용하여 불을 놓으니 일본 병사들이 물로 달려가 다 죽었다.

○ 갑인 4년(234)고구려 동천왕 7년 · 백제 구수왕 20년에 지나(支那) 위왕[魏主] 조예(曹叡)가 고구려에 사신을 보냈다.

○ 가을 9월에 백제왕이 죽었다. 국인이 초고왕의 동모제(同母弟) 고이왕(古爾王) 고이(古爾)를 세웠다.

○ 병진 6년(236)고구려 동천왕 9년 · 백제 고이왕 2년에 지나(支那) 오왕[吳主] 손권(孫權)이 호형(胡衛)을 고구려로 보내어 서로 왕래하며 우호 관계를 맺자

49 원문은 '伊飡'으로 되어 있다. 이밖에도 신라 관직명에 모두 '飡'을 붙였는데, 이 글자는 '湌'의 오류이거나 당시 통용되던 글자인 것 같다. 본고에서는 한자는 '湌', 한글 음은 '찬'으로 표기하는 것으로 통일하였다.

고 하였다. 고구려왕이 그 사신을 목 베었다.

○ 정사 7년(237)고구려 동천왕 10년 · 백제 고이왕 3년[50] 가을에 고구려가 신하 대가(大加)를 장군(將軍)에 제수하여 요서(遼西)에서 공손연(公孫淵)을 치게 하였다.

○ 임술 12년(242)고구려 동천왕 15년 · 백제 고이왕 8년에 고구려왕이 요동(遼東)과 서안평(西安平)을 공격하였다.

○ 갑자 14년(244)고구려 동천왕 17년 · 백제 고이왕 10년[51]에 지나(支那) 위나라(魏國)가 신하인 유주자사(幽州刺使) 모구검(母丘儉)을 보내 고구려 환도성을 함락시켰다. 고구려왕이 도망갔다. 동부(東部) 사람 뉴유(紐由)가 위(魏) 진영에 거짓으로 항복하였다가 위 장수를 찔러 죽이고 마침내 함께 죽었다. 위 군대가 크게 어지러워졌다. 왕이 이 기회를 이용하여 세 길로 군대를 진격해 위 군대를 섬멸하고 다시 도읍으로 돌아왔다.

○ 정묘 17년(247)고구려 동천왕 20년 · 백제 고이왕 13년 봄 2월에 고구려가 평양성을 쌓고 도읍을 옮겼다.

○ 여름 5월에 왕이 돌아가시고 동모제 첨해왕(沾解王) 첨해(沾解)[52]가 즉위하였다.

첨해왕

무진 첨해왕 원년(248)고구려 동천왕 21년 · 백제 고이왕 14년 가을 9월에 고구려왕이 죽고 아들 중천왕(中川王) 연불(然弗)이 즉위하였다. 전왕을 동천(東

---

50 원문은 '二年'으로 되어 있으나 내용상 3년이 맞으므로 정정하였다.

51 원문은 '八年'으로 되어 있으나 내용상 10년이 맞으므로 정정하였다.

52 원문은 '고해왕(沽解王)', '고해(沽解)'로 되어 있으나 『삼국사기』에 의거하여 '첨해왕(沾解王)', '첨해(沾解)'로 정정하였다.

川)에서 장사지내니 국인이 그 덕을 추모하여 슬퍼하지 않는 이가 없었다. 간혹 과도하게 애통해하다가 죽는 이도 있었다. 동천왕의 덕화(德化)에 인심이 감복하였음을 미루어 알 수 있다.

○ **기묘** 12년(259)고구려 중천왕 11년 · 백제 고이왕 27년 겨울 12월에 고구려왕이 두눌곡(杜訥谷)에서 사냥할 적에 위 장수 위지해(尉遲楷)가 갑가기 침입하였다. 왕이 정예 기병 5천을 뽑아 위 군대를 크게 무찌르고 8천여 급(級)을 목 베었다.

○ **신사** 14년(261)고구려 중천왕 13년 · 백제 고이왕 27년에 왕이 돌아가셨다. 후사가 없자 국인이 조분왕의 사위 미추왕(味鄒王) 김미추(金味鄒)를 왕으로 세웠다. 이가 바로 알지의 7세손이었다.

○ 백제가 뇌물죄를 처벌하는 법[犯贓法]을 마련하여 관리 가운데 재물을 받는 자와 재물을 바치도록 요구하는[貪叩] 자에게 그 장물의 세 배를 거둬들이고 평생토록 관리가 되지 못하도록 하였다[禁錮].

미추왕

경인 미추왕 9년(270)고구려 중천왕 22년 · 백제 고이왕 36년 겨울 10월에 고구려왕이 죽고 아들 서천왕(西川王) 약노(藥盧)가 즉위하였다. (서천왕은) 사람됨이 총민하고 인자하였기 때문에 국인(國人)이 경애하고 지지하였다[愛戴].

○ 신하들이 궁실을 다시 쌓자고 하자 왕은 백성들이 수고로울까 염려되어 들어주지 않았다.

○ **갑진** 23년(284)고구려 서천왕 14년 · 백제 고이왕 50년 겨울 10월에 왕이 돌아가셨다. 유례왕(儒禮王) 석유례(昔儒禮)가 즉위하였으니, 이는 조분왕(助賁王)의 장남이었다.

유례왕

병오 유례왕 2년(286)고구려 서천왕 16년 · 백제 고이왕 52년 겨울 11월에 백제왕이 죽고 아들 책계왕(責稽王) 책계(責稽)가 즉위하였다.

○ 고구려가 대방(帶方)현재 황해도의 동쪽, 경기도의 서쪽임을 쳤다. 대방이 백제에게 도움을 요청하자 백제왕이 군대를 내어 구원하였다.

○ 임자 8년(292)고구려 서천왕 22년 · 백제 책계왕 6년 봄에 고구려왕이 죽고 아들 봉상왕(烽上王) 상부(相夫)가 즉위하였다. 왕이 즉위한 뒤 숙부인 안국군(安國君) 달매(達買)와 동생 돌고(咄固)를 시기하고 미워하여 없는 죄를 무고하여 죽여버렸다. 달매는 고구려의 어진 신하이고 또한 전쟁에 공을 여러 차례 세운 자라 국인이 많이 의지하고 우러러보았다. 그리하여 (국인들은 그가) 죄가 없는데 죽임을 당하는 것을 보고 모두 애통해하며 눈물을 흘렸고 서로 조문하지 않는 이가 없었다.

○ 연(燕)의 모용외(慕容廆)가 고구려를 침범하여 서천왕의 무덤을 파내다가 구덩이 안에서 음악 소리가 들리자 신령이 있다고 여기고 크게 놀라며 물러났다.

○ 무오 14년(298)고구려 봉상왕 6년 · 백제 책계왕 12년 가을에 맥인(貊人)이 백제를 침입하였다. 백제왕이 직접 적을 방어하다가 죽임을 당하였다. 아들 분서왕(汾西王) 분서(汾西)가 즉위하였다.

○ 고구려왕이 궁실을 증축할 때 지나치게 사치하여 백성의 삶이 고달퍼졌다. 신하들이 간하여도 듣지 않았다. 재상 창조리(倉租利)가 왕이 고치지 못할 것을 알고 국인들을 규합하여 왕을 별궁에 유폐시켰다. 왕이 자살하자 창조리가 을불(乙弗)을 세워 왕으로 삼았다. 이가 미천왕(美川王)이니, 서천왕의 손자이다. 지난 날 봉상왕이 을불의 아

버지 돌고(咄固)가 다른 마음을 품었다며 죽였을 적에 을불은 교외로 피하여 남의 집 일꾼이 되기도 하고 소금장수가 되기도 하며 갖은 고생을 하였는데, 지금에 이르러 왕으로 맞이하여 세우게 된 것이다.

○ 겨울 12월에 왕이 돌아가시고 조카 기림왕(基臨王) 기림(基臨)이 즉위하였다. 일본과 교빙(交聘)하였다.

기림왕

갑자 기림왕 6년(304)고구려 미천왕 4년 · 백제 분서왕 6년 봄 2월에 백제가 낙랑의 서현(西縣)을 예고 없이 쳐들어가 격파하였다. 겨울 10월에 낙랑태수가 자객을 보내어 백제왕을 죽였다. 국인이 구수왕의 아들 비류왕(比流王) 비류(比流)를 왕으로 세웠다.

○ **경오** 12년(310)고구려 미천왕 10년 · 백제 비류왕 6년 여름 5월에 왕이 돌아가셨다. 후사가 없어서 신하들이 각간(角干)관직명의 아들 흘해(訖解)를 세워 왕으로 삼았으니 바로 흘해왕(訖解王)이었다.

흘해왕

계유 흘해왕 3년(313)고구려 미천왕 13년 · 백제 비류왕 9년에 일본왕[日本主]이 사신을 보내어 혼인을 청하였다. 각간(角干) 급리(急利)의 딸로서 허락하였다.

○ **신묘** 21년(331)고구려 미천왕 11년 · 백제 비류왕 27년 봄 2월에 고구려왕이 죽고 아들 고국원왕(故國原王) 사유(斯由)가 즉위하였다.

○ **임인** 32년(342)고구려 고국원왕 11년 · 백제 비류왕 38년 가을 8월에 고구려가 환도성(丸都城)을 수리하여 옮겨 거처하였다가 또 동황성(東黃城)평양부(平

壤府) 동산(東山)으로 도읍을 옮겼다.

○ **갑진** 34년(344)고구려 고국원왕 13년 · 백제 비류왕 40년 봄 2월에 일본이 사신을 보내어 혼인을 청하였는데 허락하지 않았다. 그 뒤 일본이 교류를 끊었다[絶交].

○ 겨울 10월에 백제왕이 죽고 분서왕의 장자 계왕(契王) 계(契)가 즉위하였다.

○ **병오** 36년(346)고구려 고국원왕 15년 · 백제 계왕 2년 가을 9월에 백제왕이 죽고 비류왕의 둘째 아들 근초고왕(近肖古王) 근초고(近肖古)가 즉위하였다.

○ 일본이 쳐들어와 금성(金城)현재 경주에 있음을 포위하였다. 왕은 성문을 닫고 나가지 않았다. 일본 군대가 지친 틈을 타서 장수 강세(康世)에게 날쌘 기병을 뽑아 공격해 무찌르게 하였다.

○ **병진** 46년(356)고구려 고국원왕 25년 · 백제 근초고왕 10년 여름 4월에 왕이 돌아가셨다. 후사가 없어서 국인이 미추왕의 조카 내물왕(奈勿王) 내물(奈勿)을 왕으로 세웠다. 이로부터 석씨(昔氏)의 제사가 마침내 끊어졌다.

내물왕

갑자 내물왕 8년(364)고구려 고국원왕 33년 · 백제 근초고왕 18년 여름 4월에 일본이 쳐들어왔다. 왕이 풀로 인형을 만들어 병기를 들리고 토함산(吐含山)경주 동쪽에 있음 아래에 나열하여 군사로 의심하게 만들고, 용맹한 병사들은 부현(斧縣) 동쪽 벌판에 매복시켰다. 일본 군대가 자신들의 용맹함을 믿고 가벼이 진격하는 틈을 타서 돌격하여 크게 무찔렀다. 일본 군사 거의 대부분을 참획(斬獲)하였다.

○ **기사** 13년(369)고구려 고국원왕 38년 · 백제 근초고왕 23년 가을 9월에 고구려왕

이 보병과 기병 2만 명을 거느리고 백제를 쳤다. 백제의 태자가 맞아 싸워 고구려 병사 5천여 급(及)을 획득하였다. 2년 뒤에 백제가 고구려 평양성(平壤城)을 공격하였다. 고구려왕이 막아 싸우다가 날아오는 화살에 맞아 죽었다. 아들 소수림왕(小獸林王) 구부(丘夫)가 즉위하였다.

○ 백제가 한산성(漢山城)현재 한양(漢陽)으로 도읍을 옮겼다.

○ 임신 16년(372)고구려 소수림왕 원년 · 백제 근초고왕 26년 여름 6월에 진왕(秦王)[53] 부견(苻堅)이 고구려에 사신을 파견하면서 승려 순도(順道)와 불상(佛像), 불경(佛經)을 보내었다. 우리 동방에 불법(佛法)이 이때부터 시작되었다.

○ 고구려가 태학(太學)을 세워 자제들을 가르쳤다.

○ 계유 17년(373)고구려 소수림왕 2년 · 백제 근초고왕 27년 봄에 백제 독산성(禿山城)수원 남쪽에 있음 성주가 백성 3백여 명을 데리고 귀부하자 왕이 6부(部)에 나누어 살게 하였다. 백제왕이 편지를 보내 따지기를, "우리 두 나라가 사이좋게 지내며 형제관계를 맺었습니다. 지금 왕께서 나의 반란민을 받아들이신 것은 화목한 논의라고 할 수 없습니다. 청컨대 나의 백성들을 돌려보내주십시오"라고 하였다. 왕이 답하기를, "백성에게는 항상 하는 마음이 없어 군주가 아끼고 품어주면 오고 잔인하고 포학하면 떠나는 것이 당연한 이치이다. 왕은 백성을 구휼하지 않고 다만 짐을 꾸짖는 것이 옳은가?"라고 하니, 백제왕이 다시 감히 말하지 못하였다.

○ 고구려가 처음으로 율령(律令)을 반포하고 실행하였다.

---

53 진왕(秦王) : 전진(前秦)을 가리킨다.

○ 백제가 고흥(高興)을 박사(博士)에 제수하였다. 백제가 나라를 연 이래 문자가 없었는데 이때 이르러 비로소 서기(書記)를 두었다.

○ 을해 19년(375)고구려 소수림왕 4년 · 백제 근초고왕 29년 가을 7월에 고구려가 백제 십곡성(十谷城)현재 곡산(谷山)을 공격하자 백제가 장수를 보내 막아 싸웠다.

○ 겨울 11월에 백제왕이 죽고 아들 근구수왕(近仇首王) 근구수(近仇首)가 즉위하였다.

○ 무인 22년(378)고구려 소수림왕 7년 · 백제 근구수왕 3년 가을 9월에 거란[契丹]이 고구려를 침범하여 북쪽 변방의 8부(部)를 함락시켰다.

○ 갑신 28년(384)고구려 소수림왕 13년 · 백제 근구수왕 9년 여름 4월에 백제왕이 죽고 아들 침류왕(枕流王) 침류(枕流)가 즉위하였다.

○ 9월에 호승(胡僧) 마라난타(摩羅難陀)가 지나(支那) 진나라[晉國][54]에서 백제로 왔다.

○ 겨울 11월에 고구려왕이 죽고 동모제(同母弟) 고국양왕(故國壤王) 이련(伊連)이 즉위하였다.

○ 백제왕이 죽고 아우 진사왕(辰斯王) 진사(辰斯)가 즉위하였다.

○ 을유 29년(385)고구려 고국양왕 원년 · 백제 침류왕 원년에 고구려왕이 군사 4만 명을 징발한 후 요동(遼東)의 현토(玄免)를 공격하여 함락시켰다. 남녀 1만 명을 포로로 잡아 돌아왔다.

○ 임진 36년(392)고구려 고국양왕 8년 · 백제 진사왕 8년 봄에 고구려왕이 죽고 아들 광개토왕(廣開土王) 담덕(談德)이 즉위하였다.

---

54 진나라[晉國] : 동진(東晉)을 가리킨다.

○ 백제왕이 죽고 침류왕의 아들 아신왕(阿莘王) 아신(阿莘)이 즉위하였다.

○ 여름 5월에 일본이 쳐들어와 금성(金城)을 포위하자 장수와 병사가 모두 전투에 나가고자 하였다. 왕이 말하기를 "지금 적이 배를 버리고 깊이 들어와 죽기를 결심하고 싸우고자 하니 그 기세를 당해낼 수 없다"라고 하였다. 그리고는 성문을 닫고 굳게 지켰다. 일본 군대가 물러나는 틈을 타서 용맹한 기병은 그들의 퇴로를 끊고, 또 보병은 독산(禿山)경주군(慶州郡) 동쪽에 있음으로 추격하여 양쪽에서 들이쳐서 크게 무찔렀다. 죽이고 사로 잡은 이가 매우 많았다.

○ 임인 46년(402)고구려 광개토왕 10년 · 백제 아신왕 10년 봄 2월에 왕이 돌아가셨다. 태자가 어려 국인이 실성왕(實聖王) 실성(實聖)을 왕으로 세웠다. 실성은 김알지(金閼智)의 후손이었다.

○ 이에 앞서 연왕(燕王) 모용성(慕容盛)이 군사 3만 명을 거느리고 고구려를 침입하였다. 신성(新城)과 남소성(南蘇城)모두 요동에 있음 두 성을 함락시켰다. 토지 7백여 리(里)를 약탈하고, 5천여 호(戶)를 옮겨갔다. 이러한 상황이 되자 고구려가 연(燕)의 평주(平州)를 쳤는데, 평주자사(平州刺史) 모용귀(慕容歸)가 성을 버리고 도망갔다.

실성왕

갑진 실성왕 2년(404)고구려 광개토왕 12년 · 백제 아신왕 12년에 연왕 모용희(慕容熙)가 고구려의 요동성(遼東城)을 침입하였다. 고구려인이 맞아 싸워 크게 무찔렀다.

○ 을사 3년(405)고구려 광개토왕 13년 · 백제 아신왕 13년 가을 9월에 백제왕이 죽고 아들 전지왕(典支王) 전지(典支)가 즉위하였다.

○ 무신 6년(408)고구려 광개토왕 16년 · 백제 전지왕 3년 봄 2월에 일본이 군영(軍營)을 대마도(對馬島)에 두고 병사를 단련하고 양식을 갖추어 쳐들어올 의지를 내보였다. 왕이 군대를 일으켜 먼저 공격하려 하다가 미사품(未斯品)의 간함을 듣고 그만두었다.

○ 계축 11년(413)고구려 광개토왕 21년 · 백제 전지왕 8년 겨울 10월에 고구려왕이 죽고 아들 장수왕(長壽王) 거련(巨璉)이 즉위하였다.

○ 정사 15년(417)고구려 장수왕 4년 · 백제 전지왕 12년 여름 4월에 눌지(訥祇)가 왕을 시해하고 스스로 왕위에 올랐다. 이가 눌지왕(訥祇王)이니, 내물왕의 아들이었다. 과거에 내물왕이 (실성)왕을 고구려에 인질로 보내었는데, (실성)왕이 이 일로 눌지에게 원한을 품고 죽이려고 하자 눌지가 (실성)왕을 시해하였다.

눌지왕

무오 눌지왕 원년(418)고구려 장수왕 5년 · 백제 전지왕 13년 가을에 박제상(朴堤上)이 일본에 사신으로 갔다가 살해당하였다. 일찍이 왕에게 두 아우가 있었는데, 복호(卜好)와 미사흔(未斯欣)이었다. 복호는 고구려에 인질로 갔고, 미사흔은 일본의 인질이 되었다. 왕이 두 아우를 만나고 싶어 박제상에게 먼저 고구려로 가서 설득하게 하여 복호가 신라로 돌아올 수 있었다. 얼마 지나지 않아 왕이 또 미사흔이 생각나 박제상에게 가서 일왕[日主]을 설득하게 하였다. 일왕이 들어주지 않자 박제상이 꾀를 내어 일왕을 속이고 미사흔을 신라로 돌아가게 하였다. 몇 일이 지난 뒤 일왕이 속았다는 것을 알고 크게 화를 냈다. 악형(惡刑)을 가하며 미사흔을 돌아가게 한 이유를 묻자 박제상이 말하기를 "나는 계림(鷄林)

의 신하이다. 우리 임금의 뜻을 이루어주기 위함이다"라고 하였다. 일왕이 더욱 화가 나 자기 나라의 신하가 되어 복종하라고 하였다. 박제상의 다리 피부를 벗기고 갈대를 베어 그 위를 달려가게 하였다. 또 뜨겁게 달군 철 위에 서 있게 하였는데도 시종 굴복하지 않았다. 그리하여 불에 태워 죽였다. 왕이 그가 죽었음을 듣고 매우 애통해하였다. 바로 대아찬(大阿飡)관직명에 추증하고, 그의 가족을 후하게 대우하였다. 미사흔에게 박제상 동생의 둘째 딸과 혼인하게 하였다. 박제상의 아내는 세 딸을 데리고 치술령(鵄述嶺)경주에 있음에 올라가 일본을 바라보며 통곡하다가 죽었다. 박제상은 파사왕(婆娑王)의 5세손이었다.

○ 경신 3년(420)고구려 장수왕 7년 · 백제 전지왕 15년 봄 3월에 백제왕이 죽고 아들 구이신왕(久爾辛王) 구이신(久爾辛)이 즉위하였다.

○ 병인 9년(426)고구려 장수왕 13년 · 백제 구이신왕 6년 겨울 12월에 백제왕이 죽고 아들 비유왕(比有王) 비유(比有)가 즉위하였다.

○ 을해 18년(435)고구려 장수왕 22년 · 백제 비유왕 9년 봄에 역대의 원릉(園陵)[55]을 수리하였다.

○ 연왕(燕王) 풍홍(馮弘)이 상서(尙書) 양이(陽伊)를 고구려에 보내어 투항할 것임을 미리 약속하였다. 이는 위(魏)가 자주 쳐들어와 괴롭혔기 때문이었다. 다음해에 위가 연을 치면서 고구려에 사신을 보내어 연을 도와주지 말라고 하였다. 고구려왕이 그 말을 듣지 않고 갈로(葛盧)와 맹윤(孟允)에게 군사 수만 명을 거느리고 가서 연왕 풍홍을 맞아오게 하였다. 3년 뒤에 연왕 풍홍이 고구려왕이 예로 대우하지 않는다며 송나

55 원릉(園陵) : 왕의 무덤을 말한다.

라[宋國]에 가서 의탁하고자 하니 고구려왕이 화가 나서 죽여버렸다.

○ 을미 38년(455)고구려 장수왕 42년 · 백제 비유왕 29년 가을에 백제왕이 죽고 아들 개로왕(蓋鹵王) 부여경[餘慶][56]이 즉위하였다.

○ 겨울 10월에 고구려가 백제를 침공하자 군대를 보내 구원해주었다.

○ 고구려가 지나(支那) 송나라[宋國]와 우호관계를 맺었다.

○ 백제가 지나(支那) 위나라[魏國]와 우호관계를 맺었다.

○ 무술 41년(458)고구려 장수왕 45년 · 백제 개로왕 3년 가을에 왕이 돌아가시고 아들 자비왕(慈悲王) 자비(慈悲)가 즉위하였다.

자비왕

을묘 자비왕 17년(475)고구려 장수왕 62년 · 백제 개로왕 20년 봄 정월에 왕이 월성(月城)[57]으로 옮겨 거처하였다.

○ 가을 9월에 고구려왕이 백제를 공격하여 그 왕을 죽였다. 백제왕의 태자 문주왕(文周王) 문주(文周)가 즉위하였다. 과거에 승려 도림(道琳)이 고구려왕의 밀지를 받고 거짓으로 고구려왕께 죄를 얻었다고 하고 망명하여 백제로 들어왔다. 당시 백제왕이 바둑을 즐겨하였기 때문에 도림이 바둑 기술로 접근하여 왕과 매우 친해졌다. 그러고 나서 백제왕에게 성곽을 넓히고 궁실을 높여 나라의 위엄을 성대하게 하라고 권유하였다. 백제왕이 그 말에 미혹되어 따랐다. 이로부터 (백제의) 창

---

56 원문은 '餘慶'으로 되어 있다. 『삼국사기』에는 백제 왕족의 성을 '扶餘'로 표기하였는데, 중국 사서에서는 '扶'를 빠뜨리고 있다. 『대동역사략』이 『삼국사기』보다 중국 사서 또는 중국 사서를 참조한 다른 교과서를 따르고 있음을 알 수 있다.

57 월성(月城) : 101년(파사왕 22)에 축조한 신라 때의 성으로, 현재 경북 경주시 인왕동(仁旺洞)에 유적이 있다. 자연적인 언덕 위에 반월형으로 흙과 돌을 썩어 쌓았다고 하여 반월성이라고도 불린다.

고가 비게 되어 백성들이 곤궁해졌다. 도림이 도망쳐 돌아와 고구려 왕에게 알렸다. 고구려왕이 군사 3만 명을 거느리고 백제 한성(漢城)을 포위하여 7일 만에 함락시켰다. 백제왕이 수십 명의 기병을 거느리고 성을 빠져나와 서쪽으로 도망가다가 고구려 장수 걸루(桀婁)에게 해를 당하였다. 이때 백제 태자 문주가 (신라) 조정에 와서 구원을 요청하자 군사 1만 명을 내주었다. 백제 태자가 돌아와 보니 부왕은 죽고 고구려 군대는 이미 물러나 있었다.

○ 병진 18년(476)고구려 장수왕 63년 · 백제 문주왕 원년 여름 4월에 탐라(耽羅)현재 제주가 토산물[方物]을 백제에 바쳤다. 탐라는 탐모라(耽牟羅)라고도 하고 남해에 있다. 옛날에는 아무도 살지 않았는데, 어떤 세 사람이 땅에서 솟아 나왔다. 첫째는 양을나(良乙那), 둘째는 고을나(高乙那), 셋째는 부을나(夫乙那)였다. 이들은 황폐한 땅에서 사냥을 하면서 가죽옷을 입고 고기를 먹었다. 하루는 보랏빛 진흙으로 봉해진 나무함이 해변에 떠내려왔다. 열어 보니 안에 돌함이 있었고, 붉은 허리띠에 보랏빛 옷을 입은 사자(使者)가 따라 왔다. 함 안에는 푸른 옷을 입은 처녀 3명과 여러 망아지와 송아지, 오곡(五穀)[58]의 씨앗이 들어 있었다. 사자가 말하기를 "저는 일본 사신입니다. 우리 왕이 이 세 따님을 낳고 말씀하시기를, 서해 중악(中岳)의 신인(神人) 세 분이 장차 나라를 열려고 하는데 배필이 없다고 하시고는 신에게 모시고 가라 하셨습니다. 마땅히 배우자로 삼으셔서 대업(大業)을 이루십시오"라고 하였다. 그러고 나서 (사자는) 바로 구름을 타고 홀연히 사라졌다. 세 사람이 나누어 아내로

58 오곡 : 다섯 가지 곡식. 쌀, 보리, 조, 콩, 기장을 말한다.

맞이하고, 각각 샘물이 달고 토지가 비옥한 곳을 선택하여 거처하였다. 양을나가 사는 곳을 제1 도읍이라 하고, 고을나가 사는 곳을 제2 도읍이라 하였으며, 부을나가 사는 곳을 제3 도읍이라 하였다. 오곡의 씨를 뿌리고, 망아지와 송아지를 길러 점점 부유해졌다.

○ 6월에 일본이 동해로 쳐들어오자 왕이 장군(將軍) 덕지(德智)에게 공격하여 무찌르게 하였다.

○ 겨울 10월에 백제가 웅진(熊津)현재 공주(公州)으로 도읍을 옮겼다.

○ 정사 19년(477)고구려 장수왕 64년 · 백제 문주왕 2년 여름에 백제의 신하 해구(解仇)가 임금[君]을 시해하고 태자 삼근왕(三斤王) 삼근(三斤)을 왕으로 세웠다. 삼근왕이 해구를 죽였다.

○ 기미 21년(479)고구려 장수왕 66년 · 백제 삼근왕 2년 봄 2월에 왕이 돌아가시고 아들 소지왕(炤智王) 소지(炤智)가 즉위하였다.

○ 백제왕이 죽고 문주왕의 동모제 곤지(昆支)의 아들 모대(牟大)가 즉위하였다. 이가 동성왕(東城王)이었다.

소지왕

정묘 소지왕 8년(487)고구려 장수왕 74년 · 백제 동성왕 8년 봄에 역참[郵驛]을 사방에 두었다.

○ 경오 11년(490)고구려 장수왕 77년 · 백제 동성왕 11년 봄에 시장을 처음 설치하여 사방에 화폐[貨]가 유통되게 하였다.

○ 신미 12년(491)고구려 장수왕 78년 · 백제 동성왕 12년 겨울 12월에 고구려왕이 죽고 태손(太孫) 문자왕(文咨王) 나운(羅雲)이 즉위하였다.

○ 경진 21년(500)고구려 문자왕 9년 · 백제 동성왕 21년 봄에 백제가 임류각(臨流

閣)을 세웠는데 높이가 5장(丈)이었다. 또 술로 가득 채운 연못[酒池][59]을 파고 기이한 짐승과 색다른 풀을 길렀다. 신하들이 간하였으나 들어주지 않았다.

○ 겨울 11월에 왕이 돌아가셨다. 후사가 없어 왕의 조부 형제의 아들[從祖弟]인 지대로(智大路)가 즉위하였다. 이가 지증왕(智證王)이었다.

지증왕

신사 지증왕 원년(501)고구려 문자왕 10년 · 백제 동성왕 22년에 백제의 작가(苩加)가 임금[君]을 시해하고, 태자 부여륭[餘隆]을 세웠다. 이가 무령왕(武寧王)이었다. 다음해에 백제왕이 한솔(扞率)관직명 해명(解明)에게 작가를 잡아 백강(白江)현재 백마강(白馬江)에 던지라고 하였다.

○ 2월에 순장(殉葬)[60]을 금지하였다. 이전에는 왕이 돌아가시면 순장하는 이가 남녀 각 5명이었다.

○ 3월에 각 주군(州郡)에 명하여 농사를 지을 적에 처음으로 소로 밭을 갈게 하였다.

○ **계미** 3년(503)고구려 문자왕 12년 · 백제 무령왕 2년 가을 9월에 말갈(靺鞨)이 백제 고목성(高木城)현재 교동(喬桐)에 있음에 침입하였다. 백제왕이 군대를 보내 격퇴하였다.

○ **갑신** 4년(504)고구려 문자왕 13년 · 백제 무령왕 2년에 상복법(喪服法)을 제정하였다.

---

59 주지육림(酒池肉林) : 굉장하게 잘 차린 잔치를 일컫는 말이다.

60 순장 : 통치자 등 신분이 높은 사람이 죽었을 때 다른 사람을 강제로 죽여서 주된 시체와 함께 묻는 장례 습속이다.

○ 을유 5년(505)고구려 문자왕 14년 · 백제 무령왕 4년 겨울 11월에 처음으로 담당 관리에게 명하여 얼음을 보관하게 하였다. 선박 제도를 정하였다.

○ 임진 12년(512)고구려 문자왕 21년 · 백제 무령왕 11년 6월에 우산국(于山國)을 정복하였다. 우산국은 동해 가운데 있는 작은 섬이다. 울릉(鬱陵)이라고도 부르고, 땅은 사방 백 리이다. 지형의 험악함을 믿고 복종하지 않았다. 그리하여 이찬(伊湌)관직명 이사부(異斯夫)가 나무로 사자를 만들어 전함에 싣고 그 섬에 갔다. 거짓으로 꾸짖으며 "너희가 만일 항복하지 않으면 바로 이 짐승을 풀어 밟아 죽이겠다"라고 하니 섬사람들이 두려워 항복하였다.

○ 갑오 14년(514)고구려 문자왕 23년 · 백제 무령왕 13년 가을 7월에 왕이 돌아가시자 시호를 지증(智證)이라 하였다. 시호법[61]은 이때부터 처음 사용되었다. 아들 법흥왕(法興王) 원종(原宗)이 즉위하였다.

법흥왕

기해 법흥왕 5년(519)고구려 문자왕 28년 · 백제 무령왕 18년에 고구려왕이 죽고 아들 안장왕(安藏王) 흥안(興安)이 즉위하였다.

○ 계묘 9년(523)고구려 안장왕 4년 · 백제 무령왕 22년 여름 5월에 백제왕이 죽었다. 시호를 무령(武寧)이라 하였으니 백제의 시호법 또한 이때부터 처음 사용되었다. 태자 성왕(聖王) 명농(明禯)이 즉위하였다.

○ 관제(官制)와 복색(服色)을 제정하였다.

○ 무신 14년(528)고구려 안장왕 9년 · 백제 성왕 5년 비로소 불교를 행(行)하였다.[62]

---

61 시호법(諡號法) : 시호(諡號)는 죽은 인물에게 국가에서 내려주거나 죽은 군주에게 다음 군주가 올리는 특별한 이름으로, 시호법의 사용은 유교의 수용을 의미한다고 한다.

○ 신해 17년(531)고구려 안장왕 12년 · 백제 성왕 8년 여름 5월에 고구려왕이 죽고 아우 안원왕(安原王) 보연(寶延)이 즉위하였다.

○ 병진 22년(536)고구려 안원왕 5년 · 백제 성왕 13년 가을에 고구려가 지나(支那) 동위(東魏)에 사신을 보내었다.

○ 처음으로 연호를 제정하여 건원(建元)이라 하였다.

○ 무오 건원 2년(538)고구려 안원왕 7년 · 백제 성왕 15년에 백제가 사비(泗沘)현재 부여군(扶餘郡)로 도읍을 옮기고 국호를 남부여(南夫餘)라 고쳐 불렀다.

○ 경신 4년[63](540)고구려 안원왕 9년 · 백제 성왕 17년에 왕이 돌아가시고 조카 진흥왕(眞興王) 삼맥종(彡麥宗)이 즉위하였다.

진흥왕

신유 진흥왕 원년(541)고구려 안원왕 10년 · 백제 성왕 18년에 백제가 지나(支那) 양(梁)에 사신을 보내어 모시박사(毛詩博士), 『열반경의(涅槃經義)』, 장인, 화가 등을 초청해왔다.

○ 을축 5년(545)고구려 안원왕 14년 · 백제 성왕 22년에 고구려왕이 죽고 양원왕(陽原王) 평성(平成)이 즉위하였다.

○ 국사(國史)를 편찬할 적에 이찬 이사부가 부탁하기를 "국사는 임금과 신하의 선악을 기록하여 칭찬할 것과 나무랄 것을 후대에 보여준다. 만일 편찬하지 않으면 후대가 어떻게 살펴서 경계할 수 있겠는가"라고 하였다. 왕이 곧바로 대아찬(大阿飡) 거칠부(居柒夫) 등에게 명하여 글을 아는 사(士)들을 모아 편찬하게 하였다.

---

62 불교를 행하였다는 것은 일반적으로 불교 공인(公認)의 의미로 이해한다.

63 원문은 '5년'으로 되어 있으나 경신년은 건원 4년이 맞으므로 정정하였다.

○ 기사 9년(549)고구려 양원왕 4년 · 백제 성왕 26년에 양(梁)이 부처의 사리(舍利)를 보내 바치자 왕이 백관에게 받들어 맞이하게 하였다.

○ 신미 개국(開國) 원년(551)고구려 양원왕 6년 · 백제 성왕 28년에 연호를 고쳐 개국(開國)이라 하였다.

○ 가을 9월에 돌궐(突厥)현재 토이기(土耳其) 부락이니 당시 금아속(今俄屬)의 서쪽 비리아(比利亞)에 살았다. 이들을 선비(鮮卑)라고도 함이 고구려성에 침입하였다가 패하여 달아났다.

○ 장군 김거칠부(金居柒夫)를 보내어 고구려의 10군(郡)을 공격하여 얻었다.

○ 임신 (개국) 2년(552)고구려 양원왕 7년 · 백제 성왕 29년 과거에 가야국왕 가실(嘉悉)이 지나(支那) 당나라[唐國] 악부(樂部)의 쟁(箏)[64]을 본떠 12현의 금(琴)을 제작하고 악사(樂師) 우륵(于勒)에게 명하여 12곡(曲)을 만들게 하였다. 뒤에 우륵이 나라가 어지러워질 것을 알고 악기를 가지고 (신라로) 와서 (왕을) 알현하고자 하였다. 왕이 불러서 만나보고는 악기를 연주하게 하였다. 또 법지(法知)와 계고(階古), 만덕(萬德) 등에게 명하여 우륵에게 음악을 배우게 하였다. 우륵은 그들의 재주에 따라 가르쳤는데, 계고는 금(琴)을 배우고, 법지는 노래를 배우고, 만덕은 춤을 배웠다. 세 사람이 12곡을 배워 터득하고는 서로 말하기를, "이 음악이 번거롭고 음란하여 고상하지 못하다"라고 하였다. 그리고는 5곡을 새로 만들었다. 우륵이 이에 화를 내다가 새로 만든 곡을 듣고는 감탄하며 말하기를, "이는 (다른) 소리를 그치게 하는구나[止聲]"라고 하였다. 마침

---

64 쟁(箏) : 거문고와 비슷한 13현의 악기이다.

내 왕께 아뢰니 왕이 크게 기뻐하며 그 금(琴)을 가야(伽耶)라 이름붙였다. 또 현금(玄琴)이 있었는데 이는 국상(國相) 왕산악(王山岳)이 7현금을 모방하여 만든 것이었다. 연주할 적에 검은 학이 와서 춤을 추었기 때문에 이름을 현학금(玄鶴琴)이라 하였고, 뒤에 다시 현금(玄琴)이라 불렀다. 또 옥보고(玉寶高)라는 이가 지리산[智異山]에 들어가 금(琴)을 배운 지 50년 만에 30곡을 스스로 만들어 속명득(續命得)에게 전하였고, 속명득은 귀금(貴金)에게 전하였다. 귀금이 또한 지리산에 들어가 나오지 않자 (왕은) 금(琴)을 연주하는 방법이 전해지지 않을까 염려하여 이찬 윤흥(允興)에게 직접 가서 그 비법을 전수받게 하였다. 또 비파(琵琶)가 있었는데 지나(支那)에서 만든 것과 매우 비슷하였다. 비파의 음에 3조(調)가 있었다. 첫째는 궁조(宮調)이고, 둘째는 칠현조(七賢調)이며, 셋째는 봉황조(鳳凰調)이다.

○ **갑술** (개국) 4년(554)고구려 양원왕 9년 · 백제 성왕 31년 가을에 백제왕이 침입하였다. 장군 김무력(金武力)이 맞아 싸워 백제왕을 죽였다. 백제 태자 위덕왕(威德王) 창(昌)이 즉위하였다.

○ **기묘** (개국) 9년(559)고구려 양원왕 14년 · 백제 위덕왕 5년 봄 3월에 고구려왕이 죽고 아들 평원왕(平原王) 양성(陽城)이 즉위하였다.

○ **갑오** (개국) 24년[65](574)고구려 평원왕 15년 · 백제 위덕왕 20년 봄에 신궁(新宮)을 내놓아 황룡사(皇龍寺)로 만들었다. 장육불상(丈六佛像)[66]을 주조하였는데 구리[銅]가 35,007근(斤)이고 도금에 사용한 금이 102양중(兩重)이

---

65 『삼국사기』에 의하면 무자년(戊子年, 568)에 연호를 '대창(大昌)'으로 바꾸고, 임진년(壬辰年, 572)에 또 '홍제(鴻濟)'로 바꾸었는데, 여기서는 개국 연호 그대로 사용하고 있다.

66 장육불상(丈六佛像) : 인간 세상에 화신(化身)으로 나타난 부처의 키가 1장(丈) 6척(尺)이라고 한다. 인간 가운데 뛰어난 이가 8척이므로, 그 두 배에 해당한다.

었다. 화공 솔거(率居)가 노송(老松)을 황룡사 벽에 그렸더니 참새가 종종 날아와서 부딪쳐 비틀거리며 떨어졌다. 훗날 그림 빛깔이 퇴색되어 절의 승려가 다시 보수하였더니 그 뒤로는 참새가 오지 않았다.

○ 병오 (개국) 26년(576)고구려 평원왕 17년 · 백제 위덕왕 22년에 왕이 돌아가셨다. 왕이 말년에 부처를 좋아하여 머리를 깎고 승복을 입고 스스로 법운(法雲)이라 이름지었다. 왕후도 비구니가 되었다. 그리하여 왕의 차남 진지왕(眞智王) 금륜(金輪)[67]이 즉위하였다.

진지왕

기해 진지왕 3년(579)고구려 평원왕 20년 · 백제 위덕왕 25년 가을 7월에 왕이 돌아가시고 진흥왕(眞興王)의 태자 동륜(銅輪)의 아들 백정(伯淨)이 즉위하였다. 이가 진평왕(眞平王)이었다. 연호를 고쳐 건복(建福)이라 하였다.

진평왕

○ 이찬 김후직(金后稷)을 병부령(兵部令)에 제수하였다. (진평)왕이 사냥을 좋아하여 김후직이 간절히 간하였으나 듣지 않았다. 훗날 김후직이 죽기 직전에 아들에게 말하기를, "내가 신하가 되어 임금의 잘못을 바로잡지 못하였구나. 염려되는 것은 왕께서 놀기를 그치지 않다가 결국 나라를 잃지 않을까 하는 것이다. 이것이 나의 근심이다. 내가 비록 죽더라도 왕을 깨닫게 할 것이니 죽은 뒤 나를 왕이 사냥하는 길가에 묻도록 하여라"라고 하였다. 아들은 그 말을 따랐다. 어느 날 왕

67 금륜(金輪) : 『삼국사기』에는 진지왕의 이름이 사륜(舍輪) 또는 금륜이라고 나온다.

이 사냥을 나갔을 때 길 한복판에서 "왕은 가지 마시오"라는 소리가 났다. 왕이 놀라 물어보니 좌우 신하들이 말하기를, "소리가 김후직의 무덤에서 나옵니다"라고 하였다. 마침내 김후직의 유언을 말씀드리자 왕이 소리없이 눈물을 흘리며 "그대의 아비가 살았을 때 충성스런 간언을 하더니 지금 죽어서도 잊지 않으니 나를 아낌이 지극하도다" 라고 하였다. (왕은) 이때부터 평생 동안 사냥을 나가지 않았다.

○ 조부령(調府令)을 두어 공납과 세금[貢賦]을 관장하게 하였다. 승부령(乘府令)을 두어 수레[車乘]를 관장하게 하였다.

○ 고구려가 장안성(長安城)평양남성(平壤南城)으로 도읍을 옮겼다.[68]

경술 진평왕 11년[69](590)고구려 평원왕 31년 · 백제 위덕왕 36년 겨울 10월에 고구려왕이 죽고 아들 영양왕(嬰陽王) 원(元)이 즉위하였다.

○ 명활성(明活城)경주 월성 동쪽을 다시 쌓고, 또 서원산성(西元山城)을 쌓았다.

○ 무오 19년(598)고구려 영양왕 8년 · 백제 위덕왕 44년 봄에 고구려왕이 말갈병사들을 거느리고 요서(遼西)를 공격하였다. 지나(支那) 수왕[隋主]이 화가 나 유관(楡關)으로 출병하였다가 먹을 것이 떨어져 물러났다.

○ 겨울 12월에 백제왕이 죽고 둘째 아들 혜왕(惠王) 계명(季明)이 즉위하였다.

---

68 『삼국사기』 권19, 고구려본기 제7에 의하면 평원왕 28년(586)의 일이다. 이는 진평왕 8년에 해당한다.

69 원문은 '眞平王建福十一年'으로 되어있으나, 경술년은 진평왕 재위 11년이며 건복 7년에 해당한다. 그래서 번역문에 '건복(建福)'을 넣지 않았다. 아래 무오 19년, 기미 20년도 재위년으로 계산하였다.

○ 기미 20년(599)고구려 영양왕 9년 · 백제 혜왕 원년에 백제왕이 죽고 아들 법왕(法王) 선(宣)이 즉위하였다. 살생을 금지하고, 민가에서 기르던 매를 놓아주고, 또 물고기 잡는 도구를 불사르라는 명령을 내렸다.

○ 경신 21년(600)고구려 영양왕 10년 · 백제 법왕 원년 봄에 고구려가 태학박사(太學博士) 이문진(李文眞)에게 국사(國史)를 편찬하게 하였다. 이에 앞서 나랏일을 기록한 책 1백여 권이 있었는데, 이때 이르러 『신집(新集)』 5권을 다시 완성한 것이다.

○ 여름 5월에 백제왕이 죽고 무왕(武王) 장(璋)이 즉위하였다.

○ 신미 32년(611)고구려 영양왕 21년 · 백제 무왕 11년 겨울 10월에 백제가 가령성(椵嶺城)을 공격하여 함락시켰다. 현령(縣令) 찬덕(讚德)이 죽었다. 찬덕이 성을 지킨 지 백여 일 동안 양식이 다 떨어지고 물이 고갈되었는데도 오히려 힘써 싸워 지치지 않았다. 성이 함락되자 찬덕이 하늘을 우러러보고 큰 소리로 울부짖었다. "왕께서 성 하나를 나에게 맡기셨는데 내가 이를 보전하지 못하였구나. 내 비록 죽지만 여귀(厲鬼)[70]가 되어 백제인들을 섬멸할 것이다." 마침내 팔을 자르고 눈을 부릅뜨고서 홰나무에 머리를 부딪쳐 죽었다. 왕이 그의 아들 해론대(奚論大)를 나마(奈馬)관직명에 제수하였다.

○ 임신 33년(612)고구려 영양왕 22년 · 백제 무왕 12년 봄 정월에 지나(支那) 수왕[隋主] 양광(楊廣)이 직접 대병을 일으켜 고구려를 침입하였다. 고구려 장수 을지문덕(乙支文德)이 맞아 싸워 크게 무찔렀다. 이에 앞서 수(隋)의 신하 배구(裵矩)가 왕에게 고구려를 협박하여 항복하게 할 것을 권

---

70 여귀(厲鬼) : 전염병을 옮기는 귀신이다.

하였다. 수왕이 그 말을 좇아 서신을 보냈으나 고구려왕[麗王]이 듣지 않았다. 수왕이 보병과 기병 1,133,800명을 징발하여 '2백만'이라 하고 아홉 길로 나누어 쳐들어가 평양에 집결하려 하였다. 우문술(宇文述), 내호아(來護兒) 등이 선봉이 되었다. 깃발이 9백여 리에 뻗어 있었으며, 북소리 뿔소리가 서로 울려퍼졌다. 2월에 수왕이 요수(遼水)에 이르자 고구려왕이 을지문덕에게 방어해 대적하게 하였다. 을지문덕이 우문술의 군대에 굶주린 기색이 있는 것을 보고 지치게 만들기 위해 거짓으로 일곱 번 싸워 일곱 번 도망쳤다. 우문술 등이 번번이 승리함을 믿고 드디어 살수(薩水)안주(安州) 청천강(淸川江)를 건넜다. (우문순이) 평양성에서 30리 떨어진 곳에서 산에 의지하여 군영을 설치하자 을지문덕이 사신을 보내 항복하는 척하면서 우문술에게 청하기를 "공께서 만약 군대를 돌리시면 제가 항복하겠습니다"라고 하였다. 우문술은 자신의 군대가 지쳐서 다시 싸우기 어려움을 알았고, 또 평양은 성과 해자가 험하고 견고하여 함락시키기 어려웠다. 그리하여 허락하자 을지문덕이 곧 군대를 내어 사면(四面)에서 공격하였다. 수(隋) 군대는 싸우다 행군하다 하면서 가을 7월에 살수에 도착하였다. 절반쯤 건넜을 때 대열의 꼬리를 공격하여 크게 무찌르고 장수 신세웅(辛世雄)을 참수하니 많은 군사들이 도망쳐 흩어졌다. 내호아도 또한 도망갔다. 처음에 수(隋) 군사로서 요동을 건넌 자가 무릇 30만 5천 명이었는데, 그 가운데 도망친 자는 겨우 2,700명이었다. 가져온 식량과 쌓아놓은 무기들을 모두 고구려군에게 빼앗겼다. 을지문덕은 사람됨이 침착하면서도 용맹하였고 지략이 있었으며 글을 잘 지었다. 수(隋) 군대와 싸울 때 (을지문덕이) 수(隋)의 장수 우중문(于仲文)에게 보낸 시가 있다.

신이한 계책은 천문(天文)을 다하고
오묘한 꾀는 지리(地理)를 다하였도다
전쟁에서 승리한 공이 이미 높으니
만족할 줄 알고 그만둠이 어떠하리

동방의 오언시(五言詩)가 이로부터 처음 시작되었다.

○ 계유 34년(613)고구려 영양왕 23년 · 백제 무왕 12년 여름 4월에 수왕이 또 대군을 직접 거느리고 고구려 요동성을 침입하였다. 성을 포위한 지 20여 일이 지났는데도 성 안에서 굳게 지켜 요동하지 않았다. 마침 양현감(楊玄感)이 반란을 일으켰다고 보고하는 문서가 도착하자 수왕이 크게 놀라 물러갔다. 그 뒤 (수왕이) 다시 고구려를 침략하고자 탁군(涿郡)에 친히 가서 군대를 거느리고 회원진(懷遠鎭)까지 이르렀다. 고구려가 미리 대비하고 있어 이기지 못할 것을 알고 화친을 맺고 물러갔다.

○ 무인 39년[71](618)고구려 영양왕 28년 · 백제 무왕 18년 가을 9월에 고구려왕이 죽고 배다른 동생[異母弟] 영류왕(營留王) 건무(建武)가 즉위하였다.

○ 지나(支那) 당왕[唐主] 이연(李淵)이 고구려에 사신을 보내어 수 군대에 사로잡힌 고구려인을 돌려보낼테니 고구려도 사로잡아온 수인(隋人) 수만 명을 돌려보내달라고 하였다.

○ 을유 46년(625)고구려 영류왕 7년 · 백제 무왕 25년에 당(唐)과 우호관계를 맺었다.

○ 백제가 당에 사신을 보내었다.

---

71 원문은 '29년'이나 무인년은 진평왕 39년이므로 정정하였다.

○ 고구려가 당에 사람을 보내 불교(佛教)와 노장(老莊)에 대해 배웠다.

○ 기축 50년(629)고구려 영류왕 11년 · 백제 무왕 29년 가을 8월에 김유신(金庾信)이 고구려 낭비성(娘臂城)현재 청주(淸州)을 공격하여 함락시켰다. 김유신은 수로왕(首露王)의 후예이고, 김서현(金舒玄)의 아들이다. 왕이 김서현을 보내어 낭비성(娘臂城)을 공격할 적에 고구려인이 반격해 아군(我軍)이 불리하였다. 이때 김유신이 중당주(中幢主)관직명로 있었는데 아버지께 아뢰기를, "제가 평소에 충효(忠孝)를 스스로 결심하였습니다. 지금 전투에 임하였으니 용맹하게 싸우지 않을 수 없습니다"라고 하고는 말에 올라타 돌진하였다. 고구려 장수의 목을 베어 그 머리를 끌고 오니 모든 군사들이 그 승세를 타 있는 힘껏 싸웠다. 그리하여 마침내 낭비성을 함락하였다. 과거에 김유신이 고구려, 백제, 말갈이 자주 쳐들어오는 것을 보고 분개해하며 그들을 평정할 뜻을 세웠다. 중악(中嶽)경주 단석산(斷石山) 석굴에 홀로 들어가 검을 단련하고, 맹세를 하늘에 아뢰었더니 홀연히 노인이 와서 비결(秘訣)을 전하였다. 이후로 지략이 더욱 넓어졌다.

○ 임진 53년(632)고구려 영류왕 14년 · 백제 무왕 32년에 왕이 돌아가셨다. 후사가 없어서 국인이 왕의 딸 덕만(德曼)을 왕으로 세웠다. 이가 선덕여왕[善德女主][72]이었다. 과거에 당왕이 사람을 보내 모란꽃 그림과 그 꽃씨를 바쳤다. 진평왕이 덕만에게 보여주니 덕만이 말하기를, "이 꽃은 반드시 향기가 없을 것입니다"라고 하였다. 왕이 웃으며 "너가 어떻게 아느냐?"라고 물으니, 대답하기를 "꽃이 매우 아름다우나 벌과 나비가 없습니다.

72 『대동역사략』에서는 본국의 왕은 '王'으로 이웃 나라의 왕은 대체로 '主'로 표기하고 있다. 예를 들어 「신라기」의 경우, 신라의 왕은 '王'으로, 이웃 고구려, 백제, 수, 당의 왕은 '主'라고 하였다(이 경우 麗王, 首露王 등의 예외가 있긴 하다). 그런데 善德女主, 眞德女主, 眞聖女主와 같이 여왕의 경우에는 본국의 왕인데도 '主'로 표기하였다. 번역문에서는 '여왕'이라 하였다.

이는 향기가 없는 꽃이기 때문입니다"라고 하였다. 꽃씨를 심었더니 과연 그러하였다. 우리 동방에 모란꽃은 이때부터 비로소 무성해졌다.

선덕여왕

갑오 선덕여왕 인평(仁平) 2년(634)고구려 영류왕 16년 · 백제 무왕 34년 봄 정월에 연호를 고쳐 인평(仁平)이라 하였다.

○ 궁 서쪽 옥문지(玉門池)에 두꺼비가 많이 모여 있었다. 왕이 말하기를, "두꺼비의 눈이 튀어 나와 있으니, 이는 병사의 형상이다. 아마도 서쪽 옥문곡(玉門谷)에 이웃나라 군대가 와있을 것 같도다"라고 하였다. 그리고는 장군(將軍) 알천(閼川)을 보내어 살펴보게 하였더니, 과연 백제의 군사 5백 명이 안장을 풀고 쉬고 있었다. 바로 습격하여 모두 죽였다. 왕이 크게 기뻐하며 알천에게 후한 상을 내렸다.

○ **경자** 8년(640)고구려 영류왕 22년 · 백제 무왕 40년 여름 5월에 왕자와 종실(宗室)을 당나라[唐國]에 보내 유학하게 하였다. 고구려와 백제가 모두 따라 하였다.

○ **신축** 9년(641)고구려 영류왕 23년 · 백제 무왕 41년 봄 3월에 백제왕이 죽고 아들 의자왕(義慈王) 의자(義慈)가 즉위하였다.

○ **임인** 10년(642)고구려 영류왕 24년 · 백제 의자왕 원년 이에 앞서 고구려 태자 환권(桓權)이 당에 갔다. 이에 대한 보답으로 당왕이 낭중(郎中) 진대덕(陳大德) 등을 보내어 (고구려를) 방문하게 하였다. 진대덕이 산수를 유람한다고 핑계대고 산천과 도로의 험난함, 평탄함을 탐색하였다. 그가 돌아간 뒤 고구려의 허실(虛實)을 정리하여 보고하였다. 그리하여 당왕에게 고구려를 침략할 의지가 생겼다.

○ 겨울 10월에 고구려의 천개소문(泉蓋蘇文)이 임금[君] 달무(達武)를 시해하고, 왕의 조카 장(藏)을 왕으로 세웠다. 이가 보장왕(寶藏王)이었다. 천개소문은 용모가 웅장하고 의기가 용맹스러웠다. 나랏일을 제멋대로 처리하면서 홀로 권위를 행사하니 국인이 모두 두려워하며 굴복하였다.

○ 11월에 이찬 김춘추(金春秋)를 보내어 고구려에 구원을 요청하였다. 이에 앞서 백제가 서쪽으로 쳐들어와 미후성(獼猴城) 등 40성을 빼앗고 또 백제 장군(將軍) 윤충(允忠)이 대야성(大耶城)현재 협천(陜川)에 침입하여 도독(都督) 김품석(金品釋)이 전사하였다. 이때부터 김춘추가 백제를 멸망시킬 마음을 품었다. 고구려에 갈 적에 김유신과 돌아올 기일을 60일로 정해놓았다. 마침내 고구려왕에게 가서 유세하기를 "오늘날 백제가 무도(無道)하여 우리의 강역을 자꾸 침략합니다. 대왕의 위엄에 의지하여 치욕을 씻을 수 있게 해주십시오"라고 하였다. 그러자 고구려왕이 "마현(麻峴)과 죽령(竹嶺)현재 단양군(丹陽郡) 남쪽 지역은 원래 우리나라의 땅이다. 만일 돌려준다면 바로 군대를 내어 도와주겠다"라고 하였다. 김춘추가 대답하기를, "신은 임금의 명령을 받들어 구원을 요청하는 것인데, 지금 대왕께서는 어려움에 처한 이웃을 구원해줄 것을 생각하지 않고 도리어 토지를 돌려달라고 하시니 신이 죽을지언정 명령을 받들지 못하겠습니다"라고 하였다. 고구려왕이 화가 나 (김춘추를) 감옥에 가두었다. 이때 김유신이 김춘추가 돌아오지 않음을 보고 왕에게 청하여 병사 3천을 모아 고구려를 치려고 하였다. (김유신이) 한강을 건너자, 고구려왕이 이 소식을 듣고서 김춘추에게 예물을 후하게 주어 돌려보냈다.

○ **계묘** 11년(643)고구려 보장왕 원년 · 백제 의자왕 2년에 고구려가 당에 사람을

보내 도교(道教)를 구하자 당왕이 도사(道士) 숙달(叔達) 등 8명을 보냈다. 아울러 노자(老子)의 『도덕경(道德經)』을 보내었다.

○ 겨울 11월에 백제와 고구려가 군대를 연합해 당항성(黨項城)에 침입하였다가 물러갔다.

○ 갑진 12년(644)고구려 보장왕 2년 · 백제 의자왕 3년 겨울 11월에 당왕 이세민(李世民)이 대군을 직접 거느리고 고구려를 침입하였다. 이에 앞서 당왕이 신하 장엄(蔣儼)을 고구려왕에게 보내 편지를 바치게 하였다. "신라와 통호하는 길을 막지 말고, 또 백제와 함께 각기 무기를 거두어들이도록 하라. 그렇지 않으면 군대를 일으켜 공격하겠다." 천개소문이 말하기를 "과거에 수의 군대가 우리를 침략할 적에 신라가 그 틈을 타서 우리 땅 5백 리를 빼앗아갔다. 지금 그 땅을 돌려받지 않으면 전쟁을 중단하지 않겠다"라고 하고 바로 장엄을 지하방에 가두었다. 당왕이 화가 나 군사 10만 3천 명을 징발하여 육지와 바다로 길을 나누어 쳐들어왔다.

○ 을사 13년(645)고구려 보장왕 3년 · 백제 의자왕 4년 봄 정월에 김유신이 백제의 7성을 획득하였다. 도읍으로 돌아올 적에 백제군이 매리포성(買利浦城)에 쳐들어오자 왕이 또 김유신에게 적을 막게 하였다. 김유신은 명을 받자 처자도 보지 않고 다시 백제군을 맞아 싸워 3천여 급을 베었다. 군대가 돌아올 적에 백제가 또 대거 쳐들어오자 왕이 김유신에게 말하기를 "나라의 존망이 공의 한 몸에 달려 있도다. 공이 아니면 안 될 것 같으니 부디 출전하여라"라고 하였다. 김유신이 또 집에 돌아가지 못하고 명을 받들었다. 병사들이 "대장군께서도 오히려 이와 같이 하시는데 하물며 우리들이겠는가"라고 하면서 용감하게 선봉을 다투

며 적진으로 쳐들어갔다. 백제군이 도망치며 물러갔다.

○ 여름 5월에 당왕이 고구려 안시성(安市城)요동에 있음에 쳐들어왔다가 패해서 달아났다. 과거에 당왕이 정주(定州)요동 땅임에 이르러 시봉하던 신하에게 말하기를, "요동은 원래 지나(支那) 땅인데 수(隋)가 네 차례나 출전하였다가 크게 패하였다. 짐은 이제 중국(中國) 사람[子弟]들을 위하여 원수를 갚아 치욕을 씻을 것이다"라고 하였다. 직접 활과 화살을 차고 비옷을 안장 뒤에 매고 요수(遼水)의 돌아오는 다리를 끊어 죽을 각오로 전투에 임한다는 마음을 내보였다. 요동성(遼東城)을 포위하고자 성 아래에 이르렀을 때 (당)왕은 직접 흙을 지고 나르며 참호를 팠다. 성을 에워싼 지 13일 동안 북치는 소리가 천지에 진동하였다. 이 전쟁에서 고구려 병사와 당 병사의 죽은 자가 모두 만여 명이었다. (당왕이) 또 백암성(白巖城)을 함락시켰다. 안시성(安市城)을 침입하자 고구려 장수 고연수(高延壽)가 말갈 병사 15만 명과 합세하여 맞서 싸웠다. 이때 (고구려) 진영의 대열이 40리에 뻗쳐 있었다. 당왕이 멀리서 바라보고 너무나 두려워 감히 반격하지 못하였다. 그리하여 거짓 꾀로 고연수를 속여 "내가 온 것은 천개소문이 임금을 시해한 죄를 벌하기 위함이지 다른 뜻은 없다"라고 하였다. 고연수가 그 말을 믿고 방비를 하지 않았더니 당왕이 이세적(李世勣)에게 서쪽 고개에 매복하게 하고 다시 적은 수의 군대를 내보내 고연수를 유인하였다. 고연수가 그 계책에 빠져 추격하였다. 당(唐) 장수 설인귀(薛仁貴)가 거세게 돌진해오자[橫出馳突] (고연수의) 부하들은 흩어지거나 도망가고 거의 다 죽었다. 고연수 등은 어찌할 수 없어 당 군대에 항복하였다. 당왕이 그 승세를 이용하여 안시성을 포위하자 성주(城主) 양만춘(梁萬春)이 성문을 닫고 굳게

지켰다. 당왕이 전투에 나섰을 때 양만춘이 화살로 그의 눈을 쏘아 적중하였다. 당 군대가 어수선해지자 양만춘이 날쌘 기병을 내보내 좌우에서 공격하니 당왕이 크게 패하여 달아났다. 당왕이 자기 나라로 돌아와 신하 이정(李靖)에게 말하기를 "내가 천하의 많은 병사들을 데리고서 고구려 몇 개의 성에 곤욕을 당하였구나"라고 하였다. 고연수는 당에게 항복한 뒤로 분함을 이기지 못해 하다가 마침내 죽었다. 설인귀는 본래 요동 사람으로 날쌔고 용감함으로 세상에 알려졌었다. 고구려는 좋은 출신의 사람들만 등용하였기 때문에 설인귀는 등용되지 못함을 한스럽게 여겨 당나라[唐國]로 갔다. 당왕에게 신임을 받게 되었고, 이때에 이르러 고구려를 침입하게 된 것이다. 당시 신라인 설계두(薛罽頭)도 당의 장수가 되어 이 전쟁 때 같이 왔다. 이에 앞서 설계두가 항상 말하기를, "우리나라는 사람을 등용하는 데 골품(骨品)을 따지기 때문에 그 족속이 아니면 비록 큰 재주와 뛰어난 공이 있어도 떨쳐 일어날 수가 없다. 나는 지나(支那)로 가서 세상에 보기 드문 지략을 드날려 특별한 공을 세우겠다"라고 하였다. 이때에 이르러 당왕에게 스스로 천거하였고, 전투에 임해서는 앞장 서서 싸우다가 죽었다. 당왕이 주루룩 눈물을 흘리며 왕의 옷을 벗어 그의 몸을 덮어주었고 대장군(大將軍)으로 추증하였다.

○ 연호를 고쳐 태화(太和)라 하였다.

○ 정미 태화 원년(647)고구려 보장왕 5년 · 백제 의자왕 6년에 왕이 돌아가셨다. 왕이 평소에 죽을 때를 예언하셨는데, 그 날이 되어 돌아가셨다. 진평왕의 아우 국반(國飯)의 딸 승만(勝曼)이 즉위하였으니, 이가 진덕여왕[眞德女主]이었다.

진덕여왕

무신 진덕왕 원년고구려 보장왕 6년·백제 의자왕 7년 봄 정월에 당왕이 장군(將軍) 설만(薛萬)에게 군사 3만여 명과 큰 배[樓船]와 전함(戰艦)을 거느리고 내주(萊州)에서 바다를 건너 고구려를 침입하게 하였다.

○ 겨울에 김유신에게 백제를 공격하여 대야성(大耶城)현재 협천(陜川)으로 진격하게 하였다. 백제가 맞서 싸우자 김유신이 거짓으로 패한 척하였다. 옥문관(玉門關)에 매복을 숨겨놓았다가 습격하여 크게 무찔렀다. 마침내 승세를 타서 대규모로 진격하여 12성을 함락시키고 또 9성을 무찔렀다. 2만여 급을 베고, 9천여 명을 사로잡았다. 왕이 크게 기뻐하며 김유신을 행군대총관(行軍大摠管)에 제수하였다.

○ 당시 당왕이 소정방(蘇定方)에게 군사 2만 명을 거느리고 백제를 침입하게 하였다. 얼마 지나지 않아 당왕이 죽어 물러갔다.

○ 신해 4년(651)고구려 보장왕 9년·백제 의자왕 10년에 진찬(珍飡)관직명 김인문(金仁問)을 당에 보내었다. 김인문은 김춘추의 둘째 아들이다. 어렸을 때 여러 책을 두루 읽었고, 아울러 노장(老莊)과 불교의 학설도 섭렵하였다. 활쏘기와 말타기를 잘하였고, 음율(音律)에 매우 밝았다. 식견과 도량이 원대하였기 때문에 당왕이 그 재주를 아껴 특별히 좌령군위장군(左領軍衛將軍)에 제수하였다. 당시 나이가 23세였다. 이에 앞서 (선덕여)왕이 김춘추를 당에 보내었는데, 당왕 태종이 김춘추의 자태가 뛰어난 것을 보고 후하게 대우하였다. 그리하여 김춘추가 당왕에게 백제를 함께 치자고 설득하였다. 태종이 그 말을 들어주어 곧바로 장수 소정방에게 백제를 치라고 하였다. 김춘추는 바닷길로 신라로 돌아오다가 고구려의 순찰병을 만났다. 시종하던 온군(溫君)이 김춘추의 옷[服色]으로 갈아입고

배 위에 앉아 있었더니 순찰병이 (그를) 김춘추라 여기고 바로 죽였다.

○ 갑인 7년(654)고구려 보장왕 12년 · 백제 의자왕 13년 봄 3월에 왕이 돌아가셨다. 신하들이 김춘추를 받들어 왕위에 올렸으니, 이가 태종무열왕(太宗武烈王)이었다. 진지왕(眞智王)의 후손인 김용춘(金龍春)의 아들이다.

○ 여름 4월에 율령(律令)을 참고하여 60여 조항(條項)을 정하였다.

무열왕

을묘 태종무열왕 원년(655)고구려 보장왕 13년 · 백제 의자왕 14년 봄에 고구려가 백제, 말갈과 함께 군대를 연합하여 북쪽 경계의 33성을 침탈하였다. 당에 사신을 보내어 구원을 요청하였다.

○ 백제왕이 바른 말하는 신하[諫臣] 성충(成忠)을 죽였다. 이에 앞서 백제왕이 망해정(望海亭)을 세웠다. 궁녀들을 거느리고서 주색에 빠져 마음껏 즐기자 성충이 힘써 간언하였다. 백제왕이 화가 나 (성충을) 죽이라고 하였다. 성충이 죽음을 앞두고 글을 올려 말하기를, "충신은 죽어도 임금을 잊지 않을 것이오니, 한 말씀 드리겠습니다. 신이 세상 형세[時勢]의 변화를 살펴보니 반드시 전쟁이 있을 것입니다. 만일 적병이 쳐들어오면 육로로는 탄현(炭峴)현재 공주(公州)에 있음을 넘어오지 못하게 하고, 수로로는 백강(白江)현재 부여 백마강(白馬江)에 들어오지 못하게 하십시오. 그리고는 험한 곳에 웅거하여 적을 방어하십시오"라고 하였다. 백제왕이 그 말에 신경 쓰지 않으므로 이후로 다시 감히 말하는 자가 없었다.

○ 가을 9월에 김유신이 백제 조비천성(刁比川城)을 공격하여 함락시켰다. 이에 앞서 급찬(汲飡)관직명 미곤(未坤)이 백제에 사로잡혀 남의 종이 되었다가 뒤에 도망쳐 돌아왔다. 김유신을 만나 백제의 사정과 형

세를 자세히 말해주었다. 이때부터 김유신이 백제를 병탄할 계획을 더욱 서두르게 되었다.

○ 경신 6년(660)고구려 보장왕 18년 · 백제 의자왕 19년 봄 3월에 당왕이 소정방을 신구도(神丘道) 행군대총관(行軍大摠管)에 제수하고, 김인문을 부총관(副摠管)에 제수하였다. 수군(水軍) · 육군(陸軍) 13만 명을 거느리고 와서 백제를 공격하였다. 덕물도(德物島)현재 인천(仁川) 서쪽, 덕적폐진(德積廢鎭)에 이르자 왕이 김유신 등을 보내어 군사 5만 명의 병력을 합치게 하였다. 백제왕이 그 소식을 듣고서 크게 놀라 좌평(左平)관직명 흥수(興首)에게 방어 계책을 물었다. 흥수가 대답하기를 "용맹한 병사를 뽑아 백강과 탄현을 지키게 하여 신라와 당 두 나라의 군대를 막고, 왕께서는 성문을 닫고 굳게 지키다가 그들이 양식이 떨어져 군사들이 피로해지기를 기다려 힘껏 공격한다면 반드시 이길 수 있을 것입니다"라고 하였다. 백제왕이 그 말을 받아들이지 않았다.

○ 가을 7월에 김유신 등이 황산(黃山)현재 연산(連山)으로 진군하자, 백제가 장수 계백(階伯)을 보내 죽을 각오로 임하는 용기 있는 병사 5천 명을 거느리고 반격하게 하였다. 계백이 말하기를 "한 나라의 군사로서 두 나라의 대병(大兵)을 감당해야 하니 나라가 보존될지 멸망할지는 알 수 없다. 또한 처자에게 누(累)가 될 것이니, 살아서 욕보이게 하는 것보다 죽는 것이 오히려 통쾌하다"라고 하고는 마침내 가족들을 모두 죽였다. 황산에 이르러 갑자기 신라 군대를 만나 싸우다 죽었다.

○ 나당연합군(羅唐聯合軍)이 백제의 도성을 공격하여 함락시켰다. 당시 소정방 등이 백제군을 웅진공주(公州), 금강(錦江)에서 크게 무찔렀다. 김유신이 당의 진영에 이르자 소정방이 김유신의 휘하에 있는 병사들을

소집하여 약속한 기일보다 늦게 왔다며 목을 베려 하였다. 김유신이 크게 화를 내며 말하였다. "장군은 황산에서 우리 군사들이 백제군을 먼저 무찔러 그들의 예리한 기세를 꺾었음을 생각하지 않고 기일을 어겼다는 것만으로 나의 장졸들에게 모욕을 주니, 내 어찌 이치에 맞지 않는 모욕을 당해야 하는가. 지금 먼저 당 군대와 결전을 한 뒤에 백제를 무찌르겠다." 그리하여 도끼를 들고 군문(軍門)에 서니 노한 머리털이 하늘을 찌르고 허리춤의 보검이 저절로 튀어나와 칼집에서 나왔다. 김유신의 위풍과 검에서 뿜어 나오는 빛이 번쩍여 사람들에게 두려움을 주었다. 소정방이 크게 놀라 김유신에게 사죄하고 곧바로 군대를 합쳐 백제 도성으로 진격해 에워쌌다. 백제왕이 벗어나지 못할 것을 알고 탄식하며 말하기를, "내가 성충의 말을 듣지 않아 이 지경에 이르렀구나!"라고 하였다. 태자 효(孝)를 데리고 도망가 웅진성을 지켰다. 차남 태(泰)가 스스로 왕이 되어 (사비)성을 지켰는데 나당연합군이 성역에 올라가 (연합군의) 깃발을 세웠다. 이에 태가 문을 열고 나와 항복하였다. 백제왕 의자도 또한 와서 항복함으로써 백제가 마침내 망하였다. 백제는 온조왕으로부터 의자왕까지 30대로 합계 678년이었다. 8월에 김유신이 큰 잔치를 열고 소정방을 대접할 때 의자(왕)에게 당(堂) 아래에 앉아 술을 따르게 하니 백제의 신하들이 모두 소리내어 울며 눈물을 흘렸다. 소정방이 백제왕 의자와 그 아들 효(孝), 태(泰), 융(隆), 연(演) 등과 대신(大臣), 장사(將士) 88명과 백성 12,807명을 포로로 잡아 당나라[唐國]로 돌아갔다. 겨울 11월에 의자왕이 당(唐)에서 병으로 죽었다.

○ 신유 7년(661)고구려 보장왕 19년 여름 5월에 고구려가 말갈과 군대를

연합하여 북한산성(北漢山城)현재 한양(漢陽)을 침입하자 지키던 장수가 공격을 물리쳤다.

○ 죽은 백제왕 의자(義慈)의 아들 풍(豊)이 주류성(周留城)을 점거하여 왕이라 자칭하였다. 장수를 보내 공격하니 풍이 고구려로 달아났다. 과거에 풍이 일본에 인질로 가 있었는데 백제가 망한 뒤 그 종실(宗室)인 복신(福信) 등이 맞이하여 왕으로 세우고 주류성을 점거하였다. 그러자 서북부가 모두 응대하였다. 풍이 모든 군사를 거느리고 웅진성을 침략하자 왕이 김흠순(金欽純)을 보내어 공격해 무찔렀다. 풍은 고구려로 도망가고 나머지 무리들은 모두 항복하였다.

○ 6월에 왕이 돌아가시자 묘호(廟號)를 태종(太宗)이라 하였다. 아들 문무왕(文武王) 법민(法敏)이 즉위하였다. 태종 재위 시 천기가 화순(和順)하고 농사는 풍년이 들어 태평성대(太平聖代)라 일컬어졌다. 왕후(王后)는 김유신의 누이동생이었다.

문무왕

임술 문무왕 원년(662)고구려 보장왕 20년 봄 정월에 왕이 당과 함께 군대를 연합하여 고구려를 쳤다. 당시 당왕은 아버지 이세민이 안시성에서 패하고 돌아온 치욕을 씻고자 하였다. 그리하여 임아상(任雅相)과 계필하력(契苾何力)과 소정방 등을 보내어 고구려를 공격할 적에 (신라에) 연맹을 요청하였다. 왕이 허락하고 김유신 등 9명의 장군(將軍)에게 명하여 군대를 진격하게 하였다. 당(唐) 장수 소정방 등이 평양성을 에워쌌다가 식량이 떨어져 물러갔다. 그리하여 김유신 등도 군대를 돌렸다.

○ 탐라(耽羅)가 와서 조회하였다[來朝]. 과거에 고후(高厚), 고청(高淸)

등이 와서 조회할 적에 객성(客星)이 남방에 보였다. 태사(太史)가 아뢰기를 "다른 나라 사람이 와서 조회할 것입니다"라고 하였는데 얼마 지나지 않아 고후 등을 만났다. 그들이 온 것을 가상히 여겨 장자(長子)를 일컬어 '성주(星主)'라 하였으니, 별의 모양을 움직였기 때문이었다.

○ 무진 7년(668)고구려 보장왕 26년. 이 해에 고구려가 망하였음 가을 9월에 왕이 당나라 군대와 연합하여 고구려 평양성을 공격해 함락시켰다. 이에 앞서 당이 이적(李勣)을 요동행군대총관(遼東行軍大摠管)에 제수하여 여러 장수들을 인솔해 고구려 대곡군(大谷郡), 한성군(漢城郡) 등 두 군을 함락하게 하였다. 사자(使者)를 보내 연맹하기를 청하자 왕이 아들 김인문(金仁問)과 김유신의 아들 김흠순(金欽純)에게 군대를 거느리고 앞서 가게 하였다. 당시 김유신은 늙고 병들어 집에 있었다. 김흠순 등이 김유신에게 계책을 물으니 즉시 가서 이적 등과 합세하여 포위하라 하였다. 한 달 남짓 되자 고구려왕이 천남생(泉男生)천개소문[蘇文]의 아들을 보내 장수[將]와 승상[相] 98명을 거느리고 백기를 내세우고 와서 항복하였다. 이적이 고구려왕 보장(寶藏)[73]과 그 두 아들 복남(福男), 덕남(德男)과 대신(大臣) 남건(男建) 등과 남녀 20여 만 명을 포로로 잡아가니 고구려가 망하였다. 당이 안동도호부(安東都護府)를 평양에 두고 설인귀(薛仁貴)에게 머물러 지키게 하였다. 고구려는 주몽으로부터 보장왕에 이르기까지 무릇 28대로 왕업을 이은 햇수가 705년이었다. 그 뒤에 당왕이 보장왕을 요동으로 돌려보냈다. (보장)왕은 말갈과 몰래 계책을 세워 옛 나라를 회복하고자 하였는데, 당왕이 왕을 소환하자 (계책을) 실행하지 못하고 가는 길에 죽었다[殂].

---

73 원문은 '麗王藏'이라 되어 있으나 문맥상 '麗王寶藏'이 맞을 것 같다.

권5 신라기(新羅記)

문무왕

기사 문무왕 8년(669)에 신라가 천하[宇內]를 통일하였으니 바로 우리 대한(大韓) 개국(開國) 기원(紀元) 전 722년이었다. 당시 고구려 검모잠(劍牟岑)이 옛 나라를 다시 일으키고자 하여 당나라[唐國] 관리로 와서 머무르는 자를 죽이고, 옛 왕의 외손자인 안승(安勝)을 한성(漢城)에 맞이하여 왕으로 세웠다. 신라에 사신을 보내어 조정에 귀부하기를 청하였다. 왕이 고구려왕으로 책봉하고 서쪽 금마저(金馬渚)현재 익산군(益山郡)에 살게 하였다. 당왕이 군사를 보내어 안승을 공격하고자 하니 안승이 두려워 그 땅을 버리고 와서 귀의하였다. 왕이 다시 보덕왕(報德王)으로 봉하고, 외사촌누이[外妹]와 혼인하게 하였다.

○ **신미** 10년(671)이다. 과거에 왕이 백제의 토지를 취(取)하였다. 당(唐) 총관(摠管) 설인귀(薛仁貴)가 침략하고자 나라 안의 허실(虛實)을 정밀하게 탐색하였다. 왕이 또 여러 장수를 나누어 보내 백제의 여러 성을 격파하였더니 설인귀가 군대를 보내 구원하였다. 그리하여 왕이 장군(將軍) 죽지(竹旨)에게 당 군대를 석성(石城)에서 공격하게 하여 5,300여 급을 베고, 백제의 장군 두 명을 사로잡았다. 이때부터 백제의 남은 무리들이 모두 평정되었다. 얼마 지나지 않아 당나라 장수 고간(高侃) 등

이 군사 4만 명을 거느리고 고구려의 남은 무리들을 습격하여 여러 성들을 연달아 함락시켰다. 평양에 이르자 왕이 장군 의복(義福) 등에게 고구려 군대와 연합하여 맞아 싸우게 하였다. 그런데 패하여 태감(太監) 아진사(阿珍舍)가 죽었다.

○ 계유 12년(673)이다. 태대서발한(太大舒發翰)관직명 김유신이 죽었으니[薨] 나이가 79세였다. 왕이 크게 비통해하며 담당 관리에게 명하여 비(碑)를 세워 공을 기록하게 하였다. 과거에 김유신이 병이 심하자 왕이 직접 찾아가 안부를 살피면서 흐느끼며 말하였다. "공이 만일 죽으면 백성들과 사직(社稷)을 어찌한다 말인가." (김유신이) 대답하기를, "지금 천하가 통일되고 백성들이 다른 마음이 없으니 소강(小康)[74]이라 할 수 있습니다. 그러나 왕의 계통을 계승하는 군주들 가운데 전왕의 업적을 지키는 이가 적습니다. 원컨대 대왕께서 군자를 가까이 하고 소인을 멀리하여 조정과 백성이 서로 편안해 한다면 신은 죽더라도 여한이 없을 것입니다"라고 하였다. 김유신의 아내 김씨는 태종왕의 딸인데, 뒤에 비구니가 되었다. 성덕왕 때에 부인(夫人)으로 봉하고 매년 조(租) 1천 석을 하사하였다.

○ 새로운 달력[曆]을 사용하였다. 과거에 나마(柰麻) 덕(德)이 당에 가서 역술(曆術)을 배우고 이때 이르러 신라로 돌아오자 왕이 그 법을 사용하였다.

○ 왕이 영묘사(靈廟寺) 앞에서 군대를 사열할 때 아찬(阿飡) 설수진(薛秀眞)이 육진병법(六陣兵法)[75]을 바쳤다[進].

---

74 소강(小康) : 유가(儒家)의 이상 사회인 우(禹), 탕(湯), 문(文), 무(武), 성왕(成王), 주공(周公)이 다스리던 때로 정교가 밝고 백성들이 부유하고 편안한 사회를 가리킨다.

○ 도장[印]을 구리로 새로 만들어 백관과 주군(州郡)에 나누어 주었다.

○ 병자 15년[76](676)이다. 겨울 11월에 사찬(沙湌)관직명 시득(施得)이 당 장수 설인귀(薛仁貴)를 소부리주(所夫里州)현재 부여(扶餘)에서 격파하였다. 이에 앞서 왕이 고구려의 남은 무리를 받아들이고 또 백제 옛 땅을 점거하였더니 당왕이 화가 나 거란 및 말갈과 연합하여 여러 차례 쳐들어왔는데, 왕이 모두 격파하였다. 이때에 이르러 시득이 또 설인귀와 20여 차례 싸워 모두 승리하고 4천여 급을 베니 이로부터 당 군대가 감히 다시 쳐들어오지 못하였다.

○ 말갈이 아달성(阿達城)에 쳐들어오자 성주(城主) 소나(素那)가 싸우다 죽었다. 소나는 백성(白城)현재 안성(安城) 사람이다. 그의 아버지 침나(沈那)는 근력이 다른 사람보다 세 백제인이 비장군(飛將軍)[77]이라 불렀다. 소나 또한 영웅호걸로 아버지와 같은 풍채가 있었다. 왕이 소나를 보내어 아달성을 지키게 하였다. 이때에 말갈이 갑자기 쳐들어오자 소나가 검을 휘두르고 크게 소리지르면서 적진으로 돌격하였는데 많은 화살이 쏟아져 죽었다. 소나의 벗이 그의 아내를 위로하니, 아내가 울면서 말하기를 "죽은 이가 항상 대장부는 왕의 일에 죽는 것이 마땅하다고 말하더니 지금 그 뜻을 이루었습니다"라고 하였다. 왕이 그 말을 듣고 눈물을 흘렸다.

○ 승려 신혜(信惠)와 의안(義安)을 정관대서성(政官大書省)에 제수하였

---

75 육진병법(六陣兵法) : 당(唐)의 이정(李靖)이 제갈량의 팔진병법(八陣兵法)에 따라 만든 병법이다.

76 원문은 '병오 12년'인데, 간지와 일치하지 않는다. 앞 기사는 계유 12년이고, 뒷 기사는 신사 20년이므로 그 사이에 해당하면서 '병'으로 시작하는 병자 15년으로 정정하였다.

77 비장군(飛將軍) : 한나라 때 흉노와 맞서 싸운 장군 이광(李廣)을 비장군(飛將軍)이라 불렀다. 이후 날쌔고 용맹하여 잘 싸우는 사람을 의미한다.

다. 또 승려 의상(義相)에게 명하여 부석사(浮石寺)를 태백산(太白山)현재 영천(榮川) 땅에 창건하게 하였다.

○ 신사 20년(681)이다. 가을 7월에 왕이 돌아가셨다. 태자 정명(政明)이 즉위하였으니, 이가 신문왕(神文王)이었다. 유언을 받들어 전왕(前王)을 동해 어귀의 큰 돌[78] 위에서 장사지냈다.

신문왕

갑신 신문왕 3년(684)이다. 보덕왕(報德王) 안승(安勝)의 조카인 장군(將軍) 대문(大文)이 금마저(金馬渚)현재 익산(益山)에 의거하여 옛 나라를 회복하고자 하였다. 왕이 바로 토벌하고, 그 땅을 금마군(金馬郡)으로 삼았다.

○ 설총(薛聰)을 선발하여 고질관(高秩官)에 제수하였다. 설총의 자는 총지(聰智)이다. (그의) 아버지 원효(元曉)는 일찍이 승려[沙門]가 되었다가 얼마 지나지 않아 속인으로 돌아왔다. 요석궁(瑤石宮)의 과부 공주를 맞이하여 설총을 낳았다. (설총은) 총명하고 예리하였으며 두루 학문을 익혔다. 신라말[方言]로 9경(經)[79]의 뜻을 해석하여 후학들을 가르쳤다. 또한 민간의 말로 이두(吏讀)를 만들어 관부의 문서에 사용하게 하였다.

○ 가을 7월에 왕이 돌아가셨다. 태자 이홍(理洪)이 즉위하였으니, 이가 효소왕(孝昭王)이었다.

---

78 현재 경북 경주시 양북면(陽北面) 봉길리(奉吉里) 앞바다에 있는 대왕암으로 추정하고 있다.

79 9경(經) : 중국의 유명한 아홉 가지 고전으로 『역경(易經)』, 『서경(書經)』, 『시경(詩經)』, 『예기(禮記)』, 『효경(孝經)』, 『춘추(春秋)』, 『논어(論語)』, 『맹자(孟子)』, 『주례(周禮)』를 가리킨다. 또는 『주례』, 『의례(儀禮)』, 『예기』, 『좌전(左傳)』, 『공양전(公羊傳)』, 『곡량전(穀梁傳)』, 『역경』, 『시경』, 『서경』을 말하기도 한다.

효소왕

임인 효소왕 10년(702)이다. 가을 7월에 왕이 돌아가셨다. 후사가 없어서 국인(國人)이 왕의 동생 융기(隆基)를 왕으로 세웠으니, 이가 성덕왕(聖德王)이었다. 휘를 고쳐 흥광(興光)이라 하였다.

성덕왕

정사 성덕왕 15년(717)이었다. 가을 9월에 태감(太監) 수충(守忠)이 당에서 돌아왔다. 문선왕(文宣王)[80]과 10철(哲)[81]과 72제자(弟子)의 초상화를 올리자 태학(太學)에 봉안하게 하였다.

○ 신미 29년(731)이다. 일본이 전선 3백 척을 보내서 동쪽 해변으로 쳐들어왔다. 왕이 군대를 보내어 격파시켰다.

○ 계유 31년(733)이다. 왕이 김윤중(金允中)을 보내어 발해국(渤海國)을 치게 하였는데, 이기지 못하고 돌아왔다. 발해는 본래 속말말갈(粟末靺鞨)이고, 고구려의 별종(別種)이다. 고구려가 멸망하자 대조영(大祚榮)이 스스로 진국(震國)의 왕이 되었다. 이에 앞서 당 측천무후(則天武后) 때에 걸걸중상(乞乞仲象)이 말갈 추장 걸사비우(乞四比羽) 및 고구려의 후손[遺種]과 함께 동쪽으로 도망쳐 태백산 동북쪽 오루하(奧婁河)를 점거하였다. 측천무후가 걸걸중상을 진국공(震國公)으로 봉하였다. 걸걸중상이 죽고 아들 대조영이 스스로 즉위하여 왕이 되었다. 당왕 현종(玄宗) 때 책립(册立)하여 발해군왕(渤海郡王)으로 삼았다. 그리하여 북부여

80 문선왕(文宣王) : 공자(孔子)를 말한다.

81 10철(哲) : 공자의 제자 가운데 뛰어난 열 사람으로, 안회(顔回), 민자건(閔子騫), 염백우(冉伯牛), 염옹(冉雍), 재아(宰我), 자공(子貢), 염구(冉求), 자로(子路), 자유(子游), 자하(子夏)를 말한다.

(北夫餘), 옥저(沃沮) 등의 땅을 모두 획득하였다. 왕이 된 지 12년에 대조영이 당의 봉작을 받아 발해의 국경을 개척하였다. 이때에 이르러 대조영이 죽고 아들 대무예(大武藝)가 즉위하여 더욱 그 땅을 방대하게 하였다. 당의 등주(登州)를 침략하자, 당왕이 (신라에) 사신을 보내어 그 남쪽 지역으로 가 공격할 것을 청하였다. 왕이 김윤중 등 네 명의 장수에게 당 군대와 연합하여 가서 공격하게 하였다. 마침 폭설이 내려 산길이 험하였고 병졸 가운데 죽은 이가 절반이 넘었다. 그리하여 (군대를) 이끌고 돌아왔다. 발해왕 대조영이 나라를 연 이래 여섯 왕을 거쳐 선왕(宣王) 야발(野勃)이 즉위하였는데, 바로 대조영의 동생이었고 나이가 70세였다. 여러 자제(子弟)들을 당에 보내어 고금의 제도를 배우게 하였다. 발해 땅에 5경(京) 15부(府) 62주(州)를 두었다. 숙신(肅愼)의 옛 땅을 상경(上京)으로 삼았으니, 이 곳이 용정부(龍井府)이다. 바로 대조영이 (처음) 목책을 둘렀던 곳으로 백두산 동남쪽 동모산(東牟山) 아래에 있다. 그 남쪽이 중경(中京)으로, 현덕부(顯德府)이다. 예맥(濊貊)의 옛 땅은 동경(東京)으로, 용천부(龍原府)이다. 옥저의 옛 땅은 남경(南京)으로, 남해부(南海府)이다. 고구려의 옛 땅은 서경(西京)으로, 압록부(鴨錄府)이다. 부(府)가 각기 그 주(州)를 거느렸다. 신라와 함께 패강(浿江)과 철령(鐵嶺)을 경계로 획정함으로써 해동(海東)의 성대한 나라[盛國]가 되었다.

○ 을해 33년(735)이다. 봄에 당왕이 패강 이남의 고구려 옛 땅을 돌려주었다. 이는 살수(薩水) 이북과 요동 이남을 발해가 중간에서 차지하고 있어 그 땅을 다스리기 불편하였기 때문이었다.

○ 정축 35년(737)이다. 봄 2월에 왕이 돌아가셨다. 태자 승경(承慶)이 즉위하였으니, 이가 효성왕(孝成王)이었다.

효성왕

임오 효성왕 5년(742)이다. 여름 5월에 왕이 돌아가셨다. 왕의 태제(太弟) 헌영(憲英)이 즉위하였으니, 이가 경덕왕(景德王)이었다. 유언에 따라 (효성왕의) 관을 법류사(法流寺)에서 불태우고 뼈(가루)를 동해에 뿌렸다.

경덕왕

을사 경덕왕 23년(765)이다. 여름 6월에 왕이 돌아가셨다. 태자 건운(乾運)이 즉위하였으니, 이가 혜공왕(惠恭王)이었다. 나이가 겨우 8세였기 때문에 태후가 섭정하였다.

혜공왕

기미 혜공왕 14년(779)이다. 김암(金巖)을 일본에 사신으로 보내었다. 김암은 김유신의 증손자로 사람됨이 총명하고 민첩하였다. 당에 가서 음양가(陰陽家)[82]의 학술을 배웠고, 돌아와서는 집사시랑(執事侍郎)이 되었다. 패강(浿江)을 지킬 적에는 육진병법(六陣兵法)을 가르쳤다. 이때에 일본에 사신으로 가니 일왕[日主]이 그가 훌륭함을 알고 머물게 하고자 하였지만 굳이 사양하고 돌아왔다.

○ 경신 15년(780) 여름 4월이다. 당시 왕이 노래와 여색[聲色]에 빠져 노는 것이 절도가 없었고 기강이 문란해져서 인심이 떠나갔다. 김지정(金志貞)이 무리를 모아서 난을 일으켰다. 왕과 왕비가 반란병에게

82 음양가(陰陽家) : 전국시대 제자백가(諸子百家) 중의 한 파로 제(齊)의 추연(鄒衍), 추석(鄒奭) 등이 대표적 인문이다. 천체(天體)의 운행이나 사계(四季)의 변화 등 자연 현상의 법칙을 설명하면서, 이 법칙을 인사(人事)에 적용시킨다.

살해되었다. 김양상(金良相)이 김지정을 죽이고 스스로 즉위하여 왕이 되었으니, 이가 선덕왕(宣德王)이었다. 사찬(沙飡) 김효방(金孝芳)의 아들이고, 내물왕의 9세손이었다.

선덕왕

을축 선덕왕 5년(785)이다. 왕이 돌아가셨다. 왕이 재위 시에 사직단(社稷壇)을 세우고, 또 사전(祀典)[83]을 정비하였다. 이때에 국인이 일길찬(一吉飡)관직명 김효양(金孝養)의 아들 상대등(上大等) 김경신(金敬信)을 세워 왕으로 삼았으니, 이가 원성왕(元聖王)이었다. 내물왕의 11세손이었다.

원성왕

무진 원성왕 3년(788)이다. 독서출신과(讀書出身科)를 처음 제정하였다. 이전에는 활쏘기로만 사람을 뽑았는데 이때 이르러 『춘추(春秋)』, 『좌전(左傳)』, 『예기(禮記)』, 『문선(文選)』, 『논어(論語)』, 『효경(孝經)』에 능통한 자를 선발하여 우등과(優等科)를 주고, 그 외에 5경(經),[84] 3사(史),[85] 제자백가(諸子百家)에 두루 통한 자는 바로 선발하여 임용하였다.

○ 이때 김생(金生)이란 자가 있었는데 어려서부터 글씨를 잘 썼고, 한 평생 다른 재주를 익히지 않았다. 또 불법(佛法)을 좋아하여 은거한 채 벼슬하지 않았다. 나이 80세가 넘었는데도 붓을 잡고 (글쓰기를) 쉬지 않았으며, 예서(隸書)·행서(行書)·초서(草書)가 모두 신묘한 경지에

83 사전(祀典) : 제사, 의례를 기록하는 전적이다.

84 5경(經) : 공자가 편찬 또는 저술에 관여한 경서로, 『역경(易經)』, 『서경(書經)』, 『시경(詩經)』, 『예기(禮記)』, 『춘추(春秋)』를 말한다.

85 3사(史) : 『사기(史記)』, 『한서(漢書)』, 『후한서(後漢書)』이다.

이르렀다. 그의 필법(筆法)이 우리 동방에서 원조(元祖)라 일컬어졌다.

○ 기묘 14년(799)이다. 왕이 돌아가시고 태자 준옹(俊邕)이 즉위하였으니, 이가 소성왕(昭聖王)이었다. 유언에 따라 관[靈柩]을 봉덕사(奉德寺) 남쪽에서 불태웠다.

소성왕

경진 소성왕 원년(800)이다. 왕이 돌아가셨다. 태자 청명(淸明)이 즉위하였으니, 이가 애장왕(哀莊王)이었다. 나이가 어렸기 때문에 숙부인 병부령(兵部令) 김언승(金彦昇)이 섭정하였다.

애장왕

기축 애장왕 9년(809)이다. 가을에 김언승이 동생 김제옹(金悌邕)과 함께 난을 일으켜 왕을 시해하였다. 또 왕의 아우 김체명(金體明)을 죽였다. 스스로 즉위하여 왕이 되었으니, 이가 헌덕왕(憲德王)이었다.

헌덕왕

기해 헌덕왕 10년(819)이다. 가을 7월에 당왕이 배반한 신하인 운주절도사(鄆州節度使) 이사도(李師道)를 토벌할 적에 사신을 보내어 군대를 요청하였다. 왕이 허락하고 장군 김웅원(金雄元)에게 군사 3만 명을 거느리고 가서 도와주게 하였다.

○ 가야산(伽倻山)에 해인사(海印寺)현재 협천(陜川)를 창건하였다.

○ 임인 13년(822)이다. 봄 정월에 왕이 후사가 없어 아우 김수종(金秀宗)을 태제(太弟)로 삼았다. 당시 상대등 김충공(金忠恭)이 내외 관직의

임용을 주관하였기 때문에 청탁하는 사람들이 줄을 섰다. 김충공이 (청탁하러 오는 이들을) 해결하지 못하고 근심하다가 병이 났다. 집사시랑 김녹진(金祿眞)이 뵙기를 청하여 말하기를, "공의 병은 돌침[砭石]을 맞지 않아도 오직 말 한마디로 치료할 수 있습니다. 대개 재상(宰相)이 정사를 할 때는 관직을 맡음에 청백하고, 일을 처리함에는 공손해야 합니다. 뇌물의 길을 막고 청탁의 길을 끊어 승진과 강등 및 관직을 주고 빼앗는 것을 반드시 공정하게 하면 국가가 자연스럽게 태평해질 것인데 어찌 구구하게 병을 얻어 직무를 못 보십니까?"라고 하였다. 김충공이 크게 기뻐하며 왕에게 가서 그동안의 일을 아뢰었다. 왕께서 "이처럼 훌륭한 이가 있구나. 나의 아우에게 반드시 들어보도록 해야겠다"라고 하고는 태제(太弟)에게 가서 말해주게 하였다. 태제가 조정에 들어와 경하드리기를, "신이 듣건대 임금이 밝으면 신하가 정직하다고 하니, 이는 국가의 아름다운 일입니다"라고 하였다.

○ 병오 17년(826)이다. 가을 7월에 우잠(牛岑)현재 김천(金川) 태수 백영(白永)에게 명하여 한산(漢山)현재 한양(漢陽) 이북 여러 군(郡)의 사람들 1만 명을 징발하여 패강(浿江)에 장성(長城) 3백 리를 쌓게 하였다.

○ 겨울 12월에 왕이 돌아가셨다. 태제 김수종이 즉위하였으니, 이가 흥덕왕(興德王)이었다. 휘를 고쳐 경휘(景徽)라고 하였다.

흥덕왕

병진 흥덕왕 10년(836)이다. 겨울 12월에 왕이 돌아가셨다. 후사가 없어 당제(堂弟)의 아들인 김제륭(金悌隆)이 즉위하였으니, 이가 희강왕(僖康王)이었다. 원성왕(元聖王)의 손자이고, 이찬 김헌정(金憲貞)의 아들이었다.

○ 김태렴(金太廉)이 당에서 차의 씨앗을 얻어 와서 지리산에 심었다.

희강왕 · 민애왕

무오 희강왕 2년(838)이다. 봄 정월에 김명(金明)이 왕을 시해하고, 스스로 즉위하였다. 김명은 원성왕의 증손자이고, 아찬 김충공의 아들이었다. 과거에 왕이 즉위하였을 적에 흥덕왕의 당제(堂弟) 김균정(金均貞)이 왕위를 다투었다. 무주도독(武州都督) 김양(金陽)이 김균정의 아들 김우징(金祐徵)과 함께 김균정을 왕으로 세우고자 하였는데, 당시 왕을 보좌하던 김명이 김균정을 죽였다. 김우징은 두려워 청해진대사(淸海鎭大使) 장보고(張保皐)에게 가서 의탁하였고, 김양이 병사를 모집하여 가서 따랐다. 이때에 이르러 김명이 시중(侍中) 이홍(利弘)과 함께 난을 일으켜 왕을 목졸라 죽였다. 김명이 스스로 즉위하여 왕이 되자,[86] 김양이 드디어 김우징을 받들어 김명을 벌하고자 하였다. 이때 장보고가 군사를 내어 도왔다.

신무왕

기미 신무왕(神武王) 원년(839)이다. 봄 정월에 김양이 전쟁을 일으켜[進兵] 김명을 토벌하였다. 김명이 도망가자 김양이 쫓아가 목을 베고 곧바로 명령을 내렸다. "나의 본 뜻은 원수를 갚고자 함이었다. 이제 우두머리가 피살되었으니 백성들은 자신의 업을 각자 편안히 하도록 하라." 사람들이 마음속으로 크게 기뻐하였다.

---

86 김명이 민애왕(閔哀王)이다.

○ 여름 4월에 김양이 김우징을 맞이하여 왕위에 오르게 하였으니, 이가 신무왕(神武王)이었다. 왕이 장보고를 감의군사(感義軍使)에 제수하고, 식읍(食邑) 2천 호를 봉해주었다.

○ 가을 7월에 왕이 돌아가셨다. 태자 경응(慶膺)이 즉위하였으니, 이가 문성왕(文聖王)이었다.

문성왕

정축 문성왕 18년(857)이다. 가을 8월에 시중 김양이 죽었다[薨]. 김양은 태종(무열)왕의 9세손이고, 김주원(金周元)의 증손자이다. 사람됨이 빼어나고 가는 곳마다 정예(政譽)가 있었다. 당시 위난(危難)을 만나 나랏일을 바로 잡고 구제할 적에 충정과 절개가 뛰어나 (나라의) 초석이 되었다. 이때에 이르러 죽으니 왕이 애통해하며 관직 추증 및 부의(賻儀)와 장례를 김유신의 구례(舊禮)와 완전히 같게 하였다.

○ 가을 9월에 왕이 돌아가셨다. 신무왕의 아우 김의정(金誼靖)이 즉위하였으니, 이가 헌안왕(憲安王)이었다.

헌안왕

신사 헌안왕 4년(861)이다. 정월에 왕이 병이 들어 좌우 신하들에게 말하였다. "짐이 불행히도 아들이 없고 딸만 있다. 우리나라의 옛 일에 비록 선덕, 진덕 두 여왕이 계셨지만, 이는 좋은 본보기가 아니다. 지금 사위[外甥] 응렴(膺廉)이 나이가 비록 어리지만 노련하고 성숙한 덕이 있으니 경들은 받들어 세우도록 하라. 반드시 선조로부터 이어내려 온 과업을 손상시키지 않을 것이니 짐이 죽어도 잊지 않을 것이다."

왕이 돌아가셨다. 김응렴이 즉위하였으니, 이가 경문왕(景文王)이었다. 이에 앞서 왕족 김계명(金繼明)의 아들 김응렴이 왕을 임해전(臨海殿)에서 모시고 잔치할 적에 나이가 열다섯이었다. 왕이 그의 그릇과 지식을 시험하고자 하여 묻기를 "너가 (당에서) 유학한 지 오래되었는데 좋은 사람을 만나 보았는가?"라고 하였다. 대답하기를 "신이 일찍이 세 사람을 보았습니다. 한 사람은 귀한 집 자제이면서 남과 사귐에 있어서는 자기를 낮추었으며, 한 사람은 집이 부유하여도 옷을 사치스럽게 입지 않았으며, 한 사람은 권세와 영화를 누리고 있는데도 교만한 기운이 없었습니다. 이 사람들을 좋은 사람이라 할 수 있을 것입니다"라고 하였다. 왕이 크게 기뻐하고 왕후를 돌아보며 말하기를 "내가 많은 사람을 보아왔지만 응렴과 같은 사람은 없었구려"라고 하고는 큰 딸을 아내로 삼게 해주었다. 이가 영화부인(寧花夫人)이었다.

경문왕

을미 경문왕 14년(875)이다. 가을 7월에 왕이 돌아가셨다. 태자 정(晸)이 즉위하였으니, 이가 헌강왕(憲康王)이었다.

헌강왕

을사 헌강왕 10년(885)이다. 봄 3월에 최치원(崔致遠)이 당에서 돌아왔다. 최치원의 호는 고운(孤雲)이고 사량부(沙梁部) 사람이다. 12세에 당에 가서 열심히 공부하여 문장에 능통하였고, 18세에 빈공과(賓貢科)[87]에 급제하여 시어사내공봉(侍御史內供奉)이 되었다. 그러다 황소(黃巢)의 난 때 병마도통(兵馬都統) 고병(高駢)의 종사관이 되어 서기(書記)를 담당하였다. 황소를 토벌하는 격문(檄文)이 엄정하고 통쾌하여 사람들의 마음을 크게 감동시켰다. 그 격문에서 "천하 사람들이 모두 너를 죽이려고 생각할 뿐만 아니라 땅 속 귀신까지도 남몰래 죽이려고 의논한다"라고 하였다. 황소가 그 격문을 보고 너무 놀라 평상에서 떨어졌다고 한다. 이때부터 글 잘 짓는다는 명성이 천하에 진동하였다. 이때에 이르러 신라로 돌아왔으니, 나이가 28세였다. 왕이 시독(侍讀) 겸 한림학사(翰林學士) 수병부시랑(守兵部侍郎) 지단감사(知瑞監事)에 제수하였다. 최치원은 자신의 깊은 뜻을 펼치고자 하였으나 나라가 망해가던 때라 의심과 시기가 많았다. (그의 의견은) 받아들여지지 못하였고, 태산군(太山郡)현재 태인(泰仁) 또는 서산(瑞山) 태수직을 맡았다. 뒤에 혼란한 세상을 만나 다시는 벼슬에 나아가지 않고 산수(山水)를 방랑하였다. 경주 남산(南山)과 지리산[智異山] 쌍계사(雙溪寺), 가야산(伽倻山) 등이 모두 그가 노닐던 곳이었다. 문집이 있어 후세에 전해졌으니, 바로 『계원필경(桂苑筆耕)』이었다.

○ 병오 11년(886)이다. 가을 8월에 왕이 돌아가셨다. 아우 황(晃)이 즉위하였으니, 이가 정강왕(定康王)이었다.

정강왕

정미 정강왕 원년(887)이다. 가을 7월에 왕이 돌아가셨다. 여동생 만(曼)이 즉위하였으니, 이가 진성왕[眞聖主]이었다.

87 빈공과(賓貢科) : 당(唐)에서 외국인을 상대로 실시한 과거로, 원(元) 때 제과(制科)로 변경되었다.

진성여왕

기유 진성왕 2년(889)이다. 원종(元宗), 애노(哀奴)[88] 등이 반란을 일으켰다. 당시 왕이 미천한 사람들과 함부로 가까이하여 혼란스러워졌다. 나이가 어리고 아름다운 남자와 몰래 사통하고, 그들에게 중요한 관직을 주었다. 이때부터 아첨하여 총애받는 이들이 뜻을 마음대로 펼쳤고, 나라의 기강이 크게 무너졌다. 또 나라 안의 주군(州郡)이 공물(貢物)과 부세(賦稅)를 보내지 않아 창고가 텅 비게 되었다. 왕이 사자를 사방으로 보내어 독촉하자 도적떼가 들고 일어났다. 원종, 애노 등은 사벌주(沙伐州)현재 상주(尙州)를 점거하여 배반하였다. 왕[王]이 내마(柰麻) 영기(令奇)에게 가서 사로잡으라고 하였다. 영기가 적의 진영을 멀리서 보고 두려워 감히 나아가지 못하자 왕이 영기의 목을 베었다.

○ 신해 4년(891)이다. 겨울 10월에 궁예(弓裔)가 배반하여 북원(北原)현재 원주(原州)을 점거하였다. 궁예는 헌안왕의 서자(庶子)로, 5월 5일에 태어났다. 태어날 때부터 이빨이 있었다. 일자(日者)가 "나라에 이롭지 않다"라고 말하자, 왕이 누각 아래로 던져버렸다. 아이를 젖 먹이던 노비가 몰래 받다가 손가락으로 잘못 찔러 눈 한쪽이 애꾸가 되었다. (궁예는) 10여 세에 머리를 깎고 승려가 되었다. 장성해서는 담력으로 자부하였다. 나라가 약해지고 혼란스러워짐을 보고 무리들을 모아 북원의 적괴(賊魁) 양길(梁吉)에게 가서 투항하였다. 양길이 군사를 나눠주며 동쪽의 땅을 빼앗게 하였다.

○ 임자 5년(892)이다. 견훤(甄萱)이 배반하여 완산(完山)현재 전주(全州)

88 원문은 '쇠노(衰奴)'로 되어 있으나 『삼국사기』에 의거하여 '애노(哀奴)'로 정정하였다.

을 점거하였다. 견훤은 상주(尙州) 사람이고, 본래 성은 이(李)이다. 어렸을 때 아버지 아자개(阿慈介)가 들에서 밭을 갈 때 어머니가 김을 매느라 견훤을 나무 아래 두었더니 호랑이가 와서 젖을 먹였다. 견훤은 체격과 풍모가 웅대하고 의지와 기개가 대범하였으며, 지략이 많아 전쟁에서 세운 공으로 비장(裨將)이 되었다. 당시 조정의 기강이 어지럽고 도적이 여기저기서 일어나자 견훤이 다른 뜻을 몰래 품고서 도망친 이들을 불러모으니 한 달여 만에 무리가 5천 명이었다. 무진주(武珍州)현재 광주(光州)를 습격하여 빼앗고 스스로 즉위하여 왕이 되었다. 멀리 있는 북원의 적괴 양길을 비장(裨將)으로 삼았다.

○ 궁예가 북원에서 하슬라(何瑟羅), 부여(扶餘)로 쳐들어갈 때 무리가 6백 명이었다. 장군(將軍)이라 스스로 부르고, 병사들과 괴로움과 즐거움을 같이 하고, 주고 빼앗음에 사사로움이 없게 하니 무리들이 아끼고 경외하였다.

○ 을묘 8년(895)이다. 가을 8월에 궁예가 한주(漢州)와 철원(鐵圓)현재 철원(鐵原) 등 10여 군을 무찌르고 송악군(松岳郡)에 도읍하였다. 그러다 다시 철원으로 도읍을 옮기고 국호를 태봉(泰封)이라 하였다. 궁예는 항상 전왕(前王)[89]에게 버림당한 것을 한스럽게 여겼는데, (전왕의) 초상화를 보자 칼로 내리쳤다.

○ 궁예가 왕건(王建)을 철원태수로 제수하였다. 왕건은 한주(漢州) 송악군(松岳郡) 사람이다. 과거에 아버지 왕륭(王隆)이 한씨(韓氏)와 혼인하여 송악산 남쪽에 집을 지었었다. 신이한 승려 도선(道詵)이 와서 보

89 헌안왕을 가리킨다.

고 말하기를, "공은 귀한 아들을 반드시 얻을 것입니다"라고 하였다. 그 뒤에 왕건이 태어났는데, 얼굴의 이마 중앙에 해와 같은 뼈가 튀어나와 있었다[日角].[90] 기량이 뛰어나고 말소리가 우렁찼으며 세상을 구제할 큰 뜻이 있었다. (왕건의) 나이 17세에 도선이 다시 와서 뵙기를 청하며 말하였다. "당신이 이 혼란한 때[百六之會]를 만났는데, 삼국의 백성들은 공이 구제해줄 것을 기다리고 있습니다." 그리고는 군대를 지휘하고 진 치는 법과 적당한 시기와 유리한 지형을 이용하는 법을 전수해주었다. 이때 이르러 궁예에게 가서 투항하였다.

○ 정사 10년(897) 여름 6월에 태자 요(嶢)에게 선양하였으니, 이가 효공왕(孝恭王)이었다. 헌강왕의 서자였다.

○ 겨울 12월에 왕이 돌아가셨다.

○ 양길이 국원(國原)현재 충주(忠州) 등 30여 성을 획득하였다. (양길은) 궁예가 땅을 넓히고 백성을 모으는 것을 알고 화가 나 습격하고자 하였다. 궁예가 먼저 가서 공격하여 크게 무찔렀다.

효공왕

경신 효공왕 3년(900) 겨울 10월에 궁예가 왕건을 보내 광주(廣州), 충주(忠州), 당성(唐城)현재 남양(南陽), 청주(菁州)현재 진주(晉州), 괴성(槐城)현재 괴산(槐山) 등을 무찔렀다.

○ 견훤이 서쪽으로 완산에 이르자 백성들이 맞이하며 위로하였다. 견훤이 좌우 사람들을 돌아보며 말하였다. "내가 삼국(三國)의 일을 보

---

90 옛날 관상을 보는 이들은 일각(日角)을 매우 귀한 상으로 보았다. 제왕에 비유되기도 한다.

건대, 마한(馬韓)이 먼저 일어나고 혁거세(赫居世)가 뒤에 일어났다. 또 백제가 나라를 열어 이어온 세월[傳世]이 6백 년인데, 신라가 까닭 없이 당과 함께 공격하여 멸망시켰다. 지금 내가 비록 부덕(不德)하지만 의자왕의 옛 원한을 씻고자 한다." 그러고는 마침내 완산에 도읍을 정하고, 국호는 후백제(後百濟)라 하였다. 관직을 정비하고, 오월(吳越)에 사신을 보내어 우호를 청하였다.

○ 을축 8년(905)이다. 궁예가 연호를 제정하여 무태(武泰)라 하였다. 다시 연호를 고쳐 원성(元聖)이라 하였다. 왕건에게 명하여 견훤을 상주(尙州)에서 무찔렀다. 그리하여 토지가 더욱 넓어지고 군대가 점점 강해지니 더욱더 신라를 병탄하고자 하였다. 당시 왕건은 궁예의 교만과 사치가 날로 심해지는 것을 보고 마음속으로 불안해하였다. 마침 궁예가 나주(羅州)에 가서 진압하라고 하자 수군[舟師]을 이끌고 먼저 광주(光州) 염해현(鹽海縣)현재 영암군(靈光郡)에 있음으로 갔다. 견훤의 사자가 오월로 가는 것을 보고 그 배를 빼앗으니 궁예가 크게 기뻐하였다. 또 광주 진도군(珍島郡)에 가서 공격하라고 하자, 왕건이 또 격파하였다. 당시 왕건이 병사들을 위로하고 아껴서 위엄과 은혜가 함께 하니, 국경 지역의 적들이 두려워하고 굴복하였다.

○ 임신 15년(912)후백제 견훤 21년 · 태봉 궁예 12년 여름 4월에 왕이 돌아가셨다. 후사가 없어서 신하들이 아달왕(阿達王)의 먼 후손인 박경휘(朴景暉)를 맞이하여 왕으로 세웠으니, 이가 신덕왕(神德王)이었다.

신덕왕

계유 신덕왕 원년(913)후백제 견훤 22년 · 태봉 궁예 13년이다. 궁예가 왕건이 변방에서 공을 여러 차례 쌓았다고 하여 시중(侍中)에 제수하였다. 이에 왕건의 지위가 모든 관료들 가운데 가장 높게 되고, 큰 일을 모두 스스로 결정하게 되었다. (왕건은) 화가 미칠까 두려워 지방 일을 맡고자 하였다. 그러자 궁예가 다시 왕건을 백선장군(百船將軍)에 제수하여 수군을 거느리고 가 나주를 편안히 돌보게 하였다. 견훤과 해상(海上)의 여러 적들이 모두 두려워하고 굴복하여 움직이지 못하였다.

○ 궁예가 그의 아내 강씨(康氏)를 죽였다. 강씨는 궁예의 무도함을 보고 여러 차례 간언하였다. 궁예는 대답하지 않고 다만 말하기를 "너가 다른 사람과 간통한 것은 무엇 때문이냐. 내가 미륵불(彌勒佛)의 관심법(觀心法)으로 너의 행동을 다 보았다"라고 하였다. 그러고는 뜨거운 불에 쇠방망이를 달구어 쳐 죽이고, 아울러 두 아이도 죽였다. 또 그 이하의 죄 없는 사람들을 엮어 넣어 날마다 수백 명을 죽이니 장수[將]나 재상[相] 가운데 해를 입은 자가 10명에 8, 9명이었다.

○ 정축 5년(917)후백제 견훤 26년 · 태봉 궁예 17년 가을 7월에 왕이 돌아가셨다. 태자 박승영(朴昇英)이 즉위하였으니, 이가 경명왕(景明王)이었다.

경명왕

무인 경명왕 원년(918)후백제 견훤 27년 · 태봉 궁예 18년 이 해에 망하였음 · 고려 태조 천수 원년 여름 6월 병진(丙辰)일에 태봉의 여러 장수가 왕건을 추대하여 왕으로 삼았다. 국호를 고려(高麗)라 하고, 연호를 세워 천수(天授)라 하였다. 궁예는 도망가다가 죽었고, 태봉은 망하였다. 이에 앞서 장군 홍유(洪儒), 배현경(裵玄慶), 신숭겸(申崇謙), 복지겸(卜智謙) 등이 왕건의 집에 와서 왕건에게 말하였다. "오늘날 왕의 포학함이 날로 심해지니 걸(桀)과

주(紂)의 악행이라 해도 이보다 심하지 않을 것입니다. 대개 어둠을 없애고 밝음을 세우는[廢昏立明][91] 것은 천하의 큰 의리이니, 부디 공께서는 은(殷)과 주(周)의 옛 일을 실행해 주십시오." 왕건이 얼굴색을 바꾸며 말하기를, "나는 충성과 의리로서 자부해왔다. 왕이 비록 난폭하지만 어찌 두 마음을 가지겠는가"라고 하였다. 여러 장수들이 말하기를, "적기(適期)는 만나기 어렵고 놓치기 쉽습니다. 하늘이 주는 것을 받지 않으면 도리어 재앙을 받을 것입니다. 어찌 천명(天命)을 어기고 폭군[獨夫]에게 죽겠습니까"라고 하였음에도 왕건은 강력히 거부하였다. 왕건의 부인 유씨(柳氏)가 휘장 속에서 엿듣고 있다가 나와서 왕건에게 말하였다. "의(義)를 들어 폭군[虐夫]을 벌하는 것은 예로부터 모두 그러하였습니다. 지금 여러 장군들의 말씀을 들으니 저도 의분을 참을 수 없는데 하물며 대장부께서 말할 나위가 있겠습니까?" 그리고는 손수 갑옷을 가져다가 왕건에게 입혀 주었다. 그리하여 여러 장수들이 왕건을 부축하고 나가 군신(君臣)의 예를 행하였다. 사람에게 급히 외치게 하기를 "왕공(王公)께서 이미 의로운 깃발을 드셨다"라고 하였다. 백성들이 이를 듣고 먼저 궁 안으로 와서 북을 치고 떠들며 왕건을 기다리는 자가 1만여 명이나 되었다. 드디어 포정전(布政殿)에서 즉위하였다. 궁예가 이 변고를 듣고 놀라 말하기를, "왕공이 천하를 얻었으니, 내 일은 다 글렀다"라고 하고는 옷을 갈아입고 북쪽 문으로 도망쳤다. 산골짜기에 이삼일 숨어 있었다. 배가 몹시 고파 보리이삭을 잘라 먹다가 마침내 부양(斧壤)현재 평강(平康) 백성에게 살해당하였다.

91 폭군을 폐위하고 현명한 사람을 왕으로 세운다는 의미이다.

○ 고려(高麗)가 비로소 관제(官制)를 정비하고 조서(詔書)를 내렸다. "지난날 태봉왕이 신라의 관직과 군(郡), 읍(邑)의 이름을 많이 바꿨는데, 현재 그 편리함을 밝힌 만한 것을[便易可曉] 참작하여 시행하여라."

○ 가을 7월에 고려왕이 또 조서를 내렸다. "태봉왕이 자신의 욕심 때문에 세금 거둬들이는 것을 일삼았다. 심지어 밭 1경(頃)에 6석(碩)의 조세를 거둬들여 백성에게 농사를 포기하게 하였고 유망(流亡)하는 이들이 계속 이어졌다. 이것이 어찌 백성의 부모된 자의 본 뜻이겠는가. 지금부터 천하의 보편적인 법칙에 따라 항례(恒例)를 정하도록 하라."

○ 고려왕이 공에 따라 상을 내릴 때 홍유(洪儒) 등 2천여 명에게 각각 금은, 비단, 곡식을 하사하였다.

○ 견훤이 일길찬(一吉粲)과 민합(閔郃)을 고려에 보내어 즉위를 축하하자 왕이 후하게 대우하였다.

○ 고려의 웅주(熊州)현재 공주(公州), 운주(運州)현재 홍주(洪州) 등 10여 주현(州縣)이 배반하여 후백제에게 항복하였다. 고려왕이 김행도(金行濤)를 동남초토사(東南招討使)에 제수하여 방어하고 대비하게 하였다.

○ 고려왕이 송악(松岳)으로 도읍을 옮겼다. 철원을 동주(東州)라 하였으니, 바로 현재의 철원군(鐵原郡)이었다.

○ 견훤이 오월과 화친관계를 맺었다.

○ 11월에 고려의 담당 관리가 말씀을 올리기를 "전왕 때에 매년 중동(仲冬)에 팔관회(八關會)를 크게 열어 복을 빌었으니 부디 그 제도를 본받아 실행해주십시오"라고 하였다. 왕이 이에 법왕사(法王寺), 왕륜사(王輪寺)를 도성 내에 세우고, 팔관회를 개설하였다. 팔관은 바로 8가지 계(戒)이니, 중생을 죽이지 말 것[不殺生], 훔치지 말 것[不偸盜], 음행(淫行)하지 말

것[不淫佚], 거짓말하지 말 것[不妄語],[92] 술 먹지 말 것[不飮酒], 높고 넓은 평상에 앉지 말 것[不坐高大床], 꽃다발을 쓰거나 몸에 향을 바르지 말 것[不著香華], 스스로 보고 듣는 것을 즐기지 말 것[不自樂觀聽]이다. 관(關)이란 바로 닫고 금지한다는 의미이니 8가지 죄를 범하지 않는다는 것이다.

경애왕

을유 경애왕(景哀王) 원년(925)후백제 견훤 34년 · 고려 태조 천수 8년이다. 고려가 서쪽을 정벌하고자 대장군(大將軍) 유금필(庾黔弼)에게 후백제의 연산진(燕山鎭)을 공격하게 하였다. (후백제) 장군(將軍) 길환(吉奐)을 죽이고, 또 임존군(任存郡)현재 대흥(大興)에서 3천여 명을 죽이거나 사로잡았다. 견훤이 두려워 화해를 요청하였다.

○ 정해 3년(927)후백제 견훤 36년 · 고려 태조 천수 10년 겨울 10월에 견훤이 도읍에 침입하여 (경명)왕을 시해하였다. 왕의 어린 사촌 동생[表弟][93] 김부(金傅)를 왕으로 세웠으니, 이가 경순왕(敬順王)이었다. 이찬(伊湌) 효종(孝宗)의 아들이고, 문성왕의 후손이었다. 고려왕이 직접 견훤을 정벌하고자 공격하다가 패하였다. 이에 앞서 견훤이 신라의 교외[郊畿]로 진격해 핍박하자 (경명)왕이 고려에게 구원을 요청하였다. 고려왕이 구원병을 보냈으나 미처 도착하지 않았을 때 견훤이 갑자기 왕도(王都)로 쳐들어갔다. 당시 왕은 포석정(鮑石亭)에 가서 술을 마시며 즐기고 있다가 견훤의 군대가 이르렀다는 소식을 듣고 크게 놀랐다. 바로 부인과 함께 도성 남쪽의 이궁(離宮)으로 도망가 숨었다. 견훤이 왕을 찾

---

92 원문에는 '不忘語'라고 되어 있으나 '不妄語'가 맞다.

93 표제(表弟) : 이모, 고모, 숙부의 아들로, 자신보다 나이가 어린 이를 말한다.

아 시해하고 왕비를 강제로 욕보였으며, 자녀들과 진기한 보물을 모두 가지고 돌아갔다. 고려왕이 신라에 사신을 보내 조문하고, 직접 정예 기병 5천 명을 거느리고 견훤을 공산(公山)현재 대구(大邱)에서 격파하였다. 그러다 견훤의 군대에 포위되어 매우 위급한 상황이 되었다. 대장군 신숭겸의 용모가 고려왕과 유사하였기 때문에 왕께 아뢰기를, "신이 적들을 속이게 해주십시오"라고 하였다. 그리하여 왕을 수풀 속에 숨기고, 자기가 왕의 수레에 대신 타서 장군(將軍) 김락(金樂)과 함께 힘껏 싸우다가 죽었다. 왕이 이때를 틈타 벗어날 수 있었다. 돌아와서는 절을 세워 두 사람의 충성에 보답하였고, 신숭겸의 시호를 장절(壯節)이라 하였다.

경순왕

기축 경순왕 2년(929)후백제 견훤 38년 · 고려 태조 천수 12년이다. 이에 앞서 견훤이 병사 5천 명을 거느리고 고려를 공격하여 장군(將軍) 홍술(洪術)을 죽였다. 이때 이르러 봄 정월에 고려왕이 고창군(古昌郡)현재 안동(安東)에서 견훤과 크게 싸워 8천여 명을 죽이거나 사로잡았다. 그리하여 영안(永安), 하곡(河曲)안동 근처의 현(縣) 등 30여 성이 모두 고려에 항복하였다.

○ 겨울 12월에 고려왕이 서경(西京)에 가서 학교를 창설하고, 6부(部)의 생도들을 모아 가르치게 하였다. 아울러 의업(醫業)과 복업(卜業)을 설치하였다.

○ 신묘 4년(931)후백제 견훤 40년 · 고려 태조 천수 14년 봄 2월에 왕이 고려왕과 도읍에서 회맹하였다. 이에 앞서 왕이 고려에 사신을 보내 서로 만나기를 요청하였더니 고려왕이 바로 50명의 기병을 거느리고 왔다. 왕

이 임해전에서 연회를 베풀었는데, 술이 거나해지자 말하였다. "작은 나라가 천지신명의 도움[天祐]을 얻지 못해 견훤에게 상(喪)을 당하였으니 어찌 원통하지 않을 수 있겠는가?" 그러고는 눈물을 줄줄 흘리며 우니 고려왕 또한 눈물을 흘렸다. (고려왕은) 수십 일을 머무르다가 돌아갔다. 고려왕이 처음에 왔을 적에 군대가 정숙하고 털끝만큼의 나쁜 짓도 저지르지 않으니 도읍의 남녀가 손뼉을 치며 서로 경하하기를, "옛날 견씨(甄氏)가 왔을 때는 승냥이나 범을 만난 듯 하였는데 지금 왕공(王公)이 오신 것은 부모를 뵌 것 같다"라고 하였다.

○ 갑오 7년(934)후백제 견훤 43년 · 고려 태조 천수 17년이다. 고려왕이 운주(運州)현재 홍주(洪州)를 쳤다. 견훤이 병사[甲士] 5천을 거느리고 맞이하여 싸우다가 화친을 요청하였다. 우장군(右將軍) 유금필이 받아들일 수 없다고 하였다. "오늘의 형세가 싸움을 그만둘 수 없습니다." 그러고는 바로 날쌘 기병 수천 명으로 견훤에게 돌격하여 3천여 급을 목 베거나 사로잡았다. 이로부터 웅진현재 공주 이북 30여 성이 모두 소문만 듣고 스스로 항복하였다.

○ 을미 8년(935)이 해에 신라가 망함 · 후백제 견훤 44년 · 고려 태조 천수 18년 봄에 견훤의 아들 신검(神劍)이 아버지를 금산불사(金山佛寺)김구(金溝) 금산사(金山寺)에 가두었다. 아우 금강(金剛)을 죽이고, 스스로 왕이 되었다.

○ 견훤이 고려로 도망쳤다. 견훤이 금산사에 있은 지 3개월 만에 지키던 병사들을 취하게 한 뒤 막내 아들 능예(能乂), 딸, 폐첩 등을 거느리고 나주로 와서 고려왕을 뵙기를 청하였다. 고려왕이 사신을 보내 맞이하여 남궁(南宮)을 주고 후한 예물로써 대우하였다. 지위를 백관[百僚]의 위에 두고, 양주(楊州)를 하사하여 식읍으로 삼게 하였다.

○ 겨울 10월에 왕이 고려에 항복함으로써 신라가 망하였다. 당시 왕이 토지가 날로 줄어듦을 보고 군신들과 함께 고려에 항복하고자 하였다. 그러자 왕자가 간언하기를, "나라가 존속하고 망함은 하늘의 명[天命]에 달려 있습니다. 마땅히 충성스러운 신하와 의로운 사(士)들이 힘을 합해 죽기를 각오하고 지키다가 힘이 다한 이후에야 그만둘 것이지 어찌 1천 년 사직을 하루 아침에 남에게 가벼이 줄 수 있겠습니까?"라고 하였다. 왕이 말하기를 "외롭고 위태로움이 이와 같으니 내가 죄 없는 백성들의 간(肝)과 뇌(腦)를 땅에 바르게 하는 것을 차마 할 수가 없도다"라고 하고는 드디어 고려에 항복을 청하였다. 왕자는 울면서 사직 인사를 하고 개골산(皆骨山)금강산(金剛山)에 들어가 삼으로 옷을 지어 입고 풀을 먹으면서 일생을 마쳤다. 왕이 고려에 오자 고려왕이 교외에 나가 맞이하여 위로하였다. 유화궁(柳花宮)을 하사하고 (경순왕의) 큰 딸 낙랑공주(樂浪公主)를 아내로 맞이하였다. 또 (경순왕을) 정승(政丞)에 제수하여 지위가 태자의 위에 있게 하고, 옛 도읍을 경주(慶州)라 하고서 식읍(食邑)으로 삼게 하였다. 신라의 계통이 박씨 왕 10명, 석씨 왕 8명, 김씨 왕 37명으로 합계 55명의 왕이 있었고, 왕업을 이은 햇수[歷年]가 992년이었다.

권6 고려기(高麗紀)

태조(太祖) 신성왕(神聖王)의 성(姓)은 왕씨(王氏)이고 휘(諱)는 건(建)이며, 자(字)는 약천(若天)이다. 한주(漢州) 송악군(松岳郡) 사람으로 금성태수(金城太守) 왕륭(王隆)의 장남이다. 재위 26년 가운데 통일한 이후는 8년이다. 수명은 67세였다.

태조

병신 천수 19년(936)이 해에 후백제가 망함 가을 9월에 신검이 항복하고 후백제가 망하였다. 이에 앞서 견훤이 왕에게 청하기를, "대왕의 위엄과 신령함으로써 적을 칠 수 있게 해주십시오"라고 하였다. 왕이 그 말을 가련히 여겨 바로 군대를 징발하여 직접 토벌하였다. 신검이 귀순하며 죄를 빌었다. 왕이 후백제의 간사한 신하들은 죽이고 신검은 특별히 용서하였다. 견훤은 분함을 이기지 못해 등창이 나 죽었다.

○ 왕이 후백제에서 군대를 돌려 위봉루(威鳳樓)로 갔다. 문무 백관과 백성의 축하를 받았다. 『정계(政誡)』를 제정하여 국내에 반포하였다.[94]

○ 겨울 12월 대광(大匡) 배현경(裵玄慶)이 죽었다[薨]. 배현경은 경주

94 『고려사』 권2, 세가2, 태조 19년에 의하면 왕이 신하된 자들이 예절에 밝도록 하기 위하여 직접 『정계(政誡)』 1권과 백관에게 훈계하는 책[誡白寮書] 8편을 저술하여 국내에 반포하였다고 한다.

사람으로 담력이 다른 사람보다 뛰어나 군대에서 이름을 날렸고 전투에 공이 많았다. 이때 이르러 죽으니 시호를 무열(武烈)이라 하였다.

○ 정승(政丞) 김부가 옥으로 만든 허리띠[帶]를 바쳤는데, 길이가 10위(圍)이고 대구[銙][95]가 62개였다. 신라 진평왕이 매던 것이라 세상 사람들이 성대(聖帶)라 불렀다.

○ 신축 24년(941)이다. 거란이 사신을 보내어 낙타 50필을 바쳤다.

○ 계묘 26년(943) 여름 5월에 왕이 위독해져 학사(學士)에게 명하여 유서[遺詔]의 초안을 잡았다. 문장이 완성되었을 때 (왕이) 말을 제대로 하지 못하게 되자, 좌우의 신하들이 큰 소리로 목메어 울부짖었다. 왕이 웃으며 "덧없는 인생[浮生]이란 옛날부터 으레 이런 것이다"라고 하였다. 말을 마친 후 돌아가셨다. 태자 무(武)가 즉위하였으니, 바로 혜종(惠宗) 의공왕(義恭王)이었다. 태조를 현릉(顯陵)에 장사지냈다. 유명(遺命)에 따라 상장례(喪葬禮)와 묘지[園陵] 제도를 검약하게 하였다. 이후로 왕이 돌아가시면 27일 만에 장사지냈다.

혜종

을사 혜종 2년(945)이다. 첫째 공주[長公主]를 왕의 동생 왕소(王昭)의 아내로 삼게 하였다. 과거에 태조가 대광(大匡) 왕규(王規)의 딸을 받아들여 광주원군(廣州院君)을 낳았는데, 이때 이르러 (왕규가) 왕의 동생 왕요(王堯)와 왕소를 해치고자 왕에게 참소하였다. 왕이 그의 무고함을 알고서 첫째 공주를 왕소에게 시집가게 함으로써 그의 세력을 강하게 해주었다. 공주는 어머니 성을 따라 황보씨(皇甫氏)라 하였다. 그 뒤로

---

95 대구(帶銙) : 허리띠의 두 끝을 마주 걸어 잠그는 자물 단추이다.

같은 성과 혼인할 때에는 외가(外家)의 성을 따르게 하였다.

○ 가을 9월에 왕이 돌아가셨다. 신하들이 왕의 동생 왕요를 받들어 왕위에 올렸으니, 바로 정종(定宗) 문명왕(文明王)이었다. 혜종을 순릉(順陵)에 장사지냈다.

○ 왕규가 죽임을 당하였다. 왕규가 혜종의 상(喪)을 틈타 거짓 명령으로 대장군(大將軍) 박술희(朴述熙)를 죽이고 반란을 일으키고자 하였다. 서경(西京) 대광(大匡) 왕식렴(王式廉)이 군대를 이끌고 궁궐에 들어와 시위하니 왕규가 갑곶(甲串)강화 갑곶진으로 도망갔다. 왕식렴이 추격하여 목을 베었다.

정종

정미 정종 2년(947)에 광군사(光軍司)를 설치하였다. 과거에 최언위(崔彦撝)의 아들 최광윤(崔光胤)이 지나(支那) 진(晉)에서 유학하다가 거란에게 포로로 잡혔는데 재주와 식견이 높아 (거란 조정에) 등용되었다. 거란이 (고려로) 쳐들어가고자 함을 알고서 글을 보내 (고려) 조정에 몰래 알렸다. 그리하여 (왕이) 담당 관리에게 군사 30만 명을 선발하게 하여 광군(光軍)이라 하였다.

○ 무신 3년(948) 가을 9월에 동여진(東女眞)이 말 7백 필과 토산물[方物]을 바쳤다. 동여진은 본말갈(本靺鞨)의 후손[遺種]이다. 그 종족이 북도(北道)현재 함경남·북도를 점거하여 부락이 매우 번성하였다. 장령(長嶺)백두산(白頭山) 큰 줄기를 가리켜 장령이라 함의 동쪽 두만강(豆滿江) 북쪽에 있는 이들은 동여진으로 생여진(生女眞)이라고도 하고, 장령 서쪽 압록강(鴨綠江) 북쪽에 있는 이들은 서여진(西女眞)으로 숙여진(熟女眞)이라고도 한다.

동여진은 옛 숙신씨(肅愼氏)의 땅이다. 신라 내물왕(奈勿王) 때에는 읍루(挹婁)라 불렀고, 실성왕(實聖王) 때에는 물길(勿吉)이라 하고, 진평왕(眞平王) 때에는 말갈(靺鞨)이라 하였다. 그 나라가 흑수(黑水)흑룡강(黑龍江)와 속말(粟末) 두 종류로 나뉘는데, 흑수의 우두머리가 당(唐)에 귀순하였다. 경덕왕 때 당(唐)이 그 땅을 연주(燕州)로 삼고 흑수부(黑水部)를 두었다. 그 뒤 속말이 강성해져 국호를 발해국(渤海國)이라 하고, 흑수를 신하로서 복종하게 하였다. 고려 태조 때에는 발해가 거란에 멸망되었고, 흑수가 그 땅을 다시 차지하여 국호를 여진(女眞)이라 바꾸었다. 그 나라가 동, 서 두 종족으로 나뉘었고, 서여진은 거란에 편입되었다[繫籍].

기유 4년(949) 3월에 왕이 병이 심해져 동생 왕소에게 자리를 물려주었다[禪位]. 제석원(帝釋院)으로 옮겨갔다가 돌아가셨다. 왕소가 자리에 오르니, 이가 광종(光宗) 대성왕(大成王)이었다. 정종을 안릉(安陵)에 장사지냈다.

광종

경술 광종 원년(950)이다. 연호를 제정하여 광덕(光德)이라 하였다.

○ 병진 7년(956)이다. 지나(支那) 후주(後周)의 대리평사(大理評事) 쌍기(雙冀)가 사신을 따라 와서 조회하였다. 왕이 그의 재주를 아껴서 한림학사(翰林學士)에 제수하고, 문서와 관련된 임무를 전적으로 맡겼다. 시(詩), 부(賦), 송(頌)과 시무책(時務策)으로 관리의 아들들을 시험하여 골라 뽑으니, 이때부터 문풍(文風)이 크게 일어났다.

○ 노비안검법(奴婢按檢法)을 마련하였다. 과거에 조선(朝鮮) 태조 문

성왕(文聖王)이 8조(條)의 교(敎)를 세워서 도둑질하는 자는 그 집에서 몰수하여 노비가 되었다. 이때부터 노비법이 점점 발달하였는데, 사족(士族) 집의 노비는 대대로 전해져 사노비(私奴婢)라 하였고, 관아나 주군(州郡)의 노비는 공노비(公奴婢)라 하였다. 태조가 나라를 세운 처음에 장수나 병사가 둔 노비는 모두 포로로 잡혀온 사람이나 재물을 주고 산 자들이었다. 태조가 늘 그들을 속량(贖良)[96]하려 하였지만 공신(功臣)의 뜻을 어기기 어려워 실행하지 못하였다. 이때 이르러 그 노비를 살피고 조사하여[按檢] 진짜와 가짜를 분별하게 하였다. 그리하여 신분이 낮은 노예[賤隷]들이 비로소 뜻을 이루었다[得志].

○ 을축 16년(965) 가을 9월에 내의령(內議令) 서필(徐弼)이 죽었다[卒]. 서필은 이천(利川) 사람으로, 성격이 활달하고 명민하였다. 또 바른 말로 간언하였는데, 일찍이 금으로 만든 술그릇을 각 재신들에게 하사할 적에 서필은 홀로 받지 않으며 말하였다. "신은 재상의 자리에 있는 것도 분수에 넘치는 것이라 두려웠는데, 지금 또 금그릇을 하사하시니 신이 더욱 황공하옵니다. 대개 옷을 입고 그릇을 사용하는 것은 등급을 분명히 하여야 하니, 사치와 검소함은 치란(治亂)에 관계되기 때문입니다. 신이 만일 금그릇을 사용한다면 폐하께서는 장차 무슨 그릇을 쓰셔야 하겠습니까?" 또 말하기를, "폐하는 공 없는 자에게는 상을 주지 말고, 공 있는 자는 잊지 마십시오"라고 하니 왕이 기쁘게 받아들였다. 그가 거리낌 없이 곧은 말 하는 것이 모두 이와 비슷하였다. 시호(諡號)를 정민(貞敏)이라 하였다.

96 속량(贖良) : 몸값을 받고 노비의 신분을 풀어 주고 양민이 되게 하는 것이다.

○ 을해 26년(975)이다. 왕이 돌아가셨다. 태자 주(伷)가 즉위하였으니, 이가 경종(景宗) 헌화왕(獻和王)이었다. 광종을 헌릉(憲陵)에 장사지냈다. 광종이 재위 시에 참소를 믿고 많은 사람을 죽여 마음속에 의심과 두려움이 있었다. 죄악을 소멸하고자 법회[齋會]를 많이 개설하고 살생을 금지하였으며, 오로지 불법(佛法)을 받들었다. 그러면서 눈앞에 아무 일도 일어나지 않는 것이 불력(佛力)이 도우신 바라고 하면서 과거의 죄를 뉘우치거나 고치지 않고 사치에 절도가 없어 백성들의 풍속이 허망한 데로 흘렀다.

경종

병자 경종 원년(976)이다. 송이 사신을 보내어 화친관계를 맺었다.

○ 처음으로 각 품계(品階)에 따르는 전시과(田柴科)[97]를 정하였다. 과거 태조 때에 당(唐) 제도를 참조하여 밭의 수효(면적)와 그 비옥한 정도를 구분하여 문무 백관과 부병(府兵),[98] 한인(閑人)[99]에 이르기까지 (농사지을 땅을) 주었다. 또 땔감을 베어 낼 땅도 공급하였다. 이를 일러 전시과라 한다. (받은 자가) 죽으면 모두 국가[公家]에 반납하였다. 부병은 나이 20세가 되어야 처음으로 받았다가 60세에 돌려줬다. 자손이나 친척이 있으면 교체해서 주고, 전정(田丁)이 없으면 감문위(監門衛)[100]에 소

97 전시과(田柴科) : 고려시대에 문무 관리들에게 지급하던 토지제도이다. 경종 원년(976)에 설치하였고, 문종 30년(1076)에 정비되었다. 수급자의 등급을 18과(科)로 나누어 제1과인 중서령 · 상서령 · 문하시중에게는 전지(田地) 100결과 시지 50결을 지급하였고, 최하위 제18과인 한인(閑人) · 잡류(雜類)에게는 전지 17결만을 지급하였다.

98 부병(府兵) : 군대 편제의 단위인 부(府)에 소속된 군인들. 고려에서는 대개 군사적 복무를 전업으로 하는 군반 씨족(軍班氏族)이 따로 있어서 부병전(府兵田)을 받았다.

99 한인(閑人) : 아직 관직을 가지지 않은 무인이다.

속시켰다. 이때에 이르러 여러 직관(職官),[101] 산관(散官)[102]의 각 품(品)의 전시과를 제정하여 관품(官品)의 높고 낮음을 논하지 않고 다만 인품(人品)에 따라 등급을 결정하였다. 자삼(紫衫) 이상은 18품(品)으로 나누고, 단삼(丹衫) 이상은 10품으로 나누고, 비삼(緋衫) 이상은 6품으로 나누고, 녹삼(綠衫) 이상은 10품으로 나누었다. 산직(散職)과 무직(武職)은 본 관품 내에서 등급을 나누고, 잡직 관리[雜吏]들에게도 각각 인품의 높고 낮음에 따라 지급하여 차이를 두었다.

○ 김행성(金行成)을 보내어 지나(支那) 송나라[宋國] 태학(太學)[103]에서 공부하게 하였다.

○ 무인 3년(978) 여름 4월에 신라의 항복한 왕인 정승(政丞) 김부(金傅)가 죽었으니[薨] 시호를 경순(敬順)이라 하였다. 당시 김부 자손들의 외모[冠冕]가 눈에 띄었는데 당시에 따를 자가 없었다.

○ 신사 6년(981) 가을 7월에 왕이 병이 나서 당제(堂弟) 개녕군(開寧君) 치(治)에게 왕위를 물려주고 돌아가셨다. 치가 왕위에 올랐으니, 이가 성종(成宗) 문의왕(文懿王)이었다. 경종을 영릉(榮陵)에 장사지냈다.

○ 왕이 팔관회(八關會)가 이치에 합당하지 않고 또 번거롭다고 하여 폐지하였다.

성종

임오 성종 원년(982) 여름 6월에 조서를 내렸다. "짐이 국무를 새로

---

100 감문위(監門衛) : 고려 병제에서 6위의 하나이다.
101 직관(職官) : 일정한 직무를 맡고 있는 현직 관원이다.
102 산관(散官) : 일정한 직무 없이 관리의 등급만 가지고 있는 관리이다.
103 『고려사』에는 '국자감(國子監)'이라 되어 있다.

이 총괄하면서 잘못된 정사가 응당 많을 것이다. 5품 이상의 중앙 관리들은 각각 시정(時政)의 잘잘못을 논하도록 하라." 상주국(上柱國) 최승로(崔承老)가 26조의 시무책을 올렸는데, 불사(佛事)를 배척하는 논의가 3분의 1이었다. 모두 엄정하고 곧은 문장으로 선왕의 잘못된 정사를 지적하고 숨기거나 꺼리는 것이 전혀 없었다. 왕이 기쁘게 받아들이고 문하시랑평장사(門下侍郎平章事)에 제수하였다.

○ 왕이 서경(西京)현재 평양(平壤)에 가서 영명사(永明寺)를 사사로이 방문하려 하다가 어사(御史) 서희(徐熙)가 강력하게 간언하므로 그만두었다. (서희에게) 말안장을 상으로 내렸다.

○ 이 해에 요(遼)가 국호를 바꾸어 거란[契丹]이라 하였다.

○ 병술 5년(986) 봄 정월에 거란이 궐열(厥烈)을 보내어 화해를 청하였다. 이에 앞서 송이 거란을 쳐서 연주(燕州)와 계주(薊州)를 수복하고자 할 때 사신을 보내어 힘을 합쳐 토벌할 것을 청하였다. 왕이 허락하였더니 거란이 소문을 듣고 두려워 화해를 청한 것이다.

○ 경주를 고쳐 동경(東京)이라 하고, 유수(留守)를 설치하였다.

○ 6도(道)에 사신을 파견하여 효행 있는 아들[孝子], 기특한 손자[順孫], 의로운 남편[義夫], 절개 지킨 부녀[節婦]를 조사하라고 하였다.

○ 서경(西京)에 서원(書院)을 설치하고, 학생들에게 역사 서적을 발췌하여 보관하게 하였다[抄藏].

○ 압록강(鴨綠江) 바깥에 있는 여진을 백두산(白頭山) 밖으로 쫓아냈다. 이에 앞서 신라 말에 삼국이 나뉘어 다투어 북쪽 경계가 텅 비게 되었다. 여진이 그 틈을 타서 압록강 안팎에 나타나 변방의 백성들을 빼앗아갔는데 이때에 이르러 쫓아냈다.

○ 송(宋)이 대장경(大藏經)을 보내와 바쳤다.

○ 추밀원(樞密院)을 설치하여 군국(軍國)의 중대한 일은 성부(省府)와 함께 참여하여 결정하게 하였다.

○ 왕욱(王郁)을 사수현(泗水縣)현재 사천(泗川)으로 유배보냈다. 왕욱은 태조의 여덟 번째 아들이다. 경종의 비인 황보씨(皇甫氏)와 치붙어 임신을 하게 하였는데, 왕이 소문을 듣고 욱을 유배보냈다. 왕비가 급히 집으로 돌아오다가 태(胎)가 움직여 문 앞에서 버들가지를 잡고 아이를 낳은 뒤에 죽었다. 이 아이가 바로 대량군(大良君) 순(詢)이었다. 왕욱은 사수현에서 죽었다.

○ **계사** 12년(993) 봄에 상평창(常平倉)을 동경, 서경과 12목(牧)에 설치하였다.

○ 겨울 10월에 거란 소손녕(蕭遜寧)이 서쪽 지역에 침입하자 왕이 박양유(朴良柔)를 상군사(上軍使)에 제수하고, 서희를 중군사(中軍使)에 제수하고, 최량(崔亮)을 하군사(下軍使)에 제수하여 서쪽 경계로 가서 대적하게 하였다.

○ 윤달[閏月]에 왕이 안북부(安北府)안주(安州)에 가서 머물렀는데 선봉사(先鋒使) 진서안(陳庶顔)이 거란에게 사로잡혔다는 소문을 듣고 서경으로 돌아왔다.

○ 사신을 거란 진영에 보내 화친을 논의하였다. 이때 서희가 군대를 이끌고 앞으로 나아가자 소손녕이 큰 소리로 말하였다. "고구려의 옛 땅은 모두 거란국의 토지인데 지금 고려가 국경의 경계를 침탈하였다. 이 때문에 군대를 움직였도다." 또 편지를 보내 협박하였다. 서희가 그 편지를 보고 돌아와 왕에게 아뢰기를 (거란에게) 화친할 의사가

있다고 말하였다. 그리하여 앞의 사헌(司憲) 이몽집(李蒙戢)을 거란 진영에 보내어 화친을 의논한 것이었다. 소손녕이 또 편지를 보내어 "지금 우리 대군 80만 명이 여기에 이르렀으니 만일 강을 건너와 항복하지 않으면 마땅히 섬멸하겠다"라고 하였다. 이몽집이 돌아와서 보고하자 왕이 신하들을 모아 토의하였다. 어떤 이는 왕의 수레는 도성으로 돌아가고 중신 한 명을 별도로 보내어 화친을 의논하는 것이 좋겠다고 하고, 어떤 이는 서경 이북 땅을 떼어 주고 황주(黃州)에서 절령(岊嶺)바로 자비령(慈悲嶺)으로 황주(黃州) 서흥(瑞興) 경계에 있음까지를 국경선으로 긋는 것이 좋겠다고 하였다. 이때 서희가 말하였다. "지금 거란의 동경(東京)요동(遼東)에 있음에서 우리나라 안북부(安北府)에 이르기까지 수백 리 사이가 모두 생여진(生女眞)바로 동여진(東女眞)의 거처였는데 광종이 빼앗아 가주(嘉州)현재 가산(嘉山), 송성(松城) 등의 성을 쌓았습니다. 지금 거란군이 쳐들어온 것은 그 뜻이 두 성을 탈취하려는 데 불과합니다. 그들이 고구려 옛 땅을 모두 빼앗겠다고 하는 것은 실상 우리를 두려워하고 있는 것입니다. 지금 그들의 병력이 성대한 것을 보고 바로 서경 이북을 떼어 준다면 이는 올바른 계책이 아닙니다. 또 삼각산(三角山) 이북 또한 고구려의 옛 땅이니 그들이 만일 한 없는 욕심으로 강제로 요구하는 데[誅求] 만족해하지 않는다면 이 땅을 다 내어주시겠습니까? 또 땅을 떼어 주는 것은 만세(萬世)의 치욕이 될 것입니다. 바라건대 성상의 수레는 도성으로 돌리시고, 신들에게 한 번 싸우게 한 후에 다시 논의하여도 늦지 않을 것입니다." 어사(御事) 이지백(李知白)[104]도 말하기를, "태조[聖

104 원문은 '李知◯'으로 되어 있으나 『고려사』에 의하면 '이지백(李知白)'이다.

祖]께서 나라를 창건하신 후 대를 이어 오늘에 이르렀는데 어찌 국토를 적국에 경솔하게 주겠습니까?"라고 하니 토지를 떼어 주자는 의논이 마침내 가라앉았다.

○ 소손녕이 이몽집에게서 회답이 없음을 보고 안융진(安戎鎭)현재 안주(安州)에 있음을 침입하였다. 중랑장(中郎將) 문도수(文道秀)가 낭장(郎將) 유방(庾方)과 함께 맞아 싸워서 크게 격파시켰다.

○ 서희를 거란 진영에 보내어 화친을 맺으니 거란이 물러갔다. 당시 소손녕은 안융진에서 패한 후 감히 공격하지 못하고 다만 위협만 하고 있었다. 왕이 신하들을 모아 의논하여 (화친을 맺으러) 가기를 원하는 사람을 물으니 감히 대답하는 자가 없었다. 서희가 나서며 "신이 비록 어리석으나 가기를 원합니다"라고 하자, 왕이 드디어 강가까지 나가 송별연을 열어 주고 위로하며 전송하였다. 서희가 거란 진영에 가서 소손녕을 만났다. 소손녕이 말하기를 "신라, 고구려의 땅은 모두 우리나라의 옛 땅인데 지금 그대 나라가 잠식하였다. 또 우리와 국경이 접해 있으면서 우리를 버리고 도리어 바다 건너 송나라[宋國]와 화친하는 것은 무엇 때문인가. 이 때문에 우리나라가 공격한 것이니, 만일 땅을 떼어 바치고 국교를 회복한다면[修聘] 아무 일 없을 것이다"라고 하였다. 서희가 말하기를, "우리나라는 바로 고구려의 후계자다. 그러므로 국호를 고려라 하였다. 만일 땅의 경계를 가지고 논한다면 그대 나라의 동경현재 요동에 있음이 모두 우리 경계 내에 있었는데 어찌 잠식하였다고 말하는가. 또 압록강 안팎이 모두 우리 경계의 성인데 지금 여진이 그 사이를 도둑질하여 점거하고 있으면서 완악한 행위와 간사한 태도로 길을 차단하였기 때문에 바다를 건너기보다 어렵다. 사신이

오고가지 못하는 것은 여진 탓이다. 지금 여진을 쫓아내고 우리의 옛 땅을 회복하여 거기에 성(城)과 둑[堡]을 쌓고 길을 통하게 하면 어찌 우호관계를 맺지 않겠는가?"라고 하였다. 말투가 격앙되었고 말의 논리가 분명하였으므로 소손녕이 말문이 막혀 항변하지 못하였다. 그리하여 화친을 청하고 잔치를 베풀고자 하였다. 서희가 말하기를, "지금 두 나라가 전쟁 때문에 위아래가 다 불안해하고, 무기를 손에 잡은 병사가 전장에 깔려 있는데 어찌 차마 잔치를 즐길 수 있겠는가?"라고 하였다. 소손녕이 말하기를, "두 나라의 대신이 서로 만났는데 환영하는 예가 어찌 없을 수 있겠는가"라며 굳이 요청하였다. 그리하여 허락하고 즐겁게 놀다가 마쳤다. 소손녕이 마침내 군대를 이끌고 물러났다. 서희가 거란 진영에 머문 지 7일 만에 돌아오니 왕이 크게 기뻐하며 강가에서 맞아 위로해주었다.

○ 시중 박양유를 거란에 보내어 사로잡혀 간 고려 사람[浮口]을 찾아 돌아오게 하였다. 서희가 말하기를, "신이 소손녕과 함께 여진을 토벌하여 평정하고 옛 땅을 회복한 뒤에 사신을 통하기로 하였습니다. 지금 강 안쪽을 겨우 회복하였으니 청컨대 강 바깥을 수복한 뒤에 사신을 보내도 늦지 않을 것입니다"라고 하였다. 왕이 이 말을 듣지 않고 박양유를 사신 보낸 것이었다.

○ 평장사(平章事) 서희에게 여진을 쫓아내게 하였다. 서희가 여진을 쫓아내고 장흥진(長興鎭)과 귀화진(歸化鎭)모두 의주(義州)에 있음 두 진과 곽주(郭州)현재 곽산(郭山), 귀주(龜州)현재 귀성(龜城) 두 주에 성을 쌓았다.

○ 나라 안을 나누어 10도(道)로 정하였다. 관내도(關內道)현재 기내(畿內), 중원도(中原道)현재 충주, 하남도(河南道)현재 공주, 영남도(嶺南道)현재 상주, 영동

도(嶺東道)현재 경주 등의 지역, 강남도(江南道)현재 전주 등의 지역, 산남도(山南道)현재 진주 등의 지역, 해양도(海陽道)현재 나주 등의 지역, 삭방도(朔方道)춘천, 강릉, 안변 등의 지역, 패서도(浿西道)평양 서쪽이다. 절도사(節度使) 등의 관리를 각각 두었다.

○ 어린 아이 10명을 거란에 보내어 그 나라 말을 배우게 하였다.

○ 철전(鐵錢)을 처음으로 주조하였다.

○ 정유 16년[105](997) 겨울 10월에 왕이 몸이 편치 않아 개녕군(開寧君) 송(誦)에게 왕위를 전하고, 천왕사(天王寺)로 옮겨 갔다. 평장사 왕융(王融)이 크게 사면하기를 청하였는데, 왕(성종)은 허락하지 않으며 말하였다. "죽고 사는 것이 하늘에 달려 있는데 어찌 죄가 있는 자를 용서하여 목숨을 연장하기를 구하겠는가." 얼마 지나지 않아 돌아가셨다. 왕의 천성이 엄정하고 도량이 넓었다. 종사(宗社)를 세우고 절의(節義)를 높였으며, 어진 사람을 구하고 백성을 구휼하여 풍속을 바꾸는 것을 중요한 직무로 삼았다. 개녕군이 자리에 오르니, 이가 목종(穆宗) 선양왕(宣讓王)이었다. 성종을 강릉(康陵)에 장사지냈다.

목종

무술 목종 원년(998)이다. 왕의 탄생일을 장녕절(長寧節)이라 하였다.

○ 가을 7월에 태보내사령(太保內史令) 서희가 죽었다[卒]. 서희는 성격이 엄격하고 위의가 있었다. 일찍이 거란과의 전쟁에 큰 공을 세웠다. 성종을 따라 해주(海州)에 갔을 적에 성종이 서희의 장막에 이르러 들어가고자 하니 서희가 말하기를, "신의 장막은 지존께서 오실 곳이 못

---

105 16년은 원문에 없으나 정유년은 성종 16년에 해당하므로 삽입하였다.

됩니다"라고 하였다. 또 술을 가져오라고 하니, "신에게 있는 술은 감히 바칠 만하지 못 합니다"라고 하였다. 그래서 성종이 장막 밖에 앉아 어주(御酒)를 가져다 같이 마셨다. 이때 이르러 죽으니 시호를 창위(彰威)라 하였다.

○ 송에 사신을 보내어 우호관계를 맺었다.

○ 계묘 6년(1003)이다. 태후(太后) 황보씨(皇甫氏)가 대량군(大良君) 순(詢)을 위협하여 승려가 되게 하였다. 김치양(金致陽)을 복야(僕射)로 제수하였다. 이에 앞서 왕이 즉위할 적에 나이가 아직 어려 태후가 섭정을 하였다. 얼마 지나지 않아 태후가 김치양과 사통하여 아들을 낳았는데 왕의 후사로 삼고자 하였다. (태후는) 대량군 순을 시기하여 승려가 되게 하였고, 이 틈을 타 순을 해치고자 하였다. 순이 있는 삼각산(三角山) 신혈사(神穴寺)에 몰래 사람을 보내 해칠 것을 도모하였는데, 그 절의 노승이 그 계획을 알고 땅에 구덩이를 파서 순을 숨겼다. 탁상을 그 위에 두어 예상치 못한 변고를 막았다.

○ 탐라의 바다 가운데에서 산이 솟아올랐는데 높이가 백여 장(丈)이고 둘레가 40여 리(里)였다. 초목이 없고 연기가 그 위에 피어올라 멀리서 보니 유황(硫黃) 같았다.

○ 기유 12년(1009) 2월에 삼각산 신혈사에 사신을 보내 대량군 순을 불러들였다. 이에 앞서 태후가 김치양과 함께 순을 죽일 것을 도모하다가 성공하지 못하였다. 이때에 이르러 왕의 병세가 심해지자 중추부사(中樞副使) 채충순(蔡忠順)을 몰래 불러 말하기를, "외부[外間]에서 짐의 병이 심해짐을 듣고 (이 자리를) 엿보는 자가 있다 하는데 경은 아는가?"라고 하고는 편지 한 통을 내어보였다. 바로 환관(宦官) 유희창(劉熙

昌)이 올린 것이었다. 그 편지에 '김치양이 장차 난을 일으키려 합니다' 라고 쓰여 있었다. 또 한 통의 봉한 편지를 꺼냈다. 그 편지는 대량군 순의 편지였는데, '간사한 무리들이 신을 포위해 위협합니다. 부디 불쌍히 여기시어 구원해주소서'라고 쓰여 있었다. 왕이 다시 채충순에게 부탁하였다. "짐의 병이 점차 심해져서 조만간 죽을 것이오. 태조의 손자는 오직 대량군뿐이니 경은 최항(崔沆)과 함께 온 마음을 다해 사직(社稷)을 보전하시오." 채충순은 이에 최항, 유충정(劉忠正)과 함께 모의를 결정하고 신혈사에 사람을 보내 순을 맞이하였다.

○ 서북면도순검사(西北面都巡檢使) 강조(康兆)를 불러 군대를 거느리고 들어와 시위하게 하였다. 그러자 강조가 곧바로 군대를 이끌고 대궐로 쳐들어왔다. 왕을 폐하여 양국공(讓國公)으로 삼고 대량군 순을 왕으로 세웠다. 강조가 군대를 이끌고 동주(洞州)현재 서흥(瑞興)에 이르니 간인(奸人) 위종정(魏從正) 등이 반란을 일으키고자 강조에게 거짓말을 하였다. "임금의 병세가 위독해서 목숨이 경각에 달려 있는데 태후가 김치양과 함께 사직(社稷)을 빼앗으려고 음모하고 있다. 공의 군대의 위세를 두려워하여 거짓으로 명을 내려 불러들인 것이니 공은 본도(本道)로 빨리 돌아가서 크게 의병(義兵)을 일으키라." 강조가 그 말을 옳게 여겨 곧 본영(本營)으로 돌아갔다. 이때 태후는 과연 강조가 오는 것을 꺼리어 절령(岊嶺)을 수비하게 하였다. 강조는 왕이 돌아가셨다고 생각하고 마침내 부사(副使) 이현운(李鉉雲) 등과 함께 군사 5천 명을 거느리고 평주(平州)현재 평산(平山)에 이르렀다. 왕이 아직 돌아가시지 않은 것을 알고는 명을 어긴 죄를 벌할까 두려워 크게 놀랐다. 여러 장수가 말하기를, "일의 형세가 이 지경에 이르렀으니 중간에 그만두지 못하겠

습니다"라고 하였다. 강조가 드디어 영추문(迎秋門)으로 공격해 들어가 왕을 폐하여 양국공이라 하였다. 대량군 순을 맞이하여 왕위에 오르게 하였으니, 이가 현종(顯宗) 원문왕(元文王)이었다. 김치양 부자와 유행간(庾行簡) 등 7명을 죽이고, 태후의 친속인 주정(周楨) 등 30여 명을 바다 섬으로 쫓아보냈다.

○ 강조가 전왕을 적성(積城)에서 시해하였다. 태후는 황주(黃州)로 물러나 살았다. 이에 앞서 왕이 귀법사(歸法寺)로 피난갔는데, 얼마 지나지 않아 강조가 왕과 태후를 충주(忠州)로 옮겨가게 하였다. 왕이 강조에게 말을 요구하자 강조가 2필만 내주었다. 그리하여 길을 갈 적에 태후가 식사를 하려 하면 왕이 밥그릇을 직접 받들고, 태후가 가려 하면 왕이 말고삐를 직접 잡고 하여 적성에 이르렀다. 강조가 상약직장(尙藥直長) 김광보(金光甫)를 보내 독을 바치게 하여 (왕을) 시해하였으니, (이때 왕의) 나이가 30세였다. 문짝으로 관을 만들어 여관(旅館)에 두었다가 한달 쯤 지나 그 현의 남쪽에서 화장하였다. 능은 공릉(恭陵)이라 하고, 시호는 선영(宣靈), 묘호는 민종(愍宗)이라 하였다. 이는 강조가 선택하여 정한 것으로, 신하와 백성들이 이를 듣고 크게 애통해하였다. 새 왕(현종)은 (이 사실을) 몰랐다가 훗날 거란이 강조가 임금을 시해한 죄를 핑계로 대면서 쳐들어오자 비로소 알게 되었다. 그리하여 성 동쪽에 옮겨 장사지내고 능호를 고쳐 의릉(義陵)이라 하고, 시호는 선양(宣讓)이라 하고, 묘호는 목종(穆宗)이라 하였다. 목종은 성격이 침착하고 강건하였고 임금의 도량이 있었으나 술과 사냥을 좋아하고 총애하는 신하를 믿고 너무 가까이하다가 화를 당하게 되었다. 태후가 드디어 황주에 물러나 살았다.

○ 강조를 이부상서(吏部尙書)에 제수하고, 채충순을 직중대(直中臺)로 삼았다.

○ 김씨(金氏)를 왕후로 맞이하였으니, 왕후는 성종의 딸이었다.

현종

경술 현종 원년(1010) 가을 7월에 거란왕[契丹主]이 보병, 기병 4천 만 명을 직접 거느리고 압록강을 건넜다. 사신을 보내와 말하기를, "그대 나라의 역신(逆臣) 강조가 임금을 시해하였기 때문에 짐이 군대를 일으켜 죄를 묻노라"라고 하였다. 강조가 나가 대적할 적에 통주(通州)현재 선천(宣川)에서 물을 사이에 두고 진영을 세웠다. 거란군이 삼수암(三水巖)으로 진격해 함락하였다. 당시 강조가 군대의 강함을 믿고 한가로이 앉아 바둑알을 튕기다가 거란군이 급습하였음을 듣고 놀라 일어날 적에 아주 순식간에[恍惚間] 목종이 크게 꾸짖기를 "네 이놈아! 그만두어라. 천벌을 어찌 피할 수 있겠느냐"라고 하였다. 강조가 곧바로 투구를 벗고 무릎 꿇고서 "죽을 죄를 졌습니다. 죽을 죄를 졌습니다"라고 하였다. 말을 마치지도 않아 거란군에게 포박당하였다. 거란 진영에 이르러 살해당하였다.

○ 12월에 거란이 도읍[京都]을 침범하였다. 신하들이 화친과 전쟁의 이로운 점과 해로운 점에 대해 말할 적에 예부시랑(禮部侍郞) 강감찬(姜邯贊)이 말하였다. "오늘의 일은 죄가 강조 한 사람에게 있으니 달리 근심할 것은 없을 것입니다. 그러나 많은 수의 군대를 대적할 수 없으니 마땅히 날카로운 기세를 잠시 피해 천천히 회복을 도모하는 것이 옳을 듯합니다." 왕에게 남쪽으로 갈 것을 권유하였다. 그리하여 왕이 후비

와 채충순 등을 데리고 도성[都] 문을 나와 나주(羅州)에 도착하였다.

○ 신해 2년(1011) 봄 정월에 거란왕이 도성[京城]을 함락하고 이윽고 물러갔다. 왕이 전주(全州)에 다시 와서 하공진(河拱辰)을 거란 진영에 보내어 화친을 의논하게 하였는데 거란왕이 만류하며 보내주지 않았다. 이때 귀주별장(龜州別將) 김숙흥(金叔興)이 거란의 공격을 끊고 크게 무찔러 만여 급을 목베었다. 순검사(巡檢使) 양규(楊規)도 또한 거란군 4,500여 명을 죽이고 포로로 잡은 남녀 3만여 명을 빼앗아 돌아왔다. 얼마 지나지 않아 거란왕의 대군이 생각지도 못한 사이에 이르렀다[掩至]. 양규와 김숙흥이 하루 종일 고전하다가 죽었다. 두 사람이 죽고나서 여러 장수들이 거란군의 지친 틈을 타 배후를 갑자기 공격하였다. 거란왕이 급히 도망가 압록강을 재촉해서 건넜다. 진사(鎭使) 정성(鄭成)이 그들이 절반쯤 건넌 것을 보고 대열의 꼬리를 공격하였다. 거란군 가운데 빠져 죽은 이가 매우 많았다. 모든 성을 다 수복하였다.

○ 중대성(中臺省)을 혁파하고, 중추원(中樞院)을 개설하였다.

○ 왕이 도읍으로 돌아와 공을 논하여 상을 내렸다. 영빈관(迎賓館), 회선관(會仙館)을 설치하여 여러 나라의 사신을 접대하게 하였다.

○ 거란과 화평(和平)을 담판지었다.

○ 겨울 12월 거란왕이 하공진(河拱辰)을 죽였다. 하공진이 (거란에) 억류되어 있을 때 거란왕의 예우가 매우 두터웠다. 그런데도 하공진은 (거란왕의) 진심어린 노력을 외면하고 (고려로) 돌아가고자 하였다. 좋은 말[106]을 많이 사서 돌아갈 계획을 세웠는데, 마침 그 계획이 누설되었다.

---

106 원문은 '교마(駮馬)'이나 『고려사』에는 '준마(駿馬)'로 되어 있다. 『고려사』에 의거하여 해석하였다.

거란왕이 심문하자 하공진이 사실대로 대답하였다. 또 말하기를, "저는 본국에 딴마음[二心]이 없으니 돌아가고자 합니다"라고 하였다. 거란왕이 그 의지에 감동하여 용서하였다. 또 절개를 바꾸라고 강하게 타일렀으나 하공진이 더욱 굽히지 않고 말을 격렬히 하여 죽임을 당하였다.

○ 거란왕이 사신을 보내어 흥화(興化)현재 의주(義州)에 속함. 은산(殷山) 아래라 고도 함, 통주(通州)현재 선천(宣川), 용주(龍州)현재 용천(龍川), 철주(鐵州)현재 철산(鐵山), 곽주(郭州)현재 곽산(郭山), 귀주(龜州)현재 귀성(龜城) 등 6성을 돌려달라고 요구하였는데 대답하지 않았다.

○ 여진이 거란군을 이끌고 압록강을 건너고자 하였다. 대장군 김승위(金承渭)가 격퇴하였다.

○ 거란이 6성을 계속 돌려달라고 하다가 그들의 국구(國舅)[107]인 상온(詳穩)[108] 소적렬(蕭敵烈)이 통주(通州)에 쳐들어왔다. 흥화진(興化鎭) 장군(將軍) 정신용(鄭神勇)[109]이 맞아 싸워서 7백여 급을 목 베니 거란군이 물러갔다.

○ 상장군(上將軍) 김훈(金訓), 최질(崔質) 등이 반란을 일으켜 중추원사(中樞院使) 장연우(張延祐)와 일직(日直) 황보유의(皇甫兪義) 등을 귀양보냈다. 전년(경술년)의 전쟁 이후부터 군액을 증설하여 군사비 지출이 증대하였다. 이로 말미암아 백관의 봉급이 부족해졌다. 황보유의 등이 도성의 군인들에게 주었던 영업전(營業田)[110]을 빼앗아 봉급을 충당하

107 국구(國舅) : 임금의 외삼촌을 말한다.

108 상온(詳穩) : 변경을 진무하는 관직이다.

109 원문은 '정신통(鄭神通)'이나 『고려사』에 의거하여 '정신용(鄭神勇)'으로 정정하였다.

110 영업전(營業田) : 고려시대 양반 · 서리 · 군인 등에게 지급하였던 토지 가운데 수급자 사망 후 자손에게 넘겨줄 수 있는 토지를 말한다.

려 하였다. 무관들이 매우 원한을 가지게 되었다. 이때 이르러 최질이 변방에서 공이 있었는데도 정부가 무관직만 누차 제수하고 문관직은 허여하지 않아 최질이 더욱 불만을 품게 되었다. 그리하여 김훈[111] 등과 함께 여러 호위군을 거느리고 대궐로 들어가 황보유의 등을 결박하여 때렸다. 또 왕을 대면하고서 죄를 다스려 줄 것을 청하자 왕이 부득이하여 황보유의 등을 먼 곳으로 귀양보냈다. 또 김훈 등의 말에 따라 문관직인 어사대(御史臺)와 삼사(三司)를 혁파하고, 금오대(金吾臺)와 도정서(都正署)를 설치하여 무관에게 겸하여 맡게 하였다. 다음해에 왕이 왕가도(王可道)의 계책을 이용하여 김훈과 최질 등을 죽였다.

○ 무오 9년(1018) 이다. 모든 도(道)의 안무사(按撫使)를 혁파하고, 4도호(都護)와 8목(牧)과 지주군사(知州郡事) 56인과 진장(鎭將) 28인과 현령(縣令) 20인을 두었다.

○ 5월에 승려 10만 명에게 식사를 제공하였다[施飯]. 이로부터 매년 항상 하였다.

○ 가을 9월에 거란 대장 소손녕(蕭遜寧)이 병사 10만 명을 거느리고 쳐들어왔다. 강감찬을 상원수(上元帥)에 제수하고, 강민첨(姜民瞻)을 부원수(副元帥)에 제수하여 군사 20만 8천 명을 거느리고 대적하게 하였다. 흥화진(興化鎭)현재 의주(義州)에 속함에 이르러 산속에 매복을 숨겨 놓고, 또 큰 밧줄로 소가죽을 뚫어 큰 냇물을 막았다. 얼마 안 있어 적이 도착하자마자 막았던 둑을 터뜨리고 또 숨어있던 병사를 일으켜 소손녕을 크게 무찔렀다. 소손녕이 감히 맞서 싸우지 못하고 바로 사잇길[間道]로

111 원문은 '김순(金順)'이나 앞에 나온 '김훈(金訓)'이 맞으므로 정정하였다.

도성으로 곧장 달려갔다. 다음해 봄 정월에 강감찬이 군대를 보내어 구원하였고, 도성에서도 또한 단단히 준비하여 대비하였다. 소손녕이 감히 침범하지 못하고 물러갔다. (소손녕의 군대가) 귀주에 이르르자 강감찬 등이 또 맞아 싸웠다. 곤경에 빠진 형세를 틈타 거세게 공격하여 크게 무찔렀다. 그리하여 쓰러진 시체가 들판에 가득하였고, 사람, 말, 낙타, 갑옷, 무기 등을 사로잡거나 노획한 것이 이루 헤아릴 수가 없었다. 소손녕이 도망갔는데, 살아 돌아간 자가 겨우 수천 명이었다. 강감찬이 이기고 돌아오니 왕이 친히 교외에서 맞이하여 잔치를 베풀어주었다. 이때 왕이 금으로 만든 여덟 가지의 꽃을 강감찬의 머리에 꽂아준 뒤 오른손으로는 술잔을 잡고 왼손으로는 강감찬의 손을 잡아 노고를 위로하기를 그치지 않았다. 얼마 지나지 않아 강감찬이 은퇴를 청하자 안석과 지팡이[几杖]을 하사하고 사흘에 한 번씩 조회에 참석하게 하였다. 또 문하시랑 동 내사 문하평장사(門下侍郎同內史門下平章事) 천수현(天水縣) 개국남(開國男)에 제수하였다. 식읍(食邑)이 3백 호(戶)였다.

○ 기사 20년(1029)이다. 송(宋) 강남(江南) 사람 이문통(李文通) 등이 와서 서책 597권을 바쳤다.[112]

○ 가을 8월에 개경(開京)에 나성(羅城)을 쌓았다. 평장사 강감찬이 도읍에 성곽(城郭)이 없다며 쌓을 것을 청하였다. 그리하여 그 땅을 정하였는데 둘레가 10,660보(步)이고 높이가 27척(尺)이고, 성곽의 방이 4,910칸[間]이었다. 무릇 21년 만에 공사를 마쳤다.

○ 겨울 12월에 흥요국(興遼國)이 동여진을 이끌고서 거란과 서로 공

---

112 『고려사』에는 1027년의 일로 나온다.

격하다가 사신을 보내 구원을 요청하였다. 왕이 허락하지 않았다. 홍요는 바로 발해의 후손[遺種]이다. 대조영(大祚榮)의 7세손 대연림(大延琳)이 거란에서 벼슬하여 동경장군(東京將軍)이 되었다가 이때 이르러 거란을 배반하고 국호와 연호를 세웠다. 머지 않아 거란에게 멸망당하였다.

○ 신미 22년(1031) 여름 5월에 왕이 병세가 심해지자 태자 흠(欽)에게 뒷일을 부탁하고 돌아가셨다. 왕은 어릴 때부터 총명하고 인자하였고, 장성해서는 배우는 데 민첩하고 책을 좋아하였다. 한 번 보고 들은 것은 잊어버리지 않았다. 태자가 자리에 오르니, 이가 덕종(德宗) 경강왕(敬康王)이었다. 현종을 선릉(宣陵)에 장사지냈다.

○ 가을 8월에 강감찬이 죽었다[薨]. 강감찬은 금주(衿州)[113]현재 시흥(始興) 사람이다. 성품이 청백하고 검소하여 재산을 경영하지 않았다. 배우기를 좋아하여 게으름부리지 않았고, 신통한 지략이 많았다. 체격이 작고 용모가 보잘 것 없었으며 해지고 때 묻은 의복을 입고 있어서 외모가 중인(中人)을 넘지 않았다. 그러나 일단 엄숙한 태도로 조정에 나아가서 나라의 큰 일과 큰 계책을 결정할 때에는 당당한 국가의 초석이 되었다. 치사(致仕)[114]한 후 도성 남쪽으로 돌아가 살다가 이때 이르러 죽으니[卒] 나이가 84세였다. 시호는 인덕(仁德)이라 하였다.

○ 겨울 10월에 국자감시(國子監試)를 개설하여 시(詩)와 부(賦)로서 시험을 보아 선발하였다. 감시법(監試法)이 이로부터 시작되었다.

---

113 원문은 '금천(衿川)'이나 『고려사』에는 '금주(衿州)'이다.

114 치사(致仕) : 나이가 많아 벼슬을 내놓고 물러나는 일을 말한다.

덕종

임신 덕종 원년(1032) 봄 정월에 거란의 사신을 받아들이지 않았다. 이에 앞서 김행공(金行恭)이 거란에 가서 압록강에 거란이 쌓은 성과 다리를 허물라고 하였는데 거란왕이 따르지 않았다. 이를 왕이 매우 불만스러워 하였다. 이때 이르러 왕가도(王可道)와 이단(李端) 등이 거란을 정벌하자고 주장하자 그 계책을 좇아 출병하려 하였다. 때문에 거란과 국교를 단절하였다.

○ 유소(柳韶)에게 명하여 서북방 관문의 성들을 새로 쌓으라고 하였다. 의주(義州) 인산보(麟山堡)에서 시작하여 함흥(咸興) 도연포(都連浦)에 이르기까지 요새선[延袤]이 천 리(里)였고, 높이와 너비가 각각 25척(尺)이었다. 돌로 쌓았다.

○ 갑술 3년(1034) 가을 9월에 왕이 병이 심해져서 동모제인 평양군(平壤君) 형(亨)에게 왕위를 전하고 돌아가셨다. 이날 평양군이 왕위에 올랐으니, 이가 정종(靖宗) 용혜왕(容惠王)이었다. 덕종을 숙릉(肅陵)에 장사지냈다.

정종

을유 정종 11년(1045)이다.[115] 교수형[絞]과 참수형[斬]을 없앴다. 조서를 내리기를 "짐이 살리기를 좋아하는 덕을 베풀어 백성을 구휼하고자 하는 의지를 보이고자 한다. 교수형과 참수형에 해당하는 죄를 어긴 자는 무인도(無人島)에 유배하고, 그 중에서도 불쌍히 여길 만한 정

115 『고려사』에는 정종 4년 1038년의 일로 되어 있다.

황이 있는 자는 유인도(有人島)로 유배하라"라고 하였다. 그리하여 일시적으로 죄를 면한 자가 116명이었다.

○ 동쪽 못에서 기른 백학, 거위, 오리, 산양 등을 놓아주었다. 보고 즐기다가 동물들 각각의 본성을 해칠까 염려되어서였다.

○ 동여진이 와서 조회에 참석하고 말을 바쳤다.

○ 병술 12년(1046) 여름 5월에 왕이 돌아가셨다. 동생 낙랑군(樂浪君) 휘(徽)가 즉위하였으니, 이가 문종(文宗) 인효왕(仁孝王)이었다. 정종을 주릉(周陵)에 장사지낼 적에 유명(遺命)을 받들어 제도를 검소하게 하였다.

○ 양규(楊規), 김숙흥(金叔興), 강민첨(姜民瞻) 등이 거란을 무찌른 공을 기려서 공신각(功臣閣)에 초상화를 걸었다.

문종

정유 문종 11년(1057) 가을 8월에 경정상(慶鼎相)을 한림(翰林)으로 제수하였다. 중서성(中書省)에서 말하기를, "경정상은 대장장이의 후손입니다. 청요직에는 분수가 넘치니 청컨대 관직을 삭탈해주십시오"라고 하였다. 왕이 말하기를, "경정상의 재주와 식견에 채용할 만한 것이 있는데 어찌 세계(世系)를 논하겠는가?"라고 하면서 그 제의를 윤허하지 않았다.

○ 왕이 봉은사(奉恩寺)에 갔다가 마침내 국자감(國子監)에 이르러 시종하던 신하들에게 말하였다. "공자는 백왕(百王)의 스승이니 어찌 공경을 드리지 않을 수 있겠는가." 그러고는 두 번 절하였다.

○ 정미 21년(1067)이다. 거란에 사신을 보냈다.

○ 거란이 국호를 고쳐 요(遼)라 하였다.

○ 흥왕사(興王寺)현재 풍덕군(豊德郡)에 있음가 완성되었는데, 모두 2,800칸이었다. 12년 만에 공사가 끝이 났다. 왕이 낙성식 때 5일 밤낮 동안 연등대회(煙燈大會)를 개설하였다. 또 모든 관청과 안서도호부(安西都護府)와 개성부(開城府)와 광주(廣州)현재 광주, 수주(水州)현재 수원(水原), 양주(楊州)현재 양주, 동주(東州)현재 철원(鐵原), 수주(樹州)현재 부평(富平)의 5주와 강화현(江華縣), 장단현(長湍縣) 2현에 명령을 내려 궁궐 마당에서 흥왕사 문까지 채붕(彩棚)[116]을 연결하여 물고기 비늘을 겹겹이 잇댄 듯 하게 하고 왕의 수레가 통과하는 길 좌우에는 산 모양의 큰 등[山燈]과 매우 많은 등불[火樹]을 매달게 하니 밝은 빛이 낮과 같았다. 왕이 백관을 거느리고 향을 피우고 재물을 시주하였다. 이렇게 성대한 불사(佛事)는 예로부터 일찍이 없었다. 또 금탑(金塔)을 만들었는데, 금이 144근, 은이 427근 사용되었다. 연등회를 마친 후 크게 사면령을 내렸다.[117]

○ 태사중서령(太師中書令)으로 치사(致仕)한 최충(崔沖)이 죽었다[薨]. 시호를 문헌(文憲)이라 하였다. 최충은 해주(海州) 사람으로 풍채가 뛰어나고 지조가 견실하였다. 배우기를 좋아하였고, 또 글짓기도 잘 하였다. 다섯 왕조를 대대로 섬겨 당시에 명망이 매우 두터웠다. 현종 이후 전쟁이 겨우 그쳐 글을 가르치는 데 겨를이 없었다. 이때 최충이 후진들을 모아 가르치기를 게을리하지 않았다. 이로부터 학도들이 모여들어 거리와 골목에 차고 넘쳤다. 마침내 9개의 재(齋)로 나누어 가르치니, 당시 사람들이 '시중(侍中) 최공(崔公)의 학도'라고 말하였다. 무릇 과거에 응시하는 자제(子弟) 가운데 이 학도에 속하지 않는 이가 적었다.

116 채붕(彩棚) : 채색한 종이를 소나무나 잣나무 가지 등에 장식한 선반을 말한다.
117 『고려사』에는 문종 21년 1067년의 일로 나온다.

우리나라의 학교가 번성한 것이 최충에서부터 시작되었다. 세상 사람들이 (최충을) 해동공자(海東孔子)라 불렀고, 그의 자손 가운데 문장과 덕행[文行]으로 재상의 반열에 들어간 자가 수십 명이었다.

○ 밭을 측량하는[量田] 자수[步數法]를 결정하였다. 밭 1결(結)은 방(方) 33보(步),[118] 2결은 방 47보이다. 그 이하는 모두 보수(步數)를 환산[折]하여 결로 계산하였다.[119]

○ 동여진 15주(州)의 추장이 국내로 귀부하여 군현이 되기를 요청하였다. 허락하고 각자에게 장군직을 수여하였다. 얼마 지나지 않아 서여진도 국내로 귀부하였다.

○ 일본 사람이 와서 토산물[土物]을 바쳤다. 이로부터 일본과의 왕래가 끊이지 않았다.

○ 송(宋) 간의대부(諫議大夫) 안도(安燾)와 기거사인(起居舍人) 진목(陳睦)이 와서 송왕[宋主]의 명으로 의복[依], 허리띠[帶], 비단[綵緞], 악기, 금은, 그릇[器物] 등을 바쳤다. 이로부터 두 나라의 사신이 매년 오고 갔다. 당시 송왕은 본국(고려)이 문장을 숭상한다 하여 늘 사신을 보낼 적에 반드시 글을 할 줄 아는 신하 가운데 뛰어난 자에게 국서(國書)를 짓게 하였고, 사신으로 가는 이는 중서성(中書省)에서 불러 문장을 시험한 뒤에 보내었다.

○ 겨울 10월에 요(遼)가 사신을 보내 와서 방문하였다[聘].

○ 살마주(薩摩州)가 와서 공물을 바쳤다. 살마주는 일본의 별부(別部)이

---

118 6촌(寸)을 1푼(分)이라 하고 10푼을 1척(尺)이라 하며 6척을 1보라 한다.

119 『고려사』 권78 식화지에 의하면 문종 23년의 일이다. 3결은 방 57보 3푼, 4결은 방 66보, 5결은 방 73보 8푼, 6결은 방 80보 8푼, 7결은 방 87보 4푼, 8결은 방 90보 7푼, 9결은 방 99보, 10결은 방 104보 3푼이다.

고, 우리나라와 멀지 않은 곳에 있다. 이로부터 왕래가 끊이지 않았다.

○ 계해 37년(1083) 가을 7월에 왕이 돌아가셨다. 태자 훈(勳)이 왕위에 올랐으니, 이가 순종(順宗) 선혜왕(宣惠王)이었다. 문종을 경릉(景陵)에 장사지냈다. 왕은 어릴 때부터 총명하고 지혜로웠으며 장성해서는 배우기를 좋아하고 활쏘기를 잘하였으며 지략이 원대하였다. 성품이 넉넉하고 인자하여 많은 사람을 받아들였다.

○ 겨울 10월에 순종(順宗)이 돌아가셨다. 왕이 평소에도 병이 많았는데 거상[居廬] 중에 너무 애통해 한 나머지 상을 치루기 위해 머물던 곳에서 돌아가셨다. 동모제인 국원공(國原公) 운(運)이 왕위에 올랐으니, 이가 선종(宣宗) 사효왕(思孝王)이었다. 순종을 성릉(成陵)에 장사지냈다.

선종

병인 선종 3년(1086)이다. 승려 정쌍(貞雙)이 주청하기를 구산문(九山門)[120]을 찾아가 공부하는 승도(僧徒)들을 진사(進士) 예규와 같이 3년에 한 번 선발하자고 하였다. 왕이 이를 받아들였다.[121]

○ 왕의 동생 석후(釋煦)[122]석(釋)은 승려임가 송(宋)에서 조정으로 돌아왔다. 이에 앞서 문종 때 석후가 송에 가서 불법을 구하고자 하였는데 허락하지 않았다. 왕(선종)이 즉위하자 (석후는) 장삿치의 배를 몰래 타고 송에 갔다. 송왕이 손님의 예로 대하고 원외랑(員外郞) 양걸(楊傑)을 관반(館伴)으로 삼아주었다. 그리하여 각지의 산천을 유람하다가 고려로

120 원문은 '구문산(九門山)'으로 되어 있으나 '구산문(九山門)'으로 정정하였다.

121 『고려사』에는 선종 원년 1084년의 일로 되어 있다.

122 석후(釋煦) : 문종의 넷째 아들이자 선종의 아우인 대각국사(大覺國師) 의천(義天)으로, 속명이 후(煦)이다.

돌아올 적에 불교 전적[釋典]과 경서(經書) 1천 권을 가지고 왔다. 또 주청하여 요, 송, 일본에서 서적을 구매해왔는데, 합계 4천 권이었다.[123] 모두 간행하였다.

○ 기사 6년(1089) 겨울 10월에 『인왕경(仁王經)』을 회경전(會慶殿)에서 개설하였다.

○ 국청사(國淸寺)를 세웠다. 이는 태후(太后)[124]가 창건한 것이었다.

○ 위계정(魏繼廷)을 어사중승(御史中丞)에 제수하였다. 당시 왕이 총애하던 첩 만춘(萬春)이 집을 지을 적에 너무 화려하게 하였다. 위계정이 왕께 아뢰기를 "만춘이 임금의 뜻을 미혹하게 하여 백성을 수고롭게 하니 청컨대 (만춘의 집을) 허물어 버리십시오"라고 하였다. 또 궁궐 안에서 연회를 베풀다가 술에 취해 위계정에게 일어나 춤을 추라고 하였다. 그가 사절하면서 "광대[伶人]가 있는데 어찌 제가 춤을 추겠습니까?"라고 하였다. 그가 바른말 함이 대개 이러하였다.

○ 72현(賢)[125]의 초상화를 국자감 벽에 그렸다.

○ 갑술 11년[126](1094) 여름 5월에 왕이 돌아가셨다. 왕은 총명하고 엄숙하고 검소하였으며 경사(經史)를 두루 보았다. 다만 여기저기 다니는 데 절도가 없었고, 절과 탑을 많이 창건하여 하늘이 노하고 사람들이 원망하였다. 재이(災異)가 자주 일어났다. 태자 욱(昱)이 자리에 올랐으니, 이가 헌종(獻宗) 공상왕(恭殤王)이었다. 선종을 인릉(仁陵)에 장사지냈다.

---

123 구해온 서적의 목록을 정리한 것이 『신편제종교장총록(新編諸宗教藏總錄)』이다.
124 선종(宣宗)과 의천(義天)의 어머니인 인예태후(仁睿太后)를 가리킨다.
125 72현(賢) : 공자의 72제자를 말한다.
126 원문은 12년이나 갑술년은 선종 11년에 해당하므로 정정하였다.

헌종

을해 헌종 원년(1095) 가을 7월에 이자의(李資義)가 죽임을 당하였다. 이자의는 이자연(李子淵)의 손자이다. 그의 누이동생이 선종의 후궁이 되어 아들 구(昫)를 낳았다. 이때 이르러 왕이 유약함을 보고 구를 왕으로 세우고자 하였다. 궁궐 안에서 병사를 모으자 왕의 숙부 계림공(鷄林公) 희(熙)가 평장사(平章事) 소태보(邵台輔)와 함께 이자의를 죽였다.

○ 겨울 10월에 왕이 계림공에게 왕위를 넘겼다. 희가 왕위에 올랐으니, 이가 숙종(肅宗) 명효왕(明孝王)이었다.

숙종

정축 숙종 2년(1097) 봄 정월에 전왕이 돌아가셨다. 은릉(隱陵)에 장사지냈다.

○ 기묘 4년(1099) 가을 9월에 왕이 왕후와 태자와 신하들을 데리고 양주(楊州)에 가서 도읍할 터를 살펴보았다. 또 2년 뒤에 최사추(崔思諏)의 말에 따라 삼각산(三角山) 면악(面岳)바로 부아악(負兒岳)임의 남쪽을 택해 도읍을 세울 땅의 경계를 정하였다.

○ 이에 앞서 왕이 윤관(尹瓘)의 의견에 따라 동전[錢貨]을 주조하였다. 이때 이르러 주전도감(鑄錢都監)에서 아뢰기를 "국인(國人)이 비로소 동전 사용의 편리함을 알았으니 종묘(宗廟)에 고하십시오"라고 하였다. 왕이 그 제의를 따랐다. 또 은병(銀甁)을 사용하게 하였는데, 만들 때 은 1근으로 본국의 지형을 형상화하였으니 민간에서의 이름은 활구(濶口)였다.

○ 소태보(邵台輔)가 의견을 올리기를 "국학의 경비가 적지 않게 드니[不貲] 부디 폐지하여 주십시오"라고 하였다. 회답을 주지 않았다.[127]

○ 조선(朝鮮) 태조(太祖) 문성왕(文聖王)의 능을 방문하여 사당을 짓고 제사지냈다.

○ 을유 10년(1105) 봄 정월에 임금이 봉은사에 가서 연등회를 관람하였다.

○ 겨울 10월에 왕이 돌아가셨다. 태자 우(俁)가 왕위에 올랐으니, 이가 예종(睿宗) 문효왕(文孝王)이었다. 숙종을 영릉(英陵)에 장사지냈다.

예종

정해 예종 2년(1107) 겨울 12월에 윤관 등이 동여진을 공격하여 크게 무찔렀다. 길주(吉州) 등 4성을 쌓았다. 당시 변방의 신하가 보고하기를 "여진이 다시 배반하여 변방의 성에 침입합니다. 그들의 추장이 한 개의 바가지[胡蘆]를 꿩 꼬리[雉尾]에 매달아 각 부락으로 돌리면서 군사 일을 의논하고 있는데, 그들의 계책을 알 수가 없습니다"라고 하였다. 그리하여 왕이 윤관을 원수(元帥)에 제수하고 오연총(吳延寵)을 부원수(副元帥)로 제수하여 군사 17만 명을 거느리고 가서 치게 하였다. 윤관 등이 그 성 아래 이르자 적이 성 위에서 저항하였다. 떨어지는 화살이 비 오듯 하여 모든 군사들이 앞으로 나아가지 못하였다. 병마녹사(兵馬錄事) 척준경(拓俊京)이 돌진하여 추장(酋長) 여러 명을 죽였다. 그리하여 윤관 등이 좌군병마사(左軍兵馬使) 김덕진(金德珍)과 연합 공격하여 크게 무찔러 4,800여 급을 베었다. 이로써 땅의 경계를 획정하였다. 영주(英州)길주(吉州) 안에 있음, 웅주(雄州)길주(吉州) 안에 있음, 복주(福州)현재 단천(端川), 길주(吉州) 등 4성을 쌓았다.

---

127 『고려사』 권74 선거지에는 숙종 7년 1102년의 일로 되어 있다.

○ 이씨(李氏)를 받아들여 왕후로 봉하였다. 왕후는 급사중(給事中) 이자겸(李資謙)의 딸이자 이자연의 증손이었다.

○ 기축 4년(1109) 가을 7월에 여진이 사신을 보내어 화해를 요구하였다. 빼앗긴 여러 성을 돌려줄 것을 청하자 특별히 허락하였다.

○ 윤관이 죽었다[薨]. 윤관은 파평현(坡平縣) 사람이다. 배우기를 좋아하여 게을리하지 않았다. 성장하여 재상이 되어서는 비록 전쟁중이라도 항상 오경(五經)을 지니고 다녔다. 어진 이를 좋아하고 착한 일을 즐겨함은 당시 으뜸이었다. 시호를 문숙(文肅)이라 하였다.

○ 계사 8년(1113) 봄 2월에 화원(花園) 2곳을 철폐하였다. 이에 앞서 왕이 장원정(長源亭), 상춘정(賞春亭) 등에 자주 가서 사사로이 연회를 열어 놀기를 즐겼다. 왕 가까이에서 모시는 이들이 사치함으로 왕의 뜻에 아첨하고자 화원을 왕궁 서쪽과 남쪽에 나누어 개설하였다. 누각을 크게 짓고 민가의 화초를 빼앗아와 옮겨 심었다. 그래도 (화초가) 부족하자 또 송나라[宋國]에 가서 사왔다. 머지 않아 여러 사람들의 의논이 시끄럽게 일어나자 (화원을) 철폐하였다.

○ 4월에 여진(女眞) 오라골실현(烏羅骨實顯) 등이 와서 조회에 참석하여 여러 성을 돌려준 데 감사하며 말과 금을 바쳤다.

○ 여진(女眞) 완안아골타(完顏阿骨打)가 군대를 일으켜 요(遼)에 배반하였다.

○ 중서령(中書令)으로 치사(致仕)한 최사추(崔思諏)가 죽었다[薨]. 최사추는 최충의 손자이다. 그의 딸이 이자겸에게 시집가서 왕후를 낳았기 때문에 왕의 예우가 특별히 두터웠다. 최사추는 부지런하고 신중하며 공정하고 검소하여 가문을 배경으로 다른 사람에게 교만하게 행

동하지 않았고, 정사(政事)를 행함에 대체(大體)를 힘써 지켰다.

○ 을미 10년(1115) 봄에 여진 완안아골타가 스스로 황제라 부르고 국호를 금(金)이라 하였다. 8월에 요(遼)가 (금을) 치려고 할 적에 (고려에) 사신을 보내어 군대를 요청하였다. 왕이 척준경(拓俊京)과 김부식(金富軾)의 말을 빌어 따르지 않았다.

○ 곽여(郭輿)는 금주(金州) 사람이다. 어릴 때부터 배우기에 힘썼고 예부(禮部)에서 잠시 벼슬하였다. 이때 이르러 (금주로) 돌아가 은거하였다. 왕이 그를 소환하여 만나서는 술과 음식을 직접 하사하고 선생(先生)이라 불렀다. 그는 검은 두건을 쓰고 흰색 깃털로 만든 외투[鶴氅]를 입고서 임금의 곁에서 항상 모셨다. 당시 사람들이 금문우객(金門羽客)[128]이라 하였다.

○ 금(金)이 사신을 보내와 조회에 참석하였다.

○ 무술 13년(1118) 여름 4월에 안화사(安和寺)를 중수하였다. 절의 현판을 송왕[宋主]에게 요구하니, 송왕이 직접 써서 보내주었다.

○ 임인 17년(1122) 여름 4월에 왕이 돌아가셨다. 태자 해(楷)가 왕위에 올랐으니, 이가 인종(仁宗) 영효왕(榮孝王)이었다. 예종을 유릉(裕陵)에 장사지냈다.

○ 겨울 10월에 수태사(守太師) 중서령(中書令) 이자겸(李資謙)을 한양공(漢陽公)에 제수하였다. 머지 않아 다시 조선공(朝鮮公)으로 봉하였다.

128 금문우객(金門羽客) : 궁궐 안에 있는 신선이라는 의미이다.

인종

을사 인종 3년(1125) 여름 4월에 금(金) 사람이 요(遼)를 멸망시켰다. 이에 앞서 아골타가 요를 칠 적에 송나라[宋國]가 금(金)과 함께 모의하여 요의 토지를 같이 나누기로 약속하고 군사를 내어 서로 도왔다. 요의 형세가 날로 위축되자 우리에게 구원을 요청하였는데 허락하지 않았다.

ㅇ 병오 4년(1126)이다. 이자겸이 군사를 일으켜 궁궐을 침범하였다. 과거에 이자겸이 외척으로서 권세를 잡자 중서시랑(中書侍郎) 한안인(韓安仁)이 왕에게 권하여 이자겸을 높이 받들어 치사(致仕)하게 하였다. (한안인은) 그의 세력이 없어진 틈을 타서 문공미(文公美) 등과 함께 (일을) 도모하고자 하였다. 이자겸이 그 모의를 알고 바로 죄목을 크게 꾸몄다. 한안인은 감물도(甘物島)현재 영암(靈巖)에 속함로 유배보냈다가 (바닷물에) 빠뜨려 죽이고 문공미는 충주(忠州)로 유배보냈다. 당시 유명 인사들 가운데 연루된 자가 매우 많았다. 이로부터 궁궐 안팎의 권세가 모두 이자겸에게 돌아갔다. 척준경과 그의 아우 척준신(拓俊臣)이 그의 도당[羽翼]이 되었다. 이자겸은 다른 성이 왕후가 되면 왕의 총애가 나뉠까 염려하여 억지로 셋째 딸을 왕에게 바쳤다. 그 뒤에 넷째 딸도 바쳐 왕비로 삼게 하였다. 왕이 어쩔 수 없이 모두 따랐다. 그리하여 이자겸은 더욱 꺼릴 것이 없게 되었다. 도당을 많이 심어 요직에 배치하고, 관직과 작위를 사고 팔아[賣官鬻爵] 뇌물이 폭주하였다. 또 군대나 나라의 일을 전적으로 처리하고자 하였다. 왕이 이때부터 미워하게 되었다. 내시관(內侍官) 김찬(金粲)과 안보린(安甫鱗)이 왕의 뜻을 미루어 알고 동지추밀원사(同知樞密院事) 지녹연(智祿延)과 함께 이자겸과 척준경을 죽이고자 하였다. 군사들을 보내어 척준신을 먼저 죽이자, 이자겸이 두려

워 백관을 모아 의논하고자 하였다. 척준경이 "일이 급하다!"라고 하고는 궁궐에 무리를 데리고 들어가 고함을 쳤다. 지녹연 등이 감히 나오지 못하였다. 날이 저물자 척준경이 장작을 쌓아 불을 붙였다. 왕이 불을 피해 산호정(山呼亭)까지 걸어서 갔다. 왕은 해를 당할까 두려워서 이자겸에게 왕위를 넘겨주고자 하였다. 이자겸이 여러 신하들의 뜻이 합치되지 못함을 보고 감히 선위(禪位)를 받지 못하였다. 그리하여 왕에게 청하여 (거처를) 남궁(南宮)으로 옮겼고, 그의 도당을 나누어 파견하여 안보린 등 10여 명을 죽였다. 지녹연과 김찬은 먼 곳으로 유배보냈다. 지녹연은 (유배)가는 길에서 죽었다. 난이 막 일어났을 때 좌복야(左僕射) 홍관(洪灌)이 변고가 일어났음을 듣고 탄식하였다. "왕이 욕보이면 신하는 죽어야 하는 것이니 내 어찌 홀로 편안하겠는가?" 그러고는 왕을 따라 서화문(西華門)으로 나갔다가 척춘경 등에게 해를 당하였다. 밀직(密直) 김진(金瑱)은 "의리상 적에게 죽을 수는 없다"라고 하고는 마침내 문을 닫고 스스로 불질러 죽었다.

○ 3월에 이자겸이 왕을 겁박하여 자기 집으로 옮겨 가게 하였다. 당시 왕이 이자겸의 집에 가니 이자겸이 자기 아내와 함께 땅에 엎드려 대성통곡하였다. "왕은 어찌하여 적신(賊臣)을 믿고서 피붙이를 해하려 하셨습니까?" 이때부터 왕의 행동거지와 음식을 모두 자유롭게 하지 못하도록 하였다. 재상(宰相) 박승중(朴昇中)과 허재(許載) 등은 적당(賊黨)에 아첨하여 붙었고, 백관은 관원을 채울 뿐이었다.

○ 5월에 왕이 연경궁(延慶宮)으로 옮겨 갔다.

○ 척준경이 이자겸을 가두었다. 당시 이자겸의 권세가 날로 커져 가자 내의(內醫) 최사전(崔思全)이 왕에게 아뢰었다. "이자겸이 제멋대로

행동하는 것은 오직 척준경을 믿기 때문입니다. 만약 척준경을 얻으면 병권이 조정으로 돌아와 이자겸을 쉽게 없앨 수 있을 것입니다." 그리고는 바로 척준경에게 가서 설득하여 "왕실을 위해 힘을 바치라"고 하였다. 또 왕이 손수 쓴 조서를 내리니 척준경이 충심으로 따랐다. 왕이 이에 척준경을 판병부사(判兵部事)에 제수하였다. 마침 이자겸의 종이 척준경의 종과 서로 싸우다가 척준경의 죄악을 열거하였다. 척준경이 (이 말을 듣고) 대노하여 마침내 이자겸과 틈이 생겼다. 또 이자겸이 '십팔자(十八子)'의 참언(讖言)[129]을 믿고 해서는 안 될 일을 도모하였다. (이자겸이) 떡 속에 독을 넣어 왕에게 바쳤는데, 왕후 이씨(李氏)가 몰래 알려주었다. 왕이 떡을 까마귀에게 던지자 까마귀가 바로 죽었다. 또 독약을 올리자 왕후가 그릇을 받들고 가다가 일부러 땅에 엎어졌다. 이 왕후는 이자겸의 넷째 딸이었다. 그리하여 왕이 손수 쓴 편지를 척준경에게 내려 이자겸을 도모하라고 하였다. 척준경이 마침내 상서(尙書) 김향(金珦)과 함께 이자겸을 잡아 팔관보(八關寶)[130]에 가두었다. 왕이 이자겸을 영광군(靈光郡)으로 유배보내고, 그의 도당들을 먼 곳으로 나누어 유배보내었다. 척준경을 태사문하시랑평장사(太師門下侍郎平章事)에 제수하였다.

○ 왕후 이씨를 폐하고 임씨(任氏)를 거두어 왕후로 삼았다. 간관이 아뢰기를, "이후(李后)가 상(上)에게 종모(從母)의 항렬[行]이니 지존의 배필이 되기 어렵습니다"라고 하였다. 왕이 부득이하여 이씨를 내쳤으

129 이자겸의 성 '이(李)'를 분해하면 십팔자(十八子)가 된다. 십팔자, 이씨(李氏)가 왕이 된다는 참언을 말한다.

130 원문은 '팔보관(八寶關)'이나 『고려사』에 의거하여 '팔관보(八關寶)'로 수정하였다.

나 구해준 은혜와 의리를 생각하여 하사한 것이 매우 많았고, 총애가 매우 두터웠다. 그리고는 전중내급사(殿中內給事) 임원후(任元厚)의 딸을 (왕후로) 맞이하였다.

○ 가을 7월에 송(宋)이 사신을 보내어 금(金) 사람이 쳐들어와 위협함을 아뢰었다. 또 군대를 보내어 구원해주기를 청하였다. 왕이 허락하지 않았다.

○ 12월에 이자겸이 유배간 곳에서 죽었다.

○ 정미 5년(1127)이다. 척준경을 암타도(巖墮島)예전엔 나주(羅州)에 속하였는데 지금은 지도군(智島郡)에 속함로 유배보냈다. 척준경이 공을 믿고 제멋대로 행동하자 좌정언(左正言) 정지상(鄭知常)이 상소하여 척준경이 반역한 죄를 진술하였다. 그리하여 왕이 척준경을 유배보내고, 그 도당들을 없애버렸다.

○ 9월에 금(金)이 사신을 보내어 송(宋)을 이겼음을 아뢰었다.

○ 임자 10년(1132) 봄 2월에 왕이 서경(西京)에 갔다. 이에 앞서 승려 묘청(妙淸)이 백수한(白壽翰)과 함께 음양술(陰陽術)로 많은 사람들을 현혹시켰다. 왕도 (묘청을) 믿고 아꼈다. 이때 이르러 비밀리에 큰 떡의 가운데를 비워 끓인 기름을 넣어 대동강에 띄우니 기름이 물 위를 떠내려가면서 오색이 영롱하였다. 이를 보고 "신이한 용이 침을 토하였다"라고 하며 왕을 우롱하였다. 왕이 헤엄 잘 치는 사람에게 물속에 들어가 떡을 찾게 하였다. 그들의 속임수를 비로소 알게 되었다.

○ 을묘 13년(1135) 봄 정월에 묘청이 서경에서 반란을 일으켰다. 평장사(平章事) 김부식(金富軾)을 보내어 토벌하였다. 이에 앞서 묘청이 반역 계획을 품고 있었다. 마침 재이(災異)가 자주 보이자 왕에게 권하여

서경으로 옮겨 재난을 피하라고 하고는 계획을 도모하고자 하였다. 김부식이 가지 말라고 간하였다. 이때에 이르러 묘청이 서경분사시랑(西京分司侍郞) 조광(趙匡)과 병부상서(兵部尙書) 유참(柳旵) 등과 함께 서경을 점거하여 배반하였다. 국호를 대위(大爲)라 하고, 연호를 세워 천개(天開)라 하였다. 왕이 김부식에게 명하여 김부의(金富儀)와 이주연(李周衍) 등 여러 장수를 거느리고 가서 죽이라고 하였다. 김부식이 출전할 때 여러 장수들을 소집하여 말하기를, "서경의 반란은 정지상(鄭知常)과 김안(金安)과 백수한이 함께 모의한 것이다. 지금 이들을 제거하지 않으면 서경을 평정하지 못할 것이다"라고 하고는 세 사람을 불러 참수한 뒤에 왕에게 아뢰었다. 군대를 이끌고 서쪽으로 갈 적에 여러 성에 격문(檄文)을 보내어 왕명을 받들어 적을 토벌하는 뜻을 자세히 알렸다. 또 서경성(西京城) 안에 사람을 보내어 타일렀다[招諭]. 조광 등이 대적하지 못할 것임을 알고 나와서 항복하고자 하였다. 그러나 스스로 죄가 무거워 용서받기 어려울까 하여 머뭇거리다가 결정하지 못하였다. 마침 평주(平州)현재 평산(平山)판관(判官) 김순부(金淳夫)가 타이르는 조서를 가지고 성에 들어왔다. 서경 사람들이 드디어 묘청과 유참 등을 목 베고 태부경(太府卿) 윤첨(尹瞻)에게 조정에 가서 죄를 청하게 하였다. 이때 김부식도 글을 올려 "윤첨 등을 후하게 대우하여 스스로 새로워질 수 있는 길을 열어달라"라고 녹사(祿事) 백녹진(白錄珎)을 보내어 아뢰었다. 도읍에 이르렀더니 재상 문공인(文公仁)과 최유(崔濡) 등이 백녹진에게 말하기를, "우리들이 한 사람을 보내어 조서를 가지고 가 타이르고 항복하게 하였다. 너희 원수(元帥)의 공이 아닌데, 너희가 온 것은 무슨 일인가? 또 너희 원수(元帥)가 서경으로 곧장 가지 않고 우회하여 안북(安北)현재 안주(安州)으로 갔는데 이는 무엇 때문인가?"라고 하였다. 그러고는 윤첨 등을 하옥시켰다. 또 김부식을 독촉하여 (서경을) 토벌하라 하였다. 조광 등은 윤첨이 감옥에 갇혔다는 말을 듣고 반드시 (벌을) 면하지 못할 것이라 생각하여 다시 배반하였다. 김부식은 (서경이) 험악하고 견고하여 함락하기 어려움을 알고 그 아래에 다섯 개의 성을 쌓았다. 곡식을 쌓아놓고 병사를 대치하게 하여 적을 오랫동안 곤궁하게 하였다. 양식이 떨어지자 나와서 항복하는 자가 많았다. 다음해 봄 2월에 김부식이 서경을 공격하여 함락하였다. 조광은 불에 타 죽고, 나머지 무리들은 모두 스스로 죽었다. 김부식을 승진시켜 수태위문하시중(守太尉門下侍中)에 제수하였다.

○ 을축 23년(1145) 겨울 12월에 문하시중(門下侍中)으로 치사(致仕)한 김부식(金富軾)이 신라, 고구려, 백제의 역사를 편찬한 『삼국사(三國史)』[131]를 바쳤다. 왕이 그의 저택에 관리를 보내 칭찬과 위로의 말을 전하고 꽃과 술을 하사하였다.

○ 병인 24년(1146) 봄 2월에 왕이 태자 현(晛)에게 왕위를 전하고 얼마 지나지 않아 돌아가셨다. 태자가 왕위에 올랐으니, 이가 의종(毅宗) 장효왕(莊孝王)이었다.

의종

정묘 의종 원년(1147) 여름 4월에 왕이 외제석원(外帝釋院)에 행행(行幸)하였다. 이후로 사원(寺院)에 간 것을 이루 다 기록할 수가 없었다.

---

131 현재 전하는 『삼국사기(三國史記)』를 가리킨다.

○ 승보시(陞補試)를 처음으로 두었다. 시(詩), 부(賦)와 경서의 뜻으로 사(士)를 뽑아 국학(國學)을 채웠다.

○ 동성 간의 혼인과 아울러 소공(小功) 이상의 통혼을 금하였다.

○ 신미 5년(1151) 봄 2월에 문하시중으로 치사한 김부식이 죽었다[薨]. 시호는 문열(文烈)이라 하였다. 김부식은 체격이 크고 외모가 풍후하였다. 어릴 때부터 문장으로 세상에 이름이 났다. 송(宋)의 사신 서긍(徐兢)이 왔을 적에 관반(館伴)이 되었다. 서긍이 『고려도경(高麗圖經)』을 지었는데, 김부식의 사람됨을 흠모하여 이 책에 그의 가계[家世]도 싣고 그의 초상도 그렸다. 돌아와 (『고려도경』을) 송왕께 바쳤고, 또 판(板)에 새겨 천하에 전하였다. 이때부터 김부식의 이름이 한 시대를 흔들었다.

○ 왕이 만수정(萬壽亭)에서 잔치를 열었다. 이에 앞서 내시관(內侍官) 윤언문(尹彦文) 등이 괴이한 돌[怪石]을 모아 수창궁(壽昌宮) 북쪽 뜰에 높이 쌓았다. 또 그 사이에 작은 정자를 만들어 만수정이라 하였다. 노란 비단으로 (만수정의) 벽을 덮고, 기물 하나하나가 제각각이 지극히 사치스러웠다. 이때 이르러 잔치를 열어 동틀 무렵이 되어서야 끝마쳤다.

○ 정축 11년(1157) 2월에 왕이 도참(圖讖)을 믿어 여러 아우들을 미워하였다. 바른 말 하는 신하[諫臣]를 몰래 꾀어 아우 대녕후(大寧侯) 왕경(王京)을 탄핵하게 하였고, 이 일로 유배보내었다. 태후가 구해줄까 염려되어 먼저 태후를 보제사(普濟寺)로 보내었다.

○ 여름 4월에 왕이 대궐 동쪽에 이궁(離宮)을 세웠다. 수덕전(壽德殿)이라고도 하고, 천녕전(天寧殿)이라고도 하였다. 또 시중(侍中) 왕충(王冲) 등 5명의 저택을 빼앗아 궁(宮)으로 만들었다. 이름난 꽃과 기이한 열매, 화려하고 진기한 것들을 좌우에 나열하였다. 괴이한 돌로 신선 산

[仙山]을 만들고 멀리 있는 물길을 끌어다 폭포를 만들었다. 사치를 날마다 일삼으니 백성들이 원망하고 고달팠다.

○ 가을에 송(宋)이 앵무새와 공작새를 바쳤다.

○ 인종의 기신일(忌辰日)[132]에 태평정(太平亭)에서 승려들에게 식사를 대접하였다. 당시 왕이 불사(佛事)를 좋아하여 승려들이 궁정(宮廷)에 넘쳐났다. (승려들은 왕의) 은총을 믿고 환관(宦官)과 결탁하여 백성들의 재물을 빼앗았다.

○ 임오 16년(1162) 봄 3월에 송(宋) 명주(明州) 태수가 공문을 보내 아뢰기를 금(金) 군대를 크게 무찔렀다고 하였다.

○ 왕이 신하들의 집을 많이 빼앗아 별궁으로 만들고 재물을 요구하였기 때문에 별공(別貢)이라 이름하였다. 환관에게 (별공을) 감독하게 하니, 환관들이 사사로운 이익을 챙겨 원성이 길에 가득찼다. 간관(諫官)이 혁파하기를 청하였으나 따르지 않았다.

○ 을유 19년(1165) 여름 4월에 왕이 관란사(觀瀾寺)에 갔다. 이에 앞서 승선(承宣) 김돈중(金敦中)은 김부식의 아들이었는데 아름다운 문장으로 왕에게 총애를 받았다. 이 절을 고쳐 짓고, 화초를 두루 심었으며, 단(壇)을 쌓아 어실(御室)이라 하고, 금과 옥으로 장식하였다. 연회를 열어 (이 절을) 왕에게 바치자 왕이 신하들과 술을 마시며 함께 기뻐하였다. 당시 경치가 뛰어난 것으로 이름난 곳에는 또 봉은사(奉恩寺), 중미정(衆美亭), 연복정(延福亭), 만춘정(萬春亭), 수락당(壽樂堂), 선벽재(鮮碧齋), 옥간정(玉竿亭), 금화교(錦花橋) 따위로 이루 다 기록할 수가 없었다. 왕이 문장

132 기신일(忌辰日) : 기신(忌辰), 기일(忌日)이라고도 한다. 부모나 친속이 돌아가신 날로, 음주나 음악 연주 등의 일은 피한다.

잘 하는 신하들을 데리고 시를 짓고 술을 마신 것이 하루도 비는 날이 없었다. 그 비용이 수만[巨萬]이라 창고가 고갈되었다. 그리하여 여러 도에서 세금을 거두어들여 운반 수레가 도로에 줄을 이었다[絡繹].

○ 경인 24년(1170) 봄 정월에 왕이 축하 표문을 친히 지어 신하들에게 돌려 보게 하였다. 신하들이 어쩔 수 없이 표문을 찬양하였다.

○ 왕이 봉은사에 가서 연등희(燃燈戲)를 보고 궁으로 돌아올 적에 채붕을 좌우에 연결하고 각종 놀이[百戲]를 벌려 놓고서 왕을 맞이하였다. 금은(金銀), 주옥(珠玉), 비단[錦繡], 기라(綺羅), 산호(珊瑚), 대모(玳瑁) 등으로 꾸며 기묘하고 사치스럽기가 일찍이 예전에 비할 바 없었다.

○ 2월에 낭성(狼星)이 남극(南極)에 나타났다. 안렴사(按廉使) 박순하(朴純嘏)가 노인성(老人星)이라 부르고, 역마를 띄워 아뢰었다. 왕이 크게 기뻐하며 내전에서 친히 초례(醮禮)를 행하였다. 백관은 축하를 표하였다.

○ 가을 8월에 상장군(上將軍) 정중부(鄭仲夫) 등이 난을 일으켜 문관들을 많이 죽였다. 당시 왕이 화평재(和平齋)에 갔을 때 문신(文臣)과 함께 시를 짓고 술을 마셨는데 즐거워서 돌아오는 것을 잊고 있었다. 호종하던 장수들이 원망하는 말을 하였다. 견룡행수(牽龍行首) 산원(散員) 이의방(李義方)과 이고(李高) 등이 정중부를 움직였다. "문신(文臣)은 취하도록 마시고 배불리 먹는데 무신(武臣)은 굶주리고 지쳤으니 이를 어찌 참을 수 있겠습니까"라고 하였다. 이때 왕이 무신이 원망함을 알고 무신에게 수박희(手搏戲)를 공연하게 하고, 후하게 하사하여 그 마음을 위로하고 기쁘게 하고자 하였다. 문신 한뢰(韓賴) 등은 무신이 총애받을까 시기하여 대장군 이소응(李紹膺)의 뺨을 후려갈겨 모욕을 주었다. 왕은 (그것을 보고) 시종하는 신하들과 함께 손뼉을 치며 크게 웃었다.

정중부가 화를 내며 소리쳤다. "이소응이 비록 무관이나 관계(官階)가 3품인데 어찌 이처럼 심하게 모욕합니까!" 왕이 위로하며 달래었다. 왕이 보현원(普賢院)에 이르자 이고와 이의방이 먼저 가서 왕의 명령이라 속이고 순검군(巡檢軍)을 모았다가 문신들을 죽였다. 태자궁의 관료나 서리(胥吏)조차도 문신 모자[冠]를 쓴 자는 모두 해를 입었다. 또 병사들이 때를 틈타 봉기하여 평장사(平章事) 최포(崔褒), 지추밀사(知樞密事) 서순(徐醇), 대사성(大司成) 이지심(李知深) 등 50여 명을 죽였다. 드디어 왕을 협박하여 궁으로 돌아갔다. 9월에 왕이 강안전(康安殿)으로 들어가자 환관(宦官) 왕광(王光)이 정중부를 토벌하려고 하였다. 일이 누설되어 정중부가 또 환관 등 수십 명을 죽였다. 당시 (왕의) 총애를 받던 이들이 대부분 죽임을 당하였다. 그런데도 왕은 악기를 연주하고 술을 마셔 의기(意氣)가 태연자약하였다. 이고 등이 왕을 시해하고자 하다가 그만 두었다. 다시 왕을 군기감(軍器監)으로 옮기고 태자는 연은관(延恩館)에 두었다. 난이 처음 일어났을 적에 문신 가운데 죽음을 면한 자도 모두 구속됨을 면치 못하였다. 오직 평장사 최유청(崔惟淸)과 서공(徐恭)은 원래 무신들이 존경하는 인물이었기 때문에 그들의 집을 둘러싸서 호위하여 침입[侵暴]을 금지하였다. (최유청과 서공) 두 사람의 족속(族屬)도 모두 화를 면하였다. 당시 정중부 등이 또 군사를 풀어 죽인 문신의 가옥을 무너뜨렸다. 이후로 무인(武人)은 항상 습관적으로 원한을 갚을 자가 있으면 그 집을 무너뜨렸다.

○ 9월에 정중부 등이 왕을 위협하여 거제(巨濟)에서 왕위를 내놓게 하였다. 태자는 진도(珍島)로 내쫓고, 왕의 동모제(同母弟) 익양공(翼陽公) 호(皓)를 왕으로 세웠다. 이가 명종(明宗) 광효왕(光孝王)이었다.

권6 고려기(高麗紀)[133]

명종

신묘 명종 원년(1171) 봄 정월에 왕이 신하들과 여정궁(麗正宮)에서 연회를 열 때 이고가 승려 혜수(惠修) 등과 함께 난을 일으키고자 하였다. 이의방은 그(이고)가 자신을 핍박함을 평소에 싫어하였다. 그리하여 채원(蔡元)에게 쳐죽이게 하였다.

○ **계사** 3년(1173) 가을 8월 동북면병마사(東北面兵馬使) 김보당(金甫當)이 녹사(錄事) 장순석(張純錫) 등과 함께 군대를 일으켜 정중부, 이의방을 토벌할 적에 장순석이 거제에 가서 전왕을 받들고 경주에 나와 머물렀다. 이때에 동북면지병마사(東北面知兵馬使) 한언국(韓彦國)이 또한 군대를 일으켜 서로 응하다가 정중부 등에게 패하여 죽임을 당하였다. 말로 끌어들인[辭連] 문신도 해를 입었다. 짧은 시일 동안 문신들이 거의 다 죽었다. 낭장(郎將) 김부(金富)가 정중부 등에게 말하기를, "하늘의 뜻을 알 수 없고, 사람의 마음을 헤아릴 수 없습니다. 만일 세력을 믿고서 의(義)를 저버리고 의관(衣冠)을 벗어버린다면[薙獮][134] 세상에 어찌

---

133 고려기(高麗紀)가 시작되는 부분(원문 105면)에 권6이 나오는데, 여기(원문 147면)에도 권6이 있다. 이는 찬자의 오류이거나, 고려시대의 시대구분에 대한 숙고의 결과로 보인다. 여기 권6에서는 무신집권기에 해당하는 기사를 싣고 있다.

134 무력으로 난을 일으켰음을 의미한다.

김보당 같은 자가 없겠습니까? 우리들의 자녀를 문신과 통혼하여 그들의 마음을 편안하게 해주십시오"라고 하였다. 정중부 등이 그 말을 따랐다. 이로부터 화(禍)가 차츰 그쳤다.

○ 겨울 10월에 정중부 등이 이의민(李義旼)[135]에게 전왕을 경주에서 시해하게 하였다.

○ 갑오 4년(1174) 봄 정월에 중원사(重元寺), 귀법사(歸法寺) 등의 승려 수천 명이 이의방을 죽이고자 하였다. 이의방이 부(府)의 병사를 일으켜 승려 백여 명을 죽이고 여러 절을 불태우고 그릇들을 다 가져갔다. 이의방의 형 이준의(李俊儀)가 꾸짖기를, "너에게 세 가지 큰 잘못이 있다. 임금을 시해한 것이 하나이고, 태후의 여동생을 겁간(劫奸)한 것이 둘이고, 국정을 제멋대로 함이 셋이다"라고 하였다. 이의방이 화가 나 검으로 치려 하자 이준의가 달아나 화를 면하였다.

○ 3월에 이의방이 자신의 딸을 바쳐 태자비(太子妃)로 삼게 하였다. 이로부터 전횡이 더욱 방자해졌다.

○ 가을 9월에 서경유수(西京留守) 조위총(趙位寵)이 다른 뜻을 품고 서북 양계(兩界)의 여러 성에 격문을 전하였다. "듣자하니 도성에서 북방의 성들이 오만하다 하여 대군을 일으켜 와서 토벌한다고 하는데, 어찌 앉아서 도륙을 당하겠는가?"라고 하였다. 이리하여 절령(岊嶺)바로 자비령(慈悲嶺)으로 현재 서흥(瑞興)에 있음 이북 40여 성이 모두 회답을 보내 상응하였다. 조위총이 마침내 서경을 점거하고 정중부 등이 임금을 시해한 죄를 꾸짖었다. 조정에서는 평장사(平章事) 윤인첨(尹鱗瞻)에게 명하여

---

135 원문은 '이민(李旼)'이나 '이의민(李義旼)'이 맞다. 이화여대 소장본에는 해당 부분에 '義'가 빠졌음을 필기해 놓았다.

가서 공격하게 하였는데 패하고 돌아왔다. 조위총이 승세를 타고 도성으로 곧장 향하였다. 이의방이 군대를 내어 돌격하여 대동강까지 추격해왔다. 서로 대치한 지 한 달여 만에 (조위총이) 패하여 돌아갔다.

○ 연주(延州)현재 영변(寧邊) 사람 현덕수(玄德秀)가 서경의 반란군을 공격하였다가 패하였다.

○ 이의방이 죽임을 당하였다. 이의방의 흉악함과 방자함이 날로 심해졌다. 같은 반열에 있는 사람 가운데도 해를 당한 자가 많았다. 원망과 비방이 사방에서 일어났다. 마침 윤인첨이 다시 대장군이 되어 서쪽 교외에서 군사를 훈련시킬 때 이의방이 선의문(宣義門)으로 갔다. 그때 정중부의 아들 정균(鄭筠)이 승려들을 몰래 꾀어 호소를 구할 일이 있다고 하고는 이의방을 덮쳐 죽였다[掩斬]. 이준의 형제와 그 도당을 모두 죽이고 또 적신(賊臣)의 딸을 동궁의 배필로 함이 옳지 않다고 하여 내쫓았다.

○ 을미 5년(1175) 여름 5월에 비로소 전왕을 위해 3일 동안 상을 치루고, 희릉(禧陵)에 장사지냈다. 시호는 장효(莊孝), 호는 의종(毅宗)이라 하였다. 이는 조위총이 임금을 시해하고 장사지내지 않은 것을 문제 삼았기 때문이었다.

○ 병신 6년((1176) 여름 6월에 관군이 서경을 함락하고, 조위총을 목 베었다.

○ 정유 7년(1177) 여름 5월에 서경 사람 김단(金旦) 등 5백 여 명이 난을 일으켰다. 정희(挺羲)와 판관 박녕(朴寧) 등을 죽였다. 조정에서 군사를 보내어 토벌하니 서북 사람이 김단의 목을 베어 보냈다. 얼마 안 있어 적이 다시 치성해지자 병마사 이부(李富)가 계책을 써 토벌하고 평정하였다.

○ 가을 7월에 남적(南賊) 망이(亡伊) 등이 사로잡혔다. 이에 앞서 공주(公州) 명학소(鳴鶴所)의 백성 망이 등이 조위총의 난을 틈타 도당을 불러 모으고 스스로 산행병마사(山行兵馬使)라 부르면서 공주(公州)를 점령하였다. 주둔한 곳에서 약탈을 자행한 지 1년이 넘었다. 이리하여 병마사 정세유(鄭世猷) 등이 망이를 포박하였다. 이로부터 남적이 점차 평정되었다.

○ **기해** 9년(1179)이다. 장군(將軍) 경대승(慶大升)이 정중부와 송유인(宋有仁) 등을 죽였다. 이에 앞서 정중부의 나이가 70세라 옛 사례에 의거하여 안석과 지팡이를 하사하였다. 비록 치사(致仕)하였지만 나랏일은 의연하게 결정하였다. 정중부의 사위인 송유인(宋有仁) 등은 세력을 믿고 지나치게 욕심을 부려 안팎이 원망하고 괴로워하였다. 정중부의 아들 정균(鄭筠)이 공주를 (아내로 삼기를) 바라자 왕이 매우 걱정하였다. 당시에 경대승이 정중부에게 원한이 있었으나 송유인 등을 두려워하여 감히 들고 일어나지 못하였다. 송유인이 문극겸(文克謙)과 한문준(韓文俊)을 파면하여 인심이 뜨겁게 달아오르자 경대승이 견룡(牽龍)관직명 허승(許升)에게 정균을 죽이게 하였다. 경대승은 죽기를 각오한 병사들을 거느리고 궁궐 담을 넘어 들어가 지유(指諭) 문공여(文公呂) 등을 죽였다. 마침내 왕명으로 정중부와 송유인 등을 목 베었다.

○ **계묘** 13년(1183) 가을 7월에 경대승이 죽었다[卒]. 경대승이 정중부 등의 목을 벤 뒤 항상 두려움에 떨었다. 사람에게 거리를 살피게 하여 민간에 떠돌아 다니는 말을 우연히라도 들으면 바로 가두어 신문하였다. (경대승은) 형벌을 사용함이 매우 엄격하였다. 또 왕이 총애하였으므로 귀부하는 자가 많았으나 학식과 용맹이 없는 자는 거절하였

다. 이리하여 무관이 감히 제멋대로 행동하지 못하였다. 이때 이르러 죽으니 나이가 겨우 30세였다.

○ 겨울 11월에 태후 임씨가 돌아가셨다. 태후가 병에 걸리자 왕이 약 먹이는 것을 친히 조절하고, 밤에도 옷을 풀지 않은 것이 여러 날이었다. 병이 심해지자 왕이 눈물을 너무 흘려 눈이 다 부을 정도였다. 태후가 돌아가신 뒤에 아침 저녁으로 곡을 하여 애통함이 너무나 심하였다. 재상이 슬픔을 절제할 것을 청하였는데도 따르지 않았다.

○ 병오 16년(1186) 겨울 12월에 상장군 최세보(崔世輔)에게 명하여 국사(國史)를 같이 편찬하였다. 당시에 어떤 사람이 중방(重房)현재 정부(政府)와 같음에 호소하기를, "국사를 편찬할 적에 문극겸이 의종이 시해당한 일을 곧이 곧대로 썼습니다. 마땅히 무신(武臣)에게 사관(史官) 직을 겸하게 하십시오"라고 하였다. 문극겸이 두려워 왕께 몰래 아뢰니, (왕은) 옛 제도가 아니므로 싫어하였으나 무신의 뜻을 어기기가 어려웠다. 이리하여 최세보에게 국사를 같이 편찬하라 하였다. 이로 말미암아 의종의 실록에 탈락된 것이 많았다.

○ 신해 21년(1191)이다. 정당문학(政堂文學) 염신약(廉信若)이 죽었다[卒]. 염신약은 봉성(峰城)[136] 사람이다. 사람됨이 체격은 적으나 담력이 커서 세상 사람들이 안영(晏嬰)에 비견하였다. (왕과) 나눈 부절을 손에 잡고 이르는 곳마다 업적을 남겼다. 성품이 효성스럽고 우애가 있었다. 또 책을 많이 읽었고 기억력이 좋아 한때 유명한 문장과 큰 저작이 모두 그의 손에서 나왔다.

136 원문은 글자가 훼손된 상태에서 '곡성(曲城)'이라 필기되어 있으나 『고려사』에는 '봉성(峰城)'이라 되어 있다.

○ 계축 23년(1193) 겨울 10월에 평장사 최세보가 죽었다[卒]. 최세보가 저택을 크게 지었다. 그런데 얼마 지나지 않아 그의 아들은 최충헌(崔忠獻)에 의해 유배가게 되었고, 가문이 모두 멸망하였다.

○ 11월에 태후의 기신재(忌辰齋)를 내전에서 개설하였다. 공후(公侯)와 양부(兩府)의 재상과 가까이에서 호위하는 신하들이 각각 고기반찬을 올렸다. 기신재 때 반찬을 올리는 것이 이로부터 시작되었다.

○ 이의민(李義旼)에게 공신호를 하사하였다. 문무 백관이 모두 이의민의 집에 가서 술자리에서 축하하였다. 이의민이 정사를 전적으로 처리하자 뇌물이 공공연히 행해졌다. 도당이 여기저기 연결되어 있어 조정 신하 가운데 누구도 감히 아무말도 못하였다. 백성들의 집을 강제로 빼앗아 저택을 크게 세우고, 백성의 밭을 빼앗아 갔다. 여러 아들들이 아버지의 세력에 의지해 방자한 횡포가 더욱 심하였다.

○ 병신 26년(1196) 여름 4월에 장군 최충헌이 아우인 동부녹사(東部錄事) 최충수(崔忠粹)에게 이의민을 주살하고 조정 신하들을 많이 죽이게 하였다. 당시 이의민의 흉악 방자함이 날로 심해지고, 그의 아들 이지영(李至榮)이 왕의 총애를 받는 희첩(姬妾)을 협박하여 간음하니 조정에서나 지방에서나 분통터져 하였다. 마침 왕이 보제사(普濟寺)에 갔을 때 이의민이 병을 핑계로 따라가지 않고 미타산(彌陀山) 별장에 갔다. 최충헌이 최충수(崔忠粹)와 그의 조카 박진재(朴晉材) 등과 함께 이의민이 돌아오는 것을 기다려 목을 벴다. 왕이 변고가 있었음을 듣고 가마를 재촉하여 궁으로 돌아왔다. 최충헌이 왕에게 아뢰고, 이의민의 아들 이지순(李至純), 이지광(李至光), 이지영의 목을 벴다. 또 경주에 사신을 보내 이의민의 삼족(三族)을 멸하였다. 최충헌이 또 참지정사(參知政

事) 이인성(李仁成)과 승선(承宣) 문적(文迪)과 최광유(崔光裕)와 대사성(大司成) 이순유(李純裕) 등 36명을 죽였다. 문적의 처 최씨가 쌓여 있는 시신 중에서 남편의 시신을 찾아 싣고 갔다. 최충헌이 그 절개를 가상히 여겨 거두어 장사지내주었다. 또 10가지 조항을 왕께 아뢰며 청하자 왕이 모두 따랐다. 최충헌을 제수하여 좌승선(左承宣)으로 삼았다가 머지않아 어사대사(御史臺事)를 맡게 하였다. 최충수, 박진재 등에게는 공신호를 하사하였다.

○ 최충헌이 자기 권력이 나눠질까 염려하여 내시(內侍) 이분(李芬) 등 50여 명을 파직시켜 쫓아냈다. 또 왕자(王子), 소군(小君)들은 본사(本寺)로 돌려보냈다.

○ 정사 27년(1197) 9월에 최충헌이 제멋대로 행동함이 날로 심해졌다. 최충수, 박진재와 함께 네 거리[四街]에 병사를 주둔시켰다. 두경승(杜景升)과 여러 소군(小君)과 홍기(洪機) 등 20여 명을 섬으로 유배보내었다. 왕을 위협하여 창락궁(昌樂宮)에 가두고, 태자는 강화로 쫓아냈다. 왕의 동생 평량공(平凉公) 민(旼)을 맞이하여 왕으로 세웠다. 민이 즉위하여 이름을 바꿔 탁(晫)이라고 하였으니, 이가 신종(神宗) 정효왕(靖孝王)이었다.

○ 최충헌을 상장군(上將軍)에 제수하고, 최충수는 대장군(大將軍)에 제수하고, 박진재는 형부시랑(刑部侍郎)으로 제수하였다.

○ 최충수가 정권을 독단적으로 처리하고 싶어 자기의 무리 천여 명을 거느리고 형 최충헌과 흥국사(興國寺)에서 싸웠다. 최충수가 크게 패하여 성문을 부수고 동쪽으로 도망갔다. 최충헌의 무리가 추격하여 목을 벴다. 이로부터 권세가 모두 최충헌에게 돌아갔다.

신종

무오 신종 원년(1198) 가을 8월에 최충헌의 노비 만적(萬積) 등이 공(公)노비, 사(私)노비를 불러 모아 최충헌이 제멋대로 행동하는 죄를 성토하려 하였다. 어떤 사람이 그 계획을 최충헌에게 일러 바쳤다. 최충헌은 백여 명을 강에 던져버렸다.

○ 경신 3년(1200) 5월에 진주리(晉州吏) 정방의(鄭方義) 등이 난을 일으켜 원한 있는 자 6,400여 명을 죽였다. 목사(牧使) 이순중(李淳中)이 두려워 문을 닫고 나가지 않았다. 조정에서 소부경(少府卿) 조통(趙通) 등을 보내어 진압하라 하니 조통도 또한 속수무책으로[拱手] 두려워하며 피할 뿐이었다. 다음해에 진주 사람이 정방의를 죽이자 그 도당이 흩어졌다.

○ 겨울 12월에 최선(崔詵)과 임유(任濡)를 문하시랑동평장사(門下侍郎同平章事)에 제수하였다. 최충헌은 수태부상주국(守太傅上柱國)에 제수하였다가 또 이부상서(吏部尙書) 어사대부(御史大夫)를 겸임하게 하였다. 최충헌은 궁궐에 출입할 적에 병사로 자신을 호위하게 하였다. 자기 집에서 문무 관리를 선발하여[注擬] 아뢰면 왕은 다만 고개를 끄덕였고, 2부(部)의 판사(判事)는 검열만 할 뿐이었다.

○ 당시 기홍수(奇洪壽)와 거약송(車若松)이 중서성에 앉아 공작과 모란을 기르는 방법을 의논하였다. 이를 들은 자가 탄식하며 말하기를 "재상의 직책은 도를 논하고 나라를 경영하는 데 있는데 오늘날은 다만 꽃와 새를 품평하니 어찌 백관의 본보기가 되겠는가"라고 하였다.

○ 임술 5년(1202) 11월에 전왕이 창락궁에서 돌아가셨다. 왕(신종)은 왕의 예로써 (전왕을) 장사지내고자 하였으나, 최충헌이 따르지 않고 등급을 내린 예를 사용하였다. 시호는 광효(光孝)이고 묘호는 명종(明宗)

이다. (명종을) 지릉(智陵)에 장사지냈다.

○ 최충헌을 수태부참지정사(守太傅參知政事)에 제수하였다.

○ **계해** 6년(1203) 겨울 12월에 초토병마사(招討兵馬使) 정언진(丁彦眞)이 남적(南賊)을 토벌하고 평정하였다. 이에 앞서 경주 별초군(別抄軍)이 영주(永州)현재 영천(永川) 사람과 함께 사이가 나빠 운문산(雲門山)현재 청도(淸道)에 있음. 바로 지난번에 봉기한 남적 효심(孝心)의 점거지임의 적을 인솔하여 영주를 공격하였다.[137] 또 경주 사람 패좌(孛佐) 등이 고려의 왕업이 거의 다하였으니 다시 신라를 부흥한다고 내세우며 군대를 일으켰다. 최충헌이 대장군 김척후(金陟侯) 등을 보내어 공격하였으나 적의 무리가 더욱 거세졌다. 서로 대치한 지 1년이 넘자 군사들은 지치고 성과(功)는 없었다. 그리하여 김척후를 파직하고 언진(彦眞)을 보내었다. 언진이 방책과 계략을 많이 세워 적의 우두머리를 연달아 체포하고 1천 여 급을 참수하였다. 그리하여 적들이 대체로 평정되었다.

○ **갑자** 7년(1204) 봄 정월에 왕이 몸이 좋지 않아 태자 영(韺)에게 왕위를 전하고 덕양후(德陽侯)의 집으로 옮겨 갔다가 얼마 지나지 않아 돌아가셨다. 태자가 왕위에 올랐으니, 이가 희종(熙宗) 성효왕(成孝王)이었다. 신종을 양릉(陽陵)에 장사지냈다.

○ 겨울 12월에 최충헌을 태사문하시랑동중서문하평장사(太師門下侍郎同中書門下平章事)에 제수하였다. 왕은 최충헌에게 옹립한 공이 있다고 하여 특별한 예로써 대우하고, 호를 은문상국(恩門相國)이라 하였다.

---

137 신종 5년(1202) 경주의 별초군이 영천(永川) 지방 사람들과의 불화를 빌미로 무신정권에 맞서 경북 청도군 운문(雲門) 지방의 도둑떼와 부인사(符仁寺)·동화(桐華寺) 두 절의 승려와 합세하여 반란을 일으켰다. 견수(堅守)·이극인(李克仁) 등이 거느린 정부군의 반격으로 패주하였다.

희종

정묘 희종 3년(1207)이다. 이에 앞서 최충헌을 문하시중진강군개국후(門下侍中晉康郡開國侯)에 제수하였다가 다시 진강후(晉康侯)를 더해 책봉하였다. 그의 부(府)를 숭녕(崇寧)이라 하고 관료를 배치하여 흥덕궁(興德宮)에 소속시켰다. 왕자, 재상 이하가 모두 그 부(府)에 가서 축하를 드릴 적에 꽃과 과일, 악기의 성대함이 삼한(三韓) 이래 신하의 가문에서는 처음 있는 일이었다. 시종과 문객이 3천여 명이었다. 이때 이르러 또 중서령(中書令) 진강공(晉康公)에 봉하니, 최충헌이 "공의 작위는 5등급 작위의 으뜸이고 중서령은 신하 가운데 가장 높은 것입니다"라고 하며 사양하고 받지 않았다.

○ 대장군 박진재가 그의 문객 가운데 관직을 제수 받은 자가 적다며 최충헌을 원망하여 반란을 도모하고자 하였다. 최충헌이 이 소문을 듣고 불러서 물었다. "너가 무엇 때문에 나를 도모하는가." 그러고는 좌우의 사람들에게 그의 다리를 자르게 하여 백령도(白翎島)현재 장연(長淵)에 있음로 유배보내었다. 박진재는 얼마 지나지 않아 병으로 죽었다.

○ 겨울 10월에 왕이 국로(國老)를 위해 크게 잔치를 베풀었다. 왕이 친히 술과 음식을 권하였다. 그리고 효순(孝順)하고 절의(節義) 있는 사람과 홀아비 · 과부 · 고아 · 자식 없는 사람 · 병이 있어 일을 못하는 사람에게 물건과 음식을 하사하였다. 군현에서도 또한 그렇게 하였다. 근래에 국가가 많이 어지러워 이 예를 오랫동안 폐지하고 있다가 이때 이르러 다시 시행하였다.

○ 청교(青郊)현재 송도(松都)에 있음 역리(驛吏) 등이 최충헌을 죽이고자 도모하였다. 최충헌이 신문할 적에 우복야(右僕射) 한기(韓琦)를 말로 끌어

넣자[辭連], 최충헌이 한기와 그의 세 아들을 죽였다.

○ 기사 5년(1209) 봄 3월에 왕이 최충헌 집으로 옮겨 갔다. 그의 집이 활동리(濶洞里)에 있었는데 민가 수백 채를 헐어 화려하고 웅장함이 수 리에 펼쳐져[延袤] 궁궐과 같았다. 겨울이 되어 연경궁으로 돌아왔다. 당시 최충헌이 집 3채를 새로 지었고, 금, 옥, 동전, 곡식을 많이 보유하고 있었다. (최충헌이) 좌우의 사람들에게 말하기를, "내가 금, 은, 보배를 왕부(王府)에 바쳐서 나라 비용에 도움이 되게 하겠다"라고 하자 대중들이 모두 칭찬하였다. 그의 인척인 노인우(盧仁佑)만 홀로 "이는 남겨두고서 그대[君]의 경비로 사용하시고, 다시 백성들에게 거두지 않는 것이 어떻겠습니까?"라고 하니 최충헌이 무안해하였다.

○ 신미 7년(1211) 9월에 문하시랑평장사(門下侍郎平章事)로 치사(致仕)한 최당(崔讜)이 죽었다[薨]. 최당은 어렸을 때부터 똑똑하고 글짓기를 잘하였다. 가는 곳마다 명망과 공적이 있었고 네 왕조에서 대대로 벼슬을 하여 당시에 명성이 두터웠다. 어진 사람을 천거하고 능력 있는 사람을 승진시켜 종묘(宗廟)와 사직(社稷)을 안정되게 하였다. 노쇠하기 전에 (관직에서) 물러나 쉬었다.

○ 금(金)에 사신을 보내었는데, 가다가 금에 당도하지 않아 돌아왔다.

○ 겨울 12월에 왕이 수창궁(壽昌宮)에 계시면서 내시중(內侍中) 왕준명(王濬明), 참정(參政) 우승경(于承慶), 추밀사(樞密使) 사홍적(史弘績), 장군 왕익(王翊) 등과 함께 최충헌을 주살하고자 도모하였다. 승려 10여 명을 궁궐 안에 매복시켜 놓고 기회를 엿봐 최충헌을 쳐서 죽이려 하였으나 완수하지 못하였다. 최충헌이 바로 왕준명 등을 유배보내고, 마침내 왕을 폐위하여 강화로 보내었다. 다시 (왕을) 자연도(紫燕島)현재 인천

(仁川)에 속함로 옮겨 거처하게 하였다. 태자 지(祉)는 인주(仁州)인천(仁川)로 내쫓았다. 명종의 아들 한남공(漢南公) 정(貞)을 왕으로 세웠으니, 이가 강종(康宗) 원효왕(元孝王)이었다. (강종은) 이름을 바꿔 오(祦)라 하였다. 최충헌에게 공신호를 하사하고 그의 집 숭녕부(崇寧府)를 고쳐 진강부(晉康府)라 하였다.

강종

계유 강종 2년(1213) 가을 8월에 왕이 병이 들어 태자 철(瞮)에게 왕위를 전하였다. 얼마 지나지 않아 돌아가셨다. 태자가 왕위에 올랐으니, 이가 고종(高宗) 안효왕(安孝王)이었다. 강종을 후릉(厚陵)에 장사지냈다.

고종

을해 고종 2년(1215) 가을 8월에 최충헌이 장군 이광유(李光裕)에게 전왕(희종)을 교동(喬桐)으로 옮기게 하였다. 이광유가 돌아와서 이동할 때 보내는 물품[供頓]이 부족했음을 언급하자 최충헌이 큰 소리로 화를 내며, "나의 인자함과 용서가 아니면 왕 부자가 어찌 목숨을 보존할 수 있겠는가! 왕준명의 일을 생각하면 지금도 나의 머리털이 곤두 선다"라고 하였다.

○ 병자 3년(1216) 가을 7월에 금나라[金國]가 몽골[蒙古]에게 곤경을 당하였다. 선무사(宣撫使) 포선만노(蒲鮮萬奴)가 요동에서 배반하여 점거하고는 천왕(天王)이라 부르고 국호를 대진(大眞)이라 하였다. 금(金) 사람이 장차 군대를 일으켜 공격해 벌하고자 하여 군량과 전쟁에 쓸 말을 빌려달라고 요구하였다. 조정에서 허락하지 않았다.

○ 8월에 거란이 쳐들어와 영덕성(寧德城)현재 의주(義州)을 함락하고, 안주(安州)안주(安州), 철주(鐵州)철산(鐵山), 선주(宣州)선천(宣川) 등의 주(州)에 진격해 위협하였다. 노원순(盧元純)을 중군병마사(中軍兵馬使)에 제수하고, 오응부(吳應夫)를 우군병마사(右軍兵馬使)에 제수하고, 김취려(金就礪)를 후군병마사(後軍兵馬使)에 제수하여 13영군(領軍)과 신기군(神騎軍)과 모든 수비병을 거느리고 가서 토벌하게 하였다. 여러 번 싸워 크게 무찔렀으니, 목 베거나 사로잡은 것이 만여 급이었다.

○ 정축 4년(1217) 봄 정월에 흥왕사(興王寺), 경복사(景福寺) 등 여러 절의 승려가 최충헌을 죽이고자 하여 새벽에 최충헌의 집으로 달려갔다. 최충헌이 가병(家兵)과 순검군(巡檢軍)을 보내어 승려 3백 여 명의 목을 베었다. 또 승려들을 수색하여 8백 여 명을 죽였다. 쌓인 시체가 산과 같았고, 흐르는 피가 내를 이루었다. 이어서 승려들을 신문하였는데, 이때 정숙첨(鄭叔瞻)을 말로 끌어들였다[辭連]. 바로 정숙첨을 파직하고, 정방보(鄭邦輔)로 대신하게 하였다.

○ 가을 7월에 병마사(兵馬使) 최원세(崔元世)와 김취려(金就礪) 등이 거란군을 충주, 원주 두 주에서 크게 무찔러 3백 여 급을 베었다. 제주(堤州)로 추격하니, 적의 시체가 개천의 물길을 막을 정도였다. 또 박달치(朴達峙)현재 제천(堤川)에 있음로 추격하여 최원세가 김취려와 함께 고개 위를 먼저 점거하였다. 다음날 적의 기병 수만 명이 고개를 나누어 오르며 요새를 차지하려고 다투었다. 최원세 등이 바로 크게 소리치며 죽기를 각오하고 싸우니 적의 대열이 크게 무너졌다. 남녀, 무기, 군수물자를 어지러이 버려두고 동쪽으로 달아났다. 명주(溟州)현재 강릉(江陵) 대관령(大關嶺)을 넘어 도망갔다.

○ 겨울 10월이다. 당시 여진(女眞)의 황기자군(黃旗子軍)이 북쪽 변방에 쳐들어왔다. 서북병마사(西北兵馬使) 조충(趙沖)이 맞아 싸워 연달아 무찌르니, 적이 패하여 도망갔다.

○ 무인 5년(1218)이다. 이에 앞서 거란군이 제주(堤州)에서 패하여 도망가서는 여진에게 구원병을 요청하였다. (거란)군은 다시 떨쳐 일어날 수 있는 형세가 되자 가을에 우리 관군을 연달아 격파하고 양주(楊州)로 진격해와 위협하였다. 조충을 서북면원수(西北面元帥)에 제수하고, 김취려를 병마사(兵馬使)로 제수하고, 정통보(鄭通寶) 등과 함께 전후좌우의 군대를 나누어 통솔하게 하였다. 이때 왕이 직접 도끼를 주었고, 학생들 가운데 관직에 들어가지 않은 자는 모두 종군하게 하였다. 당시 조충이 지난 날의 패배를 매우 부끄러워하며 강건한 의지로 적을 토벌하고자 하였기 때문에 호령이 분명하고 엄숙하였다. 적을 독산(禿山)현재 박천(博川)에 있음에서 연달아 패배시키니, 적이 수만 명의 기병을 이끌고 강동성(江東城)에 들어가 지켰다.

○ 겨울 12월에 서북병마사(西北兵馬使) 김군수(金君綏)가 숙주(肅州)현재 숙천(肅川), 영청(永淸)현재 영유(永柔)에 있는 적을 공격하여 4백여 급을 베었다.

○ 몽골이 그들의 원수(元帥) 합진(哈眞)과 부원수[副帥] 공자(孔剌)를 보내어 군사 1만 명을 거느리게 하였다. (몽골군은) 동여진이 보낸 완안자연(完顔子淵)의 병사 2만 명과 연합하였다. 거란적을 공격한다는 핑계로 화주(和州)현재 중화(中和), 맹주(猛州)현재 맹산(孟山), 순주(順州)현재 순천(順天), 덕주(德州)현재 덕천(德川) 네 성을 격파하였다. 강동성에까지 이르렀다.

○ 원수 조충이 별장(別將) 김인경(金仁鏡)을 보내어 몽골 군대와 회합하였다. 몽골 원수 합진이 고려군의 위용(偉容)이 정연함을 보고 칭찬

을 그치지 않았다.

○ 조충, 김취려 등이 몽골 군대 및 동여진 군대와 회합하여 강동성을 포위하였다. 당시 몽골과 동여진이 비록 우리를 구원한다고 핑계되었지만 몽골은 매우 흉악하고 사나웠다. 또 본국과 교류한 적이 없었기 때문에 안팎의 인심이 두려워하였다. 오직 조충은 태연하게 의심하지 않고 일에 따라 조화를 이루었다[彌縫]. 합진이 또 군사를 더 보낼 것을 자꾸 요구하자 여러 장수들이 모두 그의 행동을 꺼려하였다. 김취려가 말하기를, "국가의 이롭고 해로움이 바로 오늘에 달려 있고, 또 전쟁에 임하여 어려움을 사양하지 않음이 신하된 이의 직분입니다"라고 하고 스스로 가기를 청하였다. 지병마사(知兵馬事) 한광연(韓光衍)과 함께 장수 10명과 신기군(神騎軍)의 대각(大角)과 내상(內廂)의 정예병을 이끌고 가서 만났다. 김취려는 키가 9척(尺)이고, 머릿결이 아름다웠다. 합진이 그의 외모가 뛰어남을 보고 또 그의 말솜씨에 경복(敬服)하여 형제 관계를 맺었다. 김취려에게 말하기를, "내가 여섯 나라를 정벌하며 귀인(貴人)을 많이 보았지만 형과 같은 이는 보지 못했습니다"라고 하며 예로 대우함이 매우 두터웠다. 며칠 지나 조충이 또 도착하니 합진이 또한 그를 형으로 모셨다. 이에 술자리를 열어 음악을 연주하며 마음과 정성을 토로하였다. 날이 밝자 모든 군대가 강동성 아래에 모여 사면으로 포위하니 거란군이 감히 나오지 못하였다.

○ 최충헌에게 안석과 지팡이를 하사하였다. 최충헌의 나이가 70세라 거짓으로 늙음을 고하였다. 왕은 그의 뜻을 알고서 담당 관리에게 예의를 갖추어 안석과 지팡이를 하사하게 하고 정사(政事)는 나와서 보라고 하였다. 최충헌이 또 그의 아들 최우(崔瑀)에게 사병(私兵)을 늘리

게 하였는데, 승려, 노비를 가리지 않고 모두 소속 병사로 억지로 끌어들였다. 그리하여 나라 안팎이 크게 어지러웠고, 백성들이 문을 닫고 나가지 않았다. 심지어는 땔나무 캐는 것도 그만두었다.

○ 강동성을 함락하고 거란적을 평정하였다. 그리하여 조충 등이 합진과 함께 동맹을 맺었다. "두 나라가 영원히 형제관계를 맺어 만세(萬歲)가 되도록 서로 잊지 않으리라." 2월에 합진을 자기 나라로 돌려보냈다. 조충이 거란의 포로들을 각 도(道)의 주현(州縣)에 나누어 보내 빈 땅을 골라 모여 살게 하고, 밭을 나눠 주어 농민이 되게 하였다. 당시 동여진 군대가 북으로 돌아갈 적에도 그 원수 완안자연이 조충의 사람됨을 특별하게 여겨 "조원수는 보통 사람이 아니다. 하늘이 고려에 이 사람을 내리신 것이다"라고 하며 매우 존경하였다.

○ 최충헌에게 성을 하사하여 왕씨(王氏)라 하였다.

○ 최충헌이 죽었다. 최충헌이 병이 있어 표문을 올려 사직하고, 또 하사받은 성을 돌려주고, 안팎의 죄수들을 풀어줄 것을 청하였다. 얼마 지나지 않아 최충헌이 죽자 백관이 흰 비단 소복을 입고 장례식에 모였다. 우보(羽葆),[138] 고취(鼓吹)[139]가 모두 왕의 장례식과 비슷하였다. 최충헌이 죽음에 임박하여 아들 최우에게 특별히 방비하게 하였다. 그리하여 감히 움직이는 자가 없었고, 안팎의 권세가 모두 최우에게 돌아갔다. 최충헌이 사납고 잔인하여 정권을 잡은 지 24년 동안 권세가 성대하였다. 온 나라가 벌벌 떨고 왕은 고개를 끄덕이며 명을 따를 뿐이었다.

---

138 우보(羽葆) : 고대 장례의식 때 쓰던 의장의 하나로, 새깃털로 병입구를 막아 장식한 것이다.
139 고취(鼓吹) : 행렬 내의 악기를 말한다.

○ 경신 7년(1220) 가을 9월에 태위문하시랑평장사(太尉門下侍郎平章事) 조충이 죽었다[薨]. 조충은 횡천(橫川)현재 횡성(橫城) 사람이니, 평장사 조영인(趙永仁)의 아들이다. 풍모가 뛰어나고 겉으로는 엄숙하면서 안으로는 온화하였고, 전쟁에 나가서는 장수가 되고 조정에 들어와서는 재상이 되어 (공을 세우므로) 조정에서나 지방에서나 태산 같이 의지하고 존경하였다. 평소에는 모질게 일을 처리하지 않았으므로 세상 사람들이 너그럽고 활달한 장자(長者)라고 일컬었는데, 대군을 지휘하고 중대 사건을 처결하는 것을 본 뒤에야 매우 뛰어나고 범상치 않음을 알았다. 재상이 되자 독락원(獨樂園)을 동쪽 언덕에 열고 공무(公務)에 여가가 있을 때면 훌륭한 사대부(士大夫)들을 초청하여 거문고와 술로써 스스로 즐겼다. 이때 이르러 죽으니 나이가 50세이고 시호는 문정(文正)이라 하였다.

○ 신사 8년(1221)에 몽골 사신 저고여(著古與) 등이 자기 태제(太弟)의 명으로 토산물을 요구하러 왔다. 관반(館伴)의 대접이 불만스럽다 하여 활을 꺼내 쏘기도 하고 몽둥이로 치기도 하였다. 저고여 등이 아직 돌아가지 않았는데 몽골 사신 저가(這可)가 자기 여대왕(女大王)의 명을 핑계대고 와서 진기한 보물을 요구하였다. 왕이 장군(將軍) 김희제(金希磾)를 보내어 접대하게 하였다. 저가(這可)가 영접이 늦어진 것을 꾸짖자 김희제가 말하기를, "그대들이 지난번에 우리 국경에 와 한 사람을 손으로 쳐서 생사(生死)를 알 수 없는 지경에 있다. 만일 살아난다면 그대의 복이지만, 그렇지 않다면 그대 일행이 반드시 구속될 것이다"라고 하였다. 저가 등이 두려워하며 이때부터 김희제의 처분을 오로지 따랐다. 김희제는 시와 글을 알고 담력과 지략이 있었으며 사명(詞命)을 잘하였다.

○ 겨울 12월에 최우를 이병부상서참지정사(吏兵部尙書參知政事)에 제수하였다. 최우가 최충헌이 빼앗은 공사전민(公私田民)을 각 그 주인에게 돌려주었다. 또 한미한 출신의 사(士)들을 발탁하여 당시의 명망을 얻었다. 진양후(晋陽侯)에 봉하였으나 군이 사양하고 받지 않았다.

○ 을유 12년(1225) 봄 정월에 도적이 몽골 사신을 죽였다. 몽골과 우호관계를 맺은 뒤로 사신의 왕래가 끊이지 않았는데 이때 이르러 몽골 사신 저고여 등이 압록강을 건너 돌아가다가 도중에 도적에게 살해되었다. 몽골은 우리 조정에서 시킨 짓이라고 하며 마침내 서로 절교하였다.

○ 겨울 10월에 최우가 자기 집에 정방(正房)을 두고 백관의 인사를 결정하였다[擬注]. 왕께 보고하면 왕은 오직 고개를 끄덕이며 '네네' 할 뿐이었다.

○ 정해 14년(1227) 3월에 최우가 전왕을 교동(喬桐)으로 옮기게 하였다. 장군 김희제와 노지정(盧之止) 등을 바다에 빠뜨려 죽였다. 김희세는 군산도(羣山島) 사람으로 용모가 아름답고 지혜와 용기가 있었다. 이때 이르러 참소를 받아 죽임을 당하니 당시 사람들이 원망하고 애석해하였다.

○ 경인 17년(1230)이다. 이에 앞서 최충헌이 죽음에 임박하였을 때 장군(將軍) 지윤심(池允深)과 유송절(柳松節) 등이 최우를 제거하고 최충헌의 어린 아들 최향(崔珦)을 받들고자 하였다. 최우가 이 소문을 듣고 지윤심과 유송절을 먼 섬으로 유배보내었다. 최향은 홍주(洪州)에 안치하였는데, 최향이 모든 불만 있는 무리들을 모아 홍주 부사 유문구(柳文矩) 등을 죽였다. 유송절 등을 불러오고, 주변 군(郡)에 격문을 전달

해 군사를 일으켰다. 최우가 군대를 보내어 토벌하여 무너뜨리고 유송절 등과 함께 죽였다. 남은 도당들을 처리할 적에 예산현(禮山縣), 결성현(結城縣) 등 7현의 감무(監務)와 최향과 왕래한 자는 죄의 가볍고 무거움을 묻지 않고 모두 죽였다.

○ 신묘 18년(1231) 가을 8월에 몽골이 사신을 죽인 것을 원망하여 원수(元帥) 살례탑(撒禮塔)을 보내어 쳐들어왔다. 함신진(咸新鎭)현재 의주(義州)에 있음을 함락하고, 철주(鐵州)현재 철산(鐵山)에 이르러 낭장(郞將) 문대(文大)를 사로잡았다. 성 아래에 이르러 문대를 겁박하며 철주 사람의 항복을 유도하라고 하자 문대가 따르지 않았다. 몽골 사람이 문대를 죽이고 성을 함락한 뒤에 바로 도륙하였다.

○ 채송년(蔡松年)을 북계병마사(北界兵馬使)에 제수하여 몽골군을 방어하게 하였다.

○ 몽골군이 귀주(龜州)현재 귀성(龜城)에 침입하자 병마사(兵馬使) 박서(朴犀)와 장군(將軍) 김경손(金慶孫) 등이 성을 에워싸고 굳게 지켰다. 몽골군이 백가지 계책으로 침략하여 흔들어보았지만 이기지 못하고 물러갔다. 과거에 몽골군이 철주를 도륙하자 삭주(朔州)의 분도장군(分道將軍) 김중온(金仲溫)과 정주(靜州)현재 의주(義州)에 속함 분도장군 김경손과 정주(靜州)정주(靜州), 삭주(朔州)삭주(朔州), 위주(渭州)위원(渭原), 태주(泰州)태천(泰川) 등 주(州)의 여러 수령이 모두 귀주(龜州)로 와서 모였다. 당시 박서가 귀주에 있었기에 바로 여러 장수들을 배치하여 사방[四面]을 나누어 지키게 하였다. 머지 않아 몽골군이 대규모로 와서 남문을 공격하였다. 김경손이 죽기를 각오한 병사 12명을 데리고 나가 싸우다가 날아오는 화살에 맞았다. 팔에 피가 흘러내렸는데도 계속 북을 손으로 쳤다. 네다

섯 번의 결전을 치루고 몽골군이 물러갔다. 김경손이 대오를 정돈하고 개선가를 부르며 돌아왔다. 박서가 길가에서 맞이하여 절을 하였고 서로 마주보며 눈물을 흘렸다. 그리하여 성을 지키는 일이 모두 김경손에게 맡겨졌다. 당시 몽골군이 성을 몇 겹으로 포위하고, 밤낮으로 쳐들어와 흔들어댔다. 처음에 수레 위에 풀을 쌓아 공격하였는데 김경손이 포차에 끓인 쇳물[鐵液]을 흐르게 하여 그 풀더미에 쏘아 불살랐다. 몽골군이 다시 망루가 달린 수레[樓車]와 큰 침상을 소가죽으로 싸서 그 가운데에 군사를 숨겨 성 밑으로 와 땅굴을 뚫었다. 박서가 바로 성의 구멍으로 쇳물이 흘러 가게 하여 망루 달린 수레를 태우고 또 썩은 지붕의 띠에 불을 붙여 큰 침상을 불살랐다. 몽골군 가운데 죽은 이가 매우 많았고, 모두 물러나 도망치고 흩어졌다. 몽골군이 또 수레 위의 풀에 불을 붙여 성 문루를 공격하자 박서가 누각 위에 미리 준비해둔 물을 쏟아부으니 불이 곧 꺼졌다. 이때 김경손은 의자[胡床]에 앉아 전투를 지휘하였는데, 날아오는 포탄이 김경손의 이마를 스치고 지나 곁에 있던 사람의 머리를 박살냈다. 그런데도 김경손은 끝내 움직이지 않았고 얼굴빛이 태연자약하였다. 몽골군이 성을 포위한 지 30여 일 만에 모두 물러갔다.

○ 몽골군이 다시 귀주에 침입하여 성곽 2백여 곳을 파괴하고 성을 넘어오자 박서 등이 또 크게 무찔렀다.

○ 삼군(三軍)의 병사가 안북부(安北府)현재 안주(安州)에서 몽골군을 공격하다가 패하였다. 11월에 몽골군이 평주(平州)를 도륙하고, 예성강(禮成江)송도(松都) 서남쪽의 강에 이르러 민가를 불태우고 백성들을 죽이고 노략질하여 도성이 흉흉해졌다. 최우가 가병(家兵)으로 자신을 호위하게

하여 성을 지키는 병사는 남녀 가운데 노약자뿐이었다.

○ 12월에 어사(御史) 민희(閔曦)를 몽골 진영에 보내어 강화(講和)하였다. 몽골군이 도성 네 문 밖에 나누어 주둔하였다. 또 흥왕사(興王寺)현재 풍덕(豊德)에 있음에 침입하였다. 그리하여 민희와 낭중 송국첨(宋國瞻)을 보내어 몽골군에게 음식을 주어 위로하고 우호관계를 맺게 하였다. 몽골 사신 2명과 함께 돌아오자 종실인 회안공(淮安公) 정(侹)을 안북부(安北府)에 보내 군대를 철수하게 하였다. 살례탑에게 많은 토산물을 주었다.

○ 몽골군이 또 큰 포차로 귀주를 침입하자 박서 또한 포차를 발사하여 맞아 죽은 자가 셀 수 없을 정도였다. 몽골군이 회안공(淮安公)의 서한을 보내어 군대를 철수하라고 하였으나 박서는 듣지 않고 성을 더욱 견고하게 지키며 몽골군을 크게 무찔렀다. 몽골군 가운데 한 늙은 장수가 성과 보루, 병기들을 돌아보며 탄식하였다. "내가 천하를 다녔지만 이렇게 공격을 당하면서 굳게 지켜낸 자는 보지 못하였다." 또 말하기를, "성 안의 여러 장수들은 훗날 장군[將]이나 재상[相]이 될 것이다"라고 하였다.

○ 조숙창(趙叔昌)이 몽골 사신과 함께 왔다. 조숙창은 조충의 아들이다. 자신의 아버지가 일찍이 몽골의 합진과 아는 사이였는데, 이때 이르러 몽골 사신 9명과 함께 몽골왕[蒙主]의 문서[牒文]를 가지고 와서 (몽골) 사신을 죽인 일을 꾸짖었다. 또 금은, 비단 및 다른 요구가 이루 다 기록할 수가 없었다.

○ 조숙창을 대장군에 제수하였다. 황금 70근, 백금 1,200근, 유의(襦衣) 1,000벌, 말 174필을 몽골 진영에 보내었다. 또 죽은 사신 등의 일을 조사하여 밝히고 원수(元帥) 이하 장령(將領)들에게 폐물을 주었다.

○ 임진 19년(1232) 봄 3월에 삼군(三軍)이 철수하니 몽골군도 물러갔다.

○ 몽골이 달노화적(達魯花赤) 70명을 부(府), 주(州), 현(縣)에 나누어 파견하여 관과 민의 동정을 살폈다.

○ 6월에 최우가 전왕을 자연도(紫鷰島)현재 인천(仁川)에 있음로 옮겼다.

○ 최우가 강화로 도읍을 옮기려고 하자, 별초지유(別抄指諭) 김세충(金世冲)이 안 된다고 강력하게 말하였다. 최우가 김세충을 목 베고 왕을 협박하여 강화로 갔다. 가을 7월에 왕이 강화에 도착하여 객관에 머물렀다.

○ 모든 도(道)에 명하여 백성들을 산성(山城)이나 섬으로 옮아가게 하였다. 당시 국가(國家)에서 북쪽 경계의 여러 성에 있는 달로화적의 활과 화살을 빼앗았기 때문에 몽골군이 다시 쳐들어올까 걱정되어서였다.

○ 세조(世祖)태조(太祖)의 아버지 왕륭(王隆)임, 태조의 두 재궁(梓宮)[140]을 강도(江都)로 옮겨 장사지냈다.

○ 9월에 몽골이 다시 크게 군대를 일으켜 쳐들어왔다. 몽골 사람이 말하기를 우리나라가 달로화적 등에게 모욕을 주고 강화로 도읍을 옮겼기 때문이라고 하였다. 다시 살례탑을 보내 쳐들어올 적에 주둔한 곳에서 죽이고 약탈하였는데 비록 부녀자, 노약자라 해도 다 죽였다. 겨울 12월에 처인성(處仁城)현재 용인(龍仁)에 있음에 쳐들어왔다. 한 승려가 성 안에서 살례탑을 쏘아 죽였고, 포로로 잡은 이가 또한 많았다. 몽골군이 크게 무너져 마침내 물러갔다. 조정이 그 승려에게 상장군(上將軍)을 수여하였다. 승려는 공을 숨기며 굳이 사양하였다. 훗날 환속하였

140 재궁(梓宮) : 왕, 왕비, 왕세자 등의 시체를 넣은 관을 가리킨다.

으니, 성명이 김윤후(金允侯)였다.

○ 계사 20년(1233) 5월에 서경 사람 필현보(畢賢甫), 홍복원(洪福源) 등이 서경에서 반란을 일으켰다. 장군(將軍) 정의(鄭毅)[141]를 선유사(宣諭使)로 제수하여 가서 타이르게 하였다. 필현보 등이 정의를 보고 크게 기뻐하며 그들의 주인으로 삼고자 하자 정의가 대의(大義)로서 엄하게 물리쳤다. 필현보가 원한을 품고 죽였다. 겨울 12월에 최우가 가병(家兵) 3천 명을 징발하여 북계병마사(北界兵馬使) 민희와 함께 가서 토벌하여 필현보를 목 베었다. 홍복원은 몽골로 도망갔다. 이에 앞서 살례탑이 우리를 침략할 적에 홍복원이 항복하여 그의 심복이 되었다가 이에 이르러 배반하였으니, 또한 몽골의 (요구에) 응한 것이었다. 홍복원은 몽골에 있으면서 동경(東京)현재 요동에 있음 총관(摠管)이 되어 본국을 참소하였다. 몽골의 요구[徵索]와 침략[侵寇]은 모두 홍복원이 인도한 것이었다.

○ 강도(江都)에 외성(外城)을 쌓았다.

○ 김취려가 죽었다[卒]. 김취려는 언양(彦陽) 사람이다. 사람됨이 절약하고 정직하였으며 충(忠)과 의(義)로써 스스로를 지켰다. 군대를 지위함이 엄정하여 병사들이 감히 범하지 못하였다. 전장에 임하여 적을 제압할 때는 기묘한 계책을 많이 내어 큰 공을 세웠다.

○ 도읍을 옮긴 공을 치하하여 최우를 진양후(晉陽侯)에 봉하고, 부(府)를 마련해주었다.

○ 정유 24년(1237) 봄에 담양(潭陽)의 초적(草賊) 이연년(李延年)이 무뢰배를 불러 모아 주변 마을을 공격하였고, 나주(羅州)로 진격해 포위하

141 원문은 '정기(鄭覬)'이나 『고려사』에는 '정의(鄭毅)'로 되어 있으므로 정정하였다.

였다. 지군사(指揮使) 김경손(金慶孫)이 이연년을 쳐서 목 베니 다른 무리들이 마침내 붕괴되었다.

○ 가을 8월에 전왕이 돌아가셨다. 묘호는 희종(熙宗)이라 하고, 석릉(碩陵)에 장사지냈다.

○ 신축 28년(1241) 겨울 12월에 최우를 승진시켜 진양공(晉陽公)에 봉하고 식읍(食邑)을 더해주었다.

○ 몽골에 사신을 보내었다. 이때 몽골 태종이 죽고[殂] 여후(女后)가 조정을 맡아 전쟁의 걱정이 점차 줄어들었다. 양국의 사신 왕래가 끊이지 않아 1년에 네다섯 차례 되었다.

○ 무신 35년(1248) 봄 3월이다. 당시 몽골군이 북쪽 경계에 와서 수달을 잡는다 핑계대고 주둔한 곳을 약탈하였다. 병마사에게 명하여 백성들을 섬으로 들어가게 하였다. 안북부(安北府)현재 안주(安州)의 위도(葦島)는 조수가 원만하지 않아 농사짓기가 어려웠다. 병마판관(兵馬判官) 김방경(金方慶)이 사람들에게 둑을 쌓고 피[稗]를 심게 하였다. 백성들이 처음에는 원망하고 고달파하다가 가을에 이르러 풍년이 드니 섬사람이 굶주리지 않게 되었다. 또 섬 안에 우물이나 냇물이 없었는데 김방경이 큰 못을 파서 물을 가두었다가 여름에는 물을 끌어다 쓰고 겨울에는 얼음을 캐게 하였다. 사람들이 비로소 그의 지혜에 탄복하였다.

○ 최항(崔沆)을 추밀원지주사(樞密院知奏事)에 제수하였다. 최항은 최우의 아들이다. 동생들과 함께 승려가 되었었는데, 승명(僧名)이 만전(萬全)이었다. 무뢰한 무리들을 모아 재물 늘리는 것을 일삼으면서 백성들을 혼란스럽게 하였다. 이때 이르러 최우가 만전을 환속하게 하여 이름을 바꾸고 이 직을 제수받았다.

○ 기유 36년(1249) 겨울 11월에 최우가 죽었다[死]. 그의 아들 최항을 추밀부사(樞密副使) 이병부상서(吏兵部尙書) 어사대부(御史大夫)에 제수하였다.

○ 최항이 추밀부사 김방경이 민중의 마음을 얻었다 하여 백령도로 유배보내었다.

○ 북쪽 경계의 백성들이 몽골군이 매년 쳐들어옴을 괴로워하며 내지(內地)로 옮겨 달라고 청원하였다. 마침내 서해의 섬과 서해도(西海道)로 옮기게 하였다.

○ 최춘명(崔椿命)이 죽었다[卒].

○ 최항을 문하시중(門下侍中)으로 제수하였다.

○ 신해 38년(1251) 겨울 10월에 최항이 자기 어머니[142] 대씨(大氏)를 시해하고, 전 추밀부사 김경손 등을 죽였다. 과거에 최우의 외손 김미(金敉)가 최항과 함께 서로 다툴 적에 대씨가 늘 김미를 도와 최항이 마음 깊이 원한을 품었다. 대씨의 전 남편의 아들인 장군 오승적(吳承績)을 강에 던지고, 대씨는 독살하였다. 또 백령도에 사람을 보내 김경손을 바다에 빠뜨리게 하였다. 이는 김경손이 오승적의 인척이기 때문이었다. 김경손은 행동거지가 신중하고 부드러웠으며 담력과 지략이 있어 큰 공을 자주 세워 조정에서나 지방에서나 의지하고 존경하였다. 그가 죽자 세상 사람들이 애통해하고 안타까워 하였다.

○ 정사 44년(1257) 여름 4월에 최항이 죽자[死] 그의 아들 최의(崔竩)를 장군(將軍)으로 제수하였다. 최의는 용모가 매우 아름답고 성품이 침착하고 과묵하였으며 또 수줍음이 많았다. 정권을 잡자 굶주린 백

142 최항의 친어머니가 아니라 계모(繼母)이다.

성들에게 구휼을 제공하여 인심을 수습하였다.

○ 가을 7월에 최의를 좌부승선(左副承宣)으로 삼았다.

○ 최의가 가노(家奴) 이공주(李公柱)를 낭장(郎將)으로 삼았다. 옛 제도에는 노비가 아무리 큰 공이 있다 하여도 관작을 제수하지 못하였다. 현재 노비의 관직 제수가 이로부터 시작되었다.

○ 무오 45년(1258) 여름 4월에 대사성(大司成) 유경(柳璥)과 별장(別將) 김인준(金仁俊) 등이 몰래 모의하여 최의를 죽였다. 최의의 도당을 모두 죽이고 정사(政事)를 왕에게 돌려드렸다. 왕이 유경을 추밀원우부승선(樞密院右副承宣)에 제수하였다. 박송비(朴松庇)와 김인준은 대장군에 제수하고, 위사공신호(衛社功臣號)를 하사하였다. 나머지에게는 내린 관작에 차등이 있었다. 최의 집의 창고를 열어 안팎의 관민들에게 구휼을 제공하였다.

○ 겨울 11월에 유경을 첨서추밀원사(簽書樞密院事)에 제수하였다. 유경이 최의를 죽인 후에 왕에게 아뢰어 정방을 편전(便殿) 옆에 설치하고, 인사를 오로지 관장하였다. 김인준이 매우 존경하여 모든 일을 자문하였다.

○ 한양(漢陽) 용진(龍津) 사람 조휘(趙暉)가 정주(定州) 사람 탁청(卓青)과 함께 몽골군을 이끌고 저도(猪島)현재 영흥(永興)에 있음에 들어와 동북면병마사(東北面兵馬使) 신집평(愼執平)을 죽이고, 화주(和州)현재 영흥 이북 땅을 가지고 몽골에게 항복하였다. 몽골이 쌍성총관부(雙城摠管府)를 화주에 두고 조휘를 총관(摠管)에 제수하고 탁청을 천호(千戶)에 제수하였다. 조휘 등이 자주 나타나 노략질하여 동북 여러 성에 편안한 날이 거의 없었다.

○ 기미 46년(1259) 6월에 왕이 돌아가셨다[崩]. 당시 태자 전(倎)이 몽

골에 가서 돌아오지 않았다. 그리하여 태손(太孫) 심(諶)이 나라를 감독하였다. 시호는 안효(安孝)라 하고, 묘호는 고종(高宗)이라 하였다. 홍릉(洪陵)에 장사지냈다.

○ 겨울 11월에 궁궐을 옛 도읍에 새로 지었으니, 환도하기 위해서였다.

원종

경신 원종 원년(1260) 2월에 태자가 몽골로부터 돌아와 왕위에 올랐다. 이가 원종(元宗) 순효왕(順孝王)이었다.

○ 5월에 김준(金俊)을 추밀부사익양군개국백(樞密副使翼陽君開國伯)에 제수하였다. 이전에는 최의를 죽인 공을 서술할 때 유경을 첫째로 꼽았는데, 이때 이르러 바꾸어 김인준(金仁俊)을 첫째로 삼았다. 김인준은 바로 김준의 옛 이름이었다.

○ 8월에 몽골왕[蒙古主]이 달노화적을 소환하였다.

○ 계해 4년(1263) 봄 2월에 일본이 금주(金州)현재 김해(金海)에 쳐들어와 주현의 공납선[貢船]을 빼앗아갔다. 여름 4월에 태관서승(太官署丞) 홍저(洪佇) 등을 일본에 보내어 침략한 까닭을 묻고 꾸짖었다. 일본이 그 사실을 엄히 추적하니 바로 대마도(對馬島)의 해적(海賊)이었다. 약탈해 간 쌀과 베를 돌려받았다.

○ 무신 9년(1268)이다. 이에 앞서 왕이 김준을 시중(侍中)으로 제수하였다가 머지 않아 해양후(海陽侯)로 승진하여 봉하였다. 김준이 정사를 제멋대로 농간하고 인사를 임의대로 하였다. 법령을 가혹하게 집행하니 백성들이 원망하고 고달파하였다.

○ 겨울 12월에 왕이 임연(林衍)에게 몰래 명령하기를 김준을 죽이고 그 도당을 없애라고 하였다.

○ 경오 11년(1270) 봄 2월에 왕이 몽골의 도읍[蒙京]에 갔다. 태자와 몽골 공주와의 혼례[嘉禮]를 의논하였다.

○ 당시에 왕이 몽골에 있으면서 나라 안의 신하들에게 지시하여 옛 도읍으로 환도하라고 하였다. 임유무(林惟茂)가 명을 어기고 따르지 않자 어사중승(御史中丞) 홍문계(洪文系)와 지문하성(知門下省) 송송례(宋松禮) 등이 별초군(別抄軍)의 병사들을 이끌고 가서 임유무를 죽이고 정사를 왕실에 돌아가게 하였다. 얼마 안 있어 왕의 수레가 몽골 도읍에서 돌아와 개경(開京)으로 환도하였다.

○ 장군 배중손(裵仲孫) 등이 삼별초군(三別抄軍)[143]으로 배반하였다. 승화후(承化侯) 온(溫)을 위협하여 왕으로 삼고 공사(公私)의 재물과 자녀들을 약탈하였다. 배를 타고 남쪽으로 가서 진도(珍島)에 들어가 거점으로 삼고 주현(州縣)을 침략하자 추토사(追討使) 신사전(申思佺)이 도망쳐 돌아왔다. 그리하여 김방경에게 군사 6천 여 명을 거느리고 가서 공격하라 하였다. 바다에서 적을 만나 김방경이 돌격하다가 포위당하여 (상황이) 매우 위급하였다. 김방경이 의리상 적에게 죽임을 당할 수 없다며 바다 속으로 뛰어들려 하니 병사들이 다투어 구해서 살아날 수 있었다.

○ 신미 12년(1271) 여름 5월에 김방경 등이 진도를 크게 무찔렀다. 이에 앞서 몽골 장수 아해(阿海)가 위축되어 앞으로 나서지 못한다 하

143 삼별초군(三別抄軍) : 최충헌의 정권을 계승한 최우(崔瑀)가 치안 유지를 위해 설치한 야별초(夜別抄)에서 비롯되었다. 야별초에 소속한 군대가 증가하자 이를 좌별초 · 우별초로 나누었고, 몽골군과의 전투에서 포로가 되었다가 탈출한 병사들을 모아 신의군(神義軍)을 조직하였다. 좌별초, 우별초, 신의군을 합해서 삼별초라고 한다.

여 흔도(忻都)와 홍다구(洪茶丘)에게 군대를 거느리고 가 서로 도와주라 하였다. 이에 김방경이 흔도와 홍다구 등과 함께 좌군, 우군으로 나누어 통솔하고 적을 벽파정(碧波亭)진도의 남강에서 크게 무찔렀다. 가짜 왕인 온(溫)을 목 베니 다른 무리들은 탐라(耽羅)로 도망쳤다.

○ 김방경을 수태위중서문하평장사(守太尉中書門下平章事)에 제수하였다.

○ 12월에 몽골이 국호를 정하여 대원(大元)이라 하고 사신을 보내와서 알렸다. 사신을 보내 축하하였다.

○ 태부(太府)에서 재물이 비었음을 아뢰었다. (책임을 추궁하자) 태부의 관리인 강위찬(姜渭贊)이 그 고통을 이기지 못해 머리를 깍고 도망갔다.[144] 당시 궁궐 안의 창고 또한 텅 비어 왕의 저녁 식사도 못드렸다.

○ 과거에 홍문계가 임유무를 죽인 공으로 승선(承宣)에 제수되었다가 나랏일이 날로 잘못됨을 보고 사직하였다. 이때 이르러 추밀부사(樞密府事)에 옮겨 제수하였는데 또 나아가지 않았다. 당시 나이가 40세가 되지 않았다.

○ 삼별초적(三別抄賊)이 탐라에 들어가 내성(內城), 외성(外城)을 쌓고 자주 나와 약탈하였다. 왕이 김방경을 원수로 제수하고, 군사 만여 명을 거느리고 가서 토벌하게 하였다. 그들을 격파하자 적의 우두머리 김통정(金通精)이 스스로 목숨을 끊어 죽었고, 나머지 무리들은 모두 항복하였다. 김방경을 승진시켜 시중에 제수하였다.

○ 원이 사신을 보내 와서 조회에 참석하였다.

○ 갑술 15년(1274) 여름 6월에 왕이 돌아가셨다. 당시 태자가 원에 있었기 때문에 백관이 태자를 멀리서 높여 왕으로 삼았다. 가을 8월에

144 『고려사』에 의하면, 원종 13년 1272년 8월의 일이다.

태자가 나라로 돌아와 왕위에 올랐으니, 이가 충렬왕(忠烈王)이었다. 전왕을 소릉(韶陵)에 장사지냈다.

○ 겨울 10월에 원왕[元主]이 군사 2만 5천 명을 징발하여 홀돈(忽敦)과 홍다구에게 통솔하게 하였다. 우리나라와 군대를 연합하여 일본을 정벌하기를 청하자 왕이 김방경과 박지량(朴之亮), 김흔(金忻) 등에게 군대를 연합해 나아가 토벌하게 하였다. 대마도에서 일기도(一岐島)에 이르기까지 여러 번 싸워 모두 무찔렀다. 삼랑포(三郞浦)에서는 육지에 올라가 길을 갈라 진격하였는데 일본군이 돌격해오자 김방경이 맞아 싸워 크게 무찔렀다. 몽골 사람이 감탄하기를 "몽골 사람이 비록 잘 싸운다고 하나 어찌 이러한 경지에 미치겠는가"라고 하였다. 김방경이 다시 싸우려 하다가 홀돈의 말을 따라 마침내 군대를 돌렸다.

○ 이에 앞서 왕이 원에 있을 적에 원왕[元主]의 딸을 아내로 맞이하였으니, 홀도노게미실공주(忽都魯揭迷失公主)였다. 이때 이르러 공주가 오자 왕이 맞이하였다. 12월에 공주를 숙주(肅州)현재 숙천(肅川)에서 만나 같이 수레를 타고 도성에 들어왔다. 전 왕후인 조씨(趙氏)를 등급을 낮추어 정화궁주(貞和宮主)에 봉하였다.

충렬왕

을해 충렬왕 원년(1275) 봄 3월에 왕이 공주와 함께 북산(北山) 낙산사(洛山寺)에 갔다. 이후로 사원에 자주 행차하였고, 심지어 사냥갈 때도 공주가 참여하였다.

○ 당시 창고가 고갈되어 문무 백관들로부터 일반 민에 이르기까지 각자 은과 베를 내어 나라 비용을 충당하게 하였다. 이때부터 국가가

일이 있으면 바로 전례(前例)를 들어 거두어들였다.

○ 가을 9월에 공주가 원자(元子) 원(謜)을 낳았다.

○ 왕이 공주와 함께 흥왕사(興王寺)에 행차하였을 적에 공주가 절 안의 금탑(金塔)을 궁궐 안으로 가져가고 싶어 하였다. 왕이 못하게 하였으나 어쩔 수 없었다. 공주가 또 소나무 열매와 인삼을 (지나) 강남(江南)에 보내 많은 이익을 얻었다. 이후로 환관(宦官)을 나누어 파견하여 수색하게 하였다. 생산되지 않는 땅에서도 모두 거둬들이니 백성들이 원망하고 고달파하였다.

○ 당시 사람이 익명서를 던져 말하기를 정화궁주가 저주하고 김방경이 반란을 도모한다고 하였다. 그리하여 정화궁주와 김방경 등을 가두고 심문하였다. 유경이 힘써 변호하여 바로 풀려났다.

○ 일찍이 왕이 사냥을 좋아하였다. 또 매를 원에 보내기 위하여 응방(鷹坊)을 설치하고 총애하는 사람들[嬖人]에게 관장하게 하였다. 이로 인하여 폐인이 가혹하게 거두어들여 백성들이 곤궁해지고 고달팠다. 또 목재를 여러 도에서 널리 구하여 궁궐을 지었다. 이때 이르러 왕이 갑자기 병에 걸렸다. 재추(宰樞)들이 "토목공사를 정지하고 매를 놓아주고 금탑을 돌려 주어 수명을 기도하십시오"라고 하자 공주가 모두 따랐다.

○ 기묘 5년(1279) 봄 2월에 백관 이하와 궁궐 안과 학관(學館)에 명하여 머리를 변발하고[開剃] 원(元)의 옷을 입게 하였다.

○ 여름 4월에 중찬(中贊) 김방경을 대청도(大青島)현재 장연(長淵)에 있음에 유배하였다. 이에 앞서 장군 위득유(韋得儒) 등이 김방경과 사이가 나빠 원나라[元國]의 흔도(忻都)에게 참소하였다. "김방경이 자기의 아들, 사위와 장군 나유(羅裕) 등 4백여 명과 함께 왕과 공주를 제거할 것을 도모

하고 원나라를 침략하고자 한다." 흔도가 원왕에게 아뢰자 원왕이 흔도와 홍다구에게 명하여 조사하게 하였다. 홍다구는 본국을 원망하여 기회를 엿보아 화가 미치게 하고자 하였었다. 화를 입히려는 마음이 치솟아 각종 참혹한 형으로 김방경을 문초하였다. 김방경이 시종 일관 굽히지 않고 홍다구를 돌아보며 꾸짖기를, "죽이려거든 편안히 죽여라. 내가 어찌 불의(不義)에 굴복하겠는가?"라고 하였다. 홍다구 등이 꺾을 수 없음을 알고 왕에게 아뢰어 대청도(大靑島)로 유배보냈다.

○ 가을 7월에 원나라 달로화적을 혁파하였다.

○ 김방경을 풀어주었다.

○ 왕이 노래와 여색[聲色]에 빠져 교방(敎坊)과 재인(才人)을 늘렸다. 아첨하는 신하들을 여러 도에 보내어 창기(娼妓)를 뽑아 궁 안에 두고서 밤낮으로 방탕하게 춤추고 노래하였다. 공급[供億]과 사여(賜與)함에 쓴 비용을 이루 다 기록할 수가 없었다. 당시 윤수(尹秀)와 이정(李貞)은 매와 개 때문에 총애하였고, 오기(吳祈)와 석천보(石天補) 등은 노래와 여색으로 (관직에) 나아갔다. 나머지 송방영(宋邦英) 등은 모두 아첨과 뇌물로 군소(羣少)가 잡진(雜進)하고 왕의 마음은 더욱 방탕해졌다.

○ 신사 7년(1281) 여름 6월에 우리 군대[我師]가 원 군대[元兵]와 연합하여 (일본을) 공격하다가 패하였다. 이에 앞서 원왕이 일본에 사신을 보내어 들어와 조회하라고 하였다. 일본이 사신을 죽이자 원왕이 화가 나 다시 정벌하고자 하였다. 이때 우리나라[本國]와 연합하기를 청하였다. 왕이 김방경을 도원수(都元帥)에 제수하여 원의 정동원수(征東元帥) 흔도와 홍다구 등과 회합하라 하였다. 원이 또 범문호(范文虎)에게 만군(蠻軍) 10만 명을 거느리고 일본 일기도(一岐島)에 가게 하였다. 이

때에 김방경이 진군하여 일본군을 공격하였는데 목 베어 죽인 자가 자못 많았다. 머지 않아 일본군이 돌격해오자 우리 군이 전투에서 패하였다. 흔도 등은 돌아가려 하였고, 김방경은 남군(南軍)을 기다려 연합해 공격하고자 하였다. 마침 범문호가 만군을 데리고 도착하니 전선이 합계 9천 척(尺)이었다. 얼마 뒤 태풍이 불어 만군이 모두 바닷속에 빠졌다. 모든 군대가 철수하여 돌아왔다.

○ 신묘 17년(1291)이다. 합단(哈丹)원에서 반란을 일으킨 적괴의 병사 수만 명이 화주(和州)삼화(三和), 등주(登州)삼등(三登) 두 주를 함락하고 사람을 죽여 양식으로 삼으니 도읍이 크게 진동하였다. 왕의 수레가 강도(江都)로 옮겨 갔다. 적병이 기호(畿湖)와 관동(關東) 지역에서 제멋대로 행동하며 약탈하였다. 원주별초향공진사(原州別抄鄕貢進士) 원충갑(元冲甲)과 우군만호(右軍萬戶) 김흔(金忻)과 좌군만호(左軍萬戶) 한희유(韓希愈)는 가는 곳마다 추토(追討)하여 목 베고 사로잡은 수를 이루 다 셀 수가 없었다. 적은 형세가 곤궁해지자 도망갔다.

○ 탐라 왕자에게 붉은 허리띠[紅鞓]와 상아로 만든 홀[牙笏], 모자[帽], 일산[盖], 신발[靴]을 하사하였다. 이에 앞서 원이 탐라를 빼앗아 예속시켰다. 이때 이르러 그 땅을 돌려받았기 때문에 이러한 하사품이 있었다. 다음해에 탐라가 다시 제주(濟州)라고 명칭을 바꿨다.

○ 김방경에게 작(爵)을 하사하여 상락군개국공(上洛郡開國公)에 제수하였다.

○ 11월에 태자가 원에 있으면서 진왕(晉王) 감마자(甘麻剌)의 딸 보탑실련공주(寶塔實憐公主)를 아내로 맞이하였다. 왕과 공주가 혼례를 직접 보고자 원에 갔다.

○ 정유 23년(1297) 여름 5월에 왕이 공주와 함께 고려로 돌아왔다. 당시 수녕궁(壽寧宮)에 작약이 무성하게 피었는데 공주가 줄기 하나를 꺾어 손에 쥐고 감상하다가 얼마 지나지 않아 감동하여 눈물을 흘렸다. 이 일이 있고나서 병에 걸린 지 10여일 만에 현성사(賢聖寺)에서 돌아가셨다. 태자가 원에서 달려왔다.

○ 가을 7월이다. 당시 궁녀 무비(無比)가 왕의 총애를 받았기 때문에 태자가 미워하였다. 상을 치르러 와서는 왕에게 아뢰기를, "공주의 병은 무비의 저주이니 청컨대 심문해 주십시오"라고 하였다. 왕이 들어주지 않았더니 태자가 명을 받들지 않고 좌우의 사람들에게 무비와 그 도당 수십 명을 목 베게 하였다. 왕은 막지 못하였고 국인(國人)은 두려워하였다. 그 뒤 태자가 진사(進士) 최문(崔文)의 아내 김씨(金氏)를 왕에게 바쳤다. 김씨의 용모가 아름다웠기 때문에 무비가 죽은 뒤 왕의 마음을 위로하고자 함이었다. (김씨를) 뒤에 숙창원비(淑昌院妃)에 봉하였다.

○ 겨울 10월에 태자가 자신의 비 보탑실련공주를 맞이해 오기 위해 원에 갔다.

○ 무술 24년(1298) 봄 정월에 태자가 보탑실련공주와 함께 환국하였다. 왕이 태자에게 왕위를 전하고, 자덕궁(慈德宮)으로 물러났다. 태자가 즉위하였고 왕을 높여 상왕(上王)으로 삼았다.

○ 가을 8월에 원왕이 신하 패노올(孛魯兀)을 보내어 왕과 공주를 맞이하여 오게 하였다. 왕이 원으로 갔기 때문에 상왕이 복위하였다.

○ 경자 26년(1300) 가을 8월에 상락공 김방경이 죽었다[薨]. 김방경은 안동(安東) 사람이고, 신라 경순왕의 먼 후손이다. 성품이 충성스럽고 정직하고 신의가 두터웠으며, 엄격하고 의지가 강하고 말이 적었

다. 도량이 크고 넓어 작은 일에 구애되지 않았다. 일을 처리할 때는 분명하게 결단하였다. 비록 벼슬에서 물러난 뒤 한가하였으나 나랏일을 집안 일처럼 걱정하였다. 나라에 큰 일이 있으면 반드시 (그에게) 자문을 구하였다. 나이가 89세인데도 머리털이 희지 않았고 병 없이 죽었다. 시호를 충렬(忠烈)이라 하였다.

○ 갑신 30년(1304) 여름 5월에 국학(國學) 교수(敎授)를 두었다. 과거에 찬성사(贊成事) 안유(安裕)뒤에 안향(安珦)이라 바꿈가 전쟁이 끝난 뒤 학교가 무너지고 유풍(儒風)이 날로 줄어들며 또 양현고(養賢庫)가 다 고갈되어 가르칠 비용이 없다고 조정대신들에게 도움을 청하였다. 왕이 또한 내고(內庫)의 돈과 양곡을 내주어 그 밑천에 보태게 하였다. 안유가 국학(國學)을 수리하고 또 강남(江南)에 사람을 보내어 공자[先聖]와 70제자[145]의 초상화를 그려오고, 제기(祭器), 악기(樂器)와 6경(六經), 제자(諸子), 역사[史](등의 서책을) 사왔다. 이산(李㦃), 이전(李瑱)을 추천하여 경사교수도감사(經史敎授都監使)에 제수하고, 이성(李晟), 추적(秋適), 최원충(崔元冲) 등을 교수로 삼았다. 경(經) 하나마다 교수 두 명을 두었다. 궁궐 내 학관[禁學],[146] 내시관(內侍官), 3도감(都監),[147] 5고(庫)의 사(士), 7관(舘),[148] 12도(徒)[149]의 여러 학생들에게 와서 듣고 학습하게 하였다. 6월에 국학(國學) 대성전(大成殿)이 완성되자 왕이 공자를 배알하였다. 밀직사(密直使) 이혼(李混)에게 입학송(入學頌)을 짓게 하여 여러 학생들에게 보여주었다.

---

145 70제자 : 공자의 유명한 제자 70명. 일반적으로 72제자라 한다.
146 금학(禁學) : 비서성, 사관(史館), 한림원, 보문각, 어서원(御書院), 동문원(同文院)의 총칭이다.
147 3도감(都監) : 『고려사』 이숭인(李崇仁) 열전에 흥복(興福), 숭복(崇福), 전보(典寶)의 3도감이 나온다.
148 7관(舘) : 7관(館) 또는 7재(齋)라고도 하며 국자감 내에 있는 학생들의 학습처이다.
149 12도(徒) : 국자감 아래에 있는 개성 내 각 학교의 생도를 말한다.

○ 병오 32년(1306) 9월에 첨의중찬(僉議中贊)으로 치사한 안유가 죽었다[薨]. 안유는 흥주(興州)현재 순흥(順興) 사람이다. 사람됨이 장중하고 고요하고 착실하였으며, 계책을 잘 만들어 내고 옳은 판단을 내렸다. 인재를 기르고 유학[斯文]을 부흥시키는 것을 자신의 임무로 삼았다. 그의 장례식날 7관(館) 12도(徒)의 학생들이 모두 흰 옷을 입고 길에서 제사지냈다. 시호를 문성(文成)이라 하였다.

○ 무신 34년(1308) 가을 7월에 왕이 돌아가시자 전왕이 원에서 달려왔다. 시호를 충렬(忠烈)이라 하였다. 경릉(慶陵)에 장사지냈다.

○ 겨울 10월에 왕이 숙창원비(淑昌院妃)바로 진사(進士) 최문(崔文)의 아내였다. 왕(충선왕)이 세자 시절에 무비(無比)를 죽이고 전왕(충렬왕)에게 올린 여인이다와 간통하였다. 감찰규정(監察糾正) 우탁(禹倬)이 바른 말을 하며 강력하게 간하자 좌우 신하들이 두려워하고 왕은 부끄러워하는 기색이 있었다.

○ 11월에 왕이 원(元)에 갔다.

권7 고려기(高麗記)

충선왕

기유 충선왕(忠宣王) 원년(1309) 봄 정월에 왕이 원(元)에 있었다.

○ 3월에 연경궁(延慶宮)을 중수할 적에 원의 제도를 모방하였다.

○ 왕이 멀리서 명하여 승려 1만 명에게 수녕궁(壽寧宮)에서 음식을 베풀고 그 궁을 희사하여 절로 삼게 하였다. 모후(母后)의 명복을 빌기 위함이었다. 왕은 항상 문을 닫고 향을 피웠으며 부처를 혹신하였다. 라마승[番僧]에게 불경을 번역하게 하고 불계(佛戒)를 받았다.

○ **계축** 5년(1313)이다. 당시 왕이 원에 있으면서 아들 강릉대군(江陵大君) 도(燾)에게 왕위를 전하였다. 도가 연경(燕京)에서 즉위하였으니, 이가 충숙왕(忠肅王)이었다. 왕을 높여 상왕(上王)으로 삼았다. 상왕이 심양왕(瀋陽王)이라 자칭하고, 형의 아들 왕고(王暠)를 번세자(瀋世子)로 삼았다.

○ 여름 6월에 왕이 상왕과 공주를 데리고[奉] 고려로 돌아왔다.

충숙왕

갑인 충숙왕 원년(1314) 봄 정월에 백이정(白頤正)을 평리(評理)에 제수하였다. 백이정은 백문절(白文節)의 아들이다. 당시 정주학(程朱學)이 우리나라에 아직 보급되지 않았는데 백이정이 원에 있으면서 그 학을 익혔다. 고려로 돌아가니 이제현(李齊賢)과 박충좌(朴忠佐)가 맨 처음으로 그를 스승으로 모시고 배웠다.

○ 양광도(楊廣道)현재 경기도(京畿道)와 충청도(忠淸道) 두 도를 합하여 양광도로 삼고, 경상진안도(慶尙晉安道)를 고쳐 경상도(慶尙道)라 하였으며, 교주도(交州道)춘천(春川), 금화(金化) 등를 회양도(淮陽道)로 삼았다.

○ 상왕이 원에 갔다. 상왕이 만권당(萬卷堂)을 연경에 설치하고 이제현에게 원의 훌륭한 유학자 염복(閻復), 요수(姚燧), 조맹부(趙孟頫), 우집(虞集) 등을 불러 모아 서사(書史)를 연구하게 하였다. 염복 등이 이제현의 저술을 보고 모두 칭찬하기를 그치지 않았다.

○ 여름 6월에 박사 유연(柳淵) 등을 강남에 보내어 경적(經籍) 1만 8백 권을 사왔다.

○ 병진 3년(1316) 봄 정월에 왕이 원에 갔다.

○ 3월에 상왕이 심양왕(瀋陽王)의 지위를 세자 왕고(王暠)에게 전하고, 스스로 태위왕(太尉王)이라 불렀다.

○ 가을 7월에 왕이 원(元) 영왕(營王)의 딸 역련진팔라공주(亦憐眞八剌公主)를 찾아가 왕후로 삼았다.

○ 구두로 전달하여 이창(李敞)을 당후관(堂後官)에 제수하였다. 구두로 전달하여 관직을 제수하는 것이 이때부터 시작되었다.

○ 경신 7년(1320) 여름 6월에 사자(士子)를 시험보아 선발할 적에 이제현과 박효수(朴孝修)가 시관(試官)이 되어 시부법(詩賦法)을 없애고 책문(策問)을 사용하였다.

○ 겨울 12월에 원나라(元國)의 총애받는 환관 백안독고사(伯顔禿古思)

본국 사람으로 주면(朱冕) 집안의 노비였음가 상왕(上王)이 엄하게 내친 것을 항상 원한으로 여겼는데, 인종(仁宗)이 죽고 영종(英宗)이 즉위하는 기회를 틈타 무고하였다. "고려의 상왕이 연경에 와서 머무는 것은 원나라를 침해(侵害)할 음모가 있기 때문입니다." 원왕이 그 말을 믿고 상왕을 붙잡아 토번(吐蕃)으로 좌천하였다.

○ 신유 8년(1321) 5월에 왕이 원에 갔다. 당시 심양왕 왕고가 원에 있으면서 본국을 엿보다가 원왕에게 말하기를 "왕이 원과 우호관계를 끊고자 합니다"라고 하였다. 원왕이 그 말을 믿고 우의를 결렬할 생각을 가졌다. 그리하여 왕이 원왕을 찾아가 만나 왕고의 말이 사실이 아님을 변론하였다. 원왕이 의심을 풀었고 두 나라의 우호관계가 더욱 긴밀해졌다. 당시 이제현(李齊賢)이 원에 있으면서 상왕을 토번으로 옮기는 것이 옳지 못하다는 의도를 담아 원 승상부(丞相府)에 편지를 보냈는데 수백 마디 말이 모두 간절하고 곧으며 정성스러웠다. 원 승상(丞相) 배주(拜住)가 크게 감탄하였다. 얼마 지나지 않아 원 영종(英宗)이 죽고, 태정왕(泰定王)이 즉위하여 상왕을 연경으로 돌아오게 하였다. 이에 숙비(淑妃)가 신하들에게 독고사(禿古思)를 원에 말하여 죽이게 하였다.

○ 을축 12년(1325) 여름 5월에 왕이 공주와 함께 환국하였다.

○ 상왕이 연경에서 돌아가셨다. 시호를 충선(忠宣)이라 하였다. 시신을 고려로 돌려보내 덕릉(德陵)에 장사지냈다.

○ 7년 봄 2월에 왕이 태자 정(禎)에게 왕위를 전하였다. 당시 태자가 원에 있으면서 연경에서 즉위하였으니, 이가 충혜왕(忠惠王)이었다. 왕을 멀리서 높여 태상왕(太上王)으로 삼았다.

○ 3월에 왕이 원(元) 관서왕(關西王) 초팔(焦八)의 딸 덕녕공주(德寧公主)

를 아내로 맞이하여 왕후로 삼았다. 가을 7월에 상왕은 원으로 갔고, 왕과 공주는 고려로 돌아왔다.

○ 모든 자제에게 명령하기를, 4운(韻) 율시(律詩) 100수(首)와 소학(小學)바로 자학(字學)이다. 한(漢) 때 소학이라 하였다 5성(聲) 자운(字韻)을 외운 뒤 시험에 응시할 자격을 부여한다고 하였다.

충혜왕

신미 충혜왕 원년(1331) 여름 4월에 왕이 연복정(延福亭)에 행차하여 수희(水戲)와 격구(擊毬)를 관람하였다. 하루도 빠지지 않고 수영하고 사냥하며 음탕하게 놀았다.

○ 가을 7월에 첨의중찬(僉議中贊) 대녕부원군(大寧府院君) 최유엄(崔有渰)이 죽었다[薨]. 최유엄은 최충(崔沖)의 후손이다. 성품이 조용하고 겸손하여 명리를 추구하지 않았다. 충직함 때문에 죄를 얻었다가 뒤에 크게 등용되었다. 네 왕조에서 역임하여 나라의 원로가 되니 조정에서나 지방에서나 의지하고 존경하였다. 죽을 때 나이가 93세였다. 시호는 충헌(忠憲)이라 하였다.

○ 8월이다. 기내(畿內)의 땅을 나눠주고 녹봉을 주는 과(科)를 철폐하였다.

충숙왕

임신 충숙왕 후원년(1332) 봄 2월에 왕이 무도하게 놀자 상왕이 연경에 있으면서 불러들였다. 상왕이 복위하였다.

○ 계유 2년(1333) 여름 6월에 왕이 공주와 함께 고려로 돌아왔다. 이

때 심왕(瀋王) 왕고가 따라왔다.

○ 병자 5년(1336) 겨울 10월에 왕이 원에 갔다.

○ 12월에 폐왕 정(禎)이 고려로 돌아왔다.

○ 무인 7년(1338)이다. 왕이 고려로 돌아왔다.

○ 원이 사신을 보내어 환자(宦者)와 동녀(童女)를 요구하였다. 당시 전의부령(典衣副令) 이곡(李穀)이 원(元)에 있으면서 그 일의 옳지 않음을 어사대(御史臺)에 말하였다. 또 원왕[元主]에게 글을 올렸는데, 말하는 뜻이 간절하고 명확하였다. 이에 원(元)이 중지하였다.

○ 기묘[150] 8년(1339) 봄 3월에 왕이 돌아가셨다. 시호를 충숙(忠肅)이라 하고 의릉(毅陵)에 장사지냈다. 물러났던 왕이 (다시) 즉위하였다.

○ 여름 6월이다. 왕이 음탕하고 무도하여 서모(庶母)인 수비(壽妃) 권씨(權氏)와 간통하였다[烝]. 또 충숙왕후(忠肅王后) 경화공주(慶華公主)를 위협하여 간음하였다[淫]. 좌우 신하들의 처첩 가운데 자색(姿色)이 뛰어난 자들을 모두 빼앗자 정승(政丞) 조적(曹頔)이 왕을 폐위하고자 하였다. 마침내 병사들에게 왕궁을 포위하게 하여 왕의 어깨를 활로 쏘아 맞추었다. 얼마 지나지 않아 조적은 잡혀서 죽임을 당하였다.

충혜왕

경진 충혜왕(忠惠王) 후원년(後元年)(1340)이다. 순천군(順天君) 채홍철(蔡洪哲)이 죽었다[死]. 채홍철은 사람됨이 욕심이 많고 야비하였으나, 재주와 성격이 정교하여 사장(詞章)과 기예(技藝)가 모두 뛰어났다. 활인

150 원문에는 을묘라 되어 있으나 충숙왕 복위 8년, 충숙왕이 죽은 해는 기묘년이 맞으므로 정정하였다.

당(活人堂)을 세워 약물(藥物)을 나눠주었고, 권부(權溥) 이하의 국로(國老) 8명을 초청하여 기영회(耆英會)를 열어주었다. 자하동(紫霞洞)의 가곡(歌曲)을 지어 악부(樂府)에 전달하였다.

○ 성산군(星山君) 이조년(李兆年)이 치사하였다. 당시 왕의 음란 방탕함이 나날이 심해져서 송강(松崗)으로 걸어가 참새 사냥을 하였다. 이조년이 무릎을 꿇고 간하였으나 왕이 들어주지 않았다. 이조년이 탄식하여 말하기를, "왕의 잘못을 바로잡지 못하였으니, (이는) 임금을 섬기는 도리가 아니다"라고 하였다. 다음날 한 마리 말을 타고 고향으로 돌아갔다.

○ 성균제주(成均祭酒) 우탁(禹倬)이 죽었다[卒]. 우탁은 단산(丹山) 사람 지금의 단양(丹陽)이다. 경사(經史)에 능통하였으며 역학(易學)에 깊이가 있었다. 충선왕(忠宣王)에게 글을 올려 지극한 간언을 한 뒤에 예안현(禮安縣)으로 물러났다. 충숙왕(忠肅王)이 그의 충의(忠義)를 훌륭히 여겨 다시 불렀으나 나오지 않았다.

○ 계미 4년(1343) 봄 3월에 왕이 동교(東郊)에 행차하여 탄환(彈丸)으로 사람을 쏘자 길 가던 사람들이 피하여 달아났다.

○ 여름 5월에 성산군 이조년이 죽었다[薨]. 이조년은 어렸을 적부터 배움에 힘썼고 조정에 들어와서는 강건하고 명확한 어조로 과감히 말하였다. 왕을 뵈러 들어갈 때마다 왕이 그의 발소리를 듣고는 반드시 "이조년이 온다"라고 하고 신하들을 물리치고 용모를 단정히 하여 기다렸다고 한다. (왕이) 그를 만나기를 꺼려함이 이와 같았다. 시호를 문열(文烈)이라 하였다.

○ 겨울 11월에 왕의 방자함과 포악함이 더욱 심해지자 원(元)에게 잡

히는 모욕을 당하였다. (왕은) 게양현(揭陽縣)으로 옮겨 거처하게 되었다.

○ 갑신 5년[151](1344) 봄 정월에 왕이 게양현으로 가다가 미처 도착하지 못하고 악양현(岳陽縣)에서 돌아가셨다. 시호는 충혜(忠惠)이다. 시신을 도읍으로 모셔와 영릉(永陵)에서 장사지냈다.

○ 2월에 태자 흔(昕)이 왕위에 올랐으니, 이가 충목왕(忠穆王)이었다. 나이는 겨우 8세였다.

○ 이제현(李齊賢)이 건의하여 전왕대의 잘못된 정사[弊政]를 혁파하였다. 이때 내승(內乘) 응방(鷹坊)과 보흥(寶興) 덕녕(德寧) 두 창고에 속한 토지 전답과 노비를 심사하여 원래 주인에게 돌려주었다.

○ 무자 충목왕 4년(1348) 12월에 왕이 돌아가셨다. 후사가 없어서 충혜왕후(忠惠王后)인 덕녕공주(德寧公主)가 기철(奇轍)과 왕후(王煦)에게 나랏일을 임시로 맡아보게 하였다.

충정왕

기축 충정왕(忠定王) 원년(1349) 여름 4월에 신하들이 충목왕의 서제(庶弟)인 경창원군(慶昌院君) 저(㫝)를 맞이하여 왕으로 세웠다. 이가 충정왕이었다. 당시 나이가 12세였다.

○ 겨울 10월에 충혜왕(忠惠王)의 동생[母弟]인 강릉대군(江陵大君) 기(祺)가 원(元) 위왕(魏王)의 딸 노국공주(魯國公主)를 아내로 맞이하였다.

○ 경인 2년(1350) 봄 2월에 일본이 남쪽 해변에 쳐들어왔다. 충렬왕 때에 원나라와 연합하여 일본을 정벌하였었다. 그 뒤로 일본이 항상

---

151 원문에는 연도가 빠져 있으나 갑신년은 충숙왕 복위 5년이므로 삽입하였다.

원한을 품었으나 감히 드러내지 못하더니 이때에 이르러 (고려의) 내정(內政)이 문란함을 알아채고 고성(固城) 등의 지역으로 쳐들어왔다. 합포(合浦)현재 창원(昌原)에 있음 천호(千戶) 최선(崔禪)이 격파하였다. 이때부터 일본으로 인한 근심이 끊이지 않았다.

○ 신묘 3년(1351) 겨울 10월에 강릉군 기가 왕을 위협해 강화(江華)로 옮기고 스스로 즉위하여 왕이 되었다. 이가 공민왕(恭愍王)이었다.

공민왕

임진 공민왕(恭愍王) 원년(1352) 정월에 찬성사(贊成事) 유탁(柳濯)을 전라도(全羅道) 만호(萬戶)에 제수하여 일본(日本)을 방비하게 하였다. 유탁이 군대를 지휘함이 엄정하였고 병사들과 괴로움이나 즐거움이나 함께 하였다. 일본이 만덕사(萬德社)에 침입하여 노략질하자, 유탁이 날쌘 기병으로 추격해 사로잡았다. 포로가 된 사람들을 찾아 돌려보내니, 이로부터 일본이 다시 감히 침범하지 못하였다.

○ 왕이 폐위시킨 왕[廢王]을 독주를 마시게 하여 죽였다. 시호를 충정(忠定)이라 하였다. 총릉(聰陵)에 장사지냈다.

○ 성균관(成均館) 생원(生員) 이색(李穡)이 글을 올려 당시의 정사(政事)를 이야기하였다. 첫째, 토지의 구획을 바로잡고, 둘째 도적을 방어하고, 셋째 전쟁 비용을 마련하고, 넷째 학교를 숭상하고, 다섯째 이단(異端)을 물리치라는 것이었다. 왕이 모두 기꺼이 받아들였다. 이색은 이곡(李穀)의 아들이다.

○ 여름 5월에 승려 보허(普虛)를 불러 불법(佛法)에 대해 묻고 왕사(王師)에 제수하였다. 보허가 왕에게 권하기를 교화(敎化)를 밝게 닦을 것

이지 불법(佛法)을 혹신하지 말라 하였다. 그러나 사실은 권세를 갖기 위해 한 말이었다.

○ 이제현(李齊賢)과 조익청(曹益淸)을 좌정승(左政丞), 우정승(右政丞)으로 삼았다.

○ 갑오 3년(1354) 가을 7월에 유탁(柳濯) 등에게 군사를 이끌고 원에 가도록 하였다. 당시 원의 정사(政事)가 쇠퇴하여 도적이 봉기하고 국내가 크게 어지러워 우리에게 사신을 보내 군사를 청하였다. 왕이 군사 2만여 명을 내어 유탁 등에게 원 승상(丞相) 탈탈(脫脫)과 연합하게 하였다. 고우(高郵)에서 장사성(張士誠)을 정벌하다가 정세가 불리해지자 회안(淮安)으로 옮겨 방어하였다. 전후(前後) 수십 번의 전투에서 장군(將軍) 최영(崔瑩)이 가장 열심히 싸워 목 베고 포로로 잡은 수가 매우 많았다. 다음해에 군대를 거느리고 귀국하였다.

○ 을미 4년(1355) 겨울 12월에 우리 환조대왕(桓祖大王)이 쌍성(雙城)현재 영흥(永興)에서 와서 조회하였다. 환조의 성은 이씨(李氏)이다. 휘(諱)는 자춘(子春)이고, 몽골 휘는 오로사불화(吾魯思不花)이다. 본관은 전주(全州)이고, 휘가 한(翰)인 신라 사공(司空)의 후예이다. 삼세조(三世祖)는 목조대왕(穆祖大王)이니 휘는 안사(安社)이다. 전주에서 삼척(三陟)으로 옮기시고 또 삼척에서 선주(宣州)현재 덕원(德源)로 옮기셨다. 조정에서 선주방어사(宣州防禦使)에 제수하였다. 고원(高原)에 주둔하여 원 사람들을 막도록 하였다. 이때 원 사람들이 쌍성(雙城)으로 와서 주둔하고서 목조에게 협력을 요청하였다. 목조가 마지못해 몽골에게 귀부하였다. 또 간동(幹東)현재 경흥(慶興) 땅으로 옮기시니, 몽골이 남경(南京) 5천호(千戶)의 달로화적에 제수하였다. 이는 고종(高宗) 41년(1254)의 일이었다.

목조(穆祖)의 아들은

익조대왕(翼祖大王)이니 휘는 행리(行里)이다. 원(元)의 5천호 달로화적 직을 세습하였다. 충렬왕 때 원이 일본을 정벌할 적에 익조가 원왕(元王)의 명으로 충렬왕을 알현하였다. 이 기회에 사과하며 말하기를, "선신(先臣)[152]께서 북(北)으로 달아난 것은 실로 호랑이와 이리의 입에서 벗어나기 위한 것이지 나라의 은혜를 배반한 것이 아닙니다"라고 하였다. 충렬왕이 말하기를, "그대는 근본을 잊지 않았다고 할 만하다"라고 하였다.

익조(翼祖)의 아들은

도조대왕(度祖大王)이니 휘는 춘(椿)이다. 충숙왕 때에 와서 조회하였다. 도조가 환조(桓祖)를 낳으셨다. 환조는 말타기와 활쏘기를 잘 하였고, 병사들이 즐거운 마음으로 따랐다. 이 때에 또 와서 조회하였다. 과거에 쌍성(雙城)의 땅이 비옥하여 동남(東南)의 백성들이 많이 기부하였다. 조정에서 (정동행성의) 행성랑(行省郞) 이수산(李壽山)을 보내 원(元)의 중서성(中書省)과 요양성(遼陽省) 관원들과 함께 백성들의 신적(新籍)과 구적(舊籍)을 구분하여 삼성(三省)이라 칭하게 하였다. 그 뒤 (이수산의) 관리[撫綏]가 마땅함을 잃어 백성들이 점점 유망하거나 옮겨갔다. 왕이 환조에게 명하여 주관하게 하자 마침내 백성들이 자신의 업(業)을 편안히 여기게 되었다.

○ 병신 5월 여름 5월에 기철(奇轍), 권겸(權謙), 노책(盧頙) 등이 죽임을

---

152 목조를 가리킨다.

당하였다. 과거에 기철의 누이동생이 원으로 시집가 원왕의 황후가 되어 태자 애유식리달(愛猷識理達)을 낳았다. 원왕이 기씨(奇氏) 3대[世]를 봉하여 왕으로 삼았다.[153] 기철이 이때부터 교만하고 방자해져 왕에게 신하라 칭하지 않았다. 또 권겸과 노책은 원왕 및 원 태자에게 딸을 바쳤다. 세 사람이 서로 의지하며 세를 불렸다. 이때에 이르러 스스로 보전하기 어려울까 염려하여 모여서 반역을 기도하였다. 왕이 밀직(密直) 강중경(姜仲卿) 등에게 명하여 군사를 동원해 쳐서 죽였다.

○ 왕이 옛 강역(疆域)을 수복하고자 인당(印瑭)과 유인우(柳仁雨) 등에게 압록강 서쪽의 8참(站)과 쌍성 등 여러 성을 빼앗게 하였다.

○ 9월에 환조를 대복경(大僕卿)에 제수하고 집 1채를 내려주었다. 그리하여 환조가 개경(開京)에 머물게 되었다.

○ 겨울 10월에 원이 사신을 보내 와서 조회하였다.

○ 12월에 승려 보허(普虛)가 왕에게 도선(道詵)의 참위설(讖緯說)로 유세하였다. "한양(漢陽)에 도읍하면 36국(國)이 와서 조회할 것입니다." 왕이 그 말에 감명 받아 한양궁(漢陽宮)을 수리하고 도읍을 옮기려 하다가 이루지 못하였다.

○ 정유 6년(1357)이다. 관(冠)과 복색(服色)을 고쳐 문무백관은 검은 옷에 청색 갓을, 승려는 검은 두건을, 여성은 검은 비단을 입게 하였다.

○ 충렬왕 이전 왕들의 존호(尊號)를 더하였다.

○ 겨울 10월에 처음으로 3년상(喪)을 행하였으니, 이는 간관(諫官) 이색(李穡)의 말을 따른 것이었다.

---

153 기철(奇轍)을 덕성부원군(德城府院君)으로 봉한 것을 왕으로 봉하였다고 해석한 듯하다.

○ 무술 7년(1358) 여름 5월에 방국진(方國珍)이 사신을 보내 와서 안부를 물었다[聘]. 당시 방국진은 원나라의 난(亂)을 틈타 태주(台州)를 점거하고 있었다.

○ 6월에 장사성(張士誠)이 사신을 보내어 침향(沈香), 수정(水晶), 옥대(玉帶) 등의 물건을 바쳤다. 당시 장사성은 항주(杭州)를 점거하여 스스로를 태위(太尉)라 칭하고 있었다.

○ 가을 8월에 서강(西江)에 성을 쌓아 일본을 방어하였다.

○ 이씨(李氏)를 맞아들여 혜비(惠妃)로 봉하였다. 혜비는 이제현의 딸이다.

○ 당시 홍건적(紅巾賊)이 천하에 가득 찼다. 그들의 우두머리 관선생(關先生) 등이 원의 상도(上都)원의 옛 도읍으로 만리장성 밖에 있음를 함락시켰다. 또 압록강을 건너 노략질을 하자 경천흥(慶千興)을 서북면원수(西北面元帥)에 제수하고, 안우(安祐)를 부원수(副元帥)에 제수하여 토벌하게 하였다. 이때 홍건적 무리가 4만 명이었다. 압록강을 건너 의주(義州)현재 의주, 정주(靜州)현재 의주(義州)에 있음 등을 연이어 함락시키자 다시 이암(李巖)을 서북면도원수(西北面都元帥)에 제수하여 경천흥, 안우, 최영, 김득배(金得培), 이춘부(李春富) 등과 함께 방어하게 하였다. 이암(李巖)이 적을 두려워하여 군대를 진격시키지 못하고 이승경(李承慶)에게 대신하게 하였다.

○ 경자 9년(1360) 봄 2월에 안우가 상장군(上將軍) 이방실(李芳實)과 함께 홍건적을 함종(咸從)에서 크게 무찌르자, 적들이 달아났다. 이 전투에서 안우 등이 9번 싸워 모두 승리하였다. 3월에 군대를 돌렸다.

○ 여름 5월이다. 충정왕 이래로 일본이 하루도 빠짐 없이 침략해왔

다. 이때에 전라도(全羅道)에서 양광도(楊廣道)현재 경기도와 충청도로 침략해 들어와 여러 고읍을 불사르고 노략질하였다. 이에 유탁을 병마도통사(兵馬都統使)에 제수하고, 이춘부와 환조를 동서강병마사(東西江兵馬使)로 제수하여 방어하게 하였다.

○ 8월에 삼년상(三年喪) 제도를 없앴다. 당시 사방에서 전쟁이 일어나 사람을 쓰기에 바빴기 때문이다.

○ 신축 10년(1361) 봄 2월에 환조를 동북면병마사(東北面兵馬使)에 제수하였다가 다시 호부상서(戶部尙書)를 더해주었다.

○ 환조가 죽으니[卒] 왕이 사신을 보내어 조문하고 부의(賻儀)를 내렸다. 사대부(士大夫)들이 모두 단식하기를, "동북면에 사람이 없다"라고 하였다.

○ 가을 9월에 독로강(禿魯江)현재 강계(江界)에 있음 만호(萬戶) 박의(朴儀)가 배반하였다. 우리 태조대왕(太祖大王)을 보내 잡아 죽였다. 태조는 환조의 아들로 휘는 단(旦)이고 자(字)는 군진(君晉)이다. 처음 휘는 성계(成桂)이고, 자는 중결(仲潔)이었다. 충숙왕 후 4년 을해(乙亥)에 영흥(永興) 흑석리(黑石里) 사저(私邸)에서 탄생하였다. 우뚝한 콧날에 임금다운 용모였고 여러 방면에서 뛰어나 두드러졌다. 커서는 관대하고 인자하고 도량이 컸으며, 세상을 구제하고 백성을 편안하게 할 재략(才略)이 있으셨다. 이에 앞서 이달충(李達衷)이 동북면병마사(東北面兵馬使)로 있다가 조정으로 돌아가게 되어 환조가 전송(餞送)할 때였다. 태조가 모시고 있다가 잔에 술을 부어 돌리시니 이달충이 공손히 받들어 무릎을 꿇고 마셨다. 환조가 이상하게 여겨 물어보니 답하기를, "이 분은 비범한 분이시니, 그대가 미치지 못할 것이다. 그대의 가업(家業)을 이 분이

크게 일으킬 것이다"라 하고 자손을 부탁하였다. 이달충은 원래 사람을 잘 알아보는 자였다. 이때에 이르러 태조가 금오위(金吾衛) 상장군(上將軍)으로 동북면상만호(東北面上萬戶)가 되셨다. 마침 박의가 난을 일으키자 태조가 친히 군사 1천 5백 명을 거느리고 가서 토벌하였다. 박의가 강계(江界)로 도망쳐 들어가서 태조가 끝까지 쫓아 모두 죽였다.

○ 겨울 10월에 홍건적의 우두머리 반성사(潘誠沙)와 관선생 등이 또 군사 수십만 명을 이끌고 압록강을 건너 안주(安州)를 습격하였다. 관군(官軍)이 패배를 거듭하였다. 왕이 다시 평장사(平章事) 김용(金鏞)과 참지정사(參知政事) 정세운(鄭世雲) 등을 보내 절령(岊嶺)현재 서흥(瑞興)에 있음. 자비령(慈悲嶺)이라고도 함을 수비하게 하였다. 또 적에게 습격을 당해 군대가 크게 붕괴하고 도읍이 위태로웠다. 이에 왕이 태후(太后)를 모시고 남쪽으로 피하니 적이 곧 경성(京城)을 함락시켰다. 12월에 왕이 복주(福州)현재 안동(安東)에 이르러 정세운을 총병관(摠兵官)에 제수하여 모든 군대를 감독, 인솔하여 홍건적을 격파하라 하였다. 정세운이 명을 받들고서 의분이 북받쳐 적을 토벌하고 도읍을 수복하는 것을 자신의 임무로 여겼다.

○ 임인 11년(1362) 봄 정월에 총병관 정세운과 도원수(都元帥) 인우 등이 홍건적을 크게 무찌르고 경성을 수복하였다. 적이 경성에 들어간 뒤 안우, 최영 등이 군사 20만 명을 인솔하여 동교(東郊)에 주둔하고 정세운은 모든 군대를 독려하여 나아가 포위하였다. 영해(寧海) 사람 박강(朴强)이 문을 지키고 있던 적을 죽이자 여러 장수들이 달려 들어갔다. 태조가 휘하의 친병(親兵) 2천 명을 이끌고 선두에 서서 대파하여 적 10여 만 명의 목을 베었다. 적의 우두머리 하유(河劉)와 관선생 등이 모

두 죽고 파두반(破頭潘) 등 잔당 10여만 명이 압록강을 건너 도망갔다.

○ 김용(金鏞)은 아첨을 잘 하여 왕에게 총애를 받았다. 정세운을 시기하고 안우, 김득배, 이방실 등의 성공을 미워하였다. 왕의 교지라고 속여 안우 등에게 정세운을 죽이라 하였다. 또 계획이 누설될까 두려워 마침내 왕에게 고하기를, "안우 등이 주장(主將)[154]을 제멋대로 죽였으니, 이는 폐하를 업신여기는 것입니다"라고 하여 안우 등을 모두 죽였다. 당시 안우와 이방실의 아들이 나이가 10여 세였다. 시가(市街)를 떠돌아다니니, 사람들이 음식을 서로 대접하였다. "지금 우리들이 평안한 것은 모두 세 원수(元帥)의 공입니다"라고 하면서 눈물을 흘리는 이들도 있었다.

○ 가을 7월에 태조가 원 승상(丞相) 납합출(納哈出)을 함흥(咸興) 홍원(洪原) 등의 지역에서 크게 무찔렀다. 납합출이 원나라[元國]의 난리를 틈타 심양(瀋陽) 등의 지역을 점거하였을 때였다. 쌍성(雙城)현재 함흥(咸興)의 적괴 조소생(趙小生)과 탁도경(卓都卿) 등이 쌍성(雙城)을 빼앗긴 일로 우리나라[本國]를 깊이 원망하였으므로 납합출을 인도하여 동북변(東北邊)으로 쳐들어왔다. 왕이 태조를 동북면병마사(東北面兵馬使)에 제수하여 출병해 방어하도록 하였다. 이때 납합출이 병사 수만 명을 이끌고 조소생, 탁도경 등과 함께 홍원(洪原)에 주둔하였다. 적 가운데 사납고 날쌘 장수 1명이 철갑옷을 두르고 창을 휘두르니 대적할 자가 없었다. 태조가 더불어 싸우다가 거짓으로 진 척하고 도망가자, 그 사람이 앞으로 달려 나와 창을 겨누기를 매우 성급하게 하였다. 태조가 몸을 뒤쳐

154 정세운을 가리킨다.

말다래에 붙으니, 그 사람은 태조를 찌르지 못하고 창을 따라 거꾸러졌다. 태조가 즉시 활을 쏘아서 죽이니 적이 크게 패하여 도망쳤다. 태조가 진격하여 날이 저문 후에 돌아오셨다. 이때 납합출의 아내가 말하기를, "공이 천하를 돌아다니면서 이와 같은 장군을 본 적이 있습니까? 속히 피하셔야 합니다"라고 하였다. 납합출은 이 말을 따르지 않고 전투를 계속하였다. 태조가 또 그의 장수들을 거듭 죽이고 기습 부대를 매복시켜 크게 무찔렀다. 납합출이 대적할 수 없음을 알고 흩어진 병사들을 수습하여 도망갔다. 이에 동북 지역이 모두 평안해졌다.

○ 8월에 왕이 청주(淸州)에 이르렀다.

○ 탐라에서 말을 기르던[牧子] 고독불화(古禿不花)[155] 등이 성주(星州) 고복수(高福壽)를 배반하고 원에 붙었다.

○ 계묘 12월(1363) 2일에 왕이 도읍으로 돌아왔다.

○ 윤 3월에 김용(金鏞)이 덕흥군(德興君)과 내통하여 왕을 해치고자 하였다. 그의 무리 50여 명을 몰래 보내 궁문(宮門)을 차단하고 침전(寢殿)으로 곧장 들어갔다. 환관(宦官) 안도적(安都赤)이 용모가 왕과 비슷하여 왕 대신 침전 안에 누워있었다. 역적들이 왕이라 여겨 살해하였다. 그리고 그 무리를 나눠 보내 우정승(右政丞) 홍언박(洪彦博) 등을 살해하였다. 얼마 지나지 않아 반란이 실패하였다. 김용을 밀성(密城)현재 밀양(密陽)에 유배하였다가 다시 죽여 도읍으로 그의 목을 보냈다. 당시에 왕은 여전히 김용을 잊지 못하고 눈물을 흘리며 말하기를, "(이제) 누구를 믿고 의지할 것인가!"라고 하였다. 이때 홍언박은 훈척(勳戚)으로서

155 몽골인이다.

상상(上相)이 되었는데, 김용이 비록 권력을 잡았지만 마음대로 할 수 없어 먼저 죽인 것이다. 홍언박은 두터운 명망이 있었기 때문에, 그가 죽자 당시 사람들이 탄식하며 아쉬워하였다. 시호를 문정(文正)이라 하였다.

○ 갑진 13년(1364) 봄 정월에 원이 덕흥군(德興君) 혜(譓)를 우리나라에 들여보내고자 최유(崔濡)에게 정예 병사 1만 명을 주어 압록강을 건너게 하였다. 왕이 경복흥(慶復興)을 서북면도원수(西北面都元帥)에 제수하여 나아가 방어하도록 하였다. 우리 군대는 패배를 거듭하고 적은 선주(宣州)현재 선천(宣川)로 들어와 거점을 마련하였다. 민심이 흉흉해지자 왕이 최영(崔瑩)을 도순위사(都巡慰使)에 제수하여 급히 안주(安州)로 가게 하였다. 또 태조에게 명하여 정예 기병 1천 명을 이끌고 가서 도와주라 하였다. 적을 수주(隨州)현재 정주(定州) 달천(獺川)에서 공격하여 크게 무찔렀다. 최유와 혜는 겨우 목숨만 부지하고 강을 건너 도망갔다.

○ 여름 5월에 일본 도적 3천여 명이 진해(鎭海)에 쳐들어왔다. 경상도순문사(慶尙道巡問使) 김속명(金續命)이 진격하여 섬멸하였다.

○ 겨울 10월에 원왕이 최유를 형틀에 매어 압송하자 왕이 죽였다.

○ 을사 14년(1365) 봄 2월에 왕후(王后) 노국공주(魯國公主)가 돌아가셨다[崩]. 왕이 크게 비통해하며 불사(佛事)를 크게 베풀었다. 정릉(正陵)에 장사지냈는데, 의위(儀衛)와 제도(制度)가 매우 사치스러웠다.

○ 5월에 왕이 요승(妖僧) 편조(遍照)를 사부(師傅)로 삼고 신임하였다. 편조(遍照)가 이름을 고쳐 신돈(辛旽)이라 하였다. 사대부의 처첩들이 그를 신승(神僧)이라 하여 법을 듣고 복을 구하러 오면 신돈이 사통하였다. 이제현이 말씀을 올리기를, "신돈은 골격이 옛날 흉악한 사람과

비슷합니다. 반드시 후환이 있을 것이니 왕께서는 가까이하지 마옵소서"라고 하였다. 왕이 듣지 않았다.

○ 가을 8월에 서흥군(瑞興君) 유숙(柳淑)이 치사(致仕)하였다. 당시 신돈이 권세를 부릴 적에 김란(金蘭)과 이춘부(李春富)를 날개로 삼아 이인복(李仁復)과 최영, 원송수(元松壽) 등 여러 명사(名士)들을 모함하고 쫓아냈다. 유숙은 자신의 충직함을 신돈이 꺼릴 것임을 알고 사퇴하기를 청하여 시골로 돌아갔다. 장군과 재상 이하의 사람들이 모두 교외에서 전송하였고 길 가던 사람들이 탄식하고 아쉬워하였다.

○ 겨울 12월에 왕이 신돈에게 홀려 수정논도섭리공신(守正論道燮理功臣)[156]의 호(號)를 내려주었다. 도첨의(都僉議)를 겸하게 하고 취성부원군(鷲城府院君)으로 봉해주었다. 신돈은 이로부터 더욱 거리낄 바가 없어지고 제멋대로 권위를 행사하였다.

○ 병오 15년(1366) 여름 4월에 사의대부(司議大夫) 정추(鄭樞)와 우정언(右正言) 이존오(李存吾)가 신돈이 국정을 담당하면서 불법(不法)을 함부로 행하는 죄에 대해 글을 올려 논박하였다. 상소가 들어가자 왕이 크게 화를 내며 그 상소를 불태우고 이존오와 정추를 질책하였다. 이때 신돈이 왕과 함께 상(床)에 앉아 있었다. 이존오가 (신돈을) 크게 꾸짖어 말하기를, "늙은 중놈이 어찌 이와 같이 무례한가"라고 하였다. 신돈이 당황해하며 곧바로 상에서 내려왔다. 왕이 더욱 화를 내며 이존오와 정추를 하옥하고 이춘부와 김란과 이색 등에게 명하여 국문하라 하였다. 이춘부 등이 왕의 뜻을 받들어 이존오를 죽이고자 하자 이색

156 『고려사』에 의하면 "守正履順論道燮理保世功臣壁上三韓二重大匡領都僉議使司事判重房監察司事鷲城府院君提調僧錄司事兼判書雲觀事"의 공신 칭호와 관직을 주었다고 한다.

이 매번 변호하여 관직만 강등시키고 남쪽으로 유배보내었다. 이때 이존오의 나이가 25세였다.

○ 5월에 전(前) 첨의시중(僉議侍中) 이공수(李公遂)가 죽었다[卒]. 이공수는 익주(益州) 사람이다. 성품이 똑똑하고 매사에 삼가하여 조금이라도 함부로 주고받지 않았다. 일을 처리할 때는 의지가 강건하여 권세에 굴복하지 않았다. 시호를 문충(文忠)이라 하였다.

○ 다시 왕씨(王氏)를 세워 왕후로 봉하였다. 왕후는 종실 덕풍군(德豊君)의 딸이었다.

○ 겨울 12월에 밀직제학(密直提學) 이달충(李達衷)이 많은 사람들 앞에서 신돈을 책망하였다. "사람들이 공(公)의 주색(酒色)이 과도하다고 하는데, 어찌된 일이오?" 그러자 신돈이 불쾌해하며 파직시켰다.

○ 정미 16년(1367) 봄 2월에 원의 사신 고대비(高大悲)가 와서 조회하였다. 이때 원왕이 제주(濟州)로 피난하고자 원 왕실 창고[御府]의 금과 비단을 수송하였다.

○ 승려 선현(禪顯)을 왕사(王師)에 제수하였다. 선현은 신돈과 친하게 지내는 자였다. 왕이 강안전(康安殿)으로 불러 만날 적에 왕이 아홉 번 절하자 선현은 일어서서 받았다. 백관은 조복(朝服)을 입고 축하하였는데, 신돈만 홀로 융복(戎服)을 입고 전상(殿上)에 서 있었다.

○ 가을 7월에 전(前) 첨의정승(僉議政丞) 계림부원군(鷄林府院君) 이제현(李齊賢)이 죽었다[薨]. 이제현은 타고난 품성이 신중하고 관후하였다. 또 학술이 깊어 논의와 사업을 일으키는 것이 모두 밝아서 볼 만했다. 평생 동안 말을 성급히 한다거나 조급한 기색을 보인 적이 없었다. 또 아랫사람들에게도 허심탄회하게 대하면서 다른 사람의 일은 비록 아

주 사소하게 잘한 것이라도 듣지 못할까 염려하였다. 스스로 호를 익재(益齋)라 하였는데, 국인들이 존경하여 노소(老少)와 귀천(貴賤)을 막론하고 모두 익재선생(益齋先生)이라 불렀다. 저서로는 『익재난고(益齋亂藁)』 10권이 있다. 글 잘한다는 명성이 당시 제일로 받들어졌기 때문에 시호를 문충(文忠)이라 하였다.

○ 겨울 10월에 전 시중(侍中) 경복흥, 지첨의(知僉議) 오인택(吳仁澤), 삼사사(三司使) 안우경(安遇慶) 등이 신돈을 제거하려 모의하다가 일이 발각되어, 곤장을 맞고 남쪽 변방으로 유배갔다.

○ 12월에 이색(李穡)을 성균대사성(成均大司成)에 제수하고, 정몽주(鄭夢周)를 박사(博士)로 삼았다. 이색이 (성균관의) 생원(生員)을 늘렸기 때문에 정몽주(鄭夢周), 김구용(金九容), 박상충(朴尙衷), 박의중(朴宜中), 이숭인(李崇仁) 등을 뽑아 다른 관직을 가진 채 교관(敎官)을 겸임하게 하였다. 매일 명륜당(明倫堂)에 앉아 제생(諸生)에게 경서[經業]를 분담해 가르쳤다. 당시 정호(顥)주(朱)희(熹) 성리학(性理學)이 성행하기 시작하였다. 배우는 이들이 익히는 책으로 지나(支那)에서 가져온 것은 『주자집주(朱子集註)』뿐이었다. 정몽주의 강설 가운데는 스스로 새롭게 해석해내는 부분이 많아 듣는 이들이 매우 의아해하였다. 그런데 호병문(胡炳文)의 사서통(四書通)을 보니 뜻이 모두 합치하였다. 때문에 이색이 매우 칭찬하여 "달가(達可)정몽주의 자이다의 논의는 횡설수설하는 것 같지만 모두 이치에 맞지 않음이 없도다"라고 하였다.

○ 신돈은 전 첨의찬성사(僉議贊成事) 서녕군(瑞寧君) 유숙(柳淑)이 비록 벼슬에서 물러났으나 왕이 다시 등용할까 염려되어 모함하여 죽였다. 유숙은 충의와 절개가 있었고, 일을 처리하고 정책을 결정하는 데 식

견이 탁월하였다. 죽음에 임박하여서도 얼굴빛이 평상시와 같았다. 후에 문희(文僖)라는 시호를 내렸다.

○ 명(明)의 병사들이 연경(燕京)을 함락하였다. 원왕이 북쪽 사막으로 도망갔다.

○ 기유 18년(1369) 여름 4월에 명(明) 태조(太祖)가 사신을 파견해 국호를 정했음을 알려왔다.

○ 예부상서(禮部尙書) 홍상재(洪尙載)를 명(明)에 가게 하였다. 이로부터 매년 상례로 삼았다.

○ 6월에 관제(官制)를 고쳤다.

○ 가을 7월이다. 이에 앞서 일본 사람 가운데 귀화하는 자들이 많아 조정에서 거제(巨濟)와 남해(南海) 등의 지역에 나누어 거주하도록 하였다. 그런데 이때에 이르러 다시 여러 군(郡)을 침략하였다.

○ 경술 19년(1370)이다. 왕이 원의 동녕부(東寧府)압록강 서쪽에 있음를 얻고자 하였다. 태조(太祖)를 동북면원수(東北面元帥)에 제수하고, 지룡수(池龍壽)를 서북면원수(西北面元帥)에 제수하여 가서 토벌하게 하였다. 태조가 보병과 기병 1만여 명을 이끌고 압록강을 건너 올자성(兀剌城)을 무찌르자 부근 여러 성들이 그 명망을 듣고 귀순하였다. 동으로는 황성(皇城)옛날 여진(女眞)의 황제성(皇帝城), 북으로는 동녕부, 서로는 바다, 남쪽으로는 압록강 바깥에 이르기까지 모두 우리에게 귀순하였다.

○ 겨울 11월에 우리 태조가 지룡수와 함께 요성(遼城)을 공격할 적에 적의 사납고 날쌘 장군(將軍) 처명(處明)이 (태조의) 위세에 굴복하여 와서 항복하였다. 적이 기세를 빼앗겼기 때문에 마침내 진격해 그 성을 함락시켰다. 성주(城主) 새인첩목아(賽因帖木兒)가 달아나자 원 승상

납합출(納哈出) 이하의 관원과 장수들을 모두 타일러 항복시키고 군대를 돌렸다. 후에 처명(處明)이 태조의 은혜에 감동하여 화살 맞은 흔적을 보면서 흐느껴 울곤 하더니, 운봉(雲峰) 전쟁에서 힘껏 싸워 공을 세웠다.

○ 신해 20년(1371) 봄 2월에 여진 천호(千戶) 이두란(李豆蘭)이 귀화하였다. 이두란의 본래 성(姓)은 동(佟)이었다.

○ 여름 5월에 전 장사(長沙)현재 무장(茂長) 감무(監務) 이존오가 죽었다[卒]. 이존오는 경주(慶州) 사람이다. 성품이 효성스럽고 우애 있으며 대쪽 같고 진중하였다. 어려서 고아가 되었으나 학문에 힘써 정몽주, 이숭인 등과 함께 친하게 지냈다. 신돈이 전횡을 일삼고 방자하며 나랏일을 그르치자 상소를 올려 엄정히 배척하였기 때문에 좌천되었다. 그러다 이때에 이르러 죽었으니, 나이가 31세였다. 신돈이 죽자 왕이 그의 충의(忠義)를 생각하여 대사성(大司成)을 추증하였다.

○ 가을 7월에 신돈이 죽임을 당하였다. 이때 신돈이 권세[威福]를 제멋대로 행사해 왕도 편안하지 못하였다. 신돈이 죽임을 당할까 두려워하다 마침내 반역을 꾀하자, 그의 객(客)으로 있던 시랑(侍郎) 이인(李靭)이 왕에게 알렸다. 왕이 이에 (신돈의) 당여인 기현(奇顯)과 최사원(崔思遠) 등을 죽이고, 신돈은 수원부(水原府)로 유배보냈다가 죽여서 도읍에 목을 내걸었다. 그의 두 살 난 아이를 함께 죽이고 경복흥 등을 불러들였다.

○ 이색에게 정당문학(政堂文學)을 제수하였다. (왕이) 근신들에게 말하기를, "문무의 두 고관이 모두 제일류(第一流)이다"라고 하였으니, 이색과 우리 태조를 가리키는 것이었다.

○ 자제위(子弟衛)를 설치하여 나이가 어리고 용모가 아름다운 소년

들을 뽑아 충당하였다. 또 용모가 아름답고 씩씩한 자들을 많이 선발하여 궁궐 안에 항상 두고 속고적(束古赤)이라 불렀다. 자제위와 아울러 총애하였다.

○ 우(禑)를 봉하여 강릉부원대군(江陵府院大君)으로 삼았다. 이에 앞서 신돈이 유배가 있을 때 왕이 시신(侍臣)에게 말하였다. "내가 일찍이 신돈 집에서 노비 한 명을 총애하여 아들을 낳았는데, 이름이 모리노(牟利奴)이다. 잘 보호하도록 하라." 머지 않아 태후전(太后殿)에 불러들여 양육하였다. 시중 이인임(李仁任)을 돌아보며 말하기를 "원자(元子)가 있으니 나는 근심거리가 없구나"라고 하였다. 이때에 이르러 우(禑)라 이름을 고쳤다. 유신(儒臣) 백문보(白文寶), 전녹생(田祿生), 정추(鄭樞) 등을 (원자의) 사부(師傅)로 제수하였다.

○ 갑인 23년(1374) 가을 7월에 최영을 양광도(楊廣道)지금의 경기도, 충청도임 등 도(道)의 도통사(都統使)에 제수하였다. (최영이) 모든 군대를 이끌고 제주를 쳐서 원나라 망명자인 수령 석질리(石迭里)와 그 무리들을 모두 사로잡거나 목 베었다. 그리하여 제주가 평정되었다.

○ 9월에 명 사신이 돌아갈 적에 왕이 밀직부사(密直副使) 김의(金義)를 보내 호송하게 하였다. 명 사신이 술에 취해 번번이 김의를 죽이려 하였다. 마침내 김의가 명 사신을 죽이고 그의 말 300필을 빼앗아 북원(北元)으로 달아났다.

○ 환자(宦者) 최만생(崔萬生)과 행신(幸臣) 홍륜(洪倫) 등이 왕을 시해하였다. 태후가 국상(國喪)을 발표하지 않고 경복흥과 이인임 등을 불렀다. 최만생 등은 죽이고, 이인임의 뜻에 따라 강릉부원군 우를 왕으로 세웠다. 이가 전(前) 폐왕(廢王) 우였다. 공민왕을 현릉(玄陵)에 장사지냈다.

우왕

을묘 전 폐왕 우 원년(1375) 봄 정월에 판종부시(判宗簿寺) 최원(崔源)을 명에 보내 사신을 죽인 일에 대하여 해명[部辨]하였다.

○ 도성의 5부(部) 호수(戶數)를 바꾸어 정하였다. 집 칸살[間家]이 20칸 이상을 1호(戶)로 하여 군정(軍丁) 1명을 내게 하였다. 칸살이 적으면 네다섯 집을 묶어 1호로 하였다.

○ 병진 2년(1376) 봄 3월에 폐왕 우의 생모 반야(般若)약(若) 자의 음은 耶(야)임를 임진강(臨津江)에 던졌다. 반야가 태후궁에 와서 울며 말하기를 "제가 실로 주상을 낳았는데 어찌 한씨(韓氏)를 어머니라 합니까?"라고 하였다. 당시 이인임이 왕을 옹립한 후 정사를 제멋대로 처리하였기 때문에 바로 반야를 붙잡아 감옥에 가두었다가 마침내 임진강에 던진 것이다. 반야가 국문을 당할 때 새로 세운 중문(中門)을 가리키며 말하기를, "만약 하늘이 나의 원통함을 안다면 저 문이 반드시 저절로 무너질 것이다"라고 하였다. 이윽고 문이 저절로 무너지자 세상 사람들이 매우 괴이하게 여겼다.

○ 가을 7월에 일본이 공주성(公州城) 등을 함락하였다. 양광도 원수(元帥) 박인계(朴仁桂)가 전투에 져서 죽자 최영이 스스로 출전하겠다고 청하였다. 일본 군대와 홍산(鴻山)에서 싸울 적에 몸소 병사들의 선두에 섰고, 적의 화살을 입술에 맞고 피가 흘러 흥건했으나 안색은 태연자약 하였다. 드디어 분격(奮擊)하여 크게 무찔렀다. 이로 말미암아 명성을 크게 떨쳤다.

○ 정사 3년(1377) 봄 3월에 일본이 착량(窄梁)에 쳐들어와 전선(戰船)을 불태웠다. 또 강화(江華)로 쳐들어오니 도읍이 크게 요동쳤다. 우가

두려워서 철원(鐵原)으로 도읍을 옮기려 하자, 최영이 힘껏 간언하여 중지시켰다. 이윽고 적이 또 서강(西江)송도(松都) 서강(西江)으로 진격하여 위협하자 최영이 변안열(邊安烈)과 함께 격퇴하였다.

○ 여름 5월이다. 당시 왜구[日寇]가 경상도에 가득 찼다. 원수 우인열(禹仁烈)이 지원군을 긴급히 청하였다. 우가 우리 태조와 김득제(金得齊) 등을 조전원수(助戰元帥)에 제수하여 가서 도와주라 하였다. 태조가 밤낮으로 달려가다가 지리산에서 적을 크게 무찔렀다.

○ 가을 8월에 왜구가 서해도(西海道)현재 황해도에 쳐들어왔다. 원수(元帥) 나세순(羅世巡) 등이 패배를 거듭하자 태조가 바로 진격하여 적을 해주(海州)에서 크게 무찌르고 완전히 섬멸하였다.

○ 내성(內城)을 쌓았다. 최영이 건의하였는데, 도읍의 외성(外城)이 넓고 커서 지키기 어려우므로 내성(內城)을 쌓아 만일의 사태에 대비하고자 한 것이었다.

○ 무오 4년(1378) 여름 4월이다. 당시 왜구가 수원(水原) 남양(南陽) 등의 주(州)에 연이어 쳐들어왔다. 또 착량(窄梁)에 모여 승천부(昇天府)현재 풍덕(豐德)를 침입하였다. 우가 최영과 찬성사(贊成事) 양백연(楊伯淵), 우리 태조를 보내 반격하여 완전히 섬멸하였다.

○ 6월에 일본의 구주절도사(九州節度使) 원요준(源了俊)이 승려 신홍(信弘)을 보내와 왜구를 체포하려 하다가 이루지 못하고 돌아갔다. 다음해 여름 5월에 일본이 다시 박거사(朴居士) 등을 보내 해구(海寇)를 토벌하게 하였다. 조정에서 정몽주를 일본에 보내 교린(交隣)의 이해(利害) 관계에 대한 의견을 개진하고, 해적(海賊)을 막지 못함을 책망하였다.

○ 경신 6년(1380) 봄 정월에 태후 홍씨(洪氏)가 돌아가셨다[崩]. 나이가

83세였다. 태후는 행실이 어질었는데, 임종 때에 우에게 경계시키기를, "신하들에게 의견을 묻고 놀러 다니는 것을 일삼지 말라"고 하였다.

○ 가을 8월에 우가 성 남쪽으로 사냥하러 갔을 적에 곡식을 짓밟았다. 또 소년들과 함께 골목길[閭巷]에서 말을 몰아 민가(民家)의 닭과 개를 활로 쏘고, 길거리의 부인을 강제로 빼앗았다.

○ 9월에 우리 태조가 왜구를 치러 운봉으로 진격할 때였다. 적진에 아지발도(阿只拔都)라는 자가 있었다. 나이가 겨우 15, 6세였는데 사납고 용맹함이 견줄 데가 없었다. 창을 휘두르며 돌진해 들어와 가는 곳마다 군사들이 쓰러졌다. 태조는 그가 견고한 갑옷과 동(銅)으로 된 면갑(面甲)을 걸쳐서 화살이 들어갈 틈이 없는 것을 보시고는 편장(偏將) 이두란(李豆蘭)에게 말하기를, "내가 그의 투구를 쏘아 정자(頂子)를 떨어뜨리면 네가 바로 활을 쏘아라"라고 하셨다. 말을 달려 아지발도의 투구를 명중시키니 정자가 떨어졌고, 이두란이 바로 쏘아 죽였다. 적의 사기가 꺾이자 그 틈을 타서 힘껏 공격해 크게 무찔렀다. 첩첩이 쌓인 시체가 들판에 즐비하고 강물이 붉게 물들었으며 남은 적들은 도망하였다. 이후로 일본이 태조를 두려워하여 감히 접근하지 못하고, 매번 우리나라 사람을 포로로 잡으면 반드시 "이만호(李萬戶)가 지금 어디에 있는가?"라고 물었다.

○ 임술 8년[157](1382) 봄 2월에 우가 남쪽 교외에 사냥하러 갔다. 최영이 눈물을 흘리며 간언하기를, "충혜왕은 색(色)을 좋아하였지만 반드시 밤을 틈탔고, 충숙왕은 놀기를 좋아하였지만 모두 농사지을 때

157 원문에는 빠져 있으나 임술년은 우왕 8년에 해당하므로 삽입하였다.

를 놓치지 않아 백성들의 원망이 없었습니다. 지금 주상께서는 노는 것에 법도가 없어[無道] 말에서 떨어져 몸을 상하셨습니다. 제가 재상 자리에 있으면서 (왕의) 잘못을 바로잡지 못하였니 무슨 면목으로 사람들을 대하겠습니까?"라고 하였다. 그런데도 우는 고치지 않았다.

○ 왜구가 죽령(竹嶺)현재 풍기(豊基), 단양(丹陽) 땅에 있음을 넘어 단양에 쳐들어왔다. 원수 변안열이 한방언(韓方彦)과 함께 격퇴하였다.

○ 가을 9월에 우가 한양으로 도읍을 옮겼다. 시중 이자송(李子松)에게 개경(開京)에 남아 지키게 하였다.

○ 조준(趙浚)을 경상도체복사(慶尙道體覆使)에 제수하였다. 이때 왜구가 영남(嶺南)에 가득차서 백성들이 모두 도망가 숨었다. 최영이 조준을 천거하였다. 조준이 도착하여 도순문사(都巡問使) 이거인(李居仁)이 왜구를 방관한 죄를 꾸짖고, 병마사(兵馬使) 유익환(兪益桓)의 목을 베었다. 장수들이 모두 두려워하며 있는 힘껏 싸워 경상도 전체가 편안해졌다. 조준은 재상 조인규(趙仁規)의 후예이고 큰 뜻이 있는 자였다.

○ **계해** 9년(1383) 가을에 여진의 호발도(胡拔都)가 단주(端州)현재 단천(端川) 등의 지역에 쳐들어왔다. 만호(萬戶) 육려(陸麗) 등이 거듭된 전투에서 모두 패하였다. 태조가 길주(吉州)로 진격하실 적에 이두란에게 먼저 나아가 공격하게 하였는데 이두란이 크게 패하였다. 호발도가 태조를 업신여기고 말을 타고 (선봉에 서서) 싸우러 왔다. 태조가 그의 말을 활로 쏘아 거꾸러뜨리고 맹렬히 공격하여 크게 무찔렀다. 호발도가 도망갔다.

○ **갑자** 10년(1384)이다. 정당문학(政堂文學) 정몽주를 명나라에 보냈다. 당시 명이 (고려) 조정(朝廷)과 불화가 있어 우리 사신 김유(金庾)와 홍

상재(洪尙載) 등을 유배보내었다. 그래서 사람들이 모두 사행(使行)을 꺼리고 피하였다. 이에 정몽주를 보낼 적에 우가 불러 대면하고서 타일렀다. 정몽주가 말하기를, "임금님[君父]의 명을 감히 피하겠습니까?"라고 하였다. 마침내 사행을 가서 명왕(明王)을 만났다. 명왕의 질문에 대답하기를[陳對] 상세하고 분명하게 하자 명왕이 우대해 주었다. 마침내 김유와 홍상재 등을 풀어주고 돌려보냈다.

○ 9월에 환관(宦官) 김실(金實)을 문하찬성사(門下贊成事)에 제수하였다. 환관을 재상에 제수하는 것은 이전에는 없었다.

○ 이에 앞서 덕종(德宗)이 국자시(國子試)를 설치하였는데 공민왕에 이르러 폐지하였었다. 이때에 이르러 다시 성균관을 설치하였다. 대언(代言) 윤취(尹就)가 시험을 관장하였는데 모두 세도가의 젖비린내 나는 어린아이들을 뽑았다. 당시 사람들이 희롱하여 '홍분방(紅粉榜)'이라 하였다. 그 아이들이 붉은 옷을 즐겨 입고 얼굴에 분을 발랐기 때문이었다.

○ 겨울 10월에 북원(北元)북원은 원이 북방으로 피한 후의 칭호임이 사신을 보내와서 조회하였다.

○ 을축 11년(1385) 이에 앞서 일본 군대가 단주, 함주(咸州) 등에 연이어 쳐들어왔다. 원수 심덕부(沈德符) 등이 막아 싸우다가 모두 패하였다. 적의 세력이 나날이 불어났기 때문에 태조가 스스로 가서 공격하겠다고 청하였다. 함주에 이르러 적을 반격하여 크게 무찔렀다. 적의 무리들이 무너지고 흩어졌다. 쓰러진 시체가 강둑을 메웠고, 한 사람도 빠져 나간 자가 없었다.

○ 겨울 12월에 이인임의 노비 봉가이(鳳加伊)를 숙녕옹주(肅寧翁主)로 책봉하였고, 기녀(妓女) 칠점선(七點仙)을 영선옹주(寧善翁主)로 삼았다. 후

에 다시 봉가이를 덕비(德妃)로 책봉하였다. 또 기녀 소매향(小梅香)과 연쌍비(鷰雙飛)를 모두 옹주로 책봉하였다. 놀러갈 때마다 나란히 말을 타고 달렸다. 이에 앞서 이인임의 노비와 조영길(趙英吉) 사이에 봉가이라는 딸이 있었는데, 우가 이인임의 집에 가서 특별히 총애하였다. 이때부터 (우가) 이인임의 집에 매일 가서는 이인임을 아버지라 부르고 이인임의 처 박씨(朴氏)를 어머니라 부르니, 이인임의 권세가 더욱 성하였다.

○ 이색을 문하시중(門下侍中)에 제수하고, 사부(師傅)의 예로 대우하였다.

○ 정묘 13년(1387) 여름 6월에 백관의 관복(官服) 제도를 개정하였다. 명나라의 사모단령(紗帽團領)[158] 등을 모방하여 사용하였다. 1품 이하는 모두 사모단령을 입고 품대(品帶)도 차별을 두었다. 정몽주, 이숭인, 하륜(河崙), 강회백(姜淮伯) 등의 청을 따른 것이다.

○ 무진 14년(1388) 봄 정월에 임견미(林堅味), 염흥방(廉興邦), 도길부(都吉敷), 이성림(李成林), 반복해(潘福海) 등을 죽이고, 이인임은 경산부(京山府)현재 성주(星州)에 가서 살게 하였다[安置]. 이인임은 나라의 권력을 오랫동안 훔쳤는데, 임견미 등을 심복으로 삼고 매관매직을 하며 남의 토지와 노비를 함부로 빼앗았다. 도성 안팎에서 모두 이를 갈았다. 최영이 우에게 권하여 임견미, 염흥방 등을 죽이고 이인임은 공이 있다 하여 죽음은 면해주고 (성주에) 가서 살게 한 것이다.

○ 최영을 문하시중(門下侍中)에 제수하고, 우리 태조는 수시중(守侍中)에 제수하고, 이색은 판삼사(判三司)에 제수하였다.

158 사모단령(紗帽團領) : 사(紗)로 만든 모자와 둥근 깃의 옷을 말한다.

○ 2월에 명왕[明主]이 철령(鐵領) 이북은 본래 원나라에 속하였던 땅이므로 요동(遼東)으로 모두 귀속시키라 하고, 철령위(鐵嶺衛)를 요동에 세웠다.

○ 3월에 시중 최영의 딸을 영비(寧妃)로 책봉하고, 판사(判事) 신아(申雅)의 딸을 정비(正妃)로 책봉하였다. 과거에 왕이 최영의 딸을 맞아들이고자 하니 최영이 사양하기를 "신의 딸은 보잘 것 없어 임금[至尊]의 배필로 마땅치 않습니다. 주상께서 반드시 맞아들이고자 하신다면 늙은 저는 반드시 머리를 깎고 산에 들어가겠습니다"라고 하였다. 눈물을 흘리며 계속 말렸지만 우가 듣지 않았다.

○ 여름 4월에 우는 명나라가 요동 이북을 빼앗은 일에 노하여 명을 공격하고자 하였다. 평양(平壤)에 가서 징병을 재촉하고 부교(浮橋)를 압록강에 설치하였다. 최영에게 관직을 더하여 팔도도통사(八道都統使)에 제수하고, 조민수(曺敏修)를 좌군도통사(左軍都統使)에 제수하고, 태조를 우군도통사(右軍都統使)에 제수하였다. 각기 장수들을 이끌고 진군하게 하였는데, 좌우군(左右軍)이 합해서 38,600여 명이었다. 5월에 좌우군이 위화도(威化島)현재 의주(義州) 압록강(鴨綠江) 서쪽에 있음에 진을 쳤다. 원수 홍인계(洪仁桂)가 먼저 요동의 변경에 출정해서 목을 베거나 사로잡아 이기고 돌아왔다. 우가 기뻐하며 금과 비단을 상으로 내렸다.

○ 이때 우리 태조께서 여름에 출병하여 군대 안에 전염병[疾疫]이 빈발하고, 또 나라의 총력을 기울인 원정을 틈타 일본이 쳐들어올까 염려되므로 우에게 군대를 돌리기를 간곡히 청하였으나 들어주지 않았다. 최영에게 글을 써서 (출병의) 이로운 점과 해로운 점을 극진히 말하였으나, 최영 또한 들어주지 않았다. 태조가 드디어 장수들에게 명나

라를 정벌하는 것이 손해만 있고 이익은 없음을 깨우쳐주자, 장수들이 모두 감복하였다. 이에 도읍으로 군대를 돌렸다[回軍]. 우가 최영과 함께 도읍으로 서둘러 돌아와 막고자 하였다. 태조가 최영을 붙잡아 말하기를, "명을 공격하는 일은 국가의 흥망이 걸려 있기에, 부득이 여기에까지 이르게 되었습니다"라고 하였다. 서로 마주보고 눈물을 흘리다가 마침내 최영을 고봉현(高峰縣)현재 고양(高陽)으로 유배보내었다. 다시 명이 정말로 군대를 일으키려 하다가 회군했다는 것을 듣고, 바로 중지하였다.

○ 우를 왕위에서 물러나게 하고, 우의 아들 창(昌)을 왕으로 세웠다. 이때 우의 거칠고 음란하기가[荒淫] 날로 심해져서, 궁궐 안팎의 인심이 그를 떠나 있었다. 전교부령(典校副令) 윤소종(尹紹宗)과 조인옥(趙仁沃)이 곽광(霍光)[159]의 고사를 모방하여 사직(社稷)을 편안히 보전하는 것이 옳다고 우리 태조께 힘껏 권하였다. 태조가 마음으로 그렇다 여기셨다. 이에 장수들이 우에게 강화로 가도록 청하였고, 조민수가 힘껏 의논하여 창을 세우고자 하였다. 이때 이색은 명망 있는 유자(儒者)였기에, 그의 말을 빌리고자 나아가 물어보았다. 이색이 말하기를, "마땅히 전왕(前王)의 아들을 세우라"라고 하였다. 조민수 등이 드디어 정후(定后)공민왕(恭愍王)의 왕후인 안씨(安氏)임의 조서로 창을 왕으로 세웠다. 이때 나이가 9세였다.

○ 명(明)이 철령위(鐵嶺衛)를 혁파하였다.

○ 8월에 이색을 문하시중(門下侍中)에 제수하고, 우리 태조를 수시중

---

159 곽광(霍光) : 중국 전한(前漢)의 장군(?~BC 68)으로, 무제를 섬기다가 무제가 죽자 실권을 장악하였던 인물이다.

(守侍中)에 제수하였다. 당시 창이 서연(書筵)[160]을 열고서 이색에게 명하여 서연의 일을 통솔하라고 하였다. 정몽주, 정도전을 시독(侍讀)에 제수하여 교대로 입시하게 하였다.

○ 대사헌(大司憲) 조준이 건의하기를, "전시과(田柴科)가 허물어져 사전(私田)이 되면서부터 토지 겸병의 폐단이 심합니다. 부디 혁파하십시오"라고 하였다. 우리 태조가 왕에게 아뢰고 실행하셨다.

○ 양광도(楊廣道) 등 도(道)의 도지휘사(都指揮使)인 정지(鄭地)가 왜구(日寇)를 크게 무찔렀다. 당시 왜적이 양광도, 전라도, 경상도 세 도에 쳐들어와 주군(州郡)을 도륙하고 불질렀다. 정지가 장수들을 거느리고 남원(南原)에서 전투를 벌여 크게 쳐부수었다. 사람들이 말하기를 이 전투가 아니었다면 세 도의 백성들이 모두 죽었을 것이라 하였다.

○ 우리 태조에게 중앙과 지방의 모든 군사(軍事)를 총감독하도록 하였다.

○ 9월에 폐왕(廢王) 우를 여흥(驪興)으로 옮겼다.

○ 12월에 전 시중(侍中) 최영을 죽였다. 최영이 이미 유배를 갔는데 다시 국문을 하였다. 이에 전법판서(典法判書) 조인옥(趙仁沃)[161] 등이 최영의 죄를 바로잡도록 청하자 창이 드디어 최영의 목을 베었다. 최영은 최유청(崔惟淸)의 5세손이다. 사람 됨됨이가 어리석을 정도로 곧았다. 학술(學術)은 적었으나 충성스럽고 청렴하며 강직하였고, 힘이 남보

160 서연(書筵) : 일반적으로 황태자, 왕세자의 교육제도를 말한다. 그런데 충렬왕 때부터 창왕 때까지는 경연(經筵)의 명칭이 서연으로 격하되었기 때문에 여기는 창왕이 공부하던 자리로 보아야 한다.

161 원문은 이름부분이 결락되어 있으나 『고려사』에 의하면 조인옥이다. 『고려사』 권113, 열전 26, 최영, "전법판서(典法判書) 조인옥(趙仁沃) · 이제(李濟), 그리고 허응(許應) 등이 글을 올려 최영의 죄를 벌할 것을 청하였다."

다 뛰어났다. 군진(軍陣)에 나아가 적을 상대할 때면 신기(神氣)가 안정되고 차분하여 화살과 돌이 목전에 날아와도 조금도 두려워하는 기색이 없었다. 한걸음이라도 퇴각하는 전사(戰士)는 바로 베었기 때문에, 크고 작은 100여 번의 전투에서 한 번도 패한 적이 없었다. 평상시에 생산을 일삼지 않아서 사는 집이 매우 누추하였으나 태연하게 거처하였다. 비록 장군과 재상을 겸임하여 오랫동안 병권(兵權)을 잡고 있었지만, 청탁[關節]이 그에게 이르지 못하였다. 이때에 이르러 죽으니, 나이가 73세였다. 형(刑)에 임하여서도 말과 얼굴색이 변하지 않았으며, 목이 이미 떨어졌는데도 아주 잠간 꼿꼿이 서 있었다. 그가 죽던 날에 도성 사람들이 저자를 파하였고, 멀리 있는 사람이나 가까이 있는 사람이나 모두 눈물을 흘렸다. 후에 추증하여 시호를 무민(武愍)이라 하였다.

창왕

기사 후 폐왕(廢王) 창(昌) 원년(1389) 봄 2월에 경상도 원수 박위(朴葳)가 일본 대마도(對馬島)를 격파하였다. 박위가 일본을 공격하여 누차 전공(戰功)을 세우더니, 이때에 이르러 전함(戰艦) 100척을 이끌고 대마도에 가서 일본의 전함[日艦] 300여 척과 해안가의 오두막집을 불살라 거의 다 없앴다.

○ 가을 7월에 이색을 판문하부사(判門下府事)에 제수하고, 이림(李琳)을 문하시중(門下侍中)에 제수하였다. 또 정몽주의 말을 채택하여 이색, 이림과 우리 태조에게 명하여 칼을 차고 신을 신은 채 궁전에 올라오도록 하고 찬배(贊拜)[162]할 적에 이름을 말하지 않게 하였다. 이림은 창의 외조부이다.

○ 8월에 유구국(琉球國)이 사신을 보내 토산물[方物]을 바쳤다. 창이 전객령(典客令) 김윤후(金允厚)에게 답례로 방문하게 하였다.

○ 창을 왕에서 물러나게 하고 정창부원군(定昌府院君) 요(瑤)를 왕으로 세웠다. 당시 전 폐왕(廢王) 우가 전 호군(護軍) 김저(金佇) 등에게 시켜 우리 태조를 해치려고 하다가 일이 누설되었다. 태조가 정몽주, 조준, 정도전 등과 함께 죄를 의논하였다. 우와 창이 모두 왕씨(王氏)가 아니어서 종사(宗祀)를 받들기 어려우므로 마땅히 가짜를 폐하고 진짜를 세워야[廢假立眞] 한다고 하였다. 드디어 정후(定后)께 고하여 창을 강화로 내쫓았다. 신종(神宗)의 7세손인 요(瑤)를 맞이하여 왕으로 세웠으니, 이가 공양왕(恭讓王)이었다. 왕이 즉위하자 우와 창을 서인(庶人)으로 강등시켰다. 왕의 사람 됨됨이가 어리석고 유약하여, 즉위한 날에 어찌할 바 몰라 하며 오직 울며 탄식할 뿐이었다.

공양왕

기사 공양왕 원년(1389) 12월에 대관(臺官)이 글을 올려, 이색, 조민수, 이숭인 등이 우와 창의 편을 든 죄를 논하였다. 이에 조민수의 관직을 거두어 서인(庶人)으로 만들고, 이색과 이숭인은 유배보냈다. 사신을 보내 우와 창 부자를 죽였다. 우의 아내 최씨(崔氏)가 크게 통곡하여 말하기를, "제가 이 지경에 이른 것은 제 아버지의 죄과입니다"라고 하였다. 낮밤으로 통곡하고 눈물을 흘리며 10여 일 동안 음식을 먹지 않았다. 밤에는 우의 시체를 안고 자며 쌀알을 얻으면 정성껏 찧어서 공

---

162 찬배(贊拜) : 신하가 조현(朝見)할 때에 예식을 돕는 사람이 행례(行禮)의 절차를 말하는 것이다.

물로 올려 제사지내니, 당시 사람들이 가련하게 여겼다.

○ 관직 제도[官制]를 고쳤다.

○ 공신(功臣)에게 녹(錄)을 주었다. 우리 태조는 책봉하여 분충정난광복섭리좌명공신(奮忠定難匡復燮理佐命功臣) 화녕군개국충의백(和寧郡開國忠義伯)이라 하였다. 심덕부, 정몽주 이하는 모두 순서대로 작위를 주었으니, 당시 9공신이라 일컬었다.

○ 경오 2년(1390) 봄 정월에 우리 태조에게 팔도군마(八道軍馬)를 거느리게 하고, 군영(軍營)을 두어 순번을 나눠 교대로 지키게 하였다.

○ 3월에 문하주서(門下注書) 길재(吉再)가 관직을 버리고 고향으로 돌아갔다. 길재는 해평(海平)현재 선산(善山) 사람이다. 리학(理學)을 전공하여 정몽주를 스승으로 섬겼다. 폐왕 우 때에 주서(注書)가 되었다가 이때에 이르러 나라가 장차 망할 것을 알고 어머니의 늙음을 핑계대고 관직을 사임하고 선산으로 돌아갔다.

○ 이색 등을 먼 곳으로 유배보냈다. 처음에 조민수가 창녕(昌寧)에서 유배하고 있는데, 규정(糾正) 전시(田時) 등을 보내 창을 왕으로 세운 일을 국문하였다. 또 전시를 장단(長湍)에 보내 이색을 국문하였는데, 옥졸에게 좌우로 곤장을 잡게 하여 낮밤으로 협박하였다. 또 조민수의 옥사(獄詞)를 보여주니 이색이 거짓으로 자백하여 말하기를, "창을 세울 때에 조민수가 주도하였기 때문에 제가 감히 거스르지 못했습니다만, 멋대로 창을 세우자고 제일 먼저 권한 것은 저의 뜻이 아닙니다"라고 하였다.

○ 정도전을 정당문학(政堂文學)에 제수하고, 김사위(金士衛)를 밀직사(密直司)에 제수하고, 우리 태종(太宗)을 우부대언(右副代言)에 제수하였

다. 태종은 우리 태조의 다섯 번째 아들이다. 재능과 지혜가 남보다 뛰어나시고, 고려(高麗)의 정치가 어지럽고 민심이 이반된 것을 크게 걱정하셔서 개연(慨然)히 세상을 구제할 뜻을 품으셨다.

○ 한양(漢陽)으로 도읍을 옮겼다. 당시 서운관(書雲觀)이 도선비기(道詵秘記)[163]에 지리가 쇠하고 성할 때가 있다고 아뢰어 이 일이 있게 되었다.

○ 겨울 11월에 우리 태조를 영삼사사(領三司事)에 제수하고, 정몽주를 수문하시중(守門下侍中)에 제수하고, 지용기(池湧奇)를 판삼사사(判三司事)에 제수하였다.

○ 신미 3년(1391) 봄 정월에 우리 태조를 삼군도총제사(三軍都摠制使)에 제수하고, 배극렴(裵克廉), 조준, 정도전은 중좌우군총제사(中左右軍摠制使)에 제수하였다.

○ 왕이 옛 도읍으로 돌아왔다. 이는 형조판서(刑曹判書) 안원(安瑗)의 말을 따른 것이다.

○ 사전(私田)을 혁파하고 급전법(給田法)을 정하였다. 문종(文宗)의 구제(舊制)에 의하여 과전(科田)을 경기(京畿)에 두고 각각 그 과(科)에 따라 받게 하였다. 제1과는 대군(大君)으로부터 문하시중(門下侍中)까지로 150결을 지급하고, 그 아래는 차차 등급에 따라 줄여가서 18과에 이른다. 대체로 전조(田租)는 매 수전(水田) 1결(結)에는 조미(糙米) 30두(斗)요, 한전(旱田) 1결에는 잡곡이 30두이다. 이 외에 불법적으로 징수한 자는 뇌물죄[贓]로 논하였다. 결(結)은 고려 때 사용하기 시작한 것으로, 옛날의 1경(頃)임.

○ 가을 7월에 섬라국(暹羅國)이 사신을 보내 와서 방문하였다. 섬라국

---

163 도선비기(道詵秘記) : 도선(827~898)이 지었다고 하는 풍수지리서로, 고려 태조가 『훈요십조』에 도선이 지정한 곳에만 사찰을 세우라는 조항을 넣은 이후 고려시대 내내 권위를 지녔다.

은 지나(支那) 남해 가운데에 있어 우리와 서로 통교하지 않았는데, 이때에 이르러 그 왕이 나공(奈工) 등 8명을 보내 서신을 보내고 토산물을 바쳤다. 그 사람들은 한쪽 어깨를 내놓기도 하고 신발은 안 신기도 했는데, 높은 사람은 흰 베로 머리를 싸매었고, 시종이 높은 사람을 보면 옷을 벗어 몸을 드러냈다. 3번의 통역을 거친 후에야 그 뜻이 통하였다.

○ 시중(侍中) 정몽주가 글을 올려 "대관(臺官)이 탄핵에만 열중해 화(禍)가 허물 없는 자에게까지 미칩니다"라고 하였다. 바로 배극렴 등과 함께 창을 세우고 우를 맞이하는 등의 다섯 가지 죄를 경중(輕重)에 따라 나누어 정하였다. 또 계(啓)를 올려 말하기를, "지금 이후에 다시 탄핵을 논하는 자가 있다면, 무고죄(誣告罪)로 논하십시오"라고 하였다.

○ 9월에 우리 태조를 판문하부사(判門下府事)에 제수하고, 심덕부(沈德符)를 문하시중에 제수하였다.

○ 성헌(省憲)과 형조(刑曹)에서 상소를 올렸다. "정도전은 안으로는 간악한 마음을 품고 밖으로는 충직함을 뽐내서 국정(國政)을 더럽히니, 극형(極刑)에 처하소서." 왕이 공신이라 하여 용서하고 고향 마을로 돌려보냈다.

○ 도평의사사(都評議使司)에서 말씀을 올렸다. "은(銀)과 동(銅)이 본래 우리나라에서 생산되는 것이 아니니 은병(銀甁)[164]을 다시 화폐로 사용하기 어렵습니다. 마땅히 고금(古今)의 일을 참작하여 본국에서 통용할 종이돈[楮貨]을 만들어 인쇄한 뒤 유포시킴으로써 오종포(五綜布)와 함께 사용하게 하십시오."

---

164 은병(銀甁) : 고려시대에 쓰던 병 모양의 은화이다. 해동통보 등의 동전에 비해 고액화폐였다.

○ 이색과 이숭인을 불러들였다.

○ 임신 4년(1392) 여름 4월에 조영규(趙英珪)가 수시중(守侍中) 정몽주를 길가에서 습격하여 죽였다. 정몽주의 사람 됨됨이가 호탕하고 인품이 뛰어나며 충효(忠孝)의 절개를 지켰다. 어려서부터 학문을 좋아하고 게을리 하지 않아, 성명(性命)의 심오한 이치를 환하게 깨달았다. 당시 나라에 많은 일이 일어나자 개연(慨然)히 (나라를) 지키고 보전하여 평안하게 하려는 뜻이 있었다. 왕실을 충성을 다해 보좌하였다. 이때에 이르러 마침내 나라를 위해 목숨을 바치니, 나이가 57세였다. 후에 우리 조정에서 관직을 추증하고 시호를 내려주고 문묘에 종사(從祀)하게 하였다. 그가 지은 시문(詩文)은 호방하고 엄숙하고 정결하였으니, 『포은집(圃隱集)』이 세상에 전한다.

○ 정몽주가 죽자 우리 태종(太宗)이 고려왕(高麗王)에게 계(啓)를 올려 김진양(金震陽) 등을 국문할 적에, 이색, 우현보(禹玄寶), 이숭인, 이종학(李種學), 조호(趙瑚)를 관련시켰다. 이에 먼저 김진양, 이숭인, 이종학과 서인(徐仁), 권홍(權弘) 등을 먼 곳으로 유배보냈다. 김진양은 사람 됨됨이가 정의롭고 성품이 뛰어났으며 글을 잘 지었다. 정도전과 함께 이색을 스승으로 섬겼다. (정몽주의) 재주와 명망이 정도전보다 높아 정도전이 시기하였는데, 이때에 이르러 체복사(體覆使) 황거정(黃居正)을 부추겨 곤장을 때려 죽였다. 이종학은 이색의 둘째 아들로, 장사(長沙)현재 무장(茂長)로 유배를 갔는데, 또한 정도전에게 목 졸려 죽임을 당하였다.

○ 왕이 이색을 청주(淸州)로 내쫓았다. 왕이 이색에게 말하기를, "경의 아들이 이미 조정에 죄를 얻었으니, 경은 떠나라. 그러나 양강(兩江) 밖이라면 경이 가고 싶은 곳으로 가도록 하라"라고 하였다. 이색이 대

답하여 말하기를, "신에게는 땅도 집도 없으니 어디로 돌아가겠습니까?"라고 하였다.

○ 심덕부를 판문하부사에 제수하고, 우리 태조를 문하시중에 제수하였다.

○ 조준을 경기좌우도절제사(京畿左右道節制使)에 제수하고, 남은(南誾)을 경상도절제사(慶尙道節制使)에 제수하였다. 각각 그 도(道)의 병마(兵馬)를 관장하게 하였다.

○ 가을 7월에 정도전을 봉화군충의군(奉化郡忠義君)에 제수하였다.

○ 왕이 원주(原州)에서 왕위를 넘겨주었다. 당시 태조의 위덕(威德)이 날로 성대해져서, 많은 사람들이 마음으로 추대하였다. 여러 사람이 빽빽이 모인 자리에서 공공연하게 말하기를, "천명(天命)과 인심(人心)이 이미 소속된 데가 있는데, 어찌 왕위에 오르기를 권하지 않는가"라고 하였다. 12일 신묘(辛卯)에 우시중(右侍中) 배극렴 등이 왕태후(王太后) 안씨(安氏)에게 고하여 말하기를, "지금 임금이 어리석고 못나서 백성들의 주인이 되지 못합니다"라 하고, 드디어 왕후의 조서(詔書)로 왕을 물러나게 하여 원주로 내쫓았다. 고려는 태조의 개국으로부터 왕에 이르기까지 무릇 34명의 왕이 있었고, 475년 만에 망하였다. 우리 태조께서 오셔서 즉위하신 뒤 왕을 공양군(恭讓君)으로 내려 봉하였다. 3년 뒤에 공양군이 죽자 왕으로 추봉(追封)하였다.

부록

용어해설

|부록 일러두기|

1. 부록의 용어 설명은 독자의 이해를 돕기 위해 한국문화연구원에서 일괄 정리한 것이다.
2. 시대구분(사망 10년 전을 기준)은 다음과 같이 규정한다.
   - 고대 및 나말려초 : 고구려 / 백제 / 신라 / 발해 / 신라 말 · 고려 초 / 신라 말기
   - 고려 : 고려 전기(개국~1170) / 고려 후기(1170~1350) / 고려 말기(1350~1392) / 고려 말 · 조선 초(고려, 조선에 걸쳐 있을 경우)
   - 조선 : 조선 전기(개국~1592) / 조선 후기(1592~1876) / 개화기(1876~1910) / 일제강점기(1910~)
   - 개화기 · 일제강점기 : 양쪽 시대 모두에 걸쳐 있는 경우로 한 왕조의 전 · 후기처럼 연속성이 있는 시기가 아니기 때문에, 개화기와 일제강점기를 모두 제시한다.
3. 중국 왕조의 인물인 경우

   기본적으로 국명 뒤에 '나라'를 붙였으며, 뒤에 수식어가 붙지 않을 때는 '나라'를 제외한다.
   - 원은 1271년 이전은 몽골, 그 이후는 원나라로 표기한다.
   - 나라 이름이 2글자 이상(후금, 후당, 동진 등)일 경우는 '나라'를 넣지 않는다.
4. 인명 · 관직명 · 지명 등의 한자 병기는 한 항목 별로 처음에만 병기한다.
   - 바로 아래 항목이라도 별개의 항목이면 한자를 다시 병기한다.
5. 관직 중 한자를 병기하지 않은 경우
   - 신라의 관등, ㅇㅇ도관찰사('ㅇㅇ道都觀察使'는 한자 병기), ㅇ조판사, 영의정, 우의정, 좌의정, 상대등.
6. 인명 중 한자를 병기하지 않은 경우
   - 모든 왕호 : 신라 宣德王(善德王은 '선덕여왕'으로 통일), 고려 定宗 · 靖宗, 모든 추존왕은 제외한다.
   - 정몽주, 김부식, 최영, 묘청, 김유신, 송시열, 조광조, 이성계, 왕건, 견훤, 궁예, 최충헌, 이자겸, 이황, 이이, 주몽, 대조영, 이순신, 홍선대원군, 장보고, 김옥균, 박지원, 서희, 연개소문, 정도전, 원효, 최치원, 이완용, 공자, 김춘추, 정약용
7. 사건명 중 한자를 병기하지 않은 경우
   - 임진왜란, 병자호란, 정유재란, 갑오개혁, 임오군란, 을미사변, 갑신정변, 을사조약, 청일전쟁, 러일전쟁, 위화도회군, 동학운동, 아관파천
8. 몇 째 아들 표기는 장남, 제2남, 제3남 순으로 한다.
9. 관직명, 지명, 인명을 나열할 때 가운데 방점을 사용한다.
10. 아버지나 할아버지, 아들이 유명한 경우가 아니면, 가계 설명은 삭제한다.
11. 관직명의 띄어쓰기 원칙은 다음과 같이 한다.
    - 관청+관직(예 : 이조전랑), 지역+관직(예 : 평주판관) 등의 구조일 때는 모두 붙인다.

|인명|

가실(嘉悉, 생몰년미상) : 가실왕과 동일인물이다. → 가실왕

가실왕(嘉悉王, 생몰년미상) : 가야 말기의 왕이다. 가보왕(嘉寶王)이라고도 하며, 어느 가야국의 왕이었는지는 확실하지 않다. 시대적으로는 동시대의 음악가 우륵(于勒)과의 관계로 미루어 신라 진흥왕(재위 540~576)과 같은 시기의 인물로 짐작된다. 재위 중 가야금을 만들었으며, 우륵에게 명하여 『하가라도(下加羅都)』·『상가라도』 등을 작곡하게 하였다.

갈로(葛盧, 생몰년미상) : 고구려의 장군이다. 436년(장수왕 24) 북연(北燕)이 북위(北魏)에게 백랑성(白狼城)을 빼앗기고, 고구려에 구원을 청하여 왔을 때, 맹광(孟光)과 함께 원병을 거느리고 가서 북연군의 후위(後衛)를 맡아 북위군의 추격을 물리쳤다.

감마랄(카말라[甘麻剌], 1263~1302) : 원나라의 황족으로, 진왕(晉王)이다. 세조 쿠빌라이 아들인 유종(裕宗)의 아들로, 지원연간(至元年間 : 1264~1294)에 북쪽 변방을 진압하고 그 동안 몽골어로 『통감(通鑑)』을 강의하였다. 근신들을 잘 타이르고, 신하들이나 일반백성을 소중하게 여겼다. 1287년 이후 태조 칭기즈칸의 4대 행궁(行宮)을 다스렸고, 1295년 세조가 죽자 성종을 추대하여 즉위하게 하였다.

강감찬(姜邯贊, 948~1031) : 고려 전기의 명장이다. 본관은 금주(衿州), 초명은 은천(殷川)이다. 983년(성종 2) 문과에 장원으로 급제하여 예부시랑이 되었다. 거란이 10만 대군을 이끌고 쳐들어왔을 때 서북면행영도통사(西北面行營都統使)로 상원수(上元帥)가 되어 흥화진(興化鎭)에서 적을 무찔렀으며 달아나는 적을 구주(龜州)에서 크게 격파하였다.

강민첨(姜民瞻, ?~1021) : 고려 전기의 장군으로, 본관은 진주이다. 목종 때 문과에 급제하였으나 지기(志氣)가 있고 강과(剛果)하여 주로 전공을 통하여 입신하였다. 영일(迎日) 등지에 쳐들어온 동여진을 격퇴하고 거란의 소배압(蕭排押)이 10만 대군으로 쳐들어오자 강감찬의 부장으로 출전하여 흥화진(興化鎭)에서 격파하였으며, 거란군이 개경으로 쳐들어가자 이를 추격하여 자산(慈山)에서 크게 이겼다.

강조(康兆, ?~1010) : 고려 전기의 무신이다. 1009년(목종 12) 천추태후(千秋太后)가 외척 김치양(金致陽)과 더불어 정변을 일으키자, 대량원군(大良院君)을 현종으로 옹립하고 목종을 시해하였다. 현종 즉위 후 중대사(中臺使)가 되었고, 이듬해 거란의 성종이 목종을 시해한 데 대한 문죄라는 명목으로 40만 대군으로 침입해 오자 행영도통사(行營都統使)가 되어 30만의 군사로 통주(通州)에서 싸우다 사로잡혔다.

강종(康宗, 1211~1213) : 고려의 제22대 왕(재위 1211~1213)이다. 자는 대수(大華), 명종의 장남이고, 어머니는 광정태후(光靖太后) 김씨, 비는 원덕태후(元德太后) 유씨이다. 1171년(명종 1) 관례(冠禮)를 올리고, 1173년 왕세자에 책봉되었다. 1197년 최충헌에게 쫓기어 부왕과 함께 강화도로 유배되었다가, 희종을 폐한 최충헌에게

옹립되어 왕위에 올랐다.

강중경(姜仲卿, ?～1356) : 고려 후기의 무신이다. 공민왕이 원나라에 있을 때 시종하였고 기철(奇轍) 일파를 숙청할 때 공을 세웠다. 압록강 서쪽에 있는 원나라 소속의 8참(八站)을 빼앗는 임무를 맡았으나 주정을 부리다 살해되었다.

강회백(姜淮伯, 1357～1402) : 고려 말 · 조선 초의 문신이다. 본관은 진주, 자는 백보(伯父), 호는 통정(通亭)이다. 밀직사판사(密直司判事) · 이조판서 · 정당문학 겸 대사헌(政堂文學兼大司憲) 등을 지냈다. 조선 건국 후에는 동북면도순문사(東北面都巡問使)가 되었다.

개로왕(蓋鹵王, ?～475) : 백제의 제21대 왕(재위 455～475)이다. 이름은 여경(餘慶), 초명은 경가(慶可)이다. 고구려의 첩자 도림(道琳)의 꾀에 빠져 국가재정을 낭비하고 왕족 중심의 집권체제를 추구하여 백제 내부의 결속력을 약화시켰다. 고구려 장수왕의 침입을 받아 죽었다.

거칠부(居柒夫, ?～579) : 신라 진흥왕 때의 재상이다. 내물왕의 5세손으로, 아버지는 이찬 물력(勿力)이다. 대아찬으로서 『국사(國史)』를 편찬하여 파진찬의 관등을 받았다. 상대등으로 군국정사(軍國政事)를 총괄하였다.

걸걸중상(乞乞仲象, 생몰년미상) : 발해의 제1대왕인 고왕(대조영)의 아버지이다. 당나라 영주(榮州)에서 억류생활을 하다, 696년 거란족의 반란을 틈타 말갈 추장 걸사비우(乞四比羽) 등 고구려 유민과 함께 당나라 지배에서 벗어나 동쪽으로 이동하였다. 그 후 당 황제가 그를 회유하려 하였으나 거절하자 토벌군을 보내 공격하였다. 이에 고구려 유민을 이끌고 이해고(李楷固)의 당나라군과 싸우다 패하여 전사하였다.

걸사비우(乞四比羽, 생몰년미상) : 고구려에 복속된 말갈족의 추장이다. 고구려 멸망 후 당나라의 영주(榮州)에서 억류생활을 하다, 696년 거란족의 반란으로 혼란이 일어난 틈을 타 영주에서 탈출해서 고구려 유민들을 이끌고 고구려 옛 땅으로 이동하였다. 당나라가 회유하였지만 듣지 않자 토벌군을 파견하여 고구려 유민집단을 공격하였다. 이 싸움에서 고구려 유민을 지휘한 그는 패전 끝에 전사하였다.

검모잠(劍牟岑, ?～670) : 고구려의 부흥운동가이다. 고구려 수림성(水臨城)에서 태어났으며, 『신당서(新唐書)』에는 겸모잠(鉗牟岑)으로 기록되어 있다. 고구려가 망하자 유민을 모아 안승(安勝)을 왕으로 옹립하여 한성을 근거지로 삼아 고구려 부흥운동을 일으켰다.

견훤(甄萱, 867～936) : 후백제의 제1대 왕(재위 900～935)이다. 전주견씨(全州甄氏)의 시조이고, 본성은 이(李)이며, 아자개(阿慈介)의 아들이다. 관제를 정비하고, 중국과 국교를 맺었으며, 궁예의 후고구려와 충돌하며 세력 확장에 힘썼다. 후에 왕위 계승 문제로 장남 신검(神劍)에게 유폐를 당하였으나 탈출해 고려 왕건에게 투항하였다. 왕건에게 신검 토벌을 요청하여 후백제를 멸망시켰다.

경대승(慶大升, 1154～1183) : 고려 후기의 무신으로 본관은 청주이다. 1179년(명종 9)

정중부(鄭仲夫) 등을 제거하고 실권을 장악하였다. 도방(都房)을 설치하고 문관과 무관을 고루 등용하여 무신의 난으로 와해된 조정의 질서를 회복하려 하였으나, 30살의 나이로 병사하였다.

경덕왕(景德王, ?~765) : 신라의 제35대 왕(재위 742~765)으로 이름은 헌영(憲英)이다. 왕권강화를 위해 한화정책(漢化政策)을 근간으로 하는 제도개혁을 단행하였다.

경명왕(景明王, ?~924) : 신라의 제54대 왕(재위 917~924)이다. 성은 박씨, 이름은 승영(昇英)으로 아버지는 신덕왕이다. 후삼국이 정립하여 패권을 다투던 때에 재위, 후당에 구원을 청하였으나 실패하였다. 고려 태조 왕건의 도움으로 견훤의 침공을 격퇴하는 등의 전과도 올렸으나, 국세를 떨치지 못하고 죽었다.

경문왕(景文王, ?~875) : 신라의 제48대 왕(재위 861~875)으로 이름은 응렴(膺廉·凝廉)이다. 신라 쇠퇴기에 빈번히 일어나는 중앙귀족의 모반과 지방 반란 평정에 힘썼다. 당나라에 사신을 파견, 긴밀한 유대를 맺었다. 황룡사탑을 수축하였다. 재위 중 천재지변이 많아 백성이 곤궁하였다.

경복흥(慶福興, ?~1380) : 고려 말기의 재상이다. 본관은 청주, 초명은 천흥(千興), 시호는 정렬(貞烈)이다. 기철(奇轍) 숙청의 공으로 1등공신이 되었다. 1363년(공민왕 11) 최유(崔濡)가 덕흥군(德興君)을 추대하여 군사 1만 명을 이끌고 침입하자, 서북면도원수(西北面都元帥)가 되어 이순(李珣)·최영·안우경(安遇慶) 등과 함께 이를 물리치고 좌시중(左侍中)이 되었다. 신돈 집권 때 그를 제거하려다가 발각되어 유배되었다가, 신돈 주살 후 다시 좌시중(左侍中)이 되었다.

경순왕(敬順王, ?~978) : 신라의 제56대 왕(재위 927~935)으로, 신라 최후의 왕이다. 성은 김씨이고 이름은 부(傅)이며, 문성왕(文聖王)의 6대손이다. 재위 때 후백제의 침공과 약탈로 국가의 기능이 마비되었다. 고려에 귀부하기로 결정하고, 고려 태조에게 항복하였다. 태조로부터 유화궁(柳花宮)을 하사받았으며, 그의 딸인 낙랑공주(樂浪公主)를 아내로 맞고 정승공(政承公)에 봉해졌다. 경주의 사심관에 임명, 고려시대 사심관제도의 시초가 되었다.

경종(景宗, 955~981) : 고려의 제5대 왕(재위 975~981)이다. 이름은 유(伷), 자는 장민(長民)이며, 광종의 장남으로 어머니는 대목왕후(大穆王后) 황보씨이다. 976년에는 전시과(田柴科)를 제정하였으며, 977년에는 과거를 재개하였다. 뒤에 정치를 등한히 하고 음탕한 생활에 빠져 소인과 사귀기를 좋아하고, 군자를 멀리하였다.

경천흥(慶千興, ?~1380) : 경복흥과 동일인물이다. → 경복흥

경화공주(慶華公主, ?~1344) : 고려 제27대 충숙왕의 제3비이다. 원나라 출신이며 이름은 백안홀도(伯顔忽都)로, 충숙왕이 원나라에 있을 때 결혼하였다. 충숙왕 사후 연회 때 충혜왕이 강제로 범하자, 심왕파(瀋王派)인 조적(曺頔) 일당에게 이 사실을 알리고, 조적 일당은 심왕 옹립을 위해 난을 일으켰다.

계고(階古, 생몰년미상) : 신라의 악사이다. 우륵의 제자로 가야금연주자였다. 우륵이

지은 12곡의 가야금곡이 번잡하고 거칠다 하여 5곡으로 줄여, 진흥왕(재위 540~576)과 우륵에게 칭찬을 받았다. 이 곡들은 신라의 대악 궁정음악이 되었고, 계고는 왕 앞에서 자주 가야금을 연주하여 벼슬이 대내마까지 올랐다.

계국대장공주(薊國大長公主, ?~1315) : 고려 충선왕의 비이다. 이름은 보탑실련(寶塔實憐)로, 원나라의 진왕(晉王) 카말라[甘麻剌]의 딸이며 충선왕 즉위와 함께 왕비에 올랐다. 고려 출신의 조비(趙妃)를 질투하여 이를 원 황실에 모함하자, 원나라에서는 충선왕과 공주를 원나라로 불러들이고 왕위를 다시 충렬왕에게 돌려주었다. 충선왕이 무종 영립의 공으로 1308년 다시 왕위에 오르자 1313년 충선왕과 함께 고려에 돌아왔다. 그 후 원나라에 들어가 그곳에서 죽었다.

계백(階伯, ?~660) : 백제의 장군이다. 나당연합군이 백제를 공격하자 군사 5,000명을 이끌고 출전하여 황산벌에서 신라 김유신의 군대와 맞서 네 차례나 격파하였다. 이후 관창(官昌)의 죽음으로 사기가 오른 신라군의 총공격 때 전사하였다.

계왕(契王, ?~346) : 백제의 제12대 왕(재위 344~346)이다. 제10대 분서왕의 장남인데 나이가 어린 탓에 비류왕이 왕위에 올랐고, 그의 사후 즉위하였다. 자질이 강직하고 용감하며 기사(騎射)에 능하였다. 즉위 3년 만에 죽었다. 왕위는 비류왕의 아들 근초고왕이 계승하였다.

계필하력(契苾何力, 생몰년미상) : 당나라의 무장이다. 당 태종의 제1차 고구려 침공 때 백암성(白巖城)을 함락하고 안시성 싸움에서 패해 회군하였다. 당나라의 제2차 고구려 침공 때도 육로군을 지휘하여 평양성을 공략하였으나 연남생(淵男生)의 고구려군에게 크게 패하였다.

고간(高侃, 생몰년미상) : 나당전쟁에서 활약한 당나라의 장군이다. 667년 금산에서 고구려군에게 패하였고, 672년에는 신라군과 싸우다 후퇴하던 중 추격해 오는 신라군을 기습하여 대아찬 효천(曉川) 등 6인의 장수를 죽였다.

고구(高句, ?~438) : 고구려의 장군이다. 436년(장수왕 24) 북연의 왕 풍홍(馮弘)은 북위의 침략을 받자 고구려에 도움을 요청하고 고구려는 풍홍을 도와 구원하였다. 풍홍은 고구려에 투항해 와 북풍(北豊)에 거주하였는데, 송나라로 빠져 나가려고 하였다. 이 때, 고구는 손수(孫漱)와 풍홍의 이주를 막다가, 송나라의 기습을 받아 죽었다.

고국양왕(故國壤王, ?~391) : 고구려의 제18대 왕(재위 384~391)이다. 이름은 이련(伊連)·어지지(於只支)로 소수림왕의 아우이며 광개토왕의 아버지이다. 385년 군사 4만으로 요동을 공격하였고, 이듬해 백제를 정벌하여 국토를 넓히는 등 외치(外治)에 힘썼다. 불교를 널리 펴서 문화를 발전시켰으며, 국사(國社)를 세우고 종묘를 수리하는 등 국가체제 확립에도 크게 이바지하였다.

고국원왕(故國原王, ?~371) : 고구려의 제16대 왕(재위 331~371)이다. 이름은 사유(斯由)·쇠(釗)이고 미천왕의 아들이다. 국강상왕(國岡上王)이라고도 한다. 314년(미천왕 15) 태자로 책봉되고, 즉위하자 평양성을 증축하였으며 국내성을 수리하였다. 모용황(慕容皝)에게 미천왕의 시체를 빼앗기고, 왕모 주씨(周氏)와 왕비가 납치되었으나 조공으로 찾아왔다. 백제 공격에 패하고, 371년 침입한 백제 근초고왕과 평양성에서 싸우다가 죽었다.

고국천왕(故國川王, ?~197) : 고구려의 제9대 왕(재위 179~197)이다. 이름은 남무(男武)이며 신대왕의 제2남으로, 대신들의 추대를 받아 왕위에 올랐다. 국양왕(國襄王)이라고도 한다. 184년 한나라 요동태수(遼東太守)의 침입을 막아 싸워서 대승하였다. 을파소(乙巴素)를 국상으로 등용하여 진대법(賑貸法)을 실시하는 등 현정을 베풀었다.

고막덕(高莫德, ?~148) : 고구려의 왕족으로 태조왕의 제2남이다. 147년에 태조왕은 동생인 차대왕에게 왕위를 물러주었는데, 그 다음해 4월에 숙부인 차대왕이 원자(元子)인 형 고막근(高莫勤)을 살해하자 죽임을 당할까봐 스스로 목숨을 끊었다.

고복장(高福章, ?~147) : 고구려의 문신으로, 123년(태조왕 71) 우보(右輔)가 되었다. 146년 태조왕의 동생 수성(遂成)이 왕위를 빼앗으려 하자, 이에 반대하였다. 이 때문에 수성이 차대왕으로 즉위한 이듬해 왕에게 살해되었다.

고연수(高延壽, ?~645) : 고구려 말기의 장군이다. 645년 당 태종이 고구려를 침략하여 요동성을 함락하고 안시성을 포위하자, 당시 북부욕살(北部褥薩 : 뒤의 都督과 같은 벼슬)인 그는 남부욕살인 고혜진(高惠眞)과 함께 고구려와 말갈 연합군 15만 명으로 안시성 구원에 노력하였다. 태종의 유인작전에 빠져 참패하자 투항하였다.

고왕(高王, ?~719) : 발해의 제1대왕(재위 698~719)으로, 발해를 건국하였다. 이름은 대조영이다. 고구려가 멸망한 뒤 당나라의 고구려 유민 분산정책에 따라 가족과 함께 요하(遼河) 서쪽의 영주(營州) 지방으로 이주하였다. 698년 지금의 길림성(吉林省 : 지린성) 돈화현(敦化縣 : 둔화현) 지역인 동모산(東牟山)에 도읍하여 나라를 세우고 왕이 되어 국호를 진(震 : 振)이라 하였다가 713년에 발해로 국호를 바꾸었다.

고을나(高乙那, 생몰년미상) : 삼성신화(三姓神話)에 나오는 제주 고씨의 시조이다. 『고려사』에 따르면 땅에서 솟아나온 양을나(良乙那), 부을나(夫乙那), 고을나는 일본국에서 온 세 공주와 혼인하고 농사를 짓고 살며 태평성대를 이루었다고 한다.

고이왕(古爾王, ?~286) : 백제의 제8대 왕(재위 234~286)이다. 국가체제를 정비하고 왕권을 강화하여 국가 기반을 확립하였다. 관제를 마련하였고, 강력한 중앙집권체제로 발전시켰다. 신라의 변방을 침범하여 영토 확장에도 진력하여, 건국 태조와 같은 업적을 남겼다.

고조(高祖, 566~635) : 당나라의 제1대 황제(재위 618~626)이다. 이름은 이연(李淵)이며 자는 숙덕(叔德)이다. 617년에 중국 각지에서 반란이 터지자 반란에 가담하여 봉기하였다. 이연은 수나라의 수도인 장안으로 들어가서 수 양제를 제위에서 물러나게 하고, 황태손인 양유(楊侑 : 恭帝)를 황제로 세웠으며 자신은 수의 대승상(大丞相)이 되었다. 수 양제의 암살소식을 듣고, 형식상의 선양을 받아 당나라를 건국하였다.

고종(高宗, 1192~1259) : 고려의 제23대 왕(재위 1213~1259)이다. 이름은 철(瞮), 초명은 진(瞋) · 질(晊)이며 자는 대명(大明) · 천우(天祐)이다. 재위 기간에 거란 · 몽골 등 북방민족의 침입을 받았다. 몽골의 침입으로 강화에 천도하여, 28년간 항쟁하였다. 팔만대장경 조판, 유학 장려 등 문화적 업적을 남겼다.

고청(高淸, 생몰년미상) : 신라의 관료이다. 본관은 제주이며 고을나(高乙那)의 15대 후손으로 고후(高厚)의 동생이다. 신라 때 형 고후와 함께 탐진(耽津)에 이르니, 신라왕이 친자식처럼 사랑해서 왕자(王子)라 불렀다. 신라왕에게 보개(寶蓋) 및 옷과 띠를 받고 탐라(耽羅)로 돌아왔다.

고후(高厚, 생몰년미상) : 신라의 관료이다. 본관은 제주이며 고을나(高乙那)의 15대 후손으로 동생 고청(高淸)과 신라의 탐진(耽津)에 이르렀다. 이에 신라왕으로부터 성주(星主)라 불렀고 처음에 탐진에 도착한 까닭에 그들이 사는 고을을 탐라(耽羅)라고 불렀다. 신라왕에게 보개(寶蓋) 및 옷과 띠를 받고 돌아왔다. 이후로부터 탐라는 신라에 편입되었다.

고흥(高興, 생몰년미상) : 백제 근초고왕 때의 학자이다. 박사(博士)라는 직함을 가지고 『서기(書記)』를 편찬하는 등 유학(儒學)과 관련된 분야에서 활동한 것으로 전해질 뿐, 구체적인 행적은 알 수 없다.

곤지(昆支, ?~477) : 백제 개로왕의 동생이자 동성왕의 아버지이다. 일본에서 15년간 머물다가 백제가 고구려의 공격으로 웅진(熊津)으로 천도하는 국난을 당하자 귀국하여 내신좌평(內臣佐平)에 올랐다.

공민왕(恭愍王, 1330~1374) : 고려의 제31대 왕(재위 1351~1374)이다. 이름은 전(顓)이고 초명은 기(祺)이며, 호는 이재(怡齋) · 익당(益堂)이다. 원 배척운동을 통해 몽골풍, 원 연호 · 관제를 폐지하고, 쌍성총관부(雙城摠管府)를 폐지하여 영토를 회복하였다.

공손강(公孫康, ?~221) : 후한 말기~위나라 초기의 장군이다. 요동으로 도망해 온 장수 원상(袁尙)을 죽여 조조에게 바치고 양평후(襄平侯) 좌장군(左將軍)의 벼슬을 받았다. 고구려 산상왕을 격파하여 환도성(丸都城)으로 도읍을 옮기게 하고 대방군(帶方郡)을 설치하는 한편 한(韓) · 예(濊)도 토벌하였다.

공손수(公孫遂, 생몰년미상) : 위만조선을 침략한 한나라의 제남태수(濟南太守)이다. 왕검성을 공격하던 누선장군(樓船將軍) 양복(楊僕)과 좌장군 순체(荀彘)가 서로 다투자 양복을 잡아 가두었다. 조선을 항복시키지 못하였다는 이유로 무제의 노여움을 사서 사형당하였다.

공손연(公孫淵, ?~238) : 중국 삼국시대 연(燕)나라의 왕이다. 오나라를 뿌리치고 위나라 편에 들어 요동태수(遼東太守)가 되었으나, 그 뒤 자립하여 연 왕을 자칭하였다. 위나라가 정토군으로 공격하자 공손씨 정권은 멸망하였다.

공양왕(恭讓王, 1345~1394) : 고려의 제34대 왕(재위 1389~1392)으로, 고려시대 최후의 왕이다. 이름은 요(瑤)이고 신종(神宗)의 7대손이며, 정원부원군(定原府院君) 왕균(王鈞)의 아들이다. 이성계는 위화도회군 뒤에 창왕을 즉위시켰으나, 음모를 꾀하였다는 이유로 그를 폐위시키고 공양왕을 즉위시켰다. 이성계에게 실권을 빼앗겼으며, 정몽주가 살해된 후 덕이 없고 어리석다는 이유로 폐위당하였다.

곽여(郭輿, 1058~1130) : 고려 전기의 문인이다. 본관은 청주, 자는 몽득(夢得), 시호는 진정(眞靜)이다. 궁중의 순복전(純福殿)에 천거, 왕의 스승으로 담론에 응하였다. 왕이 산재(山齋)를 지어 주고 허정재(虛靜齋)라는 편액을 하사하였다. 사후 왕이 정지상을 시켜 「산재기(山齋記)」를 써 비(碑)를 세웠다.

광개토왕(廣開土王, 374~412) : 고구려의 제19대 왕(재위 391~412)이다. 이름은 담덕(談德)이며, 고국양왕의 아들이다. 소수림왕의 정치적 안정을 기반으로 최대의 영토를 확장한 정복 군주이다. 한국 최초의 연호를 사용하였으며, 동예를 통합하고 동부여를 정벌하였다.

구수왕(仇首王, ?~234) : 백제의 제6대 왕(재위 214~234)이다. 귀수왕(貴須王)이라고도 하며, 초고왕의 장남이다. 216년 사도성(沙道城)에서 말갈(靺鞨)의 군대와 싸워 이기고, 222년 신라의 우두진(牛頭鎭)을 공격하여 충훤(忠萱)의 군대 5,000명을 격파하였다. 한재(旱災)와 수재(水災)에 대비하여 제방을 수축하고, 농사를 권하여 민생의 안정을 꾀하였다.

구이신왕(久爾辛王, ?~427) : 백제의 제19대 왕(재위 420~427)이다. 전지왕과 팔수부인(八須夫人)의 장남이며, 비유왕의 아버지이다. 423년 · 425년 송나라에 사신을 파견하였고, 그 이후에도 매년 사신을 파견하는 등 송나라와의 긴밀한 관계를 유지하려고 노력하였다. 이는 고구려가 북조(北朝)와 동맹관계를 맺고 세력을 확장하려는 데에 맞서는 외교정책의 일환으로 파악된다.

구형왕(仇衡王, 생몰년미상) : 금관가야의 제10대 왕(재위 521~532)으로, 금관가야의 마지막 왕이다. 구해왕(仇亥王)이라고도 한다. 겸지왕(鉗知王)의 아들이자, 각간(角干) 김무력(金武力)의 아버지이며, 김유신의 증조부(曾祖父)이다. 532년(법흥왕 19) 신라에 항복하여 상등(上等)의 벼슬과 가락국을 식읍(食邑)으로 받았다.

궁예(弓裔, ?~918) : 후고구려의 제1대왕(재위 901~918)이다. 성은 김이고, 몰락한 진골귀족의 후예로, 신라의 제47대 헌안왕 또는 제48대 경문왕의 아들이라고도 한다. 898년(효공왕 2) 양길(梁吉)을 타도하고 송악(松岳)을 근거로 자립하여 고구려의 부흥을 표방하고, 다시 901년에 후고구려를 건국하여 스스로 왕이라 칭하였다. 그러나 전제군주로서 횡포가 심하였고, 신숭겸(申崇謙) 등이 왕건을 추대하자 도망가다 피살되었다.

권겸(權謙, ?~1356) : 고려 말기의 역신(逆臣)이다. 본관은 안동이다. 충숙왕 초 사복시부정(司僕寺副正)을 지내고 1321년(충숙왕 8) 우대언(右代言)을 거쳐 민부전서(民部典書)가 되었다. 1352년(공민왕 1)에는 복안부원군(福安府院君)으로서 원나라에 가서 딸을 황태자에게 바치고, 원나라의 태부감태감(太府監太監)의 벼슬을 얻었다. 공민왕의 배원정책에 맞서 기철(奇轍)과 함께 난을 일으켰다.

근구수왕(近仇首王, ?~384) : 백제의 제14대 왕(재위 375~384)이다. 중국 · 왜국과도 국교를 맺어 중국의 제반 문물을 왜국에 전하기도 하였다. 특히 왜국에서 백제에 사람을 보내어 학자를 구하므로, 왕의 손자 진손왕(辰孫王)과 함께 왕인(王仁)을 왜국에 보내기도 하였다.

금강(金剛, ?~935) : 후백제 왕 견훤의 제4남이다. 935년에 견훤이 금강에게 왕위를 선위하려고 하자 그의 형 신검(神劍) · 양검(良劍) · 용검(龍劍) 등이 이를 시기하였다. 이에 신검은 양검 · 용검 등과 함께 반란을 일으켜, 견훤을 금산사(金山寺)에 가두고 금강을 살해한 뒤 즉위하였다.

금와왕(金蛙王, 생몰년미상) : 고구려 동명성왕 신화에 나오는 동부여의 왕이다. BC 1세기에 활동한 것으로 보이며, 그의 행적은 『삼국사기』 · 『삼국유사』, 그리고 이규보(李奎報)의 「동명왕편(東明王篇)」에 전해지고 있다.

급리(急利, 생몰년미상) : 신라 흘해왕(재위 310~356) 때의 문신이다. 왜국왕이 신라에 사신을 보내와 자기 아들과 신라 여인과의 혼인을 요청해 오자, 흘해왕은 급리의 딸을 보내 결혼시켰다. 그의 딸과 왜국왕의 아들이 결혼한 뒤 약 25년 동안 신라와 왜국은 수교를 맺는 등 우호관계를 유지하였다.

기루왕(己婁王, ?~128) : 백제의 제3대 왕(재위 77~128)이다. 다루왕의 장남으로, 30년(다루왕 3) 태자에 책봉되었다. 77년 왕이 된 뒤 85년에는 신라의 변방을 공략하였으며, 105년(기루왕 29)에는 신라에 사신을 파견하여 화친을 맺었다. 125년 말갈(靺鞨)의 침입을 받은 신라에 원병을 보냈다.

기림왕(基臨王, ?~310) : 신라의 제15대 왕(재위 298~310)이다. 성은 석(昔)이고 이찬 걸숙(乞淑)의 아들, 조분왕의 손자이다. 원래 칭호는 기림이사금(基臨尼師今)으로, 기립왕(基立王)이라고도 한다.

기철(奇轍, ?~1356) : 고려 후기 권세가이다. 본관은 행주이고, 몽골식 이름은 바엔부카[伯顔不花]이다. 누이동생인 기황후가 원 순제의 황후가 되어 태자를 낳자, 기황후와 원나라를 등에 업고 권세를 부렸다. 원나라의 세력이 약화되자 친원파 권겸(權謙) · 노책(盧頙) 등과 결탁하여 친척과 심복들을 요직에 앉혀 세력 기반을 구축하였다. 배원정책을 쓴 공민왕이 즉위한 뒤, 반란을 꾀하다 권겸과 함께 주살되었다.

기현(奇顯, ?~1371) : 고려 말기 신돈의 심복 중 핵심인물이다. 관직은 갖지 않았으나 신돈이 한창 권세를 누릴 무렵 그의 집에 거처하면서, 왕궁에 출입하여 조석으로 신돈의 곁을 떠나지 않고 섬겼다. 신돈이 그들 부부를 가장 가까이함에 벼슬을 구하고자 하는 자는 반드시 기현의 처를 통하여 뇌물을 바쳤으며, 그 자신은 횡포를 부리고 권세를 누렸다. 뒤에 신돈 일당이 처형될 때 아들 셋과 함께 죽었다.

기홍수(奇洪壽, 1148~1209) : 고려 후기의 무신이다. 본관은 행주, 자는 태고(太古), 시호는 경의(景懿)이다. 1194년(명종 24) 추밀원부사(樞密院副使)를 지내고 1197년(신종 즉위년)에 참지정사 판병부사(參知政事判兵部事)를 지냈다. 1203년(신종 6) 벽상삼한삼중대광(壁上三韓三重大匡) · 문하시랑동중서문하평장사(門下侍郞同中書門下平章事)를 지내고, 이부판사(吏部判事)로 임명되었으나 사양하고 물러났다.

길재(吉再, 1353~1419) : 고려 말 · 조선 초의 성리학자이다. 본관은 해평(海平), 자는 재보(再父), 호는 야은(冶隱) · 금오산인(金烏山人), 시호는 충절(忠節)이다. 1387년(우왕 13) 성균학정(成均學正)이 되었다가, 1388년에 순유박사(諄諭博士)를 거쳐 성균박사(成均博士)를 지냈다. 조선이 건국된 뒤 1400년(정종 2)에 이방원(李芳遠)이 태상박사(太常博士)에 임명하였으나 두 임금을 섬기지 않겠다는 뜻을 말하며 거절하였다.

길환(吉奐, 생몰년미상) : 고려 전기 청주 인근 출신의 인물이다. 928년(태조 11) 왕건이 견훤에 보낸 글에 간단히 언급된 인물이다. 즉 왕건이 연산군(燕山郡) 지경에서 길환을 목베었다고 하였다. 이를 통해 보면 길환은 친 견훤의 정치적 입장을 보인 인물로서 고려의 왕건에 의해 죽음을 당하였음을 알 수 있다.

김경손(金慶孫, ?~1251) : 고려 후기의 장군이다. 본관은 경주, 초명은 운래(雲來)이다. 몽골이 침입하자 결사대 12명을 거느리고 분전 격퇴하였고 뒤이어 구주(龜州)의 몽골군도 물리쳤다. 적도(賊徒)들을 규합하여 백적도원수(百賊都元帥)라고 자칭하며 세력을 떨치던 이연년(李延年)과 싸워 그를 죽이고 패주시켰다.

김경신(金敬信, ?~798) : 신라 원성왕과 동일인물이다. → 원성왕

김계명(金繼明, 생몰년미상) : 신라의 재상이다. 경문왕(재위 861~875)의 아버지이며 희강왕(재위 836~838)의 아들이다. 파진찬의 관등으로 위흔(魏昕)의 뒤를 이어 시중(侍中)이 되어, 경문왕이 즉위할 때까지 13년 간 재직하였다. 효공왕까지 그의 자손 5명에 의해 왕통이 계승되고, 마지막 왕 경순왕도 그의 4대손이 된다.

김구용(金九容, 1338~1384) : 고려 말기의 학자이다. 본관은 안동, 자는 경지(敬之), 호는 척약재(惕若齋), 초명은 제민(齊閔)이다. 공민왕 때 16세로 진사에 합격, 그 뒤 문과에 급제하여 덕녕부주부(德寧府主簿)를 거쳐 민부의랑 겸 성균관직강(民部議郞兼成均館直講)이 되었다. 정몽주 · 박상충(朴尙衷) · 이숭인(李崇仁) 등과 성리학을 일으켰고, 척불숭유의 선봉이었다. 사장(詞章)을 잘하였으며, 『동문선』에 8편의 시가 전한다.

김군수(金君綏, 생몰년미상) : 고려 후기 문신이다. 본관은 경주, 호는 설당(雪堂)이며 김부식의 손자이다. 거란병 침입 때 서북면병마사(西北面兵馬使)가 되어 숙주(肅州) · 영청(永青) 등지에서 400여 명을 죽이고 말 50여 필을 빼앗았다. 의주에서 한순(韓恂) · 다지(多智) 등이 난을 일으키자, 금나라 원수 우가하(于哥下)에게 서신을 보내 그들의 목을 베게 하여 진압하였다.

김균정(金均貞, ?~836) : 신라의 왕족이다. 원성왕(재위 785~798)의 손자이며 신무왕

(재위 839) · 헌안왕(재위 857~861)의 아버지이다. 이찬이 되어, 반란을 일으킨 웅천주도독(熊川州都督) 김헌창(金憲昌)을 성주에서 격파하였다. 상대등이 되었으나, 왕이 후사 없이 죽자 종질 김우징(金祐徵), 김제륭(金悌隆)과 왕위다툼을 하다가, 김이홍(金利弘) 등에게 살해되었다.

김단(金旦, 생몰년미상) : 고려 전기의 문신으로, 본관은 수주(水州)이다. 과거에 급제한 후 1115년(예종 10) 예종의 천거를 받아 중국 송나라로 건너가 대학에서 2년간 유학하였으며 송나라 제과(制科)에 1등으로 급제하여 문명(文名)을 떨쳤다. 귀국 후 좌사낭중(左司郎中), 예부시랑(禮部侍郎), 호부상서(戶部尙書) 등 여러 벼슬을 거쳐 정2품 상서우복야(尙書右僕射)에 올랐다.

김덕진(金德珍, 생몰년미상) : 고려 전기의 문신이다. 위위경(衛尉卿)으로 동북면행영병마사(東北面行營兵馬使)가 되어 여진과 대치하였으며, 예종 초에 병부상서 겸 삼사사(兵部尙書兼三司使)를 지냈다. 윤관의 여진정벌 때 우군병마사(右軍兵馬使) · 병부상서(兵部尙書)가 되어 군사 4만3천8백명을 이끌고 선덕진(宣德鎭)을 출발하여 광탄(廣灘) 등 32촌을 격파하여 적 290명을 사살하고 300명을 사로잡았다.

김돈중(金敦中, ?~1170) : 고려 전기 문신이다. 본관은 경주이고 중서령(中書令) 김부식의 아들이다. 1170년 정중부(鄭仲夫)가 보현원(普賢院)에서 난을 일으켜 많은 문신들이 살해당하자, 도망하여 감악산(紺獄山)에 숨었으나 자신의 종자(從者)의 밀고에 의하여 잡혀 죽었다.

김득배(金得培, 1312~1362) : 고려 말기의 문신이다. 본관은 상주, 호는 난계(蘭溪)이다. 1351년 공민왕이 즉위하자 우부대언(右副代言)이 되었으나, 무고를 받아 파면되었다. 강릉대군(江陵大君 : 공민왕)을 따라 원나라에 갔고 홍건적 침입으로 의주 · 정주 · 인주 등이 함락되자 이를 방어하였다. 서경을 탈환하여 적을 압록강 밖으로 격퇴하였으며 홍건적이 다시 침입하자 개경을 수복하였다.

김득제(金得齊, 생몰년미상) : 고려 말기의 무신으로, 김득배(金得培)의 동생이다. 본관은 상주이며 1361년(공민왕 10) 홍건적 20만의 침입으로 공민왕이 복주(福州 : 안동)로 피난할 때, 대장군(大將軍)으로서 호종하고 서울 수복에 공을 세웠으며, 우왕 때도 수차례 왜구를 격퇴하였다.

김락(金樂, ?~927) : 고려의 개국공신으로, 시호는 장절(壯節)이다. 918년(태조 1) 고려가 개국되자 2등공신에 책록되고, 927년 7월 원보(元甫) 재충(在忠)과 함께 대량성(大良城 : 합천)을 공략하여 후백제의 장군 추허조(鄒許祖) 등을 사로잡았다. 그해 공산(公山)에서 견훤과 싸우다가 태조가 포위되자, 대장 신숭겸(申崇謙)과 함께 구하고 전사하였다.

김란(金蘭, ?~1371) : 고려 말기 문신이다. 1362년(공민왕 11) 위위시판사(衛尉寺判事)로 서북면병마사(西北面兵馬使)가 되고, 이듬해 홍건적을 물리친 공으로 인하여 2등공신이 되었다. 당시의 권신 신돈에게 두 딸을 시집보내고, 이춘부(李春富)와 함께 그들 일당의 중진이 되어 밀직부사(密直副使)·서북면도체찰사(西北面都體察使) 등을 역임하였다. 1371년 신돈이 주살되자, 함께 잡혀 죽었다.

김명(金明, ?~839) : 신라 민애왕과 동일인물이다. → 민애왕

김무력(金武力, 생몰년미상) : 신라 진흥왕(眞興王) 때의 장군이다. 신라의 삼국통일에 크게 기여한 김유신의 조부이며, 금관가야의 마지막 왕인 구형왕(仇衡王)의 제3남이다. 532년(법흥왕 19) 금관가야가 신라에 병합되자 부왕과 왕모 및 형 김노종(金奴宗), 김무덕(金武德) 등과 함께 신라에 투항하였다.

김보당(金甫當, ?~1173) : 고려 후기의 문신으로, 본관은 영광이다. 1171년(명종 1) 우간의대부(右諫議大夫)로서 재상 최윤의(崔允儀) 등을 탄핵하다가 동북면병마사(東北面兵馬使)로 좌천됨에 따라 1173년 전왕 의종을 세운다는 기치 아래 군사를 일으켰다. 관군에게 패하여 처형당할 때 문신으로서 이 모의에 가담하지 않은 자가 없다고 말하여, 많은 문신이 죽음을 당하였다.

김부(金富, 생몰년미상) : 고려 후기의 무신이다. 1173년(명종 3) 동북면병마사(東北面兵馬使) 김보당(金甫當)이 무신 집권자 정중부(鄭仲夫) 등을 제거하려다 실패하고 살해된 후 이에 연루된 많은 문신들이 살육되자 문신과 무신의 자제를 결혼시켜 후환이 없도록 하게 하여 살육의 화를 그치게 하였다.

김부식(金富軾, 1075~1151) : 고려 전기의 문신·학자이다. 본관은 경주, 자는 입지(立之), 호는 뇌천(雷川), 시호는 문열(文烈)로, 신라 왕실의 후예이다. 인종의 명령을 받아 『삼국사기』를 편찬하면서 체재(體裁)를 작성하고 사론(史論)을 직접 썼으며, 1145년에 완성하였다. 호부상서 한림학사승지(戶部尙書翰林學士承旨)를 지냈고 묘청 등의 서경천도세력이 난을 일으키자 원수로서 3군(三軍)을 지휘하며 난을 제압하였다.

김부의(金富儀, 1079~1136) : 고려 전기의 문신이다. 본관은 경주, 자는 자유(子由), 초명은 부철(富轍), 시호는 문의(文懿)로, 김부식의 동생이다. 인종이 세자로 있을 때, 첨사부사직(詹事府司直)이 되어 문학(文學)으로 우대를 받았고, 어사중승(御史中丞)으로 특진하였다. 묘청이 난을 일으키자, 평서10책(平西十策)을 올리고 좌군수(左軍帥)·추밀원사(樞密院使)가 되어 출정하였으며, 평정하고 돌아와 금대(金帶)를 하사받았다.

김사형(金士衡, 1333~1407) : 고려 말·조선 초의 문신이다. 본관은 안동, 자는 평보(平甫), 호는 낙포(洛圃), 시호는 익원(翼元)이다. 문하시랑찬성사(門下侍郎贊成事)로 판상서사사(判尙瑞司事)와 병조전서(兵曹典書)를 겸임하였으며 개국공신(開國功臣) 1등에 책록되고, 이어 문하우시중(門下右侍中)에 상락백(上洛伯)으로 봉해졌다.

김생(金生, 711~791) : 신라의 명필이다. 자는 지서(知瑞)이고 별명은 구(玖)이다. 일생을 서예에 바쳤으며, 예서·행서·초서에 능하여 '해동의 서성(書聖)'이라 불렸고, 송나라에서도 왕희지(王羲之)를 능가하는 명필로 이름이 났다. 그의 필적은 유일한 서첩 『전유암산가서(田遊巖山家序)』 외에 『여산폭포시(廬山瀑布詩)』·『낭공대사비(朗空大師碑)』에 전한다.

김서현(金舒玄, 생몰년미상) : 신라의 장군으로, 김유신의 아버지이다. 만노군(萬弩郡 : 진천) 태수로 있을 때 갈문왕(葛文王) 입종(立宗)의 손녀 만명(萬明)과 결혼하여 김유신을 낳았다. 백제와 싸워 전공을 세우고, 고구려의 낭비성(娘臂城 : 충북 청원)을 함락시켰다. 그의 딸 문희(文姬)는 후에 태종무열왕의 비 문명왕후(文明王后)가 되었다.

김세충(金世沖, ?~1232) : 고려 후기의 문신이다. 야별초지유(夜別抄指諭)로 있으면서, 1232년(고종 19) 몽골 침략의 방어책으로 강화도에 도읍을 옮기자는 최우(崔瑀)의 주장에 대하여, 천도를 정면으로 반박하며 송도 사수를 주장하였다. 그러나 대세에 역행하는 자라 하여 최우에 의하여 참형(斬刑)을 당하였고, 천도는 실행되었다.

김속명(金續命, ?~1386) : 고려 후기의 문신이다. 본관은 화평(化平), 시호는 충간(忠簡)이다. 공민왕 때 성품이 강직하여 일체의 권모와 간계에 굽히지 않아 주위의 미움을 받아 파직되기도 하였다. 우왕 때 반야(般若)사건의 변론 시 왕에 대하여 불경한 말을 하였다고 하여 탄핵받고 처형될 뻔 하였으나 감형되어 귀양가서 죽었다.

김수로(金首露, 42~199) : 금관가야 수로왕과 동일인물이다. → 수로왕

김숙흥(金叔興, ?~1011) : 고려 전기의 무장이다. 거란의 성종이 침입하였다 군사를 거두어 돌아갈 때 그 퇴로를 막고 1만 여 명의 적군을 무찔렀다. 이어 애전(艾田 : 義州) 지방에서 거란군의 선봉을 꺾었으나 거란의 성종이 대군을 이끌고 쳐들어오자 전사하였다.

김순(金順, ?~1203) : 고려 후기의 민란주동자이다. 1199년(신종 2) 명주(溟州) · 동경(東京) 등에서 난이 일어났을 때, 동경 민란(民亂)의 지휘자였다. 중앙의 회유를 받고 명주 쪽의 금초(今草)와 함께 투항, 왕으로부터 주식(酒食)과 의복을 하사받았다. 그러나 돌아가 다시 반란을 일으켜 이천을 점거하던 중, 1203년 중군판관(中軍判官) 박인석(朴仁碩)에게 잡혀 죽었다.

김순부(金淳夫, 생몰년미상) : 고려 전기의 문신이다. 1135년(인종 13) 묘청의 난이 일어나자, 평주판관(平州判官)으로서 반군에게 항복을 권하여 성사시켰다. 1162년(의종 16) 예부시랑(禮部侍郎)으로 금 세종의 등극을 축하하는 사신으로 갔다.

김승위(金承渭, 생몰년미상) : 고려 전기의 무신이다. 1013년(현종 4) 강동6주의 반환을 요구하던 요나라가 군대를 보내어 흥화진(興化鎭)을 공격하자, 이를 반격하여 물리쳤다. 1018년 병부상서(兵部尙書)에 올랐다.

김안(金安, ?~1135) : 고려시대의 문신으로 초명은 찬(粲)이다. 1126년(인종 4) 이자겸(李資謙)을 제거하고자 거사하였으나 실패하고 유배되었다. 후에 묘청의 술수에 넘어가 왕에게 그를 극력 추천하고 성인으로 받들게 하였다. 1135년(인종 13) 묘청의 난에 가담한 죄로 김부식에게 참살되었다.

김알지(金閼智, 65~?) : 경주김씨의 시조이다. 65년(탈해왕 9) 경주의 서쪽 시림(始林 : 鷄林)의 나무 끝에 걸린 금궤(金匱)에서 태어났다. 금궤에서 유래하여 성을 김씨로 하였다고 한다.

김암(金巖, 생몰년미상) : 신라의 관리 · 방술가(方術家)로, 김유신의 증손이다. 당나라에 유학하여 음양학(陰陽學)을 연구하고, 『둔갑법(遁甲法)』을 저술하였으며, 점복술과 은형술(隱形術)의 새로운 분야를 개척하였다. 귀국 후에 패강두상(浿江頭上)으로 전임되어 농민에게 『육진병법(六陣兵法)』을 가르쳤다. 779년(혜공왕 15) 일본에 사신으로 파견되었을 때, 그의 재주를 이용하려는 일본 왕 고닌[光仁]에게 억류되었다고 전한다.

김양(金陽, 808~857) : 신라의 왕족으로, 자는 위흔(魏昕)이다. 흥덕왕이 죽은 뒤 김균정(金均貞)과 김제륭(金悌隆)이 왕위 쟁탈전을 벌이자 김균정을 돕다가 실패하였다. 839년 김균정의 아들 김우징(金祐徵), 장보고 등과 함께 군사를 동원하여 왕을 시해하고 김우징을 신무왕으로 추대하였다. 신무왕이 죽은 후 문성왕을 옹립하였다.

김양상(金良相, ?~785) : 신라 선덕왕과 동일인물이다. → 선덕왕

김용(金鏞, ?~1363) : 고려 말기의 정치가로, 본관은 안성이다. 공민왕이 세자로 원나라에 갔을 때 시종한 공으로 대호군(大護軍)에 올랐다. 자신의 권세를 위해 온갖 패륜을 저질렀다. 공민왕을 시해하려다 발각되어 사지가 찢기는 극형을 받고 처형되었다.

김용춘(金龍春, 생몰년미상) : 신라의 왕족이다. 진지왕의 아들이며, 태종무열왕의 아버지이다. 629년(진평왕 51) 대장군(大將軍)으로 김유신과 함께 고구려의 낭비성(娘臂城)을 공격하여 함락시켰다. 아들인 김춘추가 왕위에 오르자 문흥대왕(文興大王)으로 추봉되었다.

김우징(金祐徵, ?~839) : 신라 신무왕과 동일인물이다. → 신무왕

김웅원(金雄元, 생몰년미상) : 신라의 장군이다. 완산주도독(完山州都督)을 지냈고, 819년 당나라 운주절도사(鄆州節都使) 이사도(李師道)의 반란에 순천장군(順天將軍)으로 3만 명의 원군을 이끌고 당나라에 건너가서 난을 진압하는 데 공을 세웠다. 822년(헌덕왕 14) 웅천도독(熊川都督) 김헌창(金憲昌)이 반란을 일으키자, 잡찬으로 김균정(金均貞) · 김우징(金祐徵)과 함께 3군을 이끌고 이를 평정하였다.

김유(金庾, ?~1386) : 고려 말기의 무신으로, 본관은 김해이다. 1362년(공민왕 11) 강릉도병마사(江陵道兵馬使)로서 홍건적을 격파하고 개경(開京)을 수복한 공으로 2등공신에 책록되었으며, 김용(金鏞)의 난을 진압하여 1등공신에 책록되었다. 1367년 전라도도순문사(全羅道都巡問使)로, 난을 일으킨 탐라의 목호(牧胡)를 토벌하였다.

김유신(金庾信, 595~673) : 신라의 장군이다. 본관은 김해이며, 가야국의 시조 김수로왕(金首露王)의 12대손이다. 소정방(蘇定方)이 이끈 당나라군과 연합하여 백제를 멸망시켰다. 당나라군과 함께 고구려 정벌에 나서 여러 번 실패하였으나 결국 성공하였다. 이후, 당나라 군사를 축출하는 데 힘써 한강 이북의 고구려 땅을 수복해 삼국통일의 기반을 다져 놓았다.

김윤중(金允中, 생몰년미상) : 신라의 재상이다. 733년(성덕왕 32) 당나라에서 신라에게 발해를 치도록 요구하면서 발해원정군의 지휘관으로 지목해옴에 따라, 성덕왕은

그와 그의 동생 김윤문(金允文) 등 세 장군에게 군사를 이끌게 하여 발해를 치게 하였으나, 큰 눈이 와서 원정은 이루지 못하였다.

김윤후(金允侯, 생몰년미상) : 고려 후기의 무신이다. 원래 경기도 평택 지역에 소재하는 백현원(白峴院)의 승려였으나 1232년(고종 19) 몽골이 침입하자 인근 처인부곡(處仁部曲)의 처인성(處仁城)으로 몸을 피하여 입보민들을 지휘하였다.

김의(金義, 생몰년미상) : 고려 말·조선 초의 무신이다. 본관은 경주로, 밀직부사(密直副使)를 거쳐 1374년(공민왕 23) 밀직사동지사(密直司同知事)가 되었다. 이성계가 조선을 건국하자 개국공신(開國功臣)으로 추앙되어 평안도관찰사로 부임하였으나, 고려조 때 명나라 사신을 살해한 사실로 난처해진 조정에서 변방 수비를 소홀히 하였다는 이유로 유배하였다.

김인경(金仁鏡, ?~1235) : 고려 후기의 문신이다. 본관은 경주, 시호는 정숙(貞肅), 초명은 양경(良鏡)이다. 명종 때 문과에 급제하여 관직에 들어섰으며, 고종 초에 조충(趙冲)이 강동성(江東城)에서 거란군을 토벌할 때, 판관(判官)으로 출전하여 큰 공을 세웠다. 이후 여러 관직을 역임하였는데, 문무를 겸하였으며, 일반 행정에도 뛰어났다.

김인문(金仁問, 629~694) : 신라의 장군·외교가이다. 자는 인수(仁壽)이고 태종무열왕의 제2남이며 문무왕의 아우이다. 신라의 장군·외교가로 당나라에 파견되어 나당연합군 조직에 성공해 소정방(蘇定方)과 연합하여 백제·고구려를 멸망시켰고 당나라에 머물렀다.

김인준(金仁俊, ?~1268) : 김준과 동일인물이다. → 김준

김저(金佇, ?~1389) : 고려 말기의 무관으로, 최영의 조카이다. 최영의 측근인 전부령(前副令) 정득후(鄭得厚)와 함께 폐왕 우를 만나 이성계를 살해하라는 부탁을 받고 이성계를 살해하기로 결정하였다. 이성계의 집에 잠입하여 암살하려다 실패하여 '김저의 옥사'가 일어났다.

김제옹(金悌邕, 생몰년미상) : 신라의 왕족이다. 원성왕의 손자이며, 소성왕·헌덕왕의 동생이다. 809년(애장왕 10) 이찬으로, 형 김언승(金彦昇)과 함께 난을 일으켜 조카 애장왕을 죽이고, 김언승을 헌덕왕에 오르게 하였다.

김주원(金周元, 생몰년미상) : 신라의 왕족이다. 태종무열왕의 6대손으로 강릉김씨의 시조이다. 785년(선덕왕 6) 왕이 후사가 없이 죽자 왕으로 추대되었으나 되지 않았다. 후일 아들 김헌창(金憲昌)이 자기 아버지가 왕위에 오르지 못하게 된 것을 원망하여, 반란을 도모하였으나 실패하였다.

김준(金俊, ?~1268) : 고려 후기의 무신이다. 초명은 인준(仁俊)으로, 최우(崔瑀)의 신임을 얻어 전전승지(殿前承旨)를 거쳐 별장(別將)으로 최항(崔沆)을 섬겼다. 최의(崔竩)를 살해하여 최씨의 무단정치를 타도하고 왕권을 회복시키는 공을 세웠으나, 그의 외교정책이 원종의 미움을 받자 임연(林衍) 일파에게 살해되었다.

김지정(金志貞, ?~780) : 신라의 왕족이다. 780년(혜공왕 16)에 이찬으로 반란을 일으

켜, 왕과 왕비를 모두 죽였다. 그러나 상대등 김양상(金良相)과 이찬 김경신(金敬信) 등의 반격을 받은 뒤 죽임을 당하였다.

김척후(金陟侯, 생몰년미상) : 고려 후기의 무신이다. 1193년(명종 23) 장군으로 있으면서 대장군(大將軍) 전존걸(全存傑)의 휘하에서 운문(雲門)의 김사미(金沙彌), 초전(草田)의 효심(孝心) 등이 일으킨 민란을 토벌하고 뒤에 대장군(大將軍)이 되었다. 그러나 1203년(신종 6) 경주 지역에서 패좌(孛左)가 일으킨 난의 토벌이 늦어지자, 속히 토벌하지 않아 반란군의 기세를 높였다는 성대(省臺)의 탄핵을 받고 파직되었다.

김체명(金體明, ?~809) : 신라의 왕족이다. 소성왕의 아들이며 애장왕의 동생이기도 하다. 809년(애장왕 10)에 왕의 숙부로서 섭정직에 있던 김언승(金彦昇)과 그의 아우 이찬 김제옹(金悌邕)이 반란을 일으키자 왕을 시위하다가 피살되었다. 이때 애장왕도 시해되고, 김언승이 헌덕왕으로 즉위하였다.

김춘추(金春秋, 604~661) : 신라 태종무열왕과 동일인물이다. → 태종무열왕

김충공(金忠恭, ?~821) : 신라의 왕족 · 중신으로, 민애왕의 아버지이다. 817년(헌덕왕 9) 이찬의 품계로 시중(侍中)이 되고, 821년 상대등으로 승진하였으나 그해 여름 병으로 죽었다. 그의 아들 김명(金明)은 838년(희강왕 3) 왕을 죽게 하고 자립하여 민애왕이 되었다.

김취려(金就礪, ?~1234) : 고려 후기의 장군이다. 본관은 언양, 시호는 위열(威烈)이다. 음관(蔭官)으로 정위(正尉)에 임명되어 동궁위(東宮衛)를 거쳐 장군으로서 북동국경을 진압한 후 대장군(大將軍)이 되었다. 거란이 의주 · 삭주 · 영주 등지로 침입해 그곳을 근거지로 삼으려 하자 그들을 크게 무찔렀다. 강동성(江東城)을 근거로 저항을 계속하는 거란군을 몽골군 · 동진군(東眞軍)과 연합하여 일소하고 한순(韓恂) · 다지(多知)의 반란을 평정하였다.

김치양(金致陽, ?~1009) : 고려 전기의 권신이다. 목종의 어머니 헌애왕후(獻哀王后) 황보씨의 외척이다. 목종이 즉위하고 천추태후(千秋太后 : 헌애왕후)의 총애로 권력 남용과 횡포가 심하였으며, 목종까지 살해하려 하였다. 1009년 강조(康兆)의 정변으로 현종이 즉위하자 아들과 함께 처형되었다.

김통정(金通精, ?~1273) : 고려 후기의 반장(叛將)이다. 삼별초(三別抄)의 장수로 있을 때 강화에서 개경으로 환도가 결정되자 이에 반대하여 진도를 거점으로 몽골과 고려에 저항하였다. 토벌군에게 패하자 나머지 병력을 이끌고 탐라로 들어가 성을 쌓고 항전하였다.

김품석(金品釋, ?~642) : 신라의 무장으로, 김춘추의 사위이다. 642년(선덕여왕 11) 윤충(允充) 거느린 백제군이 대야성(大耶城)을 공격하여 낙성 위기에 처하게 되자, 투항하면 살려준다는 윤충의 약속을 믿었으나 전멸당하였다.

김행공(金行恭, 생몰년미상) : 고려 전기의 문관이다. 1031년(덕종 즉위년) 공부낭중(工部郎中) 유교(柳喬)와 거란에 사신으로 가서 홍종의 즉위를 축하하였다.

김행도(金行濤, 생몰년미상) : 고려 초기의 재상이다. 918년 고려 건국 후 한찬(韓粲)으로 광평시중(廣評侍中)이 되어 백관의 수반이 되었다. 이해 웅주(熊州)·운주(運州) 등 12개 주현(州縣)이 후백제에 귀부(歸附)하자, 동남도초토사(東南道招討使)·지아주제군사(知牙州諸軍事)가 되어 이를 토벌하였다.

김행성(金行成, 생몰년미상) : 송나라의 관직을 역임한 고려 전기의 문신이다. 976년(경종 1) 강전(康戩) 등과 함께 송나라에 파견되어 국자감(國子監)에 입학하고 이듬해 진사시(進士試)에 급제하였다. 벼슬이 전중승(殿中丞)에 이르러 귀국하지 않고 중국에 머물렀다. 990~994년(성종 9~13) 안주(安州)의 통판(通判)으로 있다가 죽었다. 아들 김종민(金宗敏)과 김종눌(金宗訥)이 있었는데 김종민이 태묘재랑(太廟齋郞)이 되었다.

김향(金珦, ?~1135) : 고려 전기의 문신이다. 본관은 안동, 자는 부민(富民), 시호는 원정(元靖)이다. 인종 때 합문지후(閤門祗侯)를 거쳐 경원의 수령으로 나가고, 곧 감찰어사(監察御使)가 되었다. 1126년(인종 4) 추밀원동지사(樞密院同知事)로 왕명을 받들어 이자겸(李資謙)과 그 일당을 소탕하였으며, 그 공으로 위사공신(衛社功臣)에 책록되었다.

김헌정(金憲貞, 생몰년미상) : 신라의 왕족이다. 원성왕의 손자이며 이찬 김예영(金禮英)의 아들이다. 836년 아들이 희강왕으로 즉위함에 따라 익성대왕(翼成大王)으로 추봉되었다. 그의 자손은 희강왕 이후 경문왕·헌강왕·정강왕·진성여왕·효공왕으로 왕위를 계승하여, 그의 형 김균정(金均貞)의 자손과 왕위계승권을 놓고 대립하였다.

김효방(金孝芳, 생몰년미상) : 신라의 왕족이다. 선덕왕(宣德王)의 아버지이며 각간(角干) 김원훈(金元訓)의 아들로 내물왕의 9세손이다. 부인은 성덕왕의 딸 사소부인(四炤夫人) 김씨이며 관등은 파진찬에 이르렀다. 780년 아들 김양상(金良相)이 선덕왕으로 즉위함에 따라 개성대왕(開聖大王)으로 추존되고, 그의 부인은 정의태후(貞懿太后)로 추봉되었다.

김효양(金孝養, 생몰년미상) : 신라의 왕족이다. 원성왕의 아버지이며 내물왕의 11세손이다. 아들 김경신(金敬信)은 후사 없이 죽은 선덕왕의 뒤를 이어 785년 원성왕으로 즉위하였다. 그의 후손은 번성하여 아들 원성왕을 포함한 이후의 신라 19명의 왕 중 16명(제53·54·55대 왕 제외)이 그의 자손이었다.

김후직(金后稷, 생몰년미상) : 신라 진평왕 때의 충신이다. 지증왕의 증손으로, 진평왕을 섬겨 이찬으로 병부령(兵部令)을 지냈다. 왕이 사냥을 즐겨 정사를 소홀히 하므로 죽어서 왕이 사냥을 다니는 길목에 묻혀 왕이 잘못을 깨닫게 하였다고 한다.

김훈(金訓, ?~1015) : 고려 전기의 무신이다. 거란이 침입하여 통주(通州)에서 크게 패하자 정예군을 매복시켜 기습하였다. 황보유의(皇甫兪義)와 장연우(張延祐)가 경군(京軍)의 영업전(營業田)으로 녹봉의 부족을 충당하려 하자 군사를 이끌고 궁궐로 들어가 이들을 귀양보내고 정사를 좌우하였다. 서경 장락궁(長樂宮) 잔치 때 주살되었다.

김흔(金忻, 1251~1309) : 고려 후기의 무신이다. 본관은 안동으로, 음서로 등용되어 판관(判官)을 거쳐 정4품 장군에 올랐다. 탐라에서 삼별초(三別抄)를 토벌하였고 일본원정에 참여하였으며 합단(合丹)이 침입하자 이를 연기(燕岐)와 죽전(竹田)에서 섬멸하였다.

김흠돌(金欽突, ?~681) : 신라의 귀족이다. 기록이 없어 그의 집안 내력을 알 수 없으나, 그의 딸이 신문왕과 혼인한 것으로 보아 유력한 진골가문으로 추측된다. 김유신 · 김인문(金仁問)을 도와 고구려 정벌에 큰 공을 세워 관등이 제3위인 잡찬까지 올랐으나, 모반을 꾀하다가 죽임을 당하였다.

김희제(金希磾, ?~1227) : 고려 후기의 장군이다. 금나라 군대가 서북 지방에 침입하자 그를 물리치고, 압록강을 건너 석성(石城)을 공략하여 항복을 받는 등 국토 방어에 공을 세웠다.

나세순(羅世巡, ?~1379) : 고려 말기의 무신이다. 공민왕 초에 판각문사(判閣門事)를 거쳐 상호군(上護軍)으로서 최영 휘하에 종군하였다. 1363년(공민왕 12) 흥왕사(興王寺)의 변을 맞아 공을 세워 1등공신에, 이어 추성익위공신(推誠翊衛功臣)에 책록되고 개성윤(開城尹)에 특진되었다. 서북면부원수(西北面副元帥)로 동녕부(東寧府)를 공격하였고 예성강 · 진주 반성현(班城縣) 등지에서 왜구를 격퇴하였다.

나유(羅裕, ?~1292) : 고려 후기의 무장이다. 본관은 금성(錦城), 자는 철준(哲準)이다. 진도에서 삼별초(三別抄)를 진압하였고 원나라가 일본을 정벌할 때 원나라 장수 홀돈(忽敦) 휘하에서 종군하였다. 합단(哈丹)이 동북변경을 침범하였을 때 여러 차례 공을 세웠다.

남은(南誾, 1354~1398) : 고려 말 · 조선 초의 문신이다. 본관은 의령, 시호는 강무(剛武)이다. 공민왕 때 문과에 급제하고, 우왕 때 사직단직(社稷壇直)이 되었다가 삼척(三陟)에서 왜구를 격퇴한 공으로 사복시정(司僕侍正)이 되었다. 이성계의 위화도회군에 동조하여 후에 이성계 일파로 활약하였다. 조선 개국에 공을 세웠다 하여 개국(開國) 1등공신에 책록되었다.

남해왕(南解王, ?~24) : 신라의 제2대 왕(재위 4~24)이다. 박혁거세의 장남으로 박혁거세의 뒤를 이어 즉위하였다. 6년에 시조의 능을 조영하였고, 8년에 석탈해(昔脫解)가 뛰어난 인물임을 알고 그를 사위로 삼았으며, 10년에 그를 대보(大輔)에 임명하여 정사를 맡겼다. 사릉원(蛇陵園)에 장사지냈다.

납합출(나하추[納哈出], ?~1388) : 원나라 및 명나라의 무장이다. 동북면 쌍성(雙城)을 치고자 침입하였으나 이성계가 이끄는 고려군에게 참패하고 달아났다. 북원이 세워진 후, 고려와 화친을 맺었고 후에 명나라에 항복, 운남(雲南 : 윈난)정벌에 나섰다.

내물왕(奈勿王, ?~402) : 신라의 제17대 왕(재위 356~402)이다. 성은 김씨로 각간 말구

(末仇)의 아들이고, 어머니는 휴례부인(休禮夫人) 김씨이며, 비는 미추왕의 딸인 보반부인(保反夫人) 김씨이다. '마립간'이라는 왕의 칭호를 처음 사용하였다. 이때부터 신라에서 한자를 사용하기 시작하였으며 김씨가 왕위를 세습하였다.

노국공주(魯國公主, ?~1365) : 노국대장공주와 동일인물이다. → 노국대장공주

노국대장공주(魯國大長公主, ?~1365) : 고려 공민왕의 비이다. 원나라의 황족인 위왕(魏王)의 딸로, 이름은 보탑실리(寶塔實里)이다. 1349년(충정왕 1) 원나라에서 공민왕과 결혼하였다. 1351년 12월 공민왕과 함께 귀국하였고 공민왕은 그 달에 즉위하였다. 1365년(공민왕 14)에 난산(難産)으로 죽었다.

노원순(盧元純, 생몰년미상) : 고려 후기의 무신이다. 1216년(고종 3) 8월 몽고군에 쫓긴 거란의 장수 걸노(乞奴) 등이 압록강을 건너와 여러 주와 진을 공략하자, 중군병마사(中軍兵馬使)로서 대장군(大將軍) 김취려(金就礪) 등과 함께 출전하여 적을 크게 무찔렀다.

눌지왕(訥祗王, ?~458) : 신라의 제19대 왕(재위 417~458)이다. 성은 김씨로, 눌지마립간이라고도 한다. 아버지는 제17대 내물왕이며, 제18대 실성왕의 딸을 비로 맞았다. 자신을 해치려는 실성왕을 제거하고 왕위에 올랐다. 우차법(牛車法)을 제정하였으며 백제와 공수동맹(攻守同盟)을 맺어 고구려를 공격하였다.

다루왕(多婁王, ?~77) : 백제의 제2대 왕(재위 28~77)이다. 시조 온조왕의 원자(元子)이다. 38년 흉년이 들자 양조(釀造)를 금지하였고, 여러 차례 침입해 온 북방의 말갈족을 격퇴하였으며, 56년 우곡성(牛谷城)을 쌓아서 말갈족의 침입에 대비하였다. 한편 신라와도 자주 충돌하였으며, 66년 신라의 와산성(蛙山城)을 점령하는 등 영토를 넓혔다

다물후(多勿侯, 생몰년미상) : 송양과 동일인물이다. → 송양

단군(檀君, 생몰년미상) : 한민족의 시조로 받드는 고조선의 첫 임금이다. 그에 관한 우리나라의 첫 사서 기록은 『삼국유사』에 전하며, 천제(天帝)인 환인(桓因)의 손자이며, 환웅(桓雄)의 아들로 아사달(阿斯達)에 도읍을 정하고 조선을 개국하였다고 전한다.

대량군(大良君, 992~1031) : 고려 현종과 동일인물이다. → 현종

대무신왕(大武神王, 4~44) : 고구려의 제3대 왕(재위 18~44)이다. 이름은 무휼(無恤)이며, 유리왕의 제3남이다. 14년(유리왕 33) 태자로 책봉되어 군국정사(軍國政事)를 맡아보다가 유리왕이 죽은 뒤 즉위하였다. 22년(대무신왕 5) 동부여를 공격하여 대소왕(帶素王)을 죽이고, 26년(대무신왕 9) 개마국(蓋馬國)을 쳐서 이를 병합하여 국토를 살수(薩水) 이북까지 확대하였다.

대무예(大武藝, ?~737) : 발해 무왕과 동일인물이다. → 무왕

대문(大文, ?~684) : 보덕국(報德國)의 장군이며, 왕인 안승(安勝)의 조카이다. 신라가 통일 후 고구려 유민들로 이루어진 보덕국을 폐지하려 하자 이에 반발하여 반란을 꾀하다 죽었다.

대연림(大延琳, 생몰년미상) : 발해 부흥국인 흥요국(興遼國)의 왕이다. 발해의 시조 대조영의 후손으로, 요나라의 동경(東京 : 遼陽) 사리군상은(舍利軍詳隱)으로 있었다. 1029년 동경에서 난을 일으키고 왕이 되어 국호를 흥요(興遼), 연호를 천경(天慶)이라 하였다. 요나라의 공격을 받고 고려에 원병을 청하였으나 거절당하고 이듬해 요나라에 의해 멸망당하였다.

대조영(大祚榮, ?~719) : 발해 고왕과 동일인물이다. → 고왕

덕남(德男, 생몰년미상) : 고구려의 마지막 왕인 보장왕의 아들이다. 고구려는 668년(문무왕 8) 나당연합군의 공격으로 평양성전투에서 대패하였다. 이 전투의 패배로 인해 덕남은 아버지인 보장왕, 형인 태자 복남(福男)과 대신 등 포로 20여만 인과 함께 당나라 장수인 이적(李勣)에게 이끌려 당나라에 포로로 갔다.

덕녕공주(德寧公主, ?~1375) : 고려 충혜왕의 비이다. 원나라 진서무정왕(鎭西武靖王)의 딸로, 몽골이름은 이렌첸빤[亦憐眞班]이다. 충혜왕과 결혼하여 충목왕과 장녕옹주(長寧翁主)를 낳았으며, 충목왕과 충정왕을 도와 국정을 처리하였다.

덕종(德宗, 1016~1034) : 고려의 제9대 왕(재위 1031~1034)이다. 자는 원량(元良), 이름은 흠(欽)이며 현종의 장남이다. 압록강구부터 동해안의 도련포(都連浦)까지 천리장성을 축성하게 하여 동여진인과 거란인들의 투항이 속출하였다. 국자감시(國子監試)를 실시하고 왕가도(王可道)를 감수국사(監修國史)로, 황주량(黃周亮)을 수국사(修國史)로 삼아 현종 때 시작한 국사편찬사업을 완성하였다.

덕지(德智, 생몰년미상) : 신라의 장군이다. 463년(자비왕 6) 왜구가 삽량성(歃良城 : 양산)에 침입하자 벌지(伐智)와 함께 복병(伏兵)전술로 이를 격퇴한 공으로 우장군(右將軍)이 되었다. 476년(자비왕 19) 재침입한 왜구를 요격하여, 200여 명을 잡아 죽이고 크게 이겼다. 495년(소지왕 17)에는 고구려 군사가 백제의 치양성(雉壤城)을 포위 공략하자 이를 구원하였다.

덕흥군(德興君, 생몰년미상) : 왕혜와 동일인물이다. → 왕혜

도길부(都吉敷, ?~1388) : 고려 말기의 문신이다. 본관은 성주이다. 우왕 때 대언(代言)을 거쳐 제조정방(提調政房)을 지냈으며 방자하게 굴다가 좌천되었으나, 인척인 이인임(李仁任)의 비호 아래 다시 찬성사(贊成事)로 승진되었다. 이인임 일당이 숙청될 때 함께 처형되었다.

도림(道琳, 생몰년미상) : 고구려의 승려이다. 장수왕의 첩자로 백제에 들어가 바둑으로 개로왕의 신임을 얻었다. 백제의 내정을 살피는 동시에 개로왕을 설득하여 토목공사를 크게 일으켜 재정과 민생을 곤궁에 빠뜨렸다. 475년(장수왕 63) 장수왕으로 하여금 백제를 쳐서 한성을 함락하고 개로왕을 죽이게 하였다.

도미(都彌, 생몰년미상) : 백제 개루왕(재위 128~166) 때의 평민이다. 가난하지만 의리가 깊었으며 그 아내는 미인인데다가 절개가 굳기로 이름이 있었다. 아내의 굳은 절개에 대한 이야기가 『삼국사기』에 수록되어 있다.

도선(道詵, 827~898) : 신라 말기 동리산문(桐裏山門)의 승려이다. 풍수지리설을 체계화시킨 풍수지리설의 대가로, 특히 태조 왕건의 탄생을 예언하였으며 도선의 비보사탑설(裨補寺塔說)은 「훈요십조」 가운데도 명시되어 있어 후대에 많은 영향을 끼쳤다.

돌고(咄固, ?~293) : 고구려의 왕족이다. 아버지는 서천왕이고, 봉상왕의 동생이다. 봉상왕으로부터 의심을 받아 죽임을 당하였다.

동륜(銅輪, ?~572) : 신라 진흥왕의 태자였으나 왕위에 오르지 못하고 사망하였다. 이에 아우 사륜(舍輪 : 金輪)이 왕위를 계승하여 진지왕이 되었으나, 즉위 4년 만에 정치가 문란하고 음탕하다는 이유로 왕위에서 쫓겨나고, 동륜의 아들 백정(白淨)이 진평왕으로 즉위하였다.

동명성왕(東明聖王, BC 58~BC 19) : 고구려의 제1대왕(재위 BC 37~BC 19)이다. 『삼국사기』에 따르면 동부여의 금와왕이 데려 온 하백(河伯)의 딸 유화(柳花)가 낳은 알에서 주몽이 나왔다고 한다. 금와왕의 장자 대소(帶素) 등 일곱 왕자 및 여러 신하들이 시기해 죽이려 하자, 유화 부인의 뜻을 따라 화를 피하여 졸본부여(卒本扶餘)로 남하하여, BC 37년 나라를 세워 국호를 고구려라 하고, 성을 고(高)라 하였다.

동성왕(東城王, ?~501) : 백제의 제24대 왕(재위 479~501)이다. 이름은 모대(牟大) 또는 마제(麻帝) · 여대(餘大)이다. 신진세력을 등용하여 왕권을 강화하고자 하였으며 남제(南齊) 및 신라와 우호적인 관계를 맺어 고구려를 견제하였다. 집권 말기에는 신진세력을 견제하려 하였으나 도리어 신진세력의 반발을 사 위사좌평(衛士佐平) 백가(苩加)에 의해 살해되었다.

동천왕(東川王, 209~248) : 고구려의 제11대 왕(재위 227~248)이다. 이름은 우위거(憂位居), 초명은 교체(郊彘)로 산상왕의 아들이며. 동양왕(東襄王)이라고도 한다. 위나라와 우호적인 관계로 지내며 위나라를 도와 공손연(公孫淵) 세력을 멸망시켰다. 위나라와 국경을 접하게 되면서 압력이 거세져 서안평(西安平)을 선제공격하였으나, 유주자사(幽州刺史) 관구검(毌丘儉)의 반격으로 환도성(丸都城)이 함락되어 북옥저로 피난하고 평양성으로 일시 천도하였다.

두경승(杜景升, ?~1197) : 고려 후기의 장군이다. 만경두씨(萬頃杜氏)의 시조이며 배운 것은 없으나 뛰어난 용기로 공학군(控鶴軍)으로 뽑혔다. 1170년 정중부(鄭仲夫)의 난 때 크게 활약하였고, 1173년(명종 3) 김보당(金甫當)의 난을 평정하였다. 그 공으로 장군이 되었고 서북면병마부사(西北面兵馬副使)가 되었다. 이듬해 조위총(趙位寵)이 난을 일으키자 평정하여 삼한후벽상공신(三韓後壁上功臣)이 된 뒤, 이의민(李義旼)과 함께 문하시중(門下侍中)으로 승진하였다.

마라난타(摩羅難陀, 생몰년미상) : 백제에 최초로 불교를 전하였다는 인도의 승려이다. 384년(침류왕 1)에 동진(東晉)을 거쳐 백제에 들어와 불법(佛法)을 크게 전파하였다. 이때부터 백제에 불교가 시작되었다. 그에 관한 상세한 기록은 남아있지 않다.

마품(麻品, ?~291) : 가락국의 제3대 왕(재위 259~291)으로 마품왕(馬品王)이라고도 불린다. 성은 김씨로, 거등왕의 아들이며 어머니는 모정부인(慕貞夫人)이다. 종정감(宗正監) 조광(趙匡)의 손녀인 호구(好仇)를 왕비로 맞았다. 태자 거질미(居叱彌)를 낳았다.

만덕(萬德, 생몰년미상) : 신라 진흥왕 때의 악사이다. 가야금의 비조(鼻祖) 우륵(于勒)에게 사사한 3제자 중 한 사람이다. 만덕은 춤을 배웠다.

만적(萬積, ?~1198) : 고려 신종 때의 사람으로 당시 집권자이던 최충헌의 사노비였다. 1198년(신종 1) 노비들을 모아 난을 일으키고자 모의하였으나, 한충유(韓忠愈)의 가노 순정(順貞)이 고변(告變)하여 백여 명의 노예들과 함께 붙잡혀 강물에 던져져 죽었다.

망이(亡伊, 생몰년미상) : 고려 후기 농민 반란의 지도자이다. 무신의 난 이후 사회가 혼란할 때, 같은 공주 명학소(鳴鶴所)의 천민 망소이(亡所伊)와 함께 1176년(명종 6)에 굶주린 농민을 모아 난을 일으켜 공주를 함락하였다. 당시 농번기라 도망가는 농민의 수가 증가하는 등 정세가 불리해지자 망이·망소이 등이 항복함으로써 1년 반 만에 난이 평정되었다.

명종(明宗, 1131~1202) : 고려의 제19대 왕(재위 1170~1197)이다. 이름은 호(晧)로, 1170년 무신의 난 이후 정중부(鄭仲夫) 등에 의해 왕위에 올랐으나, 1197년 최충헌에 의해 폐위되었다.

모본왕(慕本王, ?~53) : 고구려의 제5대 왕(재위 48~53)이다. 이름은 해우(解憂)·해애루(解愛婁)이며 대무신왕의 아들로, 민중왕의 뒤를 이어 즉위하였다. 한나라 북평(北平) 등을 공격하였으나, 요동태수 채동(蔡彤)의 제의로 화친을 맺었다. 성품이 포악하고 정사를 돌보지 않아, 백성들의 원성을 들었다.

모용성(慕容盛, 373~401) : 5호16국시대 후연(後燕)의 제3대 왕(재위 398~401)이다. 자는 도운(道運), 묘호는 중종(中宗), 시호는 소무제(昭武帝)이다. 387년에 후연의 모용수(慕容垂)에게 귀환하였고, 장락왕(長樂王)에 책봉되었다. 치세 내내 수많은 옥사를 일으켜 많은 공신과 종친들을 처형하였으며, 이러한 폭정으로 반란이 일어나기도 하였다.

모용희(慕容熙, 385~ 407) : 5호16국시대 후연(後燕)의 마지막 왕(재위 401~407)이다. 자는 도문(道文), 시호는 소문제(昭文帝)이다. 402년부터 404년까지 고구려에게 숙군성(宿軍城), 연군(燕郡) 등을 공격당하고 요동 일대를 빼앗겼다.

목조(穆祖, ?~1274) : 조선 태조 이성계의 고조부로, 이름은 안사(安社)이다. 고종 때 지의주사(知宜州事)를 지내면서 선정을 베풀어 명망이 높았다. 원나라에 귀화하여, 남경 오천호(南京五千戶)의 다루가치[達魯花赤]가 되어 여진을 다스렸다. 조선 개국 후 목조에 추증되었고 능은 덕릉(德陵 : 咸興)이다.

목종(穆宗, 980~1009) : 고려의 제7대 왕(재위 997~1009)이다. 경종의 장남이며, 이름은 송(誦)이고 자는 효신(孝伸), 시호는 선양(宣讓)이다. 관리 봉급제도인 전시과

(田柴科)를 개정하고 학문을 장려하는 등 치적이 많았으나, 후계자 문제로 강조(康兆)에게 피살되었다.

몽염(蒙恬, ?~BC 209) : 진(秦)나라의 장군이다. BC 221년 제나라를 멸망시킬 때 큰 공을 세웠다. BC 215년 흉노정벌 때 활약이 컸으며, 이듬해 만리장성을 완성하였다. 북쪽 변경을 경비하는 총사령관으로서, 상군(上郡 : 陝西省 膚施縣)에 주둔하였다. 시황제(始皇帝)가 죽자, 환관 조고(趙高)와 승상(丞相) 이사(李斯)의 흉계로 투옥되어, 자살하였다.

묘청(妙淸, ?~1135) : 고려 전기의 승려이다. 정심(淨心)이라고도 하며 서경 출생이다. 검교소감(檢校少監) 백수한(白壽翰)을 통하여 근신들과 접촉하여, 도참설(圖讖說)을 이용하여 중앙정계에 진출하였다. 서경 천도를 주장하였으나 개경 중신들의 반대로 좌절되었다. 이에 반란을 일으켰으나 부하에게 살해되었고 반란군은 김부식이 이끄는 관군에게 섬멸되었다.

무령왕(武寧王, 462~523) : 백제의 제25대 왕(재위 501~523)으로, 이름은 사마(斯摩)·융(隆)이다. 웅진으로 천도 후 혼란한 백제를 안정시키고 왕권을 강화하였다.

무왕(武王, ?~641) : 백제의 제30대 왕(재위 600~641)이다. 이름은 장(璋)이며 어릴 때는 서동(薯童)이라 불리었다. 법왕의 뒤를 이어 즉위하였는데 신라와 자주 충돌하였고, 고구려 남진을 견제하였다. 수나라에 조공을 바치고, 친당책을 썼으며, 일본에 서적·불교를 전달하였다. 토목공사 등 낭비와 군대 동원으로 국력이 많이 소모되었다.

무왕(武王, ?~737) : 발해의 제2대 왕(재위 719~737)이다. 고왕 대조영의 아들로, 연호를 인안(仁安)이라 하였다. 일본과 수교하여 사신 왕래와 문물교환을 하는 한편, 무력을 양성하여 흑수말갈(黑水靺鞨)을 공격하였다. 발해를 배신한 아우 대문예(大門藝)를 당나라가 받아들이자, 당나라 등주(登州)를 공격하기도 하였다.

문공미(文公美, ?~1137) : 문공인과 동일인물이다. → 문공인

문공인(文公仁, ?~1137) : 고려 전기의 문신이다. 본관은 남평(南平), 초명은 공미(公美), 시호는 충의(忠懿)이다. 추밀원동지사(樞密院同知事)·판상서병부사 감수국사(判尙書兵部事監修國史) 등을 지냈다. 묘청의 서경천도설을 찬성하고 천거하였다. 묘청이 난을 일으키자, 그 토벌을 강력히 주장하였다.

문극겸(文克謙, 1122~1189) : 고려 후기의 문신이다. 본관은 남평(南平), 자는 덕병(德柄), 시호는 충숙(忠肅)이다. 1171년(명종 1) 우승선 어사중승(右承宣御史中丞)으로 많은 문신들을 화에서 구하고, 무신들의 고사의 자문에 응하였다. 용호대장군(龍虎大將軍)·상장군(上將軍)을 겸임, 문무겸직의 시초가 되었다. 권판상서이부사(權判尙書吏部事)에 이르렀다. 글씨에 뛰어났다.

문무왕(文武王, 626~681) : 신라의 제30대 왕(재위 661~681)이다. 성은 김, 이름은 법민(法敏)으로, 태종무열왕의 장남이다. 나당연합군으로 660년에 백제, 668년에 고구려를 멸망시켰다. 676년 당나라 세력을 몰아내고 삼국통일을 완수하였다.

문성왕(文聖王, ?~857) : 신라의 제46대 왕(재위 839~857)으로, 신무왕의 아들이다. 당시는 신라의 쇠퇴기로 왕위를 둘러싼 귀족들의 다툼이 심하였는데, 문성왕 재위 기간 동안 장보고의 반란을 비롯한 많은 모반이 일어났다.

문자왕(文咨王, ?~519) : 고구려의 제21대 왕(재위 491~519)이다. 장수왕의 손자로, 이름은 나운(羅雲)이다. 497년 신라 우산성(牛山城), 512년에 백제 가불성(加弗城)·원산성(圓山城)을 점령하였다. 백제·신라의 연합작전으로 일진일퇴를 거듭하기도 하였다.

문적(文迪, ?~1196) : 고려 후기의 문신이다. 1187년(명종 17) 급사중(給事中)으로 있으면서 폐신(嬖臣) 조원정(曺元正)이 중서성(中書省)의 공해전(公廨田)을 탈점한 사건이 일어나자 그의 처벌을 주장하여 관철시켰다. 그러나 1196년 최충헌이 이의민(李義旼)을 죽이고 정권을 장악한 직후 참지정사(參知政事) 이인성(李仁成) 등 35명과 함께 인은관(仁恩館)에 갇혔다가 곧 죽음을 당하였다.

문종(文宗, 1019~1083) : 고려의 제11대 왕(재위 1046~1083)이다. 이름은 휘(徽), 자는 촉유(燭幽), 시호는 인효(仁孝)이다. 공음전시법(功蔭田柴法)·양전보수법(量田步數法)·삼심제(三審制) 등 법률을 제정하여 내치에 힘썼으며, 학문과 서도를 좋아하였다. 불교를 신봉하였고, 유학도 장려하였다. 동여진의 침입을 토벌하고, 송나라의 선진문화를 수입하였다. 고려시대 중 가장 찬란한 문화황금기를 이룩하였다.

문주왕(文周王, ?~477) : 백제의 제22대 왕(재위 475~477)으로, 개로왕의 아들이다. 475년(개로왕 21) 고구려의 침입 때 신라의 원군을 이끌고 왔으나, 백제는 패퇴한 뒤였다. 즉위 후 웅진으로 천도하고, 국방에 힘을 쏟았다. 476년 탐라국(耽羅國)으로부터 조공을 받기도 하였으나, 나중에 병관좌평(兵官佐平) 해구(解仇)에게 실권을 빼앗겨 결국 해구의 하수인에게 살해되었다.

미사품(未斯品, 생몰년미상) : 신라 실성왕(재위 402~417) 때의 대신이다. 쓰시마[對馬]섬의 왜인이 내습하려고 한다는 정보를 들은 왕이 정예군으로 역습하려 하자, 정벌의 부당함을 임금에게 고하여 만류하였다.

미사흔(未斯欣, ?~433) : 신라의 왕족으로 내물왕의 제3남이다. 402년(실성왕 1) 신라가 일본과 강화를 맺자, 일본에 볼모로 잡혀갔다. 418년(눌지왕 2) 박제상(朴堤上)의 꾀로 일본에서 도망하였고, 이때 왕과의 우의를 찬양한 노래가 「우식곡(憂息曲)」이다. 박제상의 은혜에 보답하기 위해 그의 둘째 딸과 결혼하였다.

미천왕(美川王, ?~331) : 고구려의 제15대 왕(재위 300~331)이다. 이름은 을불(乙弗)·우불(憂弗)로, 국토 확장에 진력하였다. 현도군(玄菟郡)을 공격하여 요동 서안평(西安平)을 점령하고 313년 낙랑군을 멸망시켰다. 314년에는 대방군을 정벌하여 영토로 삼았다.

미추왕(味鄒王, ?~284) : 신라의 제13대 왕(재위 262~284)이다. 성은 김이며 이름은 미조(未照)·미소(未召)로, 구도(仇道)의 아들이며 김알지(金閼智)의 6대손이다. 조분왕의 사위로 왕위에 올랐다. 267년과 283년 백제가 봉산성(烽山城)·괴곡성(槐谷城)을 각각 공격해왔으나 모두 격퇴하였다. 농업을 장려하는 등 내치(內治)에도 힘썼다. 대릉(大陵 : 竹長陵)에 장사지냈다.

민애왕(閔哀王, ?~839) : 신라의 제44대 왕(재위 838~839)이다. 이름은 김명(金明)이며 원성왕의 증손이자 대아찬 김충공(金忠恭)의 아들이다. 838년 시중(侍中) 김이홍(金利弘)·배훤백(裵萱伯) 등과 함께 희강왕을 협박하여 자살하게 하고 스스로 왕이 되었다. 민애왕 즉위 후, 김우징(金祐徵)이 장보고의 힘을 빌려 쳐들어오자, 패하여 병사들에게 살해되었다.

민중왕(閔中王, ?~48) : 고구려의 제4대 왕(재위 44~48)이다. 이름은 해색주(解色朱)이며 유리왕의 아들이고, 대무신왕의 아우이다. 대무신왕이 죽자 태자 해우(解優 : 모본왕)가 어리므로, 대신 즉위하였다. 유언에 따라 민중원(閔中原) 석굴에 장사지냈다.

박량유(朴良柔, 생몰년미상) : 고려 전기의 문신이다. 시호는 광익(匡益)이다. 993년(성종 12) 거란의 소손녕(蕭遜寧)이 봉산군(蓬山郡)을 공략하자, 상군사(上軍使)로 북계에서 이를 막았다. 서희를 보내어 거란을 설복시켜 강동6주를 얻고, 소손녕(蕭遜寧)을 철병하게 하였다. 뒤에 예폐사(禮幣使)로 거란에 들어가, 조공(朝貢)할 것을 통고하였다.

박상충(朴尙衷, 1332~1375) : 고려 말기의 학자·문신이다. 본관은 반남(潘南), 자는 성부(誠夫), 시호는 문정(文正)이다. 신진유생으로서 친명파에 가담하여 이인임(李仁任) 등 친원파에 대항하였다. 경사(經史)·역학에 밝고 문장이 뛰어났다. 『사전(祀典)』을 썼다.

박서(朴犀, 생몰년미상) : 고려 후기의 무신으로, 본관은 죽산(竹山)이다. 1231년(고종 18) 서북면병마사(西北面兵馬使) 재임 시 몽골 장수 살리타[撒禮塔]가 구주(龜州)를 공격해 오자, 삭주분도장군(朔州分道將軍) 김중온(金仲溫) 등과 함께 1개월에 걸친 격전 끝에 물리쳐 구주성을 사수하였다. 이후 문하평장사(門下平章事)에 이르렀다.

박송비(朴松庇, ?~1278) : 고려 후기의 장군·충신이다. 삼별초(三別抄)를 앞세워 김준(金俊) 등과 함께 최씨정권을 무너뜨리고 정권을 왕에게 돌렸다. 위사공신(衛社功臣)·참지정사(參知政事)를 지냈다. 고종·원종·충렬왕 등 3대에 걸쳐 나라를 위해 큰 공을 세웠다.

박승중(朴昇中, 생몰년미상) : 고려 전기 문신이다. 본관은 무안(務安), 자는 자천(子千)이며, 청연각(淸讌閣)·보문각(寶文閣) 등에서 학문을 연구하며 글을 잘 쓴다는 명성을 떨쳤다. 문과에 급제하고 상안부녹사(常安府錄事) 등을 거쳐 예종 때 한림시독학사(翰林侍讀學士)가 되었다. 『해동비록(海東祕錄)』 편찬에 참여하였다.

박원도(朴元道, 생몰년미상) : 금관가야 좌지왕(재위 407~421) 때의 대신이다. 좌지왕이 미천한 신분인 용녀(傭女)를 왕비로 삼고 그녀의 인척들을 중용하여 나라가 위기에 빠지자, 극력 간언하여 왕의 잘못을 바로잡았다.

박위(朴葳 ?~1398) : 고려 말 조선 전기의 문신이다. 본관은 밀양이다. 처음에 우달치[迂達赤 : 임금의 신변 호위]로 등용되었다가 김해부사(金海府使)로 승진하였다. 요동정벌 때 이성계를 도와 위화도에서 회군하여 최영을 몰아내고 대마도 적선을 불태웠다. 이성계와 함께 창왕을 폐하고 공양왕을 옹립하였다. 조선 건국 후, 양광도 절도사로 왜구를 물리쳤으며, 제1차 왕자의 난 때 피살당하였다.

박의(朴儀, ?~1321) : 고려 후기의 총신(寵臣)이다. 사냥에 쓰이는 매와 개를 잘 부려 충렬왕의 총애를 받아 장군이 되었다. 충목왕비 장목왕후(莊穆王后)의 미움을 사서 유배되어 가산까지 몰수되었다가, 곧 풀려나와 우부승지(右副承旨)·좌복야(左僕射)·밀직부지(密直副知)를 지냈으며, 충선왕 때 밀양군(密陽君)에 봉해졌다.

박의중(朴宜中, 1337~1403) : 고려 말·조선 초의 문신이다. 본관은 원래 밀양(密陽)으로 문의박씨(文義)의 시조이다. 자는 자허(子虛), 호는 정재(貞齋), 초명은 실(實), 시호는 문경(文敬)이다. 우왕 때 명나라 사신으로 철령위 철폐를 교섭하여 이루었다. 공양왕 때 대두한 한양 천도설에 반대하였다. 태조 때 『고려사』 수찬에 참여하였으며, 성리학에 밝았고 문장이 우아하였다. 문집에 『정재집(貞齋集)』이 있다.

박인계(朴仁桂, ?~1376) : 고려 말기의 장군이다. 1361년(공민왕 10)에 홍건적이 개경을 점령하였을 때 전지문주사(前知文州事)로서 개경을 수복하는 데 공을 세워 1363년 중랑장(中郎將)으로서 1등공신에 올랐다. 1375년(우왕 1)에 양광도안무사(楊廣道按撫使)를 역임하였다. 양광도원수(楊廣道元帥)로서 왜구와 싸우다 전사하였다.

박제상(朴堤上, 363~419) : 신라 눌지왕 때의 충신이다. 이름이 모말(毛末) 혹은 모마리질지(毛麻利叱智)로 기록되어 있기도 하다. 고구려와 왜국에 건너가 볼모로 잡혀 있던 왕제들을 고국으로 탈출시켰으나 왜국 군에게 잡혀 유배되었다 살해당하였다.

박지량(朴之亮, ?~1292) : 고려 말기의 장군이다. 여원연합군이 일본을 정벌할 때 김방경(金方慶) 휘하의 중군병마지사(中軍兵馬知使)로 참전하여 공을 세워 상장군(上將軍)이 되었다. 삼사판사(三司判事)·경상전라도도순문사(慶尙全羅道都巡問使) 등을 지냈다.

박진재(朴晉材, ?~1207) : 고려 후기의 무신이다. 최충헌의 조카로 1196년(명종 26) 대정(隊正)으로 있을 때, 최충헌의 아우 최충수(崔忠粹)와 함께 쿠데타를 일으켜 이의민(李義旼)과 그의 3족을 멸하여, 최충헌이 권력을 잡는 데 결정적인 역할을 하였다. 이후 명종 대신 신종을 옹립하는 데 큰 역할을 하여 형부시랑(刑部侍郎)이 되었다.

박충좌(朴忠佐, 1287~1349) : 고려 말기의 문신이다. 본관은 함양, 자는 자화(子華), 호는 치암(恥庵), 시호는 문제(文齊)이다. 전라도안렴사(全羅道按廉使)·내서사인(內書舍人)·밀직제학(密直提學)·개성부윤(開城府尹)·찬성사(贊成事) 등을 지냈다. 성품이 온후하고 검소한 대신으로 이름났다.

박혁거세(朴赫居世, BC 69~AD 4) : 신라의 시조(재위 BC 57~AD 4)이다. 박씨의 시조로 이름은 혁거세, 왕호(王號)는 거서간(居西干)이며 비는 알영부인(閼英夫人)이다.

고조선의 유민이 지금의 경상도 지방 산곡간에 흩어져 살면서 형성한 여섯 마을의 왕으로 국호를 서라벌(徐羅伐)이라 하였다. 6부를 순행하면서 백성에게 농잠을 권면하였다. AD 4년 73세로 죽자 담엄사(曇嚴寺) 북쪽의 사릉(蛇陵)에 장사지냈다.

박효수(朴孝修, ?~1337) : 고려 후기의 관인이다. 본관은 죽산(竹山), 호는 석재(石齋)이다. 1317년(충숙왕 4) 왕으로부터 불신(不信)을 받던 윤신걸(尹莘傑)을 대신하여 이제현(李齊賢)과 함께 과거인 구재삭시(九齋朔試)를 주관하였다. 1321년 밀직부사(密直副使)가 되었고, 첨의평리(僉議評理) 백원항(白元恒) 등과 함께 원나라 중서성(中書省)에 충선왕의 환국(還國)을 청원하는 상서를 올렸다.

반복해(潘福海, ?~1388) : 고려 우왕의 총신(寵臣)이다. 본관은 거제(巨濟), 자는 유술(有述), 호는 석암(石庵)이다. 1386년(우왕 12) 왕과 함께 옹진(甕津)으로 사냥을 갔을 때, 왕에게 달려드는 멧돼지를 활로 쏘아 구한 공으로 왕씨 성을 하사받고 수양아들이 되었다. 최영을 암살하려다가 실패하고 멸문의 화를 당하였다.

방국진(方國珍, 1319~1374) : 원나라 말기의 군웅이다. 해적의 난에 편승하여 해상에서 반란을 일으켰다. 그 뒤 명나라에게 반항과 귀순을 되풀이하다가 항복하여 벼슬을 얻었다.

배구(裵矩, 557~627) : 수나라의 공신으로 북제(北齊)·북주(北周)·수·당의 4왕조에서 활약하였다. 수나라의 서역무역에서 지도적 역할을 하여 변경무역을 수도무역으로 바꾸었다. 고구려에게 조공을 바치게 하려다 실패한 것을 계기로 전쟁이 일어나 결국 수나라 멸망의 원인을 제공하였다.

배극렴(裵克廉, 1325~1392) : 고려 말·조선 초의 무신이다. 본관은 경산, 자는 양가(量可), 호는 필암(筆菴)·주금당(晝錦堂), 시호는 정절(貞節)이다. 고려 때 진주와 상주의 목사(牧使)·합포진첨사(合浦鎭僉使) 등을 지냈다. 이성계 휘하에 들어가 위화도회군을 단행하였고 공양왕을 폐하고 이성계를 추대하여 개국공신(開國功臣) 1등에 책록되었다

배주(拜住, 생몰년미상) : 고려 말기의 문신으로, 원나라의 귀화인이다. 한복(韓復)이라고도 한다. 원나라에서 제과(制科)에 장원, 추밀원부사(樞密院副使)에 이르렀다. 요동정벌 때 이성계를 따라와 고려에 귀화하고, 후한 대우를 받아 판사농시사(判司農寺事)의 벼슬과 성명을 하사받았다. 진현관대제학(進賢館大提學)에 이르렀다.

배중손(裵仲孫, ?~1271) : 고려 후기의 장군이다. 1270년(원종 11) 삼별초(三別抄) 반몽봉기의 지도자이다. 김방경(金方慶)에게 쫓겨 진도에서 항거하다가, 몽골군과 합세한 김방경의 공격에 섬멸되었다.

배현경(裵玄慶, ?~936) : 고려 초의 무신으로, 경주배씨의 시조이다. 초명은 백옥삼(白玉衫 : 白玉三), 시호는 무열(武烈)이다. 왕건을 추대하여 궁예를 몰아내고 고려를 세우게 하였다. 후삼국을 통일하는 데 공을 많이 세워 1등공신으로 녹훈되었다

백문보(白文寶, 1303~1374) : 고려 말기의 문신이다. 본관은 직산(稷山), 자는 화보(和

父), 호는 담암(澹菴) · 동재(動齋), 시호는 충간(忠簡)이다. 중국 송나라의 십과취사(十科取士 : 과거에 10과를 두는 제도) 제도를 도입하도록 주청하고 승려의 허가제를 실시하게 하였다. 환안도감(還安都監)이 설치되자 이를 주관하였다.

백문절(白文節, ?~1282) : 고려 후기의 학자이다. 본관은 남포(藍浦), 자는 빈연(彬然)이다. 중서사인(中書舍人) · 사의대부(司議大夫) · 이부시랑(吏部侍郎) · 보문각학사(寶文閣學士) · 국자좨주(國子祭酒) · 국학대사성(國學大司成) 등을 지냈다. 문장에 뛰어났다.

백수한(白壽翰, ?~1135) : 고려 전기의 일관(日官)이다. 1128년(인종 6) 검교소감(檢校少監)으로 서경에 파견되자, 묘청의 제자가 되어 서경천도를 주장하다가, 김부식 등의 반대로 뜻을 이루지 못하였다. 1135년 서경에서 묘청이 반란을 일으키자, 이를 토벌하러 출진하던 김부식에 의하여 정지상(鄭知常) · 김안(金安) 등과 함께 참살되었다.

백안독고사(빠이엔투구스[伯顔禿古思], ?~1323) : 임백안독고사와 동일인물이다. → 임백안독고사

백이정(白頤正, 1247~1323) : 고려 후기의 학자이다. 본관은 남포(藍浦), 호는 이재(彛齋)이다. 중국 연경(燕京 : 베이징)에서 주자학을 연구하여 고려에 성리학을 전파하는 데 공헌하였다. 충선왕 때 상의회의도감사(商議會議都監事)가 되었고 나중에 상당군(上黨君)에 봉해졌다.

벌휴왕(伐休王, ?~196) : 신라의 제9대 왕(재위 184~196)이다. 벌휴이사금(伐休尼師今) · 발휘왕(發暉王)이라고도 한다. 탈해왕의 손자이며 각간 구추(仇鄒)의 아들이다. 처음으로 좌우군주의 군직을 신설하였고 소문국(召文國)을 정벌하였으며 주 · 군을 순행하여 민정을 살폈다. 백제와 자주 충돌하여 국경분쟁을 일으켰다

범문호(范文虎, 생몰년미상) : 고려 후기 원나라의 장군이다. 1281년(충렬왕 7) 원나라의 제2차 일본정벌 때 원나라 홍다구(洪茶丘) 및 우승(右丞) 실도(實都)와 합세하여 10만 대군으로 이키[壹岐]섬 · 히라가[平賀]섬 등지에서 싸우다가 태풍으로 많은 군사를 잃고 패하였다.

법왕(法王, ?~600) : 백제의 제29대 왕(재위 599~600)이다. 이름은 선(宣) · 효순(孝順)이며 혜왕의 장남이자 무왕의 아버지이다. 재위년이 불과 2년이었으므로, 특별한 치적은 없다. 다만 불교를 독실하게 믿어 살생을 금하고, 민가에서 기르는 매를 모두 방생하게 하였으며, 사냥도구는 모두 수거하여 소각하였다고 한다. 왕흥사(王興寺)를 창건하기 위해 노력하였지만 뜻을 이루지 못하였다.

법지(法知, 생몰년미상) : 신라의 악사이다. 주지(注知)라고도 하며, 관등은 대나마이다. 552년(진흥왕 13) 왕명에 따라 가야국으로부터 투항해 온 우륵(于勒)에게 노래를 전수받았다.

법흥왕(法興王, ?~540) : 신라의 제23대 왕(재위 514~540)이다. 왕위에 오르자 시법(諡法)을 제정하고, 517년 병부(兵部)를 설치하였다. 520년 율령(律令)을 반포하여 백관(百官)의 공복(公服)을 제정하였으며 521년 양나라와 국교를 열었다. 군사제도를

정비하였으며 불교를 공인하여 신라가 중앙집권적 국가 체제를 갖추도록 하였다.

변안열(邊安烈, ?~1390) : 고려 말기의 무신이다. 호는 대은(大隱)이며 본래 심양(瀋陽 : 선양)사람이다. 원나라 말기 병란(兵亂)으로 심양에 가 있던 공민왕을 따라 고려에 들어와, 본관을 원주(原州)로 하사받았다. 홍건적을 격퇴하였고 최영과 함께 제주도를 정벌하였으며 왜구 퇴치에 공을 세웠다.

보덕왕(報德王, 생몰년미상) : 안승과 동일인물이다. → 안승

보장왕(寶藏王, ?~682) : 고구려의 제28대 왕(재위 642~668)으로, 고구려의 마지막 왕이다. 이름은 장(臧)이며, 영류왕의 아우인 태양왕(太陽王)의 아들이다. 영류왕을 시해한 연개소문의 추대를 받아 왕위에 올랐다. 나당연합군의 침공으로 고구려가 멸망하자 당나라로 압송되었다. 고구려 부흥을 도모하다 사천성(四川省 : 쓰촨성)에 유배되었다.

보탑실련(寶塔實憐, ?~1315) : 계국대장공주와 동일인물이다. → 계국대장공주

보허(普虛, 1301~1382) : 고려 말기의 선종 가지산파(迦智山派)의 승려이다. 본관은 홍주(洪州), 속성은 홍(洪)이며, 호는 태고(太古), 시호는 원증국사(圓證國師), 탑호(塔號)는 보월승공(寶月昇空)이다. "9산(九山)의 원융(圓融)과 5교(五教)의 홍통(弘通)"에 진력하여 불교계 통합사업을 전개하였다.

복남(福男, 생몰년미상) : 고구려 제28대 보장왕의 태자로, 668년(보장왕 27)에 아버지 보장왕, 아우 덕남(德男)과 대신 등 포로 20여만 명과 함께 당나라 장수인 이적(李勣)에게 이끌려 당나라에 포로로 갔다.

복신(福信, ?~663) : 백제의 무장이다. 의자왕의 사촌동생이며, 무왕의 조카이다. 660년(의자왕 20) 나당연합군이 공격해 오자 임존성(任存城)에서 항전하였고, 백제가 망하자 승려 도침(道琛)과 함께 주류성(周留城)에서 부흥 운동을 일으켰다. 왕자 부여풍(夫餘豐)을 옹립하여 당군에 막대한 손해를 주었으나 내분이 생겨 도침을 살해한 뒤 부여풍에게 죽임을 당하였다.

복지겸(卜智謙, 생몰년미상) : 고려의 개국공신·기병대장이다. 초명은 사괴(砂瑰)·사귀(沙貴), 시호는 무공(武恭)이며, 면천복씨(沔川卜氏)의 시조이다. 태봉의 마군(馬軍) 장수로 있다가 궁예가 횡포해져서 민심을 잃자 배현경(裵玄慶)·신숭겸(申崇謙)·홍유(洪儒) 등과 함께 궁예를 몰아내고 왕건을 추대하여 고려를 세우게 하였다. 그 뒤 장군 환선길(桓宣吉)·임춘길(林春吉)의 역모도 평정하는 등 큰 공을 세웠다.

복호(卜好, 생몰년미상) : 신라의 왕족이다. 내물왕의 아들이며 눌지왕의 동생으로, 보해(寶海)라고도 한다. 412년(실성왕 11) 볼모로 고구려에 잡혀가 있다가, 418년(눌지왕 2) 나마 박제상(朴堤上)의 외교 수완으로 풀려 함께 돌아왔다. 일본에 볼모로 잡혀 있던 형 미사흔(未斯欣)도 박제상의 꾀로 같은 해 도망쳐 귀국하였다.

봉상왕(烽上王, ?~300) : 고구려의 제14대 왕(재위 292~300)이다. 이름은 상부(相夫)·삽시루(歃矢婁)이며 치갈왕(雉葛王)이라고도 한다. 서천왕의 태자이다. 명신 창조

리(倉助利)를 국상에 등용하여 연나라 모용외(慕容廆)의 침입을 격퇴하기도 하였으나, 차츰 사치와 방탕을 일삼아 결국 폐위되어 자결하였다.

부견(符堅, 338~385) : 전진(前秦)의 제3대 왕(재위 357~385)이다. 태학을 정비하고 학문을 장려하였으며, 농경을 활발히 일으켰다. 특히 한인학자 왕맹(王猛)의 보필로 국세를 크게 떨쳤고 전연(前燕)과 전량(前涼)을 멸하였다. 전진의 위세는 동쪽 고구려로부터 서쪽 타림분지 남서부의 호탄(Khotan)에까지 미쳤다.

부분노(扶芬奴, 생몰년미상) : 고구려의 장군이다. BC 32년(동명왕 6) 오이(烏伊)와 함께 태백산(太白山 : 白頭山) 남동쪽의 행인국(荇人國)을 정벌하여 그 곳을 성읍으로 삼고, BC 9년(유리왕 11)에는 변방을 괴롭히는 선비족을 쳐서 항복을 받았다. 그 공으로 정복한 땅을 식읍으로 주었으나 사양하였으므로 나라에서는 황금 30근과 양마(良馬) 10필을 상으로 내렸다.

부여융(夫餘隆, 615~682) : 백제의 왕족으로, 의자왕의 아들이다. 644년(의자왕 4) 태자에 책봉되었으나 나당연합군에 의해 왕성이 함락되자 신라군의 포로가 되었다가, 의자왕과 함께 당의 수도 낙양(洛陽 : 뤄양)으로 끌려갔다. 백제의 유민 복신(福信)·도침(道琛) 등이 부흥운동을 일으키자 이들을 무찌르고 웅진도독(熊津都督)이 되어 백제의 옛 땅을 다스렸다. 그 후 신라의 항당 정책으로 압박을 받다 당나라에 돌아가 죽었다.

부여연(夫餘演, 생몰년미상) : 백제의 왕족으로, 의자왕의 제4남이다. 백제가 나당연합군의 공격으로 멸망한 후, 의자왕과 함께 당나라로 끌려가 그곳에서 일생을 마쳤다.

부여풍(夫餘豊, 생몰년미상) : 백제 풍왕과 동일인물이다. → 풍왕

부여효(夫餘孝, 생몰년미상) : 백제의 왕족으로, 의자왕의 장남이다. 나당연합군의 침공으로 백제가 멸망하였을 때, 의자왕과 함께 당나라에 끌려가 그곳에서 일생을 마쳤다.

분서왕(汾西王, ?~304) : 백제의 제10대 왕(재위 298~304)이다. 책계왕의 장남으로, 어려서부터 총명하고 외모가 준수하였으며, 부왕의 뒤를 이어 즉위하였다. 304년(분서왕 6) 낙랑군(樂浪郡)의 서현(西縣)을 공격하여 이를 점령하였으나, 그해 낙랑군의 태수가 보낸 자객에게 살해되었다.

비류왕(比流王, ?~344) : 백제의 제11대 왕(재위 304~344)이다. 제6대 구수왕의 제2남으로, 제10대 분서왕이 죽자 그의 아들이 아직 어려서 비류가 신민(臣民)의 추대를 받아 즉위하였다. 오랫동안 민간에서 생활하였으므로 서민의 실정을 잘 알아 선정을 베풀었다. 특히 자활할 수 없는 자에게는 곡식을 1인당 3섬씩 주었다.

비유왕(比有王, ?~455) : 백제의 제20대 왕(재위 427~455)이다. 구이신왕의 장남이며 개로왕의 아버지이다. 4부(四部)를 순시하고 가난한 백성에게 곡식을 내렸으며 국제 외교를 통한 친선에 힘썼다.

산상왕(山上王, ?~227) : 고구려 제10대 왕(재위 197~227)이다. 이름은 연우(延優)·이이모(伊夷模)로, 제8대 신대왕의 아들이며, 제9대 고국천왕의 동생이다. 고국천왕

사후 왕후 우씨(虞氏)에 의해 왕위에 올랐다. 서울을 환도(丸都)로 옮기고, 한나라 평주의 하요(夏瑤)가 1,000여 호를 거느리고 와서 항복하자 그들을 받아들였다.

살례탑(살리타[撒禮塔], ?~1232) : 몽골의 장수이다. 몽골 사신 차고여[札古與 : 著古與]가 고려인에게 살해된 것으로 의심해 공격해 왔으나 패하였다. 다시 군대를 정비하여 개경 성의문(省義門) 밖까지 침공하자 고려에서 사신을 보내어 강화하였다. 다루가치[達魯花赤]를 남겨 두고 돌아갔다가 처인성(處仁城)에 파견되어 있을 때 피살되었다.

삼근왕(三斤王, ?~479) : 백제의 제23대 왕(재위 477~479)이다. 즉위 뒤 나이가 어려 정사 일체를 좌평(佐平) 해구(解仇)에게 맡겼다. 478년(삼근왕 2) 해구가 은솔(恩率) 연신(燕信)과 대두성(大豆城)에서 반란을 일으키자 해구를 격살하고 연신이 고구려로 도망치자 그 처자를 잡아 웅진 거리에서 참수하였다.

서공(徐恭, ?~1171) : 고려 전기의 문신이다. 본관은 이천이고 명신 서희의 현손(玄孫)이다. 여러 벼슬을 거쳐 삼사판사(三司判事) · 양계병마사(兩界兵馬使) · 평장사(平章事)가 되었다. 항상 무신을 두둔하고 문신의 교만을 비난하여 정중부(鄭仲夫)의 난 때 화를 면하였다.

서긍(徐兢, 생몰년미상) : 송나라의 문신이다. 1123년(인종 1) 사신으로 고려에 들어와 개경에 1개월간 머무르다가, 귀국 후 『선화봉사 고려도경(宣和奉使高麗圖經)』을 지어 고려의 실정을 송나라에 소개하였다.

서순(徐醇, ?~1170?) : 고려 전기의 문신이다. 1163년(의종 17) 상서성좌승(尙書省左丞)으로 있다가 서북면병마사(西北面兵馬使)로 부임하였다. 1165년 중서문하성(中書門下省)의 우상시(右常侍)로 있으면서 국자감시(國子監試)를 주관하였고, 이듬해에는 예부상서(禮部尙書)로서 과거를 주관하였다. 1170년 이복기(李復基)의 모함으로, 지추밀원사(知樞密院事)에서 상서좌복야 판비서성사(尙書左僕射判秘書省事)로 좌천되었다.

서천왕(西川王, ?~292) : 고구려의 제13대 왕(재위 270~292)이다. 이름은 약로(藥盧) · 약우(若友)로, 중천왕의 제2남이다. 숙신(肅愼)이 내침하자 이를 격퇴하고 단로성(檀盧城) 등 여러 성을 빼앗았고 반란을 도모한 동생 일우(逸友) · 소발(素勃) 등을 주살하였다.

서희(徐熙, 942~998) : 고려 전기의 외교가 · 문신이다. 960년(광종 11) 문과에 급제하여 광평원외랑(廣評員外郎)에 이어 내의시랑(內議侍郎)이 되었다. 거란의 내침 때 서경 이북을 할양하고 강화하자는 안에 극력 반대하여, 자진해서 국서를 가지고 적장 소손녕(蕭遜寧)과 담판을 벌여 거란군을 철수시켰다. 그 후 여진을 몰아내고 지금의 평북 일대의 국토를 완전히 회복하였다.

석천보(石天補, 생몰년미상) : 고려 후기의 근신이다. 본관은 충주로, 벼슬이 좌복야(左僕射)에 이르렀으며, 아버지 석주(石胄) · 동생 석천경(石天卿)과 함께 왕의 총애를 받았다. 왕의 환심을 얻기 위해 각 도의 관비나 무당 중 인물이 곱거나 음악에 재주가 있는 자들을 뽑아 올리게 하였다. 아버지 · 동생과 함께 원나라로 끌려가 안서(安西 : 안시)에 유배되었다.

석탈해(昔脫解, ?~80) : 신라 탈해왕과 동일인물이다. → 탈해왕

선덕여왕(善德女王, ?~647) : 신라 최초의 여왕으로 제27대 왕(재위 632~647)이다. 이름은 덕만(德曼)이다. 선정을 베풀어 민생을 향상시켰고 구휼사업에 힘썼으며 불법 등 당나라의 문화를 수입하였다. 첨성대(瞻星臺) · 황룡사 구층탑(黃龍寺九層塔)을 건립하는 등의 업적을 남겼다.

선덕왕(宣德王, ?~785) : 신라의 제37대 왕(재위 780~785)이다. 이름은 양상(良相)으로, 내물왕의 10대손이다. 혜공왕 때 이찬 김지정(金志貞)이 반란을 일으켰는데 이를 진압하였고, 난 중에 왕이 죽자 즉위하였다. 당나라에 조공을 바쳤고 검교태위 계림주자사 영해군사 신라왕(檢校大尉鷄林州刺史寧海軍使新羅王)의 봉작을 받았다.

선왕(宣王, ?~830) : 발해의 제10대 왕(재위 818~830)이다. 이름은 대인수(大仁秀)이며, 대조영, 즉 고왕의 아우인 대야발(大野勃)의 4대손으로 알려져 있다. 발해의 중흥군주로 해동성국이라는 칭호를 얻었다. 행정구역을 5경(五京) 15부(十五府) 62주(六十二州)로 개편하고 학술을 진흥시키는 등 전성기를 이루었다.

선종(宣宗, 1049~1094) : 고려의 제13대 왕(재위 1083~1094)이다. 자는 계천(繼天), 시호는 안성(安成) · 사효(思孝)이며, 이름은 운(運), 초명은 증(蒸) · 기(祈)이다. 문종과 인예태후(仁睿太后) 이씨의 제2남으로 태어났다. 군비를 강화하여 요나라의 침입에 대비하였으며 송나라의 제도를 받아들였다. 유학을 장려하였으나, 불교 또한 신봉하여 국청사(國淸寺)를 짓는 등 토목공사를 일으켜 백성들이 고통스러워하였다.

설계두(薛罽頭, ?~645) : 신라에서 태어나 당나라에서 활약한 장군이다. 6두품 가문에서 출생하여 진골출신이 아니면 대신과 장군이 될 수 없는 자신의 처지를 억울하게 생각해서 당나라에 가 출세할 것을 다짐하였다. 621년(진평왕 43) 몰래 배를 타고 당나라에 건너갔으며, 645년 당 태종이 고구려를 치기 위해 출정할 때 좌무위과의(左武衛果毅)가 되었다. 요동 안시성 부근 주필산(駐蹕山) 밑에서 고구려 군대와 격전을 벌이다 전사하였다.

설수진(薛秀眞, 생몰년미상) : 신라 문무왕(재위 661~681) 때의 군사전략가이다. 6두품 출신일 것으로 짐작되며, 관등은 아찬에까지 올랐다. 진법(陣法)을 연구하여 특히 당나라의 이정(李靖)이 제갈량(諸葛亮)의 8진법에 의거하여 만든 6진병법(六陣兵法 : 六花陣法이라고도 함)에 조예가 깊었다. 이 병법은 대진(大陣)이 소진(小陣)을 싸고, 대영(大營)이 소영(小營)을 싸며 곡절(曲折)상대하는 진법이었다.

설인귀(薛仁貴, 613~683) : 당나라 태종과 고종 때 활약한 장수이다. 고구려 정벌에 공을 세웠을 뿐 아니라 안동도호부(安東都護府)의 도호(都護)로서 한반도 침략 정책을 총지휘하였다.

설총(薛聰, 생몰년미상) : 신라의 학자로, 원효의 아들이다. 강수(强首) · 최치원과 함께 신라의 3대 문장가로 꼽힌다. 이두를 집대성하였다.

성덕왕(聖德王, ?~737) : 신라의 제33대 왕(재위 702~737)이다. 초명은 천중(天中), 이름은 융기(隆基) · 흥광(興光)이며, 신문왕의 제2남이고 효소왕의 친동생이다. 당나라와 활발한 외교 관계를 펼쳤으며 정전(丁田)을 실시하였다.

성왕(聖王, ?~554) : 백제의 제26대 왕(재위 523~554)이다. 이름은 명농(明穠)으로, 『일본서기(日本書紀)』에는 성명왕(聖明王)이라고도 기록되어 있다. 웅진에서 사비성(泗泌城)으로 천도하고 국호를 남부여(南夫餘)로 변경하였다. 지방통치조직 및 정치체제를 개편하여 왕권을 강화하고 대외적으로는 양나라 및 일본과 우호적인 관계를 유지하였다.

성종(成宗, 960~997) : 고려의 제6대 왕(재위 981~997)이다. 휘는 치(治), 자는 온고(溫古)이며 시호는 문의(文懿)이다. 내치 · 외교에 많은 치적을 남겼다. 내치 중에서는 관제개혁을 들 수 있고 유교를 국가의 지도원리로 삼아 중앙집권적 봉건제도를 확립하였다. 요나라 군대가 침입하자 서희를 요군의 진영에 보내서 외교담판으로 물러가게 하였다.

성충(成忠, 605~656) : 백제의 충신으로, 일명 정충(淨忠)으로도 불리운다. 의자왕 때 좌평(佐平)을 지내면서, 왕이 주색에 빠져 정사를 돌보지 않자 국운을 염려하여 극간(極諫)하다가 왕의 노여움을 사서 투옥되었다. 656년(의자왕 16) 옥중에서 외적의 침입을 예언하며 육로는 탄현(炭峴 : 沈峴)에서, 수로는 기벌포(伎伐浦 : 白江口)에서 적을 막으라는 유서를 남기고 죽었다.

소나(素那, ?~675) : 신라 문무왕 때의 장수이다. 아달성(阿達城)의 성주로 백성군(白城郡) 사산(蛇山 : 稷山) 출신이며, 침나(沈那)의 아들이다. 백제가 망한 뒤 한주도독(漢州都督) 유공(儒公)의 청으로 문무왕은 소나를 북쪽 변경의 아달성에 머물며 변경을 방어하도록 하였다.

소성왕(昭聖王, ?~800) : 신라의 제39대 왕(재위 799~800)이다. 이름은 준옹(俊邕)이며, 원성왕의 태자인 김인겸(金仁謙)의 아들이다. 태자인 김인겸이 왕위에 오르기 전에 요절하자 왕세손으로서 왕위를 계승하여 즉위하였으나, 재위 1년 7개월 만에 승하하였다. 이후부터 신라에서는 왕위 쟁탈전이 심해졌다.

소손녕(蕭遜寧, 생몰년미상) : 요나라의 장수이다. 이름은 덕(德) 또는 항덕(恒德)이다. 993년 군대를 이끌고 고려를 침공하였으나 서희와의 담판으로 강화(講和)를 한 뒤 철군하였다.

소수림왕(小獸林王, ?~384) : 고구려의 제17대 왕(재위 371~384)이다. 소해주류왕(小解朱留王)이라고도 하며 이름은 구부(丘夫)이다. 전진(前秦)으로부터 불교를 도입하고, 태학을 설립하였으며 율령을 반포하는 등 국가 체제를 정비하여 5세기 고구려 전성기의 기틀을 마련하였다.

소정방(蘇定方, 592~667) : 당나라의 무장이다. 이름은 열(烈), 자는 정방(定方)이며 하북(河北 : 허베이) 출생이다. 당 태종 때 동·서돌궐을 항복시켜 중앙아시아 여러 나라를 모두 안서도호부(安西都護府)에 예속시켰다. 나당연합군 대총관으로 신라군과 함께 백제를 멸망시키고 고구려 평양성을 공격하였으나 전세가 불리해지자 철군하였다.

소종(昭宗, 1338~1378) : 북원(北元)의 제2대 황제(재위 1370~1378)이다. 이름은 아이유시리다라[愛猷識里答臘]로, 원 순제의 아들이며 어머니는 고려인 기황후이다. 1368년 원나라가 명나라에 의하여 멸망하자 몽골 고원의 카라코룸(Karakorum)으로 도망가서 즉위하고 연호를 선광(宣光)이라 하였다.

소태보(邵台輔, 1034~1104) : 고려 전기의 문신으로, 시호는 충겸(忠謙)이다. 1095년 수태위 문하시중(守太尉門下侍中)에 올랐고, 1103년 궤장(几杖)을 하사받았으며 수태부판호부서경유수사(守太傅判戶部西京留守使)가 되고, 문하시중이 된 후 치사하였다. 이듬해 수태사(守太師) 때 협모공신(協謀功臣)이 되었다. 숙종의 묘정에 배향되었다.

손권(孫權, 182~252) : 중국 삼국시대 오나라의 제1대 왕이다. 자는 중모(仲謀), 시호(諡號)는 대황제(大皇帝)이다. 안휘(安徽 : 안후이), 호남(湖南 : 후난)을 비롯한 각 지방의 산월 민족과 그 밖의 이민족을 토벌 진무하고, 대만(臺灣 : 타이완)·해남(海南 : 하이난)섬 방면에도 원정군을 보냈으며, 요동(遼東 : 랴오둥)의 공손씨와도 접촉을 시도하는 등 국내외의 경영에 노력하였다.

송방영(宋邦英, ?~1307) : 고려 후기의 관인으로, 본관은 여산(礪山)이다. 충렬왕과 충선왕 부자가 사이가 좋지 않음을 기화로 부자 사이를 이간질하였다. 원나라에 있는 충선왕의 귀국을 방해하고 서흥후(瑞興侯) 왕전(王琠)을 옹립하려고 획책하다가 1307년 충선왕이 실권을 잡자 처형되었다.

송송례(宋松禮, ?~1289) : 고려 후기 대신이다. 본관은 여산(礪山), 시호는 정렬(貞烈)이다. 문하성직사(門下省直事)로 있을 때, 권신 임연(林衍)의 아들 임유무(林惟茂)를 죽여 그 전횡을 뿌리뽑음으로써 왕정을 복고시켰다. 추밀원부사(樞密院副使) 때 사신으로 원나라에 다녀왔으며 추밀원동지사(樞密院同知事) 재임 시 책봉사(冊封使)로 원나라에 다녀왔다.

송양(松讓, 생몰년미상) : 비류국(沸流國)의 왕이다. BC 37년 사냥을 하면서 비류수(沸流水)를 거슬러 올라가 비류국을 찾아간 동명왕과 변론·무예로 실력을 겨루어 패권을 다투었으나 동명왕을 당하지 못하였다. BC 36년 동명왕에게 항복하고, 동명왕은 그를 다물도(多勿都)로 개칭된 비류국의 주(主)로 임명하였다. BC 18년(유리왕 3) 딸을 고구려 제2대 유리왕의 비로 바쳤다.

송유인(宋有仁, ?~1179) : 고려 전기의 무신으로, 정중부(鄭仲夫)의 사위이다. 인종 때 음보(蔭補)로 산원(散員)이 되었다. 이어 태자부지유(太子府指諭)를 거쳐 위장군

(衛將軍)에 올랐다. 대장군(大將軍) · 형부상서(刑部尙書) · 수사공 상서복야(守司空尙書僕射) · 문하시랑평장사(門下侍郎平章事) · 동중서시랑평장사 병부판사(同中書侍郎平章事兵部判事) 등을 지냈다.

수로왕(首露王, 42~199) : 가야의 제1대 왕으로, 김해김씨의 시조이다. 일명 수릉(首陵)으로 불리기도 한다. 신라의 직제를 따라 각간 · 아간 · 급간 등의 계급을 두고, 그 아래 관리들에게 주나라나 한나라의 관제를 따다가 나눠 정하였다. 아유타국(阿踰陀國)의 공주 허황옥(許黃玉)을 비로 삼았다.

숙달(叔達, 생몰년미상) : 당나라의 도사(道士)이다. 고구려의 억불양도(抑佛揚道) 정책에 따라 고구려에 초빙되어 불사(佛寺)에 도관(道觀)을 차리고 도교를 포교하여 전성시대를 이루었다고 한다.

숙종(肅宗, 1054~1105) : 고려의 제15대 왕(재위 1095~1105)이다. 자는 천상(天常), 초명(初名)은 희(熙), 이름은 옹(顒)이며 시호 명효(明孝)이다. 문종의 제3남이고 순종의 아우이다. 주전관(鑄錢官)을 두고 은병과 해동통보(海東通寶)를 주조하여 통용하게 하였다. 불교를 신봉하여 많은 불회(佛會)를 열었으며 평양에 기자(箕子)의 무덤을 만들고 묘사를 세웠다.

순도(順道, 생몰년미상) : 고구려에 불교를 전한 승려이다. 372년(소수림왕 2) 전진(前秦)의 왕 부견(苻堅)의 명령으로 사신을 따라 불상과 경문(經文)을 가지고 고구려에 들어왔다. 고구려에서는 순도를 위해 375년 왕명으로 초문사(肖門寺 : 省門寺)를 지어 주었다.

순종(順宗, 1046~1083) : 고려의 제12대 왕(재위 1083)이다. 자는 의공(義恭), 이름은 훈(勳), 시호는 선혜(宣惠)이다. 문종의 장남이며, 인예태후(仁睿太后) 이씨의 소생이다. 1054년(문종 8) 왕태자에 책립되었고, 1083년 문종이 죽자 즉위하였으나 그해에 죽었다. 능은 성릉(成陵)이다.

시득(施得, 생몰년미상) : 신라 문무왕 때의 장군이다. 사찬으로 676년(문무왕 16) 병선을 거느리고 당나라 장군 설인귀(薛仁貴)와 기벌포(伎伐浦 : 長項)에서 싸워 패하였으나 다시 진격하여 22회나 싸운 끝에 승리하여 당나라 군사 4,000여 명을 죽였다.

신검(神劍, ?~936) : 후백제의 제2대 왕(재위 935~936)으로 견훤의 장남이다. 부왕을 금산사(金山寺)에 유폐하고 아우인 금강(金剛)을 죽인 다음 왕위에 올라 대왕이라 칭하였다. 견훤이 탈출하여 왕건에게 귀순하고 함께 공격해오자 일선군(一善郡)에서 맞아 싸웠으나 패배하였다. 왕건은 반역의 이유가 능환(能奐)과 두 아우의 권유 때문이라 하여 신검을 용서하였다.

신대왕(新大王, 89~179) : 고구려의 제8대 왕(재위 165~179)이다. 재사(再思)의 아들이며, 태조왕과 차대왕의 동생이다. 172년 현도군(玄菟郡) 태수 경림(耿臨)이 침략하자 명림답부(明臨答夫)를 보내 대파하였고, 제2남 남무(男武)를 태자로 삼아 왕위 부자상속의 기틀을 마련하였다.

신덕왕(神德王, ?~917) : 신라의 제53대 왕(재위 912~917)이다. 성는 박씨이며 이름은 경휘(景暉)이다. 아달라왕의 23대손으로 대아찬 예겸(乂兼)의 아들이다. 어머니는 정화부인(貞和夫人)이다. 비는 헌강왕의 딸 의성왕후(義成王后) 김씨이다. 효공왕이 후사 없이 죽자 왕으로 추대되어 즉위하였다. 능은 경주 죽성(竹城)에 있다.

신돈(辛旽, ?~1371) : 고려 말기의 승려이다. 자는 요공(耀空), 법명은 편조(遍照)이다. 이름 돈(旽)은 집권 후에 정한 속명이며, 법호는 청한거사(淸閑居士)이다. 공민왕의 신임을 받아 정치계에 들어와 관작을 받고 개혁정책을 펼쳤으나, 처첩을 거느리고 주색에 빠져 비난이 높아졌다. 역모를 획책한다는 투서로 인해 수원에 유폐되었다가 1371(공민왕 20)년에 처형되었다.

신무왕(神武王, ?~839) : 신라의 제45대 왕(재위 839)이다. 성은 김씨이고 이름은 우징(祐徵)으로, 아버지는 원성왕의 손자인 김균정(金均貞)이다. 흥덕왕이 죽어 희강왕이 왕위를 탐내자 아버지를 왕으로 추대하여 싸웠으나 패배하였다. 이듬해 장보고에게로 가서 은신하고, 4월 장보고의 지원을 받아 대군을 이끌고 경주로 쳐들어가 민애왕을 죽이고 왕위에 올랐으나 같은 해 7월에 병사하였다.

신문왕(神文王, ?~692) : 신라의 제31대 왕(재위 681~692)으로, 문무왕의 장남이다. 국학(國學)을 창설하여 학문을 장려하였으며 9주(九州)를 정비하였고 서원소경(西原小京)을 설치하고 봉성사(奉聖寺)·망덕사(望德寺)를 창건하였다. 항복한 고구려 유민에게도 벼슬을 주었으며, 녹읍을 폐지하고 조를 주기로 개정하였다.

신사전(申思佺, ?~1289) : 고려 원종 때의 재상이다. 삼별초(三別抄)가 난을 일으켜 진도로 근거지를 옮기자 전라도토적사(全羅道討賊使)가 되어 출전하였으나 토벌을 태만히 하였고, 삼별초가 육지로 나왔다는 소식을 듣고는 개경으로 도망하였으므로 파직되었다.

신숭겸(申崇謙, ?~927) : 고려 초의 무신으로, 평산신씨(平山申氏)의 시조이다. 궁예를 폐하고 왕건을 추대하여 고려 개국의 대업을 이루었다. 공산에서 견훤의 군대에게 태조가 포위되자 그를 구하고 전사하였다.

신종(神宗, 1048~1085) : 북송(北宋)의 제6대 황제(재위 1068~1085)이다. 이름은 조욱(趙頊)이고 영종의 장남이다. 요나라와의 싸움에서 하동(河東)의 경계지를 양보하였으며, 서하의 원정에서도 크게 패하자 실의 속에 죽었다.

실성왕(實聖王, ?~417) : 신라의 제18대 왕(재위 402~417)이다. 실주왕(實主王)·실금왕(實金王)이라고도 한다. 405년 명활산성(明活山城)에 침입한 왜병을 물리쳤으며, 408년 왜 정벌을 계획하였다가 서불한(舒弗邯) 미사품(未斯品)의 건의로 중지하였다. 417년 내물왕의 어린 태자였던 눌지(訥祗)를 시기하여 고구려 사람을 시켜 죽이려다가 눌지에게 살해되었다.

심덕부(沈德符, 1328~1401) : 고려 말·조선 초의 문신이다. 본관은 청송, 자는 득지(得之), 호는 노당(蘆堂)·허강(虛江), 시호는 정안(定安)이다. 조선의 개국공신이며 세종의 장인인 심온(沈溫)의 아버지이다. 위화도회군 후 삼사판사(三司判事)가 되고, 안사공신(安社功臣)을 거쳐 청성군충의백(青城君忠義伯), 1392년 조선 개국 후에는 청성백(青城伯)에 봉해졌다.

쌍기(雙冀, 생몰년미상) : 후주(後周)에서 고려에 귀화한 학자이다. 956년(광종 7) 후주의 시대리평사(試大理評事) 재임 시 사신 설문우(薛文遇)를 따라 고려에 와서 신병 때문에 체류하다 귀화하여 원보 한림학사(元補翰林學士)가 되었다. 958년 당나라 관리임용제도를 따라 과거제도를 창설하게 하고 여러 차례 지공거(知貢擧)가 되었다. 이것이 한국 과거제도의 효시이다.

아골타(아구다[阿骨打], 1068~1123) : 금 태조와 동일인물이다. → 태조

아달라왕(阿達羅王, ?~184) : 신라의 제8대 왕(재위 154~184)이다. 아달라이사금(阿達羅尼師今)이라고도 하며, 일성왕의 장남이다. 157년 처음으로 감물(甘勿)·마산(馬山)의 두 현을 두고 죽령(竹嶺)의 길을 열었다. 165년 아찬 길선(吉宣)이 모반하였다가 백제로 달아나자 그의 송환을 요구하였으나, 백제에서 응하지 않아 두 나라의 사이가 나빠졌다.

아신왕(阿莘王, ?~405) : 백제의 제17대 왕(재위 392~405)이다. 아방왕(阿芳王)·아화왕(阿華王)이라고도 한다. 치세기간에 광개토왕이 영도하는 고구려의 남하정책에 대응하기 위하여 부심하였고, 397년 태자 전지(腆支)를 일본에 볼모로 보내어 일본과 화친을 맺은 후, 이듬해 쌍현성(雙峴城)을 쌓고 403년에는 신라를 공략하였다.

아자개(阿慈介, 생몰년미상) : 신라 말·고려 초 상주지방의 장군이다. 후백제 왕 견훤의 아버지이며 성은 이씨이다. 상주지방에서 농사를 짓다가 사불성(沙弗城)을 근거로 세력을 일으켜 장군이 되었다. 견훤이 후백제를 세운 후에도 계속 상주지방에서 웅거하다가 918년 고려로 망명하였다.

아해(阿海, 생몰년미상) : 고려 후기 삼별초(三別抄) 토벌에 참여한 몽골 원수이다. 1270년(원종 11) 전라도추토사(全羅道追討使)로 임명된 김방경(金方慶)과 함께 삼별초를 토벌하기 위하여 진도로 갔다. 김방경과 함께 삼견원(三堅院)에 주둔하면서 삼별초와 여러 날 대치하였다.

안도적(安都赤, ?~1363) : 고려 말기의 환관이다. 김용(金鏞)의 일당이 난을 일으켜 행궁을 습격하자 공민왕을 피신시키고 왕의 침전에 누워 있다가 왕 대신 살해되었다.

안보린(安甫鱗, ?~1126) : 고려 전기의 내시이다. 1126년(인종 4) 척신 이자겸(李資謙) 일파를 제거하기 위해 내시지후(內侍祗侯) 김안(金安)·동지추밀원사(同知樞密院事) 지녹연(智祿延) 등과 함께 거사하였다. 그러나 이자겸과 척준경(拓俊京) 등의 기민한 대응으로 거사가 실패로 돌아가 피살당하였다.

안승(安勝, 생몰년미상) : 고구려의 왕족이다. 연개소문의 동생인 연정토(淵淨土)의 아들, 보장왕의 서자 또는 보장왕의 외손자라는 기록이 있다. 고구려가 멸망하자 서해안의 사야도(史冶島)로 피신하였다. 고구려 부흥운동을 일으킨 검모잠(劍牟岑)

에 의해 왕으로 추대되었으나 신라로 망명하여 귀족이 되었다.

안우(安祐, ?~1362) : 고려 말기의 무신으로, 본관은 탐진(耽津)이다. 1352년(공민왕 1) 군부판서(軍簿判書)로서 최영 등과 함께 조일신(趙日新)의 난을 평정하였다. 기철(奇轍)을 주살하였고 서북면부원수(西北面副元帥)로서 의주 · 정주 · 고선주(古宣州)에서 홍건적을 소탕하였다. 참지정사(參知政事)를 거쳐 상원수(上元帥)가 되어 재차 침입한 홍건적을 무찔렀다.

안우경(安遇慶, ?~1372) : 고려 말기의 무신이다. 1359년(공민왕 8) 홍건적의 침입 때 안우(安祐) 등과 함께 이를 격퇴하였다. 1361년 홍건적의 재침입 때도 개경 탈환전에 참여하여 적을 섬멸하고 1등공신이 되었다. 흥왕사(興王寺)에서 공민왕을 죽이려던 김용(金鏞) 일당을 진압하였다. 덕흥군(德興君)을 내세워 쳐들어온 최유(崔濡) 휘하의 원군을 몰아냈고 왜구 방어에도 큰 공을 세웠다.

안원(安瑗, 1346~1411) : 고려 말 · 조선 초의 문신이다. 본관은 순흥, 시호는 경질(景質), 초명은 정(定)이다. 이성계의 조선건국에 반대하고 정치에 참여하지 않았으나, 태조가 한양으로 천도하면서 강제로 구도(舊都) 송경(松京)의 관리를 맡겨 유후(留後)가 되었다. 태종 때 우군동지총제(右軍同知摠制)로서 명나라에 다녀와 『대학연의(大學衍義)』 등의 책을 구해왔고 대사헌(大司憲) · 한성부판사(漢城府判事) 등을 지냈다.

안원왕(安原王, ?~545) : 고구려의 제23대 왕(재위 531~545)이다. 이름은 보연(寶延)이고 곡향강상왕(鵠香岡上王), 향강상왕(香岡上王), 안강상왕(安岡上王)이라고도 부른다. 즉위와 함께 남조의 양나라와 북위(北魏)로부터 안장왕의 지위를 계승받았고, 534년 북위가 동위(東魏)와 서위(西魏)로 분열되자 동위 · 양과의 양면외교를 전개하여 국가 안정을 유지하였다.

안유(安裕, 1243~1306) : 안향과 동일인물이다. → 안향

안장왕(安藏王, ?~531) : 고구려의 제22대 왕(재위 519~531)이다. 이름은 흥안(興安)으로, 문자왕의 장남으로 태어나 498년(문자왕 7)에 태자로 책봉되었다. 문자왕이 죽은 뒤 왕위에 올랐다. 남북조의 양나라와 북위(北魏)로부터 지위를 인정받았다. 아울러 양국과 조공 무역관계를 유지하여 전대에 이미 확립되었던 대중국 양면외교 정책을 실시하였다.

안향(安珦, 1243~1306) : 고려 후기의 유학자이다. 초명을 유(裕)라고 부르다가 향(珦)으로 개명하였다. 본관은 순흥, 자는 사온(士蘊), 호는 회헌(晦軒)이다. 조선에 들어와 문종과 이름이 동일하자, 이를 피하여 초명인 유로 다시 고쳐 불렀다. 회헌이라는 호는 만년에 송나라의 주자(朱子)를 추모하여 그의 호인 회암(晦庵)을 본따 지은 것이다. 고려에 주자성리학을 처음 전한 사람으로 알려져 있다.

알지(閼智, 65~?) : 김알지와 동일인물이다. → 김알지

알천(閼川, 생몰년미상) : 신라의 대신이다. 647년(진덕여왕 1) 상대등에 올라 7년간 재임하였으며 화백회의(和白會議)의 의장을 맡았다. 654년 진덕여왕이 죽은 후 화백

회의에서 섭정왕(攝政王)으로 추대되었으나 태종무열왕에게 왕위를 양보하였다.

애유식리달랍(愛猷識理達臘, 1338~1378) : 북원 소종과 동일인물이다. → 소종

애장왕(哀莊王, 788~809) : 신라의 제40대 왕(재위 800~809)이다. 성은 김씨, 이름은 청명(淸明)·중희(重熙)이다. 소성왕과 계화부인(桂花夫人) 김씨 사이의 장남이다. 태종무열왕과 문무왕의 묘당(廟堂)을 세우고 해인사(海印寺)를 창건하였으며 일본과 우호를 증진하였다. 숙부 김언승(金彦昇)의 반란 때 살해되었다.

양규(楊規, ?~1011) : 고려 전기의 무신이다. 제2차 거란침입 때 크게 활약하였다. 거란 성종의 군사에게 흥화진(興化鎭)이 포위되자 완강히 저항하였고, 무로대(無老代 : 義州 남쪽)·이수(梨樹)·석령(石嶺)·여리참(餘里站) 등지에서 거란군을 기습하여 잡혀가는 백성 1만여 명을 구하였다. 애전(艾田)에서 김숙흥(金叔興)과 함께 거란군과 싸우다 전사하였다.

양길(梁吉, 생몰년미상) : 신라 말기의 반란자로, 양길(良吉)이라고 쓰기도 한다. 출신에 대해서는 알려진 바가 없다. 전국에서 초적(草賊)이 일어났을 때 북원(北原)에서 봉기 세력을 이끌었고 강원도 일대에 세력을 떨쳤다. 그러나 궁예에게 습격당하여 패하고 휘하세력이 궁예에게 흡수되었다.

양만춘(楊萬春, 생몰년미상) : 고구려 보장왕 때 안시성(安市城)의 성주(城主)이다. 정사에는 이름이 전하지 않고, 송준길(宋浚吉)의 『동춘당선생별집(同春堂先生別集)』과 박지원(朴趾源)의 『열하일기(熱河日記)』 등 야사에만 나온다. 연개소문이 정변을 일으켰을 때 끝까지 싸워 성주의 지위를 유지하였으며, 당 태종이 침공하였을 때도 당나라군을 물리쳤다.

양원왕(陽原王, ?~559) : 고구려의 제24대 왕(재위 545~559)이다. 양강상호왕(陽崗上好王)·양강왕(陽崗王)이라고도 한다. 동위(東魏)·북제(北齊) 등에 조공하여 친선을 도모하고 백암성(白巖城)·신성(新城 : 撫順) 등을 중수하였다. 돌궐의 침입을 격퇴하였으나 신라·백제에게 한강 유역을 잃었다.

양을나(良乙那, 생몰년미상) : 제주도의 시조로 일컬어지는 전설적인 신인(神人)이다. 삼성신화(三聖神話)에 나오는 제주양씨(濟州梁氏)의 시조이다. 전하는 말에 따르면 원래는 사람이 살지 않던 제주도에 고을나(高乙那)·부을나(夫乙那)와 함께 땅에서 솟아나왔다고 한다.

양현감(楊玄感, ?~613) : 수나라의 반신(叛臣)이다. 권신 양소(楊素)의 아들로 예부상서(禮部尙書)에 올랐으나 수 양제의 제2차 고구려 침공 때 려양(黎陽 : 리양)에서 반란을 일으키고 패하여 자살하였다.

연개소문(淵蓋蘇文, ?~665?) : 고구려 말기의 장군 겸 재상으로, 천개소문(泉蓋蘇文)이라고도 한다. 죽은 해는 『삼국사기』에 666년(보장왕 25)으로 기록되어 있으나 그의 아들 연남생(淵男生)의 묘지명인 「천남생묘지명(泉男生墓誌銘)」에 의하면 665년에 죽었다고 한다. 쿠데타를 일으켜 보장왕을 세우고 절대 권력을 행사하였다.

연개소문은 외교 면에서 대당강경책(對唐强硬策)을 전개하였으며, 백제와 연합하여 신라를 공격하기도 하였다.

염신약(廉信若, 1118~1192) : 고려 후기의 문신이다. 본관은 서원(瑞原), 자는 공가(公可), 시호는 효문(孝文)으로, 파주 출생이다. 국자감좨주(國子監祭酒) · 한림시강학사(翰林侍講學士) · 판대부사(判大府事) · 서북면병마사(西北面兵馬使) 등을 지내고 정당문학(政黨文學)에 올랐다.

염흥방(廉興邦, ?~1388) : 고려 말기의 권신이다. 공민왕 때 지신사(知申事)로 홍건적을 대파하여 제학(提學)에 올랐고 도병마사(都兵馬使)로서 탐라 · 목호(牧胡)의 난을 진압하였다. 매관매직을 자행하고 토지와 노비를 강탈하는 등의 행패로 이성계 등에 의해 처형되었다.

영기(令奇, 생몰년미상) : 신라 제51대 진성왕 때 나마 벼슬을 한 사람이다. 원종(元宗) · 애노(哀奴)의 난 때, 적을 두려워하여 진공치 못한 죄로 죽임을 당하였다.

영류왕(營留王, ?~642) : 고구려의 제27대 왕(재위 618~642)이다. 이름은 건무(建武) · 건성(建成)으로, 평원왕의 차남이며 영양왕의 이복동생이다. 동북쪽의 부여성으로부터 동남쪽 바다에 이르는 천리장성의 축조를 시작하면서 연개소문에게 역사(役事)의 감독을 맡겼으나, 그의 반역으로 살해되었다.

영양왕(嬰陽王, ?~618) : 고구려의 제26대 왕(재위 590~618)이다. 이름은 원(元) · 대원(大元)으로, 평양왕(平陽王)이라고도 한다. 태학박사(太學博士) 이문진(李文眞)에게 명하여 『신집(新集)』 5권 등을 만들게 하였고 명장 을지문덕(乙支文德)을 시켜 살수(撒水)에서 수나라군을 섬멸하는 등 수나라의 침공을 막아냈다.

영화부인(寧花夫人, ?~870) : 신라 제48대 경문왕의 제1비이다. 제47대 헌안왕의 맏딸로 경문왕과의 사이에서 헌강왕 · 정강왕 · 진성여왕을 낳았다.

예종(睿宗, 1079~1122) : 고려의 제16대 왕(재위1105~1122)이다. 이름은 우(俁), 자는 세민(世民), 시호는 문효(文孝)로, 숙종의 태자이며 명의왕후(明懿王后)의 소생이다. 윤관(尹瓘)에게 여진을 경략하게 하여 9성을 쌓았다. 학교를 세우고 국학(國學)에 양현고(養賢庫)를 설치하는 등 학문을 진흥시켰다.

오연총(吳延寵, 1055~1116) : 고려 전기의 문신이다. 본관은 해주, 시호는 문양(文襄)이다. 송나라에 사신으로 갔다가 희귀본 『태평어람(太平御覽)』을 구해 가지고 왔다. 한림학사(翰林學士) · 승지(承旨) 등을 지냈고, 여진을 소탕하여 상서좌복야(尙書左僕射) · 참지정사(參知政事)가 되었다.

오응부(吳應夫, ?~1224) : 고려 후기의 무신이다. 1199년(신종 2) 낭장(郎將)으로 재임 중 명주(溟州) · 동경(東京) 등지에서 반란이 일어나자 그곳에 파견되었다가 반란을 진압하지 못한 죄로 유배되었으나 곧 사면되었다. 1216년(고종 3) 거란이 침입하였을 때 중군병마사(中軍兵馬使)가 되어 싸웠으나 형세를 잘못 판단하여 동주(東州)를 빼앗겼으므로 파직되었다.

오인택(吳仁澤, 생몰년미상) : 고려 후기의 공신이다. 공민왕 때 밀직사판사(密直司判事)로서 뇌물을 탐하여 유배되었다가 신돈이 집권하자 풀려나와 지도첨의(知都僉議)가 되었다. 신돈의 제거를 모의하다가 탄로나 장배(杖配)되었다.

왕가도(王可道, ?~1034) : 고려 초기의 문신이다. 본래의 성은 이씨이다. 본관은 청주, 초명은 자림(子琳), 시호는 영숙(英肅)이다. 반란을 일으킨 최질(崔質)·김훈(金訓) 등 무신 일당을 없애고, 그 공으로 호부상서(戶部尙書)가 되었다. 이후 참지정사(參知政事)가 되었다.

왕건(王建, 877~943) : 고려 태조와 동일인물이다. → 태조

왕고(王暠, ?~1345) : 고려 충렬왕의 손자이다. 몽골 이름은 완택독(完澤禿)이며 충선왕 때 연안군(延安君)에 봉해졌으며, 1314년 충숙왕이 왕위에 오르면서 세자로 책봉되어 뚤루게[禿魯花 : 인질]로서 원나라에 머물렀다. 1316년(충숙왕 3)에는 충선왕의 심왕위(瀋王位)를 이어받고, 원 양왕(梁王) 송산(松山)의 딸을 아내로 맞아 원나라의 부마도위(駙馬都尉)가 되었다. 고려 왕위를 도모하였으나 실패하였다.

왕규(王規, ?~945) : 고려 초기의 권신으로, 본관은 광주(廣州)이다. 두 딸이 태조의 제15비와 제16비가 되었다. 혜종을 죽이고 외손자 광주원군(廣州院君)을 왕으로 세우려고 하였으나 실패하였다. 혜종이 죽고 정종(定宗)이 즉위하자 난을 일으켰는데, 태조의 종제(從弟) 왕식렴(王式廉)의 개입으로 실패하고 참살당하였다.

왕륭(王隆, ?~897) : 고려 태조 왕건의 아버지이다. 신라의 정치가 쇠퇴하여 견훤과 궁예가 서남(西南)과 한산주(漢山州)를 차지하고 패권을 다투고 있을 때 송악군(松嶽郡)의 성주로 있었다. 896년 궁예가 양길(梁吉)을 정복하고 서북의 패권을 차지하자 그에게 복속하여 금성태수(金城太守)에 임명되었다. 왕건이 고려 태조가 된 뒤 세조위무대왕(世祖威武大王)으로 추존되었다.

왕산악(王山岳, 생몰년미상) : 고구려 말기의 음악가이다. 거문고를 제작하였으며 또한 거문고 연주의 대가이다. 진(晉)나라 사람이 칠현금(七絃琴)을 고구려에 보냈는데, 당시 고구려 사람들은 이것이 악기인 줄은 알았지만, 연주하는 법을 몰랐다고 한다. 이에 나라에서는 칠현금을 다룰 수 있는 사람을 구하였는데, 당시 제이상(第二相)으로 있던 왕산악이 칠현금을 개량하여 새로운 악기를 만들고 100여 곡을 지어 연주하였다.

왕소(王昭, 925~975) : 광종과 동일인물이다. → 광종

왕식렴(王式廉, ?~949) : 고려 초기의 공신이다. 시호는 위정(威靜)이며, 태조 왕건의 사촌동생이다. 안수진(安水鎭)·덕흥진(德興鎭) 등을 설치하여 좌승(左丞)이 되었고, 왕규(王規)가 난을 일으키려 하자 이를 평정하는 데 힘써 대승(大丞)에 올랐다.

왕욱(王郁, ?~996) : 고려 제8대 현종의 아버지로, 시호는 효목헌경효의성덕(孝穆憲景孝懿聖德)이다. 고려 태조의 제8남이며, 어머니는 신라 경순왕의 큰아버지 김억렴(金億廉)의 딸인 신성태후(神成太后) 김씨이다. 경종이 죽은 후 경종비 헌정왕후(獻

貞王后)와 사통하여 현종을 낳았다. 이 일로 유배되었고, 현종이 왕위에 오른 후 안종(安宗)으로 추봉되었다.

왕융(王融, 생몰년미상) : 고려 전기의 관인이다. 광종 때부터 성종 때까지 지공거(知貢擧)가 되어 12차례나 과거를 주관하였다. 글솜씨가 뛰어나 왕의 조서와 비문 등을 찬하였다.

왕혜(王譓, 생몰년미상) : 고려 제26대 충선왕의 제3남으로, 몽골식 이름 타스티무르[塔思帖木兒]이다. 한 때 중이 되었다가 1351년(충정왕 3) 원나라에 건너가 원 순제에게 아첨하여 왕에 책봉되었다. 그 후 기황후 · 최유(崔濡) · 김용(金鏞) 등과 공모하여 1364년(공민왕 13) 요양성(遼陽省)의 군대 1만 명을 거느리고 본국에 침입하였으나 최영 · 이성계 등에게 패하여 원나라로 되돌아갔다.

우륵(于勒, 생몰년미상) : 신라의 음악가이다. 대가야 가실왕의 뜻을 받들어 12현금(絃琴 : 가야금)을 만들고 이 악기의 연주곡으로 12곡을 지었다. 국원(國原)에 살며 대내마 계고(階古)와 법지(法知) 등에게 가야금 · 노래 · 춤을 가르쳤다.

우문술(宇文述, ?~616) : 수나라의 장군으로 본래 선비족 출신이다. 북주(北周)를 섬겨 벼슬이 상주국(上主國)에 이르고, 589년 수 문제 때에 진(陳)나라를 평정하였다. 605년 양제가 즉위하자 허국공(許國公)에 봉해졌다. 612년 수 양제의 제2차 고구려 원정 때 우중문(于仲文)과 함께 30만 육군을 이끌고 평양 부근까지 쳐들어왔다. 그러나 을지문덕(乙支文德)에게 살수(撒水)에서 크게 패하고 돌아가 평민으로 떨어졌다가, 후에 다시 등용되었다.

우왕(禑王, 1365~1389) : 고려의 제32대 왕(재위 1374~1388)이다. 아명은 모니노(牟尼奴)이고 신돈의 시녀였던 반야(般若)의 소생이다. 처음에는 경연(經筵)을 열어 학문을 닦기에 힘쓰고 몸가짐을 바로 하여 기대를 모았으나, 후에 사냥 · 음주가무 · 여색 등 방탕에 빠져 백성들의 신망을 잃었다. 이인임(李仁任)의 유배로 정치적 지지기반을 잃자 강릉에 유배된 후, 아들 창왕과 함께 이성계에 의해 살해되었다.

우인열(禹仁烈, 1337~1403) : 고려 말 · 조선 초의 권신이다. 본관은 단양, 시호는 정평(靖平)이다. 사불랑(沙弗郞) 등에 침입한 왜구를 격파하고 경상양광전라삼도도체찰사(慶尙楊光全羅三道都體察使) · 합포도순문사(合浦都巡問使) · 찬성사(贊成事) 등을 지냈다. 조선 개국 후 문하시랑찬성사(門下侍郞贊成事) 등을 지냈으며 개국원종공신(開國原從功臣)에 책록되었다.

우중문(于仲文, 545~613) : 수나라의 장군이다. 북주(北周)에서 행군총관(行軍摠管)을 지냈으며, 수나라에 들어가 행군원수(行軍元首)가 되었다. 612년 수 양제의 제2차 고구려 원정 때 우문술(宇文述)과 함께 30만 대군을 이끌고 쳐들어왔으나, 살수(撒水)에서 을지문덕(乙支文德)에게 패하고 돌아갔다.

우집(虞集, 1272~1348) : 원나라의 시인이다. 자는 백생(伯生)이고 호는 도원(道園) · 소암(邵庵)이다. 학문소인 규장각(奎章閣)을 창설하고 그 시서학사(侍書學士)가 되어 신임받았다. 당시(唐詩)의 박력을 계승하여 명시(明詩)의 당시 존중의 원류를 이룩한 시인이다. '원시 4대가(元詩四大家)'의 으뜸으로 일컫는다. 주요 저서에는 『도원학고록(道園學古錄)』 등이 있다.

우탁(禹倬, 1262~1342) : 고려 후기의 유학자이다. 본관은 단양, 자는 천장(天章) · 탁보(卓甫), 호는 백운(白雲) · 단암(丹巖)이며 '역동선생(易東先生)'이라 불렸다. 감찰규정(監察糾正) 때 충선왕이 숙창원비(淑昌院妃)와 밀통한 것을 알고 이를 극간한 뒤 벼슬을 내놓았다. 경사(經史)와 역학(易學)에 통달하였다.

우현보(禹玄寶, 1333~1400) : 고려 말 · 조선 초의 문신이다. 본관은 단양, 자는 원공(原功), 시호는 충정(忠靖)이다. 우왕 때 밀직대언(密直代言) · 삼사좌사(三司左使) 등을 지내고 공양왕 때 삼사판사(三司判事)를 지냈다. 제2차 왕자의 난 때, 반란 소식을 이방원(李芳遠)에게 알린 공으로 추충보조공신(推忠輔祚功臣)이 되었다.

원성왕(元聖王, ?~798) : 신라의 제38대 왕(재위 785~798)으로, 본명은 김경신(金敬信)이다. 유교정치를 지향하여 788년 독서삼품과(讀書三品科)를 두어 인재를 등용하였다. 독서삼품과는 국학(國學) 학생을 대상으로 치러졌던 일종의 졸업시험으로, 유교경전의 해석능력에 따라 학생들의 등급을 나누었으며 이 성적은 곧 관리임용으로 연결되었다. 790년 김제(金堤) 벽골제(碧骨堤)를 증축하여 농사를 장려하였다.

원송수(元松壽, 1323~1366) : 고려 말기의 문신이다. 본관은 원주, 시호는 문정(文定)이며 문과에 급제하여 춘추관수찬(春秋館修撰)이 되었다. 서해도안렴사(西海道按廉使) · 내서사인(內書舍人) · 좌부대언(左副代言) 등의 관직을 맡았고, 홍건적의 난 때 공민왕을 호종하여 1등 공신에 책록되었다. 밀직사첨서사(密直司簽書事) 등을 지낸 후 정당문학(政堂文學)에 올랐으나 신돈의 미움으로 파직되었다.

원종(元宗, 1219~1274) : 고려 제24대 왕(재위 1259~1274)이다. 이름은 식(禃), 초명은 전(倎), 자는 일신(日新), 시호 순효(順孝)로, 고종의 장남이다. 1259년(고종 46) 강화를 청하기 위하여 표(表)를 가지고 몽골에 갔다가, 고종이 죽자 1260년에 귀국하여 즉위하였다. 개경으로 환도하려다가 1269년 임연(林衍)에 의해 폐위되었고, 원나라의 문책으로 다시 복위되었다. 원나라에서 매빙사(妹聘使)가 오자 결혼도감(結婚都監)을 설치하여 원성을 샀다.

원충갑(元沖甲, 1250~1321) : 고려 후기의 공신이다. 본관은 원주, 시호는 충숙(忠肅)이다. 충렬왕 때 침입한 합단(哈丹)을 무찌르고 원주성을 고수한 공으로 추성분용광국공신(推誠奮勇匡國功臣)에 책록되었다. 벼슬은 삼사우윤(三司右尹)에 이르렀다.

원효(元曉, 617~686) : 신라의 승려이다. 속성은 설(薛), 법명은 원효, 아명은 서당(誓幢) · 신당(新幢)이다. 일심(一心)과 화쟁(和諍) 사상을 중심으로 불교의 대중화에 힘썼다. 『대승기신론소(大乘起信論疏)』 · 『법화경종요(法華經宗要)』 등 수많은 저술을 남겨 불교 사상의 발전에 크게 기여하였다.

위계정(魏繼廷, ?~1107) : 고려 전기의 문신으로, 시호는 충렬(忠烈)이다. 문종 때 문과에 급제하여 좌보궐지제고(左補闕知制誥)를 지냈다. 선종 때 사은 겸 진봉사(謝恩兼進奉使)로 송나라에 다녀왔고 숙종 때 예부상서(禮部尙書) · 문하시랑평장사(門下侍郞平章事) 등을 지낸 후, 예종 때는 수태보(守太保)에 이르렀다.

위덕왕(威德王, ?~598) : 백제의 제27대 왕(재위 554~598)이다. 이름은 창(昌)이며 성왕의 장남이다. 웅천성을 침공한 고구려군을 격퇴하였고 신라와 자주 싸웠으며, 진(陳) · 북제(北齊) 등과 친선을 유지하였다. 일본 쇼토쿠[聖德]태자의 스승인 아좌태자(阿佐太子)는 그의 아들이다.

위만(衛滿, 생몰년미상) : 위만조선의 창건자이다. 연나라의 부장으로 있다가, 혼란기에 1천여 명을 이끌고 와 고조선의 준왕에게 거두어 줄 것을 요청하였다. 그 뒤 세력을 키워 왕위를 빼앗고 도읍을 왕검성(王儉城)에 정하였다.

유금필(庾黔弼, ?~941) : 고려 초의 무장으로, 평산유씨(平山庾氏)의 시조이다. 골암진(鶻岩鎭)에 침입한 북번(北蕃)들을 평정하였고 연산진(燕山鎭)에 침입한 백제 장군 길환(吉奐)을 죽였다. 조물군(曹物郡)에서 견훤을 무찌르고 청주에서 후백제군에게 대승을 거두었다. 936년(태조 19) 후백제를 정벌하여 멸망시켰다.

유례왕(儒禮王, ?~298) : 신라의 제14대 왕(재위 284~298)이다. 성은 석(昔)으로, 조분이사금의 장남이고 어머니는 갈문왕(葛文王) 나음(奈音)의 딸 박씨이다. 286년 백제와 수교하였고, 287년부터 왜인의 침입이 잦아 변경이 매우 시끄러웠다. 293년 사도성(沙道城)을 개축하고 사벌주(沙伐州)의 호민 80여 가를 옮겼다. 297년 이서국(伊西國)이 금성(金城)에 침입하자 격퇴하였다.

유리왕(儒理王, ?~57) : 신라의 제3대 왕(재위 24~57)이다. 성은 박씨이고, 노례이사금(弩禮尼師今)이라고도 한다. 남해차차웅이 죽자 덕망이 높은 매제 탈해(脫解)에게 왕위를 양보하다가, 군신(群臣)들의 추대로 즉위하였다. 28년에 『도솔가(兜率歌)』를 지었으며, 32년 6부(六部)의 이름을 고치고 이(李) · 최(崔) · 손(孫) · 정(鄭) · 배(裵) · 설(薛)의 성씨를 내렸다.

유리왕(琉璃王, ?~18) : 고구려의 제2대 왕(재위 BC 19~AD 18)이다. 이름은 유리(類利) · 유류(儒留) · 주류(朱留)로, 유리명왕(瑠璃明王)이라고도 한다. 부여로부터 아버지 동명성왕을 찾아 고구려에 입국하여 태자로 책립되었고, 동명성왕에 이어 즉위하였다. 계비인 치희(雉姬)를 그리는 『황조가(黃鳥歌)』를 짓기도 하였다. 3년에 도읍을 홀본(忽本)에서 국내성(國內城)으로 옮겼다.

유소(柳韶, ?~1038) : 고려 전기의 문신으로, 정주유씨(貞州柳氏)의 시조이다. 1029년(현종 20) 서북면판병마사(西北面判兵馬使)로 나가, 흥화진(興化鎭)의 옛 성을 개축하고 위원진(威遠鎭) · 정융진(定戎鎭)을 설치하여 백성들을 이주시켰다. 1033년(덕종 2) 왕명에 따라 압록강 하구에서 시작하여 동해안 화주(和州)까지 1,000여 리에 이르는 돌성을 쌓았다.

유숙(柳淑, 1324~1368) : 고려 말기의 문신이다. 공민왕 때 추밀원직학사(樞密院直學

士) · 동경유수(東京留守) 등을 지냈다. 홍건적이 침입하였을 때 왕을 남행하게 한 공로로 충근절의찬화공신(忠勤節義贊化功臣)이 되고 첨의평리(僉議評理)에 올랐으며 흥왕사(興王寺)의 변란 때 세운 공으로 1등공신에 책록되었다. 신돈의 하수인에게 교살당하였다.

유연(柳淵, 1328~1376) : 고려 말기의 문신이다. 본관은 진주, 시호는 정정(貞靖)이다. 원나라의 침입에 대비하여 국경지대의 국방태세를 강화하고 동북면도지휘사(東北面都指揮使) · 문하평리 겸 대사헌(門下評理兼大司憲) · 문하평리 겸 동북면도원수(門下評理兼東北面都元帥) 등을 지냈다. 제주에서 목호(牧胡)의 난이 일어나자 이를 평정하는 데 공을 세웠다.

유인우(柳仁雨, ?~1364) : 고려 말기의 무신이다. 99년간이나 원나라에 빼앗겼던 쌍성총관부(雙城摠管府)를 탈환할 때 밀직부사(密直副使)로서 동북면병마사(東北面兵馬使)가 되어 대호군(大護軍) 공부보(貢夫甫) · 종부령(宗簿令) 김원봉(金元鳳) · 강릉도존무사(江陵道存撫使) 이인임(李仁任)과 함께 나아가 싸웠다. 이자춘(李子春) 부자의 내응을 얻어 총관부를 함락하고 그 일대를 수복하였다.

유참(柳旵, ?~1135) : 고려 전기의 반역자이다. 왕조 질서의 재편을 뜻하는 서경천도계획이 개경 귀족세력의 완강한 반대로 실패하자, 1135년(인종 13) 묘청 · 조광(趙匡) 등과 더불어 서경에서 반란을 일으켰다. 정부군이 출동하고, 평주판관(平州判官) 김순부(金淳夫)가 조서를 가지고 입성하여 반란군을 설유(說諭)할 때, 변심한 부하 조광에 의해 묘청과 함께 살해되었다.

유충정(劉忠正, ?~1009) : 고려 전기의 폐신(嬖臣)이다. 발해 출신으로 목종의 총애를 받아 지은대사 좌사낭중(知銀臺事左司郎中)이 되었다. 김치양(金致陽)이 반역을 꾸밀 때 밀고하여, 대량원군(大良院君)과 강조(康兆)를 불러들여 대비하도록 하였다. 이후, 군사를 이끌고 개성에 들어온 강조가 현종을 영립하고 목종을 폐하는 과정에서 살해당해였다.

유탁(柳濯, 1311~1371) : 고려 말기의 대신이다. 본관은 고흥, 자는 춘경(春卿)이다. 감문위대호군(監門衛大護軍)이 된 뒤, 여러 관직을 거쳐 고흥군(高興君)에 책봉되었다. 원나라로부터 합포만호(合浦萬戶)로 임명되기도 하였다. 원나라가 홍건적을 정벌할 때 공을 세웠다. 1371년(공민왕 20) 신돈이 주살되자 그와 관련되었다는 무고를 받아 교수형을 당하였다.

유행간(庾行簡, ?~1009) : 고려 전기의 폐신(嬖臣)이다. 목종의 총애를 받아 합문사인(閤門舍人)이 되어 왕의 측근으로서 유충정(劉忠正)과 함께 권세를 부렸다. 목종이 대량원군(大良院君 : 현종)을 맞아 후계를 삼고자 하였을 때 이를 방해하였다가, 강조(康兆)가 목종을 폐하여 양국공(讓國公)으로 삼은 뒤 시해하고 김치양(金致陽) 등을 죽일 때 함께 살해되었다.

윤관(尹瓘, ?~1111) : 고려 전기의 명신 · 명장이다. 본관은 파평(坡平), 자는 동현(同玄)

이다. 여진을 정벌하다 실패하자 별무반(別武班)을 창설하여 군대를 양성하고, 여진 정벌군의 원수로 9성을 쌓아 침범하는 여진을 평정하였다. 그 뒤 여진은 9성의 환부와 강화를 요청하였고 조정은 9성을 지키기 어렵다 하여 여진에게 돌려주었다.

윤소종(尹紹宗 1345~1393) : 고려 말 · 조선 초 문신이다. 본관은 무송(茂松), 자는 헌숙(憲叔), 호는 동정(桐亭)이다. 1388년(우왕 14) 이성계의 위화도회군 때 동문 밖에 나가 『곽광전(霍光傳)』을 바쳐서, 우왕을 폐하고 다른 왕(王)씨를 왕으로 추대할 것을 암시하였다. 1392년 조선이 개국되자 병조전서(兵曹典書)로서 『고려사』 수찬에 참여하였다.

윤수(尹秀, 생몰년미상) : 고려 후기의 무신이다. 1270년(원종 11) 친종장군(親從將軍) 조오(趙璈)로부터 들은 권신 임연(林衍)의 제거계획을 밀고한 것이 두려워 원나라로 도망갔다. 충렬왕이 즉위하자 귀국하여 대장군(大將軍)으로 응방(鷹房)을 관장하였다. 또 유망민들을 모아 촌락이 없는 곳에 취락을 형성하여 응방의 경제적 기초를 삼기도 하였다.

윤인첨(尹鱗瞻, 1110~1176) : 고려 전기의 문신이다. 본관은 파평(坡平), 자는 태조(胎兆)이다. 1174년(명종 4) 조위총(趙位寵)의 난이 일어나자 3군(三軍)의 원수가 되어 싸웠으나 자비령에서 패하였다가 다시 서경을 쳐서 1176년에 평정하였다. 그 공으로 추충정난광국공신 상주국 감수국사(推忠靖亂匡國功臣上柱國監修國史)에 올랐다.

윤첨(尹瞻, ?~1135) : 고려 전기의 문신이다. 1135년(인종 13) 서경 분사대부경(分司大府卿)으로 있던 중 묘청의 난에 가담하였다. 묘청과 유참(柳旵) 등이 참살당한 뒤 항복의사를 전하기 위해 김부식에게 갔다가 하옥되었고, 조광(趙匡) 등이 다시 반역하자 이들을 회유하려 하였으나 피살되었다.

윤충(允忠, 생몰년미상) : 백제의 장군이다. 642년(의자왕 2) 군사 1만명을 이끌고 신라의 대야성(大耶城)을 공격하였다. 김춘추의 사위인 성주 김품석(金品釋)에게 항복을 권유하였고, 김품석이 죽죽(竹竹)의 반대에도 불구하고 처자와 함께 성문을 열고 나와 항복을 하자 성을 함락시켰다.

윤취(尹就, 생몰년미상) : 고려 말기의 문신이다. 1387년(우왕 13) 밀직부사(密直副使)로서 명나라 경사(京師)에 가서 천추절(千秋節)을 축하하였다. 1391년(공양왕 3)에는 지밀직사사(知密直司事)가 되었다.

윤흥(允興, ?~866) : 신라의 문신으로, 관등이 이찬에 이르렀다. 거문고 전수자 귀금(貴金)이 지리산에 은둔하며 세상에 나오지 않자 거문고의 맥이 끊길 것을 염려한 왕이 윤흥을 남원태수로 임명하여 거문고를 전수하라는 명을 내렸다. 경문왕 때 동생들과 함께 모반을 도모하다 발각되어 죽임을 당하였다.

을두지(乙豆智, 생몰년미상) : 고구려의 재상이다. 25년(대무신왕 8) 우보(右輔)에 임명되어 군국(軍國)의 사무를 맡아보았고, 27년에는 좌보(左輔)에 임명되었다. 28년 후한(後漢)의 요동태수(遼東太守)가 침입해오자 성을 지키면서 지구전을 전개할 것을 주장하였으며, 또한 계책을 마련하여 후한군이 스스로 물러나게 하였다.

을불(乙弗, ?~331) : 고구려 미천왕과 동일인물이다. → 미천왕

을지문덕(乙支文德, 생몰년미상) : 고구려의 명장이다. 612년(영양왕 23) 수나라의 우중문(于仲文)·우문술(宇文述)이 113만여 명의 수륙양군(水陸兩軍)으로 고구려를 침범하자, 후퇴작전을 이용하여 적군을 지치게 만든 다음, 거짓 항복을 하여 후퇴하는 수나라 군을 살수(撒水)에서 공격하였다.

을파소(乙巴素, ?~203) : 고구려의 재상이다. 압록곡(鴨淥谷) 좌물촌(左勿村) 출신이다. 신하들의 반대에도 불구하고 고국천왕의 신임을 받았으며, 정교(政敎)·상벌(賞罰)을 명백히 하였다. 진대법(賑貸法)을 실시하는 등 태평성대를 이룩하였다.

의복(義福, 생몰년미상) : 신라의 장수이다. 삼국통일전쟁기 백제유민이 661년(무열왕 8)에 사비성(泗沘城)을 공격해왔을 때, 하주장군(下州將軍)에 임명되어 출전하였다.

의상(義相, 625~702) : 신라의 승려로, 화엄종(華嚴宗)의 개조이다. 당나라에서 화엄을 연구하고 돌아와 부석사(浮石寺)를 건립하고 화엄학을 확립하는 데 힘썼다. 저서에 『화엄일승법계도(華嚴一勝法界圖)』 등이 있다.

의안(義安, 생몰년미상) : 신라의 승려이다. 아버지는 사간 재량(才良)이며, 어머니는 자장(慈藏)의 누이동생인 남간부인(南澗夫人)이다. 3형제 가운데 둘째로 형은 국교대덕(國敎大德), 동생은 명랑신인(明朗神印)이다. 674년(문무왕 14) 왕명으로 대서성(大書省)이 되어 정무에 참여하였다.

의자왕(義慈王, ?~660) : 백제의 제31대 왕(재위 641~660)이다. 의자(義慈)는 그의 이름으로, 왕의 시호가 없다. 재위 초기에는 친히 신라를 공격하여 신라에 큰 타격을 주고 국위의 만회에 힘썼으나, 만년에는 사치와 향락에 빠졌다. 나당연합군의 침공을 맞아 끝내 항복하였다.

의종(毅宗, 1127~1173) : 고려의 제18대 왕(재위 1146~1170)이다. 이름은 현(晛), 초명은 철(徹), 자는 일승(日升), 시호는 장효(莊孝)이며, 인종의 장남이다. 1170년 정중부(鄭仲夫)·이의방(李義方) 등이 난을 일으켜 폐위되었으며, 거제도로 쫓겨났다. 1173년(명종 3) 김보당(金甫當)의 복위운동이 실패하자 계림에 유폐되었다가 살해되었다.

이거인(李居仁, ?~1402) : 고려 말·조선 초의 문신이다. 본관은 청주, 호는 난파(蘭坡)이며, 우왕 초에 밀직부사(密直副使)를 지냈다. 조선이 건국되자 삼사좌사(三司左使)로 진위사(陳慰使)가 되어 명나라에 다녀왔고, 뒤에 청천백(淸川伯)에 봉하여졌다. 1394년(태조 3) 판개성부사(判開城府使)로 있을 때, 과거에 사신으로서 밀무역을 한 사실과 타인의 집터를 탈취한 일로 사간원(司諫院)의 탄핵을 받아 이듬해 파직되었다.

이고(李高, ?~1171) : 고려 전기의 무신이다. 정중부(鄭仲夫)·이의방(李義方) 등과 함께 무신의 난을 주모하였다. 1171년(명종 1) 1월에 정권을 독차지하기 위해 거짓으로 제서(制書)를 꾸미고, 태자의 관례(冠禮)를 계기로 이의방을 제거하려다가 죽임을 당하였다.

이곡(李穀, 1298~1351) : 고려 후기의 학자이다. 본관은 한산(韓山), 초명은 운백(芸白), 자는 중부(仲父), 호는 가정(稼亭), 시호는 문효(文孝)이다. 1333년(충숙왕 2) 원나라 정동성(征東省) 향시(鄕試)에 수석으로 급제하였다. 원 황제에게 건의하여 고려에서의 처녀 징발을 중지하게 하였다. 문장에 뛰어났고 고려에 돌아와 정당문학(政堂文學)을 지냈다.

이공주(李公柱, 생몰년미상) : 고려 후기의 무신이다. 1257년(고종 44) 최의(崔竩)가 집정하여 횡포와 탐학을 일삼자, 이듬해 대사성(大司成) 유경(柳璥)·별장(別將) 김준(金俊) 등과 함께 최의와 그 일당을 주살하였다. 4대 60여 년에 걸친 최씨의 무인정권을 종식시키고 왕정(王政)을 회복하였다. 1262년(원종 3) 유경·박희실(朴希實) 등과 함께 위사공신(衛社功臣)에 올랐다.

이단(李端, ?~1047) : 고려 전기의 문신이다. 문하시랑평장사(門下侍郎平章事)와 문하시랑 동내사문하평장사(門下侍郎同內史門下平章事)를 지냈으며, 물러난 후에도 조정에서 국사를 논할 때는 왕명을 받고 참여하였다. 1029년(현종 20) 상서좌복야(尙書左僕射)로 서경유수사(西京留守使)에 임명되었다. 이때 거란에서 반란이 일어났는데, 이를 공격하자고 극력 주장하였으나 조정에서 논란 끝에 출병하지 않았다.

이달충(李達衷, ?~1385) : 고려 말기의 유학자이다. 본관은 경주, 자는 지중(止中), 호는 제정(霽亭), 시호는 문정(文靖)이다. 신돈에게 주색을 삼가라고 직언하여 파면당하였다가 신돈 주살 후 복직되었다. 동북면병마사(東北面兵馬使)·계림부윤(鷄林府尹) 등을 지냈다.

이매(伊買, 생몰년미상) : 신라의 왕족이다. 성은 석씨(昔氏)이며, 제9대 벌휴왕의 제2남이다. 제8대 아달라왕의 비였던 내례부인(內禮夫人) 박씨와 사이에서 낳은 아들이 제10대 내해왕이 되었다.

이문진(李文眞, 생몰년미상) : 고구려의 태학박사(太學博士)이다. 600년(영양왕 11)에 왕명으로 기존에 전해 오던 역사책인 『유기(留記)』 100권을 편집하여 『신집(新集)』 5권을 만들었으나 전해지지 않고 있다.

이방실(李芳實, ?~1362) : 고려 후기의 무신으로, 본관은 함안이다. 대호군(大護軍)으로 선성(宣城)에서 다루가치[達魯花赤] 노연상(魯連祥) 부자를 진압하였고, 압록·서경 사이와 풍주(豊州)에서 홍건적을 물리쳤다. 1361년(공민왕 10) 홍건적에 패하여 개경을 빼앗겼으나 수복하고 많은 적을 도륙하였다.

이분(李芬, 생몰년미상) : 고려 말기의 공신이다. 1363년(공민왕 12) 김용(金鏞)이 흥왕사(興王寺)에 침입하여 난을 일으킬 때 사재령(司宰令)으로서 이들을 토벌한 공으로 흥왕토적(興王討賊) 1등공신에 서훈되었다.

이사도(李師道, ?~819) : 고구려 유민 출신의 중국 당나라 절도사이다. 평로절도사 검교상서 좌복야(平盧節度使檢校尙書左僕射)를 지냈다. 헌종이 산동성에 대한 책임을 맡겼으나 따르지 않아 죽임을 당하였다.

이사부(異斯夫, 생몰년미상) : 신라의 장군 · 정치가이다. 성은 김씨, 내물왕의 4대손으로, 일명 태종(苔宗)으로 불리웠다. 541년(진흥왕 2) 병부령(兵部令)이 되어 실권을 장악하였다. 545년에는 국사 편찬을 제안하여 거칠부(居柒夫) 등이 『국사』를 편찬하는 계기를 이루었다. 549년에는 한강 상류지역까지 영토를 넓히는 등 신라의 국력 강화에 큰 역할을 하였다.

이색(李穡, 1328~1396) : 고려 말기의 문신 · 학자로, 삼은(三隱) 가운데 한 사람이다. 본관은 한산(韓山), 자는 영숙(穎叔), 호는 목은(牧隱)이다. 정방(政房)을 폐지하고, 3년상을 제도화하였으며, 성리학 발전에 공헌하였다. 우왕의 사부였다. 위화도회군 후 창왕을 즉위시켜 이성계를 억제하려 하였다. 조선 태조가 한산백(韓山伯)에 책봉하였으나 사양하였다.

이성(李晟, 1251~1325) : 고려 후기의 문신으로, 본관은 담양이다. 약관(弱冠)에 문과에 급제하여 온수감무(溫水監務)를 거쳐 수원사록(水原司錄)이 되었으나 벼슬을 그만두고 경서연구에 전념하였다. 충선왕에 의해 내서사인(內書舍人)으로 발탁되어 선부의랑(選部議郞) 등을 역임하였다. 다시 낙향하자 민부전서(民部典書)로 특진시켰으며 뒤에 화평부사(化平府使)가 되었다. 학문에 힘써 오경사(五經笥)라는 칭호를 들었다.

이성계(李成桂, 1335~1408) : 조선 태조와 동일인물이다. → 태조

이성림(李成林, ?~1391) : 고려 말기의 문신이다. 본관은 고성으로, 공민왕 때 여러 직책을 맡았다가 밀직부사(密直副使)에 이어 시중(侍中)에 이르렀다. 1378년(우왕 4)에 연산(連山)에 침입한 왜구를 방어하였는데 이때에 판밀직(判密直)으로 양광도(楊廣道) · 전라도의 조전원수(助戰元帥)를 겸직하였었다. 1389년(창왕 1) 문하시중(門下侍中)의 지위에서 김저(金佇)의 옥사에 연루되었지만 창왕의 외조부였으므로 극형은 모면하고 철원에 유배되었다.

이세민(李世民, 599~649) : 당 태종과 동일인물이다. → 태종

이세적(李世勣, 594~669) : 이적과 동일인물이다. → 이적

이소응(李紹膺, ?~1180) : 고려 후기의 무신이다. 1170년(의종 24) 대장군(大將軍)으로 보현원(普賢院)에 행차하는 왕을 호송하였는데, 도중에 젊은 문신 한뢰(韓賴)에게 뺨을 맞는 모욕을 당하였다. 평소부터 무신들이 극도로 천대를 받고 있는 데 대해 불만을 품고 있던 그는 정중부(鄭仲夫) 등과 함께 반란을 일으켜 무신정권을 세웠다.

이수산(李壽山, ?~1376) : 고려 말기의 문신으로, 본관은 수안(遂安)이다. 충혜왕 때 총관(摠管)을 거쳐 밀직부사(密直副使)에 올라 추성익대좌명공신(推誠翊戴佐命功臣)이 되고 춘성군(春城君)에 봉해졌다. 동북면도순문사(東北面都巡問使)로 여진족을 평정하고 경계를 확정하였다. 삼사우사(三司右使) · 삼사판사(三司判事)를 거쳤고 신돈의 정적으로 한때 숙청되었다. 공민왕 사후 우왕을 옹립하려는 이인임(李仁任)의 부당성을 지적하였다. 공양왕이 그 충의를 표창하였다.

이순중(李淳中, 생몰년미상) : 고려 후기의 문신이다. 비서감(秘書監)으로서 국자감시

(國子監試)를 주관하였을 때, 시제(試題)를 잘못 해석하였다가 탄핵을 받고 좌천되었다. 1207년(희종 3) 진주목사(晋州牧使)로 있을 때 일어난 공노비 · 사노비의 반란을 수습한 후 창정(倉正) 정방의(鄭方義)를 주모자로 의심하여 처벌하려다가, 오히려 모함을 받아 전라도 초도(草島)에 유배되었다.

이숭인(李崇仁, 1347~1392) : 고려 말기의 학자이다. 본관은 성주, 자는 자안(子安), 호는 도은(陶隱)이다. 삼은(三隱) 가운데 한 사람이다. 밀직제학(密直提學)으로 정몽주와 함께 실록을 편수하였다. 친명 · 친원 양쪽의 모함을 받아 여러 옥사를 겪었으며, 조선 개국 때 정도전의 원한을 사 살해되었다. 문장에 뛰어났으며 문집에 『도은집(陶隱集)』이 있다

이승경(李承慶, ?~1360) : 고려 후기의 재상으로, 본관은 성주이다. 몽고식 이름은 테무르부카[帖木兒不花]로, 충혜왕 때 정당문학(政堂文學)을 지낸 이조년(李兆年)의 조카이다. 원나라 조정에서 고관을 지냈고, 귀국 후에는 홍건적이 침입하자 도원수(都元帥)로 출전하여 격퇴하였다.

이시품왕(伊尸品王, ?~407) : 금관가야의 제5대 왕(재위 346~407)이다. 성은 김씨이며 이품왕(伊品王)이라고도 한다. 아버지는 거질미왕(居叱彌王)이며, 어머니는 아궁(阿躬) 아간(阿干)의 손녀 아지부인(阿志夫人)이다.

이암(李嵒, 1297~1364) : 고려 말기의 문신이다. 본관은 고성, 초명은 군해(君侅), 자는 고운(古雲), 호는 행촌(杏村), 시호는 문정(文貞)이다. 충목왕 사후 충정왕을 왕으로 세우기 위하여 원나라에 다녀와서 추성수의동덕찬화공신(推誠守義同德贊化功臣)의 칭호를 받았다. 찬성사(贊成事) · 좌정승(左政丞) 등을 지냈다. 묵죽(墨竹)에 뛰어났고, 예서와 초서를 잘 써 조맹부(趙孟頫)와 쌍벽을 이루었다. 「문수원장경비(文殊院藏經碑)」에 글씨가 남아 있다.

이연(李淵, 566~635) : 당 고조와 동일인물이다. → 고조

이연년(李延年, ?~1237) : 고려 후기의 민란 주모자이다. 본관은 원율(原栗)이다. 백제부흥을 기치로 내걸고 난을 일으켜 전라도 남부 일대를 점령하여 위세를 떨쳤으나, 전라도지휘사(全羅道指揮使) 김경손(金慶孫)에게 진압되었다.

이의민(李義旼, ?~1196) : 고려 후기의 무신이다. 본관은 정선으로, 아버지는 소금장수, 어머니는 옥령사(玉靈寺)의 노비였다. 천민 출신으로 기골이 장대하여 경군(京軍)에 편입되었고, 수박(手搏)을 잘 하여 의종의 총애를 받아 별장(別將)이 되었다. 무신의 난에 가담하였고 의종 복위 음모와 조위총(趙位寵)의 난을 평정하였다. 경대승(慶大升)이 죽은 후 무신 최고 집권자가 되었다. 후에 최충헌에게 살해되었다.

이의방(李義方, ?~1174) : 고려 후기의 무신으로, 본관은 전주이다. 무신의 난을 일으켰고 이고(李高)가 정권을 마음대로 하려 하자 그를 제거하고 정권을 장악하였다. 중방(重房)을 강화하고 지방관에 하급 무신을 임명하여 그들을 회유하는 정책을 실시하였다.

이인(李韌, ?~1381) : 고려 후기의 문신이다. 공민왕 때 신돈의 반역 음모를 밀고한 공으로 종2품인 정당문학(政堂文學)에 올랐다. 1362년(공민왕 11) 전사관편수관(前史館編修官)으로서 글을 올려 시무10조(時務十條)를 논하였고, 1364년 전교부령(典校副令)으로 오왕(吳王)을 자칭하던 원나라의 반란군 지도자 장사성(張士誠)을 예방(禮訪)하였다.

이인복(李仁復, 1308~1374) : 고려 말기의 문신이다. 본관은 성주, 자는 극례(克禮), 호는 초은(樵隱), 시호는 문충(文忠)이다. 원나라 제과(制科)에 급제하여 벼슬을 받고 돌아왔다. 1352년(공민왕 1) 조일신(趙日新)의 난을 평정하였고, 왕에게 신돈을 멀리하도록 간하였다. 흥안부원군(興安府院君)에 진봉되었으며, 삼사판사(三司判事)를 거쳐 검교시중(檢校侍中)이 되었다. 『고금록(古今錄)』·『금경록(金鏡錄)』을 편수하였고, 문집에 『초은집(樵隱集)』이 있다.

이인성(李仁成, ?~1196) : 고려 후기의 재상이다. 1194년(명종 24)에 동지추밀원사 어사대부(同知樞密院事御史大夫)에 임명되었으며, 1196년 참지정사(參知政事)에 올랐다. 참지정사로 있을 때 최충헌 형제에게 살해당하였다.

이인임(李仁任, ?~1388) : 고려 말기의 문신이다. 본관은 성주, 시호는 황무(荒繆)이다. 공민왕 때 서북면도통사(西北面都統使)로 원나라의 동녕부(東寧府)를 정벌하였고, 광평부원군(廣平府院君)에 책봉되었다. 공민왕 사후 우왕을 추대하였다. 정권을 잡고 친원정책을 취하여 친명파를 추방하고, 전횡을 일삼았다.

이자겸(李資謙, ?~1126) : 고려 전기의 문신이다. 본관은 인주(仁州)이다. 1122년 예종이 죽자 자신의 사위인 연소한 태자(인종)를 즉위하게 하였으며, 다른 외척이 생길까 두려워 자신의 제3녀와 제4녀를 인종의 비로 삼게 하였다. 권세와 총애를 독차지하여 자기 생일을 인수절(仁壽節)이라 하였고, 매관매직과 수뢰로 축재하였다. 1126년(인종 4) 이자겸과 척준경(拓俊京)의 사이가 벌어진 것을 기회로 척준경을 회유해, 이자겸 일당을 제거하는데 성공하였다. 그해 유배지에서 사망한다.

이자송(李子松, ?~1388) : 고려 말기의 문신으로, 수원이씨(水原李氏)의 시조이다. 공민왕 때 전법판서(典法判書)로서 원나라에 가서 홍건적 평정을 전하였다. 원나라에서 고려왕으로 덕흥군(德興君)을 책봉하고 호종을 명령하였으나 이를 거절하고 숨었다. 그 후 단성보조공신(端誠輔祚功臣)의 호를 받았고, 우왕 때 여러 관직을 거쳤다.

이자연(李子淵, 1003~1061) : 고려 전기의 문신이다. 본관은 인주(仁州), 자는 약충(若沖), 시호는 장화(章和)이다. 세 딸이 모두 문종의 비가 됨으로써 세력을 장악하였다. 1052년(문종 6) 수태위(守太尉)가 되었고, 이듬해 문하시랑평장사(門下侍郎平章事)에 이르렀다. 그 후 개부의동삼사 태사 겸 중서령 감수국사 상주국 경원군개국공(開府儀同三司太師兼中書令監修國史上柱國慶源郡開國公)이 되었다.

이자의(李資義, ?~1095) : 고려 전기의 문신으로, 본관은 인주(仁州)이다. 헌종이 즉위하자 누이 원신궁주(元信宮主)의 아들인 한산후(漢山侯) 왕윤(王昀)을 옹립하고자 반란을 꾀하였다가 사전에 발각되어 죽임을 당하였다.

이자춘(李子春, 1315~1361) : 조선 태조 이성계의 아버지이다. 함경도 쌍성(雙城) 지방에서 세력을 떨치며 원나라의 천호(千戶)로 있다가 고려 조정에 내알(來謁)하여 소부윤(少府尹)이라는 벼슬을 받고 총관부(摠管府)를 함락시켜 함주(咸州) 이북의 땅을 회복하였다. 함경도지방을 다스리다가 죽었다. 1411년(태종 11) 시호를 연무성환(淵武聖桓)대왕, 묘호를 환조(桓祖)라 하였다. 능은 함흥(咸興)의 정릉(定陵)이다.

이적(李勣, 1162~1225) : 고려 후기의 무신이다. 본관은 지평(砥平)이다. 1216년(고종 3) 우군병마판관(右軍兵馬判官)으로 서북면에 침입한 거란군을 격퇴하는 등, 거란군의 침략을 여러 차례 무찔렀다. 1219년(고종 6)에 우승선(右承宣)에 발탁되고 이어 추밀부사(樞密副使) · 상서좌복야(尙書左僕射)에 등의 요직을 역임했다.

이정(李貞, 생몰년미상) : 고려 후기의 무신이다. 본래 천민출신으로 개잡는 일을 하였으나 용력(勇力)이 뛰어나서 권신 김준(金俊)의 아들 김주(金柱)의 신임을 받았다. 1272년(원종 13) 제주의 삼별초를 초유하러 갔다 적에게 잡혔다가 돌아왔다. 충렬왕 유모의 사위가 되어 왕의 총애를 받았고 충청도응방사(忠淸道鷹坊使)가 되어 불량배들을 거느리고 행패가 심하였다.

이정(李靖, 571~649) : 당나라의 명장이다. 처음에는 수나라를 섬겼으나, 수나라에 대항해 군사를 일으킨 이세민(李世民 : 당 태종)에게 체포되었다. 이세민에게 인정을 받고 그의 부장으로 활약하였다. 돌궐의 근거지를 공격하여 힐리가한(頡利可汗)을 포로로 잡고 토욕혼(吐谷渾)의 침입을 막았다.

이제현(李齊賢, 1287~1367) : 고려 말기의 문신 · 학자이다. 본관은 경주, 자는 중사(仲思), 호는 익재(益齋) · 역옹(櫟翁) · 실재(實齋)이다. 원나라와의 관계에서 부당한 처사를 해결하는 등 활약하였다. 당대의 명문장가이며 정주학(程朱學)의 기초를 확립하였다. 조맹부(趙孟頫) 서체를 도입하여 유행시켰다. 문집에 『익재집(益齋集)』, 저서에 『효행록(孝行錄)』 · 『역옹패설(櫟翁稗說)』 등이 있다.

이조년(李兆年, 1269~1343) : 고려 후기의 문신이다. 본관은 성주, 자는 원로(元老), 호는 매운당(梅雲堂) · 백화헌(百花軒), 시호는 문열(文烈)이다. 1306년(충렬왕 32) 왕유소(王惟紹) 등이 서흥후(瑞興侯) 왕전(王琠)을 충렬왕의 후계로 삼으려 하자 최진(崔晉)과 함께 충렬왕을 보필하였으며, 심양왕(瀋陽王) 왕고(王暠)의 왕위찬탈 음모를 원나라에 상소하였다. 충혜왕 복위 후 정당문학(政堂文學) · 예문관대제학(藝文館大提學)이 되어 성산군(星山君)에 봉해졌다. 시문에 뛰어났다.

이존오(李存吾, 1341~1371) : 고려 말기의 문신이다. 본관은 경주, 자는 순경(順卿), 호는 석탄(石灘) · 고산(孤山)이다. 1366년(공민왕 15) 우정언(右正言)으로 있을 때 신돈의 횡포를 보고 이를 탄핵하다가 왕의 노여움을 샀다. 신돈의 권력 남용을 풍자한 시 1수를 비롯하여 3수의 시조가 고시조집 『청구영언(靑丘永言)』에 실려 있다. 문집에 『석탄집(石灘集)』이 있다.

이종학(李種學, 1361～1392) : 고려 말기의 문신이다. 본관은 한산(韓山), 자는 중문(仲文), 호는 인재(麟齋)이다. 아버지인 이색(李穡)이 국정에 참여하고 있을 때, 해마다 성균시(成均試)를 맡아 물의가 많았다. 공양왕 즉위 후 파직되었다. 고려가 망하자 정도전 등의 사주에 의해 살해당하였다. 문장으로 명성이 높았으며 사실에 밝았다. 문집에 『인재유고(麟齋遺稿)』가 있다.

이주연(李周衍, 생몰년미상) : 고려 전기의 문신이다. 1135년(인종 13) 묘청이 서경에서 반란을 일으키자 진압에 나섰는데, 반란군이 거짓으로 조서(詔書)를 꾸며 양계(兩界)에서 군사를 징발하자, 인종의 명령을 받아 우군 2,000명을 이끌고 가서 동계(東界)의 여러 성을 돌면서 회유하는 등 반란의 진압에 공을 세웠다.

이준의(李俊儀, ?～1174) : 고려 전기의 무신이다. 이의방(李義方)의 형으로, 김보당(金甫當)의 난이 일어났을 때 문신으로 연루된 자를 모두 죽이려 하자, 그 부당함을 설득하여 중지시켰다.

이지순(李至純, ?～1196) : 고려 후기의 무신이다. 본관은 정선으로, 무신집권자 이의민(李義旼)의 아들이다. 대장군(大將軍)에 올랐을 때 아버지를 죽인 최충헌과 싸웠으나 패하여 살해되었다.

이지심(李知深, ?～1170) : 고려 전기의 문신이다. 의종 때 정언(正言)·급사중(給事中) 등 주로 간관으로서 많이 활동하고, 국자감대사성(國子監大司成)에 올랐으나 무신의 난 때 살해되었다.

이지영(李至榮, ?～1196) : 고려 후기의 무신이다. 무신집권자 이의민(李義旼)의 아들로, 아버지의 위세를 믿고 횡포를 부리다가 최충헌에게 살해되었다.

이진(李瑱, 1244～1321) : 고려 후기의 문신이다. 본관은 경주, 자는 온고(溫古), 호는 동암(東菴), 초명은 방연(方衍), 시호는 문정(文定)이다. 충선왕 때 사림학사(詞林學士)·좌승지(左承旨)·병조지사(兵曹知事)·상의회의도감사(商議會議都監事)를 거쳐 찬성사(贊成事)에 올랐다. 충숙왕 때 검교첨의정승(檢校僉議政丞)이 되어 임해군(臨海君)에 봉해졌고, 과거를 관장하였다. 제자백가에 통달하고 시문에 뛰어났다. 문집에 『동암집(東菴集)』이 있다.

이춘부(李春富, ?～1371) : 고려 말기의 문신이다. 공민왕 때 동강도병마사(東江都兵馬使)로 왜구를 격퇴하였다. 전라도도순검 겸 병마사(全羅道都巡檢兼兵馬使)로 홍건적의 침입을 격퇴하여 1등공신이 되었다. 동덕찬화공신(同德贊化功臣)에 책록되었고, 도첨의시중(都僉議侍中)이 되었으나 신돈 일당으로서 횡포를 자행한 죄로 처형되었다.

이현운(李鉉雲, 생몰년미상) : 고려 전기의 무신이다. 강조(康兆)와 함께 목종을 폐하고 현종을 옹립하였다. 1009년(목종 12) 이부시랑(吏部侍郞)으로 서북면도순검부사(西北面都巡檢副使)가 되어 서북면도순검사 강조(康兆)와 함께 목종을 폐하고 현종을 옹립한 뒤, 중대부사(中臺副使)가 되었다.

이혼(李混, 1252～1312) : 고려 후기의 문신이다. 본관은 전의(全義), 자는 거화(去華)·

태초(太初), 호는 몽암(蒙菴), 시호는 문장(文莊)이다. 충선왕 때 정조사(正朝使)로 원나라에 가서 충선왕과 관제개혁을 의논하고 돌아와 대사백(大詞伯)에 올랐고 벽상삼한공신(壁上三韓功臣)이 되었다. 시문에 능하고 단구(短句)에 뛰어났으며 영해(寧海)에 귀양가서 지은 무고(舞鼓)가 악부(樂府)에 전한다.

임견미(林堅味, ?~1388) : 고려 말기의 무신이다. 본관은 평택이다. 1361년(공민왕 10) 나주도도병마사(羅州道都兵馬使) 때 홍건적의 난이 일어나자 왕을 호종하여 1등공신이 되었다. 1370년(공민왕 19) 원나라 동녕부(東寧府) 토벌에 부원수(副元帥)로 참전하였고 1374년 제주 목호(牧胡)의 난이 일어나자 부원수로 토벌에 나섰다. 매관매직을 자행하고 토지와 노비를 강탈하는 등의 행패로 이성계 등에 의해 처형되었다.

임연(林衍, ?~1270) : 고려 후기의 권신으로, 본관 진주(鎭州)이다. 1268년(원종 9) 김준(金俊)을 제거하였다. 이어 원종을 폐하고 안경공(安慶公) 왕창(王淐)을 즉위시킨 뒤 교정별감(敎定別監)이 되어 정치 · 군사의 실권을 장악하였다. 그러나 몽골의 위협에 안경공을 폐위시키고 원종을 복위시켰다. 원종이 개경 환도를 약속하고 귀국하자, 몽골에 끝까지 항전하려 하였으나 병으로 죽었다.

임원후(任元厚, 1089~1156) : 고려 전기 문신이다. 본관은 장흥, 초명은 원애, 시호는 문정(文忠)이다. 인종의 비이며 의종의 모후(母后)인 공예태후(恭睿太后)의 아버지이다. 묘청의 난이 일어나자 중군원수(中軍元帥)로 김부식과 이를 토벌하였다. 1137년(인종 15) 동덕좌리공신(同德佐理功臣)이 되었다으며, 서경유수(西京留守) · 문하시랑평장사(門下侍郞平章事) · 감수국사(監修國史) 등을 지냈다.

임유무(林惟茂, ?~1270) : 고려 후기의 무신이다. 본관은 진주(鎭州), 임연(林衍)의 아들이다. 몽골에 있던 원종이 개경으로 환도하라는 명령을 내리자 환도하지 못하게 막고 야별초(夜別抄)를 교동(喬桐)에 주둔하게 하여 몽골병에 대비하였으나 살해되었다. 그를 마지막으로 무신정권은 몰락하고 왕정복구와 개경환도가 이루어졌다.

자비왕(慈悲王, ?~479) : 신라의 제20대 왕(재위 458~479)으로, 자비마립간(慈悲麻立干)이라고도 한다. 왜인의 잦은 침범에 대비하여 470년 이후 일모성(一牟城) · 사시성(沙尸城) 등 많은 성을 축조하여 국방을 강화하였다. 전함(戰艦)을 수리하게 하였고, 명활성(明活城)에 이거(移居)하였다. 계속하여 왜병이 침입하였으나 매번 이를 격퇴하였다.

장보고(張保皐, ?~846) : 신라의 무장이다. 궁복(弓福) · 궁파(弓巴)라고도 한다. 해적들의 인신매매를 근절시키려고 해로의 요충지 청해(淸海)에 진(鎭)을 설치하고 청해진대사(淸海鎭大使)로 해적을 완전 소탕하였다. 840년(문성왕 2) 일본에 무역사절을, 당나라에 견당매물사를 보내어 삼각무역을 하였다.

장사성(張士誠, 1321~1367) : 원나라 말기의 무인이다. 본래 태주(泰州)의 염전인 백구장(白駒場)에 적을 둔 소금 중개인이었다. 염장 관리와 염정(鹽政) 사이의 분쟁을 틈타 난을 일으켰다. 세력이 강소성(江蘇省 : 장쑤성)에서 절강성(浙江省 : 저장성)

일대에 미쳤으나 명나라군의 총공격에 대패하였다.

장수왕(長壽王, 394~491) : 고구려의 제20대 왕(재위 412~491)으로 이름은 거련(巨連 : 巨璉)이며, 광개토왕의 장남이다. 도읍을 국내성(國內城)에서 평양으로 옮기고 적극적으로 남하정책을 추진하여 광활한 영토를 차지하였다.

장순석(張純錫, ?~1173) : 고려 후기의 무신이다. 1173년(명종 3) 동북면병마녹사(東北面兵馬錄事)로 재임 중 동북면병마사(東北面兵馬使) 김보당(金甫當)과 함께 난을 일으켜 무신정권을 몰아내고 의종을 복위시키려 하였으나 실패하였다. 난을 진압하기 위해 이의민(李義旼)이 온다는 소문에 자기들에게 해가 끼칠까 두려워한 경주사람들에 의해 살해당하였으며, 결국 의종복위운동도 실패로 돌아갔다.

장연우(張延祐, ?~1015) : 고려 전기의 관인이다. 본관은 홍덕(興德)이며, 객성(客省)을 지낸 장유(張儒)의 아들이다. 1010년(현종 1) 거란의 침략으로 현종이 남쪽으로 몽진할 때 호종하였다. 1014년 경군(京軍)의 영업전을 빼앗아 백관의 녹봉에 충당하게 하였다가 상장군(上將軍) 김훈(金訓)과 최질(崔質) 등의 반란으로 유배되었다.

저고여(著古與, ?~1225) : 고려에 파견된 몽고의 사신이다. 1221년(고종 8)부터 고려에 파견되어 막대한 공물을 요구해 걷어갔으며, 1225년 귀국 길에 압록강 가에서 피살되어 몽고가 고려를 침략하는 구실이 되었다.

전녹생(田祿生, 1318~1375) : 고려 말기의 문신이다. 본관은 담양(潭陽), 자는 맹경(孟耕), 호는 야은(壄隱)이다. 충혜왕 때 문과에 급제하여, 제주사록(濟州司錄)·전교시교감(典校寺校勘)을 지냈다. 경상도도순문사(慶尙道都巡問使)·동지공거(同知貢擧)·대사헌(大司憲)을 거쳐 1373년(공민왕 22) 정당문학(政堂文學)으로서 강녕대군(江寧大君 : 우왕)의 사부가 되었으며, 이듬해 개성부사(開城府使)·문하평리(門下評理) 등을 지내고 추충찬화보리공신(推忠贊化輔理功臣)이 되었다. 문집에 『야은일고(壄隱逸稿)』가 있다.

전지왕(典支王, ?~420) : 백제의 제18대 왕(재위 405~420)이다. 이름은 여영(餘映)·영(映)이며, 아신왕의 원자(元子)이다. 사신을 진(晉)나라에 보내고, 408년 상좌평의 직제를 처음으로 제정하고 여신(餘信)을 이에 임명하였다. 416년 동진(東晉)의 안제로부터 사지절도독 백제제군사 진동장군 백제왕(使持節都督百濟諸軍事鎭東將軍百濟王)에 책봉되고 418년 일본에 사신을 파견하였다.

정강왕(定康王, ?~887) : 신라의 제50대 왕(재위 886~887)이다. 이름은 황(晃)이고 경문왕의 제2남이다. 형인 헌강왕이 후사 없이 죽자 그 뒤를 이어 즉위하였다. 887년 황룡사(黃龍寺)에 백고좌(百高座)를 베풀어 청강하였으며, 이찬 김요(金蕘)의 반란을 평정하였다. 887년 7월 재위 2년 만에 죽으면서 누이동생 만(曼 : 진성여왕)에게 전위하였다.

정균(鄭筠, ?~1179) : 고려 전기의 무신이다. 본관은 해주로, 정중부(鄭仲夫)의 아들이다. 무신의 난 이후 병부상서(兵部尙書)·서경유수(西京留守)에 오르고, 조위총(趙

位寵)의 난을 평정하였다. 이때 함께 출전한 이의방(李義方)을 죽이고 부자가 정권을 마음대로 휘두르다가 경대승(慶大升)에게 살해되었다.

정도전(鄭道傳, 1342~1398) : 고려 말 · 조선 초의 문신 · 학자이다. 본관은 봉화, 자는 종지(宗之), 호는 삼봉(三峰)이다. 이성계를 도와 조선을 건국하였으며 나라의 기틀을 다지는 역할을 하였다. 유학(儒學)의 대가로 개국 후 군사 · 외교 · 행정 · 역사 · 성리학 등 여러 방면에서 활약하였고, 척불숭유(斥佛崇儒)를 국시로 삼게 하여 유학의 발전에 공헌하였다. 제1차 왕자의 난 때 이방원(李芳遠)에게 피살되었다. 문집에 『삼봉집(三峰集)』, 저서에 『경제문감(經濟文鑑)』 등이 있다.

정몽주(鄭夢周, 1337~1392) : 고려 말기의 문신 · 학자이다. 본관은 연일(延日), 자는 달가(達可), 호는 포은(圃隱), 시호는 문충(文忠)이다. 의창(義倉)을 세워 빈민을 구제하고 유학을 보급하였으며, 성리학에 밝았다. 개성에 5부 학당과 지방에 향교를 세워 교육진흥을 꾀하였으며, 법질서의 확립을 기하고 외교와 군사면에도 깊이 관여하여 국운을 바로잡으려 했으나 이성계 일파의 손에 최후를 맞이하였다. 시문에도 뛰어나 시조 「단심가(丹心歌)」 외에 많은 한시가 전해지며 서화에도 뛰어났다.

정방보(鄭邦輔, ?~1226) : 고려 후기의 무신이다. 1211년(희종 7) 수창궁(壽昌宮)에서 승려와 환관이 최충헌을 살해하려고 한 사건이 일어났을 때 상장군(上將軍)으로서 왕준명(王濬明) 등 주모자를 색출하였다. 벼슬이 참지정사(參知政事)에 이르렀으나 최충헌을 아첨으로 섬기며 뇌물을 탐하여 사람들의 지탄을 받았다.

정방의(鄭方義, ?~1201) : 고려 후기의 반란자로, 본관은 진주(晉州)이다. 1200년(신종 3) 진주 노비들이 일으킨 반란이 평정된 뒤, 사록(司錄) 전수룡(全守龍)을 만나러 활을 메고 갔다가 태수(太守) 이순중(李淳中)으로부터 반란을 꾀한다는 혐의를 받고 체포되었다. 아우의 구출을 받고 반민(叛民)들과 합세하여 본시 원한이 있었던 사람들을 학살한 후 권신에게 뇌물로 바치고 죄를 면하려고 하였다. 원한을 품은 주민들에게 살해당하였다.

정성(鄭成, 생몰년미상) : 고려 전기의 무신이다. 1010년(현종 1) 요나라 성종이 침입하였을 때 호부낭중(戶部郎中)으로 흥화진사(興化鎭使)가 되어 도순검사(都巡檢使) 양규(楊規) 등과 함께 흥화진을 지켰으며, 이듬해 압록강을 건너 철군하는 요나라군을 공격하여 승리하였다.

정세운(鄭世雲, ?~1363) : 고려 후기의 무장이다. 본관은 광주(光州)이다. 공민왕을 따라 원나라에 다녀와 대호군(大護軍)에 승진하고 1352년 공민왕이 즉위하자 공신에 책록되었다. 기철(奇轍)을 주살하였고. 홍건적 침입으로 개경이 함락되고 왕이 피난할 때 호종하였다. 총병관(摠兵官)이 되어 20만 대군으로 홍건적을 물리치고 서울을 탈환하였다.

정쌍(貞雙, 생몰년미상) : 고려 전기의 승려이다. 보제사(普濟寺)에 있으면서, 1084년(선종 1) 왕에게 구산문(九山門)에서 공부하는 승려에게도 진사(進士)의 예에 따라 3

년마다 과거를 실시하도록 주청하여 허락을 받았다.

정언신(鄭彦信, 1527～1591) : 조선 전기 문신이다. 본관은 동래(東萊), 자는 입부(立夫), 호는 나암(懶庵)이다. 니탕개(尼湯介)가 쳐들어오자 우찬성(右贊成)으로서 도순찰사(都巡察使)를 겸하여 이순신 · 신립(申砬) · 김시민(金時敏) · 이억기(李億祺) 등 쟁쟁한 무관들을 막하로 거느리고 적을 격퇴하였다.

정종(定宗, 923～949) : 고려의 제3대 왕(재위 945～949)이다. 이름은 요(堯), 자는 의천(義天), 시호는 문명(文明)이다. 정적을 제거하며 왕위에 올랐다. 서경으로 천도하려 하였으나 개경 세력의 반발과 백성의 원성으로 실패하였다. 거란 침입에 대비하기 위해 광군을 조직하였으며 불교 중흥에 힘썼다.

정종(靖宗, 1018～1046) : 고려의 제10대 왕(재위 1034～1046)이다. 이름은 형(亨), 자는 신조(申照), 시호는 용혜(容惠)이다. 현종의 제2남이며, 덕종의 동생이다. 거란 침입 이후 북방 민족의 침입에 대비하여 1044년 천리장성을 완성시켰다. 예성강의 병선 180척으로 군수물자를 운반하여 서북계 주진(州鎭)의 창고에 보관하게 하는 등 국방 정책에 힘을 기울였다.

정중부(鄭仲夫, 1106～1179) : 고려 전기의 무신으로, 본관 해주이다. 무신의 차별에 불만을 품고 왕의 보현원(普賢院) 거둥 때 문신을 죽이고 정권을 장악하였다. 참지정사(參知政事) · 중서시랑평장사(中書侍郎平章事), 문하평장사(門下平章事), 서북면판사, 행영병마 겸 중군병마판사 등을 지냈다. 1179년(명종 9) 같은 무신인 경대승(慶大升)에게 일가족이 몰살되었다.

정지(鄭地, 1347～1391) : 고려 말기의 무신이다. 본관은 하동, 초명은 준제(准提), 시호는 경렬(景烈)이다. 순천 · 낙안 · 영광 · 광주 · 담양 · 남원 · 남해 관음포(觀音浦)에서 왜적을 대파하였고 요동 정벌 때 이성계의 위화도회군에 동조하였다.

정지상(鄭知常, ?～1135) : 고려 전기 문신이다. 본관은 서경, 호는 남호(南湖), 초명은 지원(之元)이다. 수도를 서경으로 옮길 것과 금나라를 정벌하고 고려의 왕도 황제로 칭할 것을 주장하였다. 1135년(인종 13) 묘청의 난 때 이에 관련된 혐의로 김부식에게 참살되었다. 시에 뛰어나 고려 12시인의 한 사람으로 꼽혔다. 저서로는 『정사간집(鄭司諫集)』이 있다.

정추(鄭樞, 1333～1382) : 고려 후기의 문신이다. 본관은 청주, 자는 공권(公權), 호는 원재(圓齋)이다. 1353년(공민왕 2) 익재(益齋) 이제현(李齊賢)을 지공거(知貢擧)로 한 과거에 급제한 이후 예문관검열(藝文館檢閱) 및 여러 관직을 거쳐 좌사의대부(左司議大夫)에 올랐다. 이어 성균관대사성(成均館大司成)을 거쳐 정당문학(政堂文學)에 임명되었다가 고려 멸망 10년 전인 1382년(우왕 8)에 병사하였다.

정화궁주(貞和宮主, ?～1319) : 고려 충렬왕의 비이다. 충렬왕이 태자 때 결혼하였으나, 1274년(원종 15) 충렬왕이 원나라의 제국대장공주(齊國大長公主)와 결혼한 후에는 정화궁주로 격하되었다. 제국대장공주의 미움을 받아 별궁에서 거처하였다.

제국대장공주(齊國大長公主, 1259～1297) : 고려 충렬왕의 비이다. 이름 홀도로게리미실[忽都魯揭里迷失]이며, 원 세조 쿠빌라이의 딸이다. 1275년(충렬왕 1) 원성공주(元成公主)에 책립되었으며 충선왕을 낳았다. 고려 왕실과 원나라 왕실 사이에 이루어진 최초의 혼인이다.

조광(趙匡, ?～1136) : 고려 전기의 반란자이다. 묘청의 부하로 함께 난을 일으켰으나 세가 불리해지자 묘청을 죽였으며, 토벌군에 의해 서경이 함락되자 분신자살하였다.

조민수(曹敏修 ?～1390) : 고려 말기의 무신이다. 본관은 창녕이다. 요동정벌군 좌군도통사(左軍都統使)로 출정한 뒤 위화도에서 이성계와 회군하여 우왕을 폐하고 창왕을 세우는 데 큰 역할을 하였다.

조분왕(助賁王, ?～247) : 신라의 제11대 왕(재위 230～247)이다. 본래의 칭호는 조분이사금(助賁尼師今)이며, 제귀왕(諸貴王)이라고도 한다. 성은 석(昔)으로, 벌휴왕의 손자, 갈문왕(葛文王) 골정(骨正)의 아들이다. 231년 이찬 우로(于老)를 시켜 감문국(甘文國)을 정복하여 군(郡)으로 만들었고, 233년 왜구가 침입하자 다시 우로를 시켜 격퇴하였으며, 236년 골벌국(骨伐國)의 항복을 받았다.

조소생(趙小生, ?～1362) : 고려 말기의 반역자이다. 항몽전쟁 말기 부원(附元) 반역자로 쌍성총관(雙城摠管)이 되었던 조휘(趙暉)의 증손이다. 조휘가 몽골에 투항한 이후 쌍성총관직은 세습되었는데, 1356년(공민왕 5) 원나라의 쇠약을 틈타 쌍성 수복을 꾀할 때 쌍성총관으로 있었다. 공민왕의 쌍성 수복에 대항하였으나 실패하자 여진으로 도주하였다가 1362년 고려의 동북변 지역을 다시 공격해 이성계에게 패배하였다. 같은 해 여진의 다루가치[達魯花赤]에게 살해되었다.

조영인(趙永仁, 1133～1202) : 고려 후기의 무신이다. 본관은 횡성, 시호는 문경(文景)이다. 참지정사(參知政事)·정당문학(政堂文學)·한림학사승지(翰林學士承旨)가 되고, 개부의동삼사 수태사 문하시랑평장사(開府儀同三司守太師門下侍郎平章事) 등을 지냈다. 금나라 사신이 와서 명종이 양위한 사유를 묻고 직접 만나보려 하는 것을 무난히 해결하였다.

조예(曹叡, 205 ?～239) : 삼국시대 위나라의 제2대 왕(재위 226～239)이다. 조진(曹眞)·조휴(曹休) 등의 보좌를 받았다. 오(吳)·촉(蜀)이 연합하여 공격하자 전투에 출진하여 오를 격퇴하였다.

조위총(趙位寵, ?～1176) : 고려 후기의 문신이다. 정중부(鄭仲夫)·이의방(李義方) 등이 정변을 일으키자 절령 이북 40여 성의 호응을 얻어 난을 일으켰다. 중앙군의 총공세로 위기에 처하자 금나라에 사신을 보내 원병을 요청하였으나 실패하여, 서경이 함락된 뒤 처형되었다.

조익청(曹益淸, ?～1353) : 고려 후기의 문신이다. 본관은 창녕, 시호는 양평(襄平)이다. 충혜왕 때 충숙왕·충혜왕 부자간의 불화를 해소하려고 진력하였다. 대호군(大護軍)이 되어 간신 송팔랑(宋八郎)·홍장(洪莊) 등을 잡아 문초하다가 오히려 무고로 좌천되었다. 공민왕이 원나라에 있을 때 시종(侍從)한 공으로 1등공신에 책록되었다.

조인옥(趙仁沃, 1347~1396) : 고려 말 · 조선 초의 문신이다. 본관은 한양, 자는 군계(君啓), 시호는 충정(忠靖)이다. 이성계를 따라 정명군(征明軍)에 참가한 뒤 위화도에서 회군하였다. 이성계 · 정도전 등과 우왕을 폐위시키고 창왕을 옹립하였으며, 척불숭유(斥佛崇儒)와 전제개혁(田制改革)을 적극 지지하여 신진세력의 기반을 구축하였다. 정도전 등과 이성계를 추대하여 조선개국에 공을 세웠다.

조준(趙浚, 1346~1405) : 고려 말 · 조선 초의 문신이다. 본관은 평양, 자는 명중(明仲), 호는 우재(吁齋) · 송당(松堂), 시호는 문충(文忠)이다. 고려 말 전제개혁(田制改革)을 단행하여 조선 개국의 경제적인 기반을 닦고, 이성계를 추대하여 개국공신이 되었다. 제1차 왕자의 난 전후로 이방원(李芳遠)의 세자책봉을 주장하였으며, 태종을 옹립하였다. 토지제도에 밝은 학자로 『경제육전(經濟六典)』을 편찬하였다.

조충(趙沖, 1171~1220) : 고려 후기의 문신이다. 본관은 횡천(横川), 자는 담약(湛若), 시호는 문정(文正)이다. 거란족이 침입하자 출정하여 염주(鹽州)에서 거란족을 격퇴하였고, 서북면병마사(西北面兵馬使)로서 인주(麟州)에 침입한 여진족을 대파하였다. 이후 몽골군과 연합하여 거란군이 있는 강동성(江東城)을 공격하여 항복하게 하였다.

조통(趙通, 생몰년미상) : 고려 후기의 학자 · 문인이다. 본관은 옥과(玉果), 자는 역락(亦樂)이다. 신종 때 문과에 급제한 뒤 왕명으로 금나라에 파견되었다가 억류되었다. 1198년(신종 1)에 돌아와 태자문학(太子文學)을 거쳐, 이듬해 동경에서 도적의 무리가 창궐하자 장작 소감(將作少監)으로서 동경초무사(東京招撫使)가 되었다.

조호(趙瑚, ?~1410) : 고려 말 · 조선 초의 문신이다. 1401년(태종 1) 예문관대학사(藝文館大學士)가 된 뒤 곧 검교참찬의정부사(檢校參贊議政府事)가 되었으나 사헌부(司憲府)를 모독한 죄로 탄핵을 받아 평주(平州)에 유배되었다가 이듬해 복직되었다. 그러나 1409년 왕실에 대한 불충한 일을 도모하다가 비구니 묘음(妙音)의 고발로 다시 옥에 갇혀 이듬해 4월에 옥사하였다.

조휘(趙暉, 생몰년미상) : 고려 후기의 반역자로 본관은 한양(漢陽)이고 용진현(龍津縣) 출생이다. 고종 때 동북면에 침입한 몽골병을 인도하여, 철령 이북의 땅을 몽골이 차지하게 한 뒤 투항하였다. 몽골이 화주에 쌍성총관부(雙城摠管府)를 설치하자 총관이 되어 수차례 북변의 성읍을 침입하여 주민에게 피해를 주었다.

좌지왕(坐知王, ?~421) : 금관가야의 제6대 왕(재위 407~421)이다. 아버지는 5대 이시품왕이며, 어머니는 사농경(司農卿) 극충(克忠)의 딸 정신부인(貞信夫人)이다. 즉위한 뒤 용녀(傭女)와 혼인을 하고 그녀의 척당을 관리로 등용하니 나라 안이 소란하여졌다. 이 틈을 타서 신라가 가야를 치려고 모의하였다. 이때 박원도(朴元道)의 충고로 용녀를 귀양보내고 정치를 바로잡아 백성을 편안하게 하였다.

주근(周勤, ?~16) : 마한의 장군이다. 마한의 부흥을 도모하여 우곡성(牛谷城)에 웅거하여 백제에 대하여 반란을 일으켰으나 백제 정벌군에게 패배하자 목매어 자결하였다. 백제는 그 시체의 허리를 베고 가족을 처벌하였다.

주왕(紂王, ?~BC 1046) : 상(商)나라 마지막 왕으로 이름은 제신(帝辛)·제신수(帝辛受)이다. 신체가 장대하고 외모가 준수하며, 총명하고 힘이 장사였다고 한다. 군사적 재능이 있어 많은 전쟁에서 승리를 거두었다. 그러나 향락을 좋아하고 여색을 밝혔고 급기야 애첩 달기(妲己)에게 빠져 나라를 망하게 하였다. 하(夏)나라의 마지막 왕 걸(桀)과 함께 폭군의 전형이 되었다.

주정(周楨, 생몰년미상) : 후한 말기의 인물로, 예주(豫州) 패국(沛國)사람이다. 기주자사(冀州刺史) 왕분(王芬)·남양(南陽) 사람 허유(許攸)와 함께 영제(靈帝)를 폐위하고 합비후(合肥侯)를 옹립할 것을 모의하였다.

죽지(竹旨, 생몰년미상) : 신라의 장군·대신이다. 죽만(竹曼)·지관(智官)이라고도 한다. 화랑 출신 장군으로 김유신과 함께 백제의 군사를 격파하였고, 집정재상(執政宰相)을 지냈으며 나당연합군의 고구려 정벌에도 참전하였다. 화랑 득오곡(得烏谷)이 그를 흠모하여 지은 향가『모죽지랑가(慕竹旨郎歌)』가 전해진다.

중천왕(中川王, 224~270) : 고구려의 제12대 왕(재위 248~270)으로, 중양왕(中壤王)이라고도 한다. 이름은 연불(然弗 : 延弗), 동천왕의 장남이며 비는 연씨(椽氏)이다. 동천왕의 뒤를 이어 즉위한 뒤 동생 예물(預物)과 사구(奢句)가 일으킨 반란을 평정하였으며, 259년 위나라의 장수 위지계(尉遲階)의 침입군을 양맥곡(梁貊谷)에서 격퇴하였다.

지용수(池龍壽, 생몰년미상) : 고려 말기의 무신이다. 1361년(공민왕 10) 홍건적 침입 때 개경 탈환에 공을 세우고, 원나라가 고려 왕으로 임명한 덕흥군(德興君)이 거느린 최유(崔濡)의 군사를 격퇴하였으며, 왜구를 격파하였다. 기새인티무르[奇賽因帖木兒]가 서북면에 침입하자 압록강 밖으로 격퇴시켜 동녕부(東寧府)를 회복하였고, 북원과 국교를 단절케 하였다.

지증왕(智證王, 437~514) : 신라의 제22대 왕(재위 500~514)이다. 국호를 신라로 바꾸고 왕호를 개정하였다. 순장법 폐지, 우경법(牛耕法) 시행, 상복 제도 제정, 주군현(州郡縣) 정비 등을 통해 신라가 중앙집권적 국가 체제를 갖추는 데 초석을 마련하였다.

진덕여왕(眞德女王, ?~654) : 신라의 제28대 왕(재위 647~654)이다. 이름은 승만(勝曼)이고, 진평왕의 동생인 갈문왕(葛文王) 국반(國飯)의 딸이며 어머니는 월명부인(月明夫人) 박씨이다. 여왕을 반대하는 반란세력을 진압하고 당나라와의 친교를 돈독히 하였으며 삼국통일의 기틀을 마련하였다.

진사왕(辰斯王, ?~392) : 백제의 제16대 왕(재위 385~392)이다. 근구수왕의 제2남이며 침류왕의 동생이다. 고구려를 쳐 도곤성(都坤城)을 함락시키고 200명을 사로잡았으나, 고구려 광개토왕의 침입으로 10여 성을 잃고, 이를 탈환하려고 구원에 출전하였다가 병사하였다.

진성여왕(眞聖女王, ?~897) : 신라의 제51대 왕(재위 887~897)이다. 이름은 만(曼)·원

(晅)이다. 정강왕이 후사 없이 죽자 그 뒤를 이어 왕위에 올랐다. 문란한 행실과 실정으로 국가재정을 위태롭게 하고 민심을 동요시켰으며 이로 인해 전국적인 농민 반란이 일어났다. 헌강왕의 서자 요(嶢)를 태자로 책립하였으며 실정에 대한 책임을 지고 태자에게 왕권을 양위하였다.

진지왕(眞智王, ?~579) : 신라의 제25대 왕(재위 576~579)이다. 진흥왕의 제2남으로, 휘는 사륜(舍輪)·금륜(金輪)이다. 백제의 잦은 침공을 받았으나, 내리서성(內利西城) 등을 쌓아 방비를 굳게 하였다. 중국의 진나라와 수교하여 화친을 도모하였다. 하지만 정치적으로는 무능하고 음란에 빠져 정사를 돌보지 않아 폐위되었다.

진평왕(眞平王, ?~632) : 신라의 제26대 왕(재위 579~632)으로, 진흥왕의 손자이다. 여러 차례에 걸친 고구려의 침공에 대항하였고, 수·당과 수교하여 고구려의 침공을 꾀하였다. 관청을 신설하고 내정의 충실을 도모하였으며, 불교를 진흥시켰다.

진흥왕(眞興王, 534~576) : 신라의 제24대 왕(재위 540~576)이다. 성은 김씨, 이름은 삼맥종(彡麥宗)·심맥부(深麥夫)이다. 백제 점령하의 한강 유역 요지를 획득하였고, 백제 성왕을 사로잡아 죽였다. 이어 대가야를 평정하였고, 새로 개척한 땅에 순수비를 세웠다. 화랑제도를 창시하는 등 군사적·문화적으로 실력을 길러 삼국 통일의 기반을 닦았다.

질지왕(銍知王, ?~492) : 금관가야의 제8대왕으로 김질왕(金銍王)이라고도 한다. 즉위한 이듬해에 시조인 수로왕과 왕후 허황옥(許黃玉)의 명복을 빌기 위하여 그들이 처음 만난 자리에 왕후사(王后寺)라는 절을 짓고 전(田) 10결을 주어 비용으로 쓰게 하였다고 한다.

차대왕(次大王, 71~165) : 고구려의 제7대 왕(재위 146~165)이다. 이름은 수성(遂成)으로, 태조왕의 동생이다. 태조왕이 연로하여 정권을 탐내다가 태조왕의 양위를 받아 왕의 자리에 올랐다. 그러나 횡포와 학정을 일삼아, 백성들의 원성을 듣다가 시해당하였다.

찬덕(讚德, ?~612) : 신라의 지방관으로, 모량부(牟梁部) 출신이다. 610년(진평왕 32) 가잠성(椵岑城)의 현령(縣令)이 되었다. 611년 백제의 무왕이 대군을 거느리고 가잠성을 공격하자 1백 일간이나 싸우다가 힘이 다하자 자결하였다.

창왕(昌王, 1380~1389) : 고려의 제33대 왕(재위 1388~1389)이다. 본관은 개성, 이름은 창(昌)이다. 우왕의 아들이며, 어머니는 시중(侍中) 이림(李琳)의 딸 근비(謹妃)이다. 이성계의 위화도회군 후 아버지인 우왕이 강화도로 추방되자 9살의 나이로 왕위에 올랐다. 토지제도를 바로 잡고 전선법(銓選法)을 복구하기도 하였다. 이성계에 의해 폐위된 후 강화도에서 죽었다.

창조리(倉助利, 생몰년미상) : 고구려의 국상(國相)이다. 296년(봉상왕 5) 전연(前燕)의 모용외(慕容廆)가 침입하자 왕에게 고노자(高奴子)를 추천하여 신성 태수(新城太守)를 삼게 하여서 모용 외를 격퇴시켰다. 흉년이 들었는데도 왕이 왕족세력 제거와 왕권 강화에 열을 올리며 사치와 연락만 일삼자, 거사하여 왕을 폐위시키고 을불(乙弗 : 미천왕)을 왕으로 세웠다.

채원(蔡元, ?~1172) : 고려 전기의 무신이다. 1170년(의종 24) 정중부(鄭仲夫)·이의방(李義方)·이고(李高) 등과 함께 무신의 난에 참여하여 내시장군(內侍將軍)으로 승진하였다. 1172년(명종 2) 난을 일으키려던 이고를 이의방과 더불어 살해하였으나, 자신도 곧 이의방에게 살해당하였다.

채충순(蔡忠順, ?~1036) : 고려 전기의 문신이다. 권신 김치양(金致陽)이 역모하자 왕명으로 대량원군(大良院君)을 현종으로 모셨으며, 거란의 침입 때 현종을 호종하여 중추사(中樞使)에 올랐다. 추충진절위사공신(推忠盡節衛社功臣)·검교태위(檢校太尉)를 지냈다.

채홍철(蔡洪哲, 1262~1340) : 고려 말기의 문신이다. 본관은 평강(平康), 자는 무민(無悶), 호는 중암(中庵)이다. 충렬왕 때 장흥부사(長興府使)를 지내고 사임하여 불교와 음악을 연구하였다. 1314년(충숙왕 1) 전적(田籍)·세제(稅制)를 제정할 때 밀직사지사(密直司知事)로서 오도순방계정사(五道巡訪計定使)가 되어 많은 민전(民田)을 편취하여 축재하였다. 작품 「자하동신곡(紫霞洞新曲)」이 『고려악부(高麗樂府)』에 전한다.

책계왕(責稽王, ?~298) : 백제의 제9대 왕(재위 286~298)이다. 고이왕의 아들로 위례성(慰禮城)을 쌓았으며, 고구려가 대방(帶方)을 침공할 때 군사를 보내 고구려를 쳤다. 고구려의 침략에 대비해 아단성(阿旦城)과 사성(蛇城)을 쌓았다. 298년 한인(漢人)이 맥인(貊人)과 함께 침입하자, 맞서 싸우다 전사하였다.

척준경(拓俊京, ?~1144) : 고려 전기 무신이다. 곡산척씨(谷山拓氏)의 시조이다. 이자겸(李資謙)과 함께 인종을 폐위하고자 대궐에 침입하였다 왕의 권유로 뜻을 바꾸어 이자겸을 잡아 귀양 보내고 공신이 되었다. 이후 세도를 마구 부리다가 탄핵을 받고 유배되었으며 복권되었으나 곧 죽었다.

척준신(拓俊臣, ?~1126) : 고려 전기의 관인으로, 본관은 곡산(谷山)이다. 1107년(예종 2) 윤관(尹瓘)이 여진을 정벌할 때 형인 척준경(拓俊京)과 함께 참전하여 공을 세웠다. 1126년(인종 4) 이자겸(李資謙)과 척준경(拓俊京)을 제거하고자 군사를 일으킨 내시 김찬(金粲)과 안보린(安甫鱗) 등에게 살해되었다.

천개소문(泉蓋蘇文, ?~665?) : 연개소문과 동일인물이다. → 연개소문

초고왕(肖古王, ?~214) : 백제의 제5대 왕(재위 166~214)이다. 소고왕(素古王)·속고왕(速古王)이라고도 한다. 개루왕의 장남로 수차례 신라를 공격하여 신라군을 격파하였다. 적현성(赤峴城)·사도성(沙道城) 등을 축조한 후 동부(東部)의 민호(民戶)를 이주시켰다.

최광윤(崔光胤, 생몰년미상) : 고려 전기의 문신이다. 본관은 경주로, 최언위(崔彦撝)의 아들이다. 후진(後晋)에 빈공진사(賓貢進士)로 유학갔다가 거란의 포로가 되어 그

곳에서 벼슬살이를 하였다. 거란이 고려를 침입하려 한다는 사실을 알림으로써 고려에서 광군(光軍)을 창설하여 대비토록 하였다.

최량(崔亮, ?~995) : 고려 전기의 문신이다. 본관은 경주, 시호는 광빈(匡彬)이다. 광종 때 문과에 급제하여 공문박사(攻文博士)가 되었다. 성종의 잠저(潛邸) 시절 그의 사우(師友)였으므로 성종이 즉위하자 특채되었다. 993년(성종 12) 문하시랑(門下侍郞)으로 하군사(下軍使)가 되어 북계에서 거란을 방어하였다. 그 후 내사시랑 겸 민관어사 동내사문하평장사감수국사(內史侍郎兼民官御事同內史門下平章事監修國史)가 되었다.

최리(崔理, 생몰년미상) : 고구려 제3대 대무신왕 때의 낙랑왕이다. 그의 딸과 고구려 왕자 호동(好童) 사이에 슬픈 사연이 전해지고 있다.

최만생(崔萬生, ?~1374) : 고려 말기의 환관이다. 1374년(공민왕 23) 익비(益妃)가 자제위(子弟衛)에 속한 홍륜(洪倫)과 정을 통하여 임신한 사실을 공민왕에게 알렸다. 이에 공민왕은 사건의 누설을 막기 위해 홍륜 등을 죽이려고 하였다. 최만생(崔萬生)은 홍륜 · 권진(權瑨) 등과 짜고 밤중에 침전에 들어가 왕을 살해하였으나, 이튿날 일당들과 함께 효수되었다.

최사전(崔思全, 1067~1139) : 고려 전기의 의관이다. 본관은 탐진(耽津), 자는 휼세(恤世), 시호는 장경(莊景)이다. 탐진최씨(耽津崔氏)의 시조이다. 이자겸(李資謙)의 난 때 척준경(拓俊京)을 설복하여 이자겸을 제거하게 하여 병부상서(兵部尙書)에 추충위사공신(推忠衛社功臣)이 되었다. 후에 문하시랑평장사(門下侍郎平章事)에 이르렀다. 인종의 묘정에 배향되었다.

최사추(崔思諏, 1034~1115) : 고려 전기의 문신이다. 본관은 해주, 자는 가언(嘉言), 시호는 충경(忠景), 초명은 사순(思順)이다. 문종 때 과거에 급제하였다. 1088년(선종 5) 예빈소경(禮賓少卿)에 동지공거(同知貢擧)를 겸임하였다. 1100년(숙종 5) 중서문하시랑평장사(中書門下侍郎平章事)가 되었으며, 1103년 대장군(大將軍) 고문개(高文蓋)가 반역을 일으키자 이를 잡아 귀양 보낸 공으로 문하시중(門下侍中)에 올랐다.

최선(崔禪, 생몰년미상) : 고려 말기의 무신이다. 1350년(충정왕 2)에 왜구가 고성 · 죽림(竹林) · 거제 · 합포(合浦 : 지금의 馬山)에 침입하자 천호(千戶)로서 도령(都領) 양관(梁琯)과 함께 공격하여 물리쳤다.

최선(崔詵, ?~1209) : 고려 후기의 문신이다. 본관은 창원(昌原), 시호는 문의(文懿)이다. 우사간(右司諫)일 때, 명종의 동생인 원경국사(元敬國師) 충희(忠曦)가 궁중에서 음란한 짓을 한다고 규탄하다가 삭출되었다. 1186년(명종 16) 재등용되어 판장작감(判將作監)이 되었다. 1192년 『속자치통감』 · 『태평어람(太平御覽)』을 교정 간행하였다. 1196년 추밀원사(樞密院使)로서 지공거(知貢擧)를 겸하였다. 1200년(신종 3) 수태부 문하시랑평장사 이부판사(守太傅門下侍郎平章事吏部判事)에 특진하였고, 이듬해 개부의동삼사 상주국(開府儀同三司上主國)에 이르렀다.

최세보(崔世輔, ?~1193) : 고려 후기의 무신이다. 미천한 출신으로 문맹(文盲)이었다. 금군(禁軍)의 대정(隊正)으로서 유시(流矢)의 변에 혐의를 받고 유배되었다. 정중부(鄭仲夫) 등의 난으로 무신이 득세하자 복직하여, 문하시랑평장사(門下侍郎平章事)·병부판사(兵部判事)·상장군(上將軍)·동수국사(同修國史)를 지냈다.

최승로(崔承老, 927~989) : 고려 전기의 재상이다. 본관은 경주, 시호는 문정(文貞)이다. 982년(성종 1) 사회개혁 및 대중국관의 시정 등에 대한 시무책 28조(時務策二十八條)를 올려 고려왕조 기초 작업에 큰 역할을 하였다. 12목(牧)을 설치하고 목사(牧使)를 파견하여 중앙집권적 체제를 갖추도록 하였다.

최언위(崔彦撝, 생몰년미상) : 신라 말·고려 초의 문신·서예가이다. 최치원·최승우(崔承祐)와 함께 일대 3최(三崔)로 일컬어졌다. 885년(헌강왕 11) 당나라에 유학하여 문과에 급제한 뒤 909년(효공왕 13) 귀국하였다. 신라가 망하자 고려에서 태자사부(太子師傅)·문한(文翰) 등을 역임하였다. 「영월흥녕사징효대사탑비(寧越興寧寺澄曉大師塔碑)」 등 많은 승려의 비문을 지었다.

최영(崔瑩, 1316~1388) : 고려 말기의 명장·충신이다. 1359년(공민왕 8) 홍건적이 서경을 함락하자 이방실(李芳實) 등과 함께 이를 물리쳤다. 1361년에도 홍건적이 창궐하여 개경까지 점령하자 이를 격퇴하여 전리판서(典吏判書)에 올랐다. 이후에도 흥왕사(興王寺)의 변, 제주 목호(牧胡)의 난을 진압하였으며, 1376년(우왕 2) 왜구가 삼남지방을 휩쓸자 홍산에서 적을 대파하였다. 1388년 명나라가 철령위(鐵嶺衛)를 설치하려하자, 요동정벌을 계획하고 출정하였으나 이성계의 위화도회군으로 좌절되었다.

최우(崔瑀, ?~1249) : 고려 후기의 권신이다. 본관은 우봉(牛峰), 시호는 광렬(匡烈)로, 이름을 후에 이(怡)로 개명하였다. 1219년(고종 6) 추밀원부사(樞密院副使)로 아버지 최충헌의 뒤를 이어 집권하였다. 개경의 황라성(隍羅城)을 수축하는 등 몽골의 침입에 대처하였다. 1225년 정방(政房)을 설치하여 인사권을 장악하였고 도방(都房)을 확장하였다. 몽골의 침공 소식에 강화천도를 단행하여 성을 쌓아 대비하였다. 1243년 국자감(國子監)을 수축하였으며 사재를 동원하여 대장경판 재조를 완성케 하였다.

최원(崔源, ?~1378) : 고려 말기의 문신이다. 본관 해주이다. 1352년(공민왕 1) 교동(喬桐) 갑산창(甲山倉)에 쳐들어온 왜구를 격퇴하였고 이어 조일신(趙日新)의 난을 평정하여 왕의 총애를 받았다. 그러나 재상 김보(金普)의 무고로 광양감무(光陽監務)로 좌천되었다. 1354년 원나라의 장사성(張士城) 토벌을 위한 원병으로 출정하여 싸우고 돌아왔다. 우왕이 즉위하자 명나라 사신으로 가 공민왕의 홍서(薨逝)를 알리고, 3년간 억류되었다가 풀려났다.

최원세(崔元世, 생몰년미상) : 고려 후기의 무신이다. 1217년(고종 4) 거란의 침입 때 상장군(上將軍)으로 전군병마사(前軍兵馬使)가 되었다. 동주(東州 : 철원)가 함락되자 오응부(吳應夫) 대신 중군병마사(中軍兵馬使)로 병부상서 응양군상장군(兵部尙書鷹揚軍上將軍)이 되어 전군병마사(前軍兵馬使) 김취려(金就礪)와 함께 충주·원주에까지 적을 추격하여 맥곡(麥谷)에서 싸우고, 제천 박달재에서 대파시켰다.

최유(崔濡, ?~1364) : 고려 말기의 역신(逆臣)이다. 1350년(충정왕 2) 동생과 함께 원나라로 도망하였고, 몽골명은 티무르부카[帖木兒不花]이다. 공민왕에게 복수할 기회를 노리던 기황후를 설득하여 공민왕을 폐하고 덕흥군(德興君) 왕혜(王譓)를 세우기로 모의하였다. 1364년(공민왕 13) 1만 명을 이끌고 압록강을 건넜으나 이성계 등의 고려군에게 크게 패해 연경(燕京)으로 도망쳤다. 그 후 탄핵을 받아 고려에 압송되어 사형당하였다.

최유엄(崔有渰, 1239~1331) : 고려 후기의 문신이다. 본관은 해주, 시호는 충헌(忠憲)이다. 원나라가 고려의 노비법을 개정하려고 할 때, 반대하여 중지시켰다. 충렬왕이 세자 대신 서흥후(瑞興侯) 왕전(王琠)을 후사로 세우려 하였을 때도 그 뜻을 굽히게 하였다. 심양왕(瀋陽王) 왕고(王暠)의 일당이 충숙왕 폐위에 실패한 뒤 고려를 원나라에 편입시키려고 하자, 85세의 나이로 연경(燕京)에 가서 이들 일당의 음모를 분쇄시키고 행성(行省)의 설치를 중지시켰다.

최유청(崔惟淸, 1095~1174) : 고려 전기의 문신이다. 직한림원(直翰林院)이 되었으나 인종 초 이자겸(李資謙)의 간계로 파직당하였다. 이후 다시 돌아와 1132년(인종 10) 진주사(陳奏使)가 되어 송나라에 다녀왔으며 1142년에는 간의대부(諫議大夫)로서 금나라에 가 책명을 사하고 돌아와 호부시랑(戶部侍郞)이 되었다. 처남들이 참소를 입은 사건에 연루되어 좌천되었다가 다시 중서시랑평장사(中書侍郎平章事)에 올랐으며 1172년(명종 2)에 이르러 치사(致仕)하였다.

최의(崔竩, ?~1258) : 고려 후기의 무신이다. 본관은 우봉(牛峯)이다. 최씨 무신정권의 마지막 집권자로, 최항(崔沆)의 아들이다. 처음에는 민심을 얻기 위해 노력하였으나, 조정대신들의 지지를 얻지 못하고 어지러운 정사를 거듭하다가 김준(金俊)·유경(柳璥) 등에게 살해되었다.

최질(崔質, ?~1015) : 고려 전기의 무신이다. 1010년(현종 1) 중랑장(中郎將) 때 김훈(金訓) 등과 합세하여 수차례에 걸쳐 거란의 침입을 막았다. 1014년 상장군(上將軍)으로 있으면서 군사를 선동하여, 무신의 영업전(永業田)을 빼앗은 문신 황보 유의(皇甫兪義)·장연우(張延祐) 등을 잡아 유배보내고 정권을 잡았다. 1015년 왕가도(王可道)에게 죽었다.

최춘명(崔椿命, ?~1250) : 고려 후기의 충신이다. 1231년(고종 18) 자주부사(慈州副使) 때 몽골군에 포위된 성을 사수하고 항복하지 않았다. 조정에서 두 차례에 걸쳐 사람을 보내어 이미 항복하였음을 알리고 항복할 것을 촉구하였으나 듣지 않았다. 서경에 투옥되었으나, 고려의 충신이니 죽이지 말라는 살리타[撒禮塔]의 주장으로 석방되었다.

최충(崔沖, 984~1068) : 고려 전기의 문신이다. 본관은 해주, 자는 호연(浩然), 호는 성재(惺齋)·월포(月圃)·방회재(放晦齋), 시호는 문헌(文憲)이다. 문장과 글씨에 능하여 해동공자(海東孔子)로 불렸다. 1013년(현종 4) 국사수찬관(國史修撰官)으로 태조에서 목종까지의 7대(代) 실록 편찬에 참여하였다. 1047년(문종 1) 법률관들에게 율령을 가르쳐 고려 형법의 기틀을 마련하였다. 농번기의 공역 금지 등을 상소하여 시행하였고, 동여진를 경계하여 국방을 강화하였다. 벼슬에서 물러나 송악산 아래 서당을 열고 많은 인재를 배출하였는데 이를 문헌공도(文憲公徒)라 하였다.

최충수(崔忠粹, ?~1197) : 고려 후기의 무신이다. 본관은 우봉(牛峰)이다. 형 최충헌과 함께 이의민(李義旼)을 죽이고 권력을 장악하고 자기 딸을 태자비로 삼으려다 형 최충헌과 충돌하여 결국 살해되었다.

최충헌(崔忠獻, 1149~1219) : 고려 후기의 무신이다. 본관은 우봉(牛峰), 초명은 난(鸞), 시호는 경성(景成)이다. 1196년(명종 26) 권신 이의민(李義旼)을 죽이고 정권을 장악하였다. 이어 평량공(平涼公) 왕민(王旼)을 신종으로 앉히고 최씨 무단정권을 확립하였다. 1198년(신종 1) 만적(萬積)의 난을 토벌하고 군사권·인사권을 장악하였다. 이어 신변 보호 차원에서 도방(都房)을 설치하였으며, 교정도감(敎定都監)을 설치해 무신정권의 중앙기관으로서 국정 전반을 감독하게 하였다.

최치원(崔致遠, 857~?) : 신라의 학자이다. 경주최씨(慶州崔氏)의 시조이며, 자는 고운(孤雲)·해운(海雲)이다. 879년 황소(黃巢)의 난 때 고변(高駢)의 종사관(從事官)으로서 「토황소격문(討黃巢檄文)」의 초고를 작성하여 문장가로서 이름을 떨쳤다. 885년(헌강왕 11) 신라로 돌아온 뒤에는 894년(진성여왕 8) 왕에게 시무책(時務策)을 올려 정치 개혁을 추진하였다.

최항(崔沆, ?~1257) : 고려 후기의 권신이다. 본관은 우봉(牛峰), 초명은 만전(萬全)이다. 승려 생활을 하다가 환속하여 1249년(고종 36) 아버지 최우(崔瑀)가 죽자 정권을 이어받았다. 시기심이 많아 전 추밀원부사(樞密院副使) 주숙(周肅)·계모 대씨(大氏) 등을 죽이고 많은 이들을 유배보냈다. 집권 초에는 각 지방의 별공(別貢)과 어량(魚梁 : 선박세)을 면제하고 교정도감(敎定都監)을 개혁하는 등 인심을 얻으려고 애썼으나 점차 사치와 향락에 젖어들었다.

추안(鄒安, 생몰년미상) : 고구려의 왕족으로, 차대왕의 태자이다. 아버지 차대왕이 폭정을 거듭하다가 165년(차대왕 20) 10월에 명림답부(明臨答夫)에게 시해당하자, 두려워 산곡(山谷)으로 도망하였다. 그러나 곧이어 숙부 신대왕이 즉위하여 166년(신대왕 2) 1월 대사령(大赦令)을 내리자, 이를 듣고 왕문(王門)에 나아가 신대왕에게 용서를 빌어 허락받았다.

추적(秋適, 생몰년미상) : 고려 후기의 문신이다. 호는 노당(露堂)이며, 양지추씨(陽智秋氏)의 시조이다. 충렬왕 초 과거에 급제하여 안동서기(安東書記)·직사관(直史館)을 거쳐 좌사간(左司諫)에 올랐다. 충렬왕 말년 안향(安珦)에 의하여 발탁되어 이성(李晟)·최원충(崔元冲) 등과 함께 7품 이하의 관리, 혹은 생원들에 대한 유학교육을 담당하였으며, 한문교양서인 『명심보감』을 편찬하였다고 한다.

충렬왕(忠烈王, 1236~1308) : 고려의 제25대 왕(재위 1274~1308)이다. 원 세조의 강요로 일본 정벌을 위한 동로군(東路軍)을 2차례에 걸쳐 파견하였으나 실패하였다. 원나라의 지나친 간섭과 왕비의 죽음 등으로 정치에 염증을 느껴 왕위를 선위하였으나 7개월 만에 복위해야 하였다. 음주 가무와 사냥으로 소일하며 정사를 돌보지 않다가 재위 34년 만인 1308년 죽었다.

충목왕(忠穆王, 1337~1348) : 고려의 제29대 왕(재위 1344~1348)이다. 이름은 흔(昕)으로, 충혜왕의 아들이다. 1344년 8세의 나이로 즉위하였으므로 어머니 덕녕공주(德寧公主)가 섭정을 하였다. 보흥고(寶興庫)·내승(內乘)·응방(鷹坊) 등을 철폐하고 서연(書筵)을 열었다. 또한 권신들이 독점하였던 녹과전(祿科田)을 소유자들에게 반환하였다. 정치도감(整治都監)을 설치하여 각 도에 양전(量田)을 실시하였으며, 진제도감(賑濟都監)을 설치하여 굶주린 백성을 구제하는 등 많은 선정을 베풀었다.

충선왕(忠宣王, 1275~1325) : 고려의 제26대 왕(재위 1298, 1308~1313)이다. 초명은 원(謜), 이름은 장(璋), 자는 중앙(仲昻)으로, 충렬왕의 아들이다. 1298년 왕위에 오르자 정방(政房)을 폐지 등 관제를 혁신하고 권신들의 토지를 몰수하였으며 원나라에 대해서도 자주적인 태도를 취하였다. 그러나 7개월 만에 폐위되었다가 1308년 충렬왕이 죽자 다시 왕위에 올랐다. 정치에 싫증을 느껴 원나라로 가 전지(傳旨)로써 국정을 처리하였으나 그 와중에도 각염법(榷鹽法)을 제정하여 사원과 권문세가의 소금 독점에 의한 폭리를 막았다.

충숙왕(忠肅王, 1294~1339) : 고려의 제27대 왕(재위 1313~1330, 1332~1339)이다. 초명은 도(燾), 휘는 만(卍), 자는 의효(宜孝), 시호는 의효(懿孝)로, 충선왕의 제2남이다. 1313년 왕위에 올랐으나 심양왕(瀋陽王) 왕고(王暠)가 왕위를 노리고 그를 헐뜯어, 5년간 연경에 체류해야 하였다. 1325년 귀국하였으나 눈과 귀가 멀어 정사를 못 돌본다는 조적(曺頔) 일당의 거짓 고발 때문에 정사에 더 염증을 느껴 1330년 태자 정(禎 : 충혜왕)에게 왕위를 넘기고 원나라에 갔다. 충혜왕이 폐위되자 1332년 복위하였으나 정사는 잘 돌보지 않았다.

충정왕(忠定王, 1337~1352) : 고려의 제 30대 왕(재위 1349~1351)이다. 이름은 저(㫝)로, 충혜왕의 서자이다. 1349년 충목왕을 이어 즉위하였다. 외척들의 세도 정치와 왜구의 잦은 침입으로 국정이 문란해지자 충목왕의 후계자로 함께 물망에 올랐던 강릉대군(江陵大君 : 공민왕)에게 민심이 쏠렸다. 1351년 윤택(尹澤)·이승로(李承老) 등은 충정왕 폐위를 원나라에 요청하였다. 공민왕이 즉위하자 강화도로 추방되었다가 다음해 독살되었다.

충혜왕(忠惠王, 1315~1344) : 고려의 제 28대 왕(재위 1330~1332, 1339~1344)이다. 이름은 정(禎)으로, 충숙왕의 아들이다. 1330년 왕위에 올랐으나 방탕하고 주색을 일삼아 왕위를 다시 부왕 충숙왕에게 넘긴 뒤, 원나라로 돌아가야 하였다. 1339년 복위하였으나 방탕한 짓을 일삼았다. 이운(李雲) 등이 원에 상소를 올린 끝에 1343년 게양(揭陽)으로 귀양을 떠나 그곳에서 죽었다.

측천무후(則天武后, 624~705) : 당 고종의 계비이며, 중국 역사상 유일무이한 여황제이다. 성은 무(武), 이름은 조(曌), 시호는 측천순성황후(則天順聖皇后)이다. 637년 당 태종의 후궁으로 입궁하였는데, 태종이 죽자 관습에 따라 감업사(感業寺)로 출가하였다. 그러다 651년 고종의 후궁으로 다시 입궁하였고, 655년 황후와 소숙비(蕭淑妃) 등을 내쫓고 황후가 되었다. 690년 국호를 주(周)로 고치고 스스로 황제가 되어 15년 동안 중국을 통치하였다.

침류왕(枕流王, ?~385) : 백제의 제 15대 왕(재위 384~385)이다. 근구수왕의 장남이다. 즉위하자 진(晉)나라에 조공을 바쳤으며, 호승(胡僧) 마라난타(摩羅難陀)가 백제에 왔을 때 왕궁에서 영접하였다. 이것이 백제에서 불교 전래의 시초이며, 백제에서는 이때부터 불법(佛法)을 시행하였다. 385년 한산(漢山)에 절을 창건하였고 9개월 후에 사망하였다. 동생인 진사왕이 왕위를 계승하였다.

탁도경(卓都卿, ?~1362) : 고려 말기의 반역자이다. 1258년(고종 45) 몽고군이 쳐들어왔을 때 조휘(趙暉)와 함께 철령(鐵嶺) 이북의 땅을 바쳐 몽고에 항복하고, 몽고가 쌍성총관부(雙城摠管府)를 설치하자 천호(千戶)에 임명된 탁청(卓靑)의 후손이다. 1356년(공민왕 5) 쌍성총관부 천호(千戶)로 있던 중 고려의 공격을 받자 여진지역으로 달아났다.

탈탈(脫脫, 생몰년미상) : 원나라 말기의 승상이다. 고려 후기 문신인 강천유(姜千裕)의 여동생이 그의 애첩으로, 강천유는 탈탈을 등에 업고 고려에서 권세를 누렸다.

탈해왕(脫解王, ?~80) : 신라의 제4대 왕(재위 57~80)이다. 원래의 칭호는 탈해이사금(脫解尼師今)으로, 성은 석(昔)이다. 시림(始林)을 계림(鷄林)이라 개칭하여 국호로 정하고 주주(州主)·군주(郡主) 등의 관직을 새로 만들었다. 77년 황산진(黃山津)에서 가야와 싸워 크게 이겼다.

태조(太祖, 877~943) : 고려의 제1대 왕(재위 918~943)이다. 본관은 개성, 자는 약천(若天), 이름은 건(建), 시호는 신성(神聖)이다. 궁예의 휘하에서 견훤의 군사를 격파하였고 정벌한 지방의 구휼에도 힘써 백성의 신망을 얻었다. 고려를 세운 후, 수도를 송악(松嶽)으로 옮기고 불교를 호국신앙으로 삼았으며 신라와 후백제를 합병하여 후삼국을 통일하였다.

태조(太祖, 1068~1123) : 금나라의 제1대 황제(재위 1115~1123)이다. 중국식의 성은 왕(王), 이름은 민(旻)이지만, 여진(女眞) 이름인 아구다[阿骨打]와 부족 이름인 완옌[完顔]을 성으로 더 널리 쓴다. 여진 완옌부의 족장으로, 1115년 금나라를 건국하였다. 북송(北宋)과 동맹을 맺어 1122년에 요나라를 실질적으로 멸망시켰다.

태조(太祖, 1335~1408) : 조선의 제1대 왕(재위 1392~1398)이다. 본관은 전주, 자는 중결(仲潔), 호는 송헌(松軒)이다. 우군도통사(右軍都統使)로서 요동정벌을 위해 북진하다가 위화도에서 회군하여 우왕을 폐하였다. 막강한 권력으로 전제개혁(田制改革)을 단행하였고 신진세력의 경제적 토대를 구축하여 조선을 세우고 도읍을 한양으로 옮겨 초기 국가의 기틀을 다졌다.

태조왕(太祖王, 47~165) : 고구려의 제6대 왕(재위 재위 53~146)이다. 유리왕의 손자이며, 왕족인 고추가(古鄒加) 재사(再思)의 아들이다. 국조왕(國祖王)이라고도 한다. 동옥저(東沃沮)를 정벌하는 등 영토를 넓혔으며 중앙집권적 형태로 체제를 정비하여 실질적인 국가의 면목을 갖추기 시작하였다.

태종(太宗, 599~649) : 당나라의 제2대 황제(재위 626~649)로, 본명은 이세민(李世民)이다. 당나라를 수립하고 군웅을 평정하여 중국을 통일하였다. 공정한 정치로 후세 제왕의 모범이 되었다. 그러나 좋은 후계자를 두지 못하였고, 만년의 고구려 친정 실패 등으로 그가 죽은 뒤에는 정권이 동요하게 되었으며, 마침내 측천무후(則天武后)가 실권을 장악하게 되었다.

태종무열왕(太宗武烈王, 604~661) : 신라의 제29대 왕(재위 654~661)이다. 성은 김씨, 이름은 춘추(春秋)이며, 진지왕의 손자인 이찬 김용춘(金龍春 : 金龍樹)의 아들이다. 김유신 등에게 5만 명의 군사를 주고 당나라 군사와 연합하여 백제를 멸망시켰다. 당의 율령제도를 모방한 관료체계를 정비하고 구서당(九誓幢)이라는 9개 군단(軍團)을 설치하는 등 왕권을 확립하였다.

파사왕(婆娑王, ?~112) : 신라의 제5대 왕(재위 80~112)이다. 성은 박씨로, 유리왕의 제2남이다. 가야가 마두성(馬頭城)을 포위 공략하자 이를 물리쳤고, 음집벌국(音汁伐國) · 실직국(悉直國) · 압독국(押督國) 등 세 나라를 합병하여 국세를 넓힌 데 이어 비지국(比只國) · 다벌국(多伐國) · 초팔국(草八國) 등을 합병하는 등 현군으로서 추앙을 받았다.

패좌(孛佐, 생몰년미상) : 고려 후기의 문신이다. 1202년(신종 5) 경주도령(慶州都領) 이비(利備) 등과 함께 동경에서 신라의 부흥을 목표로 한 농민반란군을 일으켰다. 패좌는 이때 운문(雲門) · 초전(草田) · 울진(蔚珍)의 초적(草賊)의 무리들을 불러들여 3군으로 나누어 편성하고 스스로 정군병마(正軍兵馬)라 칭하며 경상도 일대를 점거하였다.

평원왕(平原王, ?~590) : 고구려의 제25대 왕(재위 559~590)으로 평강상호왕(平崗上好王)이라고도 한다. 중국의 진(陳) · 수(隋) · 북제(北齊) · 후주(後周) 등 여러 나라와 수교하였다. 일찍이 장수왕(長壽王)이 평양의 북동쪽 대성산성(大城山城)으로 국도를 옮긴 뒤 양원왕이 장안성(長安城)에 대규모의 축성 공사를 시작한 것을 완성시켜 장안성으로 천도하였다.

포선만노(蒲鮮萬奴, ?~1233) : 대진국(大眞國)의 왕(재위 1216~1233)이다. 처음에 금나라에서 벼슬하여, 거란의 야율유가(耶律留哥)가 금나라를 배반하고 몽골과 내통해 요동(遼東 : 랴오둥)에 의거하자 야율유가 토벌을 명령받았다. 그러나 그는 동경(東京 : 遼陽)을 근거지로 독립하여 국호를 대진국, 연호를 천태(天泰)라 하였다. 그의 세력은 상당히 넓게 미쳤으나, 1233년 몽골군의 포로가 되었고 결국 대진국도 멸망하였다.

풍왕(豊王, 생몰년미상) : 백제 의자왕의 아들이다. 631년(무왕 32)부터 일본에 볼모로 가 있었는데, 백제가 멸망한 후 백제의 장군 복신(福信) · 도침(道琛)의 부흥운동으로 왕에 추대되었다. 주류성(周留城)을 근거로 적에게 많은 피해를 주었으나, 내분으로 도침이 복신에게 피살되자 복신을 살해하고 고구려로 도망갔다. 그러나 고구려가 망하자 당나라 군사에게 붙잡혀 유배되었다.

풍홍(馮弘, ?~430) : 5호16국시대 북연(北燕)의 제3대 왕(재위 430~435)으로 자는 문통(文通), 시호는 소성제(昭成帝)이다. 북연의 마지막 왕이다.

필현보(畢賢甫, ?~1233) : 고려 후기의 역신(逆臣)이다. 현보(玄甫)로 쓰기도 한다. 1233년(고종 20) 낭장(郞將)으로서 동료 홍복원(洪福源)과 함께 반란을 일으켜, 선유사(宣諭使)인 대장군(大將軍) 정의(鄭毅) · 박녹전(朴祿全) 등을 죽인 뒤에 성을 탈취하였다. 갖은 불법을 자행하다가 최우(崔瑀)가 보낸 가병(家兵) 3,000명 및 북계병마사(北界兵馬使) 민희(閔曦)에 의하여 붙잡혀 개경에 압송되어 사형당하였다.

하공진(河拱辰, ?~1011) : 고려 전기의 문신으로, 진주하씨(晉州河氏)의 시조이다. 1009년(목종 12) 중랑장(中郞將)을 거쳐 상서좌사낭중(尙書左司郞中)으로 강조(康兆)의 정변에 가담하였다. 거란이 고려를 침범하자 적진에 들어가 현종의 친조(親朝)와 자신의 볼모를 조건으로 철병(撤兵)을 교섭하여 성공하였다. 이후 거란에서 탈출하려다 발각되어 친국(親鞫)을 당하며 회유를 받았으나 끝내 거절하여 살해되었다.

하륜(河崙, 1347~1416) : 고려 말 · 조선 전기의 문신이다. 본관은 진주, 자는 대림(大臨), 호는 호정(浩亭), 시호는 문충(文忠)이다. 1400년(정종 2) 제2차 왕자의 난 때 이방원(李芳遠)을 도왔다. 이첨(李詹)과 함께 『동국사략(東國史略)』을 편수하였고, 춘추관영사(春秋館領事)로 『태조실록』 편찬을 지휘하였다.

한광연(韓光衍, 생몰년미상) : 고려 후기의 문신이다. 1196년(명종 26) 최충헌의 지시를 받고 지후(祗候)로서 경주에 파견되어, 앞서 주살된 이의민(李義旼)의 삼족을 없앴다. 1222년(고종 9) 추밀원사(樞密院使), 이듬해 보문각대학사(寶文閣大學士)가 되었다. 1224년 추밀원부사(樞密院副使)로서 다시 지공거(知貢擧)가 되어 손완(孫琓) 등 33인을 뽑았다.

한뢰(韓賴, 생몰년미상) : 고려 전기의 문신이다. 이복기(李復基) · 임종식(林宗植) 등과 함께 의종의 총애를 받았다. 1170년(의종 24) 의종이 보현원(普賢院)에 행차 도중 오병수박희(五兵手博戲)를 하게 하자 대장군(大將軍) 이소응(李紹膺)의 뺨을 쳐서 불만에 가득찬 무신들을 자극하는 계기가 되었다. 그 결과 무신의 난이 발발하여 이고(李高)에 의하여 죽음을 당하였다.

한문준(韓文俊, ?~1190) : 고려 후기의 문신이다. 본관은 대흥(大興), 시호는 정의(貞懿)

이다. 인종 때 과거에 급제하였고, 1170년(명종 즉위년) 대부경(大府卿)에 임명되었다가 추밀원우승선(樞密院右承宣)으로 등용되었다. 1183년(명종 13) 문하시랑평장사판이부사(門下侍郎平章事判吏部事)에 올랐다.

한방언(韓方彦, 생몰년미상) : 고려 말기의 무신으로, 본관은 청주이다. 1361년(공민왕 10) 홍건적의 난 때 공을 세워 1363년(공민왕 12) 2등공신에 책록되었고, 1371년 밀직부사(密直副使)로서 정조사(正朝使)가 되어 명나라에 다녀왔다. 영광·광주·동복(同福)·단양·안동 등지에 쳐들어온 왜구를 격파하였다.

한안인(韓安仁, ?~1122) : 고려 전기의 관인이다. 본관은 단주(湍州)이다. 예종의 총애를 받아 형부상서(刑部尙書)·예부상서(禮部尙書)·동지공거(同知貢擧)·지추밀원사(知樞密院事) 등 요직을 역임하였다. 1122년 인종이 즉위하자 중서시랑평장사(中書侍郎平章事)에 올랐으나 이자겸(李資謙)에 의해 역모의 누명을 쓰고 유배되었다가 살해되었다.

한희유(韓希愈, ?~1306) : 고려 후기의 문신으로, 가주한씨(嘉州韓氏)의 시조이다. 대장군(大將軍)에 올라 삼별초(三別抄) 정벌에 공을 세우고, 일본 정벌에서 선봉으로 활약하였다. 합단(哈丹)의 침입 때 원나라의 원수(元帥) 설도간(薛闍干)과 함께 이를 막아 공을 세우고, 동북면도지휘사(東北面都指揮使)가 되었다. 이후 중대광(重大匡)·첨의중찬(僉議中贊)·우중찬(右中贊) 등을 지냈다.

합진(호진[哈眞], 생몰년미상) : 몽골의 장수이다. 호지키[哈只吉]·호치키[哈赤吉]·호진[合臣]·호칭[河稱]이라고도 한다. 1218년(고종 5) 고려에 들어와 거란을 친 뒤, 조충(趙冲)과 공부세수(貢賦歲輸)의 조약을 체결하였고 김양경(金良鏡)과 형제국이 될 것을 약속하였다. 또 고려와 연합으로 강동성(江東城)의 거란병을 쳐서 항복시키고, 포로가 되었던 고려 사람들을 보내왔다.

해구(解仇, ?~478) : 백제의 반란자이다. 476년(문주왕 2) 병관좌평(兵官佐平)이 되어 내신좌평(內臣佐平) 곤지(昆支)를 살해하고 정권을 장악하였으며, 문주왕을 살해하고 삼근왕을 즉위하게 하였다. 이후 은솔(恩率) 연신(燕信)과 함께 대두성(大豆城)을 본거지로 반란을 일으켰다가 덕솔(德率) 진로(眞老)에게 패하여 살해되었다.

해우(解憂, ?~53) : 고구려 모본왕과 동일인물이다. → 모본왕

허승(許升, ?~1180) : 고려 후기의 무신이다. 1179년(명종 9) 견룡장(牽龍將)으로 있으면서 경대승(慶大升)과 함께 무신집권자 정중부(鄭仲夫) 일당을 제거하였다. 이 공으로 태자부지유별장(太子府指諭別將)에 올랐으나, 공을 믿고 방자하게 행동하다가 경대승에게 살해되었다.

허재(許載, 1062~1144) : 고려 전기의 문신이다. 1109년(예종 4) 9성(九城) 전투에서 여진족을 격퇴하여 감찰어사(監察御使)에 발탁되었다. 동북면·서북면의 병마사(兵馬使)로 변경을 수비하여 정세를 잘 파악해서 수비방책(守備方策)을 왕에게 올려 채택되었다. 이자겸(李資謙) 세력에게 아부하여 참지정사(參知政事)가 되었으나,

이자겸 실각 후 좌천되었다가 이후 호부상서치사(戶部尙書致仕)가 되었다.

헌강왕(憲康王, ?~886) : 신라의 제49대 왕(재위 875~886)이다. 이름은 김정(金晸)이며 경문왕과 문의왕후(文懿王后)의 제2남이다. 문치에 힘썼으며, 당나라 희종에 의해 신라왕에 책봉되었다. 880년 처용무(處容舞)가 크게 유행하였으며, 서울의 민가는 모두 기와로 덮고 숯으로 밥을 짓는 등 사치와 환락의 시대가 이룩되어 이때부터 신라는 쇠퇴기에 접어들었다.

헌덕왕(憲德王, ?~826) : 신라의 제41대 왕(재위 809~826)이다. 이름은 김언승(金彦昇)으로, 소성왕의 동생이다. 난을 일으켜 조카인 애장왕을 죽이고 즉위하였다. 제방을 수리하여 농사를 장려하였으며 친당(親唐)정책에 힘썼다. 김헌창(金憲昌)의 난을 평정하고, 김헌창의 아들 김범문(金梵文)의 모반을 진압하였다. 패강(浿江)에 장성 약 3백리를 쌓기도 하였다.

헌안왕(憲安, ?~861) : 신라의 제47대 왕(재위 857~860)이다. 이름은 김의정(金誼靖)·김우정(金祐靖)이다. 859년 전국에 흉년이 들자 백성의 구원에 힘썼고, 제방을 쌓아 농사를 장려하였다. 후사가 없어 왕족 김응렴(金膺廉 : 경문왕)을 맏사위로 삼아 그에게 왕위를 물려주었다. 능은 경주 공작지(孔雀趾)이다.

현덕수(玄德秀, ?~1215) : 고려 후기의 무신이다. 본관은 연주(延州)이다. 1174년(명종 4) 조위총(趙位寵)의 난 때 성을 고수하였다. 그 뒤 권감창사(權監倉使)가 되어 서경의 군사 1만에게 성이 포위되자 이를 쳐서 궤멸시켰다.

현종(玄宗, 685~762) : 당나라의 제6대 황제(재위 712~756)이다. 이름은 이융기(李隆基)이다. 안으로는 민생안정을 꾀하고 경제를 충실히 하였으며, 신병제를 정비하였다. 밖으로는 국경지대 방비를 튼튼히 하여 수십 년의 태평천하를 구가하였다. 그러나 노후에 도교에 빠졌으며 양귀비(楊貴妃)로 인해 정사를 포기하다시피 하였다. 755년 안녹산(安祿山)의 난이 일어나자 난을 피해 사천(四川 : 쓰촨)으로 갔고, 이듬해 아들 숙종에게 양위하고 상황(上皇)으로 은거하였으며, 장안으로 돌아온 뒤 죽었다.

현종(顯宗, 992~1031) : 고려의 제8대 왕(재위 1009~1031)이다. 이름은 순(詢), 자는 안세(安世)이다. 강조(康兆)의 정변에 의하여 목종이 폐위되자 왕위에 올랐다. 거란 성종의 침입에 참패하였으나 끝내 친조를 하지 않고, 6성 요구도 거절하였다. 다시 거란의 장군 소배압(蕭排押)이 침입하자, 강감찬(姜邯贊)이 이를 섬멸하여 물리쳤다. 이후 거란과의 우호관계를 회복하고 기민(飢民) 구제에 힘썼으며, 고려왕조의 기틀을 다지는 데 크게 기여하였다.

혜공왕(惠恭王, 758~780) : 신라의 제36대 왕(재위 765~780)이다. 이름은 김건운(金乾運)이다. 경덕왕의 장남으로 어린 나이에 왕위에 올라 태후가 섭정하였으며, 재위 기간동안 왕당파와 귀족세력 간의 대립이 지속되었다. 김지정(金志貞)이 일으킨 반란의 과정에서 살해되었다.

혜왕(惠王, ?~599) : 백제의 제28대 왕(재위 598~599)으로, 이름은 계(季)이다. 형인 위덕왕의 뒤를 이어 즉위하였다가, 이듬해 죽었다. 헌왕(獻王)이라고도 한다. 황해의 무역기지를 고구려와 신라에게 빼앗기고, 수나라의 중국통일로 중국에 있던 백제의 해상 무역기지들이 힘을 잃는 등 나라의 힘이 약해진 상태에서 즉위하여 1년 만에 왕위에서 물러나고 말았다.

혜종(惠宗, 912~945) : 고려의 제2대 왕(재위 943~945)이다. 이름은 무(武), 자는 승건(承乾), 시호는 의공(義恭)이다. 태조 왕건의 장남으로 즉위 후, 이복동생 요(堯 : 정종) · 소(昭 : 광종)와 왕규(王規)의 왕권 다툼 속에서 곤란을 겪었다.

호동(好童, ?~32) : 고구려 대무신왕의 아들이다. 32년(대무신왕 15) 낙랑태수(樂浪太守)의 딸인 공주와 사랑을 언약하고 공주로 하여금 적군의 침입을 알린다는 자명고(自鳴鼓)를 찢게 하여 낙랑을 정벌하였으나 그가 태자가 되는 것을 시기한 원비(元妃)의 참소와 공주에 대한 사랑의 번민으로 자살하였다고 한다.

홀도노게미실공주(忽都魯揭迷失公主, 1259~1297) : 제국대장공주와 동일인물이다. →제국대장공주

홍관(洪灌, ?~1126) : 고려 전기의 문신 · 서예가이다. 본관은 남양(南陽), 자는 무당(無黨), 시호는 충평(忠平)이다. 김생(金生)의 필법을 본받은 명필이다. 1102년(숙종 7) 집상전(集祥殿)의 문액(門額)을 썼으며 회경전(會慶殿) 병풍에 『서경(書經)』의 「무일편(無逸篇)」을 썼다. 예종의 명으로 『편년통재속편(編年通載續編)』을 완성하였고 김부일(金富佾) · 박승중(朴昇中)과 함께 음양이서(陰陽二書)를 논변하였다.

홍다구(洪茶丘, 1244~1291) : 원나라에 귀화한 고려 무장이다. 본관은 남양(南陽), 본명은 준기(俊奇)이다. 고려에 들어와 봉주(鳳州)에 둔전총관부(屯田摠管府)를 설치하였고, 삼별초(三別抄)의 난을 토벌하였다. 원나라가 일본 정벌을 계획하자 조선(造船) 공사를 가혹하게 독촉하였고, 제2차 일본정벌 때 태풍으로 군사를 잃고 돌아갔다.

홍륜(洪倫, ?~1374) : 고려 후기의 총신(寵臣)이다. 본관은 남양(南陽)이다. 1372년(공민왕 21)에 설치된 자제위(子弟衛)에 소속되어 왕의 좌우에서 보필하였다. 1374년 익비(益妃)와 정을 통하여 임신하자, 공민왕은 사건의 누설을 막기 위해 홍륜 등을 죽이려고 하였다. 이에 최만생(崔萬生) 등과 공모하여 왕을 죽이고, 다음날 주살되었다.

홍복원(洪福源, 1206~1258) : 고려 후기의 역신(逆臣)이다. 본관은 당성(唐城), 초명은 복량(福良)이다. 1232년(고종 19) 고려의 강화천도에 대한 보복으로 살리타[撒禮塔]이 침공해왔을 때에 북계를 근거지로 하면서 이에 협력하였다. 다음해에는 서경낭장(西京郎將)의 직함을 가지고 있으면서 필현보(畢賢甫)와 함께 선유사(宣諭使) 정의(鄭毅) 등을 죽이고 반란을 일으켰다.

홍상재(洪尙載, ?~1391) : 고려 말기의 무신이다. 시중(侍中) 채하중(蔡河中)의 사위로, 상장군(上將軍)에 이르렀다가 1357년(공민왕 6) 채하중의 반역사건에 연루되어 유배되었다. 1369년 예부상서(禮部尙書)로서 감문위상호군(監門衛上護軍) 이하생(李夏生)과 함께 명나라 태조의 즉위를 축하하러 남경(南京)에 갔다가 명나라와 국교

를 맺고 돌아왔다. 1385년(우왕 11) 주겸(周謙)과 함께 하정사(賀正使)로 명나라에 파견되었다.

홍술(洪術, ? ~ 936) : 홍유와 동일인물이다. → 홍유

홍언박(洪彦博, 1309~1363) : 고려 말기의 문신이다. 본관은 남양(南陽), 자는 중용(仲容), 호는 양파(陽坡), 시호는 문정(文正)이다. 기철(奇轍) 일파를 숙청하는 데 공을 세워 1등공신에 책록되었다. 1361년(공민왕 10) 피난하는 왕을 호종하였으며, 피난 중 내탕금(內帑金)을 절약하고 환도 할 때에는 농번기를 피하도록 주청하여 이에 따르게 하였다. 김용(金鏞)이 난을 일으켜 왕을 시해하려 할 때 반란군에 대항하다 살해되었다.

홍유(洪儒, ?~936) : 고려 전기의 무신이다. 고려 개국공신 가운데 한 명으로, 초명은 술(術 : 述)이다. 회인홍씨(懷仁洪氏)의 시조이며 태조의 제26비 의성부원부인(義城府院夫人) 홍씨의 아버지이다. 무장 출신임에도 불구하고 언변과 논리가 매우 뛰어났다고 한다. 폭군 궁예를 몰아내기 위한 거사를 일으킬 당시 태조를 설득하여 혁명을 완수하고 그를 임금으로 옹립한 장본인이다.

홍인계(洪仁桂, ?~1390) : 고려 말기의 무신이다. 1365년(공민왕 14) 판사(判事)로 재직 중, 신돈이 사부(師傅)가 되어 국정을 장악하고 최영 등을 축출할 때 순흥(順興)에 귀양갔다. 1390년(공양왕 2) 명나라에서 돌아온 조반(趙胖)에 의하여 보고된 윤이(尹彝)·이초(李初)의 고변에 연루되어 순군옥(巡軍獄)에 갇혀 옥사하였다.

환권(桓權, 생몰년미상) : 고구려 영류왕의 태자이다. 640년(영류왕 23) 2월에 당나라에 가서 조공을 하여 당 태종은 그를 위로를 하고, 폐백(幣帛)을 주었다. 『삼국사기』에 그에 관한 기사는 조공 이후에는 아무런 기록이 없다.

환조(桓祖, 1315~1361) : 이자춘과 동일인물이다. → 이자춘

황보유의(皇甫兪義, ?~1042) : 고려 전기의 문신이다. 천추태후(千秋太后)와 사통한 김치양(金致陽)이 그 사생아를 왕위에 앉히려는 음모를 꾸미자 낭장(郞將) 문연(文演) 등과 함께 대량원군(大良院君 : 현종)을 맞아들여 즉위하게 하였다. 이후 어사대부에 올라 왕가도(王可道)와 함께 개경의 나성(羅城)을 축조하였다.

황소(黃巢, ?~884) : 당나라 말기의 대농민반란의 수령이다. 왕선지(王仙芝)의 반란에 호응하여 군사를 일으킨 후 전국 각지를 전전하면서 가는 곳마다 관군을 격파하였고, 장안에 입성하여 스스로 황제위에 올랐으나 관군의 반격으로 자결하였다.

효공왕(孝恭王, ?~912) : 신라의 제52대 왕(재위 897~912)이다. 진성여왕이 죽자 즉위하였다. 궁예에게 패서도(浿西道)·한산주(漢山州) 관내의 30여 성을 빼앗기고, 남서쪽의 땅을 견훤에게 빼앗겼으며, 북쪽의 땅을 또 궁예에게 빼앗겨 신라의 영토는 날로 축소되어 감에도 환락의 세월을 보냄으로써 후삼국을 탄생케 하였다.

효성왕(孝昭王, ?~742) : 신라의 제34대 왕(재위 737~742)이다. 이름은 김승경(金承慶)이다. 후궁이 왕비의 질투로 살해된 것에 분개한 후궁의 아버지 파진찬 김영종(金永宗)이 모반하자 이를 평정하였다.

효소왕(孝昭王, ?~702) : 신라의 제32대 왕(재위 692~702)이다. 이름은 김이홍(金理洪)·김이공(金理恭)이다. 모든 관제를 정비하였고, 당·일본 등과 수교하였으며, 좌·우이방부(左右理方府)를 좌·우의방부(左右議方府)로 고쳤다. 송악성(松嶽城)·우잠성(牛岑城)을 축조하고, 서시전(西市典)과 남시전(南市典)을 설치하여 창부(倉府)를 두었다.

효심(孝心, 생몰년미상) : 고려 후기의 반역자이다. 1193년(명종 23) 초전(草田)을 근거지로 반란을 일으켰다. 왕은 대장군(大將軍) 전존걸(全存傑)·장군 이지순(李至純)·이공정(李公靖)·김척후(金陟侯)·김경부(金慶夫)·노식(盧植) 등으로 하여금 공격하게 하였으나 실패하였다. 상장군(上將軍) 최인(崔仁)이 남로착적병마사(南路捉賊兵馬使)가 되어 난을 진압하였다.

흔도(忻都, 생몰년미상) : 원나라의 무장이다. 홀돈(忽敦)이라고도 한다. 고려에 주둔하고 있던 몽골 군의 지휘관으로, 1271년(원종 12) 고려 장군 김방경(金方慶)과 함께 탐라에서 삼별초를 평정하였다. 고려·원나라 연합으로 일본정벌에 나섰으나 태풍으로 실패하였다.

흘해왕(訖解王, ?~356) : 신라의 제16대 왕(재위 310년~356)이다. 기림왕이 아들 없이 죽자 왕으로 추대되었다. 312년 왜왕의 아들과 아찬 급리(急利)의 딸을 혼인시켜 화친을 꾀하기도 하였다. 『삼국유사』에 백제와 충돌을 벌인 기록이 있다.

흥덕왕(興德王, ?~836) : 신라의 제42대 왕(재위 826~836)이다. 이름은 김경휘(金景徽), 초명은 수종(秀宗)·수승(秀升)으로, 원성왕의 손자이고 헌덕왕의 동생이다. 대아찬 김우징(金祐徵)을 시중(侍中)에 임명하여 정사를 맡기고, 장보고를 청해진대사(淸海鎭大使)로 삼아 해적의 침입을 막게 하였다. 이때 차의 재배가 전국적으로 성행하였으며, 복색제도(服色制度)를 고치고 백성들에게 사치를 금하였다.

흥수(興首, 생몰년미상) : 백제의 대신이다. 성충(成忠)과 함께 의자왕에게 직언을 하다가 유배되었다. 660년(의자왕 20) 나당연합군의 침입을 받고 왕이 유배지에 있는 그에게 사자를 보내어 그 방어책을 문의하자, 당나라 군사는 백강(白江)을 건너지 못하게 하고, 신라군은 탄현(炭峴)을 통과하지 못하게 하라고 충언하였으나, 왕이 이를 실행하지 못하고 있다가 백제는 멸망하게 되었다.

희강왕(僖康王, ?~838) : 신라의 제43대 왕(재위 836~838)이다. 이름은 김제륭(金悌隆)·김제옹(金悌顒)이다. 홍덕왕이 후사 없이 죽자, 삼촌인 김균정(金均貞)과 왕위 다툼을 하다가 균정을 살해하고 즉위하였다. 김명(金明)과 김이홍(金利弘)이 반란을 일으켜 측근자를 살해하자 스스로 목을 매어 자결하였다.

희종(熙宗, 1181~1237) : 고려의 제21대 왕(재위 1204~1211)이다. 이름은 영(韺)이다. 왕 즉위의 공으로 권신 최충헌을 문하시중(門下侍中)·진강군개국후(晉康郡開國侯)에 봉하였으나 횡포가 심하자 그를 죽이려다 실패하였고, 폐위되어 강화(江華)로 쫓겨났다. 이후 복위 음모가 있다는 무고로 유배되어 죽었다.

지명

가락국(駕洛國) : 기원 전후부터 562년까지 낙동강 하류지역에 있던 여러 국가의 총칭 또는 그 지역에 위치한 각 국가들의 명칭이다. 가야는 『삼국지(三國志)』 동이전(東夷傳)에 나오는 변한(弁韓) 12국에서 발전하였다. 『삼국유사』 기록은 대략 3세기 중반 이후에 변한지역의 12개국 가운데 일부 국가들이 가야연맹체를 형성하면서 가야라는 명칭을 사용하였음을 반영한 것이다.

가야산(伽倻山) : 경상남도 합천군과 경상북도 성주군 경계에 있는 산이다. 소의 머리와 모습이 비슷하다고 하여 우두산(牛頭山)이라고도 불렀으며, 상왕산(象王山) · 중향산(衆香山) 등으로도 불리운다. 가야산이라는 이름은 이 산이 옛날 가야국이 있던 이 지역에서 가장 높고 훌륭한 산이었기 때문에 자연스럽게 '가야의 산'이라는 뜻으로 부른 것이라고 전해진다.

가주(嘉州) : 평안북도 박천군 가산면 · 양가면 지역의 고려시대 행정구역이다. 본래 고구려 땅이었다가 발해의 영토가 되었으며 발해 멸망 후 여진족이 점령하였는데, 고려 초기에 이곳에 신도군(信都郡)을 설치하였다. 1413년(태종 13) 가산군(嘉山郡)이 되었다가 1914년 일제강점기에 박천군(博川郡)에 편입되었다.

갑곶(甲串) : 강화도 갑곶진을 가리킨다. 강화도 북부 염하(鹽河)의 서쪽 해안에 위치하고 있다. 고려 고종이 원나라의 침입을 받아 강화도로 피란할 때 이곳이 갑옷만 벗어 쌓아 놓아도 건널 수 있을 만큼 얕다고 하여서 갑곶이라는 지명이 생겼다고 한다.

강남도(江南道) : 금강(錦江) 이남, 전라북도 지역의 고려시대 행정구역이다. 995년(성종 14) 당 태종 때의 중국 행정구역인 10도(十道)를 본떠 지방에 10도를 두면서 금강 이남 지역을 강남도라 하여 전주 · 영주(瀛州 : 정읍) · 순주(舜州 : 순창) · 마주(馬州 : 익산) 등 9주 43현을 관할하게 하였다. 1018년(현종 9) 그 남쪽 지역인 해양도(海陽道)와 합하여 전라도로 개편되었다.

강도(江都) : 강화(江華)의 다른 이름이다. 1232년(고종 19)에 몽골의 침입으로 도읍을 이곳으로 옮긴 후, 1270년(원종 11)에 환도(還都)할 때까지 39년 동안 임시 수도로 삼았다 하여 생긴 이름이다. → 강화

강화(江華) : 인천광역시 북서부에 있다. 현재의 지명 강화는 940년(태조 23) 이래의 것으로, 고려시대 몽골 침입과 조선시대 병자호란 때는 임시수도의 역할을 하면서 강도(江都)로 승격되기도 하였다. 조선시대에는 수도 방위상 중요시되어 사진(四鎭)의 하나가 되었으며, 수도의 관문에 위치하기 때문에 근세에 이르러서는 병인양요(丙寅洋擾) · 신미양요(辛未洋擾) · 운요호[雲揚號]사건 등 역사적 사건의 무대가 되었다.

개골산(皆骨山) : 겨울철 금강산(金剛山)을 부르는 이름이다. 금강산은 태백산맥 북부 강원도(북한) 금강군 · 고성군 · 통천군에 걸쳐 광범위하게 펼쳐진 산이다.

거란(契丹) : 퉁구스족과 몽골족의 혼혈로 형성된 유목민족이다. 5세기 이래 요하(遼河) 상류인 시라무렌(Siramuren) 유역에서 여러 부족으로 분열되어 거주하였는데, 당나라 말기에 통일의 기운이 일어나면서 916년 야율아보기(耶律阿保機)가 여러 부족을 통합한 다음 황제를 칭하고 거란을 건국하였다.

경상진안도(慶尙晉安道) : 고려시대 경상도를 부르던 명칭 가운데 하나이다. 경주 · 상주 · 진주 · 안동의 머리글자를 합한 이름으로, 1204년(신종 7) 상진안동도(尙晉安東道)로 개명하였다가 후에 경상진안도(慶尙晉安道)로 고쳤다.

계림(鷄林) : 옛 신라의 왕성인 월성 북쪽에 있는 숲으로, 신라의 김씨 왕족 시조인 김알지의 탄생 설화의 무대가 되었던 곳이다.

계주(薊州 : 지저우) : 하북성(河北省 : 허베이성), 천진(天津 : 톈진), 계현(薊縣 : 지현) 지역이다.

고령가야(古寧伽倻) : 가야연맹체의 한 나라로, 이 이름은 가야인들이 원래부터 사용한 것이 아니다. 『삼국사기』 지리지에 따르면 처음 이 지역을 점령한 신라가 고동람군(古冬攬郡)이라고 하였다가, 경덕왕이 지명을 한자식으로 고칠 때 고령군(古寧郡)으로 바꾸었으며, 고려 때 다시 함녕군(咸寧郡)으로 고쳤다고 한다. 대체로 지금의 경상북도 상주시 함창읍을 중심으로 하고 있다.

곽주(郭州) : 평안북도 정주군 곽산면의 옛 이름이다. 고려 초에는 장리현(長利縣)이었는데, 994년(성종 13)에 서희가 외교담판으로 수복한 강동6주(江東六州)의 하나로 곽주라 하였다. 1914년 행정구역 개편에 따라 정주군으로 흡수되었다.

관내도(關內道) : 고려시대의 지방행정구역인 10도(十道) 가운데 하나이다. 995년(성종 14)에 당나라의 제도를 본받아 10도제를 실시하면서, 개경을 중심으로 양주 · 광주 · 황주 · 해주 등의 적기현(赤畿縣)을 둘러싼 29주(二十九州) 82현(八十二縣)으로 관내도를 만들었다. 위로는 황해도 황주, 아래로는 경기도 수원을 포함한 행정구역이다.

교주도(交州道) : 고려시대 지방행정구역인 5도(道) 가운데 하나이다. 춘천을 중심으로 한 지금의 강원도 영서지역이다.

국내성(國內城) : 고구려의 두 번째 수도이다. 고사(古史)에 "주몽이 부여에서 난을 피하여 졸본(卒本)에 이르렀다"고 하였는데, 졸본은 고구려의 첫 번째 수도인 흘승골성(紇升骨城)이다. 3년(유리왕 22)에 수도를 국내성으로 옮겼는데, 그 위치는 대체로 길림성(吉林省 : 지린성) 집안현(輯安縣 : 지안현)에 있는 성터라는 설이 가장 유력하다.

금마군(金馬郡) : 전라북도 익산군의 옛 이름이다. 백제의 시조 온조(溫祚)가 마한을 병합하고 이곳을 금마저(金馬渚)라 하였으며, 경덕왕 때 금마군(金馬郡)으로 개칭되어 옥야현(沃野縣)을 영속시켰았다. 1344년(충혜왕 복위5) 원 순제의 황후 기씨(奇氏)의 외향이라 하여 익주(益州)로 승격되었다.

금마저(金馬渚) : 금마군과 동일하다. → 금마군

금성(金城) : BC 37년(혁거세 21)에 신라의 혁거세왕이 쌓은 왕성이다.

기자조선(箕子朝鮮) : 상나라 말기에 기자(箕子)가 조선에 와서, BC 1,100년경에 건국하였다고 전하는 나라이다. BC 195년 위만(衛滿)에게 멸망될 때까지 900여 년 간 존속하였던 것으로 이해되어 왔다. 고려와 조선시대에는 기자조선의 실체를 인정하였지만, 최근에는 이를 부정하는 견해가 지배적이다.

나정(蘿井) : 신라의 시조인 박혁거세가 탄생한 곳으로서 알려져 있는 우물로, 담쟁이덩굴이 우거진 우물 이라는 뜻이다. 신라시대 6촌(六村) 가운데 급량부(及梁部)에 속하였는데, 지금 경주의 남산성(南山城) 밑에 그 유적이 있다.

낙랑국(樂浪國) : 1세기 중엽에 있었던 고대 정권으로, 32년 또는 37년에 고구려에 의해 멸망한 나라이다. 『삼국사기』를 비롯하여 조선시대까지는 낙랑과 낙랑군을 동일하게 파악하였다. 이에 따라 당시에 일반적으로 낙랑군의 위치로 파악하였던 평안도 및 황해도 일대가 비정되었으며, 박지원 등의 일부 실학자들은 낙랑군의 위치를 요동 지역으로 비정하기도 하였다.

낙랑군(樂浪郡) : 한사군(漢四郡) 가운데 청천강 이남 황해도 자비령(慈悲嶺) 이북 일대에 있던 행정 구역이다. 전한 무제가 BC 108년에 위만조선(衛滿朝鮮)을 멸망시키고 설치한 뒤, 여러 번 변천을 거듭하다가 313년(미친왕 14)에 고구려에 병합되있다.

남부여(南夫餘) : 538년(성왕 16)에 백제가 서울을 웅진(熊津)에서 사비(泗沘 : 부여)로 옮겼을 때 쓴 국호이다.

남소성(南蘇城) : 삼국시대 중국 동북지방 남산성자(南山城子)에 있던 고구려의 성이다. 지금의 요녕성(遼寧省 : 랴오닝성) 통화(通化 : 퉁화) 북쪽에 있었다. 400년(광개토왕 10) 후연(後燕) 모용귀(慕容歸)의 침공으로 신성(新城)과 함께 빼앗겼으나, 402년 탈환한 고구려 요충지이다. 667년(보장왕 26) 연개소문의 장남 연남생(淵南生)이 남소 · 가물(哥勿) · 창암(蒼巖) 등 3성을 들어 당나라의 설인귀(薛仁貴)에게 항복하였다.

남옥저(南沃沮) : 오늘날의 함흥 일대를 중심으로 함경남도 중북부 일원에 존재하였던 고대 읍락집단의 총칭이다. 함경북도 북부 및 간도지역의 북옥저와 대비한 명칭으로, 본래는 북옥저와 함께 옥저로 불리던 집단의 일부였다. 남으로 동예(東濊)와 접하고 서로는 낙랑군(樂浪郡)과 잇닿아 동예와 함께 낙랑군의 지배와 간섭을 받았으며 후에 고구려에 복속되었다.

남해부(南海府) : 발해의 행정구역인 5경(五京) 가운데 하나이다. 발해의 5경 중 유일하게 한반도 내에 둔 행정구역으로, 정확한 위치는 알 수 없으나 함경남도 함흥 지역이라는 설이 유력하다. 속주에는 옥주(沃州) · 정주(睛州) · 초주(椒州)의 3주가 있었다.

낭비성(娘臂城) : 충청북도 청주시와 청원군 일대의 삼국시대 지명이다. 삼국 간에 서로 뺏고 빼앗겨 영속(領屬)이 자주 뒤바뀐 요충지로, 명칭도 상당현(上黨縣) · 낭자곡성(娘子谷城) 등 여러 번 바뀌었다. 통일신라 때에 낭비성을 서원경(西原京)으로 승격시켰고, 고려 태조 때부터 청주라는 이름을 썼다.

노(魯) : 주나라 때 산동성(山東省 : 산둥성) 곡부(曲阜 : 취푸)에 도읍한 제후국(BC 1043

~BC 249)이다. 주 왕조를 창건한 무왕의 동생 주공 단(周公旦)을 시조로 한다. 34대 경공(頃公)시대인 BC 249년에 초나라 고열왕(考烈王)에 의해 멸망되었다.

단군조선(檀君朝鮮) : 한민족 최초의 국가로 전해지는 신화적인 나라이다. 일반적으로 고조선의 역사를 왕조 또는 지배자에 따라 구분하여 단군이 다스렸던 첫 번째 시기를 지칭한다. 단군이 나라를 세워 1,000여 년 동안 다스렸다고 전해진다. 조선시대에는 '전조선(前朝鮮)'이라 부르기도 하였다.

당(唐) : 618년 이연(李淵)이 건국하여 907년 애제 때 후량(後梁) 주전충(朱全忠)에게 멸망하기까지 290년간 20대의 황제에 의하여 통치되었다. 중국의 통일제국으로는 한나라에 이어 제2의 전성기를 이루었다. 당에서 발달한 문물 및 정비된 제도는 동아시아 여러 나라에 많은 영향을 끼쳐 그 주변 민족이 정치 · 문화적으로 성장하는 데 크게 기여하였다.

당항성(黨項城) : 경기도 화성시 서신면 상안리 구봉산(九峰山) 위에 있는 삼국시대의 석축 산성으로 당성(黨城)이라고도 불리운다. 당항성이 있는 지역은 신라 경덕왕 때는 당은군(唐恩郡)이었다. 이곳은 신라가 황해를 통해 중국과 교통하였던 중요한 출입구 구실을 하였다.

대가야(大伽倻) : 6가야 가운데 지금의 경상북도 고령 지역에 있던 가야국이다. 『삼국사기』 지리지에는 시조 이진아시왕(伊珍阿豉王)으로부터 도설지왕(道設智王)까지 16대 520년간 존속하였다고 하나 확실하지 않다. 한때 6가야의 맹주였으나 562년 신라에 멸망하였다. 정치적으로는 삼국보다 발전하지 못하였지만, 문화적으로는 가야금을 제작하고 음악을 정리하는 등 높은 문화수준을 보유하였다.

대방(帶方) : 중국 한나라가 설치한 군현(郡縣)으로, 지금의 한강 이북 경기도 지방과 자비령(慈悲嶺) 이남의 황해도 지방이었을 것으로 짐작된다. 이 지역은 고조선에 복속된 진번국(眞番國)의 땅이었다. 고조선이 멸망된 뒤 한 무제가 한사군(漢四郡) 중 하나인 진번군을 두었는데, 진번군은 곧 낙랑군에 통합되었다. 그 후 후한(後漢) 헌제 건안년간(建安年間 : 196~220)에 낙랑군 소속의 땅 중 남쪽 일부를 떼어서 대방군을 설치하였다.

대야성(大耶城) : 경상남도 합천군 남부지방에 있던 신라시대의 성이다. 757년(경덕왕 16) 강양군(江陽郡)으로 강등되었다가, 920년(경명왕 4) 후백제의 견훤에게 빼앗긴 것을 되찾았다. 1018년(현종 9) 합주(陜州)로 승격되었고, 1413년(태종 13) 합천군으로 개칭되었다.

독산성(禿山城) : 충청남도 부여군 구룡면 구봉리에 있는 원삼국시대 산성이다. 주변 지역을 한눈에 감시할 수 있는 요충지인 높이 94m의 구릉 정상부에 자리하고 있다. 성 내부로 추정되는 지점에서 원삼국시대 혹은 백제시대의 각종 토기들이 수습되었다.

돌궐(突厥) : 알타이 산맥에서 발원한 철륵(鐵勒)의 하위 부족이다. 돌궐은 투르크의 가차(假借)식 표기이며, 『주서(周書)』 이역(異域) 돌궐(突厥)열전은 "돌궐은 대개 흉노의 별종이다"라며 흉노의 후손이라고도 하였다. 괵튀르크(Göktürk)라고도 하는데, 이는 하늘의 투르크 혹은 천상의 투르크라는 의미이다.

동경(東京) : 발해의 행정구역인 5경(五京) 가운데 하나로, 785년~794년 동안 발해의 수도였다. 위치는 중국 길림성(吉林省 : 지린성) 혼춘(琿春 : 훈춘)으로 비정된다.

동경(東京) : 고려 3경(三京) 가운데 하나인 경주이다. 고려시대에 개경이 수도의 역할을 하면서, 과거에 중요한 역할을 하였던 도시를 수도와 같이 대우해주고 관리하기 위해 준수도의 지위를 부여하였는데, 경주도 그 중 하나였다.

동옥저(東沃沮) : 부여 계열 예맥족(濊貊族)의 부족사회이다. 옥저는 임둔(臨屯)의 옛 땅인 낙랑동부도위(樂浪東部都尉) 소관인 부조현(夫租縣)의 후신으로 지금의 함흥 일대를 중심으로 자리 잡았다. 30년 낙랑동부도위가 철폐되면서 56년 경 고구려에 신속(臣屬)하게 되었다.

동위(東魏) : 중국 남북조시대 북위(北魏)가 분열하여 건국된 나라로, 534년~550년까지 존속하였다. 영토는 북위의 낙양(洛陽 : 뤄양)부터 동쪽 지역이다. 국호는 '위'지만, 같은 북위에서 분열한 서위(西魏)와 구분하기 위해 동위란 호칭을 사용한다.

동주(洞州) : 황해도 서흥군의 고려시대 행정구역이다. 본래는 고구려 때의 오곡군(五谷郡)으로 우차탄홀(于次呑忽)이라고도 한다. 통일신라 경덕왕 때 오관군(五關郡)이라 하고, 고려 초에 동주로 개칭하였다. 조선시대 태조 때 서흥(瑞興)으로 고치고 현령(縣令)을 두었다.

마한(馬韓) : 한반도 중부 이남 지역에 분포한 삼한 가운데 하나로, 대체로 BC 1세기~AD 3세기에 경기 · 충청 · 전라도 지방에 분포한 54개의 소국(小國)을 가리킨다. 진수(陳壽)의 『삼국지』 위지(魏志) 동이전(東夷傳)에 따르면, 마한 54소국은 큰 나라는 1만여 가(家), 작은 나라는 수천 가로서 모두 합하면 10여 만 호(戶)가 되었다고 한다.

마현(麻峴) : 경상북도 경주시 현곡면 남사리와 서면 도리, 영천시 고경면 덕정리의 접경지대에 있는 고개로 마질령(麻叱嶺)이라고도 한다.

만번한(滿潘汗) : 평안북도 박천군에 있는 박천강(博川江)유역을 이른다. 『위략(魏略)』에 따르면 만번한은 연나라 요동군의 동쪽 끝에 있었던 지명이라 한다. 『한서(漢書)』 지리지에 따르면 요동군의 속현(屬縣) 중에 문현(文縣)과 번한현(番汗縣)이 있는데, 이 중의 '문현'의 음(音)이 '만현'으로 변하였고, 그 만현과 번한현을 한꺼번에 말하여 만번한현이 되었다고 한다.

말갈(靺鞨) : 6~7세기경 만주 북동부에서 한반도 북부까지 거주한 퉁구스계 민족이다. 주나라 때에는 숙신(肅愼), 한나라 때에는 읍루(挹婁)라 불렀다. 본래 송화강(松花江 : 쑹화강) 유역의 물길(勿吉)이 지배하였으나 6세기 중엽 물길의 세력이 약화되자 각 부족들이 자립하였는데, 이들을 총칭하여 말갈이라 부른다. 후에 아구다(阿骨打)가 부족을 통합하여 세력을 확장하여 금나라를 세우고 만주와 북중국을 지배한 여진족이 되었다.

몽골[蒙古] : → 원

무진주(武珍州) : 신라의 광역 행정구역인 9주(九州) 5소경(五小京)의 한 주로, 영역은 전라남도 일대이다. 주치(州治)는 지금의 광주광역시이고 15개 군 43개 현이 소속되어 있으며 직접 관할하는 현은 3개이다.

물길(勿吉) : 몽골로이드에 속한 남방 퉁구스족으로 금나라와 청나라를 세웠다. 이들은 일찍부터 송화강(松花江 : 쑹화강) 연안에 널리 퍼져 살면서 목축과 농업에 종사하였다.

발해(渤海) : 중국 동북지방 동부 · 연해주 · 한반도 북부에 있던 나라(698~926)이다. 고구려 출신 대조영(大祚榮 : 高王)이 국가를 세웠다. 만주지방에 혼거하던 말갈족도 함께 포용하여, 고구려 유족이 주로 상류 지배층을 형성하고, 말갈족이 하류층을 형성하였다. 10대 선왕대에는 과거 고구려의 영토를 회복하고 북쪽 연해주 지역으로 더 진출하여, '해동성국(海東盛國)'이라고 호칭할 정도로 국세를 떨쳤다.

백강(白江) : 백마강(白馬江)이라고도 한다. 전라북도 장수군 장수읍에서 발원하여 충청남도 · 충청북도를 거쳐 강경에서부터 충청남도 · 전라북도의 도계를 이루면서 군산만으로 흘러드는 금강(錦江)의 하류 구간을 일컫는 명칭이다.

백두산(白頭山) : 함경남도 · 함경북도와 중국 길림성(吉林省 : 지린성)의 경계에 있는 산이다. 높이는 2,750m로 한반도에서 제일 높다. 백색의 부석(浮石)이 얹혀 있으므로 마치 흰 머리와 같다 하여 백두산이라 부르게 되었다.

백령도(白翎島) : 인천광역시 옹진군 백령면에 딸린 섬이다. 본래 황해도 장연군에 속하였으나 광복 후 옹진군에 편입되었다. 고려 태조 때 명장이었던 유금필(庾黔弼)이 무고를 당해 곡도(鵠島)로 유배되었는데, 이후 이 곡도가 백령(白翎)으로 개칭되고 진(鎭)이 설치되었다.

백악(白岳) : 황해남도 은율군과 안악군 경계에 있는 산으로 단군이 도읍을 옮긴 후 은퇴한 아사달산(阿斯達山)이 이 산이라는 설이 있다. 환인(桓因) · 환웅(桓雄) · 단군을 모시는 삼성사(三聖祠)와 단군대 · 어천석(御天石) · 사왕봉(思王峰) 등 단군의 신적(神蹟)이 남아 있다. 고려시대에는 불교의 중심지를 이루어 많은 절과 암자를 세웠다고 한다.

백암성(白巖城) : 고구려시대 서부지방의 주요 방위성(防衛城)으로 요동성에서 동쪽으로 22.8km 거리에 있었다. 지리적으로 요하(遼河) 유역에 위치하여 고구려와 당나라의 국경지대에 있었다. 백암이라는 지명의 유래는 '백'이 밝다 · 크다는 의미를 가지므로 '큰산'이 된다. 평야지역의 구릉을 배경으로 발달된 지명으로 보인다.

벽파정(碧波亭) : 전라남도 진도에 있던 정자 이름으로 임진왜란 때 이순신이 명량대첩에서 승리를 거둔 곳으로 유명하다.

변한(弁韓) : 한반도 중부 이남 지역에 분포한 삼한(三韓) 가운데 하나이다. 대체로 기원전후부터 4세기경까지 지금의 김해 · 마산 지역에 분포하였다.

부여(夫餘) : BC 2세기경부터 494년까지 존속한 예맥족계의 나라이다. 토지가 광활하고 농업을 하기에 적합한 지금의 북만주 농안(農安 : 눙안) · 장춘(長春 : 창춘) 일대에서 농업을 주로 하면서 궁실(宮室) · 성책(城柵) · 창고 · 감옥 등을 갖추었던 나라이다.

북부여(北夫餘) : 부여와 같다. → 부여

북옥저(北沃沮) : 옥저의 북쪽에 있던 부족국가이다. 매구루(買溝婁)라고도 한다. 옥저에서 북쪽으로 800여 리 떨어진 곳에 있었으며 두만강을 사이에 두고 읍루(挹婁)와 접경하였는데, 지금의 두만강 유역 함경도지방이 이에 해당한다.

북원(北原) : 통일신라시대에 둔 5소경(五小京)의 하나이다. 지금의 강원도 원주시에 설치하였던 행정 구역으로, 678년(문무왕 18)에 두었다가 경덕왕 때 북원경으로 고쳤다.

북호(北胡) : 해삼위(海蔘威) 북쪽에 있는 오랑캐의 나라를 뜻하는 말이다. 해삼위는 지금의 러시아 시베리아 남동부 항구도시인 블라디보스토크를 말한다.

비류국(沸流國) : BC 1세기경 압록강 지류인 동가강(佟佳江 : 퉁자강) 유역에 있던 소국으로 다물국(多勿國) · 비류나(沸流那)라고도 한다. 서기 1세기 전후에 고구려 지배체제 내로 완전히 흡수되었던 것으로 보인다.

사량부(沙梁部) : 신라 경주 6부의 하나로, 그 위치에 대해서는 여러 설이 있다. 『삼국사기』에 따르면 32년(유리왕 9) 돌산 고허촌(突山高墟村)을 사량부로 개편하고, 그 부(部)의 사람들에게 최씨(崔氏) 성을 수여하였다고 한다.

사수현(泗水縣) : 지금의 경상남도 사천이다. 변진(弁辰) 12국 중의 하나였고, 포상8국(浦上八國) 가운데 하나인 사물국(史勿國)에 속하였다. 신라시대 사물현 지역으로 통일신라시대에 사수현, 고려시대에 사주현(泗州縣), 조선시대에 사천현이라 하였다.

삭방도(朔方道) : 고려시대 10도(十道) 가운데 하나로, 지금의 강원도이다. 995년(성종 14)에 당나라 제도를 채용하여 10도의 제도를 정할 때 처음 설치하여 춘주(春州) · 화주(和州) · 명주(溟州) 등 7주 62현을 관할하게 하였다. 1036년(정종 2)에 화주 · 명주 등이 동계(東界)에 속하였고 나머지는 1178년(명종 8)에 춘주도(春州道)로 개편되었다.

삭주(朔州) : 평안북도 북부에 있는 군이다. 압록강의 수풍(水豐)댐 남쪽 5km 지점에 위치한다. 본래 영새현(寧塞縣)이라 하였다가 1018년(현종 9) 삭주로 고쳐 방어사(防禦使)를 두고 뒤에 부(府)로 승격하였다. 고려시대 천리장성이 지나가는 국방의 요새였다.

산남도(山南道) : 고려시대 10도(十道) 가운데 하나로, 지금의 경상남도 진주 등지이다. 가야산의 남쪽이라 하여 산남도라 하였다.

삼한(三韓) : 상고시대에 한반도 남부에 자리잡고 있던 세 부족사회, 즉 마한(馬韓) · 진한(辰韓) · 변한(弁韓)을 말한다.

상경(上京) : 발해의 수도로, 5경(五京) 가운데 하나이다. 지금의 흑룡강성(黑龍江省 : 헤이룽장성) 영안현(寧安縣) 동경성(東京城)에 있었다. 발해의 제3대 문왕 대흠무(大欽茂)가 755년 무렵 중경 현덕부(中京顯德府)에서 이곳으로 천도하였다. 785년 무렵 발해는 수도를 다시 동경 용원부(東京龍原府)로 옮겼다가 제5대 성왕 대화여(大華璵) 때 다시 이곳으로 옮겨 멸망에 이르렀다.

상곡(上谷) : 진(秦)나라 때 지금의 북경시(北京市 : 베이징시) 연경현(延慶縣 : 옌칭현)에 두었던 군이다. 수나라 때 지금의 하북성(河北省 : 허베이성) 중서부 이현(易縣 : 이현)에 두었던 군의 이름이기도 하다.

상주(尙州) : 경상북도의 서북부에 있는 시이다. 속리산 · 남장사(南長寺) · 화달리(化達里) 삼층 석탑 따위가 있다.

서경(西京) : 고려시대 3경(三京) 가운데 하나인 평양이다. 당나라 세력이 물러간 통일신라시대 이래 크게 황폐해지자, 고려는 건국 초부터 황해도 지방의 백성을 옮겨 살게 하는 등 그 재건에 힘썼다. 처음에는 평양대도호부(平壤大都護府)로 삼았다가 성종 때 3경제도가 이루어지면서 왕도인 개경 외에 경주를 동경, 평양을 서경이라 하고 여기에 유수지사(留守知事)를 두었다.

서비(西鄙) : 평안도 국경 지대인 서쪽의 변방이다. 야인(野人) 등이 침범하여 인명을 살상하고 사람과 우마를 노략질하는 일이 계속되었던 지역으로 주목되었다.

성산가야(星山伽倻) : 6가야 가운데 지금의 경상북도 성주 지역에 있던 가야국이다. 벽진가야(碧珍伽耶)라고도 한다. 성산이라는 지명은 원래 757년(경덕왕 16)에 일리군(一利郡)을 개칭하여 생긴 것이다. 따라서 성산가야라는 명칭은 적어도 경덕왕대 이후의 신라 하대에 쓰인 것이라고 할 수 있다.

속말말갈(粟末靺鞨) : 말갈의 한 부족으로, 고구려에 복속되어 있었다. 668년 당나라가 고구려를 멸망시키자 속말말갈도 당나라에 대항하였으나 실패하였고, 주민들이 당나라의 영주(營州)로 이주당하였다.

송악(松城) : → 송악군

송악군(松岳郡) : 오늘날 북한에 위치한 개성의 옛 지명이다. 4세기 후반에서 5세기 중반까지 백제가 강성할 때 약 1세기 동안은 백제에 속하였다가 555년(진흥왕 16)에 신라가 정복하여 신라 영토가 되었다. 신라시대에 처음 송악군으로 개칭되었으며, 늦어도 7세기부터는 송악(松岳)으로 불렸다. 통일신라 말기에는 궁예가 도읍으로 정하였다.

수(隋) : 양견(楊堅 : 文帝)이 581년 북주의 정제(靜帝)로부터 양위받아 나라를 개창하고, 589년 남조인 진(陳)나라를 멸망시켜 이룩한 중국의 통일왕조이다. 문제 · 양제(煬帝) · 공제(恭帝)의 3대 38년이라는 단명 왕조였으나, 남북으로 갈라져 있던 중국을 하나의 판도에 넣어 진(秦) · 한나라의 고대 통일국가를 재현하였다. 또 뒤를 이은 당나라가 중국의 판도를 더욱 넓혀 대통일을 이룩하는 데 기반이 되었다는 점에서 존립의의가 크다.

수주(樹州) : 경기도 부천 지역의 옛 지명이다. 원래 고구려의 주부토군(主夫吐郡)이었는데, 신라의 영역이 된 뒤 경덕왕 때 장제군(長堤郡)이라 개명하였다. 고려 초 수

주로 고쳤으며, 1150년(의종 4) 안남도호부(安南都護府)로 격상시키고 6편이 소속되었다. 1413년(태종 13) 부평도호부(富平都護府)로 된 뒤 부천군(富川郡)이 될 때까지, 약 500년간 큰 변동은 없었다.

십곡성(十谷城) : 황해도 곡산군 일대의 고구려 때 지명이다. 고구려 때 덕돈홀(德頓忽) · 곡성(谷城) · 고곡군(古谷郡) 등으로 불리다가 신라시대인 748년(경덕왕 7)에 십곡성현이 되었고, 757년 진서현(鎭瑞縣)으로 개칭되었다.

아라가야(阿羅伽倻) : 6가야 가운데 지금의 경상남도 함안 지역에 있던 가야국이다. 원래 변한 12국의 하나인 안야국(安邪國)이었다. 4세기 말경까지 구야국(狗邪國 : 금관가야)과 함께 전기 가야연맹의 양대 세력을 이루었다.

안시성(安市城) : 삼국시대에 고구려와 당나라의 경계에 있던 산성이다. 당시 인구가 10만 명 정도였던 고구려 영지로, 고구려가 요하(遼河) 유역에 설치하였던 방어성들 가운데 전략적으로 요동성(遼東城) 다음으로 중요한 곳이었다. 668년 고구려 멸망 후에는 검모잠(劍牟岑)을 중심으로 한 고구려부흥운동의 요동 지역 중심지가 되었으나, 671년 7월 당나라 군대에 함락되었다.

압록부(鴨錄府) : 시경 압록부(西京鴨錄府)를 말한다. 남 · 북 압록강 유역에 설치된 발해의 지방행정구역으로, 발해의 5경(五京) 가운데 하나이다. 신주(神州) · 환주(桓州) · 풍주(豊州) · 정주(正州) 4주가 딸려 있었다. 이곳의 압록강구가 당나라로 들어가는 조공도(朝貢道)의 기점을 이루었고, 수도인 상경 용천부(上京龍泉府)를 잇는 교통의 요지였다. 그 중심지는 임강(臨江) · 통구(通溝) 등의 설이 있으나 임강일 가능성이 많다.

양광도(楊廣道) : 고려시대 지방행정구역인 5도(五道) 가운데 하나로, 양주(楊州)와 광주(廣州)에서 비롯된 명칭이다. 지금의 경기도 남부 · 강원도 일부 · 충청도의 대부분을 차지하는 지역이다.

어양(漁陽) : 지금의 중국 북경시(北京市 : 베이징시) 밀운(密雲)에 있는 지명으로 당나라 안녹산(安祿山)의 난이 일어난 곳이다.

연경(燕京) : 북경(北京 : 베이징)의 옛 이름이다. BC 1000년 경 연나라의 수도인 계(薊)가 오늘날 베이징이 있는 곳에 건립되었다. 연나라의 멸망 이후 계속해서 진(秦) · 한, 그리고 진(晋)왕조가 이곳에 지방 현을 설립하였다. 그 이후로 금나라 때는 중도대흥부(中都大興府), 원나라 때는 대도(大都), 명나라 · 청나라 때는 북경으로 바뀌어도, 계속 연경으로 불리게 된다.

영남도(嶺南道) : 고려시대 지방 행정구역인 10도(十道) 가운데 하나이다. 995년(성종 14) 지리적 조건을 고려해 전국을 10도로 나누고, 죽령(竹嶺)을 기준으로 해서 그 남쪽 지역을 지칭한 명칭이다. 여기에는 이전에 상주(尙州)의 관할하에 있던 12주(州) · 48현(縣)이 포함되어 있었다.

영동도(嶺東道) : 고려시대 지방 행정구역인 10도(十道) 가운데 하나이다. 995년(성종

14) 지리적 조건을 고려해 전국을 10도로 나누고, 죽령(竹嶺)을 기준으로 해서 그 동쪽 지역을 지칭한 명칭이다. 여기에는 이전에 경주와 김주(金州)의 관할하에 있던 9주(州)·35현(縣)이 포함되어 있었다.

영종도(永宗島) : 인천광역시 중구에 있는 섬이다. 백제에서 조선 중기까지 자연도(紫燕島)로 불리던 이 섬에 영종이란 이름이 붙은 것은 숙종 때로, 주변에 북도와 용유도(龍遊島)를 거느리고 있다고 하여 영(領)자로 하였다. 동쪽에 인천을 머리에 이고 서쪽에 신불도(薪佛島)가 양 옆을 받치고 있다[示]하여 '宗' 자를 사용해서 긴 마루의 뜻을 가진 영종이라 부르게 되었다.

영주(英州) : 함경북도 길주군 지역에 있었던 고려시대의 행정구역이다. 고려시대의 국경지역으로 1108년(예종 3) 윤관(尹瓘)이 여진족을 몰아내고 몽라골령(蒙羅骨領) 아래에 성을 쌓아 안령군영주방어사(安嶺軍英州防禦使)를 두었다. 1109년에 성을 헐고 이 지역을 여진에게 내주었다가 공민왕 때 다시 찾아 1390년(공양왕 2) 길주에 병합하였다.

예국(濊國) : 강릉 지역에 있었던 초기국가이다. 어떤 성격의 정치·사회집단인지는 자세히 알 수 없지만, 『삼국지(三國志)』의 기록을 통해서 살펴보면 군장사회(君長社會)였을 것으로 추정된다. 『삼국지』의 기록은 동예(東濊)에 대한 것이지만, 강릉 지역의 예국도 동예(東濊)와 비슷한 상황이었을 것으로 추정된다.

예맥(濊貊) : 한민족의 근간이 되는 민족이다. 초기에 숙신(肅愼)과 동호(東胡) 사이에 끼어 중국의 송화강(松花江 : 쑹화강) 및 흑룡강(黑龍江 : 헤이룽강)과 압록강·두만강 유역 및 한반도 북부 지역인 함경도·강원도 등지에 걸쳐 살았고 그 갈래가 남부에 백제를 이루며 번창한 대민족이었을 것으로 추정된다.

예성강(禮成江) : 황해도 수안군 언진산(彦眞山)에서 발원하여 황해남도 배천군과 개성시 개풍군 사이에서 강화만으로 흘러드는 강이다.

오월(吳越) : 5대10국시대 10국 가운데 하나이다. 당나라 절도사(節度使) 전류(錢鏐)가 현재의 항주(杭州)을 중심으로 저장 지역을 지배하였던 나라이다.

옥문관(玉門關) : 고대 중국의 서쪽 요지였던 감숙성(甘肅省 : 간쑤성) 돈황현(敦煌縣 : 둔황현) 부근에 있던 관문이다.

옥저(沃沮) : 지금의 함경남도 해안 지역에서 두만강 유역 일대에 걸쳐 존재하였던 고대의 부족국가이다. 함흥 일대를 중심으로 거주하던 집단을 동옥저라 하고, 두만강 유역의 집단을 북옥저라 하였다. 양자 모두 고구려의 지방제도 아래에 편제되었고, 옥저인은 고구려의 지방민으로 귀속되었다.

완산(完山) : 전라북도 전주의 옛 이름이다.

왜(倭) : 한국과 중국에서 일본을 가리키던 호칭이다. 대체로 일본인의 체구가 작아 왜인(矮人)이라는 말이 변하여 '倭'가 되었다고 하는데, 일본인들의 주장은 이와 다르다. 이 말이 공식적으로 쓰이지 않게 된 것은 『신당서(新唐書)』 이후이며 한국도 일본과 친교가 있었던 백제 때부터라 여겨진다.

요(遼) : 중국 북방에서 거란[契丹]이 세운 정복 왕조(916~1125)이다. 중국 북방의 내몽고(內蒙古 : 네이멍구) 지역을 중심으로 건국되었다. 916년 건국 당시의 명칭은 거란국이었지만, 938년 연운16주(燕雲十六州)를 획득한 뒤 나라 명칭을 요라고 하였다.

요동성(遼東城) : 만주 요양(遼陽 : 랴오양) 부근에 있었던 고구려시대의 성이다. 요동수(遼東水) 기슭에서 가장 험하고 견고했던 고구려의 요새이다. 612년(영양왕 23)과 613년 수나라의 1 · 2차 고구려침입 때 맹렬히 공격하였으나, 성의 방어가 워낙 튼튼하여 함락할 수 없었다고 한다. 645년(보장왕 4) 당 태종이 고구려를 침입하였을 때 함락되었다.

요하(遼河) : 중국 동북지방 남부 평원을 관류하는 강이다. 중국 7대 강 가운데 하나로 요녕(遼寧 : 랴오닝) 사람들은 '어머니 강'이라고 부른다.

용천부(龍原府) : 상경 용천부(上京龍泉府)를 가리킨다. 발해의 행정구역인 5경(五京) 가운데 하나이다. 755년 무렵부터 수도였다가 785년에 동경 용원부(東京龍原府)로 천도하였다. 794년에 다시 이곳으로 천도하여 발해가 멸망할 때까지 수도였다. 지금의 위치는 중국 흑룡강성(黑龍江省 : 헤이룽장싱) 영안현(寧安縣 : 닝안현) 동경성(東京城 : 忽汗東) 일대이다.

용화산성(龍華山城) : 전라북도 익산시 금마면 신용리 · 산복리 · 기양리에 걸쳐 있는 삼국시대의 석축산성(石築山城)이다. 기준성(箕準城) · 익산미륵산성(益山彌勒山城)이라고도 한다. 성 안에는 회랑도(回廊道)가 있으며, 수구(水口) 남쪽의 동문에는 ㄷ자형의 옹성(甕城)을 둘렀다. 성벽이 직선을 이루는 곳에는 띄엄띄엄 낮은 담을 쌓아 성을 수비하는 데 유리하도록 하였다.

우산국(于山國) : 경상북도 울릉군에 있던 고대의 해상 왕국이다. 『삼국사기』에 처음으로 등장한 이후 신라가 멸망할 때까지 사료에 나오지 않다가 고려 현종조의 기록에 다시 나온다. 이와 같은 단편적인 기록만으로는 우산국 명칭의 유래를 밝힐 수 없는 실정이다.

운문산(雲門山) : 경상북도 청도군 운문면과 경상남도 밀양시 산내면 경계에 있는 산이다. 경상남북도의 경계를 따라 뻗은 태백산맥 남단의 주봉 가운데 하나이며, 운문현(雲門峴)을 중심으로 동운문과 서운문으로 나뉜다.

웅진성(熊津城) : 충청남도 공주시 산성동에 있는 공주 공산성(公山城)의 백제시대 명칭이다.

원(元) : 아시아의 중앙 내륙에 있는 국가이다. 13세기 초 징기스칸이 등장해 역사상 최대의 대제국을 건설하였으며, 동서 여러 국가에 큰 영향을 미쳤다. 몽골제국이 멸망하고 남은 내륙 중앙부가 1688년 청에 복속되어 '외몽골'로 불렸다. 1911년 제1차 혁명을 일으켜 자치를 인정받았으나 1920년 철폐되었고 러시아의 10월 혁명에 영향을 받아 1921년 제2차 혁명을 일으켜 독립하였다.

월성(月城) : 경상북도 경주시 인왕동에 있는 신라시대의 도성이다. 모양이 반달 같다 하여 반월성(半月城) · 신월성(新月城)이라고도 하였으며, 왕이 계신 곳이라 하여 재성(在城)이라고도 하였다. 『삼국사기』에 의하면 101년(파사왕 22)에 쌓은 것으로 되어 있어, 궁성으로 월성을 쌓은 뒤 금성(金城)에서 이곳으로 도성을 옮겼음을 알 수 있다.

위례성(慰禮城) : 백제의 초기 왕성이다. 역사 기록에는 위례성과 하남위례성(河南慰禮城)이라는 이름이 함께 나오는데, 흔히 한강 북쪽에 처음 만든 왕성을 위례성 혹은 하북위례성이라 부르고, 한강 남쪽에 새로 지은 왕성은 하남위례성이라 불렀다고 풀이한다. 하북위례성은 북한산 동쪽 기슭으로 비정되는데 확실하지 않고, 하남위례성은 몽촌토성으로 비정된다. 한편, 『삼국유사』에서는 지금의 충청남도 천안시 직산면으로 비정하였다.

위화도(威化島) : 평안북도 신의주시 상단리와 하단리에 딸린 섬이다. 1388년(우왕 14) 5월 요동정벌 때 우군도통사(右軍都統使) 이성계가 이곳에서 회군을 단행함으로써 조선을 여는 역사적 계기를 이룩한 곳이다. 조선시대에 들어와 어적(於赤) · 검동(黔同) 두 섬과 함께 3도(三島)라 하여 농민을 이주시켜 경작하게 하였다.

유관(楡關) : 산해관(山海關 : 산하이관)의 다른 이름이다. 행정적으로는 중국 하북성(河北省 : 허베이성) 진황도시(秦皇島市 : 친황다오시)에 속하며, 동북 방면과의 연안 육상교통로의 관문이다. 북서쪽으로는 연산산맥(燕山山脈 : 러산산맥), 동쪽으로는 발해만(渤海灣 : 보하이만)에 접해 있다. 만리장성 동쪽 끝 시작지점이다.

의주 인산보(義州麟山堡) : → 인산보(麟山堡)

인산보(麟山堡) : 평안북도 의주군에 있던 조선시대의 군영(軍營) 소재지이다. 고구려 때는 영제현(靈蹄縣), 고려시대에 인주(麟州)라고 하였다. 조선시대에 주를 폐하고 군영을 만들어 인산보 · 인산진이라 하였다. 세조 때에는 둘레가 8,200여 척에 이르는 성을 쌓아 평안도 병마절도사영(兵馬節度使營)으로 삼았다.

임나(任那) : 경상북도 고령 지방에 있었던 고대 부족국가이다. 임나가야(任那伽倻)의 줄임말로, 신라에서는 금관가야 다음에 6가야의 맹주국이었다고 하여 대가야라고 불렀다. 그 본명은 미마나(彌摩那, 또는 임나)이다.

임둔군(臨屯郡) : 중국 한나라가 위만 조선을 정벌하고 설치한 한사군(漢四郡) 가운데 하나이다. 그 위치에 대하여서는 함경도 부근이라는 설과 요동(遼東 : 랴오둥) · 요서(遼西 : 랴오시) 지방이라는 설 등이 있다. 광개토왕 때에 고구려의 영토가 되었다.

자비령(慈悲嶺) : 황해도 황주군 · 봉산군 · 서흥군 경계에 있는 고개이다. 고려시대 역신 최탄(崔坦)이 난을 일으켜 서경을 비롯한 북계(北界) 54성과 자비령 이북 6성을 가지고 몽골에 귀순하여, 이곳을 동녕부(東寧府)라 칭함으로써 1270년(원종 11)~1290년(충렬왕 16)까지 자비령이 고려와 원의 국경이 되었다.

자연도(紫鷰島) : 영종도와 같다. → 영종도

장단현(長湍縣) : 경기도 장단군의 고려시대 행정구역이다. 본래는 고구려의 장천성현(長淺城縣)인데, 야야현(耶耶縣) 또는 야아현(夜牙縣)이라고도 하였다. 통일신라의 경덕왕 때 장단현(長湍縣)으로 이름을 고쳤으며, 1001년(목종 4) 단주(湍州)로 승격하였다가 1018년(현종 9) 다시 강등하여 장단현으로 고쳤고, 그 후 여러 차례의 변천을 거쳤다.

장백산(長白山) : 백두산과 같다. → 백두산

저도(猪島) : 함경남도 영흥군 진평면에 위치한 섬이다.

절령(岊嶺) : 자비령과 같다. → 자비령

제(齊) : 춘추전국시대에 패권을 다투었던 전국7웅(戰國七雄) 가운데 하나이다. 진(陳)나라에서 제나라로 망명한 대부(大夫) 전씨(田氏)가 BC 5세기의 전걸(田乞) · 전상(田常) 부자대에 점차 제나라의 실권을 잡고, BC 391년에 전화(田和 : 전상의 증손자)가 주나라 왕으로부터 정식으로 제후로서 인정을 받아 성립된 나라이다.

졸본부여(卒本夫餘) : 고구려를 달리 이르는 말이다. 부여의 일족이 졸본에 도읍하여 세운 나라라는 의미이다.

주류성(周留城) : 삼국시대 백제의 성으로, 백제가 멸망한 뒤 부흥운동의 본거지가 되었던 곳이다. 660년(의자왕 20) 백제의 의자왕이 나당연합군에게 항복하자 백제 부흥운동이 산발적으로 일어났는데, 점차 흑치상지(黑齒常之) · 복신(福信)이 웅거한 임존성(任存城)과 도침(道琛)이 이끄는 주류성을 중심으로 부흥운동세력이 통합되었다.

죽령(竹嶺) : 충청북도 단양군 대강면과 경상북도 영주시 풍기읍 경계에 위치한 고개이다. 죽령재 · 대재라고도 하며, 158년(아달라왕 5)에 처음 길을 열었다.

중경(中京) : 발해의 행정구역인 5경(五京) 가운데 하나이며, 상경 용천부(上京龍泉府)에 이어 발해의 두 번째 수도이다. 742년에 문왕이 이곳으로 천도한 뒤, 755년 무렵까지 수도였다. 위치는 중국 길림성(吉林省 : 지린성) 화룡현(和龍縣 : 허룽현) 서고성(西古城)으로 추측하고 있다.

중악(中嶽) : 경주 단석산(斷石山)을 가리킨다. 신라시대에 화랑들의 수련장소로 이용되었던 곳이다.

중원도(中原道) : 고려시대의 지방행정구역이다. 당 태종이 산천의 형편에 따라 10도(十道)를 정한 것을 본받아 995년(성종 14)에 지리적 조건을 고려해 전국을 10도로 나누었는데, 이 때 충주의 옛 명칭인 중원경(中原京)을 본떠 중원도로 정했으며, 충주 · 청주 등의 13주(州) 42현(縣)을 관장하게 하였다.

지리산(智異山) : 전라북도 남원시, 전라남도 구례군, 경상남도 산청군 · 하동군 · 함양군에 걸쳐 있는 산으로, 우리나라 남부 지방을 대표하는 산이다. 신라 5악(五嶽)의 남악(南嶽)으로 어리석은 사람이 머물면 지혜로운 사람으로 달라진다하여 지리산(智異山)이라 불렀다. 또 멀리 백두대간이 흘러왔다하여 두류산(頭流山)이라고도 하며, 옛 삼신산(三神山)의 하나인 방장산(方丈山)으로도 알려져 있다.

진강군(晉康郡) : 고려 시대 이성만호부(泥城萬戶府)에 설치된 4군(四軍) 가운데 하나이다. 『고려사』의 기록에는 1369년(공민왕 18) 11월에 상부만호(上副萬戶)가 파견되어 군정을 관장한다. 『신증동국여지승람(新增東國輿地勝覽)』에는 상부천호(上副千戶)가 파견된 것으로 기록되어 있다.

진번군(眞蕃郡) : 한나라가 고조선 멸망 후에 설치한 한사군(漢四郡)의 하나이다. 『사기』 조선전 등에 보이는 진번국에서 유래한 명칭이다. 군현 설치 이후 25년 만인 BC 82년에 군을 폐해 낙랑군에 합하여졌다. 위치와 강역에 대해서는 학자 간에 의견이 분분하다.

진한(辰韓) : 한반도 중부 이남 지역에 분포한 삼한 가운데 하나로, 대체로 기원 전후부터 4세기경에 지금의 대구 · 경주 지역에 분포한 12개의 소국을 가리킨다. 진한의 형성 주체에 관해서는 의견이 분분한데, 『삼국지』에서는 진한을 옛 진국(辰國)이라 하고 『후한서』에서는 진국이 진한뿐만 아니라 삼한 전체를 포괄한다고 하고 있다.

창해군(滄海郡) : 지금의 강원도 지방에 두었던 중국의 행정 구역이다. 한 무제가 BC 128년에 동예(東濊) 지방을 정복하고 그곳에 두었는데, 동예인들의 반항 때문에 곧 없앴다.

철령(鐵嶺) : 함경남도 안변군과 강원도 회양군의 경계에 있는 고개이다. 고려 초까지 이 관문의 북쪽에는 여진족이 발호하였으며, 이 고개는 북방 호족(胡族)을 방위하는 일선으로 중시하였다.

청해진(淸海鎭) : 장보고가 해상권을 장악하고 중국 · 일본과 무역하던 곳이다. 장보고는 군사 1만 명을 이끌고 중국과 일본 해로의 요해처인 청해에 진(鎭)을 설치하고 그를 중심으로 서남 해안의 해상권을 장악하였다. 또한 당시에 성행하던 중국의 해적을 소탕하는 한편, 중국과 일본 사이에 끼어들어 동방무역의 패권을 잡게 되었다.

충청도(忠淸道) : 고려 공민왕 이후 조선 후기까지의 행정구역이다. 지금의 충청남 · 북도와 때로는 강원 · 경기의 일부까지 차지하였다. 995년(성종 14) 전국을 10도(十道)로 구획할 때 이 지역을 중원도(中原道)라 하였고, 1106년(예종 1) 중원도에 하남도(河南道)를 병합해서 양광충청도(楊光忠淸道)라 하였다.

치술령(鵄述嶺) : 경상북도 경주시 외동읍과 울산광역시 울주군 두동면 경계에 있는 산이다. 산꼭대기에는 신라 눌지왕 때 일본에 볼모로 잡혀간 눌지왕의 동생 미사흔(未斯欣)을 구하려 갔다가 죽은 박제상(朴堤上)의 아내가 동해를 바라보며 남편을 기다리다 바위가 되었다는 망부석(望夫石)과 신모사(神母寺) · 기우단 등이 있다.

탐라(耽羅) : 제주도를 가리킨다. 제주도에는 고대에서 중세까지 464년간 이어진 탐라국이 있었다. 백제 · 신라의 영토였다가 15세기 초반에 조선에 완전 병합되었다.

태봉(泰封) : 신라 말기 궁예가 세운 나라이다(901~918). 당시 궁예는 신라에 의해 망한 고구려를 대신하여 복수한다고 호언하며 서북지방의 인심을 모으려 하였다. 904년에는 국호를 마진(摩震)이라 하고, 신라의 관제를 참작하여 관제를 정하고 국가의 체제를 갖추었다. 이듬해 국도를 철원으로 옮기고, 911년에 국호를 태봉이라 고쳤다. 왕건이 왕으로 추대되면서 멸망하였다.

태산군(太山郡) : 지금의 전라북도 정읍시 태인면이다. 태인은 태산현(泰山縣)과 인의현(仁義縣)의 합명이다. 태산현은 본래 백제의 대시산군(大尸山郡)을 757년(경덕왕 16) 태산(太山)으로 고친 것이며, 인의현은 백제 때 빈굴(賓屈)·빈성(斌城)·부성(賦城) 등으로 불렸다. 940년(태조 23) 이들을 모두 고부군(古阜郡)에 소속시켜서 태산군으로 감무(監務)를 겸하게 하였다.

태원(太原 : 타이위안) : 현재 중국 산서성(山西省 : 산시성)의 성도(省都)이다. 분하(汾河 : 펀허) 상류에 있는 도시로, 전국시대 때 조나라의 도읍지였다.

토번(吐蕃) : 중국의 서남 지역에 있었던 나라로, 오늘날의 서장(西藏), 티베트이다. 그 계통은 서강(西羌)에서 나왔는데, 섭종롱찬(葉宗弄贊) 재위 시에 인도와 교통하고 또 당 태종과 화호(和好)하여 양국의 문물을 받아들여서 크게 번창하였다.

토함산(吐含山) : 경상북도 경주시에 있는 산이다. 경주 시역에서 가장 큰 산으로 신라시대에는 동악(東嶽)이라 하였고 호국의 진산(鎭山)으로 신성시되어 왔다.

통주(通州) : 평안북도 선천군의 옛 이름이다. 고구려시대에 안화군(安化郡)으로 불리면서 역사무대에 처음으로 등장하였으며, 발해 전성시대에는 압록부(鴨錄府)에 소속되었을 것으로 추정된다. 993년(성종 12) 거란의 1차 침입 때 서희의 활약으로 수복된 강동6주(江東六州) 가운데 하나이다. 당시 통주의 치소(治所)는 동림성(東林城)이었다.

패강(浿江) : 패수와 같다. → 패수

패수(浿水) : 고조선 때, 요동과 경계를 이루던 강으로 지금의 청천강·압록강 또는 요서지방의 대릉하(大凌河)로 보는 설이 있으나 정설은 없다. 삼국시대에 들어와서도 패수라는 명칭은 계속 쓰였는데, 지금의 예성강으로 생각된다. 이 패수는 또한 패하(浿河)·패강(浿江)으로 기록되어 있기도 하다. 한편 735년(성덕왕 34)에 당나라가 정식으로 신라의 영유권을 공인한 이른바 '패강 이남의 땅'의 패강은 지금의 대동강을 가리키는 것 같다.

평양성(平壤城) : 평양직할시 중구역과 평천구역에 있는 고구려 후기의 도성이다. 고구려가 국내성(國內城)에서 평양으로 수도를 옮긴 때는 427년(장수왕 15)이다. 이 당시의 왕궁은 평양시 대성산(大城山) 기슭의 안학궁(安鶴宮)이었다.

포석정(鮑石亭) : 경상북도 경주시 배동에 있는 정자 및 연회장소이다. 창설연대는 자세하지 않으나, 통일신라시대에 건립된 것으로 추정되며, 정자는 없어졌으나 포어(鮑魚 : 전복)의 형태를 모방하여 만든 수구가 남아 있다. 계수(溪水)를 받아들여 이것을 점복 모양의 수구(水溝)에 흐르게 하고 그것에 술잔을 띄워 문무백관(文武百官)의 품계에 좇아 열을 지어 앉아서 시를 읊고, 노래를 부르며, 흐르는 술잔을 차례로 마시면서 흥겨워하였다고 한다.

하남도(河南道) : 고려의 10도(十道) 가운데 하나로, 공주(公州)·운주(運州) 등 11주 34

현을 소관(所管)하게 하였다. 1106년(예종 1)에 관내도(關內道) 및 중원도(中原道)와 함께 양광충청주도(楊廣忠淸州道)로 되었다. 1171년(명종 1)에 양광주도(楊廣州道)와 충청주도(忠淸州道)로 나누어졌다가, 1314년(충숙왕 1)에 다시 합쳐져 양광도로 되었다. 1356년(공민왕 5)에 충청도로 바뀌었다.

한성군(漢城郡) : 고려시대 서울특별시의 이름이자, 그 지역을 담당하여 관할하는 관청이다.

한주(漢州) : 신라시대의 지방행정구역으로, 한산주(漢山州)라고도 한다. 삼국통일 직후에 완성된 9주(九州)의 하나이다. 신라 통일 전에는 한산주였으며, 757년(경덕왕 16) 9주의 이름을 모두 고칠 때 한주(漢州)로 되었으나, 그 뒤에도 한산주의 명칭은 계속 사용되었다. 757년 개편 당시 한산주는 하나의 소경(小京)과 27개군, 46개현을 관장하였으며 주에 직속하는 현은 둘이었다. 주치(州治)는 현재의 광주(廣州)이다.

해양도(海陽道) : 전라남도 지방의 고려 초기 행정구역이다. 995년(성종 14) 전국을 10도(十道)로 구획할 때 14주(州) 62현(縣)을 묶어 해양도라 하였다. 1018년(현종 9) 전라도라 고쳤다.

행인국(荇人國) : 고구려의 건국을 전후하여 백두산 남동쪽에 있던 고대국가이다. BC 32년(동명성왕 6) 동명성왕의 명을 받은 고구려 장수 오이(烏伊)·부분노(扶芬奴)의 침공을 받아 멸망하여 고구려의 성읍이 되었다.

현덕부(顯德府) : → 중경

현도군(玄免郡) : 한 무제가 BC 107년에 세운 한사군(漢四郡) 가운데 하나이다. BC 75년에 토착민들의 저항으로 인해 고구려의 서북쪽으로 옮겨갔으며, 후한 초기(1세기)에 다시 고구려의 압박으로 서쪽(무순 지역)으로 이치되었다. 이후 공손씨(公孫氏)의 지배를 받다가 위진남북조 시대에는 모용부(慕容部)의 지배를 받았다. 이 시기 동안 계속해서 고구려의 압박을 받았으며 광개토왕의 공격으로 멸망하였다.

환도성(丸都城) : 중국 길림성(吉林省 : 지린성) 집안현(集安縣 : 지안현)에 있는 고구려의 성이다. 3년(유리왕 22) 국도를 국내성(國內城)으로 옮기면서 위나암성(尉那巖城)이라는 이름으로 처음 축조하였다. 2세기 후반에는 공손씨(公孫氏) 세력의 위협이 점차 증가하는 가운데 198년(산상왕 2) 전면적으로 다시 축조되어 임시 왕성이 되었고, 명칭도 환도성으로 바꾸어졌다.

황산(荒山) : 전라북도 남원시에 있는 산이다. 고려 말 이성계가 왜구를 크게 물리친 황산대첩의 현장이었다. 예로부터 운봉분지는 교통의 요충지로서 전략적으로 중요하였던 지역이었는데, 황산은 덕두산(德頭山)과 함께 남원 동부에서 서부로 넘어오는 외적을 막았던 목이었다.

황주(黃州) : 황해도 중앙 북단에 있는 군이다. 고구려 때 동홀(冬忽) 또는 동어홀(冬於忽) 지역으로, 신라 헌덕왕 때 취성군(取城郡)으로 개칭되었다. 태봉 때인 905년 경 황주로 지명이 정해져 오늘에 이른다.

횡천(橫川) : 강원도 횡성군의 옛 이름이다. 원래 고구려의 횡천현(橫川縣)이었는데 신라 때 황천(潢川)으로, 고려 때에는 다시 횡천으로 고쳐서 원주에 딸렸다가 1414년(태종 14)에 횡천과 홍천이 서로 발음이 비슷하다 하여 횡성이라 고쳤다.

후백제(後百濟) : 900년 견훤이 완산주(完山州)에 세운 나라로, 후삼국의 하나이다.

흥료국(興遼國) : 발해 유민이 세운 나라이다. 1029년(현종 20) 요나라의 동경도(東京道) 관하에 있던 동경사리군상온(東京舍利軍詳穩) 대연림(大延琳)의 지휘 하에 건국되었다. 요의 학정과 흉작으로 인한 생활고가 반기를 든 직접적인 이유였지만, 한편으로는 발해 멸망 후 끊임없이 지속되던 발해 유민의 반거란·발해 부흥 운동의 일환이기도 하였다. 1030년(현종 21)에 거점이었던 요양성(遼陽城)이 함락되고, 대연림도 사로잡히면서 막을 내린다.

흥화진(興化鎭) : 평안북도 의주군 위원면 지역에 설치되었던 고려 시대의 성보(城堡)이다. 993년(성종 12) 개척되기 시작한 강동6주(江東六州) 가운데 하나로, 995년에 축조되었다. 대중국 관계에서 군사상·교통상의 요충지였으므로 거란의 끈질긴 반환요구의 대상이 되었으며, 여러 차례에 걸쳐 그들의 침공을 받기도 하였다.

|관직명|

각간(角干) : 신라시대의 최고 관등(官等)이다. 이벌찬(伊伐湌) · 이벌간(伊伐干) · 우벌찬(于伐湌) · 각찬(角粲) 등 다른 이름이 많으며, 처음에는 주다(酒多)라고 하였다. 진골(眞骨)만이 할 수 있는 벼슬로, 공복(公服) 색깔은 자색(紫色)이다.

간의대부(諫議大夫) : 고려시대 문하부(門下府)의 관직이다. 원래는 고려 목종 때부터 좌(左) · 우간의대부(右諫議大夫)가 있었다. 문종 때 정4품관을 좌우 각 1명씩 보직하였다가 1116년(예종 11) 좌(左) · 우사의대부(右司議大夫)로 하였으며, 1298년(충렬왕 24) 좌 · 우간의대부로 명칭을 고치고 품계를 내려 종4품관으로 하였다가, 다시 좌우사의대부로 개칭하였다.

감문위(監門衛) : 고려시대 군제(軍制)인 6위(六衛) 가운데 하나로 도성 문을 경비하는 역할을 하였다. 궁성 내외의 모든 문을 경비하는 군대로 938년(태조 21)에 설치되었다. 그 조직은 1령(領 : 1령은 1,000명)으로 구성되었다.

감의군사(感義軍使) : 신라시대 장보고에게 내려진 명예관직이다. 신라 신무왕은 청해진대사(淸海鎭大使) 장보고의 군사력을 배경으로 민애왕을 축출하고 839년 왕위에 오른 뒤, 이제까지 신라에는 없었던 감의군사라는 관직을 내리고 식읍 2,000호를 주어 그에 대한 논공행상을 하였다.

개국남(開國男) : 고려시대 5등작(五等爵) 중 다섯 번째 작위(爵位)이다.

경사교수도감(經史敎授都監) : 고려 후기 유학의 진흥업무를 관장하던 임시관서이다. 유학연구의 필요성이 절실함에도 불구하고 시문 위주의 학풍이 되자, 1296년 독립적인 특수관청으로 경사교수도감을 설치하여 보다 적극적인 유학진흥을 꾀하였다. 직제 및 그 운영은, 명유(名儒) 2인을 택하여 경사교수도감사(經史敎授都監使)로 삼아 7품 이하의 관원에게 경서와 사서(史書)를 가르치게 하였다.

경사교수도감사(經史敎授都監使) : → 경사교수도감

광군사(光軍司) : 고려시대 지방 농민으로 조직된 광군을 통할하던 관청이다. 947년(정종 2) 거란의 침입을 막기 위해 개경에 설치되었다. 그 뒤 얼마 동안 광군도감(光軍都監)이라 하다가, 1011년(현종 2) 다시 광군사로 환원하였다.

국상(國相) : 고구려 초기의 최고관직이다. 주요 국사를 논의하고 결의한 제가회의(諸加會議)의 의장으로, 중요한 국사를 평의 · 의결하는 기능을 가졌다. 166년(신대왕 2) 종전의 좌우보(左右輔)를 고쳐 국상이라 하고 명림답부(明臨荅夫)를 처음으로 국상에 임명하였다.

국자감(國子監) : 고려시대 국가에서 필요한 인재를 양성하기 위한 최고의 교육기관이다. 국자감은 국립대학에 해당하는 교육기관인데, 창설 연대가 분명하지 않다. 992년(성종 11)에 국자감을 창건하라는 성종의 지시가 전하고 있지만, 이를 근거로 992년에 국자감이 처음 설립되었다고 단정하기는 어렵다.

국자시(國子試) : 국자감시를 가리킨다. 고려시대 국자감에서 실시한 예부시(禮部試)의 예비시험으로, 합격자는 진사(進士)로 뽑혔으므로 진사시라고도 하였다. 이 밖에 감시(監試)·사마시(司馬試)·남성시(南省試) 등으로도 불렸다. 시험과목은 제술(製述)·명경과(明經科)로 이루어지고 급제하면 예부시에 응시할 자격을 갖게 된다. 또 합격되어 진사가 되면 고려사회의 상층신분으로 신역(身役)과 군역(軍役)을 면제받는 특전이 있었다.

금오대(金吾臺) : 고려 현종 때 관리의 규찰·탄핵과 풍속 교정 등을 담당했던 관청이다. 1014년(현종 5) 11월 상장군(上將軍) 김훈(金訓)·최질(崔質) 등의 무신들이 난을 일으켜 실권을 장악하고, 왕에게 요청하여 어사대(御使臺)를 없애고 금오대를 두었다.

금오위(金吾衛) : 고려시대의 군제인 6위(六六衛) 가운데 하나이다. 금오위라는 명칭은 당나라 중앙군제에서 차용하였다. 도성 내외의 요소를 순찰·점검하는 치안경찰 임무를 맡았으며, 정용군(精勇軍) 6령(領 : 1령은 1,000명)과 역령(役領) 1령으로 구성되었다.

급사중(給事中) : 고려시대 중서문하성(中書門下省)의 종4품 관직이다. 문종 때 처음으로 1명을 두어 조칙(詔勅)에 관한 심의를 맡아보게 하였다. 1275년(충렬왕 1) 중서문하성이 첨의부(僉議府)로 개편되면서 중사(中事)로 고치고, 1298년 급사중으로 고쳐 불렀다.

급찬(汲飡) : 신라 17관등(十七官等)의 제9등으로, 급벌간(級伐干)·급벌찬(級伐飡)으로도 불리운다. 6두품(六頭品) 신분층이 차지한 제6·7·8·9관등의 최하위로, 신라 관리계급의 중간계급이며, 5두품(五頭品)이 차지했던 바로 아래 대나마(大奈麻)와는 큰 차이가 있다. 비색(緋色)의 공복(公服)으로 그 신분을 표시하였다.

기거사인(起居舍人) : 고려시대 중서문하성(中書門下省)에 속한 관직이다. 기거랑(起居郎)과 같이 국왕에 대한 간쟁과 봉박(封駁)을 담당한 간관(諫官)의 역할 뿐만 아니라 왕의 일상생활의 행적을 기록하였다.

낭장(郎將) : 고려·조선시대의 무관직이다. 고려시대는 정6품으로서 2군(二軍) 6위(六衛)에 속하였으며, 1령(領)에 2~5명씩 배속되었다. 조선 태조 때는 6품관으로서 의흥친군(義興親軍)의 10위(十衛)에 속하였다.

낭중(郎中) : 고려시대 상서성(尙書省)·고공사(考功司)·도관(都官) 및 6조(六曹)에 딸린 정5품 벼슬이다. 1275년(충렬왕 1) 원나라의 영향으로 정랑(正郞)으로 되었다가, 1298년 다시 낭중으로 환원되었다. 뒤에 직랑(直郞) 또는 정랑(正郞)으로 여러 번 바뀌었다.

내시(內侍) : 고려시대 숙위(宿衛) 및 근시(近侍)의 일을 맡아본 관원이다. 처음에는 재예(才藝)와 용모에 뛰어난 자 20명 내외로 제한하였으나, 점차 권문세가의 자제 또는 시문(詩文)·경문(經文)에 능통한 문과 출신으로 임명하였다.

내시관(內侍官) : 내시와 같다. → 내시

녹사(祿事) : 고려시대 각 관청에 속한 7~8품 벼슬로, 행정실무를 담당하였다.

달로화적(다루가치[達魯花赤]) : 몽골의 관직으로 각 관서(官署)의 장(長)을 칭한다. 다루가치가 최초로 고려에 배치된 것은 제1차 몽골 침입 때의 일로, 몽골은 군대 철수의 조건으로 서북면 지방 14개 성에 72명의 다루가치를 두고 민정(民政)을 맡아보게 하여 고려 관민과 불화가 잦았다. 원나라가 물러간 후에 소멸되었다.

당후관(堂後官) : 고려시대 중서성(中書省)과 추밀원(樞密院)에 속한 관직으로 문종 때 정7품으로 정하여 2명을 두었다. 승선(承宣) 밑에서 왕명 출납에 관한 실무를 맡아보았다. 아울러 중서성과 추밀원의 후신인 밀직사(密直司)에도 정7품의 당후관 2명을 두었다.

대관(臺官) : 고려·조선시대에 탄핵·감찰 등을 담당한 관료이다. 신라 진흥왕 때 처음 사정을 담당하는 관리를 두었고, 659년(무열왕 6) 관청으로서 사정부(司正府)를 설치하였다. 발해에서도 대관을 두었는데, 중정대(中正臺)의 대중정·소중정이 그것이다.

대광(大匡) : 태봉과 고려 초기의 관계(官階)이다. 고려 초 문·무신이 모두 관계가 같아 대광을 썼는데, 995년(성종 14) 문·무신으로 나누어 무신은 그대로 대광이라 하고, 문신은 개부의동삼사(開府儀同三司)로 고쳐 문신의 품계(品階)로 사용하였다.

대보(大輔) : 신라 초기의 최고 관직으로 뒤의 재상과 같은 직무를 맡아보았다. 제2대 남해왕 때 석탈해(昔脫解)가 최초로 대보가 되어 중대한 국사(國事)를 맡아 처리하였는데, 뒤에 새로운 관제가 확립되면서 없어졌다.

대아찬(大阿飡) : 신라의 17관등(十七官等) 가운데 제5등이다. 제1등 이벌찬(伊伐飡)으로부터 대아찬까지는 진골(眞骨) 이상인 자만이 받을 수 있고 중요 국사에 참여할 수 있었다. 공복(公服)은 자줏빛이었다.

대언(代言) : 고려·조선시대의 관직이다. 왕명의 하달을 맡은 벼슬로, 1310년(충선왕 2) 승지(承旨)를 고친 이름이다. 공민왕 때 승선(承宣)·승지로 부르다가 1401년(태종 1) 다시 대언으로 하였으나 1433년(세종 15) 승지로 고쳤다.

도원수(都元帥) : 고려·조선시대 전시에 군대를 통할한 임시 무관직이다. 고려 이후 내외의 전쟁 때 대개 문신의 최고관을 도원수로 임명, 임시로 군권(軍權)을 주어 군대를 통솔하게 하였다. 한 지방의 병권(兵權)을 맡은 장수를 도원수라 하기도 하였다.

도정서(都正署) : 고려시대의 관청이다. 1014년(현종 5) 김훈(金訓)·최질(崔質) 등 무신이 정권을 잡자 3사(三司)를 없애고 그에 대신하여 두었다. 이듬해 이들이 제거되자 없애고 다시 3사로 복구되었다.

도평의사사(都評議使司) : 고려 후기의 최고 정무기관이다. 전기에 설치되었던 도병마사(都兵馬使)의 후신이며 도당(都堂)이라고도 한다. 도병마사는 989년(성종 8) 동서북면병마사(東西北面兵馬使)를 설치하고 중앙에서 이들을 지휘하기 위한 판사(判事)를 둔 데서 유래하며, 현종 초를 전후한 시기에 설치되었다.

만호(萬戶) : 고려 · 조선시대의 무관직이다. 몽골식 명칭으로서 1281년(충렬왕 7) 고려와 원의 연합군에 의한 일본 정벌, 즉 동정(東征)을 할 때 중군(中軍) · 좌군(左軍) · 우군(右軍)에 3개의 만호를 두었다. 그 후 개경의 순군만호(巡軍萬戶)를 비롯하여 합포 · 전라 · 탐라 · 서경 등에 5개 만호가 증설되었다.

명륜당(明倫堂) : 고려 말기부터 조선시대에 걸쳐 유학을 가르치던 강당이다. 성균관(成均館)의 유생들이 강학을 하던 곳으로, 왕이 이곳에 들러 유생들을 격려하거나 직접 유생들을 가르치고 그 실력을 시험하였다.

모시박사(毛詩博士) : 541년(성왕 19)에 백제가 양나라에서 초청했던 『시경(詩經)』에 정통한 학자이다. '모시'는 『시경』의 다른 이름으로서, 한나라의 모형(毛亨) · 모장(毛萇)이 전한 것이기 때문에 생긴 명칭이다.

문하시랑(門下侍郎) : 문하시랑평장사와 동일하다. → 문하시랑평장사

문하시랑평장사(門下侍郎平章事) : 고려시대 중서문하성(中書門下省)의 정2품 관직이다. 문하시랑(門下侍郎) · 문하평장사(門下平章事)라고도 한다. 문하시중(門下侍中)의 다음 자리로 내사시랑평장사(內史侍郎平章事)와 같은 지위이다.

문하시중(門下侍中) : 고려시대의 최고 관직이다. 문하성의 장관으로, 수상직을 수행하였다.

밀직(密直) : 고려시대 밀직사(密直司)의 관직이다. 1275년(충렬왕 1) 추밀부사(樞密副使)를 고친 이름이다. 처음에는 종2품의 부사 4명을 두었다가 1311년(충선왕 3)에 부사의 품계를 정3품으로 낮추어 고려 말까지 이어졌다.

박사(博士) : 고대의 전문 학자 및 기술자에게 주던 벼슬 이름이다. 삼국시대에 이르면, 고구려에서 태학박사(太學博士) 이문진(李文眞)이 『신집(新集)』 5권을 편찬했다는 기록과 백제에서 근초고왕 때 박사 고흥(高興)이 『서기(書記)』를 지었다는 기록이 각각 『삼국사기』에 보인다.

별초군(別抄軍) : 고려시대의 임시 특별부대이다. 글자 그대로 필요할 때마다 선발하여 조직한 임시적인 성격의 결사대 또는 선봉대로서 무신정권 시기 국가의 공병(公兵)이 약화되면서 크게 발달하였다. 1174년(명종 4) 조위총(趙位寵)의 난을 토벌할 때나 1216년(고종 3) 거란침입 때 별초군이 파견되었다. 그 뒤 점차 임시적인 성격을 넘어 상설부대로서 공병의 역할을 하고 무신들의 사병으로 이용되기도 하였다.

병마녹사(兵馬錄事) : 고려시대의 지방관직이다. 1042년(정종 8) 병마사제(兵馬使制)를 정비하면서 동서북면에 병마사(兵馬使) 1인(3품), 지병마사(知兵馬使) 1인(3품), 병마부사(兵馬副使) 2인(4품), 병마판관(병마판관) 3인(5 · 6품)과 함께 병마녹사 4인을 두었다.

병마사(兵馬使) : 고려시대 중앙군의 지휘관이다. 병마사에는 중앙군의 전투동원을 위해 조직된 5군(五軍)의 지휘관인 중(中) · 전(前) · 후(後) · 좌(左) · 우군병마사(右軍兵馬使), 임시 부대의 지휘관인 행영병마사(行營兵馬使), 추가 파견 부대의 지휘

관인 가발병마사(加發兵馬使) 등이 있었다. 이들은 비상시 군의 출동이 필요할 때 임명되었다. 이 제도는 북방 특수지역인 동계(東界) · 북계(北界)의 양계(兩界)에서 군사 · 행정을 담당하는 기구로 두어졌다.

병부령(兵部令) : 신라시대 병부(兵部)의 으뜸 벼슬이다. 병부령의 관등은 대아찬(大阿飡)에서 태대각간(太大角干)까지로, 법흥왕 때에는 1명을 두었다가 진흥왕과 태종무열왕 때 각각 1명씩 늘려 모두 3명을 두었다. 재상과 사신(私臣)을 겸하기도 하였다.

병부상서(兵部尙書) : 고려시대 정3품의 관직으로 군사에 관한 사무를 맡아본 병부(兵部)의 장관이다.

부원수(副元帥) : 고려 · 조선시대 전시(戰時)에 임명하는 임시 벼슬이다. 도원수(都元帥) · 상원수(上元帥) 또는 원수(元帥)에 버금가는 군대의 통솔자이다.

사의대부(司議大夫) : 고려시대 문하부(門下府)의 관직이다. 본래 목종 때에 좌(左) · 우간의대부(右諫議大夫)가 있었는데, 1116년(예종 11)에 좌 · 우사의대부로 고쳤다. 간관(諫官)의 임무를 담당하였고, 수직자(受職者)의 고신(告身)을 심사하고 동의하는 서경(署經)의 권한도 가지고 있었다.

사찬(沙飡) : 신라의 17관등(十七官等) 가운데 제8등이다. 살찬(薩飡) · 사돌간(沙咄干) · 사간(沙干)이라고도 한다. 520년(법흥왕 7)에 제정되었으며, 차관에 해당하는 관직에 임명되었다. 공복(公服)의 빛깔은 비색(緋色)이었다.

삼사(三司) : 호부(戶部)와 함께 고려시대 국가재정의 중추적 기능을 담당했던 중앙 기구로, 조선왕조 건국 이후에도 삼사의 정치적 위상과 기능은 그대로 계승되었다. 그러나 1405년(태종 5) 태종이 6조(六曹)의 기능을 강화시키기 위해 사평부(司平府)를 호조(戶曹)에 병합시키면서 폐지되었다.

삼사사(三司使) : 고려시대 삼사(三司)에 속한 정3품 벼슬이다. 충렬왕 때 좌사(左使)와 우사(右使)로 나누고 공민왕 11년(1362)에 정2품으로 올렸다.

상대등(上大等) : 신라의 최고 관직이다. 상대등은 국사를 관장하고 귀족 · 백관회의인 화백(和白)을 주재(主宰)하며 귀족연합의 대변자이기도 하였다.

상원수(上元帥) : 고려시대 무관직이다. 원수는 원래 상설관이 아니고 군대가 동원될 때 이를 지휘하기 위해서 동원된 통수직(統帥職)이었다. 그런데 고려 말 왜구가 창궐하여 전국적으로 군대를 상주시킬 필요가 있게 되자, 각지에 원수를 파견하여 거의 상설관화되었다. 각 도에 파견된 원수의 수는 정해져 있지 않았으나, 점차 늘어나 명령계통이 서지 않는 문제가 발생하기도 하였다.

상장군(上將軍) : 고려 때 중앙군 최고 사령관의 관직명으로 품계는 무반의 최고 품계인 정3품이다. 2군(二軍) 6위(六衛)에 1인씩 8명이 기본 편제이며, 각 군의 대장군(大將軍)과 함께 중방(重房)을 구성하였다.

상주국(上柱國) : 중국 전국시대부터 사용된 관명(官名)으로 나라에 큰 공을 세운 사람에게 부여되는 훈직(勳職)이었다. 흔히 벼슬은 관(官) · 작(爵) · 훈(勳)으로 구별되는

데, 이 가운데 훈은 국가에 공이 있는 사람에게 주는 명예직이다. 고려에서는 문종 통치 시기부터 첫째 등급의 훈위(勳位)에 해당하는 정2품에 이 명칭을 사용하였다.

상평창(常平倉) : 중국 · 한국에서 곡가(穀價) 조정을 위하여 국가에서 설치한 창고이다. 이 정책의 배후에는 곡가의 변동에 따라 생활을 위협받는 일반농민을 보호하고, 반대로 그에게서 부당한 이윤을 취하는 상인의 활동을 억제하려고 하는 의도, 즉 중농억상사상(重農抑商思想)이 깔려 있다.

서경유수(西京留守) : 서경에 상주하는 행정장관으로 종2품의 관직이다. 경관(京官)이 겸직하는 것이 통례였으나 공민왕 이후로는 겸직을 허용하지 않았다.

서발한(舒發翰) : 각간과 동일하다. → 각간

선유사(宣諭使) : 병란이 났을 때 임금의 명령을 받아 백성을 훈유하던 임시 벼슬이다.

성균관(成均館) : 고려 말 · 조선시대 최고의 교육기관이다. 한국 최고의 학부기관으로서 '성균'이라는 명칭이 처음 사용된 것은 고려시대로, 1289년(충렬왕 15)에 국자감(國子監)의 명칭을 '성균'이라는 말로 바꾸면서부터이다. 1308년(충선왕 1)에 성균관으로 개칭되었고, 공민왕 때 국자감으로 명칭이 바뀌었다가, 1362년(공민왕 11)에 다시 성균관이라는 이름을 찾았다.

수시중(守侍中) : 고려시대 문하부(門下府)의 으뜸 벼슬이다. 1356년(공민왕 5)에 우의정(右議政)을 고친 것으로, 그 후 우정승(右政丞) · 우시중(右侍中)으로 고치고 창왕 때 다시 이 이름으로 고쳤다.

수태사(守太師) : 고려시대 왕자 · 부마 · 비부(妃父) 등의 종실과 공신 및 고위 관원에게 내린 벼슬의 하나이다. 태보(太保) · 태부(太傅)와 함께 3사(三師)라 불렸고 이 가운데 가장 높은 벼슬이다.

순검사(巡檢使) : 고려시대 순찰과 치안 유지를 주로 맡아보던 순검군(巡檢軍)의 지휘관이다. 설치시기는 알 수 없으나 목종과 현종 때 서북면과 동북면에 도순검사(都巡檢使)를 파견했다는 기록이 있다. 무신정권기에 순검군은 집권무신의 사병(私兵)으로 변질되었으며, 치안 유지를 위해 야별초(夜別抄)가 설치되면서 곧 폐지된 것으로 보인다.

승부령(乘府令) : 신라시대에 궁중의 노부(鹵簿 : 왕실의 儀仗制度)와 마필(馬匹) · 거승(車乘)에 관한 일을 관장한 관청이다.

승선(承宣) : 고려와 조선시대에 왕명의 출납을 관장한 관직이다. 이들은 백관이 국왕에게 올리는 모든 문서를 접수 · 검토하여 왕에게 전달하고 왕명을 받아 하달하였으며, 이를 대변하기도 하였다. 따라서 이들을 임금의 몸이라 하여 용후(龍喉) 또는 후설직(喉舌職)이라고도 하였다.

심양왕(瀋陽王) : 심왕(瀋王)이라고도 한다. 고려 후기 심주(瀋州) · 요양(遼陽)의 고려인들을 통치하기 위해 원나라에서 고려의 왕족에게 수여한 봉호(封號)이다. 1307년(충렬왕 33)에 충선왕이 원 무종(武宗) 옹립에 공을 세우자, 이듬해 그를 심양왕(瀋

陽王)으로 삼았고 1310년(충선왕 2)에 심왕으로 고쳐졌다. 원나라에서 왕족 · 부마들에게 진봉(進封)하였던 제왕(諸王)의 반열에 들었으며, 서열은 39위로서 41위인 고려 국왕보다 상위에 있었다.

안렴사(按廉使) : 고려 지방행정구획인 5도(五道)의 장관이다. 안찰사(按察使)가 처음 기록에 나타난 것은 1037년(靖宗 3)이었다. 이후 1276년(충렬왕 2)에 안렴사로 개칭되었고, 충선왕 즉위 후 제찰사(提察使)로 바뀌었다가 다시 충숙왕 후년에 안렴사로 환원되는 과정을 밟았지만 제도로서는 고려 말까지 계속되었다.

안무사(安撫使) : 고려시대의 외관직(外官職)이다. 1107년(예종 2)에 백성의 어려움을 살피고 수령의 근무태도를 조사하여 고과를 메기는 일을 그 임무로 하는 안무사를 여러 도에 보냈다. 후기의 안무사는 실제로는 지방에 변란이 일어났을 때에 파견되었으며 지방 군현(郡縣)의 떠돌아다니는 백성을 안집(安集)하는 것을 임무로 하였다.

양현고(養賢庫) : 고려시대의 장학재단이다. 1119년(예종 14) 사학(私學)의 융성으로 위축된 관학(官學)의 진흥을 위하여 설치하였다. 예종은 이전의 국자감(國子監)을 국학으로 고치면서 일대 개혁을 단행하였다. 많은 학생을 수용할 수 있는 학사(學舍)를 신축함과 동시에 학생의 교육 및 국학의 재정적 뒷받침을 위하여 국학 안에 양현고를 설치하여, 당시의 유학생 60명과 무학생(武學生) 17명의 뒷바라지를 하게 하였다.

어사대(御史臺) : 고려시대에 시정(時政)의 잘잘못을 논의하고 풍속을 교정하며 백관을 규찰하고 탄핵하는 일을 맡은 관청이다. 국초에 설치한 사헌대(司憲臺)를 995년(성종 14)에 개편한 것이다. 1014년(현종 5)에 김훈(金訓) 등이 무신난을 일으키자 금오대(金吾臺)로 고쳤다가 그 뒤 어사대 · 사헌대로 바꾸었고, 1023년에 다시 어사대로 개칭하였다.

어사대부(御史大夫) : 고려시대 어사대(御史臺)의 정3품 관직이다. 판사(判事)와 함께 어사대를 이끌던 으뜸 벼슬로, 995년(성종 14) 국초의 사헌대(司憲臺)를 어사대로 개편하면서 두었다. 1298년(충렬왕 24) 어사대가 사헌부(司憲府)로 개칭된 이후 대사헌(大司憲)으로 개칭되어 정2품관으로 승격되었으며, 이 명칭이 조선시대에까지 이어진다.

어사중승(御史中丞) : 고려시대 어사대(御史臺)의 관직이다. 995년(성종 14) 어사대의 설치와 함께 처음 두어졌으며 문종 때 정원 1명으로 정비되었다. 어사대가 사헌대(司憲臺) · 사헌부(司憲府)로 바뀌면서 중승 · 사헌중승(司憲中丞)으로 불리기도 하였다.

예부시랑(禮部侍郎) : 고려시대 예부의 정4품 벼슬이다.

우군만호(右軍萬戶) : → 만호

우보(右輔) : 고구려의 관직으로 우상(右相)이라고도 한다. 25년(대무신왕 8) 을두지(乙豆智)를 우보로 삼아 군사에 관한 정사를 맡겼다는 기사와 166년(신대왕 2)에 좌보(左輔)와 우보를 합쳐 국상(國相)으로 고쳤다는 기사로 보아, 대개 국가의 군국지사(軍國之事)를 담당하던 관직으로 여겨진다.

우복야(右僕射) : 고려시대 상서성(尙書省)에 속한 정2품 관직이다. 상서우복야(尙書右僕射)라고도 한다. 정원 1명으로, 995년(성종 14) 처음 설치하였으며, 문종 때 품계·정원을 정하였다. 1275년(충렬왕 1) 폐지하였고, 1356년(공민왕 5) 다시 두었으나 1362년 폐지하였다.

우정언(右正言) : → 정언

원외랑(員外郎) : 고려시대 상서6부(尙書六部)의 정6품 관직이다. 정원은 이부(吏部) 1명, 고공(考功)·병부(兵部)·호부(戶部)·형부(刑部)·도관(都官)·예부(禮部)·공부(工部) 등은 각 2명이다.

유수(留守) : 고려·조선시대 수도 이외의 옛 도읍지나 국왕의 행궁이 있던 곳 및 군사적인 요지에 두었던 유수부(留守府)의 관직이다. 고려시대는 옛 왕경인 3경(三京)에다 유수부를 설치하고 유수관을 두었다. 조선시대에는 삼경제도를 벗어나 수도 방위를 위한 행정적·군사적 중요 지역에 유수부를 두어 유수를 파견하였다.

이부상서(吏部尙書) : 이부의 상서이다. 상서는 고려시대의 상서6부(尙書六部)의 정3품 관직으로, 소속 부(部)의 업무를 국왕에게 직접 아뢰는 일을 하였다. 재상에 들지 못하였기 때문에 국사를 의결하지는 못하였으나 8좌(八座)의 하나가 되어 같은 3품 중에서도 재상으로 올라가는 우위직이었다.

이찬(伊飡) : 신라의 17관등(十七官等) 가운데 제2등이다. 이척찬(伊尺飡)이라고도 하는데, 진골(眞骨) 신분층이 차지할 수 있는 관등이지만, 태종무열왕 이전에는 성골(聖骨) 출신도 이 있었던 것으로 보인다. 자색(紫色) 공복(公服)을 입었다.

일길찬(一吉飡) : 신라의 17관등(十七官等) 가운데 제7등이다. 일길간(一吉干)·을길간(乙吉干)이라고도 한다. 진골(眞骨)과 6두품(六頭品)이 오를 수 있었으며, 비색(緋色) 공복(公服)을 입었다.

자제위(子弟衛) : 고려 공민왕 때 궁중에 두었던 관청이다. 1372년(공민왕 21) 왕권을 강화하고 실지회복을 하기 위한 인재를 양성할 목적으로 궁중에 설치하였다.

재추(宰樞) : 고려시대 재부(宰府)의 재신(宰臣)과 중추원의 추신(樞臣)을 아우르는 말이다.

절도사(節度使) : 고려·조선시대의 외관직(外官職)이다. 고려시대에는 995년(성종 14) 지방행정구역을 12주(十二州)로 나누고 주 장관으로 절도사를 두었으며, 조선시대에는 병마절도사(兵馬節度使)와 수군절도사(水軍節度使)로 나누어 각 주진(主鎭)을 관장하였다.

정당문학(政堂文學) : 고려·조선시대 국가 행정을 총괄하던 관직이다. 고려시대에는 내사문하성(內史門下省)과 이를 개칭한 중서문하성(中書門下省)의 종2품 문관 벼슬이다. 1275년(충렬왕 1) 중서문하성이 첨의부(僉議府)로 개편되면서 참문학사(參文學事)로 개칭되었으나 1290년에 다시 정당문학으로 고쳤다. 충선왕 때 잠시 폐지했다가 뒤에 중서문하성·문하부(門下府)에 이 관직을 두어 조선에 계승되었다.

정방(政房) : 고려 무신정권기에 최우(崔瑀)가 자신의 집에 설치하여 인사행정을 취급한

기관이다. 정방은 최우 때 설치되었지만 이미 최충헌 때부터 교정도감(敎定都監)을 설치해 문무백관의 인사행정을 마음대로 하였다. 정방은 교정도감의 인사행정 기능을 분리하여 설치한 것이다.

정사당(政事堂) : 신라 · 고려시대에 국가 중대사를 회의하던 의사당(議事堂)이다.

정승(政丞) : 고려 · 조선시대 문무백관의 가장 높은 수상급(首相級) 관직이다. 고려에서는 935년(태조 18) 고려에 복속하여 온 신라의 마지막 경순왕에게 정승 벼슬을 내렸는데, 이 벼슬은 태자의 위(位)로 예우한 것이었다.

정언(正言) : 고려 · 조선시대 봉박(封駁)과 간쟁을 담당한 관직이다. 고려시대에는 국가 행정을 총관하는 중서문하성(中書門下省)에서 조칙(詔勅)을 심의하고 왕에게 간하여 잘못을 바로잡게 하는 간쟁을 맡아보던 낭사(郎舍)로, 1116년(예종 11) 종6품의 좌습유(左拾遺) · 우습유(右拾遺)를 좌정언(左正言) · 우정언(右正言)으로 개칭하고 각 1명씩을 두었다.

조부령(調府令) : 신라시대 조부의 장관이다.

좌군만호(左軍萬戶) : → 만호

좌군병마사(左軍兵馬使) : 고려시대의 정3품 무관 벼슬이다. 989년(성종 8)에 처음으로 북방의 동계(東界)와 서계(西界)에 두어 그 지방의 군권(軍權)을 전담하게 하였다.

좌보(左輔) : 고구려시대의 관직이다. 우보(右輔)와 함께 군국(軍國)의 일을 맡아 보았다. 44년(대무신왕 27) 을두지(乙豆智)가 처음으로 임명되었으며 166년(신대왕 2) 우보와 아울러 국상(國相)으로 개칭되었다.

좌복야(左僕射) : 고려 · 조선시대의 관직으로, 상서좌복야(尙書左僕射)를 줄인 말이다. 고려시대에는 백관을 총관하던 상서도성(尙書都省)의 정2품 벼슬이었다.

좌부승선(左副承宣) : 고려 · 조선시대의 관직이다. 고려시대는 1023년(현종 14) 중추원(中樞院)의 직원으로 설치되어 왕명의 출납, 궁중의 숙위 및 군기를 맡아보았다. 1276년(충렬왕 2) 좌부승지(左副承旨), 1310년(충선왕 2) 좌부대언(左副代言)으로 개칭되었다.

좌정언(左正言) : → 정언

좌평(佐平) : 백제의 16관등(十六官等) 가운데 제1품으로, 좌평(左平) · 좌솔(左率)로도 기록되어 있다.

주전도감(鑄錢都監) : 고려시대 화폐를 주전하던 관청이다. 처음 해동통보(海東通寶) 1만 5천 관(貫)을 만들어 재상(宰相) · 문무 양반 · 군인들에게 나누어 주어 주화 유통의 시초가 되었다.

중방(重房) : 고려시대 최고위 무신 합좌기구이다. 고려 중앙군인 2군(二軍) 6위(六衛)의 정 · 부지휘관인 상장군(上將軍)과 대장군(大將軍) 총 16명의 합좌기구로, 기록상으로는 1167년(의종 21)에 처음 등장하지만 대략 현종조에 완성된 것으로 생각된다.

중서성(中書省) : 고려시대 최고 중앙정치기구이다.

중서시랑(中書侍郎) : 고려시대에 중서문하성에서 국사(國事)를 논의하는 일을 맡아보던 정2품 벼슬이다. 1061년(문종 15)에 내사시랑평장사(內史侍郎平章事)를 고친 것으로, 뒤에 첨의시랑찬성사(僉議侍郎贊成事)로 고쳤다.

지첨의(知僉議) : 고려시대에 첨의부(僉議府)의 종2품 벼슬이다. 1275년(충렬왕 1)에 지문하성사(知門下省事)를 고친 것으로, 충선왕 때에 없앴다.

지추밀사(知樞密事) : 고려시대 왕명의 출납과 궁중의 숙위 · 군사 기밀을 맡아보던 추밀원(樞密院)의 종2품 관리이다.

직중대(直中臺) : 고려시대 중추원(中樞院)의 관직이다. 중추원은 왕명의 출납 · 숙위 · 군기 등을 관장하였다. 성종 10년에 병관시랑 한언공(韓彦恭)이 송에 사신으로 다녀온 뒤 중추원 설치를 건의한 뒤 두었으며, 현종이 즉위하여 중추원 및 은대(銀臺) 남북원을 파하고 중대성(中臺省)을 두어 직무를 관장케 하였는데 이 때 사 · 부사 · 직중대 · 겸직중대를 두었다.

진강후(晉康侯) : 고려의 무신 최충헌과 그 아들 최우(崔瑀)가 받은 봉작(封爵)이다. 1206년(희종 2) 최충헌은 진강후에 책봉되고 '식읍 3천호, 식실 3백호(食邑三千戶 食實三百戶)'를 수여받았다.

진사(進士) : 고려에서 958년(광종 9) 과거제도를 시행하면서 1차 시험에 합격한 자를 상공(上貢 : 중앙)진사 · 향공(鄕貢 : 지방)진사 · 빈공(賓貢 : 외국인)진사라 하였고, 2차 시험인 국자감시(國子監試)에 합격한 자를 진사라 하였다. 이들의 시험과목은 시(詩) · 부(賦) · 송(頌) 및 시무책(時務策) 등이었다.

찬성사(贊成事) : 고려 후기 문하부(門下府)의 정2품 관직이다. 시랑찬성사(侍郎贊成事)와 찬성사의 상하 구분이 있으나 둘을 합하여 찬성사라 부르는 것이 보통이다.

참지정사(參知政事) : 고려시대 중서문하성(中書門下省)의 종2품 벼슬이다. 1061년(문종 15)에 처음으로 두어 1275년(충렬왕 1) 첨의평리(僉議評理)로 고쳤다가, 1308년(충선왕 복위년)년 평리로 되었다. 1명이던 것이 이때 3명으로 증원되었다. 1356년(공민왕 5) 참지정사로 복구되었다가, 1369년 참지문하부사(參知門下府事), 1372년 문하평리(門下評理)로 바뀌었다.

철령위(鐵嶺衛) : 고려 후기 명나라가 철령 이북의 땅에 설치하고자 했던 직할지이다. 1387년(우왕 13) 명나라는 철령 이북의 땅이 원나라에 속하였던 것이므로 요동에 귀속시켜야 한다는 이유를 내세워 설치를 결정하였다. 이에 반발한 고려는 최영을 팔도도통사(八道都統使)로 삼아 이른바 요동정벌을 단행하였으나, 이성계의 위화도회군으로 중단되었다. 이후 명나라는 더 이상 철령위의 설치를 거론하지 않았다.

첨서추밀원사(簽書樞密院事) : 고려시대 중추원(中樞院)에 속한 정3품 벼슬이다. 1095년(헌종 1)에 첨서중추원사(簽書中樞院事)를 고친 것으로, 잠시 첨서밀직사사(簽書密直司事)로 고쳐 사용하다가 1356년(공민왕 5)에 다시 이 이름으로 고쳤다.

추밀부사(樞密府事) : 고려시대 밀직사(密直司)의 관직으로 1275년(충렬왕 1) 추밀부사

(樞密副使)를 고친 이름이다. 처음에는 종2품의 부사 4명을 두었다가 1311년(충선왕 3)에 부사의 품계를 정3품으로 낮추어 고려 말까지 이어졌다.

추밀원(樞密院) : 고려시대 왕명의 출납과 궁중의 숙위·군기를 맡아보던 중추원(中樞院)의 후신이다. 1095년(헌종 1)에 중추원을 추밀원으로 바꾸었는데, 추밀원은 송나라의 추밀원의 명칭을 모방하여 설치한 관청이다. 1275년(충렬왕 1) 밀직사(密直司)로 개칭하였다. 그 뒤 공민왕의 반원개혁정치에 따라 1356년(공민왕 5)에는 밀직사를 폐지하고 추밀원으로 바꾸었다.

추토사(追討使) : 반란이나 도적떼가 일어났을 때 이를 토벌하기 위하여 둔 임시 벼슬이다.

태학박사(太學博士) : 고구려시대 교육을 담당하였던 전문 관직이다. 소수림왕 때 설치된 국립교육기관인 태학(太學)의 교수였던 것 같다. 소형(小兄) 이상의 관등을 가진 자가 임명되었다.

평리(評理) : 고려 때 도첨의사사(都僉議使司)·도첨의부(都僉議府)·문하부(門下府)의 종2품 벼슬로, 참지정사(參知政事)의 후신이다.

평장사(平章事) : 고려시대의 정2품 관직이다. 982년(성종 1) 내사문하성(內史門下省)에 내사시랑(內史侍郎)평장사·문하시랑평장사(門下侍郎平章事)를 둔 이래 1061년(문종 15)과 1356년(공민왕 5) 중서문하성(中書門下省)에 중서시랑평장사(中書侍郎平章事)·문하시랑평장사·중서평장사(中書平章事)·문하평장사(門下平章事)를 두었는데 모두 정2품관이었으며 정원은 각각 1명씩이었다.

한솔(扞率) : 백제의 16관등(十六官等) 가운데 제5등이다. 한성시대에 분화되기 시작하여 사비시대에 정비된 '솔(率)' 계통의 하나이며, 정원은 일정하지 않았다. 보라색의 관복에 관(冠)을 은화(銀花)로 장식하였다.

형부시랑(刑部侍郎) : 고려시대 법률·사송(詞訟)·형옥에 관한 사무를 관장하던 형부에 소속되었던 정4품의 관직이다. 형부시랑은 형부의 전신인 의형대시랑(義刑臺侍郎)을 계승한 것이다. 문종 때의 관제에 의하면 시랑은 2인이었는데, 1275(충렬왕 1)에 시랑을 총랑(摠郎)으로 바꾸었다가 1356년(공민왕 5)에 다시 시랑으로 바꾸었다.

영인

보통교과 대동역사략

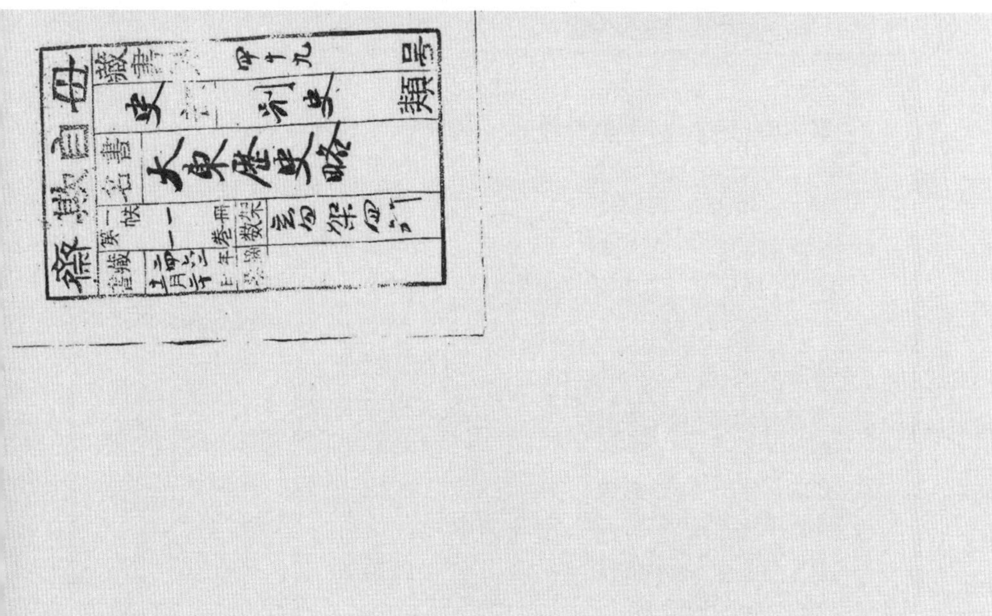

普通教科 大東歷史畧 歷代王都表

此ᄂᆞᆫ本史와岐異處가多ᄒᆞ나今에俗本을姑從ᄒᆞ노라

建都年代	都名	今名	年數
朝鮮箕子	平壤又王儉	平安道平壤府	九百餘
朝鮮衛滿	同		八十七
高句麗東明王元	卒本扶餘	平安道成川府	三十九
瑠璃王廿二	國內尉那巖	義州	二百六
山上王十三	丸都又安寸忽	寧遠郡劍山	三十八
東川王廿一	平壤		九十一
故國原王十二	丸都		一
同 十三	平壤東黃城	平壤木覔山	八十四
長壽王十五	平壤		百五十九
平原王廿八	長安		八十三
同	平壤		

建都年代	都名	今名	年數
			合計七百五
百濟温祚王元	河南慰禮	忠淸道稷山郡	十三
同 十四	漢山	廣州	三百七十五
近肖古王廿六	北漢山	楊州	百四
文周王元	熊津	公州	六十三
聖王十六	泗沘又南扶餘	扶餘	百二十三
			合計六百七十八
新羅朴赫居世元	辰韓	慶尙道慶州	九百九十二
高麗太祖十九	開州	京畿道開城府	二百九十六
高宗十九	江華	江華府	三十七
元宗十一	開城		二十
忠烈王十六	江華		二
同 十八	開京	開城府	九十

辛禑	八	漢陽	漢城府	一
同	九	松京	開城府	七
恭讓王	二	漢陽		一
同	三	松京		一

合計四百五十六

普通教科 大東歷史畧 歷代一覽

此는本史와或不同호處가有호나今에俗本을姑從호노라

檀君朝鮮

王號	姓氏	名字	父及輩行	母	在位年數	年齡	后妃
檀君	桓	王儉或曰王險	桓雄子				非西岬女
箕子朝鮮							
太祖文宣王	子	胥餘	武乙子 理子		四十	九十三	
莊惠王		松	太祖子		二十五		
敬孝王		洵	莊惠王子		二十七		
恭貞王		伯	敬孝王子		三十		
文武王		椿	恭貞王子		二十八		
太原王		孔	文武王子		四		

王號	姓氏	名字	父及輩行	母	在位年數	年齡	后妃
景昌王		莊	太原王從子		十一		
興平王		捉	景昌王子		十四		
哲威王		調	興平王子		十八		
宣惠王		索	哲威王子		二十九		
誼讓王		師	宣惠王子		五十三		
文惠王		炎	誼讓王子		五十		
盛德王		越	文惠王子		十五		
悼懷王		職	盛德王子		二		
文烈王		優	悼懷王從子		十五		
昌國王		睦	文烈王子		十三		
武成王		平	昌國王子	王氏	二十六	三十四	

貞敬王	闕	子武成王	十九
樂成王	懷	子貞敬王	二十八
孝宗王	存	子樂成王	十七
天老王	孝	子孝宗王	二十四
修道王	襄	子天老王	十九
徽襄王	邇	子修道王	二十一
奉日王	叅	子徽襄王	十六
昌德王	僅	族子奉日王	十八
壽聖王	朔	子昌德王	四十一
英傑王	蔾	子壽聖王	十六
逸聖王	岡	子英傑王	十七

濟世王	混	子逸聖王	二十一
靖國王	壁	子濟世王	二十
導國王	澄	子靖國王	十九
赫聖王	隲	子導國王	二十八
和羅王	謵	子赫聖王	十六
說文王	賀	子和羅王	八
慶順王	華	子說文王	十九
嘉德王	翊	子慶順王	二十七
三老王	煜	子嘉德王	二十五
顯文王	釋	子三老王	三十九
章平王	潤	子顯文王	十九

宗統王		否	章平王子		十一		
哀王		準	宗統王子		二十八		
武康王		卓	哀王子				
馬韓							
安王		龕	武康王子		三十		
惠王		寔	安王子		十三		
明王		武	惠王子		三十一		
孝王		亨	明王子		四十		
襄王		燮	孝王子		十五		
元王		勳	襄王子		二十六		
稽王		貞	元王子		十六		

學王		學	稽王子		二十五		
新羅							
赫居世	朴		蘇伐公養子		六十	七十三	閼英夫人
南解			赫居世子	閼英夫人	二十一		雲帝夫人
儒理			南解太子	雲帝夫人	三十三		
脫解	昔		多婆那國王子		二十三	八十五	阿孝夫人南解長女
婆娑	朴		儒理二子		三十二		史省夫人金氏許婁葛文王女
祇摩			婆娑嫡子	史省夫人金氏	二十二		愛禮夫人金氏葛文王摩帝女
逸聖			儒理長子		二十		朴氏支所禮王女
阿達羅			逸聖長子	朴氏	三十		內禮夫人朴氏祇摩女
伐休	昔		仇鄒(脫解子)	只珍內禮夫人金氏	十二		

奈解			伊買(伐休二子)	內禮夫人	三十四		昔氏骨正女
助賁			骨正長子(伐休	玉帽夫人金氏仇道葛文	十七		阿爾兮夫人昔氏奈解女
			太子)	王女			
沾解			骨正二子	同上	十五		
味鄒	金		仇道(金閼智五	朴氏葛文王伊柒女	二十二		光明夫人昔氏助賁女
			世孫)				
儒禮	昔		助賁長子	朴氏葛文王奈音女	十四		
基臨			乞淑(助賁子)		十二		
訖解			于老(奈解子)	命元夫人助賁女	四十六		
奈勿	金		末仇(味鄒弟)	休禮夫人金氏	四十六		金氏味鄒女
實聖			大西知(金閼智	伊利夫人昔氏阿干登保	十五		金氏味鄒女

			裔孫)	女			
訥祗			奈勿	禑及夫人金氏(味鄒女)	四十一		金氏實聖女
慈悲			訥祗長子	金氏實聖女	二十一		金氏舒弗邯未斯欣女
炤智			慈悲長子	金氏	二十一		善兮夫人伊伐飡乃宿女
智證		智大路	習寶(奈勿曾孫)	鳥生夫人金氏(訥祗女)	十四	七十九	延帝夫人朴氏伊飡登欣女
法興		原宗	智證王長子	延帝夫人朴氏	二十六		保刀夫人朴氏
眞興		彡麥宗	立宗(法興王弟)	夫人金氏法興王女	三十六	四十三	思道夫人朴氏
眞智		金輪	眞興王次子	思道夫人	三		知道夫人
眞平		伯淨	銅輪(眞興王子)	萬呼夫人金氏(立宗女)	五十三		摩耶夫人金氏葛文王福勝女
善德女主		德曼	眞平王長女	摩耶夫人金氏	十五		
眞德女主		勝曼	國飯(眞平王母弟)	月明夫人朴氏	七		

太宗		春秋	文興王(眞智王	文貞太后金氏(眞平王女)	七	九十九	文明王后金氏角飡舒玄女
			子)				
文武		法敏	太宗元子	文明王后金氏	二十		慈儀王后波珍飡善品女
神文		政明字日炤	文武王太子	慈義王后	十一		金氏一吉飡欽運女
孝昭		理洪	神文王元子	神穆王后金氏	十	十六	
聖德		隆基後改興光	神文王次子	同上	三十五		金氏蘇判元泰女
孝成		承慶	聖德王二子	炤德王后	五		朴氏
景德		憲英	聖德王三子	同上	二十四		伊飡順貞女
惠恭		乾運	景德王嫡子	滿月夫人金氏舒弗邯義	十五	二十二	新寶王后伊飡維誠女
				忠女			
宣德		良相	開聖王孝芳	貞懿太后金氏聖德王女	五		具足夫人角干良品女

			(奈勿九世孫)				
元聖		敬信	明德大王孝讓	昭文太后朴氏	十四		金氏角干神述女
			(奈勿十一世孫)				
昭聖		俊邕	惠忠大王仁謙	聖穆王后金氏稱申氏	一		桂花夫人金氏稱叔氏大阿飡叔明女
			(元聖王太子)				
哀莊		重熙	昭聖王	桂花夫人金氏	九	二十二	朴氏
憲德		彦昇	仁謙	聖穆王后金氏	十七		貴勝夫人貞氏角干禮英女
興德		景徽	仁謙	同上	十		章和夫人金氏昭聖王女
僖康		悌隆	翼成大王憲貞	順成太后朴氏	二		文穆夫人葛文王忠恭女
			(元聖王孫)				
閔哀		明	宣康大王忠恭	宣懿太后朴氏	一		允容王后

			(元聖王孫)				
神武		祐徵	成德大王均貞	憲穆太后朴氏	七月		
			(元聖王孫)				
文聖		慶膺	神武王太子	貞繼夫人	十八		朴氏
憲安		誼靖	均貞	昭明夫人宣康王女	四		
景文		膺廉 膺一作凝	懿恭大王啓明	光懿王太后朴氏	十四		文懿王妃金氏安憲王女
			(僖康王子)				
憲康		晸	景文王太子	文懿王后金氏	十一		懿明夫人
定康		晃	景文王二子		一		
眞聖女主		曼	景文王		十		
孝恭		嶢	憲康王庶子	義明王太后金氏	十五		伊飡乂謙女

神德	朴	景暉	宣聖大王乂兼	貞和太后	五		義成王后金氏憲康王女
			(阿達羅遠孫)				
景明		昇英	神德王太子	義成王后金氏	七		
景哀		魏膺	神德王	同上	三		
敬順	金	傅	神興大王孝宗	桂娥太后	九		
			(文聖王裔孫)				
	高句麗						
東明王	高	朱蒙	扶餘王金蛙	柳花	十八	四十	卒本扶餘王女
琉璃		類利	東明王元子	禮氏扶餘人	三十六		松氏多勿侯松讓女
太武		無恤	琉璃王三子	松氏	二十六	四十一	
閔中		解邑朱	琉璃王		四		

慕本		解憂	太武神王元子		五		扶餘人
太祖		宮	再思(琉璃王子)	扶餘人	九十三	百十九	
次大		遂成	再思	同上	十九	九十五	
新大		伯固	再思		十四	九十一	
故國川		男武	新大王二子		十八		于氏提那部素女
山上		延優	新大王		三十		前后于氏
東川		憂位居	山上王太子	小后后女酒桶村女	二十一		
中川		然弗	東川王太子		二十二		椽氏
西川		藥盧	中川王二子		二十二		于氏西部大使者漱女
烽上		相夫	西川王太子		八		
美川		乙弗	咄固(烽上王弟)		三十一		

故國原		釗	美川王太子	周氏	四十		
小獸林		丘夫	故國原王		十三		
故國壤		伊連	故國原王		八		
廣開土		談德	故國壤王元子		二十二		
長壽		巨璉	廣開土王元子		七十八	九十八	
文咨		羅雲	助多(長壽王子)		二十八		
安藏		興安	文咨王長子		十二		
安原		寶延	文咨王		十四		
陽原		平成	安原王長子		十四		
平原		陽成	陽原王長子		三十一		
嬰陽		元	平原王長子		二十八		

大東歷史畧　歷代一覽

榮留		建武	平原王		二十四		
寶藏		臧	大陽王弟(榮留王)		二十七		
百濟							
温祚王	扶餘		朱蒙王二子	卒本扶餘王女	四十四		
多婁			温祚王元子		四十九		
己婁			多婁王元子		五十一		
蓋婁			己婁王		三十八		
肖古			蓋婁王		四十八		
仇首			肖古王元子		二十		
古爾			蓋婁王次子		五十二		
責稽			古爾王		十二		夫人寶菓帶方王女

十五

大東歷史畧　歷代一覽

汾西			責稽王長子		六		
比流			仇首王二子		四十		
契王			汾西王長子		二		
近肖古			比流王二子		二十九		
近仇首			近肖古王太子		九		
枕流			近仇首王元子	阿亦夫人	一		
辰斯			近仇首王仲子		七		
阿花			枕流王元子		十三		
直支		映	阿花王元子		十五		八須夫人
久爾辛			直支王長子	八須夫人	七		
毗有			久爾辛長子		二十八		

十六

大東歷史畧 歷代一覽

蓋鹵		慶司後改餘慶	毗有王長子		二十		
文周			毗有王次子		二		
三斤			文周王長子		二	十五	
東城		牟大	昆支二子		二十二		新羅伊伐飡比智女
武寧		斯摩	蓋鹵王		二十二		
聖王	明	穠	武寧王		三十一		
威德		昌	聖王元子		四十四		
惠王		季明	威德王二子		一		
法王		宣	惠王長子		一		
武王		璋	法王		四十一		
義慈			武王元子		二十		

大東歷史畧 歷代一覽

高麗

太祖	王	建 字若天	金城太守隆長子	威肅王后韓氏	二十六(新羅亾後九)	六十七	神惠王后柳氏 二重大匡天弓女
惠宗		武 字承乾	太祖長子	莊和王后吳氏多憐君女	二	三十四	義和王后林氏 大匡曦女
定宗		堯 字天義	太祖二子	神明王后劉氏競達女	四	二十七	文恭王后朴氏 三重大匡英規女
光宗		昭 字日華	太祖三子	同上	二十六	五十一	大穆王后皇甫氏太祖女
景宗		伷 字長民	光宗長子	大穆王后皇甫氏	六	二十七	獻肅王后金氏新羅敬順王女
成宗		治 字温古	戴宗旭(太祖七子)二子	宣義王后柳氏	十六	三十八	文德王后劉氏光宗女
穆宗		誦 字孝伸	景宗長子	獻哀王后皇甫氏戴宗女	十二	三十	宣正王后劉氏宗室弘德院君圭女
顯宗		詢 字安世	安宗郁(太祖子)一子	孝肅王后皇甫氏	二十二	四十	元貞王后金氏成宗女

德宗	靖宗	文宗		順宗		宣宗	獻宗	肅宗	睿宗	仁宗
欽 字元良	亨 字申炤	徽 字燭幽		勳 字義恭		運 字繼天	昱	顒 字天常	俁 字世民	楷 字仁表
顯宗長子	顯宗次子	顯宗三子		文宗長子		文宗次子	宣宗元子	文宗三子	肅宗長子	睿宗長子
元成太后金氏	同上	元惠太后金氏侍中殷傳	女	仁睿太后李氏中書令子	淵女	同上	思肅太后李氏	仁睿太后李氏	明懿太后柳氏	順德王后李氏朝鮮國公
三	十二	三十七		四月		十一	一	十	十七	二十四
十九	三十二	六十五		三十七		四十六	十四	五十四	四十五	三十八
敬成王后金氏顯宗女	容信王后韓氏贈門下侍中祚女	仁平王后金氏顯宗女		貞懿王后王氏宗室平壤公基女		思肅太后李氏工部尙書碩女		明懿太后柳氏門下侍中洪女	敬和王后李氏宣宗女	恭睿太后任氏中書令元厚女

	毅宗	明宗	神宗	熙宗	康宗	高宗		元宗	忠烈王	忠宣王
	晛 字日升	晧 字之旦	晫 字至華	韺 字不陂	祦 字大華	瞮 字大明		禃 字日新	昛	璋 字仲昻
	仁宗長子	仁宗三子	仁宗五子	神宗長子	明宗長子	康宗長子		高宗長子	元宗長子	忠烈王長子
資謙女	恭睿太后任氏	同上	同上	宣靖太后金氏	光靖太后金氏	元德太后柳氏宗室信安	侯瑊女	安惠太后柳氏	順敬太后金氏	齊國大長公主
	二十四	二十七	七	七	二	四十六		十五	三十四	五
	四十七	七十二	六十一	五十七	六十二	六十八		五十六	七十三	五十一
	莊敬王后金氏宗室江陵公溫女	光靖太后金氏同上	宣靖太后金氏同上	成平王后任氏宗室寧仁侯禛女	思平王后李氏義方女	安惠太后柳氏熙宗女		順敬太后金氏莊翼公若先女	齊國大長公主名忽都魯揭里迷失元世祖女	薊國大長公主寶塔實憐元晉王甘麻剌女

忠肅王		燾小字宜孝	忠宣王二子	懿妃也速眞蒙古女	十七	四十六	濮國長公主亦憐眞八剌元營王也先帖木兒女
					復位八		
忠惠王		禎	忠肅王長子	明德太后洪氏府院君奎	一	三十	德寧公主亦憐眞班元鎭西武靖王焦八女
				女	復位五		
忠穆王		昕	忠惠王長子	德寧公主	四	十二	
忠定王		眡	忠惠王庶子	禧妃尹氏	三	十五	
恭愍王		顓	忠肅王次子	明德太后洪氏	二十三	四十五	徽懿魯國大長公主寶塔失里元宗室魏王女
禑	辛	小字牟尼奴	辛旽	殷若	十四	二十五	謹妃李氏判開城府事琳女
昌			辛禑	謹妃李氏	一	十	
恭讓王	王	瑤	定原府院君鈞	福寧宮主李氏	三	五十	順妃盧氏昌城君碩女

普通教科 大東歷史畧卷之一

檀君朝鮮紀

我東方의初에君長이無ᄒᆞ야人民이草를衣ᄒᆞ며木을食ᄒᆞ며夏에ᄂᆞᆫ巢ᄒᆞ고冬에ᄂᆞᆫ穴ᄒᆞ더니神人이太白山(今寧邊妙香山)檀木下에降ᄒᆞ야聖德이有ᄒᆞ거ᄂᆞᆯ國人이推尊ᄒᆞ야王을삼고號ᄒᆞ야曰檀君이라ᄒᆞ고國號를朝鮮이라ᄒᆞ니時ᄂᆞᆫ我大韓開國紀元前三千七百二十七年戊辰이라長安(今平壤)에都ᄒᆞ고民을敎ᄒᆞ야髮을編ᄒᆞ며君臣과男女와飮食과居處에制度를立ᄒᆞ다○即位ᄒᆞ신지五十九年(丙寅)에摩尼山(在今江華)에壇을設ᄒᆞ고上帝께祀ᄒᆞ다○王子三人을遣ᄒᆞ야傳燈山(在今江華)에三郎城을築ᄒᆞ다○一百二十七年(甲戌)에都를白岳(今文化九月山)에徙ᄒᆞ다○一百九年(丙子)에太子扶婁를遣ᄒᆞ야支那夏禹氏塗山萬國會에叅ᄒᆞ다○歷世ᄒᆞᆫ지一千二百十二年(己卯)에後孫이北扶餘(今吉林寧古塔琿春等地)에遷居ᄒᆞ니王統이遂絶ᄒᆞ니라

箕子朝鮮紀

(己卯)元年에檀君의後孫이扶餘에遷居ᄒᆞᆷ의王位가空虛ᄒᆞᆫ지라國人이子(姓也)胥餘를推尊ᄒᆞ야王을삼으니即太祖文聖王이러라○子胥餘는支那商國宗室이니子爵으로箕(地名)에封을受ᄒᆞᆫ故로箕子라稱ᄒᆞ니라商王紂가無道ᄒᆞ야國을失ᄒᆞ거날이에男女五千人을率ᄒᆞ고朝鮮에入居ᄒᆞ시니時는我大韓開國紀元前二千五百十三年이라檀氏의王室이陵夷ᄒᆞ고敎化가浸衰ᄒᆞᆷ으로國人이賢主를思ᄒᆞ더니其聖德이有ᄒᆞᆷ을見ᄒᆞ고推尊ᄒᆞ야王을삼으니國號를朝鮮이라仍稱ᄒᆞ고長安에都ᄒᆞ니라○長安을柳京이라改稱ᄒᆞ고都城을築ᄒᆞ다⊛八條敎를頒行ᄒᆞ고田制를定ᄒᆞ다○(戊午)四十年에王이崩ᄒᆞ니壽가九十三歲라太子松이位에即ᄒᆞ니곳莊惠王이라太祖를王荇山(在今平壤城北俗稱兎山)에葬ᄒᆞ다

(己未)元年에宗廟를立ᄒᆞ다⊛(癸未)二十五年에王이衰老ᄒᆞ야能히視朝치

못ᄒᆞᆷ으로太子洵의게位를傳ᄒᆞᆷ의太子가位의即ᄒᆞ니곳敬孝王이라王을尊ᄒᆞ야上王을삼다⊛(辛卯)八年에上王이崩ᄒᆞ니王이甚히哀毁ᄒᆞ더라○(庚戌)二十七年에王이崩ᄒᆞ고太子伯이立ᄒᆞ니곳恭貞王이러라

(辛亥)元年에官制를改ᄒᆞ고公服을定ᄒᆞ다○(庚辰)三十年에王이崩ᄒᆞ고子椿이立ᄒᆞ니곳文武王이러라

(辛巳)元年에寅月로써歲首를삼다○律度量衡을定ᄒᆞ고侍衛軍을置ᄒᆞ다○(戊申)二十八年에王이崩ᄒᆞ고子孔이立ᄒᆞ니곳太原王이러라○(壬子)四年에王이崩ᄒᆞ고嗣가無ᄒᆞᆫ지라從子遜河伯莊이立ᄒᆞ니곳景昌王이러라

(癸丑)元年에母弟昭로써上大夫을삼다○(癸亥)十一年에王이崩ᄒᆞ고太子捉이立ᄒᆞ니곳興平王이러라

(甲子)元年冬에大雹이降ᄒᆞ야六畜이多死ᄒᆞ다○錢을初鑄ᄒᆞ다○(丁丑)十四年에王이崩ᄒᆞ고子調가立ᄒᆞ니곳哲威王이러라

(戊寅)元年春에王이北鄙에巡狩ᄒᆞ다○(乙未)十八年에王이崩ᄒᆞ고子索이

箕子朝鮮紀

立ᄒᆞ니곳宣惠王이러라
(丙申)元年春에王이四郊에巡幸ᄒᆞ야農務를勸奬ᄒᆞ다○養賢院을置ᄒᆞ고民間의聰俊ᄒᆞᆫ者를選拔ᄒᆞ야六藝를習케ᄒᆞ다○直言磬을闕門에懸ᄒᆞ고政令의不便ᄒᆞᆫ者가有ᄒᆞ거ᄂᆞ人民이寃抑ᄒᆞᆫ事가有ᄒᆞ야來叩ᄒᆞ면王이다聽理ᄒᆞ야公平히裁斷ᄒᆞ니中外가大悅ᄒᆞ더라○(甲午)二十九年에王이崩ᄒᆞ고子師가立ᄒᆞ니곳誼讓王이러라
(乙丑)元年에大疫ᄒᆞ다○(丁巳)五十三年에王이崩ᄒᆞ고子炎이立ᄒᆞ니곳文惠王이러라
(戊午)元年에輪環法을立ᄒᆞ야窮民을救濟ᄒᆞ다 (輪環法은秋糶春糴之類) ○五敎長을州郡에置ᄒᆞ고人民에게五倫의道를敎ᄒᆞ다○(丁未)五十年에王이崩ᄒᆞ고子越이立ᄒᆞ니곳盛德王이러라
(戊申)元年夏四月에旱ᄒᆞ거날王이白岳에親雩ᄒᆞ니雨ᄒᆞ다○淫祀를禁ᄒᆞ다○(壬戌)十五年에王이崩ᄒᆞ고子職이立ᄒᆞ니곳悼懷王이러라○(甲午)二

五

箕子朝鮮紀

年에王이崩ᄒᆞ고嗣가無ᄒᆞᆫ지라羣臣이王의從姪優를迎立ᄒᆞ니곳文烈王이러라
(乙丑)元年에處士甘加察을徵ᄒᆞ야至ᄒᆞ거날上大夫를拜ᄒᆞ니固辭ᄒᆞ고受치아니ᄒᆞᄂᆞᆫ지라王이賓禮로써待ᄒᆞ고國事를諮詢ᄒᆞᆫ後에還山홈을許ᄒᆞ다○(己卯)十五年에王이崩ᄒᆞ고太子睦이立ᄒᆞ니곳昌國王이러라
(庚辰)元年春正月에太白이天에經ᄒᆞ다○(壬辰)十三年에王이崩ᄒᆞ고太子平이立ᄒᆞ니곳武成王이라年이겨우八歲인故로王太后가朝에臨ᄒᆞ다
(癸巳)元年에水師를置ᄒᆞ고舟楫을繕造ᄒᆞ다○(戊午)二十六年에大同江水가沸ᄒᆞ다○王이崩ᄒᆞ고子闕이立ᄒᆞ니곳貞敬王이러라
(己未)元年夏五月에日食晝晦ᄒᆞ다○(辛未)十三年에大饑ᄒᆞ다○米를齊魯에糴ᄒᆞ야飢民을濟ᄒᆞ다○(丁丑)十九年에王이崩ᄒᆞ고子懷가立ᄒᆞ니곳樂成王이러라
(戊寅)元年春三月에王이郡縣에巡幸ᄒᆞ야官吏의臧否를黜陟ᄒᆞ고人民의

六

善惡을勸懲ᄒᆞ며貧困을救恤ᄒᆞ니天下가翕然ᄒᆞ더라○太廟에樂章을定
ᄒᆞ다○丙申十九年에妖巫鈴雲이東海龍神의女라自稱ᄒᆞ고妖言으로人
民을迷惑ᄒᆞ야愚民의敬拜ᄒᆞᄂᆞᆫ者가道塗에充塞ᄒᆞ거ᄂᆞᆯ王이聞ᄒᆞ고大怒
ᄒᆞ야有司로ᄒᆞ야금逮捕ᄒᆞ야市에棄ᄒᆞ다○(乙巳)二十八年에王이崩ᄒᆞ고
子存이立ᄒᆞ니곳孝宗王이러라

(丙子)元年에濟養院을京師에置ᄒᆞ고國內의鰥寡孤獨과顚連無告ᄒᆞᆫ者를
招致ᄒᆞ야其年을終토록衣食을備給ᄒᆞ다○犯贓律을立ᄒᆞ야官吏가公貨
百萬을犯ᄒᆞ거ᄂᆞ民財一百五十萬을奪ᄒᆞᆫ者ᄂᆞᆫ其身을戮ᄒᆞ고全家를邊에
徙케ᄒᆞ다○(甲寅)九年에博士舘을置ᄒᆞ고公卿中의才德이兼優ᄒᆞᆫ者를特
選ᄒᆞ야舘職에充ᄒᆞ고軍國에大事를議決케ᄒᆞ다○支那齊國이其行人
(使者) 公孫恪을遣ᄒᆞ야來朝ᄒᆞ다○(丁巳)十二年에北狄酋吉利都頭가入
朝ᄒᆞ다○(壬戌)十七年에王이崩ᄒᆞ고太子孝가立ᄒᆞ니곳天老王이러라

(癸亥)元年에方士伯一淸으로國師를삼고宮中에召入ᄒᆞ야寵遇가日隆ᄒᆞ

니羣臣이不悅ᄒᆞ더라○(庚午)八年에求仙臺를紇骨山 (在今成川) 에起
ᄒᆞ니高가五百丈이오華紋石으로築ᄒᆞ엿더라○(己卯)十七年에使를遣ᄒᆞ
야齊候小白의喪을唁ᄒᆞ다○(丙戌)二十四年에王이天老王이라自稱ᄒᆞ고
位를太子襄에게傳ᄒᆞᆷ이太子가位에卽ᄒᆞ니곳修道王이러라

(丁亥)元年에方士伯一淸의爵을加ᄒᆞ야國太師를삼고鎭國候를封ᄒᆞ니一
淸이恩寵을恃ᄒᆞ고威福을擅作ᄒᆞᄂᆞᆫ지라直臣冉西赤이殿陛에進ᄒᆞ야一
淸의誤國ᄒᆞᄂᆞᆫ罪를極論ᄒᆞ고頭를叩ᄒᆞ야血이出ᄒᆞ니王이大怒ᄒᆞ야兎城
(今穩城) 에竄ᄒᆞ다○(辛卯)五年秋九月朔에日食ᄒᆞ다○天老王이金丹
藥을服ᄒᆞ고燥爵ᄒᆞ야崩ᄒᆞ다○(丁酉)十一年에道士舘을置ᄒᆞ고神山을浿
江 (今大同江) 에起ᄒᆞ다○(辛丑)十五年에上柱國西門長壽가一淸을誅
코ᄌᆞᄒᆞ다가事가泄ᄒᆞ야見殺ᄒᆞ다○(乙巳)十九年에方士盧龍을東海에遣
ᄒᆞ야神仙을求ᄒᆞ다○王이金丹藥을服ᄒᆞ고發悶ᄒᆞ야崩ᄒᆞᄂᆞᆫ지라太子迴
가立ᄒᆞ니곳徽襄王이러라

(丙午)元年에方士伯一淸과盧龍을誅ᄒᆞ니京都의士民이酒를置ᄒᆞ고相賀ᄒᆞ더라○(壬戌)十七年에國家에經用이贍치못홈으로家屋과場市의稅를徵收ᄒᆞ니物情이騷然ᄒᆞ더라○(丙寅)二十一年에王이崩ᄒᆞ고太子桼이立ᄒᆞ니곳奉日王이러라

(丁卯)元年에叔父靜으로써上柱國을삼다○(壬申)六年에公孫康이上柱國靜을殺ᄒᆞ다○(丙子)十年에公孫康이王을尊ᄒᆞ야奉日王을삼고스사로攝政太伯이되다○(壬午)十六年에公孫康이王을別宮에遷ᄒᆞ다○王이憂憤成疾ᄒᆞ야別宮에셔崩ᄒᆞ고嗣가無ᄒᆞᆫ지라下大夫南宮齊成이公孫康을說ᄒᆞ야王의族子和義侯僅을迎立ᄒᆞ니곳德昌王이러라

(癸未)元年에王이公孫康을誅코자ᄒᆞ야康에게功臣號를先賜ᄒᆞ고南宮齊成에게密詔를下ᄒᆞ다○(甲申)二年에攝政太伯公孫康을誅ᄒᆞ고其黨與를盡滅ᄒᆞ다○阿衡府를置ᄒᆞ고南宮齊成으로太阿衡을삼으니齊成이奸細를斥退ᄒᆞ고賢俊을進用ᄒᆞ야治化가敷洽ᄒᆞ니朝野가其德을頌ᄒᆞ더라○

(庚子)十八年春에王이州郡에巡幸ᄒᆞ다가遼原 (今德川) 에셔崩ᄒᆞ거날子朔이立ᄒᆞ니곳壽聖王이러라

(辛丑)元年에蝦夷卉公檫 (音권) 厚釐가入貢ᄒᆞ다 (蝦夷ᄂᆞᆫ今日本北海島오卉公檫厚釐ᄂᆞᆫ其酋長에名이라○(甲辰)四年에太阿衡南宮齊成이薨ᄒᆞ거날王이百官을率ᄒᆞ고其喪을郊外에셔哭送ᄒᆞ고侯爵을追封ᄒᆞ다○(丁卯)二十七年에尊賢舘을置ᄒᆞ고定襄 (今郭山) 에賢士熊國珍을徵ᄒᆞ야太師를삼다○(辛巳)四十一年에王이崩ᄒᆞ고子蒸가立ᄒᆞ니곳英傑王이러라

(壬午)元年에王이連朔 (今泰川) 守煌彝長의貪賂害民홈을聞ᄒᆞ고京師에召入ᄒᆞ야烹殺ᄒᆞ다○(丙申)十五年에北胡 (今海蔘威等地) 가入寇ᄒᆞ거날王이親征ᄒᆞ야大破ᄒᆞ고疆土千餘里를拓ᄒᆞ니今長白山以北이러라○(丁酉)十六年에王이太子岡에게位를傳홈이太子가立ᄒᆞ니곳逸聖王이라王을尊ᄒᆞ야上王을삼다

(戊戌)元年에鄕憲長을州郡에置ᄒᆞ고孝悌의道와農商의業으로人民을敎導ᄒᆞ다○(庚子)三年에上王이北塞에出獵ᄒᆞ다가抱川 (今義州) 行宮에셔崩ᄒᆞ다○(甲寅)十七年에王이崩ᄒᆞ고子混이立ᄒᆞ니곳濟世王이러라

(甲子)十年에支那齊國과魯國에潛商을禁ᄒᆞ다○(乙亥)二十一年에王이崩ᄒᆞ고子壁이立ᄒᆞ니곳靖國王이러라

(庚辰)五年夏四月에三日을雨穀ᄒᆞ다○(辛卯)十六年에進言舘을置ᄒᆞ고羣臣의正直ᄒᆞᆫ者數十人을擇ᄒᆞ야規諫을進케ᄒᆞ다○(戊申)二十年에王이崩ᄒᆞ고子澄이立ᄒᆞ니곳導國王이러라

(乙卯)七年에太安 (今慈山) 宇和冲이反ᄒᆞ야京師를進逼ᄒᆞ니王이海에浮ᄒᆞ야穴口 (地名) 에駐蹕ᄒᆞ다○(丁巳)九年에王師가京城을收復ᄒᆞ고宇和冲을誅ᄒᆞ니車駕가京師에還ᄒᆞ다○(丁卯)十九年에王이崩ᄒᆞ고子隲이立ᄒᆞ니곳赫聖王이러라

(壬申)五年에監察官을州郡에遣ᄒᆞ야吏民의善惡을糾察ᄒᆞ야賢能을賞ᄒᆞ

고貪奸을罰ᄒᆞ니天下가翕然ᄒᆞ더라○(戊寅)十一年에北胡酋穆修吉康이入貢ᄒᆞ다○支那燕國이使를遣ᄒᆞ야來聘ᄒᆞ다○(乙未)二十八年에王이崩ᄒᆞ고子譖이立ᄒᆞ니곳和羅王이러라

(辛丑)六年에支那燕人이滿番汗 (今支那盛京省) 에入寇ᄒᆞ거ᄂᆞᆯ守將苗春長이迎擊ᄒᆞ야大破ᄒᆞ다○(辛亥)十六年에王이崩ᄒᆞ고子賀가立ᄒᆞ니곳說文王이러라

(壬子)元年에博文舘을置ᄒᆞ고士民에才德이有ᄒᆞᆫ者三百人을選拔ᄒᆞ야太子를侍ᄒᆞ고文學을修케ᄒᆞ다○(丙辰)五年에支那燕將秦介가二萬騎를率ᄒᆞ고猝然히遼西에入寇ᄒᆞ야邊郡을連陷ᄒᆞ거ᄂᆞᆯ上軍大夫衞文言이燕寇를五道河 (今支那遼東陽山城北) 에迎擊ᄒᆞ야大破ᄒᆞ다○(丁巳)六年에衞文言이燕軍을連雲島 (今支那遼東遼河口) 에追擊ᄒᆞ야大破ᄒᆞ고其將秦介를射殺ᄒᆞ니餘衆이遁去ᄒᆞ다○(己未)八年秋에王이崩ᄒᆞ고子華가立ᄒᆞ니곳慶順王이러라

(甲子)五年春正月에地震ᄒᆞ다○(乙亥)十六年에北胡酋厄尼車吉汗이良馬二百匹를來獻ᄒᆞ고燕國征討ᄒᆞᆷ을請ᄒᆞ거날王이許ᄒᆞ고下軍大夫申不死로ᄒᆞ야금步兵一萬과胡騎一千을率ᄒᆞ고燕國을進攻ᄒᆞ야上谷城 (在今支那遼東) 을拔ᄒᆞ다○(戊寅)十九年에燕國이使를遣ᄒᆞ야和親을乞ᄒᆞ거날許ᄒᆞ다○王이崩ᄒᆞ고子詡가立ᄒᆞ니곳嘉德王이러라

(己卯)元年夏에大旱ᄒᆞ니大赦ᄒᆞ고王이雩祭를親行ᄒᆞ다⊙(癸卯)二十五年에王이燕侯噲의無道ᄒᆞᆷ을聞ᄒᆞ고懲討코져ᄒᆞ거날大夫王禮가諫ᄒᆞ야曰燕噲의無道ᄒᆞᆷ은비록聲討치아니ᄒᆞ나將次自斃ᄒᆞᆯ거시오또武를用ᄒᆞ야써生民을困케ᄒᆞᆷ이可치안타ᄒᆞ니王이乃止ᄒᆞ다○(乙巳)二十七年에王이崩ᄒᆞ고子煜이立ᄒᆞ니곳三老王이러라

(丙午)元年에上柱國王霖 (禮의子) 을遣ᄒᆞ야支那周國에使ᄒᆞ니周의君臣이其偉表와雄辯을歎服ᄒᆞ더라○(癸亥)十八年에北胡尼舍가翻耶을獻ᄒᆞ다 (尼舍는北胡의王號오翻耶은胡語의樂工也) ○(庚午)二十五年에

王이太子釋의게位를傳ᄒᆞᆷ의王이立ᄒᆞ니곳顯文王이러라

(辛未)元年春正月에州郡을命ᄒᆞ야賢良ᄒᆞᆫ士를擧ᄒᆞ니一時被選ᄒᆞᆫ者가二百餘人이러라○三老王이崩ᄒᆞ다○(己卯)九年에王이郊에親耕ᄒᆞ다○檀君廟를白岳에立ᄒᆞ다○(己酉)三十九年에燕國이使를遣ᄒᆞ야來朝ᄒᆞ다○王이崩ᄒᆞ고子潤이立ᄒᆞ니곳章平王이러라

(癸丑)四年에北胡酋阿里當夫가燕國征伐ᄒᆞᆷ을請ᄒᆞ거날許치아니ᄒᆞ니胡가朝貢을絕ᄒᆞ더라○(戊辰)十九年에北胡가朝貢을久闕ᄒᆞᆷ으로王이問罪ᄒᆞ는師를擧ᄒᆞ야親征ᄒᆞ다가敗績ᄒᆞ다○王이崩ᄒᆞ고子否가立ᄒᆞ니곳宗統王이러라

(己巳)元年에大饑ᄒᆞ다○(壬申)四年에北胡가入寇ᄒᆞ야寧州 (在今支那滿洲) 守穆遠登을殺ᄒᆞ고드듸여財寶와婦女를掠去ᄒᆞ다○(己卯)十一年에王이崩ᄒᆞ고子準이立ᄒᆞ니곳哀王이러라

(丙戌)七年에支那秦國이其將蒙恬으로ᄒᆞ야금長城을遼西界에築ᄒᆞ다○

(己亥)二十年에支那漢國이使를遣ᄒᆞ야師를請ᄒᆞ거늘步兵一萬을發ᄒᆞ야漢軍으로더부러楚國을垓下에進伐ᄒᆞᆫ다○燕國降人衛滿으로博士를拜ᄒᆞ야西鄙를守케ᄒᆞᆫ다 (西鄙今支那盛京省) ○(丁未)二十八年에衛滿이叛ᄒᆞ야京師를襲ᄒᆞ니變이不意에出ᄒᆞᆷ으로王師가制服ᄒᆞ지못ᄒᆞ고車駕가金馬郡 (今益山) 에遷ᄒᆞᆫ다○是歲에王이金馬郡에셔崩ᄒᆞ고太子卓이立ᄒᆞ니곳武康王이라國號를馬韓이라改稱ᄒᆞ고金馬郡에仍都ᄒᆞ니即我大韓開國紀元前一千五百八十三年이러라○衛滿이朝鮮王이라僭稱ᄒᆞ고柳京에據ᄒᆞ야遼河以南에數千里地를跨有ᄒᆞ니라

右朝鮮太祖文聖王으로부터哀王까지四十一世에歷年이共九百二十九年이러라

馬韓紀

(戊申)安王元年에國內에區域을分ᄒᆞ야五十四州를置ᄒᆞ니大者ᄂᆞᆫ萬餘家오小者ᄂᆞᆫ數千家러라

馬韓(今京畿忠淸全羅等地)朝鮮東南海上의大國이오其東南에辰韓(今慶州)이有ᄒᆞ니其始祖ᄂᆞᆫ本支那秦國人이니秦의苛政을避ᄒᆞ야馬韓에來附ᄒᆞᆫ者를馬韓이其東界를割ᄒᆞ야處케ᄒᆞᆫ故로或秦韓이라稱ᄒᆞ고辰韓의南에弁韓(今金海)이有ᄒᆞ니或卞韓이라稱ᄒᆞ니此三韓의地ᄂᆞᆫ即今黃海京畿忠淸全羅慶尙諸道러라

○博士樂蘬建으로辰韓을治ᄒᆞ고左大夫秦琓으로弁韓事를治케ᄒᆞ다○(庚戌)三年에龍華山城(今益山)을築ᄒᆞ다○王이水師를親率ᄒᆞ고海路로衛滿을進討ᄒᆞ야屢戰大破ᄒᆞ다○王師가柳京을進圍ᄒᆞ다가王이流矢에中ᄒᆞ야疾篤ᄒᆞᆷ으로班師ᄒᆞ다○(辛亥)四年에王이崩ᄒᆞ고太子龕이立ᄒᆞ

니곳安王이라武康王을金陵에葬ᄒᆞ다(在今益山郡西)

(壬子)元年에衛滿이人으로ᄒᆞ야곰禮幣를備ᄒᆞ야來吊ᄒᆞ고兼ᄒᆞ야罪를謝ᄒᆞ고和를乞ᄒᆞ거ᄂᆞᆯ王이怒ᄒᆞ야其使를誅ᄒᆞ다○(甲子)十三年에濊君이黃金과獸皮를來獻ᄒᆞ고藩臣되기를請ᄒᆞ거ᄂᆞᆯ許ᄒᆞ다○(壬申)二十一年에銅錢을鑄ᄒᆞ다○田土에肥瘠을隨ᄒᆞ야上中下三等稅法을定ᄒᆞ고七十의一을稅ᄒᆞ다○(癸未)三十年에王이崩ᄒᆞ고子寔이立ᄒᆞ니곳惠王이러라

(甲申)元年春正月에南郊에祀ᄒᆞ다○任那(今高靈)가入貢ᄒᆞ다○(丙申)十三年에濊南閭를封ᄒᆞ야濊國君을삼다○王이崩ᄒᆞ고子武가立ᄒᆞ니곳明王이러라

(丁酉)元年에五敎院을置ᄒᆞ고五倫의道로써人民을敎ᄒᆞ다○弁韓人의文身ᄒᆞᄂᆞᆫ陋俗을禁ᄒᆞ다○(癸丑)十七年에濊君南閭가叛ᄒᆞ야部民二十八萬人을率ᄒᆞ고支那漢國에降ᄒᆞ니漢이其地로써滄海郡을삼더라○(乙卯)十九年에漢國이滄海郡을罷ᄒᆞ니라○(丁卯)三十一年에王이崩ᄒᆞ고子亨이

立ᄒᆞ니곳孝王이러라
(戊辰)元年에法律을州郡에頒行ᄒᆞ다○(壬申)五年에衛右渠(滿의孫)가漢國遼東都尉涉何를攻殺ᄒᆞ니漢이將軍楊僕과荀彘로ᄒᆞ야금軍士五萬七千人을率ᄒᆞ고右渠를來攻ᄒᆞ더라○(癸酉)六年에右渠가漢의게滅ᄒᆞᆫ바되니漢이其地로써樂浪과臨屯과玄菟와眞蕃四郡을置ᄒᆞ니라(樂浪은今平安咸鏡等地오臨屯玄菟眞蕃은今支那遼東滿洲等地라)

衛右渠가漢軍으로相持ᄒᆞᆫ지歲餘에漢軍을屢破ᄒᆞ니漢이濟南太守公孫遂로ᄒᆞ야금軍士를增發ᄒᆞ야來攻ᄒᆞ기를甚急홈ᄋᆡ右渠에臣相參이人으로ᄒᆞ야금其主를暗殺ᄒᆞ야漢에降ᄒᆞ니衛氏가僭號ᄒᆞᆫ지三世凡八十七年에亾ᄒᆞ니라

(甲午)二十七年에任那人이珊瑚를入貢ᄒᆞ다○(己亥)三十二年에漢國이眞蕃郡을罷ᄒᆞ니라○(丁未)四年에王이崩ᄒᆞ고子變이立ᄒᆞ니곳襄王이러라
(戊申)元年에任那大人嫺和辭奐을封ᄒᆞ야任那君을삼다○(壬戌)十五年에

王이崩ᄒᆞ고子勳이立ᄒᆞ니곳元王이러라
(甲子)四年夏四月에辰韓人이叛ᄒᆞ야楊山村人朴赫居世를立ᄒᆞ야王을삼고國號를新羅라ᄒᆞ다(德業이日新ᄒᆞ고四方을網羅ᄒᆞᄂᆞᆫ義를取홈이라)

先是襄王五年에辰韓六村의長(六村은即六州니閼川楊山突山高墟觜山珍支茂山大樹金山加里明治山高耶)이閼川岸上에會ᄒᆞᆯ서高墟村長蘇伐公이楊山麓蘿井林間에異氣가有홈을望見ᄒᆞ고往視ᄒᆞᆫ즉儀形이端美ᄒᆞᆫ一嬰兒가東川에浴홈ᄋᆡ其身에光彩가生ᄒᆞ고鳥獸가來舞ᄒᆞ거날甚히奇異히녀여收養ᄒᆞ엿더니英傑ᄒᆞᆫ氣像과神聖ᄒᆞᆫ姿質이有ᄒᆞᆫ지라是時에至ᄒᆞ야六州가官吏를逐ᄒᆞ고推尊ᄒᆞ야王을삼으니時年이十三이라곳新羅太祖朴赫居世러라

初에赫居世誕生ᄒᆞᆯ時에瓠瑞가有ᄒᆞ니俗이瓠를朴이라謂ᄒᆞᄂᆞᆫ故로姓을朴氏라ᄒᆞ엿다ᄒᆞ더라

新羅主赫居世가徐耶伐(地名)에都를定ᄒᆞ고宮室을營ᄒᆞ다○(辛未)九

年 (新羅太祖四年) 에倭 (今日本國) 가新羅의邊境을來侵코져ᄒᆞ다가其主의神德이有ᄒᆞᆷ을聞ᄒᆞ고退去ᄒᆞ더라○(庚辰)十八年 (新羅太祖十七年) 에新羅主赫居世가其后閼英으로더부러其部下六州에巡行ᄒᆞ야農桑을勸督ᄒᆞ더라

閼英이德容과賢行이有ᄒᆞ야能히內輔ᄒᆞ니其國人이赫居世와並稱ᄒᆞ야二聖이라ᄒᆞ더라

(壬午)二十年 (新羅太祖十九年) 春正月에弁韓이叛ᄒᆞ야新羅에게降(來)ᄒᆞ다~~官吏의貪暴ᄒᆞᆷ을憤怒ᄒᆞᆷ이러라~~○(甲申)二十二年 (新羅太祖二十一年○高句麗太祖東明王高朱蒙元年) 에新羅가其都城을築ᄒᆞ고號를金城 (今慶州) 이라ᄒᆞ다○扶餘 (今支那吉林、寧古塔、琿春等地) 人高朱蒙이卒本扶餘 (今支那盛京省과其傍諸縣이라) 에據ᄒᆞ야高句麗王이라稱ᄒᆞ다

高句麗太祖高朱蒙은扶餘王金蛙의子라骨表가英偉ᄒᆞ고年이七歲에

弓矢를自作ᄒᆞ야百發百中ᄒᆞ니後에其異母兄弟七人이朱蒙의才能을忌ᄒᆞ야殺코져ᄒᆞ거날難을逃ᄒᆞ야卒本扶餘國에至ᄒᆞ니其國王이朱蒙의相貌가非常ᄒᆞᆷ을見ᄒᆞ고大悅ᄒᆞ야女로써妻ᄒᆞ얏다가밋卒本扶餘王이殂ᄒᆞ고無子ᄒᆞ니朱蒙이드듸여其位를嗣ᄒᆞ니라

(乙酉)二十三年 (新羅太祖二十二年高句麗東明王二年) 에沸流國 (今支那盛京省界) 主松讓이高句麗에降ᄒᆞ니麗王이松讓을封ᄒᆞ야多勿侯를삼다○(丁亥)二十五年秋七月에高句麗가卒本에城郭을築ᄒᆞ고宮室을營ᄒᆞ다○(戊子)二十六年에任那가日本으로더부러通好ᄒᆞ니日本과交涉ᄒᆞᆷ이此에始ᄒᆞ니라○王이崩ᄒᆞ고子貞이立ᄒᆞ니곳稽王이러라

(己丑)元年 (新羅太祖二十六年高句麗東明王六年) 春正月에新羅가宮室을金城에營作ᄒᆞ다○冬十月에高句麗가荇人國 (今支那吉林等地) 을滅ᄒᆞ고郡縣을삼다○(癸巳)五年 (新羅太祖三十年○高句麗東明王十年) 夏에樂浪人이新羅를侵코져ᄒᆞ다가邊界에至ᄒᆞ야夜戶를扃치아니

ᄒᆞ고露積이野에被ᄒᆞᆷ을見ᄒᆞ고相謂ᄒᆞ야曰人民이相盜치아니ᄒᆞ니有道ᄒᆞᆫ國이라吾儕가掩襲ᄒᆞᆷ이可치안타ᄒᆞ고退去ᄒᆞ더라○(甲午)六年 (新羅太祖三十一年○高句麗東明王十一年) 冬十一月에高句麗가北沃沮(今咸鏡北道) 를滅ᄒᆞ고其地로ᄡᅥ郡縣을삼다○(辛丑)十三年 (新羅太祖三十八年○高句麗東明王十八年) 春二月에新羅王赫居世가其臣瓠公을遣ᄒᆞ야入朝ᄒᆞ거날王이職貢의久闕ᄒᆞᆷ을讓ᄒᆞᆫ대瓠公이屈치아니ᄒᆞ고辭氣가倨慢ᄒᆞᆫ지라王이怒ᄒᆞ야殺코ᄌᆞᄒᆞ다가左右에諫止ᄒᆞᆷ을從ᄒᆞ야歸國을許ᄒᆞ다○(壬寅)十四年 (新羅太祖三十九年○高句麗東明王十九年)

秋九月에高句麗主朱蒙이殂ᄒᆞ고太子類利가立ᄒᆞ니곳琉璃王이러라○高句麗主朱蒙의次子高温祚가來奔ᄒᆞ거날王이慰禮城 (今稷山) 을賜ᄒᆞ다

温祚ᄂᆞᆫ高句麗太祖東明王朱蒙의第三子니朱蒙이扶餘에在ᄒᆞᆯ時에禮氏에게娶ᄒᆞ야類利를生ᄒᆞ고難을逃ᄒᆞ야卒本,扶餘에至ᄒᆞᆫ後卒本扶餘

王의附馬가되야二子를生ᄒᆞ니長은沸流오次ᄂᆞᆫ温祚라밋朱蒙이王位에即ᄒᆞᆫ後에類利가扶餘로부터卒本에來ᄒᆞ야太子가됨의沸流와温祚가太子가相容치아니ᄒᆞᆯ가恐ᄒᆞ야親信ᄒᆞᆫ者烏干,馬黎等十人으로더부러南遁ᄒᆞ야沸流ᄂᆞᆫ彌鄒忽 (今仁川) 에居ᄒᆞ고温祚ᄂᆞᆫ來奔ᄒᆞ거날王이西百里地를割與ᄒᆞ니라

(癸卯)十五年 (新羅太祖四十年○高句麗琉璃王類利元年○百濟太祖高温祚元年) 春에高温祚가慰禮城에叛據ᄒᆞ야國號를百濟라ᄒᆞ고自立ᄒᆞ야王이되다○百濟가都城을築ᄒᆞ고東明王朱蒙의廟를立ᄒᆞ다○秋九月에高句麗主類利가多勿侯松讓의女를納ᄒᆞ야后를삼다○(甲辰)十六年(新羅太祖四十一年○高句麗琉璃王二年○百濟太祖二年) 春에百濟가乙音 (人名) 으로ᄡᅥ右輔를삼고兵事를委任ᄒᆞ야靺鞨 (北方胡名) 의來侵ᄒᆞᆷ을備禦케ᄒᆞ다○王이崩ᄒᆞ고太子學이立ᄒᆞ니곳王學이러라○新羅主赫居世가使를遣ᄒᆞ야來唁ᄒᆞ다

(乙巳)元年 (新羅太祖四十二年○高句麗琉璃王三年○百濟太祖三年)
秋九月에靺鞨이百濟의北境을侵ᄒᆞ니百濟主温祚가自將逆擊ᄒᆞ야大破
ᄒᆞ다○(丙午)二年 (新羅太祖四十三年○高句麗琉璃王四年○百濟太祖
四年) 春三月에日食ᄒᆞ다○百濟가饑疫ᄒᆞ다○(丁未)三年 (新羅太祖四
十四年○高句麗琉璃王五年○百濟太祖五年) 冬十月에百濟主温祚가
其北邊에巡行ᄒᆞ다가神鹿을獲ᄒᆞ야來獻ᄒᆞ다○(庚戌)六年 (新羅太祖四
十七年○高句麗琉璃王八年百濟太祖八年) 春二月에靺鞨이百濟慰禮
城을來侵ᄒᆞ거날百濟主가城門을閉ᄒᆞ고固守ᄒᆞ다가靺鞨의粮盡退去ᄒᆞᆯ
을乘ᄒᆞ야追擊大破ᄒᆞ다○(壬子)八年 (新羅太祖四十九年○高句麗琉璃
王十年○百濟太祖十年) 夏四月에高句麗主가其臣扶芬奴의計를從ᄒᆞ
야鮮界 (今鴨綠江上流對岸의地라) 를征服ᄒᆞ다○(癸丑)九年 (新羅太
祖五十二年○高句麗琉璃王十一年○百濟太祖十一年) 夏四月에樂浪
人이靺鞨을聯合ᄒᆞ야百濟瓶山柵을襲破ᄒᆞ고一百餘人을殺掠ᄒᆞ다○秋

七月에百濟가禿山과狗川의二柵을設ᄒᆞ야樂浪의來侵ᄒᆞᄂᆞᆫ路를塞ᄒᆞ다
○(乙卯)十一年 (新羅太祖五十二年○高句麗琉璃王十三年○百濟太祖
十三年) 春正月에扶餘主帶素 (即高句麗太祖朱蒙의兄) 가使를遣ᄒᆞ
야高句麗에聘ᄒᆞ다○高沸流가卒ᄒᆞ니其領有ᄒᆞ엿든土地와人民이다百
濟의게歸ᄒᆞ다○秋七月에百濟가柵을漢山 (今南漢山城) 에立ᄒᆞ고疆
界를畫定ᄒᆞᆯ서北으로浿河 (今平山猪灘) 에至ᄒᆞ고南으로熊川 (今公
州) 에限ᄒᆞ고東으로走壤 (今春川界) 에抵ᄒᆞ고西으로大海에止ᄒᆞ고
五部와三十七郡과二百城을置ᄒᆞ고八月에使를遣ᄒᆞ야其事를來告ᄒᆞ더
라○冬十月에扶餘主가五萬兵을率ᄒᆞ고高句麗를來侵ᄒᆞ다가會에大이
大雪ᄒᆞ야士卒의凍死ᄒᆞᄂᆞᆫ者가多ᄒᆞ니退去ᄒᆞ더라○(丙辰)十二年 (新羅
太祖五十三年○高句麗琉璃王十四年○百濟太祖十四年) 春正月에百
濟가都를漢山에徙ᄒᆞ다○秋七月에百濟가南平壤城 (今漢陽 皇京)
을築ᄒᆞ야藩屏을固케ᄒᆞ고三韓을併呑ᄒᆞᆯ志가有ᄒᆞ더라○東沃沮가馬를

馬韓紀

新羅에來獻ᄒ니時에高句麗와百濟가다武를尙ᄒ야戰爭을事ᄒ되新羅ᄂ德政을專修ᄒ고威力을不務ᄒ야內外寧謐ᄒ고人民阜安ᄒ니遠近諸國이其德義를懷慕ᄒ야來ᄒᄂ者가甚衆ᄒ더라○(己未)十五年 (新羅太祖五十六年○高句麗琉璃王十七年○百濟太祖十七年에樂浪人이百濟를來侵ᄒ야慰禮城을焚ᄒ고退去ᄒ더라○(庚申)十六年 (新羅太祖五十七年○高句麗琉璃王十八年○百濟太祖十八年) 冬十月에靺鞨이百濟를來侵ᄒ니百濟主가拒戰ᄒ야大破ᄒ고其酋長素牟를獲ᄒ야來獻ᄒ다○(癸亥)十九年 (新羅太祖六十年○高句麗琉璃王二十一年○百濟太祖二十一年) 冬十月에高句麗가都城을國內城 (今楚山江北) 에徙ᄒ다(甲子)二年 (新羅太祖六十一年○高句麗琉璃王二十二年○百濟太祖二十二年) 春三月에新羅太祖赫居世가殂ᄒ고太子南解가立ᄒ니号南解王이러라○秋九月에百濟主가騎士一千을率ᄒ고斧峴에出獵ᄒ다가靺鞨兵을猝遇ᄒ야擊破ᄒ고生口를虜獲ᄒ야將士를分賜ᄒ다○(丙寅)二

廿七

馬韓紀

十二年 (新羅南解王二年○高句麗琉璃王二十四年○百濟太祖二十四年) 春正月에新羅가宗廟를立ᄒ다○秋七月에百濟가熊川栅 (今公州地) 을立ᄒ다○(戊辰)二十四年 (新羅南解王四年○高句麗琉璃王二十六年○百濟太祖二十六年) 春正月에新羅主南解가其女로써昔脫解에게妻ᄒ다○秋七月에百濟主溫祚가其羣臣과謀ᄒ되馬韓이漸弱ᄒ야上下가離心ᄒ니萬一他人의併呑ᄒᄂ바되면唇亾齒寒이라後悔莫及ᄒ리니我가先取홈이可ᄒ다ᄒ고冬十月에游獵ᄒᆫ다稱ᄒ고潛師入寇ᄒ니州郡이皆陷ᄒ고오즉圓山 (今礪山) 과錦峴 (今錦山) 二城이固守不下ᄒ다○(己巳)二十五年 (新羅南解王五年○高句麗琉璃王二十七年○百濟太祖二十七年) 夏四月에圓山錦峴二城이叛ᄒ야百濟에게降ᄒ다○百濟主溫祚가京師를襲陷ᄒ고王을海上에遷ᄒ니上大夫宇定殷이抗義被殺ᄒ고馬韓이亾ᄒ다

太祖文聖王胥餘元年己卯로부터哀王準二十八年丁未外지凡四十一

廿八

世에歷年이九百二十九年이오馬韓으로南遷훈後에哀王의子武康王卓元年戊申으로부터王學二十五年己巳ᄭᆞ지凡九世에歷年이二百二年이니前後歷代가共五十王이오歷年이合一千一百三十一年이러라

普通教科 大東歷史略卷四

新羅紀 附高句麗 百濟

(丙戌)南解王十二年 (高句麗琉璃王三十四年○百濟太祖三十四年) 에
馬韓舊將周勤이箕氏에故國을興復코자ᄒᆞ야兵을起ᄒᆞ야百濟十谷城
(今谷山) 에據ᄒᆞ엿다가百濟主의게擊破ᄒᆞᆫ바되야力盡自殺ᄒᆞ다○(戊寅)
十四年 (高句麗琉璃王三十六年○百濟太祖三十六年) 夏에高句麗의
屬ᄒᆞᆫ七國이來降ᄒᆞ다○冬十月에高句麗琉璃王이殂ᄒᆞ고子大武神王無
恤이立ᄒᆞ다○(甲申)二十年 (高句麗大武神王六年○百濟太祖四十二年)
秋에王이崩ᄒᆞ고子儒理王儒理가立ᄒᆞ다○初에王이崩ᄒᆞᆯ時에儒理와
밋其壻昔脫解의게遺詔ᄒᆞ야曰朕이死後에朴昔兩姓이年長으로位를嗣
ᄒᆞ라ᄒᆞ더니밋王이崩ᄒᆞᆷ의儒理가脫解의게位를讓ᄒᆞᆫᄃᆡ脫解曰神器ᄂᆞᆫ庸
人의堪任ᄒᆞᆯ바아니라ᄒᆞ고固辭ᄒᆞ니이에儒理가位에即ᄒᆞ다
(戊子)儒理王四年 (高句麗大武神王十年○百濟太祖四十六年) 春三月

에百濟太祖高温祚가殂ᄒᆞ고子多婁王多婁가立ᄒᆞ다○秋七月에支那漢
國이遼東兵을發ᄒᆞ야高句麗의丸都 (今滿洲界니平安北道의隔江ᄒᆞᆫ地
라) 를來圍ᄒᆞ야數旬不解ᄒᆞᄂᆞᆫ지라麗王이其臣左輔 (官名) 乙豆智의
計를用ᄒᆞ야池魚를水草에包ᄒᆞ야漢將의게遺ᄒᆞ니漢將이城內에有水ᄒᆞ
야可히猝拔치못ᄒᆞᆷ을知ᄒᆞ고解圍退去ᄒᆞ더라○冬十月에王이國內를巡
行ᄒᆞ다가一老嫗의凍餒ᄒᆞᆷ을見ᄒᆞ고歎曰朕이非德으로ᄡᅥ民上에忝居ᄒᆞ
야老幼로ᄒᆞ야금此에至케ᄒᆞ얏다ᄒᆞ고因ᄒᆞ야有司를命ᄒᆞ야鰥寡孤獨을
存問ᄒᆞ고또ᄒᆞᆫ老病ᄒᆞ야自活키難ᄒᆞᆫ者를賑給ᄒᆞ니隣國百姓이來ᄒᆞᄂᆞᆫ者
ㅣ甚衆ᄒᆞ더라○(壬辰)八年 (高句麗大武神王十四年○百濟多婁王四年)
夏四月에高句麗ㅣ樂浪을征服ᄒᆞ다先是에王子好童이南沃沮의遊ᄒᆞᆯ
ᄉᆡ樂浪王崔理가好童을愛ᄒᆞ야謂曰君의相貌를見ᄒᆞ니常人이아니라ᄒᆞ
고드ᄃᆡ여其女로ᄡᅥ妻ᄒᆞ니時에樂浪의鼓角이有ᄒᆞ야萬一敵兵이有ᄒᆞ면
自鳴ᄒᆞᄂᆞᆫ지라好童이將還ᄒᆞᆯᄉᆡ其女다려潛謂曰汝가武庫의入ᄒᆞ야鼓角

을割破ᄒᆞ면我가汝를禮聘ᄒᆞ리라ᄒᆞᆫᄃᆡ女ㅣ곳武庫의鼓面과角口를裂割ᄒᆞ고好童의게報ᄒᆞ거날好童이歸ᄒᆞ야王을勸ᄒᆞ야樂浪을攻取ᄒᆞ니崔理가鼓角이不鳴ᄒᆞᆷ을見ᄒᆞ고設備치아니ᄒᆞ엿다가麗兵이城下에奄至ᄒᆞᆫ지라그제야鼓角이皆破ᄒᆞᆷ을知ᄒᆞ고드ᄃᆡ여其女를殺ᄒᆞ고出降ᄒᆞ니라○(癸巳)九年 (高句麗大武神王十五年○百濟多婁王五年) 春二月에百濟王이其國南州郡을命ᄒᆞ야비로소稻田을作ᄒᆞ다○(壬寅)十八年 (高句麗大武神王二十四年○百濟多婁王十四年) 春三月에駕洛國始祖金首露가立ᄒᆞ다初에駕洛의部落이九가有ᄒᆞ야各其酋長을立ᄒᆞ고山野의居ᄒᆞ야君臣位號가無ᄒᆞ더니男子兄弟六人이有ᄒᆞ야다英傑ᄒᆞ니長은曰首露라首露가其地의開國ᄒᆞ고號曰伽耶 (今金海郡이오伽耶ᄂᆞᆫ駕洛의同音을異譯ᄒᆞᆷ이라) 라ᄒᆞ고其弟五人이ᄯᅩ伽耶主가되니曰阿羅伽耶 (今咸安郡) 曰古寧伽耶 (今咸昌郡) 曰星山伽耶 (今星州郡) 曰大伽耶 (今高靈郡) 固小伽耶 (今固城郡) 니其地가新羅西南에在ᄒᆞ야摠稱駕

洛國이러라首露ㅣ城郭을築ᄒᆞ고宮室을營ᄒᆞ며許氏를納ᄒᆞ야九子를生ᄒᆞᆷ의二子가母姓을從ᄒᆞ니今의金海金氏와밋許氏가다其苗裔러라其後에王이殂ᄒᆞ니年이一百五十八歲오其子居登이立ᄒᆞ야朝廷에救援을請ᄒᆞ야外寇를防禦ᄒᆞ고其子를送質ᄒᆞ더니居登이卒ᄒᆞ고麻品과居叱彌와伊尸品을歷ᄒᆞ야坐知가立ᄒᆞᆷ의女色을貪ᄒᆞ고ᄯᅩ其黨을寵任ᄒᆞ야國勢가大亂ᄒᆞ다가其臣朴元道의諫을從ᄒᆞ야其女를擯斥ᄒᆞ니此時에廷議가征伐코자ᄒᆞ다가其王의悔改ᄒᆞᆷ을見ᄒᆞ고遂止ᄒᆞ엿더니其後에ᄯᅩ吹希와銍知와鉗知를歷ᄒᆞ고仇衡에至ᄒᆞ야和好를修치아니ᄒᆞᆷ으로法興王十八年에드ᄃᆡ여征服ᄒᆞ고其王을客禮로ᄡᅥ待ᄒᆞ고其國을賜ᄒᆞ야食邑을삼으니駕洛國이凡十世에歷年이四百九十一年이러라○(甲辰)二十一年 (高句麗大武神王二十六年○百濟多婁王十六年) 冬十月에高句麗王이殂ᄒᆞ고太子解憂가年幼ᄒᆞ니國人이王의弟閔中王解邑朱를立ᄒᆞ더라○(戊申)二十四年 (高句麗閔中王四年○百濟多婁王二十年) 春에高句麗王이

殂ᄒᆞ고其姪慕本王解憂가立ᄒᆞ다○高句麗가支那漢國의北平、漁陽、上谷、太原等地를攻取ᄒᆞ얏다가旣而오漢으로더부러和親ᄒᆞ다○(癸丑)二十九年(高句麗慕本王五年○百濟多婁王二十五年) 高句麗王이暴虐無道ᄒᆞ야坐ᄒᆞ면人을藉ᄒᆞ고臥ᄒᆞ면枕ᄒᆞ다가人이或動搖ᄒᆞ면곳殺ᄒᆞ며羣臣의諫ᄒᆞᄂᆞᆫ者ᄂᆞᆫ射殺ᄒᆞ더니其後에其臣杜魯가王을侍ᄒᆞ얏다가見殺ᄒᆞᆯ가恐ᄒᆞ야王을弑ᄒᆞ거ᄂᆞᆯ國人이琉璃王의曾孫太祖王宮을立ᄒᆞ니年이七歲라太后가垂簾聽政ᄒᆞ더라○(丁巳)三十三年(高句麗太祖王四年○百濟多婁王二十九年) 冬十月에王이崩ᄒᆞ고南解王의婿脫解王昔脫解가立ᄒᆞ다先是에王이不豫ᄒᆞᆯ서羣臣의게囑ᄒᆞ야曰脫解ᄂᆞᆫ國戚이오功業을屢著ᄒᆞ야朕의二子가其才를不逮ᄒᆞ고先王의命이有ᄒᆞ시니朕이死ᄒᆞᆫ後에大位에卽케ᄒᆞ라ᄒᆞ더라

(乙丑)脫解[illegible]八年(高句麗太祖王十二年○百濟多婁王三十七年) 春三月에王이小兒閼(音알)로써太子를삼다先是에王이夜坐ᄒᆞ얏다가金城

西偏始林間에鷄聲이有ᄒᆞᆷ을聞ᄒᆞ고大輔(官名)瓠公을遣ᄒᆞ야視ᄒᆞ니金櫝이樹梢에掛ᄒᆞ고白鷄가其下에서鳴ᄒᆞ거ᄂᆞᆯ其櫝을開ᄒᆞ니小兒가有ᄒᆞ야姿貌가奇偉ᄒᆞᆫ지라王이喜曰此ᄂᆞᆫ天이子를與ᄒᆞ심이라ᄒᆞ고名ᄒᆞ야曰閼智라ᄒᆞ니閼智ᄂᆞᆫ方言에小兒오其金櫝에서出ᄒᆞ얏다ᄒᆞ야姓은金이오鷄鳴의祥이有ᄒᆞᆷ으로써始林을改ᄒᆞ야鷄林이라ᄒᆞ다○(丙子)十九年(高句麗太祖王二十三年○百濟多婁王四十八年) 九月에百濟王이殂ᄒᆞ고子己婁王己婁가立ᄒᆞ다○(庚辰)二十三年 (高句麗太祖王二十七年○百濟己婁王四年) 秋八月에王이崩ᄒᆞ고儒理王의第二子婆娑王婆娑가立ᄒᆞ다

(辛丑)婆娑王二十一年 (高句麗太祖王四十八年○百濟己婁王二十五年) 春二月에城을金城東南에築ᄒᆞ고號曰月城(今慶州郡東) 이라ᄒᆞ니周가一千二十三步라秋七月에王이移居ᄒᆞ다○(壬子)三十二年 (高句麗太祖王五十九年○百濟己婁王三十六年) 冬十月에王이崩ᄒᆞ고子祗摩

新羅紀 附高句麗 百濟　　卌七

王抵摩가立ᄒᆞ다○(戊午)六年 (高句麗太祖王六十五年○百濟己婁王四十二年) 夏六月에高句麗王이濊貊人을聯合ᄒᆞ야漢의玄菟와遼東을擊破ᄒᆞ고華麗城을進攻ᄒᆞ다○(丁卯)十五年 (高句麗太祖王七十四年○百濟己婁王五十一年) 에百濟王이殂ᄒᆞ고子蓋婁王蓋婁가立ᄒᆞ다○(甲戌)二十二年 (高句麗太祖王八十一年○百濟蓋婁王七年) 秋八月에王이崩ᄒᆞ고無子ᄒᆞ니儒理王太子逸聖王逸聖이立ᄒᆞ다

(丙戌)逸聖王十二年 (高句麗太祖王九十三年○百濟蓋婁王十九年) 에高句麗王이其弟遂成의게傳位ᄒᆞ니此ᄂᆞᆫ次大王이라先是에左輔高福章이太祖王을勸ᄒᆞ야曰遂成이反意가有ᄒᆞ야大王의子孫을害ᄒᆞ리니請컨ᄃᆡ誅ᄒᆞ소셔ᄒᆞᆫᄃᆡ王이不聽ᄒᆞ더니밋遂成이受禪ᄒᆞ미高福章을戮ᄒᆞ고또太祖王의元子莫根을殺ᄒᆞ니其弟莫德이其手에死홀가恐ᄒᆞ야自經ᄒᆞ니라○(甲午)二十年 (高句麗次大王八年○百濟蓋婁王二十七年) 春二月에王이崩ᄒᆞ다王이在位時에政事堂을置ᄒᆞ고隄防을修ᄒᆞ야田野를闢ᄒᆞ

新羅紀 附高句麗 百濟　　卌八

고또民間에奢侈를禁ᄒᆞ니라子阿達羅王阿達羅가立ᄒᆞ다

(乙巳)阿達羅王十一年 (高句麗次大王十九年○百濟蓋婁王三十八年) 에高句麗前王이殂ᄒᆞ니年이百十九歲러라○高句麗王遂成이無道ᄒᆞ거ᄂᆞᆯ其臣明臨荅夫가弑ᄒᆞ고王의弟伯固를立ᄒᆞ니此ᄂᆞᆫ新大王이라先是에伯固ㅣ禍가及홀가恐ᄒᆞ야山谷에遁ᄒᆞ얏다가至是ᄒᆞ야羣臣이迎立ᄒᆞ니王이明臨荅夫로써國相을拜ᄒᆞ고前王太子鄒安으로讓國君을封ᄒᆞ다○(丙午)十二年 (高句麗新大王元年○百濟蓋婁王三十九年) 에百濟王이殂ᄒᆞ고子肖古王肖古가立ᄒᆞ다先是에蓋婁王이其臣都彌의妻가艶美홈을聞ᄒᆞ고奸計를用ᄒᆞ야私코ᄌᆞᄒᆞ다가諸意치못홈을怒ᄒᆞ야都彌를罪로써誣ᄒᆞ야兩目을矐ᄒᆞ고小船에置ᄒᆞ야河水에泛ᄒᆞ고다시其妻를亂코자ᄒᆞ니妻曰今에良人이已逝ᄒᆞ얏스니妾이맛당히大王을事홀지라然이나今에月事가有ᄒᆞ니請컨ᄃᆡ他日을竢ᄒᆞ소셔ᄒᆞ거ᄂᆞᆯ王이許諾ᄒᆞ얏더니妻가江口에逃至ᄒᆞ야其夫를遇ᄒᆞ야드ᄃᆡ여高句麗에同奔ᄒᆞ니라○(壬子)十

八年(高句麗新大王七年○百濟肖古王六年) 冬十一月에漢玄菟太守
耿臨이大兵을率ᄒᆞ고高句麗를來侵ᄒᆞ거ᄂᆞᆯ明臨荅夫가嬰城固守ᄒᆞ다가其
退去홈을乘ᄒᆞ야奮擊大破ᄒᆞ니耿臨이匹馬도不返ᄒᆞ니라○(己未)二十五
年(高句麗新大王十四年○百濟肖古王十三年)에高句麗王이殂ᄒᆞ고
太子男武가立ᄒᆞ니此ᄂᆞᆫ故國川王이라王의姿表가雄偉ᄒᆞ고事를臨ᄒᆞ야
寬猛이得中ᄒᆞ며于氏를立ᄒᆞ야后를삼다○(甲子)三十年(高句麗故國川
王五年○百濟肖古王十八年) 春三月에王이崩ᄒᆞ고無嗣ᄒᆞ거ᄂᆞᆯ國人이
脫解王의孫伐休를立ᄒᆞ다王이能히人의邪正을知ᄒᆞ야賢材를擇
用ᄒᆞ니世人이聖王이라稱ᄒᆞ더라
(辛未)伐休王七年(高句麗故國川王十二年○百濟肖古王二十五年)에
高句麗王이其臣晏留의言을從ᄒᆞ야鴨綠谷에隱居ᄒᆞᆫ處士乙巴素를卑辭
重禮로써聘ᄒᆞ야國相을拜ᄒᆞ니巴素가그知遇를感激ᄒᆞ야政敎를明케ᄒᆞ
고賞罰을愼ᄒᆞ니人民이安業ᄒᆞ고內外가無事ᄒᆞ거ᄂᆞᆯ麗王이이에晏留를

厚賞ᄒᆞ더라○(甲戌)十年(高句麗故國川王十五年○百濟肖古王二十八
年) 冬十月에高句麗가처음으로賑貸法을立ᄒᆞ다先是에麗王이出獵ᄒᆞ
다가哭者를見ᄒᆞ고問ᄒᆞᆫ듸對曰臣이貧窮ᄒᆞ야傭力養母ᄒᆞ더니今年이歲
가不登ᄒᆞ야養母키難ᄒᆞ다ᄒᆞ거ᄂᆞᆯ王曰此ᄂᆞᆫ朕의罪라ᄒᆞ고乃下令ᄒᆞ야每
歲三月로부터七月ᄭᆞ지官穀을出ᄒᆞ야百姓에게賑貸ᄒᆞ얏다가冬月歲熟
後에輸還케ᄒᆞ야恒式을定ᄒᆞ니百姓이大悅ᄒᆞ더라○(丙子)十二年(高句
麗故國川王十七年○百濟肖古王三十年) 夏四月에王이崩ᄒᆞ고王의第
二子伊買의子奈解王奈解가立ᄒᆞ다○五月에高句麗王이殂ᄒᆞ고無嗣ᄒᆞ
니王后于氏가遺命을矯ᄒᆞ야王의弟延優를立ᄒᆞ니此ᄂᆞᆫ山上王이라于氏
를立ᄒᆞ야后를삼더라
(己丑)奈解王十三年(高句麗山上王十三年○百濟肖古王四十三年) 冬
十月에高句麗가丸都(滿浦北隔水之地)에移都ᄒᆞ다○(甲午)十八年
(高句麗山上王十八年○百濟肖古王四十八年) 秋九月에百濟王이殂ᄒᆞ

고子仇首王仇首가立ᄒᆞ다○(丁未)三十一年 (高句麗山上王三十一年○百濟仇首王十三年) 夏五月에高句麗王이殂ᄒᆞ고太子優位居가立ᄒᆞ니此ᄂᆞᆫ東川王이라性이寬仁ᄒᆞ거날王后ㅣ其心을試코ᄌᆞᄒᆞ야其出遊ᄒᆞᆯ時에人으로ᄒᆞ야금路馬의鬣을截ᄒᆞᆫᄃᆡ王이還宮ᄒᆞ야曰馬가鬣이無ᄒᆞ니可憐ᄒᆞ다ᄒᆞ고또侍者로ᄒᆞ야금進食ᄒᆞᆯ時에거짓羹을衣上에覆ᄒᆞᆫᄃᆡ王이또ᄒᆞᆫ不怒ᄒᆞ더라○(庚戌)三十四年 (高句麗東川王三年○百濟仇首王十六年) 春三月에王이崩ᄒᆞ고遺命으로其壻助賁王助賁의立ᄒᆞ니助賁王은伐休王에孫이러라

(癸丑)助賁王三年 (高句麗東川王六年○百濟仇首王十九年) 夏五月에日本이入寇ᄒᆞ거날伊飡于老가迎擊ᄒᆞ다가風을乘ᄒᆞ야縱火ᄒᆞ니日兵이赴水ᄒᆞ야盡死ᄒᆞ니라○(甲寅)四年 (高句麗東川王七年○百濟仇首王二十年) 에支那魏主曹叡가使臣을遣ᄒᆞ야高句麗에來ᄒᆞ다○秋九月에百濟王이殂ᄒᆞ니國人이肖古王母弟古爾王古爾를立ᄒᆞ다○(丙辰)六年 (高

句麗東川王九年○百濟古爾王二年) 에支那吳主孫權이胡衛를遣ᄒᆞ야高句麗와通和코자ᄒᆞ거날麗王이其使를斬ᄒᆞ다○(丁巳)七年 (高句麗東川王十年○百濟古爾王二年) 秋에高句麗가其臣大加로ᄒᆞ야금將軍을삼아公孫淵을遼西에伐ᄒᆞ다○(壬戌)十二年 (高句麗東川王十五年○百濟古爾王八年) 에高句麗王이遼東과西安平을攻取ᄒᆞ다○(甲子)十四年 (高句麗東川王十七年○百濟古爾王八年) 에支那魏國이其臣幽州刺使母丘儉을遣ᄒᆞ야高句麗丸都城을攻陷ᄒᆞ거날麗王이出奔ᄒᆞ얏더니東部人紐由가魏營에詐降ᄒᆞ야魏將을刺殺ᄒᆞ고드듸여俱死ᄒᆞ니魏軍이大亂ᄒᆞᄂᆞᆫ지라王이이에三道進兵ᄒᆞ야魏軍을殲滅ᄒᆞ고다시還都ᄒᆞ더라○(丁卯)十七年 (高句麗東川王二十年○百濟古爾王十三年) 春二月에高句麗가平壤城을築ᄒᆞ고移都ᄒᆞ다○夏五月에王이崩ᄒᆞ고母弟沾解王沾解가立ᄒᆞ다

(戊辰)沾解王元年 (高句麗東川王二十一年○百高古爾王十四年) 秋九

月에高句麗王이殂ᄒᆞ고子中川王然弗이立ᄒᆞ야前王을東川에葬ᄒᆞ니國人이其德을追慕ᄒᆞ야哀傷치아니ᄒᆞᄂᆞᆫ者가無ᄒᆞ며或哀痛의過度ᄒᆞᆷ을因ᄒᆞ야喪命ᄒᆞᄂᆞᆫ者도有ᄒᆞ니德化의人心感服ᄒᆞᆷ을推知ᄒᆞᆯ너라○(己卯)十二年 (高句麗中川王十一年○百濟古爾王二十五年) 冬十二月에高句麗王이杜訥谷에畋ᄒᆞᆯᄉᆡ魏將尉遲楷가突然來侵ᄒᆞ거ᄂᆞᆯ王이精騎五千을發ᄒᆞ야魏兵을大破ᄒᆞ고八千餘級을斬ᄒᆞ다○(辛巳)十四年 (高句麗中川王十三年○百濟古爾王二十七年) 에王이薨ᄒᆞ고無嗣ᄒᆞ거ᄂᆞᆯ國人이助賁王의婿味鄒王金味鄒를立ᄒᆞ니是閼智의七世孫이러라○百濟가犯贓法을立ᄒᆞ야官人의受財와밋貪叨ᄒᆞᄂᆞᆫ者ᄂᆞᆫ其贓을三倍徵出ᄒᆞ고禁錮終身ᄒᆞ다

(庚寅)味鄒王九年 (高句麗中川王二十二年○百濟古爾王三十六年) 冬十月에高句麗王이殂ᄒᆞ고子西川王藥盧가立ᄒᆞ니爲人이聰頴仁慈ᄒᆞᆷ이國人이愛戴ᄒᆞ더라○羣臣이宮室을改築고져ᄒᆞ거ᄂᆞᆯ王이民力에勞苦ᄒᆞᆷ을

念ᄒᆞ야不聽ᄒᆞ다○(甲辰)二十三年 (高句麗西川王十四年○百濟古爾王五十年) 冬十月에王이薨ᄒᆞ고儒禮王吉儒禮가立ᄒᆞ니此ᄂᆞᆫ助賁王의長子며라

(丙午)儒禮王二年 (高句麗西川王十六年○百濟古爾王五十二年) 冬十一月에百濟王이薨ᄒᆞ고子責稽王責稽가立ᄒᆞ다○高句麗가帶方(今黃海道東이오京畿道西라)을伐ᄒᆞ니帶方이百濟에게求救ᄒᆞ거ᄂᆞᆯ百濟王이出師救援ᄒᆞ다○(壬子)八年 (高句麗西川王二十二年○百濟責稽王六年) 春에高句麗王이殂ᄒᆞ고子烽上王相夫가立ᄒᆞ다王이即位後에其叔父安國君達買와밋其弟咄固를忌嫉ᄒᆞ야罪로써誣殺ᄒᆞ니達買ᄂᆞᆫ麗의賢良ᄒᆞᆫ臣이오ᄯᅩᄒᆞᆫ戰功을屢建ᄒᆞᆫ者라國人이크게倚望ᄒᆞ더니이에無罪被殺ᄒᆞᆷ을見ᄒᆞ고다哀傷ᄒᆞ야流涕相吊치아니ᄒᆞᄂᆞᆫ者가無ᄒᆞ더라○燕慕容廆가高句麗를侵犯ᄒᆞ야西川王의塚을發掘ᄒᆞ다가壙內에樂聲이出ᄒᆞ거ᄂᆞᆯ神靈이有ᄒᆞᆫ다ᄒᆞ고大懼ᄒᆞ야退去ᄒᆞ더라○(戊午)十四年 (高句麗烽

上王六年○百濟責稽王十二年) 秋에貊人이百濟를侵ᄒᆞ니濟王이親ᄒᆞ禦敵ᄒᆞ다가見殺ᄒᆞ고子汾西王汾西가立ᄒᆞ다○高句麗王이宮室을增築ᄒᆞᆯ싀窮極奢侈ᄒᆞ야百姓이困瘁ᄒᆞᆫ지라羣臣이諫諍ᄒᆞ야도不聽ᄒᆞ니其相倉助利가王의不悛ᄒᆞᆷ을知ᄒᆞ고國人을糾合ᄒᆞ야王을別宮에幽ᄒᆞ니王이自殺ᄒᆞᄂᆞᆫ지라助利가이에乙弗을立ᄒᆞ야王을삼으니此ᄂᆞᆫ美川王이오西川王의孫이라初의烽上王이乙弗의父咄固가異心이有ᄒᆞ다ᄒᆞ고賜死ᄒᆞᆷ이乙弗이野에遁ᄒᆞ야人家傭作이되엿다가또鹽賈가되야艱苦를備嘗ᄒᆞ더니今에迎立ᄒᆞ니라○冬十二月에王이崩ᄒᆞ고從子基臨王基臨이立ᄒᆞ야日本으로더부러交聘ᄒᆞ다

(甲子)基臨王六年 (高句麗美川王四年○百濟汾西王六年) 春二月에百濟가樂浪의西縣을襲破ᄒᆞ엿더니冬十月에樂浪太守가刺客을遣ᄒᆞ야百濟王을殺ᄒᆞ거날國人이仇首王의子比流王比流를立ᄒᆞ다○(庚午)十二年 (高句麗美川王十年○百濟比流王六年) 夏五月에王이崩ᄒᆞ고無嗣ᄒᆞ

거날羣臣이角干 (官名) 의子訖解를立ᄒᆞ야王을삼으니곳訖解王이러라.

癸酉訖解王三年 (高句麗美川王十三年○百濟比流王九年) 에日本主가使를遣ᄒᆞ야婚을請ᄒᆞ거날角干急利에女로써許ᄒᆞ다○(辛卯)二十一年 (高句麗美川王三十一年○百濟比流王二十七年) 春二月에高句麗王이殂ᄒᆞ고子故國原王斯由가立ᄒᆞ다○(壬寅)三十二年 (高句麗故國原王十一年○百濟比流王三十八年) 秋八月에高句麗가丸都城을修葺ᄒᆞ고移居ᄒᆞ얏다가또東黃城 (平壤府東山) 에還都ᄒᆞ다○(甲辰)三十四年 (高句麗故國原王十三年○百濟比流王四十年) 春二月에日本이使를遣ᄒᆞ야婚을請ᄒᆞ거날不許ᄒᆞ얏더니其後에日本이絶交ᄒᆞ더라○冬十月에百濟王이殂ᄒᆞ고汾西王長子契王契가立ᄒᆞ다○(丙午)三十六年 (高句麗故國原王十五年○百濟契王二年) 秋九月에百濟王이殂ᄒᆞ고比流王第二子近肖古王近肖古가立ᄒᆞ다○日本이入寇ᄒᆞ야金城 (在今慶州) 을圍ᄒᆞ거날王이閉門不出ᄒᆞ고日兵의倦疲ᄒᆞᆷ을乘ᄒᆞ야將軍康世로ᄒᆞ야금

勁騎를發ᄒᆞ야擊敗ᄒᆞ다○(丙辰)四十六年 (高句麗故國原王二十五年○
百濟近肖古王十年) 夏四月에王이崩ᄒᆞ고無嗣ᄒᆞᆫ지라國人이昧鄒王의
姪奈勿王奈勿을立ᄒᆞ니自此로昔氏의祀가遂絕ᄒᆞ다
(甲子)奈勿王八年 (高句麗故國原王三十三年○百濟近肖古王十八年)
夏四月에日本이入寇ᄒᆞ거ᄂᆞᆯ王이草偶人으로ᄡᅥ兵器를執ᄒᆞ고吐含山
(在慶州東)下에羅列ᄒᆞ야疑兵을삼고勇士를斧峴東原에埋伏ᄒᆞ얏더니
日兵의恃勇輕進ᄒᆞᆷ을乘ᄒᆞ야突擊大破ᄒᆞ고斬獲殆盡ᄒᆞ다○(己巳)十三年
(高句麗故國原王三十八年○百濟近肖古王二十三年) 秋九月에高句
麗王이步騎二萬을率ᄒᆞ고百濟를伐ᄒᆞ니百濟가其太子로ᄒᆞ야금迎戰ᄒᆞ
야麗兵五千餘級을獲ᄒᆞ고越二年에百濟가高句麗平壤城을攻ᄒᆞ니麗王
이拒戰ᄒᆞ다가流矢를中ᄒᆞ야殂ᄒᆞ고子小獸林王丘夫가立ᄒᆞ다○百濟가
漢山城 (今漢陽) 에移都ᄒᆞ다○(壬申)十六年 (高句麗小獸林王元年○
百濟近肖古王二十六年) 夏六月에秦王苻堅이高句麗에使를遣ᄒᆞ야浮

屠順道와밋佛像佛經을送ᄒᆞ니我東에佛法이自此로始ᄒᆞ니라○高句麗
가太學을立ᄒᆞ야子弟를敎ᄒᆞ다○(癸酉)十七年 (高句麗小獸林王二年○
百濟近肖古王二十七年) 春에百濟禿山城 (在水原南) 主가人民三百
餘로ᄡᅥ來附ᄒᆞ거ᄂᆞᆯ王이六部에分居케ᄒᆞ얏더니百濟王이致書ᄒᆞ야責讓
曰我兩國이和好ᄒᆞ야兄弟를結ᄒᆞ얏거ᄂᆞᆯ今에王이我의叛民을納ᄒᆞ니此
ᄂᆞᆫ和誼를不顧ᄒᆞᆷ이라請컨ᄃᆡ其民을遣還ᄒᆞ라ᄒᆞ거ᄂᆞᆯ王이荅曰民은常心
이無ᄒᆞ야君이愛懷ᄒᆞ면來ᄒᆞ고殘虐ᄒᆞ면去ᄒᆞᆷ이곳常理라王은百姓을不
恤ᄒᆞ고다만朕을責ᄒᆞᆷ이可乎아ᄒᆞᆫᄃᆡ百濟王이다시敢言치못ᄒᆞ더라○高
句麗가비로소律令을頒行ᄒᆞ다○百濟가高興으로ᄡᅥ博士를拜ᄒᆞ니百濟
가開國以來로文字가未有ᄒᆞ다가至是ᄒᆞ야비로소書記를置ᄒᆞ니라○(乙
亥)十九年 (高句麗小獸林王四年○百濟近肖古王二十九年) 秋七月에
高句麗가百濟十谷城 (今谷山) 을攻ᄒᆞ니百濟가遣將拒戰ᄒᆞ다○冬十
一月에百濟王이殂ᄒᆞ고子近仇首王近仇首가立ᄒᆞ다○(戊寅)二十二年

(高句麗小獸林王七年○百濟近仇首王三年) 秋九月에契丹이高句麗를犯ᄒᆞ야北邊八部落을陷ᄒᆞ다○(甲申)二十八年 (高句麗小獸林王十三年○百濟近仇首王九年) 夏四月에百濟王이殂ᄒᆞ고子枕流王枕流가立ᄒᆞ다○九月에胡僧摩難羅陀가支那晉國으로부터百濟에至ᄒᆞ다○冬十一月에高句麗王이殂ᄒᆞ고毋弟故國讓王伊連이立ᄒᆞ다○百濟王이殂ᄒᆞ고弟辰斯王辰斯가立ᄒᆞ다○(乙酉)二十九年 (高句麗故國讓王元年○百濟枕流王元年) 에高句麗王이四萬兵을發ᄒᆞ야遼東玄菟를攻陷ᄒᆞ고男女一萬을擄還ᄒᆞ다○(壬辰)三十六年 (高句麗故國讓王八年○百濟辰斯王八年) 春에高句麗王이殂ᄒᆞ고子廣開土王談德이立ᄒᆞ다○百濟王이殂ᄒᆞ고枕流王의子阿莘王阿莘이立ᄒᆞ다○夏五月에日本이入寇ᄒᆞ야金城을圍ᄒᆞ거날將士가다出戰코자ᄒᆞᆫᄃᆡ王曰今에賊이捨舟深入ᄒᆞ야死戰코ᄌᆞᄒᆞ니其鋒을不可當이라ᄒᆞ고이에閉城固守ᄒᆞ더니밋日兵의退去ᄒᆞᆷ을乘ᄒᆞ야勇騎로써其歸路를遮截ᄒᆞ고또步卒로써禿山 (在慶州郡東) 에

追至ᄒᆞ야夾擊大破ᄒᆞ야殺獲이甚衆ᄒᆞ다○(壬寅)四十六年 (高句麗廣開土王十年○百濟阿莘王十年) 春二月에王이崩ᄒᆞ고太子가年幼ᄒᆞᆫ지라國人이實聖王實聖을立ᄒᆞ니實聖은金閼智의孫이러라○先是에燕王慕容盛이軍士三萬을率ᄒᆞ고高句麗를來侵ᄒᆞ야新城南蘇 (并在遼東) 二城을陷ᄒᆞ고土地七百餘里를畧奪ᄒᆞ고五千餘戶를徙去ᄒᆞ얏거날至是ᄒᆞ야高句麗가燕의平州를伐ᄒᆞ니刺史慕容歸가城을棄ᄒᆞ고走ᄒᆞ니라

(甲辰)實聖王二年 (高句麗廣開土王十二年○百濟阿莘王十二年) 에燕王慕容熙가高句麗의遼東城을來侵ᄒᆞ거날麗人이迎擊大破ᄒᆞ다○(乙巳)三年 (高句麗廣開土王十三年○百濟阿莘王十三年) 秋九月에百濟王이殂ᄒᆞ고子典支王典支가立ᄒᆞ다○(戊申)六年 (高句麗廣開土王十六年○百濟典支王三年) 春二月에日本이軍營을對馬島에置ᄒᆞ고鍊兵儲粮ᄒᆞ야入寇ᄒᆞᆯ意가有ᄒᆞᆫ지라王이發兵先攻코자ᄒᆞ다가未斯品의諫을從ᄒᆞ야止ᄒᆞ다○(癸丑)十一年 (高句麗廣開土王二十一年○百濟典支王八年)

冬十月에高句麗王이殂ᄒᆞ고子長壽王巨璉이立ᄒᆞ다○(丁巳)十五年(高句麗長壽王四年○百濟典支王十二年) 夏五月에訥祇가王을弑ᄒᆞ고自立ᄒᆞ니此ᄂᆞᆫ訥祇王이니奈勿王의子라初에奈勿王이王을高句麗에遣質ᄒᆞ얏더니王이因ᄒᆞ야訥祇를怨恨ᄒᆞ야殺코자ᄒᆞ니訥祇가곳王을弑ᄒᆞ니라

(戊午)訥祇王元年 (高句麗長壽王五年○百濟典支王十三年) 秋에朴堤上이日本에使ᄒᆞ얏다가見殺ᄒᆞ다初에王이二弟가有ᄒᆞ니日卜好日未斯欣이라卜好ᄂᆞᆫ高句麗에遣質ᄒᆞ고未斯欣은日本에爲質ᄒᆞ엿더니王이二弟를見코자ᄒᆞ야몬저堤上으로ᄒᆞ야금高句麗를往說ᄒᆞ야卜好를回國케ᄒᆞ고旣而오王이또未斯欣을思ᄒᆞ야堤上으로ᄒᆞ야금日主를往說ᄒᆞ니日主가聽치아니ᄒᆞ거ᄂᆞᆯ堤上이計를用ᄒᆞ야日主를紿ᄒᆞ고未斯欣을回國케ᄒᆞ엿더니幾日을經ᄒᆞᆫ後에日主가見欺ᄒᆞᆷ을知ᄒᆞ고大怒ᄒᆞ야惡刑을施ᄒᆞ고未斯欣을回國케ᄒᆞᆫ理由를質問ᄒᆞ거ᄂᆞᆯ堤上이曰我ᄂᆞᆫ鷄林의臣이라吾

君의志를成ᄒᆞᆷ이라ᄒᆞᆫᄃᆡ日主가益怒ᄒᆞ야自國에臣服ᄒᆞ라ᄒᆞ고堤上의脚을剝ᄒᆞ고兼葭를刈ᄒᆞ고其上에趍케ᄒᆞ고또熱鐵上에扶立ᄒᆞᆫᄃᆡ終始屈치아니ᄒᆞ니이에燒殺ᄒᆞ니라王이其死ᄒᆞᆷ을聞ᄒᆞ고甚히哀慟ᄒᆞ고곳大阿飡(官名) 을追贈ᄒᆞ고其家를厚給ᄒᆞ고未斯欣으로ᄒᆞ야금其弟二女를娶케ᄒᆞ다堤上의妻가三女를率ᄒᆞ고鵄述嶺(在慶州)에上ᄒᆞ야日本을望ᄒᆞ고痛哭ᄒᆞ다가死ᄒᆞ니堤上은婆娑王의五世孫이러라○(庚申)三年 (高句麗長壽王七年○百濟典支王十五年) 春三月에百濟王이殂ᄒᆞ고子久爾辛王久爾辛이立ᄒᆞ다○(丙寅)九年 (高句麗長壽王十三年○百濟久爾辛王六年) 冬十二月에百濟王이殂ᄒᆞ고子比有가立ᄒᆞ다○(乙亥)十八年 (高句麗長壽王二十二年○百濟比有王九年) 春에歷代의園陵을修葺ᄒᆞ다○燕王馮弘이尙書陽伊를高句麗에遣ᄒᆞ야來投ᄒᆞᆷ을預約ᄒᆞ니此ᄂᆞᆫ魏가數伐ᄒᆞᆷ을苦ᄒᆞᆷ이러라翌年에魏가燕을伐ᄒᆞᆯ서麗에遣使ᄒᆞ야燕을勿助ᄒᆞ라ᄒᆞ거ᄂᆞᆯ麗王이不聽ᄒᆞ고葛盧와孟允을命ᄒᆞ야軍士數萬을

擧ᄒᆞ고燕王弘을迎至ᄒᆞ엿더니其後三年에燕王弘이麗王에不禮ᄒᆞᆫ다ᄒᆞ고宋國에往依코자ᄒᆞ니麗王이怒ᄒᆞ야殺ᄒᆞ니라○(乙未)三十八年 (高句麗長壽王四十二年○百濟比有王二十九年) 秋에百濟王이殂ᄒᆞ고子蓋鹵王餘慶이立ᄒᆞ다○冬十月에高句麗가百濟를侵攻ᄒᆞ거ᄂᆞᆯ遣兵救援ᄒᆞ다○高句麗가支那宋國으로通好ᄒᆞ다○百濟가支那魏國으로通好ᄒᆞ다○(戊戌)四十一年 (高句麗長壽王四十五年○百濟蓋鹵王三年) 秋에王이崩ᄒᆞ고子慈悲王慈悲가立ᄒᆞ다

(乙卯)慈悲王十七年 (高句麗長壽王六十二年○百濟蓋鹵王二十年) 春正月에王이月城에移御ᄒᆞ다○秋九月에高句麗王이百濟를攻ᄒᆞ야其王을殺ᄒᆞ니濟王의太子文周王文周가立ᄒᆞ다初에浮屠道琳이麗王의密旨를受ᄒᆞ고거짓麗王께得罪ᄒᆞ엿다ᄒᆞ고亾命ᄒᆞ야百濟에入ᄒᆞ니時에濟王이奕棋를嗜ᄒᆞᄂᆞᆫ지라道琳이이에碁術로進ᄒᆞ야甚히親昵ᄒᆞ거ᄂᆞᆯ이에濟王을勸ᄒᆞ야城郭을廣ᄒᆞ고宮室을崇ᄒᆞ야國威를壯케ᄒᆞ라ᄒᆞ니濟王이其

言에慫慂ᄒᆞ야聽從ᄒᆞ더니自此로倉庾가虛竭ᄒᆞ고人民이困窮ᄒᆞ거ᄂᆞᆯ道琳이逃還ᄒᆞ야麗王에게告ᄒᆞᆫᄃᆡ麗王이이에軍士三萬을率ᄒᆞ고百濟의漢城을圍ᄒᆞ야七日에拔ᄒᆞ니濟王이數十騎를率ᄒᆞ고出城西走ᄒᆞ다가麗將桀婁에게殺害ᄒᆞ다時에濟太子文周가來朝乞援ᄒᆞ거ᄂᆞᆯ軍士一萬을予ᄒᆞ엿더니밋濟太子가還國ᄒᆞᆷ의其父王은死ᄒᆞ고麗兵이已退ᄒᆞ엿더라○(丙辰)十八年 (高句麗長壽王六十三年○百濟文周王元年) 夏四月에耽羅(今濟州) 가方物을百濟에게獻ᄒᆞ다耽羅ᄂᆞᆫ或曰耽牟羅라南海中에在ᄒᆞ야古昔에ᄂᆞᆫ人物이無ᄒᆞ더니三人이[illegible]ᄒᆞ야地로좃차湧出ᄒᆞ니長曰良乙那오次曰高乙那오三曰夫乙那라이에荒地에游獵ᄒᆞ야衣皮食肉ᄒᆞ더니一日은紫泥로封ᄒᆞᆫ木函이海濱에浮來ᄒᆞ거ᄂᆞᆯ開見ᄒᆞ니內에石函이有ᄒᆞ고一紅帶紫衣使者가隨來ᄒᆞ고函內에靑衣處女三人과諸駒犢과五穀의種者가有ᄒᆞ고使者曰我ᄂᆞᆫ日本使臣이라吾王이此三女를生ᄒᆞ고言ᄒᆞ되西海中岳에神子三人이將且開國코져ᄒᆞ되配匹이無ᄒᆞ다ᄒᆞ고臣을命ᄒᆞ

야送來ᄒᆞ엿스니맛당히配耦를作ᄒᆞ야大業을成ᄒᆞ소서ᄒᆞ고乃乘雲忽去ᄒᆞ거ᄂᆞᆯ三人이이에分娶ᄒᆞ고各其泉甘土肥處를擇ᄒᆞ야居ᄒᆞᆯ새良乙那所居ᄂᆞᆫ第一都라ᄒᆞ고高乙那所居ᄂᆞᆫ第二都라ᄒᆞ고夫乙那所居ᄂᆞᆫ第三都라ᄒᆞ고五穀을播ᄒᆞ며駒犢을牧ᄒᆞ야漸漸富盛ᄒᆞ더라○六月에日本이東海에入寇ᄒᆞ거ᄂᆞᆯ王이將軍德智를命ᄒᆞ야擊敗ᄒᆞ다○冬十月에百濟가熊津(今公州)에移都ᄒᆞ다○(丁巳)十九年 (高句麗長壽王六十四年○百濟文周王三年) 夏에百濟의臣解仇가其君을弑ᄒᆞ고太子三斤을立ᄒᆞ니三斤王이解仇를誅ᄒᆞ다○(己未)二十一年 (高句麗長壽王六十六年○百濟三斤王三年) 春二月에王이崩ᄒᆞ고子炤智王炤智가立ᄒᆞ다○百濟王이殂ᄒᆞ고文周王母弟昆支의子牟大가立ᄒᆞ니此ᄂᆞᆫ東城王이러라

(丁卯)炤智王八年 (高句麗長壽王七十四年○百濟東城王八年) 春에郵驛을四方에置ᄒᆞ다○(庚午)十一年 (高句麗長壽王七十七年○百濟東城王十一年) 春에市肆를初置ᄒᆞ야四方에貨를通케ᄒᆞ다○(辛未)十二年

(高句麗長壽王七十八年○百濟東城王十二年) 冬十二月에高句麗王이殂ᄒᆞ고太孫文咨王羅雲이立ᄒᆞ다○(庚辰)二十一年 (高句麗文咨王九年○百濟東城王二十一年) 春에百濟가臨流閣을起ᄒᆞ니高가五丈이오또酒池를穿ᄒᆞ고奇禽과異卉를養ᄒᆞ거ᄂᆞᆯ羣臣이諫諍호되不聽ᄒᆞ더라○冬十一月에王이崩ᄒᆞ고無嗣ᄒᆞᆫ지라王의從祖弟智大路가立ᄒᆞ니此ᄂᆞᆫ智證王이러라

(辛巳)智證王元年 (高句麗文咨王十年○百濟東城王二十二年) 에百濟苩加가其君을弑ᄒᆞ고太子餘隆을立ᄒᆞ니此ᄂᆞᆫ武寧王이라翌年에濟王이扞率 (名官) 解明으로ᄒᆞ여금苩加를執ᄒᆞ야白江 (今白馬江) 에投ᄒᆞ다○二月에殉葬을禁ᄒᆞ다先是에ᄂᆞᆫ王이崩ᄒᆞ면殉葬者가男女各五人이러라○三月에各州郡을命ᄒᆞ야勸農ᄒᆞᆯ새비로소牛로써耕田케ᄒᆞ다○(癸未)三年 (高句麗文咨王十二年○百濟武寧王二年) 秋九月에靺鞨이百濟高木城 (在今喬桐) 을來侵ᄒᆞ니濟王이遣兵擊退ᄒᆞ다○(甲申)四年

(高句麗文咨王十三年○百濟武寧王二年)에喪服法을制定ᄒᆞ니라○(乙酉)五年 (高句麗文咨王十四年○百濟武寧王四年) 冬十一月에비로소有司를命ᄒᆞ야氷을藏케ᄒᆞ고舟楫에制를定ᄒᆞ다○(壬辰)十二年 (高句麗文咨王二十一年○百濟武寧王十一年) 六月에于山國을征服ᄒᆞ다于山은東海中小島라一名은欝陵이니地方이百里오其險阻를恃ᄒᆞ고不服ᄒᆞ거날伊飡 (官名) 異斯夫가木으로써獅子를製ᄒᆞ야戰船에載ᄒᆞ고其島에抵ᄒᆞ야誑嚇ᄒᆞ야日汝가만일不降ᄒᆞ면곳此獸를放ᄒᆞ야踏殺ᄒᆞ리라ᄒᆞ니島人이懼ᄒᆞ야降ᄒᆞ니라○(甲午)十四年 (高句麗文咨王二十三年○百濟武寧王十三年) 秋七月에王이崩ᄒᆞ거날謚ᄒᆞ야日智證이라ᄒᆞ니謚法을自此로始用ᄒᆞ고子法興王原宗이立ᄒᆞ다

(己亥)法興王五年 (高句麗文咨王二十八年○百濟武寧王十八年)에高句麗王이殂ᄒᆞ고子安藏王興安이立ᄒᆞ다○(癸卯)九年 (高句麗安藏王四年○百濟武寧王二十二年) 夏五月에百濟王이殂ᄒᆞ고謚日武寧이라ᄒᆞ

니百濟가謚法을쓰ᄆᆞᆫ自此로始用ᄒᆞ고太子聖王明穠이立ᄒᆞ다○官制와服色을定ᄒᆞ다○(戊申)十四年 (高句麗安藏王九年○百濟聖王五年)에비로소佛教를行ᄒᆞ다○(辛亥)十七年 (高句麗安藏王十二年○百濟聖王八年) 夏五月에高句麗王이殂ᄒᆞ고弟安原王寶延이立ᄒᆞ다○(丙辰)二十二年 (高句麗安原王五年○百濟聖王十三年) 秋에高句麗가支那東魏에遣使ᄒᆞ다○비로소年號를建ᄒᆞ야建元이라ᄒᆞ다○(戊午)建元二年 (高句麗安原王七年○百濟聖王十五年)에百濟가泗沘 (今扶餘郡)에移都ᄒᆞ고國號를南扶餘라改稱ᄒᆞ다○(庚申)五年 (高句麗安原王九年○百濟聖王十七年)에王이崩ᄒᆞ고從子眞興王彡麥宗이立ᄒᆞ다

(辛酉)眞興王元年 (高句麗安原王十年○百濟聖王十八年)에百濟가支那梁에遣使ᄒᆞ야毛詩博士와涅槃經義와工匠과畫師等을招來ᄒᆞ다○(乙丑)五年 (高句麗安原王十四年○百濟聖王二十二年)에高句麗王이殂ᄒᆞ고子陽原王平成이立ᄒᆞ다○國史를修撰ᄒᆞᆯᄉᆡ伊飡異斯夫가請ᄒᆞ야日

國史ᄂᆞᆫ君臣의善惡을記ᄒᆞ야襃貶을後代에示ᄒᆞᄂᆞ니만일修撰치아니면後代가何를監戒ᄒᆞ리오ᄒᆞ거날王이곳大阿飡金居柒夫等을命ᄒᆞ야文士를集ᄒᆞ야撰輯ᄒᆞ다○(己巳)九年 (高句麗陽原王四年○百濟聖王二十六年) 에梁이佛의舍利를送獻ᄒᆞ거날王이百官으로ᄒᆞ야곰奉迎ᄒᆞ다○(辛未)開國元年 (高句麗陽原王六年○百濟聖王二十八年) 에年號를改ᄒᆞ야曰開國이라ᄒᆞ다○秋九月에突厥 (今土耳其部落이니其時에今俄屬西比利亞에居ᄒᆞ고一名鮮卑라) 이高句麗城을來侵ᄒᆞ다가敗逃ᄒᆞ다○將軍金居柒夫를遣ᄒᆞ야高句麗의十郡을攻取ᄒᆞ다○(壬申)二年 (高句麗陽原王七年○百濟聖王二十九年) 初에伽耶國王嘉悉이支那唐國樂部의箏을倣法ᄒᆞ야十二絃琴을製ᄒᆞ고樂師于勒을命ᄒᆞ야十二曲을造ᄒᆞ엿더니後에于勒이其國의將亂ᄒᆞᆷ을知ᄒᆞ고樂器를携ᄒᆞ고來朝ᄒᆞ거날王이召見ᄒᆞ야奏樂케ᄒᆞ고다시法知와階古와萬德等을命ᄒᆞ야勒에게樂을學ᄒᆞ라ᄒᆞ니勒이其材를隨ᄒᆞ야敎ᄒᆞᆯ서階古ᄂᆞᆫ琴을學ᄒᆞ고法知ᄂᆞᆫ歌를學ᄒᆞ

고萬德은舞를學ᄒᆞ야三人이十二曲을學得ᄒᆞ고相謂曰此樂이繁淫ᄒᆞ야古雅치못ᄒᆞ다ᄒᆞ고이에五曲을製就ᄒᆞ니于勒이聞ᄒᆞ고怒ᄒᆞ다가밋其曲을聽ᄒᆞ고歎曰此ᄂᆞᆫ止聲이라ᄒᆞ고드듸여王께奏ᄒᆞ니王이大悅ᄒᆞ야其琴을名ᄒᆞ야曰伽耶라ᄒᆞ고또玄琴이有ᄒᆞ니此ᄂᆞᆫ國相王山岳이七絃琴을倣ᄒᆞ야製ᄒᆞᆫ者라奏ᄒᆞᆯ時에玄鶴이來舞ᄒᆞ거날因ᄒᆞ야名曰玄鶴琴이라ᄒᆞ더니後에다시玄琴이라稱ᄒᆞ고또玉寶高란者가智異山에入ᄒᆞ야學琴ᄒᆞᆫ지五十年에三十曲을自製ᄒᆞ야續命得에게傳ᄒᆞ고續命得은貴金에게傳ᄒᆞ니貴金이또ᄒᆞᆫ智異山에入ᄒᆞ야不出ᄒᆞ거날王이琴道가不傳ᄒᆞᆯ가恐ᄒᆞ야伊飡允興으로ᄒᆞ여금親往ᄒᆞ야其秘를傳ᄒᆞ고또琵琶가有ᄒᆞ야支那의制로더부러大同小異ᄒᆞ고其音이三調가有ᄒᆞ니一은宮調오二ᄂᆞᆫ七賢調오三은鳳凰調러라○(甲戌)四年 (高句麗陽原王九年○百濟聖王三十一年) 秋에百濟王이來侵ᄒᆞ거날將軍金武力이逆戰ᄒᆞ야濟王을殺ᄒᆞ니濟太子威德王昌이立ᄒᆞ다○(己卯)九年 (高句麗陽原王十四年○百濟威德王

五年) 春三月에高句麗王이殂ᄒᆞ고子平原王陽城이立ᄒᆞ다○(甲午)二十四年 (高句麗平原王十五年○百濟威德王二十年) 春에新宮을捨ᄒᆞ야皇龍寺를삼고丈六佛像을鑄造ᄒᆞ니銅이三萬五千七斤이오鍍ᄒᆞᆫ金이百二兩重이러라畫工率居가老松을寺壁에畫ᄒᆞ니鳥雀이往往이飛入ᄒᆞ다가蹭蹬ᄒᆞ야落ᄒᆞ더니後에畫色이漫漶ᄒᆞ거날寺僧이다시補畫ᄒᆞ엿더니自後로鳥雀이不來ᄒᆞ더라○(丙午)二十六年 (高句麗平原王十七年○百濟威德王二十二年) 에王이崩ᄒᆞ다王이末年에佛을好ᄒᆞ야剃髮ᄒᆞ고僧衣를被ᄒᆞ며自號曰法雲이라ᄒᆞ고王后도ᄯᅩᄒᆞᆫ尼가되더니至是ᄒᆞ야王의次子眞智王金輪이立ᄒᆞ다

(己亥)眞智王三年 (高句麗平原王二十年○百濟威德王二十五年) 秋七月에王이崩ᄒᆞ고眞興王太子銅輪의子伯淨이立ᄒᆞ니此ᄂᆞᆫ眞平王이라改元ᄒᆞ야建福이라ᄒᆞ다○伊飡金后稷으로써兵部令을拜ᄒᆞ다王이畋獵을好ᄒᆞ야后稷이切諫ᄒᆞ되不聽ᄒᆞ더니其後에后稷이將死ᄒᆞᆯ서其子다려謂

曰吾가人臣이되야能히君의惡을匡救치못ᄒᆞ니恐컨ᄃᆡ王이遊娛不已ᄒᆞ다가畢竟國을亡ᄒᆞᆯ지니此ᄂᆞᆫ吾의憂라吾가雖死ᄒᆞ야도王의意를悟케ᄒᆞ리니我死ᄒᆞᆫ後에我를王의遊畋ᄒᆞᄂᆞᆫ路側에瘞ᄒᆞ라ᄒᆞ니其子가從ᄒᆞ엿더니他日에王이出獵ᄒᆞᆯ서中路에聲이有ᄒᆞ야曰王은毋去ᄒᆞ라ᄒᆞᄂᆞᆫ지라王이驚恠ᄒᆞ야問ᄒᆞ니左右ㅣ曰聲이后稷의墓에셔出ᄒᆞᆫ다ᄒᆞ고드듸여后稷의遺言을陳ᄒᆞᆫᄃᆡ王이潸然流涕ᄒᆞ야曰夫子가生時에忠諫ᄒᆞ더니今에死ᄒᆞ야도不忘ᄒᆞ니其愛我ᄒᆞᆷ이甚ᄒᆞ다ᄒᆞ고自此로終身토록出獵지아니ᄒᆞ니라○調府令을置ᄒᆞ야貢賦를掌ᄒᆞ고乘府令을置ᄒᆞ야車乘을掌ᄒᆞ다○高句麗가長安城 (平壤南城) 에移都ᄒᆞ다

(庚戌)眞平王建福十一年 (高句麗平原王三十一年○百濟威德王三十六年) 冬十月에高句麗王이殂ᄒᆞ고子嬰陽王元이立ᄒᆞ다○明活城 (慶州月城東)을改築ᄒᆞ고ᄯᅩ西元山城을築ᄒᆞ다○(戊午)十九年 (高句麗嬰陽王八年○百濟威德王四十四年) 春에高句麗王이靺鞨兵을率ᄒᆞ고遼西를

進攻ᄒᆞ니支那隋主가怒ᄒᆞ야楡關에出兵ᄒᆞ엿다가食盡ᄒᆞ야退去ᄒᆞ다○冬十二月에百濟王이殂ᄒᆞ고第二子惠王季明이立ᄒᆞ다○(己未)二十年(高句麗嬰陽王九年○百濟惠王元年) 에百濟王이殂ᄒᆞ고子法王宣이立ᄒᆞ야下令ᄒᆞ야殺生을禁ᄒᆞ고民家에鷹鷂를放케ᄒᆞ고또漁獵의具를焚ᄒᆞ다○(庚申)二十一年 (高句麗嬰陽王十年○百濟法王元年) 春에高句麗가太學博士李文眞을命ᄒᆞ야國史를修撰ᄒᆞ다先是에國事記事一百卷이有ᄒᆞ더니至是ᄒᆞ야新集五卷이更成ᄒᆞ니라○夏五月에百濟王이殂ᄒᆞ고武王璋이立ᄒᆞ다○(辛未)三十二年 (高句麗嬰陽王二十一年○百濟武王十一年) 冬十月에百濟가椵嶺城을攻陷ᄒᆞ니縣令讃德이死ᄒᆞ다讃德이固守ᄒᆞᆫ지百餘日에粮盡水渴ᄒᆞ되오히려力戰不怠ᄒᆞ다가城이將陷ᄒᆞ거날讃德이仰天大號曰吾王이一城으로ᄡᅥ我에게委任ᄒᆞ엿거날我가此를能保치못ᄒᆞ니我가雖死ᄒᆞᆯ지라도厲鬼가되야百濟人을殲ᄒᆞ리라ᄒᆞ고드듸여攘臂瞋目ᄒᆞ고槐樹에觸頭ᄒᆞ야死ᄒᆞ니王이其子奚論大로ᄡᅥ奈馬 (官

名) 을拜ᄒᆞ다○(壬申)三十三年 (高句麗嬰陽王二十二年○百濟武王十二年) 春正月에支那隋主楊廣이親히大兵을擧ᄒᆞ야高句麗를來侵ᄒᆞ거날麗將乙支文德이迎擊大破ᄒᆞ다先是에隋臣裵矩가其主를勸ᄒᆞ야高句麗를脅降ᄒᆞ라ᄒᆞ니隋主가其言을從ᄒᆞ야麗王에게送書ᄒᆞ거날麗王이聽치아니ᄒᆞ니隋主가步騎一百十三萬三千八百人을發ᄒᆞ야號曰二百萬이라ᄒᆞ고九道로侵入ᄒᆞ야平壤에集코ᄌᆞᄒᆞᆯ시宇文述來護兒等이先鋒이되고旌旗가九百六十里를亘ᄒᆞ며皷角이相聞ᄒᆞ더라二月에隋主가遼水에至ᄒᆞ거날麗王이文德으로ᄒᆞ여금禦敵ᄒᆞ라ᄒᆞ니文德이述軍에飢色이有ᄒᆞᆷ을見ᄒᆞ고疲斃코자ᄒᆞ야그짓七戰七走ᄒᆞ되述等이驟勝ᄒᆞᆷ을恃ᄒᆞ고드듸여薩水 (安州淸川江) 를渡ᄒᆞ야平壤城과相距ᄒᆞᆷ三十里地에依山ᄒᆞ야軍營을設ᄒᆞ거날文德이遣使詐降ᄒᆞ고述에게請ᄒᆞ야曰公等이만일返師ᄒᆞ면我가降服ᄒᆞ리라ᄒᆞ되述이自軍이疲斃ᄒᆞ야復戰키難ᄒᆞᆷ을知ᄒᆞ고또平壤은城池가險固難拔ᄒᆞ다ᄒᆞ야이에許諾ᄒᆞ거날文德이곳出兵ᄒᆞ야

四面鈔擊ᄒᆞᆯᄉᆡ且戰且行ᄒᆞ다가秋七月에薩水에至ᄒᆞ니隋軍이半渡ᄒᆞᄂᆞᆫ
지라이에尾擊大破ᄒᆞ고其將辛世雄을斬ᄒᆞ니諸軍이다逃散ᄒᆞ고來護兒
가ᄯᅩᄒᆞᆫ遁去ᄒᆞ니라初에隋軍이遼東을度ᄒᆞᆫ者가凡三十萬五千에脫去ᄒᆞᆫ
者ㅣ겨우二千七百人이오其資儲器械가다麗軍에게奪ᄒᆞᆫ빈되니라文德
의爲人이沉鷙ᄒᆞ고智數가有ᄒᆞ며兼ᄒᆡ屬文을善ᄒᆞ야隋軍과相持ᄒᆞᆯᄉᆡ隋
將于仲文에게贈詩ᄒᆞ야曰神策은究天文이오妙筭은窮地理라戰勝功旣
高ᄒᆞ니知足願云止어다ᄒᆞ니東方에五言詩가自此倡始ᄒᆞ엿더라○(癸酉)
三十四年 (高句麗嬰陽王二十三年○百濟武王十三年) 夏四月에隋主
가ᄯᅩ大軍을親率ᄒᆞ고高句麗遼東城을來侵ᄒᆞᆯᄉᆡ圍城ᄒᆞᆫ지二十餘日에城
內가固守不動ᄒᆞ더니맛ᄎᆞᆷ楊玄感의反書가至ᄒᆞ니隋主가大懼ᄒᆞ야退去
ᄒᆞ고其後에다시來侵코자ᄒᆞ야涿郡에親至ᄒᆞ야戎服을御ᄒᆞ고懷遠鎭外
지至ᄒᆞ엿다가高句麗의防備가有ᄒᆞ야犯치못ᄒᆞᆷ을知ᄒᆞ고結和退去ᄒᆞ다
○(戊寅)二十九年 (高句麗嬰陽王二十八年○百濟武王十八年) 秋九月

에高句麗王이殂ᄒᆞ고異母弟榮留王建武가立ᄒᆞ다○支那唐主李淵이高
句麗에遣使ᄒᆞ야麗人이隋軍에게被擄ᄒᆞᆫ者를送還ᄒᆞ거ᄂᆞᆯ高句麗가ᄯᅩᄒᆞᆫ
擄來ᄒᆞᆫ隋人數萬을送還ᄒᆞ다○(乙酉)四十六年 (高句麗榮留王七年○百
濟武王二十五年) 에唐으로通好ᄒᆞ다○百濟가唐에遣使ᄒᆞ다○高句麗
가唐에遣人ᄒᆞ야佛老法을學ᄒᆞ다○(己丑)五十年 (高句麗榮留王十一年
○百濟武王二十九年) 秋八月에金庾信이高句麗娘臂城 (今淸州) 을
攻拔ᄒᆞ다庾信은首露王後裔오舒玄의子라王이舒玄을遣ᄒᆞ야娘臂城을
攻ᄒᆞᆯᄉᆡ麗人이逆戰ᄒᆞ야我軍이失利ᄒᆞᄂᆞᆫ지라時에庾信이中幢主 (官名)
가되야其父에게告曰庾信이平生에忠孝를自期ᄒᆞ얏ᄉᆞ니今에臨陣ᄒᆞ
야不可不勇戰ᄒᆞ깃다ᄒᆞ고이에跨馬突陣ᄒᆞ야麗將을斬ᄒᆞ고其首를提來
ᄒᆞ니諸軍이곳乘勝奮擊ᄒᆞ야ᄯᅳ되여其城을拔ᄒᆞ다初에庾信이麗濟와靺
鞨이자조侵軼ᄒᆞᆷ을見ᄒᆞ고慨然히剷平ᄒᆞᆯ志가有ᄒᆞ야中嶽 (慶州斷石山)
石窟에獨入ᄒᆞ야劒을鍊ᄒᆞ고作誓告天ᄒᆞ엿더니忽然이老人이來ᄒᆞ야

秘訣을傳ᄒᆞᆷ이自後로智略이益廣ᄒᆞ니라○(壬辰)五十三年 (高句麗榮留王十四年○百濟武王三十二年) 에王이崩ᄒᆞ고無嗣ᄒᆞᆫ지라國人이王의女德曼을立ᄒᆞ니此ᄂᆞᆫ善德女主라初에唐主가人으로ᄒᆞ여곰牧丹花圖와밋其花種을來獻ᄒᆞ거ᄂᆞᆯ眞平王德曼을示ᄒᆞ니德曼이曰此花가반다시香氣가無ᄒᆞ리이다ᄒᆞ더니王이笑曰爾가何以知之오對曰花가絶艶ᄒᆞ나其畵에蜂蝶이無ᄒᆞ니此ᄂᆞᆫ無香ᄒᆞᆫ花라ᄒᆞ더니種之ᄒᆞ니果然이오我東에牧丹이自此始盛ᄒᆞ니라

(甲午)善德主仁平二年 (高句麗榮留王十六年○百濟武王三十四年) 春正月에改元ᄒᆞ야仁平이라ᄒᆞ다○宮西玉門池에蝦蟆가大集ᄒᆞ거ᄂᆞᆯ主曰蝦蟆가怒目ᄒᆞ니此ᄂᆞᆫ兵象이라意者컨ᄃᆡ西方玉門谷에隣兵이至ᄒᆞ엿다ᄒᆞ고이에將軍閼川을遣ᄒᆞ야搜探ᄒᆞ라ᄒᆞ엿더니果然百濟의甲士五百이解鞍休息ᄒᆞ거ᄂᆞᆯ곳掩擊盡殺ᄒᆞ니主가大喜ᄒᆞ야閼川을厚賞ᄒᆞ다○(庚子)八年 (高句麗榮留王二十二年○百濟武王四十年) 夏五月에王子와宗

室을唐國에遣ᄒᆞ야遊學케ᄒᆞ니高句麗와百濟가다倣行ᄒᆞ더라○(辛丑)九年 (高句麗榮留王二十三年○百濟武王四十一年) 春三月에百濟王이殂ᄒᆞ고子義慈王義慈가立ᄒᆞ다○(壬寅)十年 (高句麗榮留王二十四年○百濟義慈王元年) 先是에高句麗太子桓權이唐에朝ᄒᆞ니唐主가郞中陳大德等을遣ᄒᆞ야報聘ᄒᆞ니大德이山水를遊覽ᄒᆞ다稱ᄒᆞ고山川道里의險夷를다探悉ᄒᆞ야歸去ᄒᆞᆫ後에高句麗의虛實을備陳ᄒᆞ니唐主가이에高句麗를侵略ᄒᆞᆯ志가有ᄒᆞ더라○冬十月에高句麗泉蓋蘇文이其君建武를弑ᄒᆞ고其王의從子藏을立ᄒᆞ니此ᄂᆞᆫ寶藏王이러라蘇文의狀貌가雄偉ᄒᆞ고意氣가驚悍ᄒᆞᆫ지라國事를專擅ᄒᆞ야威權을自用ᄒᆞ니國人이다慴伏ᄒᆞ더라○十一月에伊飡金春秋를遣ᄒᆞ야高句麗에請援ᄒᆞ다先是에百濟가西方에入寇ᄒᆞ야獼猴等四十城을侵奪ᄒᆞ고또百濟將軍允忠이大耶城 (今陜川) 에侵入ᄒᆞ야都督金品釋이戰死ᄒᆞᆫ지라主가是ᄒᆞ야春秋가百濟를滅ᄒᆞᆯ志가有ᄒᆞ야將行ᄒᆞᆯ새金庾信으로더부러歸期를六旬爲限ᄒᆞ고드듸여麗

王을往說ᄒᆞ야日今에百濟가無道ᄒᆞ야我와疆埸을侵軼ᄒᆞ니願컨ᄃᆡ大王
의威를仗ᄒᆞ야讐耻를셜ᄒᆞ노이다ᄒᆞᆫᄃᆡ麗王曰麻峴과竹嶺(今丹陽郡南
地)은元來我國의土地라만일還送ᄒᆞ면곳出兵相助ᄒᆞ리라ᄒᆞ거ᄂᆞᆯ春秋
가對曰臣이君命을奉ᄒᆞ고請援ᄒᆞᆷ이어ᄂᆞᆯ今에大王이鄰難救隣을不思ᄒᆞ
고도로혀土地를歸ᄒᆞ라ᄒᆞ시니臣이死ᄒᆞᆯ지언뎡奉命치못ᄒᆞ리라ᄒᆞᆫᄃᆡ麗
王이怒ᄒᆞ야因執ᄒᆞ거ᄂᆞᆯ此時에金庾信이春秋에不返ᄒᆞᆷ을見ᄒᆞ고王께請
ᄒᆞ야兵士三千을募ᄒᆞ야高句麗를將伐ᄒᆞᆯ새漢江을渡ᄒᆞ니麗王이聞知ᄒᆞ
고이에春秋를厚禮遣歸ᄒᆞ더라○(癸卯)十一年 (高句麗寶藏王元年○百
濟義慈王二年) 에高句麗가唐에遣人ᄒᆞ야道敎를求ᄒᆞ니唐主가道士叔
達等八人을遣ᄒᆞ고兼ᄒᆞ야老子道德經을送ᄒᆞ더라○冬十一月에百濟와
高句麗가合兵ᄒᆞ야党項城을來侵ᄒᆞ다가退去ᄒᆞ다○(甲辰)十二年 (高句
麗寶藏王二年○百濟義慈王三年) 冬十一月에唐主李世民이大軍을親
率ᄒᆞ고高句麗를來侵ᄒᆞ니先是에唐主가其臣蔣儼으로麗王에게致書ᄒᆞ

야新羅와通好ᄒᆞᄂᆞᆫ路를毋遏ᄒᆞ고또百濟로더부러各其戢兵ᄒᆞ라不然ᄒᆞ
면곳發兵攻擊ᄒᆞ리라ᄒᆞ거ᄂᆞᆯ泉蓋蘇文이曰往者에隋兵이侵我ᄒᆞᆯ새新羅
가乘隙ᄒᆞ야我地五百里를奪ᄒᆞ엿스니今에其地를返치아니ᄒᆞ면兵事를
未弭ᄒᆞ리라ᄒᆞ고곳蔣儼을窟室中에囚ᄒᆞ니唐主가怒ᄒᆞ야軍士十萬三千
을發ᄒᆞ야水陸으로分道來擊ᄒᆞ더라○(乙巳)十三年 (高句麗寶藏王三年
○百濟義慈王四年) 春正月에金庾信이百濟의七城을取ᄒᆞ고還都ᄒᆞᆯ새
濟軍이買利浦城에入寇ᄒᆞ거ᄂᆞᆯ主가또庾信으로ᄒᆞ여곰拒敵ᄒᆞ라ᄒᆞ니庾
信이詔命을受ᄒᆞ고妻子를見치아니ᄒᆞ고다시濟軍을逆擊ᄒᆞ야二千餘級
을斬ᄒᆞ고回軍ᄒᆞᆯ새百濟가또大擧入寇ᄒᆞᄂᆞᆫ지라主가庾信다려謂曰國의
存亾이公一身에係ᄒᆞ니不可不公을請ᄒᆞ야再往케ᄒᆞ노라ᄒᆞᆫᄃᆡ庾信이또
歸家치못ᄒᆞ고遂行ᄒᆞ니衆이曰大將軍도오히려如此ᄒᆞ거ᄃᆞᆫ況我輩乎아
ᄒᆞ고踴躍爭先ᄒᆞ야敵陣을向ᄒᆞ니濟軍이望風退去ᄒᆞ더라○夏五月에唐
主가高句麗安市城(在遼東)을來侵ᄒᆞ다가敗走ᄒᆞ다初에唐主가定州

(遼東地)에至ᄒᆞ야侍臣다려謂曰遼東은元來支那의地오隋氏가四次出師ᄒᆞ되다大敗ᄒᆞ엿스니朕이今에中國子弟를爲ᄒᆞ야其讐를報雪ᄒᆞ리라ᄒᆞ고親히弓矢를佩ᄒᆞ고兩衣를鞍後에結ᄒᆞ고遼水의歸橋를斷ᄒᆞ야必死ᄒᆞᆯ心을示ᄒᆞ고遼東城을來圍ᄒᆞᆯ새其下에至ᄒᆞ야親히土를負ᄒᆞ야塹을塡ᄒᆞ고城을圍ᄒᆞᆫ지十三日에皷噪ᄒᆞᄂᆞᆫ聲이天地를震動ᄒᆞ니此戰에麗兵과唐兵의死者가共萬餘人이러라또白巖城을陷ᄒᆞ고安市城을來侵ᄒᆞ거ᄂᆞᆯ麗將高延壽가靺鞨兵十五萬을合ᄒᆞ야來救ᄒᆞᆯ새陣勢가四十里를連亘ᄒᆞᆫ지라唐主가望見ᄒᆞ고大懼ᄒᆞ야敢히迎戰치못ᄒᆞ고이에詭計로延壽를紿ᄒᆞ야曰吾의來ᄒᆞᆷ은泉蓋蘇文의弑君ᄒᆞᆫ罪를討ᄒᆞᆷ이오他意가無ᄒᆞ다ᄒᆞ거ᄂᆞᆯ延壽가其言을信ᄒᆞ고設備치아니ᄒᆞ엿더니唐主가世勣으로ᄒᆞ야금西嶺의埋伏ᄒᆞ고다시小軍을出ᄒᆞ야延壽를誘引ᄒᆞ거ᄂᆞᆯ延壽가其計에陷ᄒᆞ야追擊ᄒᆞ다가唐將薛仁貴의橫出驅突ᄒᆞᆷ을遇ᄒᆞ야部下가散亾殆盡ᄒᆞᆫ지라延壽等이得已치못ᄒᆞ야唐軍에게降ᄒᆞ니唐主가勢를乘ᄒᆞ야安市城

을來圍ᄒᆞ거ᄂᆞᆯ城主梁萬春이閉城固守ᄒᆞ다가唐主의臨陣ᄒᆞᆫ時를乘ᄒᆞ야萬春이矢로其目을射中ᄒᆞ니唐兵이擾亂ᄒᆞ거ᄂᆞᆯ萬春이輕騎를出ᄒᆞ야左右로衝擊ᄒᆞ니唐主가大敗退走ᄒᆞ니라唐主가其國에還ᄒᆞ야其臣李靖다려謂曰吾ㅣ天下의衆으로ᄡᅥ高句麗數城에게困ᄒᆞ엿다ᄒᆞ더라延壽가唐의降ᄒᆞᆫ後로부터憤歎을不勝ᄒᆞ야맛ᄎᆞᆷ내憂死ᄒᆞ니라薛仁貴ᄂᆞᆫ本遼東人이라驍勇으로世上에聞ᄒᆞ더니및麗人이門地로ᄡᅥ用人ᄒᆞᆷ이仁貴가見用치못ᄒᆞᆷ을忿恨ᄒᆞ야唐國에出遊ᄒᆞ야唐主에信任ᄒᆞᆫ비되야다가至是ᄒᆞ야高句麗를來侵ᄒᆞ니라時에新羅人薛罽頭가또ᄒᆞᆫ唐將이되야其役의同來ᄒᆞ니先是에罽頭가常曰我國의用人ᄒᆞᆷ이骨品을論ᄒᆞ야其族이아니면비록鴻才傑功이有ᄒᆞ야도能히振發치못ᄒᆞᄂᆞ니我ㅣ支那의遊ᄒᆞ야不世의雄略을奮ᄒᆞ고非常ᄒᆞᆫ功業을立ᄒᆞ리라ᄒᆞ더니至是ᄒᆞ야唐主에게自薦ᄒᆞ야臨陣先門ᄒᆞ다가死ᄒᆞ니唐主가泫然流涕ᄒᆞ고御衣를脫ᄒᆞ야其身을覆ᄒᆞ고大將軍을追贈ᄒᆞ니라○改元ᄒᆞ야太和라ᄒᆞ다○(丁未)太和元年 (高

句麗寶藏王五年○百濟義慈王六年) 에主가崩ᄒᆞ다主가平日에死期를
預言ᄒᆞ더니其日에至ᄒᆞ야崩ᄒᆞ고眞平王母弟國飯의女勝曼이立ᄒᆞ니此
ᄂᆞᆫ眞德女主러라
(戊申)眞德主元年 (高句麗寶藏王六年○百濟義慈王七年) 春正月에唐
主가其將軍薛萬으로ᄒᆞ여금軍士三萬餘人과樓船과戰艦을率ᄒᆞ고萊州
로부터泛海ᄒᆞ야高句麗를來侵ᄒᆞ더라○冬에金庾信으로ᄒᆞ야금百濟를
攻ᄒᆞ야大耶城 (今陜川) 을進攻ᄒᆞ니百濟가逆戰ᄒᆞ거ᄂᆞᆯ庾信이佯敗ᄒᆞ
야玉門關에設伏ᄒᆞ엿다가掩擊大破ᄒᆞ고ᄃᆞ되여乘勝大進ᄒᆞ야十二城을
拔ᄒᆞ고ᄯᅩ九城을屠ᄒᆞ며二萬餘級을斬ᄒᆞ고九千餘人을虜ᄒᆞ니主가大悅
ᄒᆞ야庾信으로ᄡᅥ行軍大摠管을拜ᄒᆞ다○時에唐主가蘇定方으로ᄒᆞ여금
軍士二十萬을帥ᄒᆞ고百濟를來侵ᄒᆞ다가旣而오唐主가殂ᄒᆞᆷ의退去ᄒᆞ니
라○(辛亥)四年 (高句麗寶藏王九年○百濟義慈王十年) 에珍飡 (官名)
金仁問을唐에遣ᄒᆞ니仁問은春秋의第二子라幼時에羣書를博覽ᄒᆞ고

兼ᄒᆞ야莊老와浮屠의說을涉獵ᄒᆞ고射御를善ᄒᆞ며音律을曉通ᄒᆞ고識量
이宏遠ᄒᆞᆫ지라唐主가其才를愛ᄒᆞ야特히左領軍衛將軍을拜ᄒᆞ니時年이
二十三이러라先時에主가金春秋를唐에遣ᄒᆞ니唐主太宗이春秋의儀表
가英偉ᄒᆞᆷ을見ᄒᆞ고厚待ᄒᆞ거ᄂᆞᆯ春秋가이에唐主를說ᄒᆞ야百濟를共伐ᄒᆞ
ᄌᆞᄒᆞᆫ되太宗이其言을從ᄒᆞ야곳其將蘇定方으로ᄒᆞ야금百濟를伐ᄒᆞ라ᄒᆞ
거ᄂᆞᆯ春秋가곳海路로還國ᄒᆞ다가高句麗의邏卒을遇ᄒᆞ니從者溫君이春
秋를代ᄒᆞ야高冠大衣로船上에坐ᄒᆞᆫ되邏兵이春秋라ᄒᆞ야곳殺ᄒᆞ니라○
(甲寅)七年 (高句麗寶藏王十二年○百濟義慈王十三年) 春三月에主가
崩ᄒᆞ거ᄂᆞᆯ羣臣이金春秋를奉ᄒᆞ야王位에即ᄒᆞ니此ᄂᆞᆫ太宗武烈王이오眞
智王後孫龍春의子러라○夏四月에律令을參酌ᄒᆞ야六十餘條를定ᄒᆞ다
(乙卯)太宗武烈王元年 (高句麗寶藏王十三年○百濟義慈王十四年) 春
에高句麗가百濟와靺鞨로더부러連兵ᄒᆞ야北境의三十三城을侵奪ᄒᆞ거
ᄂᆞᆯ唐에遣使ᄒᆞ야救援을請ᄒᆞ다○百濟王이諫臣成忠을殺ᄒᆞ다先是에濟

王이望海亭을建ᄒᆞ고宮女를率ᄒᆞ야淫酗耽樂ᄒᆞ거날成忠이極諫ᄒᆞᆫᄃᆡ濟王이怒ᄒᆞ야賜死ᄒᆞᄂᆞᆫ지라成忠이臨死에上書曰忠臣은死不忘君ᄒᆞᄂᆞ니願컨ᄃᆡ一言을獻ᄒᆞ노이다臣이時變을察ᄒᆞ니반다시兵革이有ᄒᆞᆯ지라만일敵兵이來ᄒᆞ거던陸地에ᄂᆞᆫ炭峴(在今公州)을不過케ᄒᆞ고水路에ᄂᆞᆫ白江(今扶餘白馬江)을不入케ᄒᆞ고險阻를據ᄒᆞ야敵을禦ᄒᆞ소셔ᄒᆞᆫᄃᆡ濟王이不省ᄒᆞᄂᆞᆫ지라自後로다시敢言ᄒᆞᄂᆞᆫ者가無ᄒᆞ더라○秋九月에金庾信이百濟刀比川城을攻拔ᄒᆞ다先是에汲湌(官名)未坤이百濟에被擄ᄒᆞ야人의奴가되엿다가後에逃歸ᄒᆞ야庾信을見ᄒᆞ고百濟의事勢를悉言ᄒᆞ니自是로庾信이百濟를竝呑ᄒᆞᆯ謀가益急ᄒᆞ더라○(庚申)六年(高句麗寶藏王十八年○百濟義慈王十九年)春三月에唐主가蘇定方으로ᄡᅥ神丘道行軍大摠管을拜ᄒᆞ고金仁問으로ᄡᅥ副摠管을拜ᄒᆞ야水陸兵十三萬을率ᄒᆞ고百濟를來攻ᄒᆞᆯ시德物島(在今仁川西即德積廢鎭)에至ᄒᆞ거날王이庾信等을遣ᄒᆞ야軍士五萬으로ᄡᅥ會ᄒᆞ니濟王이聞知ᄒᆞ고大驚

ᄒᆞ야左平(官名)興首에계防禦ᄒᆞᆯ計를問ᄒᆞᆫᄃᆡ興首ㅣ對曰勇士를簡選ᄒᆞ야白江과炭峴을扼守ᄒᆞ야羅唐兩軍을拒遏ᄒᆞ고我ᄂᆞᆫ固守深閉ᄒᆞ엿다가其兵疲食盡ᄒᆞᆷ을俟ᄒᆞ야奮擊ᄒᆞ면必破ᄒᆞ리이다ᄒᆞᆫᄃᆡ濟王이能用치못ᄒᆞ더라○秋七月에庾信等이黃山(今連山)에進軍ᄒᆞ니百濟가其將階伯을遣ᄒᆞ야死士五千을率ᄒᆞ고拒戰케ᄒᆞ니階伯이曰一國偏師로兩國大兵을當코자ᄒᆞ나存亾을不可知오ᄯᅩᄒᆞᆫ妻子의累가되리니그生ᄒᆞ야辱될진ᄃᆡᆫ死ᄒᆞᆷ이오히려快ᄒᆞ다ᄒᆞ고드ᄃᆡ여家屬을盡殺ᄒᆞ고黃山에至ᄒᆞ다가猝然이羅兵을遇ᄒᆞ야戰死ᄒᆞ니라○羅唐聯合兵이百濟都城을攻拔ᄒᆞ다時에定方等이濟軍을熊津(公州錦江)에셔大破ᄒᆞᆫ지라庾信이唐營에至ᄒᆞ니定方이庾信의麾下士를執ᄒᆞ고軍期를遲誤ᄒᆞ엿다ᄒᆞ고斬코자ᄒᆞ거날庾信이大怒曰將軍이黃山에셔我軍이濟軍을先破ᄒᆞ야其銳氣에挫折ᄒᆞᆷ을不思ᄒᆞ고다만違期로ᄡᅥ我의將士를侮辱ᄒᆞ니吾ㅣ읏지無理ᄒᆞᆫ辱을受ᄒᆞ리오今에몬져唐兵과決戰ᄒᆞᆫ然後에百濟를破ᄒᆞ리라ᄒᆞ고이에鈇

鉞을仗ᄒᆞ고軍門에立ᄒᆞ니怒髮은上指ᄒᆞ고腰間의寶劍이自躍ᄒᆞ야鞘에
出ᄒᆞᆷ의庾信의威風과劍光의閃爍ᄒᆞᆷ이人으로ᄒᆞ여금懼怕ᄒᆞᆯ지라定方이
大驚ᄒᆞ야庾信에게謝罪ᄒᆞ고곳合兵ᄒᆞ야百濟都城을進圍ᄒᆞ니濟王이不
免ᄒᆞᆷ을知ᄒᆞ고嘆息曰吾ㅣ成忠의言을不聽ᄒᆞ야至此ᄒᆞ도다ᄒᆞ고太子孝
ᄅᆞᆯ率ᄒᆞ고逃亾ᄒᆞ야熊津을保守ᄒᆞ고次子泰가自立ᄒᆞ야城을守ᄒᆞ거ᄂᆞᆯ羅
唐聯合兵이城堞에登ᄒᆞ야旗幟ᄅᆞᆯ立ᄒᆞ니於是에泰가開門出降ᄒᆞ고濟王
義慈도또ᄒᆞᆫ來降ᄒᆞ야百濟가遂亾ᄒᆞ니百濟가溫祚王으로부터義慈王까
지三十世에共六百七十八年이러라八月에庾信이大讌을排設ᄒᆞ고定方
을饗ᄒᆞᆯᄉᆡ義慈로ᄒᆞ여금堂下에坐ᄒᆞ야行酒케ᄒᆞ니百濟羣臣이다嗚咽流
涕ᄒᆞ더라定方이濟王義慈와밋其子孝泰隆演等과大臣將士八十八人과
百姓一萬二千八百七人을擄ᄒᆞ야唐國으로還ᄒᆞ더니冬十一月에義慈ㅣ
唐에서病殂ᄒᆞ니라○(辛酉)七年 (高句麗寶藏王十九年) 夏五月에高句
麗ㅣ靺鞨과連兵ᄒᆞ야北漢山城(今漢陽)을來侵ᄒᆞ거ᄂᆞᆯ守將이擊却ᄒᆞ

다○故百濟王義慈의子豊이周留城에據ᄒᆞ야王이라稱ᄒᆞ거ᄂᆞᆯ遣將ᄒᆞ야
伐ᄒᆞ니豊이高句麗로奔ᄒᆞ다初에豊이日本에爲質ᄒᆞ엿더니百濟가亾ᄒᆞᆫ
後其宗室福信等이迎立ᄒᆞ야王을삼고周留城을據ᄒᆞ니西北部가다響應
ᄒᆞᄂᆞᆫ지라豊이諸軍을率ᄒᆞ고熊津城을來侵ᄒᆞ거ᄂᆞᆯ王이金欽純을遣ᄒᆞ야
擊敗ᄒᆞ니豊은高句麗에奔ᄒᆞ고餘衆이皆降ᄒᆞ다○六月에王이崩ᄒᆞ거ᄂᆞᆯ
廟號ᄅᆞᆯ太宗이라ᄒᆞ고子文武王法敏이立ᄒᆞ다太宗이在位時에時和歲豊
ᄒᆞ야聖代라稱ᄒᆞ고其后ᄂᆞᆫ金庾信의妹러라
(壬戌)文武王元年 (高句麗寶藏王二十年) 春正月에王이唐으로더부러
合兵ᄒᆞ야高句麗ᄅᆞᆯ伐ᄒᆞᆯᄉᆡ時에唐主가其父世民이安市城에敗還ᄒᆞᆫ恥ᄅᆞᆯ
雪코자ᄒᆞ야任雅相과契苾何力과蘇定方等을遣ᄒᆞ야高句麗ᄅᆞᆯ擊ᄒᆞᆯᄉᆡ聯
盟ᄒᆞ기ᄅᆞᆯ請ᄒᆞ거ᄂᆞᆯ王이許ᄒᆞ고金庾信等九將軍을命ᄒᆞ야進兵ᄒᆞ엿더니
唐將定方等이平壤을圍ᄒᆞ엿다가食盡退去ᄒᆞ거ᄂᆞᆯ庾信等이이에班師ᄒᆞ
다○耽羅가來朝ᄒᆞ다初에高厚高淸等이來朝ᄒᆞᆯᄉᆡ時에客星이南方에見

ᄒᆞ거날太史가奏ᄒᆞ되異國人이來朝ᄒᆞ리라ᄒᆞ더니既而오高厚等을見ᄒᆞ고其來ᄒᆞᆷ을嘉尙ᄒᆞ야長子를稱ᄒᆞ야曰星主라ᄒᆞ니그、星象을動ᄒᆞ엿다ᄒᆞᆷ이러라○(戊辰)七年 (高句麗寶藏王二十六年是歲高句麗亾) 秋九月에王이唐兵을合ᄒᆞ야高句麗平壤城을攻拔ᄒᆞ다先是에唐이李勣으로ᄡᅥ遼東行軍大摠管을拜ᄒᆞ고諸將을督率ᄒᆞ야高句麗大谷漢城等二郡을拔ᄒᆞ고使者를遣ᄒᆞ야聯盟ᄒᆞ기를請ᄒᆞ거날王이其弟仁問과밋金庾信의弟金欽純으로ᄡᅥ率軍前往케ᄒᆞ니時에庾信은老病ᄒᆞ야在家ᄒᆞ거날金欽純等이庾信에게問計ᄒᆞ고即行ᄒᆞ야李勣等으로더부러合圍ᄒᆞ엿더니月餘에麗王이泉男生(蘇文子)을遣ᄒᆞ야將相九十八人을率ᄒᆞ고白旗를竪ᄒᆞ고來降ᄒᆞ거날勣이麗王藏과밋其二子福男德男과大臣男建等과士女二十餘萬을擄去ᄒᆞ니高句麗가亾ᄒᆞ다唐이安東都護府를平壤에置ᄒᆞ고薛仁貴로ᄡᅥ留駐케ᄒᆞ니高句麗가朱蒙으로부터寶藏王外지至ᄒᆞ기凡二十八世에歷年이七百五年이러라其後에唐主가寶藏王을遼東에送還ᄒᆞ니

王이靺鞨과潛謀ᄒᆞ야故國을恢復코자ᄒᆞ다가唐主가王을召還ᄒᆞ거날未至ᄒᆞ고中道에서殂ᄒᆞ다

普通敎科 大東歷史畧卷五

新羅紀

(己巳)文武王八年에新羅가宇內를統一ᄒᆞ니即我大韓開國紀元前七百二十二年이러라時에高句麗劒牟岑이故國을興復코자ᄒᆞ야唐國官吏에來駐ᄒᆞᆫ者를殺ᄒᆞ고故王外孫安勝을漢城에迎立ᄒᆞ고新羅에遣使ᄒᆞ야內附ᄒᆞ기를請ᄒᆞ거날王이高句麗王을冊封ᄒᆞ고西方金馬渚(今益山郡)에處케ᄒᆞ엿더니唐主가兵을遣ᄒᆞ야安勝을攻코자ᄒᆞ니安勝이恐ᄒᆞ야其地를棄ᄒᆞ고來歸ᄒᆞᄂᆞᆫ지라王이다시報德王을封ᄒᆞ고外妹로ᄡᅥ妻ᄒᆞ다○(辛未)十年이라初에王이百濟의土地를取ᄒᆞᆫᄃᆡ唐摠管薛仁貴가來侵코ᄌᆞᄒᆞ야國內虛實를偵探ᄒᆞ거날王이또諸將을分遣ᄒᆞ야百濟의諸城을擊破ᄒᆞ엿더니薛仁貴가遣兵救援ᄒᆞᄂᆞᆫ지라이에王이將軍竹旨等을命ᄒᆞ야唐兵을石城에셔擊ᄒᆞ야五千三百餘級을斬ᄒᆞ고百濟의將軍二人을獲ᄒᆞ니自此로百濟餘衆이悉平ᄒᆞ니라旣而오唐將高侃等이軍士四萬을率ᄒᆞ고高

句麗餘衆을襲擊ᄒᆞ야諸城을連陷ᄒᆞ고平壤에至ᄒᆞ거날王이將軍義福等으로ᄒᆞ여곰麗兵을合ᄒᆞ야逆擊ᄒᆞ다가敗績ᄒᆞ야太監阿珍舍가死ᄒᆞ다○(癸酉)十二年이라太大舒發翰(官名)金庾信이薨ᄒᆞ니年이七十九라王이크게震悼ᄒᆞ고有司를命ᄒᆞ야立碑記功ᄒᆞ다初에庾信이病篤ᄒᆞ거날王이親臨存問ᄒᆞ고泣曰公이만일不諱ᄒᆞ면人民과社稷에奈何오ᄒᆞᆫᄃᆡ對曰今에宇內가統一ᄒᆞ고百姓이異心이無ᄒᆞ니可謂少康이라ᄒᆞᆯ지라然이ᄂᆞ繼統ᄒᆞᄂᆞᆫ人君이미양守成ᄒᆞᆫ者가鮮ᄒᆞ니願컨ᄃᆡ大王은君子를親ᄒᆞ고小人을遠ᄒᆞ야朝廷과人民이相安ᄒᆞ면臣이死ᄒᆞᆯ지라도無憾이로소이다ᄒᆞ더라庾信의妻金氏ᄂᆞᆫ太宗王의女니其後에尼가되거날聖德王時에夫人을封ᄒᆞ고每歲에租一千石을賜ᄒᆞ다○新曆을用ᄒᆞ다初에奈麻德이唐에往ᄒᆞ야曆術을學ᄒᆞ고至是ᄒᆞ야回國ᄒᆞ거날王이其法을用ᄒᆞ다○王이靈廟寺前에셔閱兵ᄒᆞᆯ시阿飡(官名)薛秀眞이六陣兵法을進ᄒᆞ다○銅印을新鑄ᄒᆞ야百司와밋州郡에頒給ᄒᆞ다○(丙午)十二年이라冬十一月에沙

喰(官名) 施得이唐將薛仁貴를所夫里州(今扶餘)에서擊破ᄒᆞ다先是에王이高句麗의餘衆을納ᄒᆞ고또百濟故地를占據ᄒᆞ엿더니唐主가大怒ᄒᆞ야契丹과靺鞨을合ᄒᆞ야屢次入寇ᄒᆞ거날王이다擊破ᄒᆞ고至是ᄒᆞ야施得이또仁貴로더부러二十餘戰에다勝捷ᄒᆞ고四千餘級을斬ᄒᆞ니自此로唐兵이敢히復至치못ᄒᆞ더라○靺鞨이阿達城을寇ᄒᆞ거날城主素那ㅣ戰死ᄒᆞ다素那ᄂᆞᆫ白城(今安城) 人이니其父沈那ㅣ膂力이過人ᄒᆞ야百濟人이飛將軍이라指目ᄒᆞ더니素那가또ᄒᆞᆫ雄豪ᄒᆞ야父風이有ᄒᆞᆫ지라王이素那를遣ᄒᆞ야阿達城을守ᄒᆞ라ᄒᆞ엿더니至是ᄒᆞ야靺鞨이猝然히入寇ᄒᆞ거날素那가奮劒大呼ᄒᆞ야敵陣을突擊ᄒᆞ다가衆矢가叢集ᄒᆞ야死ᄒᆞᆫ지라友人이其妻에게吊ᄒᆞᆫ대妻ㅣ哭曰亾人이常言ᄒᆞᆫ대大丈夫ㅣ王事에死ᄒᆞᆷ이맛당ᄒᆞ다ᄒᆞ더니今에其志를成ᄒᆞᆷ이라ᄒᆞ거날王이聞ᄒᆞ고流涕ᄒᆞ더라○僧信惠와義安으로써政官大書省을拜ᄒᆞ고또僧義相을命ᄒᆞ야浮石寺를太白山(今榮川地) 에創建ᄒᆞ다○(辛巳)二十年이라秋七月에王이

崩ᄒᆞ고太子政明이立ᄒᆞ니此ᄂᆞᆫ神文王이라遺詔로써前王을東海口大石上에葬ᄒᆞ다

(甲申)神文王三年이라報德王安勝의族子將軍大文이金馬渚 (今益山)를據ᄒᆞ야故國을恢復코자ᄒᆞ거날王이곳討平ᄒᆞ고其地로써金馬郡을삼다○薛聰을擢ᄒᆞ야高秩官을拜ᄒᆞ다聰의字ᄂᆞᆫ聰智니父元曉가일즉이沙門이되엿다가既而오退俗ᄒᆞ야瑤石宮寡夫人을娶ᄒᆞ야聰을生ᄒᆞ니聰이明銳博學ᄒᆞ고能히方言으로써九經意義를觧ᄒᆞ야後生을訓導ᄒᆞ며또俚語로써吏讀을製ᄒᆞ야官府文書에行ᄒᆞ니라○秋七月에王이崩ᄒᆞ고太子理洪이立ᄒᆞ니此ᄂᆞᆫ孝昭王이러라

(壬寅)孝昭王十年이라秋七月에王이崩ᄒᆞ고無嗣ᄒᆞ거날國人이王의母弟隆基를立ᄒᆞ니此ᄂᆞᆫ聖德王이라諱를改ᄒᆞ야興光이라ᄒᆞ다

(丁巳)聖德王十五年이라秋九月에太監守忠이唐으로조차回國ᄒᆞ야文宣王과밋十哲과七十二弟子의畵像을上ᄒᆞ거날命ᄒᆞ야太學에奉安ᄒᆞ다○

(辛未)二十九年이라日本이兵船三百艘를遣ᄒᆞ야東邊에入寇ᄒᆞ거날王이發兵擊破ᄒᆞ다○(癸酉)三十一年이라王이金允中을遣ᄒᆞ야渤海國을伐ᄒᆞ다가不克ᄒᆞ고還ᄒᆞ니渤海ᄂᆞᆫ本粟末靺鞨이오高句麗의別種이라高句麗ㅣ이믜滅ᄒᆞᆷ의大祚榮이自立ᄒᆞ야震國王이되다先是唐武后時에乞乞仲象이靺鞨酋長乞四比羽와밋高句麗遺種으로더부러東奔ᄒᆞ야太白山東北奧婁河를據有ᄒᆞ니武后ㅣ仲象을封ᄒᆞ야震國公을삼엇더니仲象이死ᄒᆞ고子大祚榮이自立爲王ᄒᆞ거날唐主玄宗時에冊立ᄒᆞ야渤海郡王을삼다이에北扶餘沃沮等地를盡得ᄒᆞ고王이된지十二年에祚榮이唐의封爵을受ᄒᆞ야渤海國境을開拓ᄒᆞ더니至是ᄒᆞ야祚榮이死ᄒᆞ고子武藝가立ᄒᆞ야더욱其地를拓大ᄒᆞ고唐의登州를侵伐ᄒᆞ니唐主가使를遣ᄒᆞ야其南鄙를進伐ᄒᆞᆷ을請ᄒᆞ거날王이允中等四將으로ᄒᆞ야금唐軍을聯合ᄒᆞ야往攻ᄒᆞᆯ서會에大雪이下ᄒᆞ야山路가阻隘ᄒᆞ고士卒의死者가過半이라이에引還ᄒᆞ다渤海王祚榮이開國ᄒᆞᆫ以來로六王을歷ᄒᆞ야宣王野勃이立ᄒᆞ니即

祚榮의弟오年이七十이러라諸生을唐에遣ᄒᆞ야古今制度를學習ᄒᆞ고其地에五京十五府六十二州를置ᄒᆞᆯ시肅愼古地로써上京을삼으니此ᄂᆞᆫ곳龍井府오即大祚榮의樹柵處니白頭山東南東牟山下에在ᄒᆞ고其南은中京이니曰顯德府오穢貊의故地ᄂᆞᆫ東京이니曰龍原府오沃沮故地ᄂᆞᆫ南京이니曰南海府오高句麗故地ᄂᆞᆫ西京이니曰鴨綠府라府가各其州를領ᄒᆞ야新羅로더부러浿江과鐵嶺으로써地界를劃ᄒᆞ야海東의盛國이되니라○(乙亥)三十三年이라春에唐主가浿江以南의高句麗舊地를還ᄒᆞ니此ᄂᆞᆫ薩水以北과遼東以南을渤海가中間에踞ᄒᆞ야其地를區劃가不便ᄒᆞᆷ이러라○(丁丑)三十五年이라春二月에王이崩ᄒᆞ고太子承慶이立ᄒᆞ니此ᄂᆞᆫ孝成王이러라

(壬午)孝成王五年이라夏五月에王이崩ᄒᆞ고太弟憲英이立ᄒᆞ니此ᄂᆞᆫ景德王이라遺詔로써其柩를法流寺에燒ᄒᆞ고其骨을東海에散ᄒᆞ니라

(乙巳)景德王二十三年이라夏六月에王이崩ᄒᆞ고太子乾運이立ᄒᆞ니此ᄂᆞᆫ

惠恭王이라年이겨우八歲인고로太后가攝政ᄒᆞ다

(己未)惠恭王十四年이라金巖을遣ᄒᆞ야日本에使ᄒᆞ다巖은庾信의曾孫이니爲人이聰敏ᄒᆞ고唐에往ᄒᆞ야陰陽家의術業을學ᄒᆞ고밋還國홈의執事侍郞이되야浿江을鎭守홀ᄉᆡ農隙에六陣兵法을敎ᄒᆞ고至是ᄒᆞ야日本에使ᄒᆞ니日主가其賢홈을知ᄒᆞ고留코자ᄒᆞ거날固辭還國ᄒᆞ다○(庚申)十五年夏四月이라時에王이聲色에沈惑ᄒᆞ야戱謔이無度ᄒᆞ고綱紀가紊亂ᄒᆞ야人心이離叛ᄒᆞ니金志貞이聚衆作亂ᄒᆞ야王과밋后妃가亂兵의害홀바된지라金良相이志貞을誅ᄒᆞ고自立ᄒᆞ야王이되니此ᄂᆞᆫ宣德王이라沙飡孝芳의子오奈勿王의九世孫이러라

(乙丑)宣德王五年이라王이崩ᄒᆞ다王이在位時에社稷壇을立ᄒᆞ고또祀典을修ᄒᆞ니라至是ᄒᆞ야國人이一吉飡 (官名) 孝讓의子上大等敬信을立ᄒᆞ야王을삼으니此ᄂᆞᆫ元聖王이라奈勿王의十一世孫이러라

(戊辰)元聖王三年이라讀書出身科를始定ᄒᆞ다先是에ᄂᆞᆫ다만射로ᄡᅥ選人ᄒᆞ더니至是ᄒᆞ야春秋左傳禮記文選論語孝經을能通ᄒᆞᄂᆞᆫ者를選ᄒᆞ야優等科를予ᄒᆞ고其外에五經三史諸子百家를博通ᄒᆞᄂᆞᆫ者ᄂᆞᆫ超擢用ᄒᆞ다○時에金生이라ᄒᆞᄂᆞᆫ者ㅣ有ᄒᆞ야自幼로能書ᄒᆞ야平生에他藝를不攻ᄒᆞ고또佛法을好ᄒᆞ야隱居不仕ᄒᆞ더니年이八十에오히려操筆不休ᄒᆞ며隸行草가다入神ᄒᆞ니其筆法이我東方에元祖라稱ᄒᆞ더라○(己卯)十四年이라王이崩ᄒᆞ고太子俊邕이立ᄒᆞ니此ᄂᆞᆫ昭聖王이라遺詔로ᄡᅥ靈柩를奉德寺南에燒ᄒᆞ다

(庚辰)昭聖王元年이라王이崩ᄒᆞ고太子淸明이立ᄒᆞ니此ᄂᆞᆫ哀莊王이라年幼ᄒᆞᆫ故로叔父兵部令彦昇이攝政ᄒᆞ다

(己丑)哀莊王九年이라秋에彦昇이其弟悌邕으로더부러作亂ᄒᆞ야王을弑ᄒᆞ고또王의弟體明을殺ᄒᆞ고自立ᄒᆞ야王이되니此ᄂᆞᆫ憲德王이러라

(己亥)憲德王十年이라秋七月에唐主가其叛臣鄆州節度使李師道를討伐ᄒᆞᆯᄉᆡ使臣을遣ᄒᆞ야請兵ᄒᆞ거날王이許ᄒᆞ고將軍金雄元으로ᄒᆞ야금軍士

三萬을率ᄒᆞ고往援ᄒᆞ다○伽耶山에海印寺（今陜川）를創建ᄒᆞ다○(壬寅)十三年이라春正月에王이無嗣ᄒᆞ야母弟秀宗으로ᄡᅥ太弟를삼다時에上大等忠恭이內外官職을擬注ᄒᆞᆯ시請托이坌至ᄒᆞᄂᆞᆫ지라忠恭이能決치못ᄒᆞ고憂疑成疾ᄒᆞ엿더니執事侍郞祿眞이請見ᄒᆞ야曰公의病은砭石을不須ᄒᆞ고오작一言으로ᄡᅥ醫病코자ᄒᆞ노라大抵宰相의爲政ᄒᆞᆷ은當官莅事ᄒᆞ야淸白恪恭ᄒᆞ며貨賂의門을杜ᄒᆞ고請托의路를絕ᄒᆞ야黜斥과予奪을必正必公ᄒᆞ면國家가自然太平ᄒᆞ리니엇지區區히成疾廢事ᄒᆞ리오ᄒᆞᆫᄃᆡ忠恭이大悅ᄒᆞ야王께入陳ᄒᆞᆫᄃᆡ王曰如此ᄒᆞᆫ賢人이有ᄒᆞ니吾弟로ᄒᆞ야금不可不聞知케ᄒᆞ리라ᄒᆞ고太弟에게往告ᄒᆞ라ᄒᆞ니太弟가入賀ᄒᆞ야曰臣은聞ᄒᆞ니君明ᄒᆞ면臣直이라ᄒᆞ니此ᄂᆞᆫ國家에美事로소이다ᄒᆞ더라○(丙午)十七年이라秋七月에牛岑（今金川）太守白永을命ᄒᆞ야漢山（今漢陽）以北諸郡人一萬을發ᄒᆞ야浿江長城三百里를築ᄒᆞ다○冬十二月에王이崩ᄒᆞ고太弟秀宗이立ᄒᆞ니此ᄂᆞᆫ興德王이라諱를改ᄒᆞ야景徽라ᄒᆞ다

(丙辰)興德王十年이라冬十二月에王이崩ᄒᆞ고無嗣ᄒᆞ야堂弟의子悌隆이立ᄒᆞ니此ᄂᆞᆫ僖康王이라元聖王의孫이오伊飡憲貞의子러라○金大廉이唐으로茶種을得來ᄒᆞ야智異山에種ᄒᆞ다

(戊午)僖康王二年이라春正月에金明이王을弑ᄒᆞ고自立ᄒᆞ다明은元聖王의曾孫이오阿飡忠恭의子라初에王이立ᄒᆞᆯ시興德王의堂弟均貞이爭立ᄒᆞ거ᄂᆞᆯ武州都督金陽이均貞의子祐徵으로더부러均貞을立코자ᄒᆞ더니時에明이王의羽翼이되야均貞을殺ᄒᆞ니祐徵이懼ᄒᆞ야淸海鎭大使張保皐에게往依ᄒᆞᄂᆞᆫ지라陽이募兵往從ᄒᆞ더니至是ᄒᆞ야金明이侍中利弘等으로더부러作亂ᄒᆞ야王은縊死ᄒᆞ고明이自立ᄒᆞ야王이되거ᄂᆞᆯ陽이이에祐徵을奉ᄒᆞ야明을討ᄒᆞᆯ시保皐가分兵助戰ᄒᆞ니라

(己未)神武王元年이라春正月에金陽이進兵ᄒᆞ야金明을討ᄒᆞ니金明이逃匿ᄒᆞ거ᄂᆞᆯ陽이追斬ᄒᆞ고곳下令曰我의本意ᄂᆞᆫ報讐코자ᄒᆞᆷ이러니今에渠魁가就戮ᄒᆞ엿스니百姓은其業을各安ᄒᆞ라ᄒᆞ니人心이大悅ᄒᆞ더라○夏

四月에金陽이祐徵을迎入ᄒᆞ야王位에即ᄒᆞ니此ᄂᆞᆫ神武王이라王이張保皐를拜ᄒᆞ야感義軍使를삼고食邑二千戶를封ᄒᆞ다○秋七月에王이崩ᄒᆞ고太子慶膺이立ᄒᆞ니此ᄂᆞᆫ文聖王이러라

(丁丑)文聖王十八年이라秋八月에侍中金陽이薨ᄒᆞ다陽은太宗王의九世孫이오周元의曾孫이라爲人이英傑ᄒᆞ고所主에政譽가有ᄒᆞ며時에危亂을値ᄒᆞ야國事를匡濟ᄒᆞᆯ시精忠大節이屹然이柱石이되더니至是에薨ᄒᆞ니王이哀慟ᄒᆞ고贈職과賻葬이金庾信舊例를一依ᄒᆞ다○秋九月에王이崩ᄒᆞ고神武王의弟誼靖이立ᄒᆞ니此ᄂᆞᆫ憲安王이러라

(辛巳)憲安王四年이라正月에王이寢疾ᄒᆞ야左右다려謂ᄒᆞ야曰朕이不幸이無子有女ᄒᆞ니我國故事에비록眞德善德二女主가有ᄒᆞ엿스나此ᄂᆞᆫ良法이아니라今에外甥膺廉이年紀가雖少ᄒᆞ나老成ᄒᆞᆫ德이有ᄒᆞ니卿等은奉立ᄒᆞ라반다시祖宗의業을不墜ᄒᆞ리니朕이死ᄒᆞ야도不朽ᄒᆞ리라ᄒᆞ더니멋王이崩ᄒᆞᆷ이膺廉이立ᄒᆞ니此ᄂᆞᆫ景文王이러라先是에王族繼明의子

膺廉이王을臨海殿에서侍宴ᄒᆞᆯ서時年이十五라王이其器識을試코자ᄒᆞ야問曰汝가遊學ᄒᆞᆫ지久矣라善人을得見乎아ᄒᆞᆫ데對曰臣이일즉三人을見ᄒᆞ오니一은勳閥子弟가能히讓人自下ᄒᆞ고一은家가富ᄒᆞ야도被服에不侈ᄒᆞ고一은勢가榮ᄒᆞ야도驕氣가無ᄒᆞ니此等人은可謂善人이라ᄒᆞᄂᆞ니다ᄒᆞᆫ데王이大悅ᄒᆞ야王后를顧謂曰朕이閱人이多ᄒᆞᆫ데膺廉과如ᄒᆞᆫ者ㅣ無ᄒᆞ다ᄒᆞ고長女로써妻ᄒᆞ니此ᄂᆞᆫ寧花夫人이러라

(乙未)景文王十四年이라秋七月에王이崩ᄒᆞ고太子晸이立ᄒᆞ니此ᄂᆞᆫ憲康王이러라

(乙巳)憲康王十年이라春三月에崔致遠이唐으로부터還ᄒᆞ다致遠의號ᄂᆞᆫ孤雲이오沙梁部人이니十二歲에唐에往ᄒᆞ야力學能文ᄒᆞ고十八에登第ᄒᆞ야侍御史內供奉이되엿다가黃巢의亂에兵馬都統高駢의從事가되여書記를任ᄒᆞᆯ시黃巢를討ᄒᆞᄂᆞᆫ檄文이嚴正痛快ᄒᆞ야크게人心을感動ᄒᆞ니其檄文에曰不惟天下之人이皆思顯戮이라抑亦地中之鬼가已欲陰誅라

호니集가其檄을見호고大驚下床호는지라自此로文名이天下에震動호
고至是호야還國호니年이二十八이라王이侍讀兼翰林學士守兵部侍郞
知瑞監事를拜호니致遠이自已의蘊奧를施展코자호다가衰世를當호야
疑忌가多호지라이에見容치못호고太山郡(今泰仁又云瑞山)太守를
出補호엿더니後에世亂을値호야다시仕進치아니호고山水間에放浪호
니慶州南山과智異山雙溪寺와伽耶山等이다其遊翫호던處이오文集이
有호야後世에傳호니即桂苑筆耕이러라○(丙午)十一年이라秋八月에王
이崩호고弟晃이立호니此는定康王이러라

(丁未)定康王元年이라秋七月에王이崩호고女弟曼이立호니此는眞聖主
러라

(己酉)眞聖主二年이라元宗哀奴等이叛호다時에主가淫穢瀆亂호야少年
美丈夫를潛通호고因호야要職을授호니自此로佞幸이肆志호고紀綱이
大壞호며또國內州郡이貢賦를不輸호야府庫가虛竭호거날主가使者를

四遣호야督刷호니이에盜賊이蜂起호고元宗哀奴等은沙伐州(今尙州)
를據호야叛호는지라主가奈麻令奇로호야금往捕호라호니令奇가賊
壘를望見호고畏懼호야敢進치못호거날主가令奇를斬호다○(辛亥)四年
이라冬十月에弓裔가叛호야北原(今原州)을據호다裔는憲安王의庶
子니五月五日에生호고곳齒가生호는지라日者가言호되國家에不利호
다호니王이樓下에擲棄호엿더니乳婢가가만히捧호다가手로써誤觸호
야一目을眇호고十餘歲에祝髮호야僧이되고밋長成홈의膽氣로써自負
호더니國家가衰亂홈을見호고聚衆호야北原賊梁吉의게往投호니吉이
곳軍士를分호야東으로略地케호더라○(壬子)五年이라甄萱이叛호야完
山(今全州)을據호다萱은尙州人이오本姓은李라幼時에父阿慈介가
野에耕홀서母가往餉호다가萱을林下에置호엿더니虎가來乳호더라萱
의體貌가雄奇호고志氣가倜儻호며智略이大有호야戰功으로써裨將이
되엿다가時에朝綱이紊亂호고盜賊이竝起호거날萱이異志를潛懷호고

㔾命을嘯聚ᄒᆞ야旬月에衆이五千이라武珍州 (今光州) 를襲取ᄒᆞ고自立ᄒᆞ야王이되고遙히北原賊梁吉로써裨將을삼더라○弓裔가北原으로부터何瑟羅扶餘를寇ᄒᆞᆯ식衆이六百이라將軍이라自稱ᄒᆞ고士卒과甘苦를同ᄒᆞ고予奪이無私ᄒᆞ니衆이愛畏ᄒᆞ더라○(乙卯)八年이라秋八月에弓裔가漢州와鐵圓 (今鐵原) 等十餘郡을破ᄒᆞ고松岳郡에都ᄒᆞ엿다가다시鐵圓에遷都ᄒᆞ고國號를泰封이라ᄒᆞ더라弓裔가恒常前王의見棄ᄒᆞᆷ을怨恨ᄒᆞ야其畵像을見ᄒᆞ고劒으로써擊ᄒᆞ더라○弓裔가王建으로써鐵圓太守를拜ᄒᆞ다建은漢州松岳郡人이라初에父隆이韓氏를娶ᄒᆞ고松岳山南에築室ᄒᆞ엿더니異僧道詵이來視ᄒᆞ고謂曰公이貴子를必得ᄒᆞ리라ᄒᆞ더니其後에建을生ᄒᆞ니龍顔日角이오器度가雄深ᄒᆞ고語音이洪大ᄒᆞ며濟世ᄒᆞᆯ大志가有ᄒᆞ더라年이十七에道詵이復至ᄒᆞ야請見曰足下가百六의會를値ᄒᆞ야三國蒼生이公의弘濟를待ᄒᆞᆫ다ᄒᆞ고因ᄒᆞ야出師置陣과天時地利의法을傳授ᄒᆞ더니至是ᄒᆞ야弓裔의게往投ᄒᆞ니라○(丁巳)十年夏

六月에主가太子嶢에게禪位ᄒᆞ니此는孝恭王이니憲康王의庶子러라○冬十二月에主가崩ᄒᆞ다○梁吉이國原 (今忠州) 等三十餘城을取ᄒᆞ고弓裔의地廣民衆ᄒᆞᆷ을怒ᄒᆞ야襲擊코ᄌᆞᄒᆞ더니弓裔가몬져往攻大破ᄒᆞ니라

(庚申)孝恭王三年冬十月에弓裔가王建을遣ᄒᆞ야廣州忠州唐城 (今南陽) 菁州 (今晉州) 槐城 (今槐山) 等을破ᄒᆞ다○甄萱이西으로完山에主ᄒᆞ니百姓이迎勞ᄒᆞ는지라萱이左右다려顧謂曰吾ㅣ三國의事를見ᄒᆞ니馬韓이先起ᄒᆞ고赫居世가後興ᄒᆞ며또百濟는開國ᄒᆞ야傳世가六百이어날新羅가無故히唐으로더부러攻滅ᄒᆞ엿스니今에予가비록不德ᄒᆞ나義慈王의宿憤을雪코자ᄒᆞ노라ᄒᆞ고드듸여完山에定都ᄒᆞ고國號는後百濟라ᄒᆞ고官職을設ᄒᆞ고吳越에遣使ᄒᆞ야請好ᄒᆞ더라○(乙丑)八年이라弓裔가建元ᄒᆞ야曰武泰라ᄒᆞ더니다시改元ᄒᆞ야元聖이라ᄒᆞ고王建을命ᄒᆞ야甄萱을尙州에서破ᄒᆞ니이에土地가益廣ᄒᆞ고士馬가漸强ᄒᆞᆫ지라더욱

新羅를併呑코자ᄒᆞ더라時에王建이弓裔의驕奢가日甚ᄒᆞᆷ을見ᄒᆞ고心內
에不安ᄒᆞ더니맛참弓裔가羅州를往鎭ᄒᆞ라ᄒᆞ거날建이舟師로ᄡᅥ몬저光
州鹽海縣 (在今靈光郡) 에至ᄒᆞ야甄萱의使者가吳越에往ᄒᆞᆷ을見ᄒᆞ고
其艦을奪ᄒᆞ니弓裔가大喜ᄒᆞ야ᄯᅩ光州珍島郡을往攻ᄒᆞ라ᄒᆞ거날建이ᄯᅩ
攻破ᄒᆞ다時에建이士卒을撫愛ᄒᆞ야威惠가並行ᄒᆞ니敵境이讋伏ᄒᆞ더라
○(壬申)十五年 (後百濟甄萱二十一年○泰封弓裔十二年) 夏四月에王
이崩ᄒᆞ고無嗣ᄒᆞᆫ지라羣臣이阿達王의遠孫朴景暉를迎立ᄒᆞ니此ᄂᆞᆫ神德
王이러라
(癸酉)神德王元年 (後百濟甄萱二十二年○泰封弓裔十三年) 이ᄯᅢ弓裔
가王建이邊功을屢著ᄒᆞ얏다ᄒᆞ야侍中을拜ᄒᆞ니이에建의位가百僚의上
이되고大事를ᄯᅩ自決ᄒᆞᄂᆞᆫ지라禍가及ᄒᆞᆯ가恐ᄒᆞ야外補ᄒᆞ기를求ᄒᆞᆫᄃᆡ弓裔가
다시建으로ᄡᅥ百船將軍을拜ᄒᆞ야水軍을領率ᄒᆞ고羅州를鎭撫ᄒᆞ라ᄒᆞ니
甄萱과밋海上諸賊이다懾伏ᄒᆞ야動치못ᄒᆞ더라○弓裔가其妻康氏를殺

ᄒᆞ다康氏가弓裔의無道ᄒᆞᆷ을見ᄒᆞ고數諫ᄒᆞᆫᄃᆡ裔가不荅ᄒᆞ고但曰汝가他
人과通奸ᄒᆞᆷ은何也오我ㅣ彌勒佛의觀心法으로汝의行爲를觀ᄒᆞᆫ다ᄒᆞ고
烈火로ᄡᅥ鐵杵를燒赤ᄒᆞ야撞殺ᄒᆞ고並히其兩兒를殺ᄒᆞ고ᄯᅩ其下를誣搆
ᄒᆞ야數百人을日殺ᄒᆞ니將相에遇害ᄒᆞᄂᆞᆫ者가十에八九러라○(丁丑)五年
(後百濟甄萱二十六年○泰封弓裔十七年) 秋七月에王이崩ᄒᆞ고太子
昇英이立ᄒᆞ니此ᄂᆞᆫ景明王이러라
(戊寅)景明王元年 (後百濟甄萱二十七年○泰封弓裔十八年是歲亾○高
麗太祖天授元年) 夏六月丙辰에泰封諸將이王建을推戴ᄒᆞ야王을삼고
國號ᄂᆞᆫ高麗오建元ᄒᆞ야曰天授라ᄒᆞ고弓裔ᄂᆞᆫ避走ᄒᆞ다가死ᄒᆞ니泰封이
亾ᄒᆞ니라先是에將軍洪儒와裵玄慶과申崇謙과卜智謙等이王建宅에至
ᄒᆞ야建다려謂ᄒᆞ야曰今에王이暴虐이日甚ᄒᆞ니桀紂에惡이라도過치못
ᄒᆞᆯ지라大抵廢昏立明ᄒᆞᆷ은天下大義니請컨ᄃᆡ公은殷周故事를行ᄒᆞ소셔
ᄒᆞ거날建이作色曰吾ㅣ忠義로ᄡᅥ自許ᄒᆞ니王이비록暴亂ᄒᆞᄂᆞ엇지二心

新羅紀

을有ᄒ리오ᄒ되諸將曰時ᄂ難遭오易失이라天與不取ᄒ면其殃을反受
ᄒ리니엇지天命을違ᄒ고獨夫에게死ᄒ리오ᄒ거날建이오히려力拒ᄒ
얏더니其夫人柳氏가帳中에서竊聽ᄒ다가出ᄒ야建다려謂曰義를擧ᄒ
야虐夫를伐ᄒᆷ은自古皆然이라今에諸將의言을聞ᄒ니妾도오히려奮發
ᄒ거던況大丈夫乎잇가ᄒ고親히甲領을提ᄒ야建에게被ᄒ거날이에諸
將이建을擁出ᄒ야君臣의禮를行ᄒ고人으로ᄒ야금馳呼曰王公이이믜
義旗를擧ᄒ얏다ᄒ니百姓이此를聞ᄒ고몬져宮內에至ᄒ야鼓譟ᄒ고建
을待ᄒᄂ者ㅣ萬餘人이라드듸여布政殿에서即位ᄒ니弓裔가聞變ᄒ고
驚駭ᄒ야曰王公이天下를得ᄒ니吾事가已矣라ᄒ고微服으로北門을出
ᄒ야巖谷間에서信宿ᄒ고饑餓가甚ᄒ야麥穗를截食ᄒ다가맛참내斧壤
(今平康) 百姓에게遇害ᄒ다○高麗가비로소官制를定ᄒᆯ시下詔ᄒ야
曰往者에泰封主가新羅의官職과郡邑의名號를多改ᄒ엿스ᄂ今에ᄂ便
易可曉ᄒᆯ者를參酌施行ᄒ라ᄒ다○秋七月에高麗王이또下詔曰泰封主

九十九

新羅紀

非其慾을從ᄒ야오작聚斂을日事ᄒ고至於一頃田에六碩租稅를收ᄒ야
百姓으로ᄒ야금撤耕廢職ᄒ야流亾이相繼ᄒ니엇지人民의父母된本意
리오自今으로天下와通法을遵ᄒ야恒例를定ᄒ라ᄒ다○高麗王이論功
行賞ᄒᆯ시洪儒等二千餘人을各其金銀과錦繡와米穀을賜ᄒ다○甄萱이
一吉粲과閔郃을高麗에遣ᄒ야即位를賀ᄒ거ᄂᆯ王이厚禮ᄒ다○高麗의
熊(今公州) 運(今洪州) 等十餘州縣이叛ᄒ야後百濟에게降ᄒ거ᄂᆯ
麗王이金行濤로써東南招討使를拜ᄒ야防備ᄒ다○高麗王이松岳에移
都ᄒ고鐵圓으로써東州라ᄒ니곳今에鐵原郡이러라○甄萱이吳越과通
好ᄒ더라○十一月에高麗有司ㅣ上言ᄒ되前王時에每歲仲冬에八關會를
大設ᄒ야福祐를祈ᄒ엿스니請컨ᄃᆡ其制를遵行ᄒ소셔ᄒ거ᄂᆯ王이이에
法王王輪等十寺를都內에創立ᄒ고八關會를仍設ᄒ니八關은即八戒라
不殺生과不偸盜와不淫佚과不妄語와不飮酒와不坐高大床과不著香華
와不自樂觀聽이오關者ᄂ곳閉禁ᄒ다ᄂ意니八罪를犯치아니ᄒ다ᄒᆷ이

百

ᄒᆡ라

(乙酉)景哀王元年 (後百濟甄萱三十四年○高麗太祖天授八年) 이라 高麗ㅣ征西大將軍庾黔弼로ᄒᆞ야금後百濟의燕山鎭을攻ᄒᆞ야將軍吉奐을殺ᄒᆞ고ᄯᅩ任存郡 (今大興) 에서三千餘人을殺獲ᄒᆞ니甄萱이懼ᄒᆞ야乞和ᄒᆞ더라○(丁亥)三年 (後百濟甄萱三十六年○高麗太祖天授十年) 冬十月에甄萱이京都에侵入ᄒᆞ야王을弑ᄒᆞ고王의表弟金傅를立ᄒᆞ니此ᄂᆞᆫ敬順王이라伊飡孝宗의子오文聖王의後孫이러라麗王이親히萱을討擊ᄒᆞ다가敗績ᄒᆞ다先是에萱이新羅의郊畿를進逼ᄒᆞ거ᄂᆞᆯ王이高麗에게請救ᄒᆞᆫᄃᆡ麗王이遣援ᄒᆞ야未至에萱이猝然이王都에入ᄒᆞ니時에王은鮑石亭에出遊ᄒᆞ야置酒歡樂ᄒᆞ다가萱兵에至ᄒᆞᆷ을聞ᄒᆞ고大驚ᄒᆞ야곳夫人으로더부러城南離宮에走匿ᄒᆞ니萱이王을索ᄒᆞ야弑ᄒᆞ고王妃를强辱ᄒᆞ며子女와珍寶를盡取ᄒᆞ야歸ᄒᆞ거ᄂᆞᆯ麗王이新羅에遣使ᄒᆞ야吊祭ᄒᆞ고親히精騎五千을率ᄒᆞ고甄萱을公山 (今大邱) 에서邀擊ᄒᆞ다가萱兵에게被

圍ᄒᆞᆷ이甚急ᄒᆞ더니大將申崇謙의貌가麗王과類ᄒᆞᆫ지라王ᄭᅴ奏曰臣이請컨ᄃᆡ敵人을誑ᄒᆞ리이다ᄒᆞ고이에王을林藪中에匿ᄒᆞ고自己가其車를代乘ᄒᆞ고將軍金樂으로더부러力戰ᄒᆞ다가死ᄒᆞ니王이此時를乘ᄒᆞ야得脫ᄒᆞ고旣歸에寺를建ᄒᆞ야二人의忠誠을報ᄒᆞ고申崇謙의謚ᄂᆞᆫ壯節이라ᄒᆞ다

(己丑)敬順王二年 (後百濟甄萱三十八年○高麗太祖天授十二年) 이라先是에甄萱이甲卒五千을率ᄒᆞ고高麗를攻ᄒᆞ야將軍洪術을殺ᄒᆞ거ᄂᆞᆯ至是ᄒᆞ야春正月에麗王이古昌郡 (今安東) 에서甄萱과大戰ᄒᆞ야八千餘人을殺獲ᄒᆞ니於是에永安河曲 (安東近縣) 等三十餘城이다高麗에降ᄒᆞ다○冬十二月에麗王이西京에至ᄒᆞ야學校를創設ᄒᆞ고六部生徒를聚集ᄒᆞ야敎授ᄒᆞ고兼ᄒᆞ야醫卜二業을置ᄒᆞ다○(辛卯)四年 (後百濟甄萱四十年○高麗太祖天授十四年) 春二月에王이高麗王과國都에서會ᄒᆞ다先是에王이高麗에遣使ᄒᆞ야相見ᄒᆞ기를請ᄒᆞ얏더니麗王이곳五十騎를率ᄒᆞ고至ᄒᆞ니王이臨海殿에서設宴ᄒᆞᆯᄉᆡ酒酣에王曰小國이天祐를未獲

ᄒᆞ야甄萱의椓喪ᄒᆞᆫ바되니엇지痛憤치아니ᄒᆞ리오ᄒᆞ고因ᄒᆞ야泫然流涕ᄒᆞ니麗王이ᄯᅩᄒᆞᆫ泣下ᄒᆞ고數旬을留ᄒᆞ다가還ᄒᆞ다麗王이初至ᄒᆞᆯ時에隊伍가整肅ᄒᆞ고秋毫를不犯ᄒᆞ니都中士女가擊手相慶ᄒᆞ야曰昔者甄氏가來ᄒᆞᆯ時ᄂᆞᆫ豹狼을逢ᄒᆞᆫ듯ᄒᆞ더니今에王公의來ᄒᆞᆷ은곳父母를見ᄒᆞᆷ과如ᄒᆞ다ᄒᆞ더라○(甲午)七年 (後百濟甄萱四十三年○高麗太祖天授十七年) 이라高麗王이運州 (今洪州) 를伐ᄒᆞ니甄萱이甲士五千을率ᄒᆞ고迎戰ᄒᆞ다가和親을請ᄒᆞ거날右將軍庾黔弼이不可ᄒᆞ야曰今日事勢ᄂᆞᆫ罷戰치못ᄒᆞ리라ᄒᆞ고곳勁騎數千으로ᄡᅥ甄萱을突擊ᄒᆞ야三千餘級을斬獲ᄒᆞ니自是로熊津 (今公州) 以北三十餘城이다聞風自降ᄒᆞ니라○(乙未)八年 (是歲新羅亾○後百濟甄萱四十四年○高麗太祖天授十八年) 春의甄萱의子神劒이其父를金山佛寺 (金溝金山寺) 에幽ᄒᆞ고其弟金剛을殺ᄒᆞ고自立ᄒᆞ다○甄萱이高麗에來奔ᄒᆞ다萱이金山寺에在ᄒᆞᆫ지三月에守卒을飮醉ᄒᆞ고季子能乂와밋其女와嬖妾等을率ᄒᆞ고羅州에至ᄒᆞ야高

麗王을請見ᄒᆞ거날麗王이遣使迎接ᄒᆞ고南宮을予ᄒᆞ야厚禮로ᄡᅥ待ᄒᆞ며位를百僚上에置ᄒᆞ고楊州를賜ᄒᆞ야食邑을삼다○冬十月에王이高麗에게降ᄒᆞ니新羅ㅣ亾ᄒᆞ다時에王이土地가日削ᄒᆞᆷ을見ᄒᆞ고이에羣臣으로더부러高麗에降코자ᄒᆞᆫ듸王子ㅣ諫ᄒᆞ야曰國家存亾은天命이自在ᄒᆞ니맛당히忠臣義士를合ᄒᆞ야死守ᄒᆞ다가力盡ᄒᆞᆫ後에已ᄒᆞᆯ지라엇지一千年社稷을一朝에他人을輕予ᄒᆞ리오王曰孤危가如此ᄒᆞ니吾ㅣ無辜ᄒᆞᆫ人民으로ᄒᆞ야곰肝腦塗地ᄒᆞᆷ을不忍ᄒᆞᆫ다ᄒᆞ고드듸여高麗에請降ᄒᆞ니王子가泣辭ᄒᆞ고皆骨山 (金剛山) 에入ᄒᆞ야麻衣草食으로其身을終ᄒᆞ니라王이高麗에至ᄒᆞ니麗王이郊外에出ᄒᆞ야迎勞ᄒᆞ고柳花宮을賜ᄒᆞ고長女樂浪公主로ᄡᅥ妻ᄒᆞ고ᄯᅩ政丞을拜ᄒᆞ야位가太子에上의在케ᄒᆞ고其故都로ᄡᅥ慶州라ᄒᆞ고因ᄒᆞ야其食邑을삼다新羅繼統이朴氏가十王이오昔氏가八王이오金氏가三十七王이니合五十五王이오歷年이共九百十二年이러라

普通教科 大東歷史畧卷六

高麗紀

太祖神聖王의姓은王氏오諱는建이오字는若天이니漢州松岳郡人이오金城太守隆의長子라在位二十六年에統一ᄒᆞᆫ後가八年이오壽는六十七이러라

(丙申)天授十九年 (是歲後百濟亾) 秋九月에神劒이降ᄒᆞ고後百濟ㅣ亾ᄒᆞ다先是에甄萱이王씌請ᄒᆞ야曰大王의威靈으로써賊子를誅ᄒᆞ소서ᄒᆞ거날王이其言을憐悶ᄒᆞ야곳發兵親討ᄒᆞ엿더니神劒이歸命乞罪ᄒᆞ는지라王이其奸臣을誅ᄒᆞ고神劒을特赦ᄒᆞ니萱이憤懣을不勝ᄒᆞ야疽發ᄒᆞ야死ᄒᆞ니라○王이後百濟로부터回軍ᄒᆞ야威鳳樓에御ᄒᆞ고文武百官과밋百姓의朝賀를受ᄒᆞ고政誡를製ᄒᆞ야中外에頒示ᄒᆞ다○冬十二月大匡裵玄慶이薨ᄒᆞ다玄慶은慶州人이니膽力이過人ᄒᆞ고行伍中에셔發身ᄒᆞ야戰功이多ᄒᆞ더니至是ᄒᆞ야薨ᄒᆞ니謚曰武烈이라ᄒᆞ다○政丞金傅ㅣ玉帶

를獻ᄒᆞ니長이十圍오䠊가六十二ㅣ니곳新羅眞平王의御ᄒᆞ던비라世人이稱ᄒᆞ야曰聖帶라ᄒᆞ더라○(辛丑)二十四年이라契丹이遣使ᄒᆞ야槖駝五十匹을來獻ᄒᆞ다○(癸卯)二十六年夏五月에王이有疾ᄒᆞ야學士를命ᄒᆞ야遺詔를草ᄒᆞᆯ시文이成ᄒᆞᆷ이다시能語치못ᄒᆞ니左右ㅣ失聲大哭ᄒᆞ는지라王이笑曰浮生이自古皆然ᄒᆞ다ᄒᆞ고言訖에崩ᄒᆞ거날太子武ㅣ卽位ᄒᆞ니곳惠宗義恭王이라太祖를顯陵에葬ᄒᆞ고遺命으로써喪葬과園陵制度를다儉約을從케ᄒᆞ니自後로王이崩ᄒᆞ면二十七日에葬ᄒᆞ더라

(乙巳)惠宗二年이라長公主로써王의弟昭에게妻ᄒᆞ다初에太祖가大匡王規의女를納ᄒᆞ야廣州院君을生ᄒᆞ엿더니至是ᄒᆞ야王의弟堯와밋昭를害코자ᄒᆞ야王씌譖ᄒᆞ거날王이其誣를知ᄒᆞ고이에太祖에女長公主로써昭에게嫁ᄒᆞ야其勢를强케ᄒᆞᆯ시公主가母姓을從ᄒᆞ야皇甫氏라ᄒᆞ고後에同姓을娶ᄒᆞᆯ時는다外家의姓을從ᄒᆞ더라○秋九月에王이崩ᄒᆞ거날羣臣이王의弟堯를奉ᄒᆞ야位에卽ᄒᆞ니곳定宗文明王이러라惠宗을順陵에葬ᄒᆞ

다○王規가伏誅ᄒᆞ다規가惠宗에喪을乘ᄒᆞ야矯命으로大將軍朴述熙를殺ᄒᆞ고作亂코자ᄒᆞ더니西京大匡王式廉이引兵入衛ᄒᆞ니規가甲串(江華甲串津)으로逃竄ᄒᆞ거날式廉이追斬ᄒᆞ다

(丁未)定宗二年秋에光軍司를置ᄒᆞ다初에崔彦撝의子光胤이支那晉에遊學ᄒᆞ다가契丹에게被虜ᄒᆞ야才識으로써見用ᄒᆞᆯ시契丹이入寇코자ᄒᆞᆷ을知ᄒᆞ고致書ᄒᆞ야朝廷에密奏ᄒᆞ거날於是에有司를命ᄒᆞ야軍士三十萬을選ᄒᆞ야號曰光軍이라ᄒᆞ다○(戊申)三年秋九月에東女眞이馬七百匹과밋方物을來獻ᄒᆞ다東女眞은本靺鞨遺種이니其種이北道(今咸鏡南北道)에占居ᄒᆞ야部落이甚盛ᄒᆞᆫ지라長嶺(白頭山大幹을謂之長嶺이라)의東豆滿江南北에在ᄒᆞᆫ者ᄂᆞᆫ東女眞이니亦曰生女眞이오長嶺西鴨綠江北에在ᄒᆞᆫ者ᄂᆞᆫ西女眞이니亦曰熟女眞이라

東女眞은即古肅愼氏의地라新羅奈勿王時에ᄂᆞᆫ挹婁라稱ᄒᆞ고實聖王時에ᄂᆞᆫ勿吉이오眞平王時에ᄂᆞᆫ靺鞨이라ᄒᆞ야其國이黑水(黑龍江)

와粟末兩種에分ᄒᆞ고黑水의渠長이唐에納欵ᄒᆞ고景德王時에唐이其地로써燕州를삼고黑水部를置ᄒᆞ더니其後에粟末이强盛ᄒᆞ야號를渤海國이라ᄒᆞ고黑水를臣服ᄒᆞ다가밋高麗太祖時에渤海ᄂᆞᆫ契丹에滅ᄒᆞᆫ빈되고黑水가其地를復擅ᄒᆞ야改號曰女眞이라ᄒᆞ고其國이東西兩種에分ᄒᆞ야西種은契丹에繫籍ᄒᆞ니라

(己酉)四年三月에王이疾篤ᄒᆞ야母弟昭에게禪位ᄒᆞ고帝釋院에移御ᄒᆞ엿다가崩ᄒᆞ거날昭가位에即ᄒᆞ니此ᄂᆞᆫ光宗大成王이라定宗을安陵에葬ᄒᆞ다

(庚戌)光宗元年이라建元ᄒᆞ야曰光德이라ᄒᆞ다○(丙辰)七年이라支那周大理評事雙冀가周使를從ᄒᆞ야來朝ᄒᆞ거날王이其才를愛ᄒᆞ야翰林學士를拜ᄒᆞ고文任을專委ᄒᆞ야詩賦頌과밋時務策으로士子를試取ᄒᆞ니自此로文風이大興ᄒᆞ더라○奴婢按檢法을立ᄒᆞ다初에朝鮮太祖文聖王이八條의敎를設ᄒᆞᆯ시爲盜ᄒᆞᆫ者를其家에沒入ᄒᆞ야奴婢가되니自此로奴婢法이

漸盛ᄒᆞ야士族家奴婢ᄂᆞᆫ世傳ᄒᆞ야曰私奴婢라ᄒᆞ고官衙州郡의奴婢ᄂᆞᆫ公奴婢라ᄒᆞ더니밋太祖創業初에將士가奴婢를置ᄒᆞᆯᄉᆡ此ᄂᆞᆫ다俘虜人과밋貨財로ᄡᅥ買ᄒᆞᆫ者라太祖가恒常贖良코ᄌᆞᄒᆞᄂᆞ功臣의意를難拂ᄒᆞ야不果ᄒᆞ엿더니至是ᄒᆞ야其奴婢를按檢ᄒᆞ야眞假를分辨케ᄒᆞ니於是에賤隷가비로소得志ᄒᆞ더라○(乙丑)十六年秋九月에內議令徐弼이卒ᄒᆞ다弼은利川人이라性이通敏ᄒᆞ고또能히直諫ᄒᆞ야王이일즉金酒器로ᄡᅥ各宰臣을賜ᄒᆞᆯᄉᆡ弼이獨히不受ᄒᆞ야曰臣이宰輔에居ᄒᆞ야濫分을已懼ᄒᆞ엿거ᄂᆞᆯ今에또金器를賜ᄒᆞ시니臣이더옥惶懼ᄒᆞ오며大抵服用은等分을明ᄒᆞ고奢儉은治亂에關ᄒᆞᄂᆞ니臣이萬一金器를用ᄒᆞ면陛下ᄂᆞᆫ將且何器를用ᄒᆞ리오ᄒᆞ고又曰陛下ᄂᆞᆫ無功을勿賞ᄒᆞ고有功을勿忘ᄒᆞ소셔ᄒᆞ되王이嘉納ᄒᆞ니其謇諤ᄒᆞᆷ이類皆如此ᄒᆞ더라謚ᄒᆞ야曰貞肅이라ᄒᆞ다○(乙亥)二十六年이라王이崩ᄒᆞ고太子伷가即位ᄒᆞ니此ᄂᆞᆫ景宗獻和王이라光宗을憲陵에葬ᄒᆞ다光宗이在位時에信讒多殺ᄒᆞ고心中에疑懼ᄒᆞ야罪惡을欲消ᄒᆞᆫ다

ᄒᆞ고齋會를廣設ᄒᆞ며또屠殺을禁ᄒᆞ고佛法을專奉ᄒᆞ야ᄡᅥ호ᄃᆡ目前에無非ᄒᆞᆷ이佛力의所佑라ᄒᆞ고前非를悛改치아니ᄒᆞ고奢侈가無節ᄒᆞᆷ으로民俗이虛誕에流ᄒᆞ더라

(丙子)景宗元年이라宋의遣使ᄒᆞ야通好ᄒᆞ다○비로소各品田柴科를定ᄒᆞ다初에太祖時에唐制를叅酌ᄒᆞ야臣의數와밋其舊勞를分ᄒᆞ야文武百官과밋府兵閑人까지授與ᄒᆞ고또樵採地를給ᄒᆞ니此를謂之田柴科라身沒ᄒᆞ면다公家의納ᄒᆞ고오즉府兵은年滿二十ᄒᆞ여야비로소授ᄒᆞ엿다가六十에還納호ᄃᆡ子孫과親戚이有ᄒᆞ면遞給ᄒᆞ고田丁이無ᄒᆞ면監門衛에籍入ᄒᆞ더니至是ᄒᆞ야諸職散官各品의田柴科를定ᄒᆞ야官品의高低를不論ᄒᆞ고다만人品을隨ᄒᆞ야定ᄒᆞᆯᄉᆡ紫衫以上은十八品에分作ᄒᆞ고丹衫以上은十品을作ᄒᆞ고緋衫以上은六品을作ᄒᆞ고綠衫以上은十品을作ᄒᆞ고散職武職은本官品內에셔品等을分ᄒᆞ고至於雜吏ᄒᆞ야ᄂᆞᆫ各其人品高下로ᄡᅥ支給ᄒᆞ야分等이有ᄒᆞ더라○金行成을遣ᄒᆞ야支那宋國太學에學習케

ᄒᆞ다○(戊寅)三年夏四月에政丞新羅降王金傅ㅣ薨ᄒᆞ니諡曰敬順이라ᄒᆞ다時에傅의子孫이冠冕이赫赫ᄒᆞ야當時에罕比ᄒᆞ더라○(辛巳)六年秋七月에王이有疾ᄒᆞ야堂弟開寧君治에게禪位ᄒᆞ고崩ᄒᆞ거날治가位에即ᄒᆞ니此ᄂᆞᆫ成宗文懿王이라景宗을榮陵에葬ᄒᆞ다○王이八關會ᄂᆞᆫ不經ᄒᆞ고또煩擾ᄒᆞ다ᄒᆞ야革罷ᄒᆞ다

(壬午)成宗元年夏六月에詔ᄒᆞ야曰朕이萬機를新摠ᄒᆞᆷ의闕政이應多ᄒᆞᆯ지라其京官五品以上은各其時政得失을論ᄒᆞ라ᄒᆞᆫ딕上柱國崔承老가二十六條를上ᄒᆞ니其佛事를論斥ᄒᆞᆫ者ㅣ三分에一이라다駿切明直ᄒᆞ야先王의弊政을指斥ᄒᆞ고隱諱가少無ᄒᆞ거날王이嘉納ᄒᆞ고門下侍郎平章事를拜ᄒᆞ다○王이西京(今平壤)에幸ᄒᆞ야永明寺에微行코자ᄒᆞ다가御史徐熙가極諫ᄒᆞ거날이에止ᄒᆞ고鞍馬를賞賜ᄒᆞ다○是歲에遼가國號를改ᄒᆞ야曰契丹이라ᄒᆞ다○(丙戌)五年春正月에契丹이厥烈을遣ᄒᆞ야請和ᄒᆞ다先是에宋이契丹을伐ᄒᆞ야燕薊를收復코자ᄒᆞᆯ시使臣을遣ᄒᆞ야協力討

平ᄒᆞ기를請ᄒᆞ거날王이許ᄒᆞ엿더니契丹이聞ᄒᆞ고懼ᄒᆞ야請和ᄒᆞ더라○慶州를改ᄒᆞ야東京이라ᄒᆞ고留守를置ᄒᆞ다○六道에遣使ᄒᆞ야孝子順孫과義夫節婦를訪求ᄒᆞ다○書院을西京에置ᄒᆞ고諸生으로ᄒᆞ야곰史籍을抄藏ᄒᆞ다○鴨綠江外에在ᄒᆞᆫ女眞을白頭山外에逐出ᄒᆞ다先是新羅末에三國이分爭ᄒᆞ야北界가郡墟를成ᄒᆞ니女眞이乘間ᄒᆞ야鴨綠江內外에出沒ᄒᆞ야邊民을搶掠ᄒᆞ거날至是ᄒᆞ야逐出ᄒᆞ다○宋이大藏經을送獻ᄒᆞ다○樞密院을置ᄒᆞ야軍國重事를省府로더부러叅決케ᄒᆞ다○郁을泗水縣(今泗川)에流ᄒᆞ다郁은太祖第八子라景宗의妃皇甫氏를烝ᄒᆞ야有娠ᄒᆞ거날王이聞ᄒᆞ고이에郁을流ᄒᆞ니妃가倉皇이還第ᄒᆞ다가胎가動ᄒᆞ야門前柳枝를攀ᄒᆞ고免身ᄒᆞᆫ後에卒ᄒᆞ니兒ᄂᆞᆫ是大良君詢이오郁은泗水縣에서死ᄒᆞ다○(癸巳)十二年春에常平倉을兩京과十二牧에置ᄒᆞ다○冬十月에契丹蕭遜寧이西鄙에入寇ᄒᆞ거날王이朴良柔로써上軍使를삼고徐熙로써中軍使를삼고崔亮으로써下軍使를삼아西界에出ᄒᆞ야禦敵ᄒᆞ다

○閏月에王이安北府 (今安州) 에進次ᄒᆞ엿더가先鋒使陳庶顔이契丹에게被擒ᄒᆞᆷ을聞ᄒᆞ고西京에還ᄒᆞ다○使臣을契丹營에遣ᄒᆞ야議和ᄒᆞ다是時에徐熙가引兵前進ᄒᆞᆷ에遜寧이聲言ᄒᆞ야曰高句麗舊地ᄂᆞᆫ다契丹國土地어ᄂᆞᆯ今에高麗가疆界를侵奪ᄒᆞ니이럼으로動兵ᄒᆞ얏다ᄒᆞ고또移書ᄒᆞ야威嚇ᄒᆞ거ᄂᆞᆯ熙가其書를見ᄒᆞ고王씌還奏호ᄃᆡ可和ᄒᆞᆯ狀이有ᄒᆞ다ᄒᆞ니王이이에司憲李蒙戩을丹營에遣ᄒᆞ야議和호ᄃᆡ遜寧이또移書曰今에我大軍八十萬이至此ᄒᆞ니만일出江來降치아니ᄒᆞ면맛당이殄滅ᄒᆞ리라ᄒᆞ거ᄂᆞᆯ蒙戩이還白[illegible]ᄃᆡ王이羣臣을會議ᄒᆞ니或은言호ᄃᆡ車駕ᄂᆞᆫ京師에還ᄒᆞ고重臣을別遣ᄒᆞ야議和ᄒᆞᆷ이可ᄒᆞ다ᄒᆞ며或은曰西京以北을割與ᄒᆞ고黃州로부터岊嶺 (卽慈悲嶺在今黃州瑞興界) 까지疆界를割ᄒᆞᆷ이可ᄒᆞ다ᄒᆞ거ᄂᆞᆯ徐熙曰今에契丹東京 (在遼東) 으로부터我國安北府에至ᄒᆞ기까지數百里間에다生女眞 (卽東女眞) 의所據어ᄂᆞᆯ光宗이取ᄒᆞ야嘉州 (今嘉山) 松城等城을築ᄒᆞ얏더니今에丹兵이來ᄒᆞᆷ은其志가不過

二城을取코자ᄒᆞᆷ이오그高句麗舊地를盡取ᄒᆞ다ᄒᆞᆷ은其實이我를恐嚇ᄒᆞᆷ이어ᄂᆞᆯ今에其兵勢의盛大ᄒᆞᆷ을見ᄒᆞ고遽西京以北을割與ᄒᆞ면此ᄂᆞᆫ得策이아니오또三角山以北도또ᄒᆞᆫ高句麗舊地니彼가만일溪壑의慾으로誅求가無厭ᄒᆞ면此地를可히盡與ᄒᆞ며또割地ᄒᆞᆷ은萬世에羞耻니願컨ᄃᆡ車駕ᄂᆞᆫ都城의還ᄒᆞ시고臣等으로ᄒᆞ여금一戰ᄒᆞᆫ後에再議ᄒᆞᆷ이未晚이로소이다ᄒᆞ며御史李知[illegible]이亦曰聖祖ㅣ創業垂統ᄒᆞ야今日에至ᄒᆞ엿스니엇지土地로써敵國을輕予ᄒᆞ리오ᄒᆞ니이에割地의議가遂寢ᄒᆞ다○遜寧이李蒙戩의回報無ᄒᆞᆷ을見ᄒᆞ고安戎鎭 (在今安州) 을來侵ᄒᆞ거ᄂᆞᆯ中郞將文道秀가郞將庾方으로더부러迎戰大破ᄒᆞ다○徐熙를丹營에遣ᄒᆞ야結和ᄒᆞ니契丹이退去ᄒᆞ다此時에遜寧이安戎鎭에서旣敗ᄒᆞᆷ의敢히進兵치못ᄒᆞ고다만威嚇ᄒᆞ거ᄂᆞᆯ王이羣臣을會議ᄒᆞ야願往ᄒᆞᄂᆞᆫ人을問ᄒᆞ니敢應ᄒᆞᄂᆞᆫ者가無ᄒᆞᆫ지라徐熙ㅣ進曰臣이비록愚鹵ᄒᆞᄂᆞ願往ᄒᆞ노이다ᄒᆞ거ᄂᆞᆯ王이드듸여江頭에出餞ᄒᆞ야慰藉送別ᄒᆞ더라熙가丹營에至ᄒᆞ야遜寧을

高麗紀

見ᄒᆞ니遜寧이曰新羅高句麗의地ᄂᆞᆫ다我國의舊地어ᄂᆞᆯ今에貴國이다侵蝕ᄒᆞ고ᄯᅩ我와壤地가相接ᄒᆞ거ᄂᆞᆯ我를捨ᄒᆞ고도로혀越海ᄒᆞ야宋國과和親ᄒᆞᆷ은何也오이럼으로我國이來攻ᄒᆞᆷ이니만일割地修聘ᄒᆞ면可히無事ᄒᆞ리라ᄒᆞ거ᄂᆞᆯ熙曰我國은곳高句麗의舊라故로國號를高麗라ᄒᆞ엿고만일地界로論ᄒᆞ면貴國의東京（在今遼東）이다我境內에在ᄒᆞ니엇지侵蝕ᄒᆞ엿다謂ᄒᆞ며ᄯᅩ鴨綠江內外가다我의境域이어ᄂᆞᆯ今에女眞이其間을盜據ᄒᆞ야頑黠變詐ᄒᆞ야道途의梗塞ᄒᆞᆷ이涉海ᄒᆞ기보담難ᄒᆞ니使价의不通ᄒᆞᆷ은곳女眞의故라今에女眞을逐ᄒᆞ고我의舊地를還歸ᄒᆞ야城堡를築ᄒᆞ고道路를通케ᄒᆞ면엇지交好치아니ᄒᆞ리오ᄒᆞ고辭氣가慷慨ᄒᆞ며言語가明達ᄒᆞᆫ지라遜寧이語塞ᄒᆞ야能히抗辨치못ᄒᆞ고이에和親을請ᄒᆞ고因ᄒᆞ야設宴코자ᄒᆞ거ᄂᆞᆯ熙曰今에兩國이兵役을因ᄒᆞ야上下가皇皇ᄒᆞ고操戈執銳ᄒᆞᆫ士가沙場의暴露ᄒᆞ거ᄂᆞᆯ엇지宴樂을忍爲ᄒᆞ리오ᄒᆞᆫᄃᆡ遜寧이曰兩國大臣이相見ᄒᆞ니歡好의禮가엇지無ᄒᆞ리오ᄒᆞ고固請ᄒᆞᄂᆞᆫ지라이에

一百十五

許諾ᄒᆞ고極歡ᄒᆞ다가罷ᄒᆞ니遜寧이드ᄃᆡ여引兵退去ᄒᆞ니라熙가丹營에留ᄒᆞᆫ지七日에還ᄒᆞ니王이大喜ᄒᆞ야江上에出迎慰勞ᄒᆞ다○侍中朴良柔를契丹에遣ᄒᆞ야俘口를索還ᄒᆞ다徐熙曰臣이遜寧으로더브러女眞을討平ᄒᆞ고舊地를恢復ᄒᆞᆫ後에使价를通ᄒᆞᆫ다ᄒᆞ엿거ᄂᆞᆯ今에江內를總復ᄒᆞ엿스니請컨ᄃᆡ江外를收復ᄒᆞᆫ後에遣使ᄒᆞᆷ이未晚이로소이다ᄒᆞ거ᄂᆞᆯ王이聽從치아니ᄒᆞ고朴良柔를使ᄒᆞ다○平章事徐熙를遣ᄒᆞ야女眞을逐ᄒᆞ다熙가女眞을逐ᄒᆞ고長興歸化（並在今義州）二鎭과밋郭（今郭山）龜（今龜城）二州에築城ᄒᆞ다○國內를分ᄒᆞ야十道로定ᄒᆞ니曰關內道（今畿內）曰中原道（今忠州）曰河南道（今公州）曰嶺南道（今尙州）曰嶺東道（今慶州等地）曰江南道（今全州等地）曰山南道（今晉州等地）曰海陽道（今羅州等地）曰朔方道（今春川江陵安邊等地）曰浿西道（今平壤以西）라節度使等官을各置ᄒᆞ다○童子十人을契丹에遣ᄒᆞ야其國語를習케ᄒᆞ다○鐵錢을始鑄ᄒᆞ다（丁酉冬十月에王이不豫

一百十六

ᄒᆞ야開寧君誦에게傳位ᄒᆞ고天王寺에移御ᄒᆞ엿더니平章事王融이大赦ᄒᆞ기를請ᄒᆞ거ᄂᆞᆯ王이不許曰死生이在天ᄒᆞ니엇지有罪를赦ᄒᆞ야延命을求ᄒᆞ리오ᄒᆞ고이옥고崩ᄒᆞ다王의天姿ㅣ嚴正ᄒᆞ고器宇ㅣ寬弘ᄒᆞ며宗社를立ᄒᆞ고節義를崇ᄒᆞ며賢人을求ᄒᆞ고百姓을撫邺ᄒᆞ야移風易俗홈으로要務를삼더라開寧君이位에即ᄒᆞ니此ᄂᆞᆫ穆宗宣讓王이라成宗을康陵에葬ᄒᆞ다

(戊戌)穆宗元年이라王의誕日로ᄡᅥ長寧節이라ᄒᆞ다○秋七月에太保內史令徐熙가卒ᄒᆞ다熙의性이嚴恪ᄒᆞ고威儀가有ᄒᆞ며일즉이契丹의役에大功을成ᄒᆞ고ᄯᅩ成宗을從ᄒᆞ야海州에至ᄒᆞᆯ시成宗이熙의幕次에至ᄒᆞ야入코자ᄒᆞ니熙曰臣의幕은至尊의臨御ᄒᆞᆯ바아니로소이다ᄒᆞ고ᄯᅩ酒를進ᄒᆞ라ᄒᆞᆫ대曰臣의酒ᄂᆞᆫ堪獻치못ᄒᆞ노이다ᄒᆞ거ᄂᆞᆯ成宗이이에幕外에坐ᄒᆞ고御酒를進ᄒᆞ야共飮ᄒᆞ더라至是ᄒᆞ야卒ᄒᆞ니謚曰彰威라ᄒᆞ다○宋에遣使ᄒᆞ야修好ᄒᆞ다○(癸卯)六年이라太后皇甫氏ㅣ太良君詢을逼ᄒᆞ야僧이되

게ᄒᆞ고金致陽으로ᄡᅥ僕射를拜ᄒᆞ다先是에王이即位ᄒᆞᆯ시年이尙少ᄒᆞ야太后가攝政ᄒᆞ더니旣而오太后ㅣ金致陽과私通ᄒᆞ야子를生ᄒᆞ고王의後嗣를삼고자ᄒᆞᆯ시大良君詢을忌嫉ᄒᆞ야僧이되게ᄒᆞ고因ᄒᆞ야詢을害코자ᄒᆞ야가만이詢의在ᄒᆞᆫ三角山神穴寺에遣人ᄒᆞ야謀害ᄒᆞ거ᄂᆞᆯ老僧이其謀를知ᄒᆞ고地를穴ᄒᆞ야詢을匿ᄒᆞ고臥榻을其上에置ᄒᆞ야不測을防ᄒᆞ다○山이耽羅海中에湧出ᄒᆞ니高가百餘丈이오周圍가四十餘里오草木이無ᄒᆞ고烟氣가其上에羃ᄒᆞ야望見ᄒᆞ니石硫黃과如ᄒᆞ더라○(己酉)十二年二月에三角山神穴寺에遣使ᄒᆞ야大良君詢을召ᄒᆞ다先是에太后ㅣ金致陽으로더부러詢을謀殺ᄒᆞ다가不成ᄒᆞ더니至是ᄒᆞ야王이寢疾ᄒᆞᆯ시中樞副使蔡忠順을密召ᄒᆞ야曰外間이朕의寢疾홈을聞ᄒᆞ고覬覦ᄒᆞᄂᆞᆫ者ㅣ有ᄒᆞ다ᄒᆞ니卿이知乎아ᄒᆞ고因ᄒᆞ야一書를與ᄒᆞ니곳宦官劉熙昌의上ᄒᆞᆫ비라其書에曰金致陽이將且作亂ᄒᆞᆫ다ᄒᆞ고ᄯᅩ一封書를出ᄒᆞ니其書ᄂᆞᆫ大良君詢의書라奸黨이臣을圖逼ᄒᆞ니願컨ᄃᆡ憐救ᄒᆞ소셔홈이라王이다시忠順

을囑付日朕의疾病이漸篤ᄒᆞ야朝夕入地ᄒᆞᆯ거시오太祖의孫子ᄂᆞᆫ오ᄌᆞᆨ大良君쏜이라卿은崔沆으로더부러社稷을盡心保全ᄒᆞ라ᄒᆞ니忠順이이에崔沆劉忠正으로더부러定謀ᄒᆞ고神穴寺에遣人ᄒᆞ야詢을迎ᄒᆞᆫ다○西北面都巡檢使康兆를召ᄒᆞ야率兵入衛ᄒᆞ라ᄒᆞ니兆가곳引兵犯闕ᄒᆞ야王을廢ᄒᆞ야讓國公을삼고大良君詢을立ᄒᆞᆫ다兆가引兵ᄒᆞ고洞州(今瑞興)에至ᄒᆞ니奸人魏從正等이搆亂코자ᄒᆞ야兆를紿ᄒᆞ야曰主上이大漸ᄒᆞᆷ이命이傾刻에在ᄒᆞᆫ지라太后ㅣ致陽으로더부러社稷을謀奪ᄒᆞᆯ서公의兵威를恐ᄒᆞ야矯命徵召ᄒᆞᆷ이니公은本道에速還ᄒᆞ야大義를擧ᄒᆞ라ᄒᆞ니兆가其言을從ᄒᆞ야곳本營에歸ᄒᆞ거날此時太后ㅣ果然兆를忌憚ᄒᆞ야岊嶺을扼守ᄒᆞᄂᆞᆫ지라兆가이에王이崩ᄒᆞ엿다ᄒᆞ고드듸여副使李鉉雲等으로더부러甲卒五千을率ᄒᆞ고平州(今平山)에至ᄒᆞ야王이未崩ᄒᆞᆷ을知ᄒᆞ고이에拒命ᄒᆞᆫ罪를討ᄒᆞᆯ가恐ᄒᆞ야大驚ᄒᆞ더니諸將이曰事勢가至此ᄒᆞ엿스니中止치못ᄒᆞ리라ᄒᆞᆫ더兆가드듸여迎秋門을攻入ᄒᆞ야王을廢ᄒᆞ야讓國

公이라ᄒᆞ고大良君詢을迎ᄒᆞ야位에即ᄒᆞ니此ᄂᆞᆫ顯宗元文王이라金致陽父子와및庾行簡等七人을殺ᄒᆞ고太后親屬周楨等三十餘人을海島에流竄ᄒᆞᆫ다○康兆가前王을積城에서弑ᄒᆞ고太后ᄂᆞᆫ黃州에遷居ᄒᆞᆫ다先是에王이歸法寺에避至ᄒᆞ엿더니旣而오兆가王과太后를忠州에遷ᄒᆞ거날王이兆에게馬를請ᄒᆞ니兆가다만二匹을進ᄒᆞᄂᆞᆫ지라이에行ᄒᆞᆯ서太后가欲食ᄒᆞ면王이盤盂를親奉ᄒᆞ고太后가欲行ᄒᆞ면王이馬鞚을親執ᄒᆞ고積城에至ᄒᆞ니兆가尙藥直長金光甫로ᄒᆞ여곰進毒ᄒᆞ야王을弑ᄒᆞ니年이三十이라門扇으로棺을삼고旅舘에厝ᄒᆞ얏다가月餘에其縣南에火葬ᄒᆞ고陵日恭陵이오諡ᄂᆞᆫ宣靈이오廟號ᄂᆞᆫ愍宗이라ᄒᆞ니다康兆의撰定이라臣民이此를聞ᄒᆞ고크게痛惋ᄒᆞᄂᆞᆫ新王은不知ᄒᆞ더니其後에契丹이康兆의弑君ᄒᆞᆫ罪를藉口ᄒᆞ고入寇ᄒᆞ거날王이비로소知ᄒᆞ고城東에移葬ᄒᆞ고陵號를改ᄒᆞ야曰義오諡曰宣讓이오廟號ᄂᆞᆫ穆宗이라ᄒᆞ다穆宗의性이沈毅ᄒᆞ고人君의度量이有ᄒᆞᄂᆞᆫ嗜酒好獵ᄒᆞ고嬖倖을信狎ᄒᆞ다가禍에及ᄒᆞ니라

太后가드되여黃州에遜居ᄒᆞ다○康兆로써吏部尙書를拜ᄒᆞ고蔡忠順으로直中臺를삼다○金氏를立ᄒᆞ야后를삼으니后ᄂᆞᆫ成宗의女러라

(庚戌)顯宗元年秋七月에契丹主가步騎四十萬을親率ᄒᆞ고鴨綠江을渡ᄒᆞ야遣使來言曰貴國逆臣康兆가弑君ᄒᆞᆫ故로朕이興師問罪ᄒᆞ노라ᄒᆞ거날兆가出禦ᄒᆞᆯᄉᆡ通州(今宣川)에隔水設陣ᄒᆞ엿더니丹兵이三水巖을進陷ᄒᆞ거날時에兆가兵强을自恃ᄒᆞ고閑坐彈碁ᄒᆞ다가丹兵이驟至ᄒᆞᆷ을聞ᄒᆞ고驚起ᄒᆞᆯᄉᆡ恍惚間에穆宗이大叱曰汝奴아休ᄒᆞ라天罰을엇지逃亾ᄒᆞ리오ᄒᆞᄂᆞᆫ지라兆가곳兜鍪長跪曰死罪死罪라ᄒᆞ더니言未訖에丹兵에게被縛ᄒᆞ야丹營에至ᄒᆞ야見殺ᄒᆞ니라○十二月에契丹이京都를犯ᄒᆞ니羣臣이和戰의利害를說ᄒᆞᆯᄉᆡ禮部侍郞姜邯贊이曰今日事ᄂᆞᆫ罪가康兆一人의게在ᄒᆞ고他憂ᄂᆞᆫ無ᄒᆞᆫ지라然이나衆寡가不敵ᄒᆞ니맛당히其鋒을暫避ᄒᆞ야興復을徐圖ᄒᆞᆷ이可ᄒᆞ다ᄒᆞ고王을勸ᄒᆞ야南幸ᄒᆞ니王이이에后妃와밋蔡忠順等을率ᄒᆞ고都門을出ᄒᆞ야羅州에至ᄒᆞ다○(辛亥)二年春正月에

契丹主가京城을陷ᄒᆞ고이윽고退去ᄒᆞ거날王이全州에還至ᄒᆞ야河拱辰을丹營에遣ᄒᆞ야議和ᄒᆞ니丹主가挽留不遣ᄒᆞ더라是時에龜州別將金叔興이契丹을邀擊大破ᄒᆞ야萬餘級을斬ᄒᆞ고巡檢使楊規도ᄯᅩᄒᆞᆫ丹兵四千五百餘人을殺ᄒᆞ고被虜ᄒᆞᆫ男女三萬餘人을奪還ᄒᆞ엿더니이윽고契丹主의大軍이掩至ᄒᆞ야規와叔興이終日苦戰ᄒᆞ다가다死之ᄒᆞ다二人이旣死ᄒᆞᆷᄋᆡ諸將이丹軍에疲獘ᄒᆞᆷ을乘ᄒᆞ야自後抄擊ᄒᆞ니丹主가急遁ᄒᆞ야鴨綠江을促渡ᄒᆞ거날鎭使鄭成이ᄯᅩ其半渡ᄒᆞᆷ을尾擊ᄒᆞ니丹兵의溺死ᄒᆞᆫ者ㅣ甚衆ᄒᆞ고諸城이皆復ᄒᆞ다○中臺省을罷ᄒᆞ고中樞院을設ᄒᆞ다○王이京都에還至ᄒᆞ야論功行賞ᄒᆞ고迎賓會仙二館을置ᄒᆞ야諸國使臣을接待케ᄒᆞ다○契丹과講和ᄒᆞ다○冬十二月丹主가河拱辰을殺ᄒᆞ다拱辰이被留ᄒᆞᆷᄋᆡ丹主가禮待가甚厚ᄒᆞ거날拱辰이忠勤을外示ᄒᆞ고還國코ᄌᆞᄒᆞ야駿馬를多市ᄒᆞ야歸計를作ᄒᆞ엿더니밋者其謀가泄ᄒᆞ야丹主가鞫問ᄒᆞ거날拱辰이實狀으로써對ᄒᆞ고且曰我가本國에二心이無ᄒᆞ야願歸ᄒᆞ노라ᄒᆞᆫ

딕丹主가其義를感動ᄒ야赦ᄒ고또改節ᄒ라強喩ᄒ거날拱辰이더옥不屈ᄒ고言辭가激厲ᄒ야맛참닉見殺ᄒ다○契丹主가遣使ᄒ야興化(今屬義州又云在殷山之下) 通州 (今宣川) 龍州 (今龍川) 鐵州 (今鐵山) 郭州 (今郭山) 龜州 (今龜城) 等六城을來索ᄒ거날不荅ᄒ다○女眞이契丹兵을引ᄒ야鴨綠江을渡코자ᄒ거날大將軍金承渭가擊退ᄒ다○契丹이六城을連索ᄒ다가其國舅詳穩蕭敵烈이通州에入寇ᄒ거날興化鎭將軍鄭神通이迎戰ᄒ야七百餘級을斬ᄒ니丹兵이退走ᄒ다○上將軍金訓崔質等이作亂ᄒ야中樞使張延祐와日直皇甫兪義를流配ᄒ다年前用兵ᄒ後로부터軍額을增設ᄒ야餉需가浩大ᄒ니由是로百官俸祿이不足ᄒ거날兪義等이京軍에永業田을奪ᄒ야祿俸을充作ᄒ얏더니武官이甚히怨恨ᄒ다가至是ᄒ야崔質이邊功이有ᄒ거날政府가다만武職을累拜ᄒ고文職은不許ᄒᄂ지라質이더옥怏怏ᄒ야이에金瀾等으로더부러諸衛士를率ᄒ고禁中에入ᄒ야兪義等을痛捶ᄒ고또王씌面訴ᄒ야

治罪ᄒ기를請ᄒ거날王이不得已ᄒ야兪義等을遠地에流配ᄒ고또訓等의言을從ᄒ야文職의御史臺와三司를罷ᄒ고金吾臺와都正署를置ᄒ야武官으로ᄒ야금兼帶케ᄒ엿다가明年에王이王可道의計를用ᄒ야訓質等을誅ᄒ다○(戊午)九年이라諸道按撫使를罷ᄒ고四都護와八牧과및知州郡事五十六과鎭將二十八과縣令二十을置ᄒ다○五月에僧十萬을施飯ᄒ고自是로歲以爲常ᄒ더라○秋九月에契丹大將蕭遜寧이甲士十萬을率ᄒ고入寇ᄒ거날姜邯贊으로上元帥를拜ᄒ고姜民瞻으로副元帥를拜ᄒ야軍士二十萬八千人을率ᄒ고禦敵ᄒ서興化鎭(今屬義州)에至ᄒ야山中에設伏ᄒ고또大繩으로써牛皮를貫ᄒ야大川을塞ᄒ엿더니旣而오敵이至ᄒ거날곳塞을決ᄒ고또伏兵이發ᄒ야遜寧을大破ᄒ니遜寧이敢히迎戰치못ᄒ고곳間道로京城을直趍ᄒ거날翌年春正月에邯贊이遣兵入援ᄒ고京師에셔또ᄒ嚴備以待ᄒ니遜寧이敢히犯치못ᄒ고退走ᄒ야龜州에至ᄒ거날邯贊等이또邀戰ᄒ서風雨의勢를乘ᄒ야奮擊大破

ᄒᆞ니이에僵尸가遍野ᄒᆞ고人口와馬駝甲冑兵仗을俘獲이不可勝計오遜寧이遁去ᄒᆞ니生還者ㅣ겨우數千人이러라邯贊이凱還ᄒᆞ니王이親히郊迎賜宴ᄒᆞᆯᄉᆡ金花八枝로써邯贊頭上에揷ᄒᆞ고右手로執觴ᄒᆞ고左手로邯贊에手를執ᄒᆞ고慰勞不已ᄒᆞ더니旣而오邯贊이請老ᄒᆞ거날几杖을賜ᄒᆞ고三日一朝ᄒᆞ라ᄒᆞ며또門下侍郎同內史門下平章事天水縣開國男을拜ᄒᆞ고食邑이三百戶러라○(己巳)二十年이라宋江南人李文通等이書冊五百九十七卷을來獻ᄒᆞ다○秋八月에開京에羅城을築ᄒᆞ다平章事姜邯贊이京都에城郭이無ᄒᆞ다ᄒᆞ야築造ᄒᆞ기를請ᄒᆞ거날이에其地를定ᄒᆞᆯᄉᆡ周가一萬六百六十步오高가二十七尺이오郭屋이四千九百一十間이니凡二十一年에畢役ᄒᆞ니라○冬十二月에興遼國이東女眞을引ᄒᆞ야契丹과相攻ᄒᆞ다가遣使乞援ᄒᆞ거날王이不許ᄒᆞ니興遼는곳渤海遺種이라大祚榮의七世孫延琳이契丹에게仕ᄒᆞ야東京將軍이되얏다가至是ᄒᆞ야契丹을叛ᄒᆞ고建國紀元ᄒᆞ더니이옥고契丹에게滅ᄒᆞᆫ배되니라○(辛未)二十二

年夏五月에王이疾篤ᄒᆞ야太子欽에게後事를囑ᄒᆞ고崩ᄒᆞ다王이自幼로聰悟仁惠ᄒᆞ며밋長成ᄒᆞᆷ의敏學工書ᄒᆞ고耳目의所經ᄒᆞᆫ者는遺忘치아니ᄒᆞ더라太子가位에卽ᄒᆞ니此는德宗敬康王이라顯宗을宣陵에葬ᄒᆞ다○秋八月에姜邯贊이薨ᄒᆞ다邯贊은衿川(今始興)人이라性이淸儉ᄒᆞ야産業을不營ᄒᆞ고好學不倦ᄒᆞ며奇略이多ᄒᆞ고形體가矮陋ᄒᆞ며衣裝이垢弊ᄒᆞ야外貌가中人을不踰ᄒᆞ나正色立朝ᄒᆞ야大事와大策을決ᄒᆞᆯ時에는屹然이邦家柱石이되더니밋致仕ᄒᆞ고城南에歸臥ᄒᆞ얏다가至是ᄒᆞ야卒ᄒᆞ니年이八十四오謚曰仁憲이라ᄒᆞ다○冬十月에國子監試를設ᄒᆞ야詩賦로써試取ᄒᆞ니監試法이自此始ᄒᆞ니라

(壬申)德宗元年春正月에契丹使者를不納ᄒᆞ다先是에金行恭이契丹에至ᄒᆞ야鴨綠江에契丹에築ᄒᆞᆫ바城橋를毁코져ᄒᆞᆫᄃᆡ丹主가不從ᄒᆞᄂᆞᆫ지라王이甚히怨恨ᄒᆞ다가至是ᄒᆞ야王可道와李端等이契丹에可伐ᄒᆞᆯ狀을言ᄒᆞ거날이에其計를從ᄒᆞ야出兵코자ᄒᆞᄂᆞᆫ故로契丹과絶好ᄒᆞᆷ이러라○柳韶

를命ᄒᆞ야西北界의關城을創置ᄒᆞᆯ서義州麟山堡로부터起ᄒᆞ야咸興都連浦에至ᄒᆞ니延袤가千里라高厚가各二十五尺이오石으로ᄡᅥ築ᄒᆞ다○(甲戌)三年秋九月에王이寢疾ᄒᆞ야母弟平壤君亨에게傳位ᄒᆞ고崩ᄒᆞ거날是日에平壤君이位에即ᄒᆞ니此ᄂᆞᆫ靖宗容惠王이라德宗을肅陵에葬ᄒᆞ다

(乙酉)靖宗十一年이라絞斬二罪를減ᄒᆞ다詔曰朕이好生ᄒᆞᄂᆞᆫ德을施ᄒᆞ야恤民의意를示ᄒᆞ노니其絞斬二罪를犯ᄒᆞᄂᆞᆫ者ᄂᆞᆫ無人島에流配ᄒᆞ고其中에또情勢가可矜ᄒᆞᆫ者ᄂᆞᆫ有人島에流配ᄒᆞ라ᄒᆞ니於是에一時免死者ㅣ百十六人이러라○東池의養ᄒᆞᆫ白鶴鵝鴨山羊의類를放ᄒᆞ니玩好로ᄡᅥ物性을傷ᄒᆞᆯ가恐ᄒᆞᆷ이러라○東女眞이來朝ᄒᆞ고馬를獻ᄒᆞ다○(丙戌)十二年夏五月에王이崩ᄒᆞ거날弟樂浪君徽가立ᄒᆞ니此ᄂᆞᆫ文宗仁孝王이라靖宗을周陵에葬ᄒᆞᆯ서遺命을遵ᄒᆞ야制度를다儉約케ᄒᆞ다○楊規金叔興姜民瞻等의契丹破ᄒᆞᆫ功을追褒ᄒᆞ야功臣閣에圖形ᄒᆞ다.

(丁酉)文宗十一年秋八月에慶鼎相으로ᄡᅥ翰林을拜ᄒᆞ엿더니中書省이言

ᄒᆞᄃᆡ鼎相은鐵匠의後裔라淸要가濫分ᄒᆞ니請컨ᄃᆡ創職ᄒᆞ소셔ᄒᆞ거날王曰鼎相의才識이可采ᄒᆞᆯ者ㅣ有ᄒᆞ니엇지世系를論ᄒᆞ리오ᄒᆞ고其請을不允ᄒᆞ다○王이奉恩寺에幸ᄒᆞ엿다가드듸여國子監에至ᄒᆞ야侍臣다려謂ᄒᆞ야曰仲尼ᄂᆞᆫ百王의師라엇지致敬치아니리오ᄒᆞ고再拜ᄒᆞ니라○(丁未)二十一年이라使를契丹에遣ᄒᆞ다○契丹이國號를改ᄒᆞ야遼라ᄒᆞ다○興王寺 (在今豊德郡) 가成ᄒᆞ니凡二千八百間이라十二年에工役이訖ᄒᆞ다王이落成ᄒᆞᆯ서五晝夜燃燈大會를設ᄒᆞ고또勅令ᄒᆞ야百司와安西都護府와開城府와廣 (今廣州) 水 (今水原) 楊 (今楊州) 東 (今鐵原) 樹 (今富平) 五州와밋江華長湍二縣으로ᄒᆞ여곰闕庭으로부터寺門에至ᄒᆞ기ᄭᅡ지彩棚을結ᄒᆞ야鱗次連亘ᄒᆞ고輦路左右에燈山과火樹를作ᄒᆞ니明光이晝와如ᄒᆞ고王이百官을率ᄒᆞ고行香納財ᄒᆞᆯ서佛事에盛ᄒᆞᆷ이曠古未有ᄒᆞ더라또金塔을造ᄒᆞ니金이一百四十四斤이오銀이四百二十七斤이러라燃燈會를罷ᄒᆞᆫ後에大赦ᄒᆞ다○太師中書令致仕崔沖이薨ᄒᆞ니

諡曰文憲이라冲은海州人이니風姿가瓌偉ᄒᆞ고操性이堅貞好學ᄒᆞ며또屬文을善ᄒᆞ고五朝를歷事ᄒᆞ야時望이甚重ᄒᆞ더라顯宗以後로干戈가纔息ᄒᆞᆷ의文教를未遑ᄒᆞ더니冲이後進을收召ᄒᆞ야教誨를不倦ᄒᆞ니自是로學徒가坌集ᄒᆞ야街巷이塡溢ᄒᆞ거날드듸여九齋를分ᄒᆞ야教授ᄒᆞ니時人이謂曰侍中崔公의學徒라凡應擧ᄒᆞᄂᆞᆫ子弟가此學에隷屬치아니ᄒᆞᆫ者가少ᄒᆞ더라東方學校에興ᄒᆞᆷ이冲으로부터始ᄒᆞ니世上이海東孔子라稱ᄒᆞ고其子孫이文行으로ᄡᅧ宰輔에列ᄒᆞᆫ者ㅣ數十人이러라○新宮을漢陽의創建ᄒᆞ고名ᄒᆞ야曰南京이라ᄒᆞ다○量田步數法을定ᄒᆞᆯᄉᆡ田一結은方이三十三步오二結은四十七步오以下ᄂᆞᆫ다步數를折ᄒᆞ야結을計作ᄒᆞ다○東女眞의十五州酋長이內附ᄒᆞ야郡縣되기를請ᄒᆞ거날許諾ᄒᆞ고各其將軍職을授ᄒᆞ엿더니未幾에西女眞이또ᄒᆞᆫ內附ᄒᆞ니라○日本人이土物을來獻ᄒᆞ고自是로來往이絡繹ᄒᆞ더라○宋諫議大夫安燾와起居舍人陳睦이來ᄒᆞ야宋主의命으로衣帶綵緞樂器金銀器物等을獻ᄒᆞ고自是로兩國

使价가連歲來往ᄒᆞ더라時에宋主가本國이文章을崇尙ᄒᆞᆫ다ᄒᆞ야미양遣使ᄒᆞᆯ時에반다시詞臣의尤ᄒᆞᆫ者로ᄒᆞ야금國書를修撰ᄒᆞ고其使者ᄂᆞᆫ中書省에召赴ᄒᆞ야文詞를試ᄒᆞᆫ後에遣ᄒᆞ더라○冬十月에遼가遣使來聘ᄒᆞ다○薩摩州가來貢ᄒᆞ니薩摩州ᄂᆞᆫ日本의別部오我國과不遠ᄒᆞᆫ地라自是로往來가不絕ᄒᆞ더라○(癸亥)三十七年秋七月에王이崩ᄒᆞ고太子勳이位에即ᄒᆞ니此ᄂᆞᆫ順宗宣惠王이라文宗을景陵에葬ᄒᆞ다王이自幼로聰慧ᄒᆞ고밋長成ᄒᆞᆷ의好學善射ᄒᆞ며志略이宏遠ᄒᆞ야寬仁大度가能히衆人을容納ᄒᆞ더라○冬十月에順宗王이崩ᄒᆞ다王이自素有疾ᄒᆞ더니밋居廬ᄒᆞᆷ의哀毀가過度ᄒᆞ야喪次에서崩ᄒᆞ거날母弟國原公運이位에即ᄒᆞ니此ᄂᆞᆫ宣宗思孝王이라順宗을成陵에葬ᄒᆞ다

(丙寅)宣宗三年이라僧貞雙等이奏請호ᄃᆡ九門山에叅學ᄒᆞᄂᆞᆫ僧徒를進士規例와갓치三年一選ᄒᆞ자ᄒᆞ거날王이從ᄒᆞ다○王弟釋 (釋은僧이라) 煦ㅣ宋으로부터還朝ᄒᆞ다先是文宗時에煦가宋에往ᄒᆞ야佛法을求코자

ᄒᆞ거날不許ᄒᆞ엿더니밋王이即位ᄒᆞᆷᄋᆡ商船을潛乘ᄒᆞ고宋에至ᄒᆞ니宋主가客禮로써待ᄒᆞ고員外郞楊傑로ᄒᆞ야금舘伴을삼거날이에各地山川을遊覽ᄒᆞ다가밋還國ᄒᆞᆯᄉᆡ釋典과經書一千卷을持來ᄒᆞ고또奏請ᄒᆞ야遼宋과밋日本에購書ᄒᆞ니合四千卷이라다刊行ᄒᆞ다○(己巳)六年冬十月에仁王經을會慶殿에서講ᄒᆞ고僧三萬을施飯ᄒᆞ다○新鑄ᄒᆞᆫ十三層黃金塔을會慶殿에置ᄒᆞ고慶贊會를設ᄒᆞ다○國清寺를建ᄒᆞ니太后의所創이러라○魏繼廷으로써御史中丞을拜ᄒᆞ다時에王이嬖妾萬春의第宅을營建ᄒᆞᆯᄉᆡ極히壯麗ᄒᆞᆫ지라繼廷이奏曰萬春이上意를誑惑ᄒᆞ야百姓을勞役ᄒᆞ니請컨ᄃᆡ毁撤ᄒᆞ소셔ᄒᆞ고또內宴을侍ᄒᆞ다가酒酣에繼廷으로ᄒᆞ야금起舞ᄒᆞ라ᄒᆞᆫᄃᆡ辭曰伶人이自有ᄒᆞ니엇지臣舞를用ᄒᆞ리오ᄒᆞ니其謇諤ᄒᆞᆷ이類此ᄒᆞ더라○七十二賢의像을國子壁上에圖ᄒᆞ다○(甲戌)十二年夏五月에王이崩ᄒᆞ다王이聰明恭儉ᄒᆞ고經史를博覽ᄒᆞᄃᆡ遊幸이無度ᄒᆞ고寺塔을多創ᄒᆞ야天怒人怨ᄒᆞ고災異가屢興ᄒᆞ더라太子昱이位에即ᄒᆞ니此ᄂᆞᆫ獻

宗恭殤王이라宣宗을仁陵에葬ᄒᆞ다

(乙亥)獻宗元年秋七月에李資義가伏誅ᄒᆞ다資義ᄂᆞᆫ子淵의孫이라其妹가宣宗後宮이되야子昀를生ᄒᆞ더니至是ᄒᆞ야王의幼弱ᄒᆞᆷ을見ᄒᆞ고昀를立ᄏᆞ자ᄒᆞ야禁中에聚兵ᄒᆞ거날王의叔父鷄林公熙가平章事邵台輔로더부러資義를誅ᄒᆞ다○冬十月에王이鷄林公에게禪位ᄒᆞᆷᄋᆡ熙가位에即ᄒᆞ니此ᄂᆞᆫ肅宗明孝王이러라

(丁丑)肅宗二年春正月에前王이崩ᄒᆞ니隱陵에葬ᄒᆞ다○(己卯)四年秋九月에王이王后와太子와밋羣臣을率ᄒᆞ고楊州에至ᄒᆞ야宅都ᄒᆞᆯ地를相ᄒᆞ고其後二年에또崔思諏의言을從ᄒᆞ야三角山面岳·(即負兒岳) 의南을擇ᄒᆞ야建都ᄒᆞᆯ界地를定ᄒᆞ다○先是에王이尹瓘의言을從ᄒᆞ야錢貨를鑄造ᄒᆞ엿더니至是ᄒᆞ야鑄錢都監이奏호ᄃᆡ國人이비로소用錢에便利ᄒᆞᆷ을知ᄒᆞ니請컨ᄃᆡ宗廟에告ᄒᆞ소셔ᄒᆞ거날王이從ᄒᆞ고또銀甁을用케ᄒᆞᆯᄉᆡ其制가銀一斤으로써本國地形을像ᄒᆞ니俗名은濶口러라○邵台輔ㅣ上言호

ᄃᆡ國學이糜費가不貲ᄒᆞ니請컨ᄃᆡ罷ᄒᆞ소서ᄒᆞ거날不報ᄒᆞ다○朝鮮太祖文聖王陵을訪求ᄒᆞ야祠를建ᄒᆞ고祭ᄒᆞ다○(乙酉)十年春正月에車駕가奉恩寺에至ᄒᆞ야燃燈을觀ᄒᆞ다○冬十月에王이崩ᄒᆞ고太子俁가位에即ᄒᆞ니此ᄂᆞᆫ睿宗文孝王이라肅宗을英陵에葬ᄒᆞ다

(丁亥)睿宗二年冬十二月에尹瓘等이東女眞을擊ᄒᆞ야大破ᄒᆞ고吉州等四城을築ᄒᆞ다時에邊臣이報稱호ᄃᆡ女眞이다시叛ᄒᆞ야邊城을侵突ᄒᆞᆯ시其酋長이一葫蘆로ᄡᅥ雉尾를懸ᄒᆞ고諸部에轉示ᄒᆞ야軍事를議論ᄒᆞᆷ이其計가叵測ᄒᆞ다ᄒᆞ거날王이이에尹瓘으로ᄡᅥ元帥를拜ᄒᆞ고吳延寵으로ᄡᅥ副元帥를拜ᄒᆞ야軍士十七萬을率ᄒᆞ고往伐ᄒᆞᆯ시瓘等이其城下에至ᄒᆞ니敵이城上에서拒戰ᄒᆞ야矢下가如雨ᄒᆞᆫ지라諸軍이能히前進치못ᄒᆞ더니兵馬錄事拓俊京이突進ᄒᆞ야酋長數人을殺ᄒᆞ거날瓘等이이에左軍兵馬使金德珍으로더부러合擊大破ᄒᆞ야四千八百餘級을斬ᄒᆞ고因ᄒᆞ야地界를劃定ᄒᆞ고英州(在今吉州內)雄州(在今吉州內)福州(今端川)吉

州等四城을築ᄒᆞ다○李氏를納ᄒᆞ야后를封ᄒᆞ니后ᄂᆞᆫ給事中資謙의女오子淵의曾孫이러라○(己丑)四年秋七月에女眞이使를遣ᄒᆞ야和를乞ᄒᆞ고見奪諸城을請還ᄒᆞ거날特許ᄒᆞ다○尹瓘이薨ᄒᆞ다瓘은坡平縣人이니好學不倦ᄒᆞ더니밋將相이되ᄆᆡ비록軍中이라도恒常五經으로ᄡᅥ自隨ᄒᆞ고好賢樂善ᄒᆞᆷ이一時에冠ᄒᆞ더라諡曰文肅이라ᄒᆞ다○(癸巳)八年春二月에花園二處를罷ᄒᆞ다先是에王이長源賞春等亭에數出ᄒᆞ야曲宴娛樂ᄒᆞ며近侍가奢侈로王意를媚ᄒᆞ야花園을王宮西南에分設ᄒᆞ고臺榭를大建ᄒᆞ며民家花草를括取ᄒᆞ야移栽ᄒᆞ다가오히려不足ᄒᆞ야ᄯᅩ宋國에購來ᄒᆞ더니이옥고物議가紛紜ᄒᆞ야罷ᄒᆞ다○四月에女眞烏羅骨實顯等이來朝ᄒᆞ야諸城還給ᄒᆞᆷ을致謝ᄒᆞ고馬와밋金을獻ᄒᆞ다○女眞完顏阿骨打ㅣ擧兵ᄒᆞ야遼를叛ᄒᆞ다○中書令致仕崔思諏ㅣ薨ᄒᆞ다思諏ᄂᆞᆫ冲의孫이라其女가李資謙에게適ᄒᆞ야王后를生ᄒᆞᆫ故로王이禮待가特厚ᄒᆞ나思諏가勤謹公廉ᄒᆞ야門地로ᄡᅥ驕人치아니ᄒᆞ고爲政에大體를務存ᄒᆞ더라○(乙未)十

年春에女眞完顔阿骨打가皇帝를稱ᄒᆞ고國號를金이라ᄒᆞ니八月에遼가
將伐ᄒᆞᆯ서遣使請兵ᄒᆞ거ᄂᆞᆯ王이拓俊京과金富軾의言을用ᄒᆞ야不從ᄒᆞ다
○郭輿ᄂᆞᆫ金州人이라自少力學ᄒᆞ고禮部에暫仕ᄒᆞ다가至是ᄒᆞ야歸隱ᄒᆞ
거ᄂᆞᆯ王이召見ᄒᆞ고酒食을親賜ᄒᆞ며先生이라稱ᄒᆞ고烏巾鶴氅으로左右
에常侍ᄒᆞ니時人이金門羽客이라ᄒᆞ더라○金이遣使來朝ᄒᆞ다○(戊戌)十
三年夏四月에安和寺를重修ᄒᆞ고扁額을宋主에게求ᄒᆞ니宋主가親書送
來ᄒᆞ더라○(壬寅)十七年夏四月에王이崩ᄒᆞ고太子楷가位에即ᄒᆞ니此ᄂᆞᆫ
仁宗榮孝王이라睿宗을裕陵에葬ᄒᆞ다○冬十月에守太師中書令李資謙
으로ᄡᅥ漢陽公을拜ᄒᆞ더니이윽고다시朝鮮公을封ᄒᆞ다
(乙巳)仁宗三年夏四月에金人이遼를滅ᄒᆞ다先是阿骨打가伐遼時에宋國
이金과通謀ᄒᆞ야遼의土地를共分ᄒᆞ기를約ᄒᆞ고出師相助ᄒᆞ니遼의形勢
가日蹙ᄒᆞ야我에게救援을請ᄒᆞ거ᄂᆞᆯ不許ᄒᆞ니라○(丙午)四年이라李資謙
이擧兵犯闕ᄒᆞ다初에資謙이外戚尊貴로ᄡᅥ用事ᄒᆞ거ᄂᆞᆯ中書侍郞韓安仁

이王을勸ᄒᆞ야資謙을尊奉ᄒᆞ야致仕케ᄒᆞ고其無勢ᄒᆞᆷ을乘ᄒᆞ야文公美等
으로더부러圖謀코자ᄒᆞ엿더니資謙이其謀를知ᄒᆞ고곳罪를羅織ᄒᆞ야安
仁을甘物島(今屬靈巖)에流ᄒᆞ야곳沈殺ᄒᆞ고公美ᄂᆞᆫ忠州에流ᄒᆞ니一
時名流가連坐ᄒᆞᆫ者ㅣ甚多ᄒᆞ며自此로內外大權이다資謙에게歸ᄒᆞ고拓
俊京과밋其弟俊臣이其羽翼이되더라資謙이他姓이王后가되면權寵이
分ᄒᆞᆯ가恐ᄒᆞ야强히第三女를王씌納ᄒᆞ고其後에ᄯᅩ其第四女를納ᄒᆞ야妃
를삼으니王이다不得已聽從ᄒᆞᄂᆞᆫ지라이에資謙이더욱忌憚이無ᄒᆞ야黨
與를廣樹ᄒᆞ야顯要에布列ᄒᆞ고賣官鬻爵ᄒᆞ야賄遺가輻湊ᄒᆞ고ᄯᅩ軍國事
를專管코자ᄒᆞ거ᄂᆞᆯ王이自此로憎惡ᄒᆞ더니內侍官金粲과安甫鱗이王意
를揣知ᄒᆞ고이에同知樞密院事智祿延으로더부러資謙과俊京을殺코자
ᄒᆞᆯ서兵士를發ᄒᆞ야俊臣을先殺ᄒᆞ니資謙이恐懼ᄒᆞ야百寮를召議코자ᄒᆞ
거ᄂᆞᆯ俊京이曰事ㅣ急矣라ᄒᆞ고禁中에入ᄒᆞ야率衆鼓噪ᄒᆞ니祿延等이敢
出치못ᄒᆞᄂᆞᆫ지라日이向晩에俊京이薪을積ᄒᆞ야縱火ᄒᆞ니王이避火ᄒᆞ야

山呼亭에步至ᄒᆞ엿다가遇害ᄒᆞᆯ가恐ᄒᆞ야資謙의게禪位코자ᄒᆞ니資謙이衆意가不合ᄒᆞᆷ을見ᄒᆞ고敢히受禪치못ᄒᆞ고이에王을請ᄒᆞ야南宮에出御ᄒᆞ고其黨을分遣ᄒᆞ야甫鱗等十餘人을殺ᄒᆞ고祿延과粲은遠地로流ᄒᆞ다가祿延은中道에셔殺ᄒᆞ다亂이方作ᄒᆞᆯ셔左僕射洪灌이聞變ᄒᆞ고歎曰主辱ᄒᆞ면臣死ᄒᆞᄂᆞ니吾ㅣ엇지自安ᄒᆞ리오ᄒᆞ고이에王을從ᄒᆞ야西華門에出ᄒᆞ다가俊京等의게被害ᄒᆞ고密直金璵은義不死賊이라ᄒᆞ고드듸여閉戶自焚ᄒᆞ야死ᄒᆞ다○三月에李資謙이王을刼迫ᄒᆞ야其第에移御ᄒᆞ다時에王이資謙第에至ᄒᆞ니資謙이其妻로더부러附地大哭曰王은奈何로賊臣을信ᄒᆞ야骨肉을害코자ᄒᆞᄂᆞ고ᄒᆞ고自是로王의動止와飮食을다自由치못ᄒᆞ게ᄒᆞ며宰相朴昇中과許載等은賊黨에諂附ᄒᆞ고百寮ᄂᆞᆫ備員而已러라○五月에王이延慶宮에移御ᄒᆞ다○拓俊京이李資謙을因ᄒᆞ다時에資謙의權勢가日盛ᄒᆞ거ᄂᆞᆯ內醫崔思全이王ᄭᅴ奏曰資謙의跋扈ᄂᆞᆫ오작俊京을恃ᄒᆞᆷ이니萬一俊京을得ᄒᆞ면兵權이內屬ᄒᆞ야資謙을易除ᄒᆞ리이다

ᄒᆞ고곳俊京을往說ᄒᆞ야王室에効力ᄒᆞ라ᄒᆞ고또王의手詔를賜ᄒᆞ니俊京이慨然應從ᄒᆞ거ᄂᆞᆯ王이이에俊京으로ᄡᅥ判兵部事를拜ᄒᆞ엿더니會에資謙家奴ㅣ俊京의奴와ᄀᆞᆺ치相詰ᄒᆞ다가因ᄒᆞ야俊京의罪惡을數ᄒᆞ니俊京이大怒ᄒᆞ야드듸여資謙으로더부러有隙ᄒᆞ고資謙이또十八子의讖을信ᄒᆞ고不軌를圖謀ᄒᆞ야餠中에置毒ᄒᆞ야王ᄭᅦ進ᄒᆞ거ᄂᆞᆯ王后李氏가密白ᄒᆞᄂᆞᆫ지라王이이에餠으로ᄡᅥ烏의게投ᄒᆞ니烏가即斃ᄒᆞ고또毒藥을進ᄒᆞ거ᄂᆞᆯ后가奉椀ᄒᆞ다가佯히蹶地ᄒᆞ니后ᄂᆞᆫ資謙의第四女러라王이이에手書를俊京의게下ᄒᆞ야資謙을圖ᄒᆞ라ᄒᆞ니俊京이드듸여尙書金瑜으로더부러資謙을執ᄒᆞ야八寶關에因ᄒᆞ거ᄂᆞᆯ王이資謙을靈光郡에流ᄒᆞ고其支黨은遠地에分配ᄒᆞ고俊京으로ᄡᅥ太師門下侍郞平章事를拜ᄒᆞ다○李后를廢ᄒᆞ고任氏를納ᄒᆞ야后를삼다諫官이上言ᄒᆞ되李后가上의게從毋行이ᄂᆞ니至尊을配키難ᄒᆞ다ᄒᆞ거ᄂᆞᆯ王이不得已ᄒᆞ야李后를出ᄒᆞᄂᆞ其救護ᄒᆞᆫ恩義를思ᄒᆞ야賜與가甚多ᄒᆞ고寵眷이極厚ᄒᆞ더라이에殿中內給事任元厚

의女를納ᄒᆞ다○秋七月에宋이遣使ᄒᆞ야金人이侵逼홈을告ᄒᆞ고또發兵來援ᄒᆞ기를請ᄒᆞ거날王이不許ᄒᆞ다○十二月에李資謙이貶所에셔死ᄒᆞ다○(丁未)五年이라拓俊京을巖墮島 (舊屬羅州今屬智島郡) 에流配ᄒᆞ다俊京이恃功跋扈ᄒᆞ거날左正言鄭知常이上疏ᄒᆞ야俊京의亂逆ᄒᆞᆫ罪를陳ᄒᆞᆫᄃᆡ王이이에俊京을流ᄒᆞ고其黨與를鋤治ᄒᆞ다○九月에金이遣使ᄒᆞ야克宋홈을告ᄒᆞ더라○(壬子)十年春二月에王이西京에幸ᄒᆞ다先是에僧妙淸이白壽翰으로더부러陰陽之術로衆人을眩惑ᄒᆞ며王도또ᄒᆞᆫ信愛ᄒᆞ더니至是ᄒᆞ야가만이大餠에中을空케ᄒᆞ고熟油를盛ᄒᆞ야大同江에沈ᄒᆞ니油가水面에浮出ᄒᆞ야五色이玲瓏케ᄒᆞ고써ᄀᆞ로ᄃᆡ神龍이吐涎ᄒᆞ엿다ᄒᆞ고王을愚弄ᄒᆞ거날王이善泅者로ᄒᆞ야곰水中에入ᄒᆞ야餠을索得ᄒᆞ고其詐를始知ᄒᆞ니라○(乙卯)十三年春正月에妙淸이西京으로써叛ᄒᆞ거날平章事金富軾을遣ᄒᆞ야討伐ᄒᆞ다先是에妙淸이逆謀를陰懷ᄒᆞ더니밋春災異가屢見ᄒᆞᄂᆞᆫ지라이에王을勸ᄒᆞ야西幸ᄒᆞ야避災ᄒᆞ라ᄒᆞ고因ᄒᆞ야圖謀

고不ᄒᆞ거날金富軾이諫止ᄒᆞ엿더니至是ᄒᆞ야妙淸이西京分司侍郞趙匡과밋兵部尙書柳旵等으로더부러西京을據ᄒᆞ야叛ᄒᆞ고國號를大爲라ᄒᆞ며建元ᄒᆞ야曰天開라ᄒᆞ거날王이富軾을命ᄒᆞ야金富儀와李周衍等諸將을領ᄒᆞ고進勦ᄒᆞ니富軾이出師홀ᄉᆡ諸將을召集ᄒᆞ야曰西京의叛홈은鄭知常과金安과白壽翰이與謀홈이라今에此人을不除ᄒᆞ면西都를平치못ᄒᆞ리라ᄒᆞ고이에三人을召ᄒᆞ야斬ᄒᆞᆫ後에王께奏ᄒᆞ고引兵西行홀ᄉᆡ諸城에馳檄ᄒᆞ야奉詔討賊ᄒᆞᄂᆞᆫ意를曉諭ᄒᆞ고또西京城中에遣人招諭ᄒᆞ니匡等이그不敵홈을知ᄒᆞ고出降코자ᄒᆞ나스ᄉᆞ로罪重難容홀가ᄒᆞ야猶豫未決ᄒᆞ더니밋春平州 (今平山) 判官金淳夫가招諭詔를賫ᄒᆞ고入城ᄒᆞ니西人이드듸여妙淸과旵等을斬ᄒᆞ고大府卿尹瞻으로ᄒᆞ야곰朝廷에請罪ᄒᆞ거날是時에金富軾이또ᄒᆞᆫ上言ᄒᆞ야尹瞻等을厚待ᄒᆞ야其自新ᄒᆞᄂᆞᆫ路를開ᄒᆞ소서ᄒᆞ고錄事白錄琊을遣ᄒᆞ야奏請ᄒᆞ엿더니밋京師에至ᄒᆞ니宰相文公仁과崔濡等이錄琊다려謂ᄒᆞ야曰吾等이畢价를奏遣ᄒᆞ야齎詔諭

降케ᄒᆞᆷ이오汝元帥의功이아니니汝가來ᄒᆞᆷ은何事이며또汝元帥가西京을直趣치아니ᄒᆞ고迂路로安北(今安州)을往赴ᄒᆞ니此ᄂᆞᆫ何故오ᄒᆞ고곳尹瞻等을下獄ᄒᆞ고또富軾을督促ᄒᆞ야進討ᄒᆞ라ᄒᆞ니匡等이瞻이下獄ᄒᆞᆷ을聞ᄒᆞ고必然不免ᄒᆞ리라ᄒᆞ고다시叛ᄒᆞ거ᄂᆞᆯ富軾이其險固難拔ᄒᆞᆷ을知ᄒᆞ고五城을其下에築ᄒᆞ고積粟峙兵ᄒᆞ야賊을久困케ᄒᆞ엿더니賊이粮盡ᄒᆞ야出降ᄒᆞᄂᆞᆫ者ㅣ多ᄒᆞ더라翌年春二月에富軾이西京을攻拔ᄒᆞ니趙匡은焚死ᄒᆞ고餘衆은다自殺ᄒᆞ거ᄂᆞᆯ이에富軾을進ᄒᆞ야守太尉門下侍中을拜ᄒᆞ다○(乙丑)二十三年冬十二月에門下致仕金富軾이所撰ᄒᆞᆫ新羅高句麗百濟三國史를上ᄒᆞ거ᄂᆞᆯ王이其第에遣官奬諭ᄒᆞ고花酒를賜ᄒᆞ다○(丙寅)二十四年春二月에王이太子晛의게傳位ᄒᆞ고이윽고崩ᄒᆞ거ᄂᆞᆯ太子가位에即ᄒᆞ니此ᄂᆞᆫ毅宗莊孝王이러라

(丁卯)毅宗元年夏四月에王이外帝釋院에幸行ᄒᆞ고自後로寺院에遊幸이不可勝記러라○陞補試를始置ᄒᆞ고詩賦와經義로써取士ᄒᆞ야國學을充

ᄒᆞ다○同姓婚娶와幷히小功以上의通婚을禁ᄒᆞ다○(辛未)五年春二月에門下侍中致仕金富軾이薨ᄒᆞ니謚曰文烈이라ᄒᆞ다富軾이體貌가豐碩ᄒᆞ고自少로文章이名世ᄒᆞ더니밋宋使徐兢이來ᄒᆞᆯ時에舘作이되니兢이其爲人을忻慕ᄒᆞ야高麗圖經을著ᄒᆞ고其家世를載ᄒᆞ며其像을圖歸ᄒᆞ야宋主씌獻ᄒᆞ고또鏤板ᄒᆞ야天下에傳ᄒᆞ니自此로富軾의名이一世를振動ᄒᆞ더라○王이萬壽亭에宴ᄒᆞ다先是에內侍官尹彦文等이恠石을聚ᄒᆞ야壽昌宮北園에高築ᄒᆞ고또其間에小亭을搆ᄒᆞ야曰萬壽라ᄒᆞ고黃綾으로써壁을被ᄒᆞ며各般器物이다窮極奢侈ᄒᆞ더니至是에設宴ᄒᆞ야侵曉乃罷ᄒᆞ다○(丁丑)十一年二月에王이圖讖을信ᄒᆞ야諸弟를憎惡ᄒᆞᆯ시諫臣을密諭ᄒᆞ야其弟大寧侯暻을譖奏케ᄒᆞ고因ᄒᆞ야流配ᄒᆞ고太后ㅣ救ᄒᆞᆯ가恐ᄒᆞ야몬져太后를普濟寺에遷ᄒᆞ다○夏四月에王이闕東偏에離宮을建ᄒᆞ니曰壽德殿이오曰天寧殿이라또侍中王沖等五人의第宅을取ᄒᆞ야宮을삼고名花異果와奇麗珎玩을左右羅列ᄒᆞ고恠石으로써仙山을築ᄒᆞ고遠水를

引ᄒᆞ야飛泉을作ᄒᆞ며奢侈를日事ᄒᆞ니百姓이怨苦ᄒᆞ더라○秋에宋이鸚鵡와孔雀을來獻ᄒᆞ다○仁宗忌辰日에僧을太平亭에셔施飯ᄒᆞ다時에王이佛事를喜ᄒᆞ야緇徒가宮廷에盈溢ᄒᆞ며恩寵을怙恃ᄒᆞ고宦官을結托ᄒᆞ야百姓을侵擾ᄒᆞ더라○(壬午)十六年春三月에宋明州守가朝廷에牒告ᄒᆞ되金師를大破ᄒᆞ엿다ᄒᆞ더라○王이羣臣私第를多取ᄒᆞ야別宮을作ᄒᆞ고貨財를誅求ᄒᆞᆯ시名曰別貢이라ᄒᆞ고宦官으로ᄒᆞ여곰監領ᄒᆞ니이에宦官이私利를營ᄒᆞ야怨聲이載路ᄒᆞ거ᄂᆞᆯ諫官이請罷ᄒᆞ되不從ᄒᆞ더라○(乙酉)十九年夏四月에王이觀瀾寺에幸行ᄒᆞ다先是에承宣金敦中은富軾의子라詞華로ᄡᅥ王의게有寵ᄒᆞ야此寺를修築ᄒᆞ고花草를遍植ᄒᆞ며壇을築ᄒᆞ야御室이라ᄒᆞ고金碧으로ᄡᅥ飾ᄒᆞ고宴을設ᄒᆞ야王을享ᄒᆞ거ᄂᆞᆯ王이羣臣으로더부러酣飮盡歡ᄒᆞ더라是時에景勝으로ᄡᅥ有名ᄒᆞᆫ者ㅣ또奉恩寺衆美亭延福亭萬春亭壽樂堂鮮碧齋玉竿亭錦花橋의類가不可殫記라王이詞臣을率ᄒᆞ고賦詩酣飮ᄒᆞᆷ이虛日이殆無ᄒᆞ니其費가巨萬이라府庫가磬

竭ᄒᆞ거ᄂᆞᆯ이에諸道에徵求ᄒᆞ야轉輸가道路에絡繹ᄒᆞ더라○(庚寅)二十四年春正月에王이賀表를自製ᄒᆞ야羣臣에게宣示ᄒᆞ니羣臣이이에不得已表賀ᄒᆞ다○王이奉恩寺에幸ᄒᆞ야燃燈戲를觀ᄒᆞ고還宮ᄒᆞᆯ시彩棚을左右에結ᄒᆞ고百戲를陳ᄒᆞ야御駕를迎ᄒᆞ니다金銀珠玉과錦繡綺羅와珊瑚玳瑁로飾ᄒᆞ야그奇巧奢侈ᄒᆞᆷ이亘古無比러라○二月에狠星이南極에現ᄒᆞ거ᄂᆞᆯ按廉使朴純嘏가老人星이라稱ᄒᆞ고馳驛以聞ᄒᆞ니王이大喜ᄒᆞ야內殿에셔親醮ᄒᆞ고百官은表賀ᄒᆞ더라○秋八月에上將軍鄭仲夫等이作亂ᄒᆞ야文士를大殺ᄒᆞ다時에王이和平齋에幸行ᄒᆞᆯ서文臣으로더부러賦詩酣飮ᄒᆞ야樂而忘返ᄒᆞᄂᆞᆫ지라扈從ᄒᆞᄂᆞᆫ將士가怨言이有ᄒᆞ거ᄂᆞᆯ牽龍散員李義方과李高等이仲夫를激動ᄒᆞ야曰文臣은醉飽ᄒᆞ고武臣은飢困ᄒᆞ니此를何堪이리오ᄒᆞ더라此時에王이武臣이怨望ᄒᆞᆷ을知ᄒᆞ고이에武臣으로ᄒᆞ야곰手搏ᄒᆞᄂᆞᆫ戲를設ᄒᆞ고因ᄒᆞ야厚賜ᄒᆞ야其心을慰悅코ᄌᆞᄒᆞ엿더니文臣韓賴等이武臣이見寵ᄒᆞᆯ가忌嫉ᄒᆞ야大將軍李紹膺을批頰ᄒᆞ야侮

辱ᄒᆞ며王은또侍臣으로더부러從傍議笑ᄒᆞᄂᆞᆫ지라仲夫ㅣ厲聲曰紹膺이
비록武夫ㄴ官階三品이어날읏지凌侮가至此오ᄒᆞᆫᄃᆡ王이慰解ᄒᆞ더니밋
王이普賢院에至ᄒᆞ니李高와李義方이몬져矯命으로巡檢軍을聚集ᄒᆞ엿
다가文臣을屠殺ᄒᆞᆯ서太子宮僚屬과胥吏라도文冠을戴ᄒᆞᆫ者ᄂᆞᆫ다被害ᄒᆞ
고또卒伍가乘時蜂起ᄒᆞ야平章事崔褎偁知樞密使徐醇과大司成李知深
等五十餘人을殺ᄒᆞ니라드ᄃᆡ여王을脅迫ᄒᆞ야還宮ᄒᆞ다九月에王이康安
殿에入ᄒᆞ니宦官王光이仲夫를討코자ᄒᆞ다가事泄ᄒᆞ니仲夫가또宦官等
數十人을大殺ᄒᆞ야當時의寵幸이斬戮殆盡ᄒᆞ더라然이나王은奏樂飮酒
ᄒᆞ야意氣가自若ᄒᆞ거날李高等이王을弑코자ᄒᆞ다가이에中止ᄒᆞ고다시
王을軍器監에遷ᄒᆞ고太子ᄂᆞᆫ延恩館에置ᄒᆞ니라亂이初作ᄒᆞᆯ時에文臣中
에誅戮을免ᄒᆞᆫ者라도다拘辱을不免ᄒᆞᄃᆡ오작平章事崔惟淸과徐恭等은
元來武臣이敬重ᄒᆞᄂᆞᆫ人이라이에其第宅을環衛ᄒᆞ야侵暴를禁止ᄒᆞ고其
二人에族屬도다免禍ᄒᆞ니라時에仲夫等이또軍士를縱ᄒᆞ야所殺ᄒᆞᆫ文臣

의家屋을撤毁ᄒᆞ니此後로武人이習以爲常ᄒᆞ야讐怨이有ᄒᆞᆫ者ᄂᆞᆫ其家를
撤毁ᄒᆞ더라○九月에鄭仲夫等이王을逼ᄒᆞ야巨濟에遜位케ᄒᆞ고太子ᄂᆞᆫ
珍島에放ᄒᆞ고王의母弟翼陽公晧를立ᄒᆞ야王을삼으니此ᄂᆞᆫ곳明宗光孝
王이러라

普通敎科 大東歷史畧卷六

(辛卯)明宗元年春正月에王이羣臣을麗正宮에宴ᄒᆞᆯ시李高가僧惠修等으로더부러作亂코자ᄒᆞ거날李義方이其逼已ᄒᆞᆷ을疾惡ᄒᆞᆫ지라이에蔡元等으로ᄒᆞ야금擊殺ᄒᆞ니라○(癸巳)三年秋八月에東北面兵馬使金甫當이錄事張純錫等으로더부러起兵ᄒᆞ야鄭仲夫李義方을討ᄒᆞᆯ시純錫等이巨濟에至ᄒᆞ야前王을奉ᄒᆞ고慶州에出居ᄒᆞ엿더니是時에東北面知兵馬使韓彦國이또ᄒᆞᆫ擧兵相應ᄒᆞ다가仲夫等의게敗ᄒᆞ야見殺ᄒᆞ고辭連ᄒᆞᆫ文臣도다被害ᄒᆞ니旬日間에文士가殆盡ᄒᆞᆫ지라郞將金富가仲夫等다려謂曰天意를不可知오人心은不可測이라만일恃力棄義ᄒᆞ고衣冠을羅網ᄒᆞ면世上에엇지金甫當과如ᄒᆞᆫ者가無ᄒᆞ리오吾輩의子女를文臣과通婚ᄒᆞ야其心을安케ᄒᆞ라ᄒᆞᆫ대仲夫等이其言을從ᄒᆞ야自是로禍가稍止ᄒᆞ니라○冬十月에鄭仲夫等이李旼으로ᄒᆞ야금前王을慶州에셔弑ᄒᆞ다○(甲午)四年春正月에重元歸法等寺의僧徒數千이李義方을誅코자ᄒᆞ니義方이府

兵을發ᄒᆞ야僧百餘를殺ᄒᆞ고諸寺를焚ᄒᆞ고器皿을盡取ᄒᆞ니義方의兄俊儀가責罵ᄒᆞ야曰汝가三大惡이有ᄒᆞ니弑君이一也오太后女弟를劫奸ᄒᆞᆷ이二也오國政을專擅ᄒᆞᆷ이三也ㅣ라ᄒᆞᆫ대義方이怒ᄒᆞ야劒으로써擊ᄒᆞ거날俊儀가走免ᄒᆞ다○三月에李義方이其女를納ᄒᆞ야太子妃를삼고自此로더욱專恣ᄒᆞ더라○秋九月에西京留守趙位寵이異志를懷ᄒᆞ고西北兩界諸城에移檄曰聞ᄒᆞ니京師에셔北方諸城이桀驁ᄒᆞ다ᄒᆞ야大兵을發ᄒᆞ야來討ᄒᆞᆫ다ᄒᆞ니엇지屠戮을坐取ᄒᆞ리오ᄒᆞᆫ대於是에岊嶺(卽慈悲嶺이니在今瑞興) 以北四十餘城이다響應ᄒᆞᄂᆞᆫ지라位寵이드듸여西京을據ᄒᆞ고仲夫等에弑君ᄒᆞᆫ罪를討ᄒᆞ거날朝廷이平章事尹鱗瞻을命ᄒᆞ야往擊ᄒᆞ다가敗還ᄒᆞ니位寵이京師를乘勝直向ᄒᆞᄂᆞᆫ지라義方이出兵突擊ᄒᆞ야大同江外지追至ᄒᆞ야相持月餘에다시敗還ᄒᆞ니라○延州(今寧邊)人玄德秀가西京叛兵을擊敗ᄒᆞ다⊛李義方이伏誅ᄒᆞ다義方이凶恣가日甚ᄒᆞ야同列이被害ᄒᆞᆫ者ㅣ多ᄒᆞᆫ지라怨謗이四起ᄒᆞ더니이윽고尹鱗瞻이다

시大將軍이되야西郊에셔治兵홀서義方이宣義門에出ᄒᆞ거날仲夫외子筠이僧徒를密喩ᄒᆞ야求訴홀事가有ᄒᆞ다ᄒᆞ고義方을掩斬ᄒᆞ고俊儀兄弟와밋其黨與를皆殺ᄒᆞ고또賊臣의女를東宮에配홈이不可ᄒᆞ다ᄒᆞ야奏黜ᄒᆞ니라○(乙未)五年夏五月에비로소前王을爲ᄒᆞ야發喪三日ᄒᆞ고禧陵에葬ᄒᆞ고諡曰莊孝오號ᄂᆞᆫ毅宗이라ᄒᆞ니此ᄂᆞᆫ趙位寵의弑君不葬으로爲辭홈이러라○(丙申)六年夏六月에官軍이西京을拔ᄒᆞ고趙位寵을斬ᄒᆞ다○(丁酉)七年夏五月에西京人金旦等五百餘人이作亂ᄒᆞ야挺義와밋判官朴寧等을殺ᄒᆞ거날朝廷이遣兵討伐ᄒᆞ니西北人이旦을斬送ᄒᆞ더니旣而오賊이復熾ᄒᆞ거날兵馬使李富가用計討平ᄒᆞ다⊛秋七月에南賊亡伊等이就擒ᄒᆞ다先是에公州鳴鶴所의民亡伊等이位寵에亂을乘ᄒᆞ야徒黨을嘯聚ᄒᆞ고自稱曰山行兵馬使라ᄒᆞ고公州를陷ᄒᆞ고所在에剽掠홀지踰年이러니于是에兵馬使鄭世猷等이亡伊를捕ᄒᆞ니自是로南賊이稍平ᄒᆞ다○(己亥)九年이라將軍慶大升이鄭仲夫와宋有仁等을誅ᄒᆞ다先是의仲夫에

年이七十이라舊例를依ᄒᆞ야비록几杖을賜ᄒᆞ고致仕ᄒᆞ엿스ᄂᆞ國事ᄂᆞᆫ다依然히關決ᄒᆞ며其婿宋有仁等은怙勢貪濫ᄒᆞ야中外가怨苦ᄒᆞ고其子鄭筠은公主를尙코ᄌᆞᄒᆞ거날王이甚患홀서時에大升이仲夫等을憤恨ᄒᆞᄂᆞ有仁等을畏ᄒᆞ야敢發치못ᄒᆞ더니밋有仁이文克謙과韓文俊을斥罷ᄒᆞ야人心이沸騰ᄒᆞ거날大升이牽龍(官名)許升으로ᄒᆞ야금鄭筠을殺ᄒᆞ고大升은死士를率ᄒᆞ고宮墻을踰入ᄒᆞ야指諭文公呂等을殺ᄒᆞ고드듸여王命으로仲夫와有仁等을斬ᄒᆞ다●(癸卯)十三年秋七月에慶大升이卒ᄒᆞ다大升이鄭仲夫等을斬홀後로恒常畏懼ᄒᆞ야人으로ᄒᆞ야금里巷에伺察ᄒᆞ야飛語를偶聞ᄒᆞ면곳拘囚鞫問ᄒᆞ야用刑이甚峻ᄒᆞ고또王이寵優ᄒᆞᄂᆞᆫ고로歸附ᄒᆞᄂᆞᆫ者가多ᄒᆞᄂᆞ學識과勇力이無홀者ᄂᆞᆫ몬득拒絕ᄒᆞ니이럼으로武官이敢히放縱치못ᄒᆞ더니至是ᄒᆞ야卒ᄒᆞ니年이겨우三十이러라⊛冬十一月에太后任氏가崩ᄒᆞ다太后가寢疾홀서王이藥餌를親調ᄒᆞ고夜不解衣홀者ㅣ屢日이러니밋疾革홈의王이涕泣ᄒᆞ야目이盡瘇ᄒᆞ고太后

가崩ᄒᆞᆫ後에朝夕哭臨ᄒᆞ야哀痛이殆甚ᄒᆞ니宰相이節哀ᄒᆞ기를請ᄒᆞ되不聽ᄒᆞ더라○(丙午)十六年冬十二月에上將軍崔世輔를命ᄒᆞ야國史를同修ᄒᆞ다時에人이重房(猶今政府)에訴ᄒᆞ야日國史를修ᄒᆞᆯ時에文克謙이毅宗의被弑ᄒᆞᆫ事를直書ᄒᆞ엿스니맛당히武臣으로ᄒᆞ야금兼官케ᄒᆞ소셔ᄒᆞ거ᄂᆞᆯ克謙이懼ᄒᆞ야王ᄭᅴ密白ᄒᆞ니王이武臣의意를難違ᄒᆞᄂᆞ其舊制가아님을惜惡ᄒᆞ야이에世輔로ᄒᆞ야금國史를同修ᄒᆞ라ᄒᆞ니由是로毅宗의實錄이脫略ᄒᆞᆫ者ㅣ多ᄒᆞ더라○(辛亥)二十一年이라政堂文學廉信若이卒ᄒᆞ다信若은峯城人이라爲人이體小膽大ᄒᆞ니世人이晏嬰에比ᄒᆞ며分符仗節ᄒᆞᆫ即所至에聲績이有ᄒᆞ고性이孝友ᄒᆞ며또博覽强記ᄒᆞ야一時高文大冊이다其手에出ᄒᆞ더라⊛(癸丑)二十三年冬十月에平章事崔世輔ㅣ死ᄒᆞ다世輔ㅣ第宅을大營ᄒᆞ더니未幾에其子가崔忠獻의流ᄒᆞᆫ비되고家門이盡滅ᄒᆞ니라⊛十一月에太后忌辰齋를內殿에設ᄒᆞ고公侯와兩府宰輔와近衛諸臣이各其殺饌을進ᄒᆞ니忌辰에進饌이自此始러라○李義旼

의게功臣號를賜ᄒᆞ고文武百官이다義旼第에就ᄒᆞ야宴賀ᄒᆞ다義旼이政事를專擅ᄒᆞᆯ서賄賂가公行ᄒᆞ고支黨이連結ᄒᆞ니廷臣이莫敢誰何오民居를占奪ᄒᆞ야第宅을大起ᄒᆞ고또民田을攘取ᄒᆞ며諸子가其父를倚勢ᄒᆞ야肆橫이尤甚ᄒᆞ더라○(丙辰)二十六年夏四月에將軍崔忠獻이其弟東部錄事忠粹로ᄒᆞ야금李義旼을誅ᄒᆞ고朝臣을大殺ᄒᆞ다時에義旼이兇恣가日甚ᄒᆞ고其子至榮이王의嬖姬를逼淫ᄒᆞ니朝野가痛惋ᄒᆞ더니맛ᄎᆞᆷ王이普濟寺에幸ᄒᆞᆯ서義旼이稱疾不從ᄒᆞ고彌陁山別亭에往ᄒᆞ거ᄂᆞᆯ忠獻이忠粹와밋其甥朴晉材等으로더부러其還ᄒᆞᆷ을俟ᄒᆞ야斬ᄒᆞ니王이聞變ᄒᆞ고促駕還宮ᄒᆞ거ᄂᆞᆯ忠獻이곳王ᄭᅴ告ᄒᆞ고義旼의子至純至光至榮을斬ᄒᆞ고또慶州에遣使ᄒᆞ야義旼의三族을滅ᄒᆞ다忠獻이또叅知政事李仁成과承宣文迪과崔光裕와大司成李純裕等三十六人을殺ᄒᆞ니文迪의妻崔氏ㅣ積屍中에서夫屍를覔ᄒᆞ야戴去ᄒᆞᄂᆞᆫ지라忠獻이其節을嘉ᄒᆞ야收葬ᄒᆞ라ᄒᆞ고또十條를奏請ᄒᆞ거ᄂᆞᆯ王이다從ᄒᆞ고忠獻을拜ᄒᆞ야左承宣을삼앗다가

이ᄋ고御史臺事를知케ᄒ고忠粹晉材等은功臣號를賜ᄒ다●崔忠獻이
自己權力이分ᄒᆞᆯ가恐ᄒ야內侍李芬等五十餘人을罷黜ᄒ고또王子小君
皆ᄂᆞᆫ本寺에還送ᄒ더라●(丁巳)二十七年九月에崔忠獻이跋扈가日甚ᄒ
야崔忠粹와朴晉材로더부러四街에屯兵ᄒ고杜景升과밋諸小君洪機等
二十餘人을海島에流ᄒ고王을逼ᄒ야昌樂宮에幽ᄒ고太子ᄂᆞᆫ江華에
放ᄒ고王의弟平凉公旼을迎立ᄒ거ᄂᆞᆯ旼이即位ᄒ야改名曰晫이라ᄒ니
此ᄂᆞᆫ神宗靖孝王이러라●崔忠獻으로ᄡᅥ上將軍을拜ᄒ고崔忠粹로大將
軍을拜ᄒ고朴晉材ᄂᆞᆫ刑部侍郎을拜ᄒ다●崔忠粹가政權을獨擅코자ᄒ
야其徒千餘人을率ᄒ고其兄忠獻과興國寺에서戰ᄒ다가忠粹가大敗ᄒ
야斬關東走ᄒ거ᄂᆞᆯ忠獻의黨이追及ᄒ야斬ᄒ니自此로大權이다忠獻의
게歸ᄒ니라

(戊午)神宗元年秋八月에私奴萬積等이公私奴隸를招集ᄒ야崔忠獻의跋
扈ᄒᆞᄂᆞᆫ罪를聲討코자ᄒ다가或이其謀를忠獻에게告ᄒ니忠獻이萬積等

百餘을江에投ᄒ다○(庚申)三年夏五月에晉州吏鄭方義等이亂을作ᄒ야
仇怨者六千四百餘人을殺ᄒᆞᆫ뒤牧使李溥中이懼ᄒ야閉閤不出ᄒ거ᄂᆞᆯ朝
廷이少府興趙通等을遣ᄒ야鎭撫ᄒ라ᄒ니通이또ᄒᆞᆫ拱手畏避ᄒᆞᆫ故이러
니翌年에晉州人이方義를殺ᄒ니其黨이散ᄒ다○冬十二月에崔讜과任
濡로ᄡᅥ門下侍郎同平章事를拜ᄒ고崔忠獻은守太傅上柱國을拜ᄒ엿다
가또吏部尙書御史大夫를兼任ᄒ니忠獻이禁闥에出入ᄒᆞᆯᄉᆡ兵士로自衛
ᄒ고私第에서文武官을注擬ᄒ야奏ᄒ면王은다만頷之ᄒ고二部劍事ᄂᆞᆫ
다만檢閱ᄒᆞᆯᄯᆞᄅᆞᆷ이러라●時에奇洪壽와車若松이中書省에坐ᄒ야孔雀과
牧丹養ᄒᆞᄂᆞᆫ術을議論ᄒᆞᄂᆞᆫ지라聞者ㅣ歎曰宰相의職이論道經邦ᄒᆞᄂᆞᆫ듸
在ᄒ거ᄂᆞᆯ今에다만花鳥를評品ᄒ니엇지百寮를儀表ᄒ리오ᄒ더라○(壬
戌)五年十一月에前王이昌樂宮에서崩ᄒ거ᄂᆞᆯ王이王禮로ᄡᅥ葬코ᄌᆞᄒᆞᆫ듸
忠獻이不從ᄒ야降等ᄒᆞᆫ禮를用ᄒ고諡曰光孝오廟號ᄂᆞᆫ明宗이오智陵에
葬ᄒ다◉崔忠獻으로ᄡᅥ守太傅叅知政事를拜ᄒ다○(癸亥)六年冬十二月

에招討兵馬使丁彦眞이南賊을討平ᄒᆞ다先是에慶州別抄軍이永州(今永川)人으로더부러有隙ᄒᆞ야雲門山(在今清道ᄒᆞ니即向者南賊孝心의占據地라)의賊을引ᄒᆞ야永州를攻ᄒᆞ고ᄯᅩ慶州人李佐等이高麗王業이幾盡ᄒᆞ니다시新羅를興復ᄒᆞᆫ다稱ᄒᆞ고起兵ᄒᆞ거날忠獻이大將軍金陟侯等을遣ᄒᆞ야攻ᄒᆞ니賊黨이益熾ᄒᆞ야相持ᄒᆞᆫ지踰年에師老無功ᄒᆞᆫ지라이에陟侯를罷ᄒᆞ고彦眞을遣ᄒᆞ니彦眞이方略을多設ᄒᆞ야賊魁를連捕ᄒᆞ고一千餘級을斬首ᄒᆞ니於是에諸賊이畧平ᄒᆞ니라○(甲子)七年春正月에王이不豫ᄒᆞ야太子䄌에게傳位ᄒᆞ고德陽侯私第에移御ᄒᆞ엿다가尋崩ᄒᆞ거날太子가位에即ᄒᆞ니此ᄂᆞᆫ熙宗成孝王이라神宗을陽陵에葬ᄒᆞ다○冬十二月에崔忠獻으로ᄡᅥ太師門下侍郎同中書門下平章事를拜ᄒᆞ다王이忠獻의擁立ᄒᆞᆫ功이有ᄒᆞ다ᄒᆞ야殊禮로待ᄒᆞ고號曰恩門相國이라ᄒᆞ더라(丁卯)熙宗三年이라先是에崔忠獻으로ᄡᅥ門下侍中晋康郡開國侯를拜ᄒᆞ엿다가다시晋康侯를加冊ᄒᆞ고其府ᄂᆞᆫ崇寧이라ᄒᆞ고官僚를置ᄒᆞ고興德

宮으로ᄡᅥ屬ᄒᆞ니王子宰輔以下가다其府에就ᄒᆞ야讌賀ᄒᆞᆯ세花果와絲竹의盛ᄒᆞᆷ이三韓以來人臣家에初有ᄒᆞ고侍從과門客이三千人이러니至是ᄒᆞ야ᄯᅩ中書令晋康公을封ᄒᆞ니忠獻이ᄡᅥᄒᆞ되公爵은五等爵의首오中書令은人臣의極이라ᄒᆞ야辭謝不受ᄒᆞ더라○大將軍朴晋材가其門客의除官ᄒᆞᆫ者ㅣ少ᄒᆞ다ᄒᆞ고忠獻을怨望ᄒᆞ야圖코자ᄒᆞ거날忠獻이聞知ᄒᆞ고招問曰汝가何故謀我오ᄒᆞ고左右로ᄒᆞ야금其脚筋을斷截ᄒᆞ고白翎島(在今長淵)에流配ᄒᆞ니晋材ㅣ이윽고病死ᄒᆞ다○冬十月에王이國老를大饗ᄒᆞ다王이親히酒食을侑ᄒᆞ고因ᄒᆞ야孝順節義와鰥寡孤獨廢疾人의게物饌을賜ᄒᆞ고郡縣도亦然ᄒᆞ니比來에國家가多難ᄒᆞ야此禮를久廢ᄒᆞ엿다가至是ᄒᆞ야更行ᄒᆞ다○青郊(在今松都)驛吏等이忠獻을謀殺ᄒᆞ거날忠獻이鞫問ᄒᆞᆯ세右僕射韓琦에게辭連ᄒᆞᄂᆞᆫ지라忠獻이琦와밋其三子를殺ᄒᆞ다○(己巳)五年春三月에王이崔忠獻第에移御ᄒᆞ니其第가瀾洞里에在ᄒᆞ야人家數百을毀ᄒᆞ고壯麗雄傑ᄒᆞᆷ이數里에延袤ᄒᆞ야禁掖과如ᄒᆞ

더라冬에至ᄒᆞ야延慶宮에還御ᄒᆞ다時에忠獻이三第를新營ᄒᆞ고金玉錢穀을多藏ᄒᆞ고左右다려謂曰吾ㅣ金銀珍寶를王府에獻ᄒᆞ야國用을助ᄒᆞ리라ᄒᆞ니衆이다稱善ᄒᆞᄂᆞᆫ지라其姻戚盧仁佑ㅣ獨曰此ᄂᆞᆫ留儲ᄒᆞ야君의經費를作ᄒᆞ고다ᄉᆡ民歛을不爲ᄒᆞᆷ이何如오ᄒᆞ니忠獻이赧然ᄒᆞ더라○(辛未)七年九月에門下侍郎平章事致仕崔讜이薨ᄒᆞ다讜이自少聰悟ᄒᆞ고屬文을善ᄒᆞ며所至에聲績이有ᄒᆞ고四朝를歷仕ᄒᆞ야一時에名重ᄒᆞ며賢人을薦ᄒᆞ고能者를進ᄒᆞ야宗社를奠安ᄒᆞ고年이未衰에休退ᄒᆞ니라○使를金에遣ᄒᆞ야金에如ᄒᆞ다가不至ᄒᆞ고還ᄒᆞ다○冬十二月에王이壽昌宮에在ᄒᆞ야內侍中王濬明과叅政于承慶과樞密使史弘績과將軍王翊等으로더부러忠獻을謀誅ᄒᆞᆯᄉᆡ僧徒十餘人을宮內에伏伺ᄒᆞ야忠獻을擊殺코자ᄒᆞ다가不果ᄒᆞ더니忠獻이곳濬明等을流配ᄒᆞ고드듸여王을廢ᄒᆞ야江華에遷ᄒᆞ엿다가다시紫燕島 (屬今仁川) 에移居케ᄒᆞ고太子祉ᄂᆞᆫ仁州 (仁川) 에放ᄒᆞ고明宗의子漢南公貞을立ᄒᆞ니此ᄂᆞᆫ康宗元孝王이라改名曰

祦라ᄒᆞ고忠獻을功臣號를賜ᄒᆞ고其第崇寧府를改ᄒᆞ야晋康府라ᄒᆞ다

(癸酉)康宗二年秋八月에王이不豫ᄒᆞ야太子暾에게傳位ᄒᆞ고尋崩ᄒᆞ거날太子가位에即ᄒᆞ니此ᄂᆞᆫ高宗安孝王이라康宗을厚陵에葬ᄒᆞ다

(乙亥)高宗二年秋八月에崔忠獻이將軍李光裕로ᄒᆞ야금前王을喬桐에遷ᄒᆞᆯᄉᆡ光裕ㅣ還ᄒᆞ야其供頓이闕乏ᄒᆞᆷ을言ᄒᆞᆫᄃᆡ忠獻이厲聲ᄒᆞ야曰我의仁恕가아니면王의父子가엇지首領을得保ᄒᆞ며濬明의事를追思ᄒᆞ면至今까지我의毛髮이盡竪ᄒᆞᆫ다ᄒᆞ더라○(丙子)三年秋七月에金國이蒙古에게被困ᄒᆞ니其宣撫使蒲鮮萬奴가遼東을叛據ᄒᆞ야天王이라稱ᄒᆞ고國號ᄂᆞᆫ大眞이라ᄒᆞ니金人이將且舉兵攻伐코자ᄒᆞ야軍粮과戰馬를乞借ᄒᆞ거날朝廷이不許ᄒᆞ다○八月에契丹이入冠ᄒᆞ야寧德城 (今義州) 을陷ᄒᆞ고安 (安州) 鐵 (鐵山) 宣 (宣川) 等州를進逼ᄒᆞ거날盧元純으로中軍兵馬使를삼고吳應夫로右軍兵馬使를삼고金就礪로後軍兵馬使를삼고十三領軍과밋神騎諸衛兵을率ᄒᆞ고往討ᄒᆞ야屢戰大破ᄒᆞ고斬獲이萬餘

級이러라○(丁丑)四年春正月에興王景福等諸寺의僧侶가忠獻을殺코저ᄒᆞ야曉에忠獻家로馳往ᄒᆞ니忠獻이家兵과巡檢軍을送ᄒᆞ야僧徒三百餘人을斬ᄒᆞ고또僧人을大索ᄒᆞ야八百人을殺ᄒᆞ니積屍가如山ᄒᆞ고流血이成川ᄒᆞ더라이에僧徒를鞫問ᄒᆞᆯ시鄭叔瞻의게辭連ᄒᆞ거날곳叔瞻을罷ᄒᆞ고鄭邦輔로써代ᄒᆞ다○秋七月에兵馬使崔元世와金就礪等이丹兵을忠(忠州)原(原州)兩州에서大破ᄒᆞ야三百餘級을斬ᄒᆞ고堤州에追至ᄒᆞ니賊屍가川流를蔽塞ᄒᆞ고또朴達峙(在今堤川)追及ᄒᆞ야元世가就礪로더부러嶺上을先據ᄒᆞ엿더니明日에賊數萬騎가嶺을分登ᄒᆞ야要害를爭ᄒᆞ거날元世等이곳大呼死戰ᄒᆞ니賊이大潰ᄒᆞ야男女兵仗輜重을猥藉委棄ᄒᆞ고東走ᄒᆞ야溟州(今江陵)大關嶺을踰ᄒᆞ야遁去ᄒᆞ다○冬十月이라時에女眞黃旗子軍이北邊에入寇ᄒᆞ거날西北兵馬使趙冲이迎戰連破ᄒᆞ니賊이敗遁ᄒᆞ다○(戊寅)五年이라先是에丹兵이堤州에서敗遁ᄒᆞ야女眞의게援兵을請ᄒᆞ니軍勢가復振ᄒᆞᄂᆞᆫ지라秋에官軍을連破ᄒᆞ고楊州

를進逼ᄒᆞ거날趙冲으로西北面元帥를拜ᄒᆞ고金就礪로兵馬使를拜ᄒᆞ고鄭通寶等으로더부러前後左右軍을分領ᄒᆞᆯ시王이親히鈇鉞을授ᄒᆞ고生徒의入仕치아니ᄒᆞᆫ者를다從軍케ᄒᆞ다時에冲이前敗를深耻ᄒᆞ야銳意討賊ᄒᆞᆯ시號令이明肅ᄒᆞ고賊을禿山(在今博川)에서連敗ᄒᆞ니賊이數萬騎를引ᄒᆞ고江東城을入保ᄒᆞ더라○冬十二月에西北面兵馬使金君綏ㅣ肅州(今肅川)永淸(今永柔)에在ᄒᆞᆫ賊을攻ᄒᆞ야四百餘級을斬ᄒᆞ다○蒙古가其元帥哈眞과副帥孔剌를遣ᄒᆞ야軍士一萬을率ᄒᆞ고東女眞의遣ᄒᆞᆫ完顔子淵兵二萬을合ᄒᆞ야丹賊을攻ᄒᆞᆫ다稱ᄒᆞ고和(今中和)猛(今孟山)順(今順川)德(今德川)四城을破ᄒᆞ고江東城에至ᄒᆞ더라○元帥趙冲이別將金仁鏡을遣ᄒᆞ야蒙兵과會合ᄒᆞ니蒙元帥哈眞이其軍容의整齊ᄒᆞᆷ을稱歎不已ᄒᆞ더라○趙冲金就礪等이蒙兵과東女眞兵을會合ᄒᆞ야江東城을圍ᄒᆞ다時에蒙古와東女眞이비록救我ᄒᆞᆫ다稱ᄒᆞᄂᆞ蒙古ᄂᆞᆫ가장兇悍ᄒᆞ고또本國과舊好가無ᄒᆞᆫ지라이에中外人心이震駭ᄒᆞ더獨

히冲은坦然不疑ᄒᆞ고隨事彌縫ᄒᆞ며哈眞이또添兵을屢請ᄒᆞ니諸將이다其行을憚ᄒᆞᄂᆞᆫ지라金就礪ㅣ曰國家利害가正히今日에在ᄒᆞ고또臨事ᄒᆞ야難을不辭ᄒᆞᆷ은臣子의職이라ᄒᆞ고自行ᄒᆞ기를請ᄒᆞ야知兵馬事韓光衍으로더부러十將과밋神騎大角과內廂精卒을領率ᄒᆞ고往會ᄒᆞ다就礪ㅣ身長이九尺이오鬚髯이美ᄒᆞ거날哈眞이其狀貌의魁偉ᄒᆞᆷ을見ᄒᆞ고또其言論을敬服ᄒᆞ야兄弟를結ᄒᆞ고就礪다려曰我가六國을征伐ᄒᆞ야貴人을多見ᄒᆞ엿스ᄂᆞ兄과如ᄒᆞᆫ者를未見ᄒᆞ엿다ᄒᆞ고禮待가甚厚ᄒᆞ더니數日에趙冲이亦至ᄒᆞ니哈眞이또ᄒᆞᆫ兄으로事之ᄒᆞ거날이에置酒作樂ᄒᆞ고情欵을吐露ᄒᆞ다詰旦에諸軍이江東城下에會ᄒᆞ야四面을合圍ᄒᆞ니丹兵이敢出치못ᄒᆞ더라○崔忠獻을几杖을賜ᄒᆞ다忠獻이年이七十이라거짓告老ᄒᆞ거날王이其意를知ᄒᆞ고有司로ᄒᆞ야곰禮儀를備ᄒᆞ야几杖을賜ᄒᆞ고政事를出視ᄒᆞ라ᄒᆞ며忠獻이또其子瑀로ᄒᆞ야곰私兵을廣抄ᄒᆞᆯᄉᆡ僮隷奴隷를勿論ᄒᆞ고다屬卒에勒入ᄒᆞ니이에中外가大擾ᄒᆞ야人民이杜門不出ᄒᆞ

고甚至於樵採를廢ᄒᆞ더라○江東城을拔ᄒᆞ니丹寇ㅣ平ᄒᆞ다이에冲等이哈眞으로더부러同盟曰兩國이永히兄弟를結ᄒᆞ야萬世가되도록相忘치아니ᄒᆞ리라ᄒᆞ고二月에哈眞을其國에送還ᄒᆞ니라冲이契丹의俘虜로써各道州縣에分送ᄒᆞ야閑曠ᄒᆞᆫ地를擇ᄒᆞ야聚居ᄒᆞ고土田을量給ᄒᆞ야農民이되게ᄒᆞ다時에東女眞兵이또ᄒᆞᆫ北歸ᄒᆞᆯᄉᆡ其帥完顔子淵이冲의爲人을奇異ᄒᆞ야曰趙元帥ᄂᆞᆫ常人이아니라高麗에此人은天이賜ᄒᆞᆷ이라ᄒᆞ고甚히敬重ᄒᆞ더라⊕崔忠獻을賜姓ᄒᆞ야王氏라ᄒᆞ다○崔忠獻이死ᄒᆞ다忠獻이有疾ᄒᆞ야上表辭職ᄒᆞ고또賜姓을還ᄒᆞ고內外囚徒를請放ᄒᆞ더니未幾에忠獻이死ᄒᆞ거날百官이縞素會葬ᄒᆞ고羽葆鼓吹가다王者를擬ᄒᆞ더라忠獻이將死에其子瑀로ᄒᆞ여금非常을防備ᄒᆞ니이럼으로敢動ᄒᆞᄂᆞᆫ者ㅣ無ᄒᆞ고內外大權이다瑀의게歸ᄒᆞ다忠獻이兇暴殘虐ᄒᆞ고秉政ᄒᆞᆫ지二十四年에威權이赫然ᄒᆞ야擧國이惴惴ᄒᆞ고人主ᄂᆞᆫ拱手聽命ᄒᆞᆯᄲᅮᆫ이러라○(庚辰)七年秋九月에太尉門下侍郎平章事趙冲이薨ᄒᆞ다冲은橫川(今橫

城) 人이니平章事永仁의子라風姿가魁偉ᄒᆞ고外莊內和ᄒᆞ며出將入相에朝野ㅣ倚望ᄒᆞ고平時에主稜을不露ᄒᆞ니世人이다만其寬厚濶達ᄒᆞᆫ長者라稱ᄒᆞ더니밋大兵을掌ᄒᆞ고大事를決ᄒᆞᆫ然後에야그磊落不凡ᄒᆞᆷ을知ᄒᆞ더라밋宰相이되ᄆᆡ獨樂園을東皐에開ᄒᆞ고公餘에賢士大夫를招引ᄒᆞ야琴酒自娛ᄒᆞ더니至是ᄒᆞ야薨ᄒᆞ니年이五十이오諡曰文正이라ᄒᆞ다○(辛巳)八年秋八月에蒙使著古與等이其太弟의命으로土物을來索ᄒᆞᆯᄉᆡ館待가不滿ᄒᆞ다ᄒᆞ야張弓持杖ᄒᆞ고或射或擊ᄒᆞ며著古與等이未還에蒙使這可가其女大王의命을稱ᄒᆞ고珍寶를請求ᄒᆞ거날王이將軍金希磾를遣ᄒᆞ야儐待ᄒᆞᆯᄉᆡ這可가其迎接이遲緩ᄒᆞᆷ을責ᄒᆞ거날希磾曰君이向者에我境에至ᄒᆞ야一人을手射ᄒᆞᆷ의死生을不可知라만일生ᄒᆞ면君의福이오不然ᄒᆞ면君의一行이必然拘執이될이라ᄒᆞ니這可等이慚懼ᄒᆞ야自此로希磾의處分을一從ᄒᆞ니希磾는詩書를知ᄒᆞ고膽略이有ᄒᆞ며詞命을善ᄒᆞ더라○冬十二月에崔瑀로ᄡᅥ吏兵部尙書叅知政事를拜ᄒᆞ다瑀가忠獻의所

奪ᄒᆞᆫ公私田民을各其主에게還ᄒᆞ고乏寒士를拔擢ᄒᆞ야時望을收攬ᄒᆞ며晋陽侯를封ᄒᆞ니固辭不受ᄒᆞ더라○(乙酉)十二年春正月에盜가蒙使를殺ᄒᆞ다蒙이結好ᄒᆞᆫ後로使价가往來不絕ᄒᆞ더니至是ᄒᆞ야蒙使著古與等이鴨綠江을還渡ᄒᆞ다가中道에서盜에殺ᄒᆞᆫ빈되니蒙이我國에所使라ᄒᆞ고드듸여相絕ᄒᆞ다○冬十月에崔瑀가私第에政房을置ᄒᆞ고百官을擬注ᄒᆞ야王케上ᄒᆞ면王은오작拱手唯唯ᄒᆞᆯ뿐이러라○(丁亥)十四年三月에崔瑀가前王을喬桐에遷ᄒᆞ고將軍金希磾와盧之正等을海에沈殺ᄒᆞ다希磾는羣山島人이라風儀가美ᄒᆞ고智勇이有ᄒᆞ더니至是ᄒᆞ야被讒見殺ᄒᆞ니時人이寃惜ᄒᆞ더라○(庚寅)十七年이라初에忠獻이將死ᄒᆞᆯᄉᆡ將軍池允深과柳松節等이崔瑀을去ᄒᆞ고忠獻의小子珦을奉코ᄌᆞᄒᆞ니瑀가聞ᄒᆞ고允深과松節을遠島에流配ᄒᆞ고珦은洪州에安置ᄒᆞ엿더니珦이모든不逞의徒를聚集ᄒᆞ야州의副使柳文矩等을殺ᄒᆞ고松節等을召來ᄒᆞ고傍郡을傳檄起兵ᄒᆞ거날瑀가遣兵討破ᄒᆞ야松節等과갓치殺ᄒᆞ고餘黨을竄治ᄒᆞᆯᄉᆡ禮

山結城等七縣의監務와밋琠과來往ᄒᆞᆫ者ᄂᆞᆫ輕重을不問ᄒᆞ고다殺ᄒᆞ다○(辛卯)十八年秋八月에蒙古가殺使ᄒᆞᆷ을怨ᄒᆞ야元帥撒禮搭을遣ᄒᆞ야入寇ᄒᆞᆯᄉᆡ咸新鎭 (在今義州) 을陷ᄒᆞ고鐵州 (今鐵山) 에至ᄒᆞ야郞將文大를虜ᄒᆞ고城下에至ᄒᆞ야文大를刼迫ᄒᆞ야鐵州人을喩降ᄒᆞ라ᄒᆞ거ᄂᆞᆯ文大가從치아니ᄒᆞ니蒙人이文大를殺ᄒᆞ고城을陷ᄒᆞᆫ後에곳屠戮ᄒᆞ더라○蔡松年으로ᄡᅥ北界兵馬使를拜ᄒᆞ야蒙兵을防禦ᄒᆞ다○蒙兵이龜州 (今龜城) 를來侵ᄒᆞ거ᄂᆞᆯ兵馬使朴犀와將軍金慶孫等이嬰城固守ᄒᆞ니蒙兵이百計侵擾ᄒᆞ다가不克退去ᄒᆞ다初에蒙兵이鐵州를屠ᄒᆞ거ᄂᆞᆯ朔州分道將軍金仲溫과靜州 (今屬義州) 分道將軍金慶孫과밋靜 (靜州) 朔 (朔州) 渭 (渭原) 泰、(泰川) 等州諸守令이다龜州에來會ᄒᆞ니時에朴犀가龜州에在ᄒᆞ야곳諸將을部署ᄒᆞ야四面을分守ᄒᆞ더니이윽고蒙兵이大至ᄒᆞ야南門을攻ᄒᆞ거ᄂᆞᆯ慶孫이死士十二人을率ᄒᆞ고出戰ᄒᆞ다가慶孫이流矢를中ᄒᆞ야臂血이淋漓ᄒᆞ되鼓를手擊不止ᄒᆞ고戰四五合에蒙兵이却

走ᄒᆞᄂᆞᆫ지라慶孫이隊伍를整齊ᄒᆞ고凱歌를唱還ᄒᆞ니朴犀가道左에迎拜ᄒᆞ고相對而泣ᄒᆞ더라이에守城事를다慶孫에게委任ᄒᆞ다時에蒙兵이圍城ᄒᆞ기를數重이오日夜侵擾ᄒᆞᆯᄉᆡ初에ᄂᆞᆫ車上에草를積ᄒᆞ야進攻ᄒᆞ거ᄂᆞᆯ慶孫이砲車로ᄡᅥ鐵液을溶ᄒᆞ야其積草에瀉焚ᄒᆞ니蒙人이다시樓車와밋大床을牛皮로ᄡᅥ裹ᄒᆞ고其中에軍士를藏ᄒᆞ야城底에至ᄒᆞ야地道를穿ᄒᆞ거ᄂᆞᆯ犀가곳城穴로鐵液을注下ᄒᆞ야樓車를燒ᄒᆞ고ᄯᅩ柄茨를爇ᄒᆞ야大床을焚ᄒᆞ니蒙兵의死者가甚多ᄒᆞ고다辟易散去ᄒᆞ며蒙人이ᄯᅩ車上에草를爇ᄒᆞ야譙樓를攻ᄒᆞ거ᄂᆞᆯ犀가樓上에水를預儲ᄒᆞ야ᄡᅥ灌ᄒᆞ니火가곳熄ᄒᆞ더라此時에金慶孫은胡床에踞坐督戰ᄒᆞ다가飛砲가慶孫에頂後를過ᄒᆞ야傍人의首를擊碎ᄒᆞ되慶孫이맛참ᄂᆡ移動치아니ᄒᆞ고神色이自若ᄒᆞ더라蒙兵이圍城ᄒᆞᆫ지三旬에力盡退去ᄒᆞ다●蒙兵이다시龜州에侵入ᄒᆞ야城郭二百餘堞을破ᄒᆞ고城을越入ᄒᆞ거ᄂᆞᆯ犀等이ᄯᅩ大破ᄒᆞ다●三軍의師가安北府 (今安州) 에셔蒙兵을擊ᄒᆞ다가敗績ᄒᆞ니十一月에蒙兵이平

州를屠ᄒ고禮成江(松都西南江)에至ᄒ야廬舍를焚燒ᄒ고人民을殺
掠ᄒ니京城이恟恟ᄒ는지라崔瑀가家兵으로써自衛ᄒ며守城兵은男女
老弱뿐이러라○十二月에御史閔曦를蒙營에遣ᄒ야講和ᄒ니蒙兵이京
城四門外에分屯ᄒ고또興王寺(在今豊德)에侵入ᄒ는지라이에曦와
밋郞中宋國瞻을遣ᄒ야蒙兵을犒勞ᄒ고和好를講ᄒ야蒙使二人과偕來
ᄒ거날宗室淮安公侹을安北府에遣ᄒ야罷兵케ᄒ고撒禮塔에게土物을
大賂ᄒ다○蒙兵이또大砲車로써龜州를侵ᄒ거날朴犀가또ᄒᆫ砲車를發
ᄒ야擊殺이無筭ᄒ니蒙兵이淮安公의文牒을遣ᄒ야罷兵ᄒ라ᄒ는지라
犀가不聽ᄒ고守城益固ᄒ며蒙兵을大破ᄒ니蒙軍中에一老將이城壘器
械를環視ᄒ고歎曰吾ㅣ天下를行ᄒ엿스되被攻이如此ᄒ고能히固守ᄒ
는者를不見ᄒ엿다ᄒ고又曰城中諸公은他日에將相이되리라ᄒ더라○
趙叔昌이蒙使와偕來ᄒ다叔昌은冲의子라其父가일즉蒙古哈眞과有舊
ᄒ더니至是에蒙使九人으로더부러蒙主의牒文을持來ᄒ야殺使ᄒᆫ事를

責ᄒ고또金銀綾羅와凡他需索이不可勝記러라○趙叔昌을拜ᄒ야大將
軍을삼고黃金七十斤과白金一千二百斤과襦衣一千領과馬百七十匹을
蒙營에遣ᄒ고또殺使等事를辨明ᄒ고元帥以下將領에게幣物을賂ᄒ다
㊎(壬辰)十九年春三月에三軍이撤回ᄒ니蒙兵이亦退ᄒ다○蒙古가達魯
花赤七十人을府州縣에分遣ᄒ야官民의動靜을窺伺ᄒ더라○六月에崔
瑀가前王을紫燕島(在今仁川)에遷ᄒ다㊎崔瑀가江華에遷都코자ᄒ
거날別抄指諭金世冲이其不可홈을極言ᄒ니瑀가世冲을斬ᄒ고王을脅
追ᄒ야江華에幸行ᄒ니秋七月에王이江華에至ᄒ야客館을御ᄒ다○諸
道를命ᄒ야民人으로ᄒ여금山城과海島에徙入케ᄒ니時에國家가北界
諸城에在ᄒᆫ達魯花赤와弓矢를奪ᄒ빈蒙兵이復至ᄒᆯ가慮ᄒᆷ이러라○世
祖(太祖의父隆이라)太祖二梓宮을江都에移葬ᄒ다○九月에蒙古가
다시大擧入寇ᄒ다蒙人이써호듸我國이達魯花赤等을拘辱ᄒ고江華에
遷都ᄒ엿다ᄒ야다시撒禮塔을遣ᄒ야入寇ᄒᆯ새所在에屠掠ᄒ야비록婦

人老弱이라도다殺ᄒᆞ고冬十二月에處仁城（在今龍仁）에侵入ᄒᆞ거날一僧이城內로조차撒禮塔을射殺ᄒᆞ고俘獲이亦多ᄒᆞ니蒙兵이大潰逡退ᄒᆞᄂᆞᆫ지라朝廷이其僧으로써上將軍을授ᄒᆞ니僧이諱功固讓ᄒᆞ고後에還俗ᄒᆞ니姓名은金允侯러라○癸巳二十年五月에西京人畢賢甫洪福源等이西京으로써反ᄒᆞ거날將軍鄭顗로써宣諭使를拜ᄒᆞ야往喩ᄒᆞᆯ셰賢甫等이顗를見ᄒᆞ고大喜ᄒᆞ야其主를삼고자ᄒᆞ거날顗가大義로嚴斥ᄒᆞ니賢甫가怨恨ᄒᆞ야殺ᄒᆞ거날冬十二月에崔瑀가家兵三千을發ᄒᆞ야北界兵馬使閔曦로더부러往討ᄒᆞ야賢甫를斬ᄒᆞ니福源은蒙古에逃去ᄒᆞ다先是撒禮塔이侵我ᄒᆞᆯ셰福源이迎降ᄒᆞ야其腹心이되엿다가至是ᄒᆞ야反ᄒᆞ니또ᄒᆞᆫ蒙古를應ᄒᆞᆷ이라福源이蒙古에在ᄒᆞ야東京（在今遼東）揔管이되야本國을搆讒ᄒᆞ니蒙古의徵索과侵寇ᄒᆞᆷ이다福源의導誘러라○江都外城을築ᄒᆞ다○金就礪ㅣ卒ᄒᆞ다就礪ᄂᆞᆫ彦陽人이라爲人이節儉正直ᄒᆞ고忠義自守ᄒᆞ며持軍이嚴正ᄒᆞ야士卒이敢犯치못ᄒᆞ고臨陣制敵에奇計를多出

ᄒᆞ야大功을成ᄒᆞ더라●崔瑀의遷都ᄒᆞᆫ功을論賞ᄒᆞ야晉陽侯를封ᄒᆞ고府를立ᄒᆞ다●（丁酉）二十四年春에潭陽草賊李延年이無賴輩를嘯聚ᄒᆞ야傍邑을攻破ᄒᆞ고羅州를進圍ᄒᆞ거날指揮使金慶孫이延年을擊斬ᄒᆞ니餘衆이遂潰ᄒᆞ다○秋八月에前王이崩ᄒᆞ니廟號ᄂᆞᆫ熙宗이오碩陵에葬ᄒᆞ다○（辛丑）二十八年冬十二月에崔瑀를進ᄒᆞ야晉陽公을封ᄒᆞ고食邑을加ᄒᆞ다○遣使ᄒᆞ야蒙에如ᄒᆞ다時에蒙太宗이殂ᄒᆞ고女后ㅣ臨朝ᄒᆞ야兵患이稍息ᄒᆞ고兩國使价가往來不絕ᄒᆞ야一歲에或四五次가되더라○（戊申）三十五年春三月이라時에蒙兵이北界에入ᄒᆞ야捕獺ᄒᆞᆫ다稱ᄒᆞ고所在侵掠ᄒᆞᄂᆞᆫ지라兵馬使를命ᄒᆞ야人民을海島에入ᄒᆞᆯ셰安北府（今安州）의葦島ᄂᆞᆫ海潮가出入ᄒᆞ야耕種이難ᄒᆞ거날兵馬判官金方慶이人民으로ᄒᆞ야금堤堰을築ᄒᆞ고稗를種ᄒᆞ니人民이初에ᄂᆞᆫ怨苦ᄒᆞ다가秋에至ᄒᆞ야大稔ᄒᆞ니島人이饑乏이無ᄒᆞ고또島中에井泉이無ᄒᆞ거날方慶이大澤을掘ᄒᆞ야貯氷ᄒᆞ엿다가夏에ᄂᆞᆫ汲引ᄒᆞ고冬에ᄂᆞᆫ鑿冰ᄒᆞ니人이비로소其智를服ᄒᆞ

더라○崔沆으로써樞密院知奏事를拜ᄒᆞ다沆은瑀의子라其弟로더부러僧이되니名曰萬全이라無賴門徒를聚集ᄒᆞ야殖貨로爲事ᄒᆞ야百姓을侵擾ᄒᆞ더니至是ᄒᆞ야瑀가萬全으로ᄒᆞ야금歸俗ᄒᆞ야改名ᄒᆞ고是職을拜ᄒᆞ다○(己酉)三十六年冬十一月에崔瑀가死ᄒᆞ니其子沆으로써樞密副使吏兵部尙書御史大夫를拜ᄒᆞ다○崔沆이樞密副使金慶孫이衆心을得ᄒᆞ얏다ᄒᆞ야白翎島에流配ᄒᆞ다○北界人民이蒙兵이連歲入寇ᄒᆞᆷ을苦ᄒᆞ야內地에徙入ᄒᆞ기를請ᄒᆞ거날드듸여西島와밋西海道에遷徙케ᄒᆞ다○崔椿命이卒ᄒᆞ다○崔沆으로써門下侍中을拜ᄒᆞ다○(辛亥)三十八年冬十月에崔沆이其母大氏를弑ᄒᆞ고前樞密副使金慶孫等을殺ᄒᆞ다初에崔瑀에外孫金敉가沆으로더부러互相傾奪ᄒᆞᆯᄉᆡ大氏ㅣ미양敉를助ᄒᆞ니沆이깁히怨恨ᄒᆞ야大氏前夫의子將軍吳承績을江에投ᄒᆞ고大氏는毒殺ᄒᆞ고또白翎島에遣人ᄒᆞ야慶孫을海에沈ᄒᆞ니此는承績에姻親됨이라慶孫이莊重裕和ᄒᆞ고膽畧이有ᄒᆞ야大功을屢立ᄒᆞ고朝野倚望ᄒᆞ더니其死에世人이

다痛惜ᄒᆞ더라○(丁巳)四十四年夏四月에崔沆이死ᄒᆞ거날其子竩로써將軍을拜ᄒᆞ니竩는容儀가甚美ᄒᆞ고性이沉默ᄒᆞ며또澀澁이多ᄒᆞ더니밋秉政ᄒᆞᆷ의飢民을賑給ᄒᆞ야人心을收拾ᄒᆞ더라○秋七月에崔竩로써左副承宣을삼다○崔竩ㅣ家奴李公柱로써郞將을삼다舊制에奴隸가비록大功이有ᄒᆞ야도官爵을不拜ᄒᆞ더니今에奴隸의拜官이自此로始ᄒᆞ니라○(戊午)四十五年夏四月에大司成柳璥과別將金仁俊과郞將朴松庇等이密謀ᄒᆞ야崔竩를誅ᄒᆞ고其黨與를盡殺ᄒᆞ고政事를王께歸ᄒᆞ니王이璥으로써樞密院右副承宣을拜ᄒᆞ고松庇와仁俊은大將軍을拜ᄒᆞ고衛社功臣號를賜ᄒᆞ고其餘는賜爵이有差ᄒᆞ고竩의家倉을發ᄒᆞ야中外官民을賑給ᄒᆞ다○冬十一月에柳璥으로써簽書樞密院事를拜ᄒᆞ다璥이崔竩를旣誅ᄒᆞᆷ의政房을便殿의奏置ᄒᆞ야銓注를專掌ᄒᆞ니金仁俊이甚히敬重ᄒᆞ야每事를諮詢ᄒᆞ더라○漢陽龍津人趙暉가定州人卓青으로더부러蒙兵을引ᄒᆞ야猪島(在今永興)에入ᄒᆞ야東北面兵馬使愼執平을殺ᄒᆞ고和州(今永

興) 以北으로써蒙古에게降ᄒᆞ니蒙이雙城摠管府를和州에置ᄒᆞ고暉로
써摠管을拜ᄒᆞ고靑으로써千戶를삼으니暉等이出沒寇抄ᄒᆞ야東北諸城
에寧日이殆無ᄒᆞ더라○(己未)四十六年六月에王이崩ᄒᆞ거ᄂᆞᆯ時에太子倎
이蒙古에如ᄒᆞ야未還ᄒᆞᆫ지라이에太孫諶이監國ᄒᆞ야諡曰安孝오廟號ᄂᆞᆫ
高宗이라ᄒᆞ고洪陵에葬ᄒᆞ다○冬十一月에宮闕을舊京에創建ᄒᆞ니還都
코져홈이러라
(庚申)元宗元年三月에太子가蒙으로부터還ᄒᆞ야位에即ᄒᆞ니此ᄂᆞᆫ元宗順
孝王이러라○五月에金俊으로써樞密副使翼陽君開國伯을拜ᄒᆞ다先是
에崔竩를誅ᄒᆞᆫ功을叙ᄒᆞᆯ세柳璥으로써第一을삼더니至是ᄒᆞ야仁俊을改策
ᄒᆞ야第一을삼으니仁俊은即金俊의舊名이러라○八月에蒙古主가達魯
花赤을召還ᄒᆞ다○(癸亥)四年春二月에日本이金州(今金海)에入寇ᄒᆞ
야州縣의貢船을掠取ᄒᆞ거ᄂᆞᆯ夏四月에大官署丞洪泞等을日本에遣ᄒᆞ야
侵掠ᄒᆞᆫ緣故를詰責ᄒᆞᆫ듸日本이其事를嚴推ᄒᆞ니곳對馬島에水賊이라其

所掠ᄒᆞᆫ米布를徵還ᄒᆞ다○(戊辰)九年이라先是에王이金俊으로써侍中을
拜ᄒᆞ엿다가이윽고海陽侯를進封ᄒᆞ니俊이國政을擅弄ᄒᆞ고黜陟을任意
ᄒᆞ며法令이苛峻ᄒᆞ니百姓이怨苦ᄒᆞ더라○冬十二月에王이林衍에게密
詔ᄒᆞ야金俊을誅ᄒᆞ고其黨을鋤治ᄒᆞ다○(庚午)十一年春二月에王이蒙京
에至ᄒᆞ야太子의嘉禮를蒙古公主와擬議ᄒᆞ다○時에王이蒙에在ᄒᆞ야國
中群臣을諭ᄒᆞ야舊京에還都ᄒᆞ라ᄒᆞ니林惟茂가拒命不從ᄒᆞ거ᄂᆞᆯ御史中
丞洪文系와知門下省宋松禮等이別抄兵을率ᄒᆞ고惟茂를誅ᄒᆞ야政事를
王室에歸ᄒᆞ더니既而오車駕가蒙京으로還ᄒᆞ야開京에還都ᄒᆞ다○將軍
裴仲孫等이三別抄兵으로써叛ᄒᆞ야承化侯溫을逼ᄒᆞ야王을삼고公私財
貨와밋子女를掠取ᄒᆞ고浮海南去ᄒᆞ야珍島를入據ᄒᆞ고州縣을侵掠ᄒᆞ거
ᄂᆞᆯ追討使申思佺이奔還ᄒᆞᄂᆞᆫ지라이에金方慶으로써軍士六千餘人을率
ᄒᆞ고往勦ᄒᆞᆯ새海中에서賊을遇ᄒᆞ야方慶이突擊ᄒᆞ다가被圍가甚急ᄒᆞᆫ지
라方慶이義不死賊이라ᄒᆞ고海上에欲投ᄒᆞ더니其士卒이爭救得脫ᄒᆞ다

○(辛未)十二年夏五月에金方慶等이珍島를大破ᄒᆞ다先是에蒙將阿海가畏縮不前ᄒᆞ다ᄒᆞ야忻都와밋洪茶丘로써領兵相助ᄒᆞ거날方慶이이에忻都茶丘等으로더부러左右軍을分率ᄒᆞ고賊을碧波亭(珍島南江)에서大破ᄒᆞ고僞王溫을斬ᄒᆞ니餘衆이耽羅에竄入ᄒᆞ더라○金方慶으로써守太尉中書門下平章事를拜ᄒᆞ다○十二月에蒙이國號를建ᄒᆞ야曰大元이라ᄒᆞ고遣使來告ᄒᆞ거날遣使致賀ᄒᆞ다○太府에貲財가告罄ᄒᆞ거날府官姜渭贇이其苦를不勝ᄒᆞ야祝髮逃去ᄒᆞ고時에內藏이또ᄒᆞᆫ空竭ᄒᆞ야御供이一夕을闕ᄒᆞ다○初에洪文系가林惟茂를誅ᄒᆞᆫ功으로써承宣을拜ᄒᆞ엿다가國事가日非ᄒᆞᆷ을見ᄒᆞ고辭職ᄒᆞ더니至是ᄒᆞ야樞密府事를移拜ᄒᆞᆫ디또不就ᄒᆞ니時年이未滿四十이러라○三別抄賊이耽羅에入ᄒᆞ야內外城을築ᄒᆞ고數出抄掠ᄒᆞ거날王이金方慶으로써元帥를拜ᄒᆞ고軍士萬餘를率ᄒᆞ고進討ᄒᆞ야破ᄒᆞ니賊魁金通精이自縊死ᄒᆞ고餘衆이皆降ᄒᆞ거날方慶을進ᄒᆞ야侍中을拜ᄒᆞ다○元이遣使來朝ᄒᆞ다○(甲戌)十五年夏六月에

王이崩ᄒᆞ니時에太子가元에在ᄒᆞᆫ지라百官이太子를遙尊ᄒᆞ야王을삼엇더니秋八月에太子가回國ᄒᆞ야位에即ᄒᆞ니此ᄂᆞᆫ忠烈王이라前王을韶陵에葬ᄒᆞ다○冬十月에元主가軍士二萬五千을發ᄒᆞ야忽敦과洪茶丘로ᄒᆞ야금領率케ᄒᆞ고本邦과聯兵ᄒᆞ야日本征伐ᄒᆞ기를請ᄒᆞ거날王이金方慶과밋朴之亮金忻等을遣ᄒᆞ야聯兵進討ᄒᆞᆯ새對馬島로부터一岐島에至ᄒᆞ야連戰皆破ᄒᆞ고三郞浦에登陸ᄒᆞ야分路進兵ᄒᆞᆯ새日兵이突至ᄒᆞ거날方慶等이逆擊大破ᄒᆞ니蒙人이歎曰蒙人이비록善戰ᄒᆞᄂᆞ엇지及此ᄒᆞ리오ᄒᆞ더라方慶이復戰코자ᄒᆞ다가忽敦의言을從ᄒᆞ야드듸여班師ᄒᆞ다○先是에王이元에在ᄒᆞ야元主의女를娶ᄒᆞ니曰忽都魯揭迷失公主라至是ᄒᆞ야公主가來ᄒᆞ거날王이迎入ᄒᆞᆯ새十二月에公主로더부러肅州(今肅川)에會ᄒᆞ야同輦入京ᄒᆞ고前后趙氏를降封ᄒᆞ야貞和宮主를삼다

(乙亥)忠烈王元年春三月에王이公主로더부러北山洛山寺에幸行ᄒᆞ고自後로寺院에屢幸ᄒᆞ며至於田獵遊觀에公主가參往ᄒᆞ더라○時에帑藏이

匿竭ᄒᆞ야文武百官으로부터編戶外지各其銀布를出ᄒᆞ야國用을以充ᄒᆞ더니自是로國家가有事ᄒᆞ면곳前例를作ᄒᆞ야收斂ᄒᆞ더라○秋九月에公主가元子諿을生ᄒᆞ다○王이公主로더부러興王寺에幸行ᄒᆞᆯ서公主ㅣ寺中金塔을取ᄒᆞ야入內코자ᄒᆞ거날王이禁止不得ᄒᆞ고公主가또松子와人蔘을江南에送ᄒᆞ야厚利를獲ᄒᆞ고自後로宦官을分遣ᄒᆞ야搜索ᄒᆞᆯ서비록不產ᄒᆞᄂᆞᆫ地라도다徵納ᄒᆞ니人民이怨苦ᄒᆞ더라○時에人이匿名書를投ᄒᆞ야言ᄒᆞ되貞和宮主가呪咀ᄒᆞ고金方慶은不軌를謀ᄒᆞᆫ다ᄒᆞ거날이에宮主와方慶等을囚ᄒᆞ고雜問ᄒᆞ더니柳璥이力辨乃釋ᄒᆞ다○先是에王이田獵을好ᄒᆞ고또鷹鷂를元에送ᄒᆞᄂᆞᆫ고로鷹坊을置ᄒᆞ고諸嬖人으로써掌ᄒᆞ니嬖人이因ᄒᆞ야徵斂이苛虐ᄒᆞ야百姓이困苦ᄒᆞ며또材木을諸道에廣求ᄒᆞ야宮闕을營造ᄒᆞ더니至是ᄒᆞ야王이猝然이得疾ᄒᆞ거날宰樞가土木을停ᄒᆞ고鷹鷂를放ᄒᆞ며金塔을還ᄒᆞ야命을祈ᄒᆞ소서ᄒᆞᆫ되公主가다從ᄒᆞ더라○(己卯)五年春二月에百官以下와禁內外學館을命ᄒᆞ야다開剃ᄒᆞ고元

服을着케ᄒᆞ다○夏四月에中賛金方慶을大青島(在今長淵)에流ᄒᆞ니先是에將軍韋得儒等이方慶과有隙ᄒᆞ야元國忻都에게譖曰方慶이其子婿와밋將軍羅裕等四百餘人으로더부러王과公主를謀去ᄒᆞ고元國을侵害코자ᄒᆞᆫ다ᄒᆞ니忻都가元主의게告ᄒᆞᆫ되元主가忻都와洪茶丘를命ᄒᆞ야審査ᄒᆞ라ᄒᆞ니茶丘가本國을怨ᄒᆞ야伺釁嫁禍코져ᄒᆞ다가禍心이罔發ᄒᆞ야慘毒ᄒᆞᆫ刑으로方慶에게百般詰問ᄒᆞ되方慶이終始不屈ᄒᆞ고茶丘를顧叱曰欲殺ᄒᆞ거든便殺ᄒᆞ라我가엇지不義에屈ᄒᆞ리오ᄒᆞ니茶丘等이可屈치못ᄒᆞᆷ을知ᄒᆞ고王씌奏ᄒᆞ고大青島에流配ᄒᆞ다○秋七月에元國達魯花赤을罷ᄒᆞ다○金方慶를赦ᄒᆞ다○王이聲色에沉湎ᄒᆞ야敎坊才人을增設ᄒᆞᆯᄉᆡ倖臣을諸道에分遣ᄒᆞ야娼妓를選ᄒᆞ야宮中에置ᄒᆞ고日夜로歌舞狎褻ᄒᆞ며供億과賜與의費가不可勝記라時에尹秀와李貞等은鷹犬으로寵ᄒᆞ고吳祈와石天補等은聲色으로進ᄒᆞ고其餘宋邦英等은다諂諛賄賂로써羣少가雜進ᄒᆞ고王心은益蕩ᄒᆞ더라○(辛巳)七年夏六月에我師ㅣ元兵과

合ᄒᆞ야日本을攻ᄒᆞ다가敗績ᄒᆞ다先是에元主가日本에遣使ᄒᆞ야入朝ᄒᆞ
라ᄒᆞ니日本이使者를殺ᄒᆞ거ᄂᆞᆯ元主가怒ᄒᆞ야다시伐코자ᄒᆞᆯ새本國과聯
合ᄒᆞ기를請ᄒᆞ거ᄂᆞᆯ王이金方慶으로써都元帥를拜ᄒᆞ야元에征東元帥忻
都와洪茶丘等을會ᄒᆞ라ᄒᆞ니元이또范文虎로ᄒᆞ여곰蠻軍十萬을率ᄒᆞ고
日本壹岐島에赴ᄒᆞᆯ새于是에方慶이進軍ᄒᆞ야日兵을攻ᄒᆞ야斬殺이頗多
ᄒᆞ더니이윽고日兵이猝至ᄒᆞ야我軍이失利ᄒᆞ니忻都等은欲還ᄒᆞ고方慶
은南軍을遣ᄒᆞ야合攻코자ᄒᆞ다가맛ᄎᆞᆷ文虎가蠻軍을携至ᄒᆞ니戰船이合
九千艘라이윽고大風이起ᄒᆞ야蠻軍은海中에皆沒ᄒᆞ고諸軍이潰還ᄒᆞ다
○(辛卯)十七年이라哈丹(元叛賊)兵數萬이和(三和)登(三登)二
州를陷ᄒᆞ고人을殺ᄒᆞ야糧食을삼으니京師가震動ᄒᆞᄂᆞᆫ지라車駕가江都
에遷ᄒᆞ니賊兵이鐵湖와關東에橫行侵掠ᄒᆞᄂᆞᆫ지라原州別抄鄕貢進士元
冲甲과右軍萬戶金忻과左軍萬戶韓希愈가隨處迎討ᄒᆞ야斬獲無筭ᄒᆞ니
賊이勢窮遁去ᄒᆞ다○耽羅王子의게紅鞓과牙笏帽蓋靴를賜ᄒᆞ다先是에

元이耽羅를取ᄒᆞ야屬地를삼더니至是ᄒᆞ야其地를索還ᄒᆞᆫ고로是賜가有
ᄒᆞ고明年에耽羅를다시濟州라改稱ᄒᆞ다○金方慶爵을賜ᄒᆞ야上洛郡開
國公을拜ᄒᆞ다○十一月에太子가元에在ᄒᆞ야晉王甘麻剌의女寶塔實憐
公主를娶ᄒᆞ니王과公主가嘉禮를親見코저ᄒᆞ야元에如ᄒᆞ다○(丁酉)二十
三年夏五月에王이公主로더부러還國ᄒᆞ다時에壽寧宮에芍藥이盛開ᄒᆞ
거ᄂᆞᆯ公主가一枝를摘ᄒᆞ야把玩ᄒᆞ다가良久에感泣ᄒᆞ더니因ᄒᆞ야不豫ᄒᆞᆫ
지十餘日에賢聖寺에서薨ᄒᆞ니太子가元으로부터奔喪ᄒᆞ다○秋七月이
라時에宮人無比가王의게有寵ᄒᆞ믜太子가憎惡ᄒᆞ더니밋奔喪ᄒᆞ야王께
奏曰公主에疾은無比의呪咀ㅣ니請컨ᄃᆡ鞫問ᄒᆞ소이다ᄒᆞ거ᄂᆞᆯ王이不聽
ᄒᆞ엿더니太子가奉命치아니ᄒᆞ고左右로ᄒᆞ야곰無比와其黨數十人을斬
ᄒᆞ니王이禁치못ᄒᆞ고國人은震懾ᄒᆞ더라其後에太子가進士崔文의妻金
氏를王께納ᄒᆞ니金氏ᄂᆞᆫ姿色이有ᄒᆞᆫ지라無比가誅ᄒᆞᆫ後로王에心을慰安
코자ᄒᆞᆷ이오後에淑昌院妃를封ᄒᆞ다○冬十月에太子가其妃寶塔實憐公

主를迎還ᄒᆞ기爲ᄒᆞ야元에如ᄒᆞ다○(戊戌)二十四年春正月에太子가寶塔
實憐公主로더부러還國ᄒᆞ거ᄂᆞᆯ王이太子에게傳位ᄒᆞ고慈德宮에退居ᄒᆞ
니太子가即位ᄒᆞ야王을尊ᄒᆞ야上王을삼다○秋八月에元主가其臣孛魯
兀을遣ᄒᆞ야王과밋公主를請邀ᄒᆞ니王이元에如ᄒᆞᆯᄉᆡ上王이復位ᄒᆞ다○
(庚子)二十六年秋八月에上洛公金方慶이薨ᄒᆞ다方慶은安東人이오新羅
敬順王의遠孫이라性이忠直信厚ᄒᆞ고嚴毅寡言ᄒᆞ며器宇가寬弘ᄒᆞ야少
節을不拘ᄒᆞ며臨事明斷ᄒᆞ고비록致仕閒居ᄒᆞ나憂國如家ᄒᆞ고國家에大
事가有ᄒᆞ면반ᄃᆞ시諮詢ᄒᆞ더라年八十九에頭髮이不白ᄒᆞ고無疾而逝ᄒᆞ
니諡曰忠烈이라ᄒᆞ다○(甲辰)三十年夏五月에國學敎授를置ᄒᆞ다初에贊
成事安裕(後改名珦이라)가兵革後에學校가圮毁ᄒᆞ고儒風이日衰ᄒᆞ
며또養賢庫가殫竭ᄒᆞ야敎養無貲ᄒᆞ다ᄒᆞ고朝紳에게義助를請ᄒᆞ니王이
또ᄒᆞᆫ內庫의錢穀을出ᄒᆞ야補助ᄒᆞᄂᆞᆫ지라裕가國學을葺治ᄒᆞ고또江南에
遣人ᄒᆞ야先聖과밋七十子의像을畫ᄒᆞ고祭器樂器와밋六經과諸子史를

購來ᄒᆞ고李㦃李瑱을薦ᄒᆞ야經史敎授都監使를拜ᄒᆞ고李㦃秋適崔元冲
等으로敎授를삼고每一經에敎授兩人을置ᄒᆞ고禁學과內侍官과三都監
五庫의士와밋七館十二徒諸生으로ᄒᆞ야금從ᄒᆞ야聽習케ᄒᆞ다六月에國
學大成殿이成ᄒᆞ니王이先聖을謁ᄒᆞ고密直使李混을命ᄒᆞ야入學頌을作
ᄒᆞ야諸生을示ᄒᆞ다○(丙午)三十二年九月에僉議中贊致仕安裕가薨ᄒᆞ다
裕ᄂᆞᆫ興州(今順興)人이라爲人이莊重安詳ᄒᆞ고能謀善斷ᄒᆞ며人材를
養育ᄒᆞ고斯文을興復홈으로己任을作ᄒᆞ더니밋葬ᄒᆞᆯᄉᆡ七館十二徒ㅣ다
素服ᄒᆞ고路에서祭ᄒᆞ더라諡曰文成이라ᄒᆞ다○(戊申)三十四年秋七月에
王이崩ᄒᆞ거ᄂᆞᆯ前王이元으로부터奔喪ᄒᆞ야諡ᄒᆞ야曰忠烈이오慶陵에葬
ᄒᆞ다○冬十月에王이淑昌院妃(即進士崔文의妻니王이世子時에無比
를殺ᄒᆞ고前王의게進ᄒᆞᆫ女라)를烝ᄒᆞ거ᄂᆞᆯ監察糾正禹倬이直言極諫ᄒᆞ
니左右가震慴ᄒᆞ고王은慚色이有ᄒᆞ더라○十一月에王이元에如ᄒᆞ다

普通 敎科 大東歷史畧卷七

高麗記

(己酉)忠宣王元年春正月에王이元에在ᄒᆞ더니○二月延慶宮을重修ᄒᆞ시元
의制度를倣ᄒᆞ더니○王이遙命ᄒᆞ야僧一萬을壽寧宮에서施飯ᄒᆞ고其宮을
捨ᄒᆞ야寺를삼으니母后의冥福을祈ᄒᆞᆷ이러라王이恒常閉戶焚香ᄒᆞ고浮
屠를酷嗜ᄒᆞ야番僧으로ᄒᆞ여금佛經을飜譯ᄒᆞ고佛戒를受ᄒᆞ더니○(癸丑)五
年이라時에王이元에在ᄒᆞ야子江陵大君燾의게傳位ᄒᆞ니燾가燕京에서
卽位ᄒᆞ니此ᄂᆞᆫ忠肅王이라王을尊ᄒᆞ야上王을삼으니上王이瀋陽王이라
自稱ᄒᆞ고兄의子暠으로ᄡᅥ瀋世子를삼다○夏六月에王이上王과밋公主
를奉ᄒᆞ고回國ᄒᆞ다
(甲寅)忠肅王元年春正月에白頤正으로ᄡᅥ許理를拜ᄒᆞ다頤正은文節의子
라時에程朱의學이東方에未及ᄒᆞ얏더니頤正이元에在ᄒᆞ야其學을得ᄒᆞ
고東還ᄒᆞ니李齊賢朴忠佐가몬져師受ᄒᆞ니라○楊廣(今京畿道)忠淸

兩道를合ᄒᆞ야楊廣道를삼고慶尙晉安道를改ᄒᆞ야慶尙道라ᄒᆞ고交州道
(春川金化等)로ᄡᅥ淮陽道를삼다○上王이元에如ᄒᆞ다上王이萬卷堂
을燕京에置ᄒᆞ고李齊賢으로ᄒᆞ여금元의大儒閻復과姚燧와趙孟頫와虞
集等을招集ᄒᆞ야書史를考究ᄒᆞᆯ식復等이齊賢의著述을見ᄒᆞ고다稱歎不
已ᄒᆞ더라○夏六月에博士柳衍等을江南에遣ᄒᆞ야經籍一萬八百卷을購
來ᄒᆞ다○(丙辰)三年春正月에王이元에如ᄒᆞ다○三月에上王이瀋陽王位
를世子暠의게傳ᄒᆞ고太尉王이라自稱ᄒᆞ다○秋七月에王이元의營王女
亦憐眞八剌公主를聘ᄒᆞ야后를삼고冬十月에公主로더부러回國ᄒᆞ다○
口傳으로李啟을拜ᄒᆞ야堂后官을삼으니口傳授職이自此始러라○(庚申)
七年夏六月에士子를試取ᄒᆞᆯ식李齊賢과朴孝修가試官이되야詩賦法을
罷ᄒᆞ고策問을用ᄒᆞ다○冬十二月에元國寵宦伯顔禿古思(宋國人朱冕
의家奴)가上王의厭斥ᄒᆞᆷ을常恨ᄒᆞ더니元仁宗이殂ᄒᆞ고英宗이立ᄒᆞᄆᆡ
機를乘ᄒᆞ야構讒ᄒᆞᄃᆡ高麗의上王이燕京에來駐ᄒᆞᆷ은元國을侵害ᄒᆞᆯ陰謀

가有ᄒ다ᄒ니元主가其言을信ᄒ고上王을執ᄒ야吐蕃에遷ᄒ다○(辛酉)八年五月에王이元에如ᄒ다時에瀋陽王暠가元에在ᄒ야本國을窺覦ᄒ야元主의게謂曰王이元과絕和코져ᄒ다ᄒ니元主가其言을信ᄒ야交誼가決裂ᄒᆯ慮가有ᄒᆫ故로王이元主를往會ᄒ야暠言의無實ᄒᆷ을辨論ᄒ니元主가疑를釋ᄒ고兩國의和好가愈密ᄒ더라時에李齊賢이元에在ᄒ야上王를吐蕃에遷ᄒᆷ이不可ᄒᆫ意로元丞相府에移書ᄒ니屢千百言이라다切直誠懇ᄒ니元丞相拜住가크게感歎ᄒ더니旣而오元英宗이殂ᄒ고泰定主가即位ᄒ야上王을燕京에迎還ᄒ거날淑妃가이에羣臣으로ᄒ여금禿古思를元의게訴ᄒ야誅ᄒ다○(乙丑)十二年夏五月에王이公主로더부러還國ᄒ다○上王이燕京에셔崩ᄒ니諡曰忠宣이오德陵에返葬ᄒ다○冬十一月에李齊賢으로써政堂文學을拜ᄒ고功臣號를賜ᄒ다○(庚午)十七年春二月에王이太禎子의게傳位ᄒ다時에太子가元에在ᄒ야燕京에셔即位ᄒ니此ᄂᆫ忠惠王이라王을遙尊ᄒ야太上王을삼다○三月에王이

元關西王焦八의女德寧公主를聘ᄒ야后를삼다秋七月에上王은元에如ᄒ고王과公主ᄂᆫ還國ᄒ다○擧子를令ᄒ야律詩四韻百首와小學 (即字學이니漢時에謂之小學) 五聲字韻을誦ᄒᆫ後에야赴試를許ᄒ다

(辛未)忠惠王元年夏四月에王이延福亭에幸行ᄒ야水戲와擊毬를觀ᄒ고淫佚游畋ᄒ야虛日이無ᄒ더라○秋七月에僉議中贊大寧府院君崔有渰이薨ᄒ다有渰은沖의後라爲人이恬退ᄒ야名利를不求ᄒ고忠直ᄒᆷ으로써得罪ᄒ다가後에大用ᄒ야四朝를歷事ᄒ고國家元老가되야朝野가倚望ᄒ더니薨ᄒ니年이九十三이오諡曰忠憲이라ᄒ다○八月이라畿內에給田充祿ᄒᄂᆫ科를罷ᄒ다。

(壬申)忠肅王後元年春二月에王이游戲無度ᄒᆷ으로上王이燕京에在ᄒ야召去ᄒ고上王이復位ᄒ다○(癸酉)二年夏六月에王이公主로더부러回國ᄒᆯ시瀋王暠가從還ᄒ다○(丙子)五年冬十月에王이元에如ᄒ다○十二月에廢王禎이還國ᄒ다○(戊寅)七年이라王이還國ᄒ다○元이遣使ᄒ야宣

者와童女를求ᄒᆞ거날時에典衣副令李穀이元에在ᄒᆞ야其事의不可홈을御史臺에言ᄒᆞ고ᄯᅩ元主에게上書ᄒᆞᆯ시辭意가懇明ᄒᆞ니元이乃止ᄒᆞ더라○(乙卯)八年春三月에王이崩ᄒᆞ니諡曰忠肅이오毅陵에葬ᄒᆞ고廢王이卽位ᄒᆞ다○夏六月이라王이荒淫無度ᄒᆞ야其庶母壽妃權氏를烝ᄒᆞ고ᄯᅩ忠肅王后慶華公主를逼淫ᄒᆞ며左右諸臣妻妾의姿色이有ᄒᆞᆫ者를다奪取ᄒᆞ거날政丞曹頔이廢立코ᄌᆞ ᄒᆞ야드듸여兵士로써王宮을圍ᄒᆞ야王의肩을射中ᄒᆞ더니이옥고頔이被執ᄒᆞ야見殺ᄒᆞ다

(庚辰)忠惠王後元年이라順天君蔡洪哲이死ᄒᆞ다洪哲의爲人이貪鄙ᄒᆞ나才性이精巧ᄒᆞ야詞章技藝가다其能을各盡ᄒᆞ고活人堂을搆ᄒᆞ야藥物을施ᄒᆞ며權溥以下國老八人을邀請ᄒᆞ야耆英會를作ᄒᆞ고紫霞洞의歌曲을製ᄒᆞ야樂府에傳ᄒᆞ다○星山君李兆年이致仕ᄒᆞ다時에王이淫縱이日甚ᄒᆞ야松嶽에步出ᄒᆞ야雀을彈ᄒᆞ거날兆年이詭諫ᄒᆞᆫᄃᆡ王이不聽ᄒᆞ거날兆年이歎曰君惡을匡救치못ᄒᆞ니事君의道가아니라ᄒᆞ고明日에匹馬還鄕

ᄒᆞ다○成均祭酒禹倬이卒ᄒᆞ다倬은丹山人(今丹陽)이라經史를通ᄒᆞ며易學이深奧ᄒᆞ고忠宣의게上書極諫ᄒᆞᆫ後에禮安縣에退居ᄒᆞ거날忠肅王이其忠義를嘉ᄒᆞ야再召ᄒᆞ되不起ᄒᆞ더라○(癸未)四年春三月에王이東郊에幸ᄒᆞ야彈丸으로써人을射ᄒᆞ니行路가避走ᄒᆞ더라○夏五月에星山君李兆年이薨ᄒᆞ다兆年이自少力學ᄒᆞ고밋立朝ᄒᆞᄆᆡ堅確敢言ᄒᆞ야ᄆᆡ양王을入見ᄒᆞ면王이履聲을聞ᄒᆞ고必曰兆年이來ᄒᆞᆫ다ᄒᆞ고左右를屛ᄒᆞ고整容以竢ᄒᆞ니其見憚이如此러라諡曰文烈이라ᄒᆞ다○冬十一月에王이狂虐이愈甚ᄒᆞ더니元의게拘執ᄒᆞᄂᆞᆫ辱을被ᄒᆞ야揭陽縣에遷居ᄒᆞ다○(甲申)春正月에王이揭陽縣에往ᄒᆞ다가未至ᄒᆞ고岳陽縣에셔崩ᄒᆞ니諡曰忠惠오永陵에返葬ᄒᆞ다○二月에太子昕이位에卽ᄒᆞ니此ᄂᆞᆫ忠穆王이라年甫八歲러라○李齊賢이建議ᄒᆞ야先朝弊政을革罷ᄒᆞᆯᄉᆡ內乘鷹坊과밋寶興德寧二庫에屬ᄒᆞᆫ土田奴婢를查核ᄒᆞ야本主의게還ᄒᆞ다○(戊子)忠穆王四年十二月에王이崩ᄒᆞ고無嗣ᄒᆞᆫ지라忠惠王后德寧公主가奇轍과王煦

專命ᄒ야國事를權署케ᄒ더니
(己丑)忠定王元年夏四月에羣臣이忠穆王의庶弟慶昌院君眡를迎立ᄒ니此ᄂᆞᆫ忠定王이오時年이十二러라○冬十月에忠惠王의母弟江陵大君祺가元의魏王女魯國公主를聘ᄒ다○(庚寅)二年春二月에日本이南邊에入寇ᄒ다忠烈王時에元國과聯兵ᄒ야日本을征討ᄒᆫ後로日人이恒常怨恨ᄒ되敢發치못ᄒ더니至是ᄒ야內政이紊亂ᄒᆷ을探知ᄒ고固城等地에入寇ᄒ거ᄂᆞᆯ合浦 (在今昌原) 千戶崔禪이擊破ᄒ니自此로日患이不絕ᄒ더라○(辛卯)三年冬十月에江陵君祺가王을江華에逼遷ᄒ고自立ᄒ야王이되니此ᄂᆞᆫ恭愍王이러라
(壬辰)恭愍王元年春正月에贊成事柳濯으로ᄡᅥ全羅道萬戶를拜ᄒ야日本을防備ᄒ라ᄒ니濯이持軍이嚴整ᄒ고士卒로더부러甘苦를同ᄒ며日本이萬德社에侵入ᄒ야剽掠ᄒ거ᄂᆞᆯ濯이輕騎로ᄡᅥ追捕ᄒ야其俘를索還ᄒ니自此로日本이다시敢犯치못ᄒ더라○王이廢王을酖殺ᄒ고謚曰忠定

이라ᄒ고聰陵에葬ᄒ다◉成均生員李穡이上書ᄒ야時事를言ᄒ니一曰經界를正ᄒ고二曰寇를禦ᄒ고三曰武備를修ᄒ고四曰學校를崇ᄒ고五曰異端을抑ᄒᆷ이라王이다嘉納ᄒ니穡은穀의子러라○夏五月에僧普虛를召ᄒ야佛法을問ᄒ고王師를拜ᄒ니普虛가王을勸ᄒ야敎化를修明ᄒ고佛法을勿信ᄒ라ᄒ나其實은權勢를招攬ᄒᆷ이러라○李齊賢과曹益淸으로左右政丞을拜ᄒ다○(甲午)三年秋七月에柳濯等을遣ᄒ야軍士를率ᄒ고元에往ᄒ다時에元의政事가陵夷ᄒ야盜賊이蜂起ᄒ고國內가大亂ᄒ니我의게遣使請兵ᄒ거ᄂᆞᆯ王이軍士二萬餘人을發ᄒ야濯等으로ᄒ야금元丞相脫脫을往會ᄒ야張士誠을高郵에伐ᄒ다가不利ᄒ고淮安을移防ᄒ야前後數十戰에將軍崔瑩이가장力戰ᄒ야斬獲이甚多ᄒ고明年에班師回國ᄒ다◉(乙未)四年冬十二月에我桓祖大王이雙城 (今永興) 으로부터來朝ᄒ시다　桓祖의姓은李氏오諱ᄂᆞᆫ子春이오蒙古諱ᄂᆞᆫ吾魯思不花니係ᄂᆞᆫ全州오新羅司空諱　翰　의苗裔오三世祖ᄂᆞᆫ曰

穆祖大王이니諱ᄂᆞᆫ安社라全州로부터三陟에徙ᄒᆞ시고또三陟으로부터
宜州(今德源)에徙ᄒᆞ시니朝廷이宜州防禦使를拜ᄒᆞ고高原에屯ᄒᆞ야
元人을禦ᄒᆞ라ᄒᆞᆯ시時에元人이雙城에來屯ᄒᆞ야 穆祖를請ᄒᆞ야協力ᄒᆞ고
자ᄒᆞ거ᄂᆞᆯ 穆祖ㅣ不得已ᄒᆞ야蒙외게歸ᄒᆞ시고또斡東(今慶興)地에
徙ᄒᆞ시니蒙이南京五千戶所達魯花赤을拜ᄒᆞ니此ᄂᆞᆫ高宗四十一年이오
穆祖의子ᄂᆞᆫ日

翼祖大王이니諱ᄂᆞᆫ 行里 오元의五千戶所達魯花赤을襲封ᄒᆞ시더니
忠烈王時에元이日本을伐ᄒᆞ거ᄂᆞᆯ 翼祖가元主의命으로忠烈을來見ᄒᆞ
실ᄉᆡ因謁ᄒᆞ사日先臣이北去홈은實로虎狼의口를脫홈이오國恩을背홈
이아니로소이다ᄒᆞ신ᄃᆡ忠烈이日卿은可謂不忘本이라ᄒᆞ더라 翼祖의
子ᄂᆞᆫ日

度祖大王이니諱ᄂᆞᆫ 椿 이라忠肅王時에來朝ᄒᆞ시고 度祖가桓祖를
生ᄒᆞ시니 桓祖ㅣ騎射를善ᄒᆞ고士卒이樂附ᄒᆞ며于是에또來朝ᄒᆞ시다

初에雙城의地가沃饒ᄒᆞ야東南人民이歸附ᄒᆞᄂᆞᆫ者ㅣ多ᄒᆞ거ᄂᆞᆯ朝廷이行
省郞李壽山을遣ᄒᆞ야元의中書遼陽二省官員으로더부러民의新舊籍을
區分ᄒᆞ야三省이라稱ᄒᆞ더니其後에撫綏가失宜ᄒᆞ야稍稍히流徙ᄒᆞᄂᆞᆫ지
라王이 桓祖를命ᄒᆞ야主管ᄒᆞ라ᄒᆞ니民人이이에其業을安ᄒᆞ더라○(丙
申)五年夏五月에奇轍權謙盧頙等이伏誅ᄒᆞ다初에轍의妹弟가元에出嫁
ᄒᆞ야元主의皇后가되야太子愛猷識理達臘을生ᄒᆞ니元主가奇氏三世를封
ᄒᆞ야王을삼은지라轍이自此驕橫ᄒᆞ야王의게稱臣치아니ᄒᆞ고또謙과頙
은元主와밋元太子의게女를納ᄒᆞ고三人이聲勢相倚ᄒᆞ더니至是ᄒᆞ야自
全키難ᄒᆞᆯ가恐ᄒᆞ야서로期會ᄒᆞ야大逆을圖謀ᄒᆞ거ᄂᆞᆯ王이密直姜仲卿等
을命ᄒᆞ야甲士로ᄒᆞ여곰擊殺ᄒᆞ다●王이舊疆을收復고자ᄒᆞ야印璫과柳
仁雨等을命ᄒᆞ야鴨江以西八站과밋雙城等諸城을取ᄒᆞ다○九月에 桓
祖로써大僕卿을拜ᄒᆞ고第宅一區를賜ᄒᆞ거ᄂᆞᆯ 桓祖가因ᄒᆞ야開京에留
居ᄒᆞ시다●冬十月에元이遣使來朝ᄒᆞ다●十二月에僧普虛가道詵의讖

說로써王을說ᄒᆞ야日漢陽에都ᄒᆞ면三十六國이來朝ᄒᆞᆫ다ᄒᆞ니王이其言
을感ᄒᆞ야漢陽宮을修葺ᄒᆞ고遷都코자ᄒᆞ다가不果ᄒᆞ다○(丁酉)六年이라
冠과服色을改ᄒᆞᆯᄉᆡ文武百官은黑衣靑笠이오僧은黑巾이오女ᄂᆞᆫ黑羅러
라○忠烈王以上에게尊號를加上ᄒᆞ다○冬十月에비로소三年喪을行ᄒᆞ
니諫官李穡에言을從ᄒᆞᆷ이러라○(戊戌)七年夏五月에方國珍이遣使來聘
ᄒᆞ니時에國珍이元國에亂을因ᄒᆞ야台州를據ᄒᆞ더라○六月에張士誠이
遣使ᄒᆞ야沈香水晶과玉帶等物을獻ᄒᆞ니時에士誠이杭州를據ᄒᆞ야太尉
라自稱ᄒᆞ더라○秋八月에西江에城을築ᄒᆞ야日本을防禦ᄒᆞ다○李氏를
納ᄒᆞ야惠妃를封ᄒᆞ니妃ᄂᆞᆫ齊賢에女러라●時에紅巾賊이有ᄒᆞ야天下에
遍滿ᄒᆞ고其魁關先生等이元의上都 (元故都니長城以外라) 를陷ᄒᆞ고
仐鴨綠을渡ᄒᆞ야剽竊ᄒᆞ거ᄂᆞᆯ慶千興으로써西北面元帥를拜ᄒᆞ고安祐로
써副元帥를拜ᄒᆞ야往討ᄒᆞᆯᄉᆡ時에賊衆이四萬이라鴨綠을渡ᄒᆞ야義 (義
州) 靜 (在今義州) 等州를連陷ᄒᆞ거ᄂᆞᆯ다시李巖으로써西北面都元帥

를拜ᄒᆞ야千興과祐와밋崔瑩金得培李春富等으로더부러防禦ᄒᆞ더니이
윽고巖이賊을畏ᄒᆞ야進兵치못ᄒᆞ거ᄂᆞᆯ李承慶으로써代ᄒᆞ다○(庚子)九年
春二月에安祐가上將軍李芳實로더부러紅巾賊을咸從에서大破ᄒᆞ니賊
이遁去ᄒᆞ다是役에祐等이九戰皆捷ᄒᆞ고三月에班師ᄒᆞ다○夏五月이라
忠定以來로日本이來侵ᄒᆞ야虛日이無ᄒᆞ더니于是에全羅道로부터楊廣
道 (今京畿忠淸兩道) 를進侵ᄒᆞ야列邑을焚掠ᄒᆞ거ᄂᆞᆯ이에柳濯으로써
兵馬都統使를拜ᄒᆞ고李春富와밋 桓祖로써東西江兵馬使를拜ᄒᆞ야防
禦ᄒᆞ다○八月에三年喪制를除ᄒᆞ니時에四方에兵興ᄒᆞ야用人이爲急ᄒᆞᆷ
이러라○(辛丑)十年春二月에 桓祖로써東北面兵馬使를拜ᄒᆞ엿다가다
시戶部尙書를加ᄒᆞ다● 桓祖ㅣ卒ᄒᆞ니王이遣使ᄒᆞ야弔慰致賻ᄒᆞ고士
大夫가다驚歎ᄒᆞ야日東北面이無人ᄒᆞ다ᄒᆞ더라○秋九月에禿魯江 (在
今江界) 萬戶朴儀가叛ᄒᆞ거ᄂᆞᆯ我
太祖大王을遣ᄒᆞ야執誅ᄒᆞ다 太祖ᄂᆞᆫ 桓祖의子라諱ᄂᆞᆫ 旦 오字ᄂᆞᆫ君

晉이니初諱ᄂᆞᆫ 成桂 오字ᄂᆞᆫ 仲潔 이라忠肅王後四年乙亥에永興黑石里私邸에셔誕降ᄒᆞ시니隆準龍顔이오奇偉絕倫ᄒᆞ시더니밋長ᄒᆞ시ᄆᆡ寬仁大度오濟世安民ᄒᆞᆯ才畧이有ᄒᆞ시더라先是에李達衷이東北面兵馬使가되엿다가還朝ᄒᆞ거ᄂᆞᆯ 桓祖가餞送ᄒᆞ실ᄉᆡ 太祖가侍立ᄒᆞ시다가行酒ᄒᆞ시니達衷이恭敬이跪飮ᄒᆞᄂᆞᆫ지라 桓祖가恠異ᄒᆞ야問ᄒᆞ신ᄃᆡ荅曰此人은異人이라公의及ᄒᆞᆯ비아니오公의家業을此人이能히大興ᄒᆞ리라ᄒᆞ고因ᄒᆞ야子孫으로ᄡᅥ付屬ᄒᆞ니達衷은元來識鑑이有ᄒᆞᆫ人이러라至是ᄒᆞ야 太祖가金吾衛上將軍으로東北面上萬戶가되시더니朴儀가作亂ᄒᆞ거ᄂᆞᆯ 太祖가親兵一千五百으로往討ᄒᆞ시니儀가江界에逃入ᄒᆞᄂᆞᆫ지라 太祖가窮追ᄒᆞ야盡誅ᄒᆞ시다○冬十月에紅巾賊魁首潘誠沙와關先生等이또軍士數十萬을率ᄒᆞ고鴨綠을渡ᄒᆞ야安州를襲ᄒᆞ니官軍이敗績ᄒᆞᄂᆞᆫ지라王이다시平章事金鏞과叅知政事鄭世雲等을遣ᄒᆞ야岊嶺(在今瑞興一名慈悲嶺)을守備ᄒᆞ다가또賊에襲擊을被ᄒᆞ야軍士

가大潰ᄒᆞ고京師가震動ᄒᆞ거ᄂᆞᆯ王이이에太后를奉ᄒᆞ야南幸ᄒᆞ니賊이곳京城을陷ᄒᆞ다十二月에王이福州(今安東)에至ᄒᆞ야世雲으로ᄡᅥ摠兵官을拜ᄒᆞ야諸軍을督率ᄒᆞ야紅賊을擊ᄒᆞ라ᄒᆞ니世雲이承命ᄒᆞ고慷慨憂憤ᄒᆞ야討賊興復ᄒᆞᆷ으로ᄡᅥ己任을삼더라○(壬寅)十一年春正月에摠兵官鄭世雲과都元帥安祐等이紅賊을大破ᄒᆞ고京城을收復ᄒᆞ다賊이이미京城에入ᄒᆞ거ᄂᆞᆯ安祐崔瑩等이軍士二十萬을率ᄒᆞ야東郊에屯ᄒᆞ고世雲은諸軍을督ᄒᆞ야進圍ᄒᆞᆯᄉᆡ寧海人朴强이守門ᄒᆞᆫ賊을斫殺ᄒᆞ고諸將이馳入ᄒᆞᄂᆞᆫ지라 太祖가麾下親兵二千人을率ᄒᆞ시고先登大破ᄒᆞ야賊十餘萬을斬ᄒᆞ시니賊魁河劉와關先生等이다死ᄒᆞ고餘黨破頭潘等十餘萬이鴨綠을渡ᄒᆞ야遁去ᄒᆞ다○金鏞이佞幸으로ᄡᅥ王의게得寵ᄒᆞ야鄭世雲을忌嫉ᄒᆞ고또安祐金得培李芳實等의成功ᄒᆞᆷ을惡ᄒᆞ야王旨를矯ᄒᆞ야祐等으로ᄒᆞ야금世雲을殺케ᄒᆞ고또謀泄ᄒᆞᆯ가恐ᄒᆞ야드듸여王의게告曰祐等이主將을擅殺ᄒᆞ니此ᄂᆞᆫ君上을慢視ᄒᆞᆷ이라ᄒᆞ고곳祐等을盡殺ᄒᆞ다時에祐

와芳實의子가年이다十餘歲라市街에遊ᄒᆞᆯ서人民이食物을爭饋ᄒᆞ야曰
今에我輩가獲安ᄒᆞᆷ은다三元帥의功이라ᄒᆞ고泣下ᄒᆞᄂᆞᆫ者가有ᄒᆞ더라○
秋七月에　太祖가元丞相納哈出을咸興洪原等地에서大破ᄒᆞ시다納哈
出이元國의亂을因ᄒᆞ야瀋陽等地를據仩ᄒᆞᆯ서時에雙城(今咸興)賊趙
小生과卓都卿等이雙城을既失ᄒᆞᆷ의本國을深怨ᄒᆞ야納哈出을引ᄒᆞ야東
北邊을入冦ᄒᆞ거날王이　太祖로써東北面兵馬使를拜ᄒᆞ야出禦ᄒᆞ라ᄒᆞᆯ
서時에納哈出이兵士數萬을率ᄒᆞ고小生과都卿等으로더부려洪原에屯
ᄒᆞ고賊에驍將一人이鐵鎧를戴ᄒᆞ고槊을揮ᄒᆞ니衆이對敵ᄒᆞᆯ者가無ᄒᆞ거
날　太祖가與戰ᄒᆞ시다가거짓敗走ᄒᆞ시니其人이奮前ᄒᆞ야槊을注ᄒᆞᆷ이
甚急ᄒᆞ거날　太祖가飜身ᄒᆞ사馬韉에俯着ᄒᆞ시니其人이　太祖를擊지
못ᄒᆞ고槊을隨ᄒᆞ야倒ᄒᆞ거날　太祖ㅣ곳射殪ᄒᆞ시니賊이大敗奔潰ᄒᆞᄂᆞᆫ
지라　太祖가進擊ᄒᆞ야日暮ᄒᆞᆫ後還ᄒᆞ시다時에納哈出의妻가納哈出다
려謂曰公이天下를周行ᄒᆞ엿스ᄂᆞ如此ᄒᆞᆫ將軍을못지見ᄒᆞ엿시리오맛당

히速避ᄒᆞ라ᄒᆞᆫᄃᆡ納哈出이不從ᄒᆞ고角戰不已ᄒᆞ거날　太祖가또其將을
屢殺ᄒᆞ시고奇兵을伏ᄒᆞ야大破ᄒᆞ시니納哈出이不可敵ᄒᆞᆷ을知ᄒᆞ고散卒
을收拾ᄒᆞ야遁去ᄒᆞ니於是에東北鄙가悉平ᄒᆞ다○八月에王이淸州에至
ᄒᆞ다○耽羅牧胡古禿不花等이星主高福壽로써叛ᄒᆞ야元에依附ᄒᆞ다○
(癸卯)十二年二月에王이京師에還ᄒᆞ다○閏三月에金鏞이德興君의內應
이되야王을害코ᄌᆞᄒᆞᆯ서其黨五十餘人을密遣ᄒᆞ야宮門을斬ᄒᆞ고寢殿에
徑入ᄒᆞ거날宦官安都赤의貌가王과類ᄒᆞᆫ지라王을代ᄒᆞ야寢內의臥ᄒᆞ니
賊이王이라ᄒᆞ야殺ᄒᆞ고其黨을分遣ᄒᆞ야右政丞洪彥博等을殺ᄒᆞ더니旣
而오事敗ᄒᆞ야鏞을密城(今密陽)에流ᄒᆞ엿다가다시殺ᄒᆞ야京師에傳
首ᄒᆞ다時에王은오히려鏞을不忍ᄒᆞ고泣下曰誰를可恃ᄒᆞᆯ고ᄒᆞ더라時에
彥博이勳戚으로써上相이되야鏞이비록秉權ᄒᆞ나能히逞志치못ᄒᆞᄂᆞᆫ故
로못져殺ᄒᆞ니彥博은重望이有ᄒᆞᆫ人이라밋死ᄒᆞᆷ의時人이歎惜ᄒᆞ더라謚
曰文正이라ᄒᆞ다◉(甲辰)十三年春正月에元이德興君譓를我國의納코자

호야崔濡로精兵一萬을率호고鴨綠江을渡호거날王이慶復興으로써西北面都元帥를拜호야進禦홀서我軍이敗績호고賊은宣州(今宣川)를入據호니人情이恟懼호는지라王이崔瑩으로써都巡慰使를拜호야安州로急趣호고또 太祖를命호야精騎一千을率호시고赴援케호거날賊을隨州(今定州) 獺川에서奮擊大破호니濡와밋譓가겨우免호야渡江遁去호다○夏五月에日賊三千餘人이鎭海에入冦호거날慶尙道巡問使金續命이進擊殲殺호다○冬十月에元主가崔濡를械送호거날王이誅호다○(乙巳)十四年春二月에王后魯國公主가崩호니王이크게悲慟호야佛事를大張호고밋正陵에葬홀서儀衛制度가窮極奢侈호더라○五月에王이妖僧遍照로써師傅를삼고信任호니遍照가改名호야辛旽이라호고士大夫에妻妾은神僧이라호야聽法求福호다호야來호면旽이믄득私通호는지라李齊賢이上言호디旽에骨格이古昔凶人과如호야後患을必貽호리니王은勿近호소서호디王이不聽호더라○秋八月에瑞興君柳淑이致仕

호다時에辛旽이用事홀서金蘭과李春富로써羽翼을삼고李仁復과崔瑩과元松壽等諸名流를幷譏逐호니淑이自己의忠直이旽의所忌됨을知호고骸骨을乞호야田里에歸호니將相以下가다郊外에餞送호며行路가咨嗟호더라○冬十二月에王이辛旽에게蠱惑호바되야守正論道變理功臣號를賜호고都僉議를領호고鷲城府院君을進封호니旽이自此로더욱顧忌가無호야威福을擅行호더라○(丙午)十五年夏四月에司議大夫鄭樞와右正言李存吾가辛旽이當國호야不法肆行호는罪를上疏論斥호니疏入에王이大怒호야其疏를焚호고存吾와樞를叱責홀서時에旽이王으로더부러對床호야坐호엿거날存吾ㅣ大叱曰老僧이읏지無禮홈이如此호뇨호니旽이惶駭호야곳下床호는지라王이더욱怒호야存吾와樞를下獄호고李春富와金蘭과李穡等을命호야鞫問호라호는지라春富等이王意를承호야存吾를殺코자호거날李穡이믹양救護호야其職을僅貶호고南邊에竄逐호니時에存吾의年이二十五러라○五月에前僉議侍中李公遂ㅣ

高麗紀

卒ᄒᆞ다公遂ᄂᆞᆫ益州人이라性이精明謹愼ᄒᆞ야一毫도取予가不苟ᄒᆞ며臨事에剛毅ᄒᆞ야形勢의屈ᄒᆞᆫ비되지아니ᄒᆞ더라謚曰文忠이라ᄒᆞ다○다시王氏를立ᄒᆞ야后를封ᄒᆞ니后ᄂᆞᆫ宗室德豊君의女러라○冬十二月에密直提學李達衷이廣坐中에서辛旽을責ᄒᆞ야曰人이言ᄒᆞ되公의酒色이過度ᄒᆞ다ᄒᆞ니何故오ᄒᆞᆫᄃᆡ旽이不悅ᄒᆞ야罷官ᄒᆞ다○(丁未)十六年春二月에元使高大悲가來朝ᄒᆞ다時에元主가濟州에避亂코자ᄒᆞ야御府에金帛을輸送ᄒᆞ더라○僧禪顯으로ᄡᅥ王師를삼으니禪顯은旽의昵比ᄒᆞᄂᆞᆫ비라王이康安殿에서招見ᄒᆞᆯ새王이九拜ᄒᆞ니禪顯은立受ᄒᆞ고百官은朝服致賀ᄒᆞ며旽은獨히戎服으로殿上에立ᄒᆞ더라○秋七月에前僉議政丞鷄林府院君李齊賢이薨ᄒᆞ다齊賢의天姿가重厚ᄒᆞ고ᄯᅩ學術이深邃ᄒᆞ야議論과事業에發ᄒᆞᄂᆞᆫ者ㅣ다燁然可觀이오平生에疾言遽色이無ᄒᆞ고ᄯᅩ虛襄下人ᄒᆞ야他人의事ᄂᆞᆫ비록片善이라도不聞ᄒᆞᆯ가惟恐ᄒᆞ며自號曰益齋라國人이景仰ᄒᆞ야老少貴賤을無論ᄒᆞ고다益齋先生이라稱ᄒᆞ더라所著ᄒᆞᆫ益齋

二百一

高麗紀

亂藁十卷이有ᄒᆞ니文名이當時第一로推ᄒᆞᄂᆞᆫ지라謚曰文忠이라ᄒᆞ다○冬十月에前侍中慶復興과知僉議奐仁澤과三司使安遇慶等이辛旽을謀除ᄒᆞ다가事覺ᄒᆞ야南裔에杖流ᄒᆞ다○十二月에李穡으로ᄡᅥ成均大司成을拜ᄒᆞ고鄭夢周로ᄡᅥ博士를삼다穡이生員을增置ᄒᆞᆯ새鄭夢周와金九容과朴尙衷과朴宜中과李崇仁等을擇ᄒᆞ야다他官으로敎官을兼授ᄒᆞ고每日明倫堂에坐ᄒᆞ야諸生에게經業을分授ᄒᆞᆯ새時에程(顥)朱(熹)性理學이始興ᄒᆞ더라學者의所習ᄒᆞᄂᆞᆫ書가支那로來ᄒᆞᆫ者ㅣ오작朱子集註라夢周의講說이新意를自出ᄒᆞᆷ이多ᄒᆞ니聞者가자못疑訝ᄒᆞ더니밋胡炳文의四書通을見ᄒᆞ니意義가다脗合ᄒᆞᄂᆞᆫ지라穡이亟稱ᄒᆞ야曰達可(夢周의字라)의論議가橫說竪說이다理致의不當ᄒᆞᆷ이無ᄒᆞ다ᄒᆞ더라○辛旽이前僉議贊成事瑞寧君柳淑이비록退仕ᄒᆞ엿스ᄂᆞ王이復用ᄒᆞᆯ가恐ᄒᆞ야王ᄭᅴ譖殺ᄒᆞ다淑이忠義大節이有ᄒᆞ고臨事決策에識見이卓絕ᄒᆞ더니밋臨死에顏色이平時와如ᄒᆞ더라後에賜謚文僖ᄒᆞ다○明兵이燕京을拔ᄒᆞ니

二百二

元主가北으로沙漠에走ᄒ다○(己酉)十八年夏四月에明太祖가遣使ᄒ야定國홈을告ᄒ더라○禮部尙書洪尙載를遣ᄒ야明에如ᄒ고自是로歲以爲常ᄒ다○六月에官制를改ᄒ다○秋七月이라先是에日人이歸化ᄒ는者가多ᄒ야朝廷이巨濟와南海等處에分居케ᄒ엿더니至是ᄒ야다시諸郡을侵掠ᄒ더라○(庚戌)十九年이라王이元의東寧府(在鴨江西)를取코져ᄒ야 太祖를拜ᄒ야東北面元帥를삼고池龍壽로西北面元帥를拜ᄒ야往討ᄒ라ᄒ거날 太祖가步騎萬餘를率ᄒ시고鴨綠江을渡ᄒ야兀剌城을破ᄒ시니其附近諸城이望風歸順ᄒ는지라東은皇城(古女眞皇帝城)과北은東寧府와西는海에至ᄒ고南은鴨綠外지다我有에歸ᄒ다○冬十一月에我 太祖가池龍壽로더부러遼城을進攻ᄒ실ᄉ敵의驍將處明이勢屈來降ᄒ니敵이氣奪ᄒ는지라드듸여其城을進拔ᄒ니城主賽因帖木兒는遁去ᄒ거날元의丞相納哈出以下官員과將士를다招降ᄒ시고班師ᄒ시다(後에處明이 太祖의恩을感動ᄒ야矢痕을見ᄒ면嗚咽流

涕ᄒ더니雲峰戰爭에力戰立功ᄒ니라)○(辛亥)二十年春二月에女眞千戶李豆蘭이歸化ᄒ니豆蘭의本姓은佟이러라○夏五月에前長沙(今茂長)監務李存吾가卒ᄒ다存吾는慶州人이라性이孝友倜重ᄒ고早孤力學홈서鄭夢周李崇仁等으로더부러友善ᄒ더니辛旽의專恣誤國ᄒ는罪를上疏嚴斥홈으로坐貶ᄒ엿다가至是에卒ᄒ니年이三十一이라밋旽이誅홈의王이其忠을思ᄒ야大司成을贈職ᄒ다○秋七月에辛旽이伏誅ᄒ다時에旽이威福을恣行ᄒ니王도ᄯ혼自安치못하더니旽이見誅홀가恐ᄒ야드듸여不軌를謀ᄒ거날其客侍郞李韌이王ᄭ告홈ᄃ王이이에其黨奇顯과崔思遠等을誅ᄒ고旽을水原府에流ᄒ얏다가誅ᄒ야京師에梟示ᄒ고其二歲兒를並殺ᄒ고慶復興等을召還ᄒ다○李穡으로政堂文學을拜ᄒ고近臣다려謂曰文武兩大官이다第一流라ᄒ니穡과밋我 太祖를指홈이러라○子弟衛를置ᄒ고年少美貌者를選充ᄒ고ᄯ美壯者를多選ᄒ야禁中에常置ᄒ고號曰東古赤이라ᄒ고子弟衛로더부러並히有寵ᄒ더라

○禑를封ᄒᆞ야江陵府院大君을삼다先是에辛旽이流ᄒᆞᆯ시王이侍臣다려謂ᄒᆞ야曰予가일즉辛旽家에셔一婢를幸ᄒᆞ야子를生ᄒᆞ니名은牟尼奴라善히保護ᄒᆞ라ᄒᆞ더니이오고太后殿에召入ᄒᆞ야養育ᄒᆞ고侍中李仁任을顧謂曰元子가在ᄒᆞ니吾ㅣ無憂ᄒᆞ다ᄒᆞ더니至是ᄒᆞ야禑라改名ᄒᆞ고儒臣白文寶와田祿生과鄭樞等으로써師傅를拜ᄒᆞ다○(甲寅)二十三年秋七月에崔瑩으로써楊廣(今京畿忠淸兩道)等道都統使를拜ᄒᆞ고諸軍을領率ᄒᆞ고濟州를伐ᄒᆞ야元滅亾命者首領石迭里와其黨을다捕斬ᄒᆞ니濟州가이에平ᄒᆞ다○九月에明使가還ᄒᆞ거ᄂᆞᆯ王이密直副使金義를遣ᄒᆞ야護送ᄒᆞᆯ시明使가酗酒ᄒᆞ야믜양義를殺코자ᄒᆞ거ᄂᆞᆯ義가드듸여明使를殺ᄒᆞ고其馬三百匹을奪ᄒᆞ야北元에奔ᄒᆞ다○宦者崔萬生과幸臣洪倫等이王을弒ᄒᆞ거ᄂᆞᆯ太后ㅣ發喪치아니ᄒᆞ고慶復興과李仁任等을召ᄒᆞ야萬生等을誅ᄒᆞ고仁任의議를從ᄒᆞ야江陵府院君禑를立ᄒᆞ니此ᄂᆞᆫ前廢王禑러라

恭愍王을玄陵에葬ᄒᆞ다

(乙卯)前廢王禑元年春正月에判宗簿寺崔源을明에遣ᄒᆞ야殺使ᄒᆞᆫ事를剖辨ᄒᆞ다○都城에五部戶數를改定ᄒᆞᆯ시屋에間架가二十以上은一戶가되야軍丁一名을出ᄒᆞ고架가少ᄒᆞ면或四五家를併ᄒᆞ야一戶를삼다○(丙辰)二年春三月에廢王禑의生母般若(音耶)를臨津에投ᄒᆞ다般若가太后宮에入ᄒᆞ야啼曰吾ㅣ實로主上을生ᄒᆞ얏거ᄂᆞᆯ읏지韓氏를母ᄒᆞᄂᆞ고ᄒᆞᄂᆞ지라時에仁任이王을推立ᄒᆞᆫ後로朝政을專擅ᄒᆞᆯ시곳般若를捕ᄒᆞ야下獄ᄒᆞ얏다가맛ᄎᆞᆷ니臨津江에投ᄒᆞ다般若가被鞫ᄒᆞᆯ時에新創ᄒᆞᆫ中門을指ᄒᆞ야曰天이吾寃을若知ᄒᆞ면此門이必然自頹ᄒᆞ리라ᄒᆞ더니이오고門이自頹ᄒᆞ니世人이크게怪訝ᄒᆞ더라○秋七月에日本이公州等城을陷ᄒᆞ니楊廣道元帥朴仁桂가敗死ᄒᆞ거ᄂᆞᆯ崔瑩이自請出戰ᄒᆞ야日兵으로더부러鴻山에셔戰ᄒᆞᆯ시身先士卒ᄒᆞ며賊의矢가唇을中ᄒᆞ야流血이淋漓호ᄃᆡ神色이自若ᄒᆞ고드듸여奮擊大破ᄒᆞ니由是로威名이大振ᄒᆞ더라○(丁巳)三年春三月에日本이窣梁에入寇ᄒᆞ야戰船을燒ᄒᆞ고또江華를寇ᄒᆞ니京城이

大震ᄒᆞᄂᆞᆫ지라 禑가 恐ᄒᆞ야 鐵原에 遷都코자ᄒᆞ거날 崔瑩이 力諫ᄒᆞ야 乃止
ᄒᆞ고 이윽고 賊이 ᄯᅩ 西江 (松都西江)을 進逼ᄒᆞ거날 瑩이 邊安烈로더부
러 擊却ᄒᆞ다○夏五月이라 時에 日寇가 慶尙道에 充斥ᄒᆞ니 元帥禹仁烈이
濟師ᄒᆞ기를 亟請ᄒᆞᄂᆞᆫ지라 禑가 我 太祖와 金得齊等을 拜ᄒᆞ야 助戰元帥
를삼고 往援ᄒᆞ라ᄒᆞ거날 太祖ㅣ 並日直行ᄒᆞ시다가 智異山에서 賊을 大
破ᄒᆞ시다○秋八月에 日賊이 西海道 (今黃海道)를 寇ᄒᆞ니 元帥羅世巡
等이 敗績ᄒᆞ거날 太祖ㅣ 곳 進擊ᄒᆞ야 賊을 海州에서 大破殲盡ᄒᆞ시다○
內城을 築ᄒᆞ다 崔瑩이 建議ᄒᆞ되 京都外城이 闊大ᄒᆞ야 守禦키 難ᄒᆞ니 內城
을 築ᄒᆞ야 不虞를 備ᄒᆞᄌᆞᄒᆞᆷ이러라○(戊午)四年夏四月이라 時에 日賊이 水
原南陽等州를 連寇ᄒᆞ고 ᄯᅩ 窄梁에 大集ᄒᆞ야 昇天府 (今豊德)에 侵入ᄒᆞ
거날 禑가 崔瑩과 밋 贊成事 楊伯淵과 我 太祖를 遣ᄒᆞ야 逆擊盡殲ᄒᆞ다○
六月에 日本의 九州節度使 源了俊이 僧信弘을 遣來ᄒᆞ야 日賊을 捕ᄒᆞ다가
不克還去ᄒᆞ고 翌年夏五月에 日本이 다시 朴居士等을 遣ᄒᆞ야 海寇를 來討

ᄒᆞ거날 朝廷이 鄭夢周를 日本에 遣ᄒᆞ야 交隣利害를 極言ᄒᆞ고 海賊을 禁戢
지못ᄒᆞᆷ을 責ᄒᆞᆷ이러라○(庚申)六年春正月에 太后洪氏가 崩ᄒᆞ니 壽가 八十
三이라 后가 賢行이 有ᄒᆞ더니 臨崩에 禑를 戒ᄒᆞ야 大臣을 咨訪ᄒᆞ고 遊觀을
勿事ᄒᆞ라ᄒᆞ더라○秋八月에 禑가 城南에 出獵ᄒᆞᆯᄉᆡ 禾稼를 蹂踐ᄒᆞ고 ᄯᅩ 羣
少로더부러 閭巷에 馳驅ᄒᆞ야 人家鷄犬을 射ᄒᆞ고 行路婦人을 劫掠ᄒᆞ더라
○九月에 我 太祖가 日賊을 雲峰에 進擊ᄒᆞ실ᄉᆡ 賊中에 阿只拔都라ᄒᆞᄂᆞᆫ
者ᄂᆞᆫ 年이 겨우 十五六이라 驍勇이 無比ᄒᆞ고 舞槊馳突ᄒᆞ야 所向에 披靡ᄒᆞ
거날 太祖ㅣ 그 堅甲과 銅面을 披ᄒᆞ미 可射ᄒᆞᆯ 隙이 無ᄒᆞᆷ을 見ᄒᆞ시고 偏將
李豆蘭다려 謂ᄒᆞ사 曰 我ㅣ 兜(투구)를 射ᄒᆞ야 頂子가 落ᄒᆞ거든 汝ㅣ 곳 射ᄒᆞ라
ᄒᆞ시고 躍馬ᄒᆞ야 阿只拔都의 兜를 射中ᄒᆞ시니 頂子가 落ᄒᆞᄂᆞᆫ지라 豆蘭이
곳 射殺ᄒᆞ니 賊이 氣挫ᄒᆞ거날 因ᄒᆞ야 奮擊大破ᄒᆞ시니 殭屍가 遍野ᄒᆞ고 川
流가 盡赤ᄒᆞ며 餘賊은 逃去ᄒᆞ다 此後로 日本이 太祖를 畏ᄒᆞ야 敢近치 못
ᄒᆞ고 ᄆᆡ양 我人을 虜ᄒᆞ면 반다시 問曰 李萬戶가 今에 何在오ᄒᆞ더라○(壬戌)

春二月에禑ㅣ南郊에出獵ᄒᆞ거날崔瑩이泣諫曰忠惠王은好色ᄒᆞ되반다시夜로써ᄒᆞ고忠肅王은好遊ᄒᆞ되다時를失치아니ᄒᆞ야民怨이無ᄒᆞ더니今에主上은遊戲가無度ᄒᆞ야墮馬傷體ᄒᆞ거날臣이宰相에備位ᄒᆞ야匡救치못ᄒᆞ니何面目으로見人乎잇가ᄒᆞ되禑가不悛ᄒᆞ더라○日賊이竹嶺、(在今豐基丹陽地)을踰ᄒᆞ야丹陽을寇ᄒᆞ거날元帥邊安烈이韓方彥으로더부러擊敗ᄒᆞ다○秋九月에禑가漢陽에遷都ᄒᆞ고侍中李子松으로ᄒᆞ야금開京을留守ᄒᆞ다○趙浚으로써慶尙道監覆使를拜ᄒᆞ다時에日寇가嶺南에充斥ᄒᆞ야人民이다逃竄ᄒᆞ거날崔瑩이浚을薦擧ᄒᆞ니浚이至ᄒᆞ야都巡問使李居仁의玩寇ᄒᆞᆫ罪를責ᄒᆞ고兵馬使兪益桓을斬ᄒᆞ니諸將이다股慄力戰ᄒᆞ야一道가賴安ᄒᆞ니浚은宰相仁規의後오大志가有ᄒᆞ더라○(癸亥)九年秋에女眞胡拔都가端州(今端川) 等地에入寇ᄒᆞ니萬戶陸麗等이屢戰皆敗ᄒᆞᄂᆞᆫ지라 太祖가吉州에進擊ᄒᆞ실ᄉᆡ李豆蘭으로ᄒᆞ야금몬져進攻케ᄒᆞ셧더니豆蘭이大敗ᄒᆞ니胡拔都가 太祖를輕視ᄒᆞ고單騎로

來戰ᄒᆞ거날 太祖ㅣ其馬를射倒ᄒᆞ시고縱擊大破ᄒᆞ시니拔都가遁去ᄒᆞ다⊛(甲子)十年이라政堂文學鄭夢周를明國에遣ᄒᆞ다時에明이朝廷과有釁ᄒᆞ야我使金庾와洪尙載等을流竄ᄒᆞ니人이다憚行規避ᄒᆞ거날이에夢周를遣ᄒᆞᆯᄉᆡ禑가召見面諭ᄒᆞᆫ되夢周ㅣ曰君父의命을敢避乎잇가ᄒᆞ고遂行ᄒᆞ야明主를進見ᄒᆞ고陳對가詳明ᄒᆞ니明主가優待ᄒᆞ고ᄃᆞ듸여庾와尙載等을放還ᄒᆞ다⊛九月에宦官金實로써門下贊成事를拜ᄒᆞ니宦官의拜相은前此未有러라⊛先是에德宗이國子試를設ᄒᆞ얏다가恭愍王에至ᄒᆞ야廢止ᄒᆞ고至是에다시成均館을復設ᄒᆞᆯᄉᆡ代言尹就가掌試ᄒᆞ야다勢家乳臭童子를取ᄒᆞ니時人이譏弄ᄒᆞ야曰紅粉榜이라ᄒᆞ니其兒童이紅衣를喜着ᄒᆞ고面에傳粉ᄒᆞᆷ이러라⊛冬十月에北元(北元은元이北方에避ᄒᆞᆫ後稱謂라) 이遣使ᄒᆞ야來朝ᄒᆞ다⊘(乙丑)十一年先是에日兵이端州咸州等을連寇ᄒᆞ거날元帥沈德符等이拒戰ᄒᆞ다가皆敗ᄒᆞ니賊勢가益張ᄒᆞᄂᆞᆫ지라 太祖ㅣ自請往擊ᄒᆞ사咸州에至ᄒᆞ사賊을逆擊大破ᄒᆞ시니賊徒가

遺散ᄒ야僵屍가川渠를蔽塞ᄒ고一人도得脫ᄒᆫ者가無ᄒ니라○冬十二月에李仁任의婢鳳加伊를封ᄒ야肅寧翁主를삼고妓七點仙으로寧善翁主를封ᄒ엿다가後에다시鳳加伊를封ᄒ야德妃를삼고또妓小梅香과藍雙飛를封ᄒ야다翁主를삼고미양出遊ᄒᆯ時에並騎馳騁ᄒ더라先是에仁任의婢의婿趙英吉이有女ᄒ니曰鳳加伊라禑가仁任第에至ᄒ야寵幸ᄒ고自是로其第에日往ᄒ야仁任을稱ᄒ야曰父라ᄒ고仁任의妻朴氏ᄂᆞᆫ母라ᄒ니仁任의權勢가더욱盛ᄒ더라○李穡으로써門下侍中을拜ᄒ고師傅禮로待ᄒ다⊛丁卯十三年夏六月에百官의官服制를改定ᄒ야明國의紗帽團領等을倣用ᄒᆯ새一品以下ᄂᆞᆫ다紗帽團領을服ᄒ고其品帶도또ᄒᆫ差別이有ᄒ니鄭夢周李崇仁河崙姜淮伯等에請을從ᄒᆷ이러라⊛戊辰十四年春正月에林堅味와廉興邦과都吉敷와李成林과潘福海等을誅ᄒ고李仁任은京山府⊛今星州.에安置ᄒ다仁任이國柄을久竊ᄒ미堅味等으로腹心을삼고賣官鬻爵ᄒ며人의土田奴婢를占奪ᄒ니中外가切齒ᄒ

ᄂᆞᆫ지라崔瑩이禑를勸ᄒ야堅味興邦等을誅ᄒ고仁任은有功ᄒ다ᄒ야免死安置ᄒ다⊛崔瑩으로써門下侍中을拜ᄒ고 太祖ᄂᆞᆫ守侍中을拜ᄒ고李穡은判三司를拜ᄒ다⊛二月에明主가鐵嶺以北은本來元國에屬ᄒ엿던地니遼東에다歸屬ᄒ라ᄒ고鐵嶺衛를遼東에立ᄒ다⊛三月에侍中崔瑩의女로써寧妃를封ᄒ고判事申雅의女로써正妃를封ᄒ다初에王이瑩의女를納ᄒᆯ새瑩이辭謝曰臣女가卑陋ᄒ니至尊을奉配치못ᄒᆯ지라主上이必納ᄒ고자ᄒᆯ진ᄃᆡ老臣이맛당히剃髮入山ᄒ리이다ᄒ고涕泣으로써繼ᄒ되禑가不聽ᄒ더라⊛夏四月에禑가明國이遼東以北을佔奪ᄒᆷ을怒ᄒ야明을攻코자ᄒᆯ새平壤에至ᄒ야徵兵을督責ᄒ야浮橋를鴨江에作ᄒ고崔瑩을加ᄒ야八道都統使를拜ᄒ고曹敏修로左軍都統使를拜ᄒ고太祖로右軍都統使를拜ᄒ야各其諸將을率ᄒ고進發ᄒ니左右軍이合三萬八千六百餘人이러라五月에左右軍이威化島 (在今義州鴨江西) 에進屯ᄒ고元帥洪仁桂가몬저遼境에出征ᄒ야斬獲ᄒ고還ᄒ니禑가喜ᄒ야

金帛을賞賜ᄒᆞ다○是時에我 太祖께셔夏月에發兵ᄒᆞ야軍中에疾疫이
頻仍ᄒᆞ고且擧國遠征홈을乘ᄒᆞ야日本이人寇ᄒᆞᆯ慮가有ᄒᆞ다ᄒᆞ야禑에게
班師ᄒᆞ기를固請ᄒᆞ샤ᄃᆡ聽치아니ᄒᆞ거ᄂᆞᆯ崔瑩에게貽書ᄒᆞ야利害를極言
ᄒᆞ시니瑩이ᄯᅩᄒᆞᆫ不聽ᄒᆞ는지라 太祖가ᄃᆞᄃᆡ여諸將에게明國征伐홈이
有害無利홈을喩ᄒᆞ시니諸將이皆服ᄒᆞ는지라이에京師에回軍ᄒᆞ시니禑
가瑩으로더부러京師에馳還ᄒᆞ야拒戰코자ᄒᆞ거ᄂᆞᆯ 太祖가瑩을執ᄒᆞ시
고謂曰攻明ᄒᆞ는事는國家興亡이係ᄒᆞᆫ고로不得已至此홈이라ᄒᆞ시고相
對泣下ᄒᆞ시다가ᄃᆞᄃᆡ여瑩을高峰縣 (今高陽)에流ᄒᆞ시다時에明이果
然發兵코자ᄒᆞ다가回軍홈을聞ᄒᆞ고乃止ᄒᆞ니라○禑ㅣ廢ᄒᆞ고禑의子昌
이立ᄒᆞ다時에禑의荒淫이日甚ᄒᆞ니中外가離心ᄒᆞ는지라典校副令尹紹
宗과趙仁沃이霍光의故事를倣行ᄒᆞ야社稷을安保홈이可타ᄒᆞ야我 太
祖께力勸ᄒᆞ거ᄂᆞᆯ 太祖가心然之ᄒᆞ시니이에諸將이禑를請ᄒᆞ야江華에
加猶ᄒᆞ고曹敏脩가力議ᄒᆞ야昌을立고져ᄒᆞᆯᄉᆡ李穡은名儒라其言을籍고

자ᄒᆞ야就問ᄒᆞᆫᄃᆡ穡曰맛당히前王의子를立ᄒᆞ라ᄒᆞ거ᄂᆞᆯ敏脩等이ᄃᆞᄃᆡ여
定后 (恭敏王后安氏)의詔로써昌을立ᄒᆞ니時年이九歲러라○明이鐵
嶺衛를罷ᄒᆞ다○八月에李穡으로써門下侍中을拜ᄒᆞ고我 太祖로써守
侍中을拜ᄒᆞ다時에昌이書筵을開ᄒᆞ고穡을命ᄒᆞ야書筵事를領ᄒᆞ고鄭夢
周鄭道傳으로侍讀을拜ᄒᆞ야更日入侍ᄒᆞ다○大司憲趙浚이建議호ᄃᆡ田
柴科가廢ᄒᆞ야私田이됨으로부터兼並ᄒᆞ는獘가甚ᄒᆞ니請컨ᄃᆡ革罷ᄒᆞ소
셔ᄒᆞ니我 太祖가奏行ᄒᆞ시다○楊廣等道都指揮使鄭地가日寇를大破
ᄒᆞ다時에日賊이楊廣全羅慶尙三道를入寇ᄒᆞ야州郡을屠燒ᄒᆞ거ᄂᆞᆯ地가
諸將을領ᄒᆞ고南原에서戰ᄒᆞ야大破ᄒᆞ니人이謂호ᄃᆡ此戰이아니면三道
民이盡ᄒᆞ엿스리라ᄒᆞ더라○我 太祖로써中外諸軍事를總督ᄒᆞ다○九
月에廢王禑를驪興에遷ᄒᆞ다○十二月에前侍中崔瑩을殺ᄒᆞ다瑩이이미
流ᄒᆞᄆᆡ다시鞫問ᄒᆞᆯᄉᆡ於是에典法判書趙[illegible]等이瑩의罪를請正ᄒᆞ거ᄂᆞᆯ
昌이ᄃᆞᄃᆡ여瑩을斬ᄒᆞ니瑩은惟淸의五世孫이라爲人이戇直ᄒᆞ고學術이

少ᄒᆞ나忠清剛正ᄒᆞ고膂力이過人ᄒᆞ며臨陣對敵에神氣가安閑ᄒᆞ고矢石이交前호ᄃᆡ懼色이畧無ᄒᆞ고戰士가一步를却退ᄒᆞ면곳斬徇ᄒᆞᄂᆞᆫ고로大小百餘戰에一次도敗衂치아니ᄒᆞ고平常에生産을不治ᄒᆞ야居第가甚히陋醜호ᄃᆡ處홈이怡然ᄒᆞ며비록將相을兼任ᄒᆞ야兵權을久典ᄒᆞᄂᆞ關節이不到ᄒᆞ더라至是에死ᄒᆞ니年이七十三이라臨刑에辭色이不變ᄒᆞ고首가已斷호되오히려移時토록植立ᄒᆞ고死ᄒᆞᆫ日에都人이罷市ᄒᆞ고遠近이다流涕ᄒᆞ더라後에贈謚曰武愍이라ᄒᆞ다

(己巳)後廢王昌元年春二月에慶尙道元帥朴葳가日本對馬島를擊破ᄒᆞ다

葳가日本을擊ᄒᆞ야戰功을屢立ᄒᆞ더니至是에戰艦百隻을率ᄒᆞ고對馬島에至ᄒᆞ야日艦三百艘와밋傍岸의廬舍를焚燒殆盡ᄒᆞ다○秋七月에李穡으로判門下府事를拜ᄒᆞ고李琳으로門下侍中을拜ᄒᆞ고又鄭夢周의言을用ᄒᆞ야穡과琳과밋我 太祖를命ᄒᆞ야釰履로上殿ᄒᆞ고贊拜에不名ᄒᆞ니琳은昌의外祖러라○八月에琉球國이遣使ᄒᆞ야方物을獻ᄒᆞ거ᄂᆞᆯ昌이典

客令金允厚로ᄒᆞ야금報聘ᄒᆞ다○昌이廢ᄒᆞ고定昌府院君瑤가立ᄒᆞ다時에前廢王禑가前護軍金佇等으로我 太祖를謀害코져ᄒᆞ다가事泄ᄒᆞᆫ지라 太祖가鄭夢周와趙浚과鄭道傳等으로더부러定議ᄒᆞ되禑昌이다王氏가아니니宗祀를奉키難ᄒᆞ니맛당히廢假立眞ᄒᆞ리라ᄒᆞ시고드듸여定后ᄭᅴ白ᄒᆞ야昌을江華에放ᄒᆞ고神宗七世瑤를迎立ᄒᆞ니此ᄂᆞᆫ恭讓王이라王이卽位ᄒᆞ미禑昌을降ᄒᆞ야庶人을삼으니王의爲人이昏弱ᄒᆞ야卽位ᄒᆞᆫ日에所爲를莫措ᄒᆞ고오작泣歎ᄒᆞᆯᄲᅮᆫ이러라

(己巳)恭讓王元年十二月에臺官이上言ᄒᆞ야李穡曹敏修李崇仁等의禑昌을右袒ᄒᆞᆫ罪를論ᄒᆞ거ᄂᆞᆯ이에敏修를廢ᄒᆞ야庶人을삼고穡과崇仁을流ᄒᆞ고遣使ᄒᆞ야禑昌父子를誅ᄒᆞ니禑의妻崔氏가大哭曰妾의主此홈은吾父의過라ᄒᆞ고日夜哭泣ᄒᆞ야十餘日不食ᄒᆞ고夜에ᄂᆞᆫ禑의屍를抱宿ᄒᆞ며粒米를得ᄒᆞ면곳精舂供奠ᄒᆞ니時人이哀憐ᄒᆞ더라○官制를改ᄒᆞ다○功臣을錄ᄒᆞᆯ새我 太祖로ᄡᅥ奮忠定難匡復變理佐命功臣和寧郡開國忠義伯

을封ᄒ고沈德符鄭夢周以下ᄂ다以次授爵ᄒ니時에九功臣이라稱ᄒ더라○(庚午)二年春正月에我 太祖로써八道軍馬를領ᄒ고軍營을置ᄒ야分番更宿ᄒ다○三月에門下注書吉再가棄官歸鄕ᄒ다再ᄂ海平(今善山)人이라理學을攻ᄒ야鄭夢周를師事ᄒ고廢王禑時에注書가되엿다가至是ᄒ야國家將亡홈을知ᄒ고母의老로써辭官ᄒ고善山에歸ᄒ다○李穡等을遠地에流ᄒ다初에曹敏修가昌寧에謫在ᄒ거날料正田時等을遣ᄒ야立昌홀事를鞫問ᄒ고또時를長湍에遣ᄒ야穡을鞫問홀ᄉ獄卒로ᄒ여금左右에執杖ᄒ야晝夜逼迫ᄒ고또敏修에獄詞를示ᄒ니穡이誣服ᄒ야曰立昌홀時에敏修가主將이되고로穡이敢違치못ᄒ야스나擅立을首勸홈은穡의情이아니라ᄒ더라○鄭道傳으로써政堂文學을拜ᄒ고金士衡으로써密直使를拜ᄒ고我 太宗으로써右副代言을拜ᄒ니 太宗은我 太祖의第五子라英睿가絕人ᄒ시고高麗의政亂民離홈을憫迫ᄒ사慨然이濟世홀志가有ᄒ시더라○漢陽에徙都ᄒ다時에書雲觀이道詵

秘記에地理衰旺의說을進ᄒ야是舉가有ᄒ니라○冬十一月에我 太祖로써領三司事를拜ᄒ고鄭夢周로써守門下侍中을拜ᄒ고池湧奇로써判三司事를拜ᄒ다○(辛未)三年春正月에我 太祖로써三軍都摠制使를拜ᄒ고裵克廉趙浚鄭道傳은中左右軍摠制使를拜ᄒ다○王이還都ᄒ니刑曹判書安瑗의言을從홈이러라○私田을革罷ᄒ고給田法을定홀ᄉ文宗舊制를依ᄒ야科田을京畿에置ᄒ고各各其科를隨ᄒ야受케ᄒ니第一科ᄂ大君으로부터門下侍中外지百五十結을給ᄒ고其下ᄂ次次로遞減ᄒ야十八科에至ᄒ니凡田租가미양水田一結에ᄂ糙米가三十斗오旱田一結에ᄂ雜穀이三十斗오此外에橫斂ᄒᄂ者ᄂ贓으로써論ᄒ다(結字ᄂ麗時에創用ᄒ니即古昔一頃이라)○秋七月에暹羅國이遣使來聘ᄒ다暹羅가支那南海中에在ᄒ야我로더부러相通치아니ᄒ더니至是에其王이奈工等八人을遣ᄒ야致書ᄒ고方物을來獻홀ᄉ其人이或袒或跣ᄒ고尊者ᄂ白布로써髮을韜ᄒ고僕從이尊者를見ᄒ면脫衣露體ᄒ며三譯ᄒ後에

其意를達ᄒᆞ더라○侍中鄭夢周ㅣ上言호ᄃᆡ臺官이다만彈劾을專事ᄒᆞ야禍가非辜에及ᄒᆞᆫ다ᄒᆞ고곳裵克廉等으로더부러立昌迎禑等五罪의輕重을分定ᄒᆞ고ᄯᅩ啓ᄒᆞ야曰今後에다시論劾ᄒᆞᄂᆞᆫ者가有ᄒᆞ면誣告로論ᄒᆞ소서ᄒᆞ더라○八月에日本源了俊이遣使ᄒᆞ야方物을來獻ᄒᆞ고被虜人을還還ᄒᆞ더라○九月에我 太祖로ᄡᅥ判門下府事를拜ᄒᆞ고沈德符로ᄡᅥ門下侍中을拜ᄒᆞ다○省憲과刑曹ㅣ上書호ᄃᆡ鄭道傳이奸惡을內懷ᄒᆞ고忠直을外施ᄒᆞ야國政을染汚ᄒᆞ니極刑에置ᄒᆞ소셔ᄒᆞ거ᄂᆞᆯ王이功臣이라ᄒᆞ야宥ᄒᆞ고鄕里에放歸ᄒᆞ다○都評議司使上言호ᄃᆡ銀銅이本來我國國産이아니니銀甁의貨가復行키難ᄒᆞᆫ지라맛당히古今을參酌ᄒᆞ고本國에通行ᄒᆞᆯ楮貨를置ᄒᆞ야印造ᄒᆞᆫ後流布ᄒᆞ야五綜布와갓치兼行ᄒᆞ소셔ᄒᆞ더라○李穡과李崇仁을召還ᄒᆞ다○(壬申)四年夏四月에趙英珪가守侍中鄭夢周를路上에셔襲擊ᄒᆞ야殺ᄒᆞ다夢周의爲人이豪邁絶倫ᄒᆞ고忠孝大節이有ᄒᆞ며自少로好學不倦ᄒᆞ야깁히性命의奥理를透得ᄒᆞ고時에國家ㅣ多故

ᄒᆞ미慨然히扶持全安ᄒᆞᆯ志가有ᄒᆞ야王室을盡忠輔佐ᄒᆞ더니至是ᄒᆞ야맛춤니國家에殉死ᄒᆞ니年이五十七이러라後에我朝에셔贈職賜謚ᄒᆞ고文廟에從祀ᄒᆞ다所著ᄒᆞᆫ詩文이豪放峻潔ᄒᆞ니圃隱集이有ᄒᆞ야世上에傳ᄒᆞ다○鄭夢周ㅣ既死ᄒᆞ미我 太宗이麗王에게啓ᄒᆞ사金震陽等을鞫問ᄒᆞᆯᄉᆡ李穡禹玄寶李崇仁李種學趙瑚에게辭連ᄒᆞᄂᆞᆫ지라이에몬저震陽崇仁種學과밋徐仁權弘等을遠地에流ᄒᆞ다震陽에爲人이慷慨不羣ᄒᆞ고屬文이善ᄒᆞ며鄭道傳으로더부러李穡을師事ᄒᆞᆯᄉᆡ才名이道傳에過ᄒᆞ니道傳이忌嫉ᄒᆞ다가至是에飜覆使黃居正을嗾ᄒᆞ야杖殺ᄒᆞ고種學은穡의次子라長沙 (今茂長) 에流ᄒᆞ더니ᄯᅩᄒᆞᆫ道傳에縊殺ᄒᆞᆫ비되다○王이李穡을淸州에放ᄒᆞ다王이穡다려謂曰卿의子ㅣ이믜朝廷에得罪ᄒᆞ엿스니卿은去ᄒᆞ라然이ᄂᆞ兩江ᄡᅥ外에ᄂᆞᆫ오작卿의意를從ᄒᆞ야適ᄒᆞ라ᄒᆞᆫᄃᆡ穡이對曰臣이田宅이無ᄒᆞ니安歸乎잇가ᄒᆞ더라○沈德符로ᄡᅥ判門下府事를拜ᄒᆞ고我 太祖로ᄡᅥ門下侍中을拜ᄒᆞ다○趙浚으로ᄡᅥ京畿左右道節制使를

拜ᄒᆞ고南關으로ᄡᅥ慶尙道節制使를拜ᄒᆞ야各各其道兵馬를掌ᄒᆞ다○秋七月에鄭道傳으로ᄡᅥ奉化郡忠義君을拜ᄒᆞ다○王이原州에遜位ᄒᆞ다時에　太祖威德이日盛ᄒᆞ시니衆心이推戴ᄒᆞ야稠人廣坐中에셔揚言曰天命과人心이이믜所屬이有ᄒᆞ니엇지勸進치아니ᄒᆞᄂᆞ고ᄒᆞ더니十二日辛卯에右侍中裴克廉等이王太后安氏께白ᄒᆞ야曰今王이昏闇ᄒᆞ야生民의主가되지못ᄒᆞ리이다ᄒᆞ고드듸여后의詔로王을廢ᄒᆞ야原州에放ᄒᆞ니高麗ㅣ太祖開國홈으로부터王에至ᄒᆞ기ᄭᆞ지凡三十四王이오歷年이四百七十五年에亾ᄒᆞ니我　太祖ᄭᅴ오셔即位ᄒᆞ신後에王을恭讓君으로降封ᄒᆞ오셧다가後三年에君이薨ᄒᆞ거날王을追封ᄒᆞ시다